백청일 전□ □□ □산 강좌 계획

구분	강좌명	강의 안내	비고
교육과정	기초반 | 유아교육개론반	유아교육사상가, 발달이론, 놀이이론, 부모교육론, 교사론 등의 영역의 기초개념을 학습하여 전공 점수의 40%를 습득하도록 지도하는 과정이다.	**교육과정 + 교직논술 연간패키지 구매 시 혜택** · 스파르타 관리반 (직강 수업 후) · 자습실 및 스터디실 사용 · 1:1 피드백 관리
	적응반 | 누리과정반	2019 개정 누리과정의 각 영역인 신체운동 · 건강영역의 동작교육, 안전교육, 영양교육 / 의사소통영역의 유아언어교육 / 사회관계영역의 사회교육 / 예술경험영역의 음악교육, 미술교육 / 자연탐구영역의 과학교육, 수학교육에 관련된 제반 이론을 지도하여 전공 점수의 60%를 습득하도록 지도하는 과정이다.	
	적용반 | 영역별 문제풀이반	전공시험에 필수인 유아교육론 9개 영역과 누리과정의 5개 영역의 중요한 핵심내용에 대한 체크와 문제 푸는 요령을 지도하는 과정이다.	
	응용반 | 실전 최종 모의고사반	전공 80점의 전 영역을 전공 A(40점)와 전공 B(40점)를 실전 대비로 연습하여 부족한 영역에 대한 오답노트를 통하여 전공 점수를 최대한 향상시키는 과정이다.	
	2차 | 면접/수업실연반	모든 수업은 1:1 스파르타로 실전 대비를 위해 이루어지며, 수업능력평가, 심층면접평가는 실제 관리 위원 및 감독관의 평가기준으로 지도하는 과정이다.	

구분	강좌명	강의 안내	비고
교직논술	기초반 | 서론-본론-결론쓰기반	교직논술의 논리적 체계인 서론-본론-결론의 형식을 학습하고 글쓰기에 적용해 보는 과정이다.	**무한첨삭 1:1** (신청방법 별도 안내)
	적응반 | 논제파악반	논술의 핵심인 본론쓰기에 대한 논제파악연습 및 개요도 작성을 통하여 글쓰기의 정석을 지도하는 과정이다.	
	적용반 | 논제실전반	새롭게 바뀐 교직논술의 체계에 필요한 이론과 글쓰기 지도를 통하여 만점전략을 지도하는 과정이다.	
	응용반 | 주제별 연습반	장학, 교사론, 교육학 기초이론 등의 각 영역의 논제를 연습하여 논술점수를 향상시키기 위한 지도과정이다.	
	실전반 | 모의고사반	실전 대비로 연습하며 논술의 20점 만점을 통하여 부족한 글쓰기를 재검토하며 지도하는 과정이다.	

※ 강좌계획은 상황에 따라 변경될 수 있으며, 세부계획은 강좌별 수업계획서를 참조

교원임용학원 **강의만족도 1위, 해커스임용**
헤럴드 선정 2018 대학생 선호 브랜드 대상 '교원임용학원 강의만족도' 부문 1위
teacher.Hackers.com

공립 유치원교사 임용시험 대비

해커스임용

백청일

유아 교직논술 × 교육과정
예상문제집

해커스임용

백청일

약력

현 | 해커스임용 전공유아 전임 교수
전 | 박문각 임용고시학원 전임 교수
　　희소고시학원 전임 교수
　　수원여자대학교 유아교육과 교수
　　중앙대, 성결대, 동덕여대 등 다수 대학 강의
　　EBS 교육방송 특강 교수

저서

해커스임용 백청일 알짜배기 유아 교직논술, 해커스패스
백청일 유아 포인트리딩, 비전에듀테인먼트
백청일 알짜배기 누리과정, 비전에듀테인먼트
백청일 유아 알짜배기 기출문제집, 비전에듀테인먼트
2021 백청일 알짜배기 유아교육론, 비전에듀테인먼트
백청일 유아 알짜배기 마인드 맵, 미래가치
백청일 박사의 유치원 교사 임용고시 대비 합격의 구조, 비전에듀테인먼트

저자의 말

<해커스임용 백청일 유아 교직논술×교육과정 예상문제집>은 유아임용에 철저히 대비할 수 있도록 시험에 나올만한 예상문제와 유아 교육과정의 핵심 이론을 엄선하여 수록하였습니다.

<해커스임용 백청일 유아 교직논술×교육과정 예상문제집>은 이런 점이 좋습니다.

1. 본 교재를 통해 최신 경향의 교직논술과 유아 교육과정을 모두 학습할 수 있습니다.

유아임용의 두 축인 교직논술과 유아 교육과정을 한 권으로 압축하여 정리하였습니다. 매년 다양한 주제에서 출제되는 교직논술에 대비할 수 있도록 20회 분량의 모의고사와 모범답안을 수록하였습니다. 유아 교육과정은 '2019 개정 누리과정'을 충실하게 반영하였으며, 방대한 학습 범위 중 핵심 이론을 표 형태로 정리하여 개념 학습 및 암기에 효과적입니다.

2. 다양한 학습요소를 활용하여 학습의 중요도를 파악할 수 있습니다.

교직논술과 유아 교육과정 전 범위 및 세부 영역별 출제 경향을 확인할 수 있는 '출제 경향 확인하기' 그래프와 이론별 주요 키워드를 확인할 수 있는 '마인드맵으로 키워드 저장하기' 구조도를 수록하였습니다. 많은 내용을 학습하다 보면 세부적인 것에만 집중하는 '나무'의 관점으로 빠질 수 있기 때문에, '숲' 관점에서 과목 및 이론의 중요도를 파악할 수 있는 다양한 학습요소를 수록하였습니다.

3. 영역별로 수록한 유아 교육과정의 탐구문제를 통해 학습을 점검할 수 있습니다.

학습한 내용을 효과적으로 확인 및 점검할 수 있도록 '개념 완성 탐구문제'를 교육과정 세부 영역별로 수록하였습니다. 이론을 학습한 후 영역별로 탐구문제를 풀어볼 수 있도록 하였으며, 모범답안은 교재 뒷부분에 모아 별도로 수록하여 학습효과를 높였습니다. 탐구문제를 풀어보며 학습한 이론을 더욱 견고하게 다지고, 모범답안의 '취약점 Self-Check'를 활용하여 자신에게 부족한 부분이 무엇인지 한눈에 파악해볼 수 있습니다.

유아임용을 공부하는 수험생 여러분을 위한 당부의 말

첫째, 10개월은 짧은 시간이므로 여러분 자신과만 대화하며 경쟁하세요. 주변 친구와 공부 속도를 비교하느라 시간을 헛되이 보내지 않도록 유의하세요.

둘째, 선배들의 사례발표를 들을 때 공부하며 힘들었던 점과 극복방법과 같은 현실적 조언을 명심하세요. 초수라도 똑똑한 전략으로 합격할 수 있는 시험입니다.

셋째, 근거 없는 소문에 휩쓸리지 말고 교육부, 각 시·도교육청, 교육과정평가원의 공식 공고문만 믿으세요.

넷째, 6월까지는 반드시 남은 후반기에 집중하여 암기할 수 있는 나만의 정리노트 또는 수업자료 모음집을 만드세요. 수많은 자료가 있겠지만 네 가지 항목인 '교직논술, 개론, 누리과정, 법과 교육정책 관련 자료'로 나누어 모으세요. 그렇지 않으면, 9~11월의 중요한 시기를 낭비할 수 있습니다.

다섯째, 잠을 줄이지 말고 충분한 수면을 취하세요. 일을 하거나, 가정을 돌보거나, 학교 수업 및 실습을 병행하며 공부하더라도 깨어있는 시간에 짧게라도 집중하는 공부가 훨씬 효과적입니다.

저는 계속 여러분과 임용 마라톤을 완주할 것 입니다. 끝까지 함께 완주합시다!

백청일

목차

이 책의 활용법   8
유아임용 시험 안내   10
유아임용 1차 시험 미리보기   12
한눈에 파악하는 교직논술 출제경향   16
한눈에 파악하는 유아 교육과정 출제경향   18
학습 성향별 맞춤 학습법   24

Part 1 교직논술

01회 모의고사   28
02회 모의고사   30
03회 모의고사   32
04회 모의고사   34
05회 모의고사   36
06회 모의고사   38
07회 모의고사   40
08회 모의고사   42
09회 모의고사   44
10회 모의고사   46

11회 모의고사   48
12회 모의고사   50
13회 모의고사   52
14회 모의고사   54
15회 모의고사   56
16회 모의고사   58
17회 모의고사   60
18회 모의고사   62
19회 모의고사   64
20회 모의고사   66

임용 합격을 앞당기는 백청일 교수님의 고퀄리티 강의
해커스임용 teacher.Hackers.com

Part 2   유아 교육과정

Chapter 01 | 유아교육사상

Point 01	프뢰벨	72
Point 02	듀이	74
Point 03	페스탈로치	76
Point 04	몬테소리	78
Point 05	로크	80
Point 06	루소	81
Point 07	방정환	84
Point 08	코메니우스	86
Point 09	슈타이너	89
Point 10	게젤	92
Point 11	니일	94
Point 12	피바디	95
Point 13	오웬	96
Point 14	오베르랑	97
🔍 **개념 완성 탐구문제**		98

Chapter 02 | 발달이론

Point 01	피아제	122
Point 02	비고츠키	125
Point 03	반두라	128
Point 04	가드너	130
Point 05	브루너	132
Point 06	촘스키	133
Point 07	셀만	134
Point 08	프로이드	137
Point 09	브론펜브레너	141
Point 10	콜버그	142
Point 11	행동수정	144
Point 12	길포드	147
🔍 **개념 완성 탐구문제**		150

목차

Chapter 03 | 놀이이론

Point 01	스밀란스키	190
Point 02	카미-드브리스	192
Point 03	파튼	194
Point 04	피아제	195
Point 05	비고츠키	197
Point 06	TBC(교사 놀이지도 연속모형)	198
Point 07	현대 놀이이론	200
🔍 개념 완성 탐구문제		202

Chapter 04 | 부모교육

Point 01	고든	230
Point 02	드라이커스	232
Point 03	번	234
Point 04	기노트	236
Point 05	로저스	237
🔍 개념 완성 탐구문제		240

Chapter 05 | 평가

Point 01	일화기록법	272
Point 02	평정척도법	274
Point 03	사건표집법	276
Point 04	시간표집법	278
Point 05	사회성측정법	280
Point 06	연구방법	281
🔍 개념 완성 탐구문제		290

Chapter 06 | 교사론

Point 01	캐츠	322
Point 02	엘바즈	328
Point 03	풀러와 보온	329
Point 04	반 매논	331
Point 05	사라초	334
🔍 개념 완성 탐구문제		336

Chapter 07 | 아동복지

Point 01	아동복지	358
🔍 개념 완성 탐구문제		362

Chapter 08 | 신체운동 · 건강

Point 01	신체활동 즐기기	372
Point 02	건강하게 생활하기	380
Point 03	안전하게 생활하기	382
🔍 개념 완성 탐구문제		400

Chapter 09 | 의사소통

Point 01	언어교육이론	428
Point 02	듣기	437
Point 03	말하기	445
Point 04	읽기	448
Point 05	쓰기	451
🔍 개념 완성 탐구문제		454

Chapter 10 | 사회관계

Point 01	사회교육이론	480
Point 02	나를 알고 존중하기	498
Point 03	더불어 생활하기	502
Point 04	다른 사람과 더불어 생활하기	507
Point 05	사회에 관심가지기	519
🔍 **개념 완성 탐구문제**		530

Chapter 11 | 예술경험

Point 01	아름다움 찾아보기	556
Point 02	창의적으로 표현하기(미술)	563
Point 03	창의적으로 표현하기(음악)	572
Point 04	창의적으로 표현하기(움직임과 춤)	593
Point 05	예술 감상하기	598
🔍 **개념 완성 탐구문제**		602

Chapter 12 | 자연탐구

Point 01	과학이론	628
Point 02	수학이론	645
Point 03	탐구과정 즐기기	675
Point 04	과학적 탐구하기	676
🔍 **개념 완성 탐구문제**		680

모범답안

Part 1 교직논술	706
Part 2 유아 교육과정	
Chapter 01 유아교육사상	726
Chapter 02 발달이론	730
Chapter 03 놀이이론	736
Chapter 04 부모교육	740
Chapter 05 평가	745
Chapter 06 교사론	750
Chapter 07 아동복지	753
Chapter 08 신체운동 · 건강	754
Chapter 09 의사소통	758
Chapter 10 사회관계	762
Chapter 11 예술경험	766
Chapter 12 자연탐구	770

부록

유아임용 교직논술 OMR 답안지	775

이 책의 활용법

교직논술 완벽 대비! 다양한 주제의 모의고사 학습하기

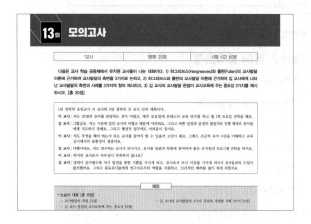

실전처럼 풀어보는 모의고사

실제 시험 형식과 동일한 문제·배점으로 구성한 20회 분량의 모의고사를 풀어보며 충분한 실전 연습을 할 수 있습니다. 매년 다양한 주제에서 교직논술 문제가 출제됨에 따라 모의고사를 풀어보며 이에 대비할 수 있습니다.

나의 답안과 비교해보는 모범답안

모의고사의 모든 회차에 대한 모범답안을 수록하였습니다. 내가 작성한 답안과 모범답안을 비교해보며 답안 작성의 방향과 보완할 점을 점검해볼 수 있습니다.

직접 써보는 변경된 답안지 양식

모의고사의 '답안노트'와 부록의 'OMR 답안지 양식'을 통해 2021학년도 시험부터 적용된 새로운 답안지 양식으로 답안 작성 연습을 할 수 있습니다. 모의고사의 답안을 실제 답안지 양식에 작성해보며 교직논술 시험에 더욱 완벽하게 대비할 수 있습니다.

Part 2 **교육과정 완전 학습! 핵심 이론과 탐구문제로 점검하기**

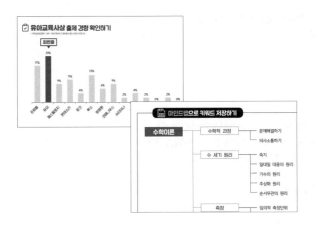

이론 흐름 꽉 잡는 학습요소

1997~2021학년도의 교육과정 출제 경향을 '출제 경향 확인하기' 그래프로 각 영역 도입부에 수록하여 최빈출된 이론이 무엇인지 한눈에 확인할 수 있습니다.

또한, 이론별로 수록된 '마인드맵으로 키워드 저장하기'를 통해 이론의 흐름과 키워드를 확인해보며 학습을 시작할 수 있으며, 인출 및 암기학습에도 효과적으로 활용할 수 있습니다.

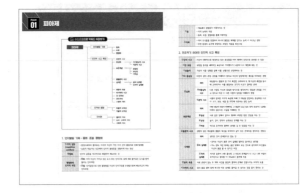

핵심 이론으로 구조화하는 유아 교육과정

2019 개정 누리과정을 충실히 반영하였으며, 핵심 이론을 엄선 하여 표로 정리하였습니다. 구조화된 내용을 통해 효율적으로 개념을 정리하고 암기할 수 있습니다.

나만의 보충 자료나 설명을 보조단의 충분한 메모 공간에 정리 해보며 나만의 단권화 교재로도 만들 수 있습니다.

이해·암기 정도를 확인하는 개념 완성 탐구문제

이론을 학습한 후 영역별로 수록된 탐구문제를 풀어보며 학습한 개념을 점검하고 완성할 수 있습니다. 모범답안은 교재의 뒤쪽 에 모아 수록하여, 문제풀이 시 문제에만 집중할 수 있어 학습 효과가 극대화됩니다.

영역별 탐구문제 상단에 기재된 모범답안 페이지를 통해 손쉽게 모범답안을 확인할 수 있습니다.

유아임용 시험안내

• 임용시험에 관한 자세한 정보는 시·도 교육청별로 상이하므로, 응시하고자 하는 시·도 교육청 홈페이지의 공고문을 꼭 확인하세요

1. 임용시험이란?

- 임용시험(유·초등교원)은 "유치원·초등학교·특수학교(유치원·초등)교사 임용후보자 선정경쟁시험"의 준말로, 교사로서의 전문적인 능력을 평가하여 공립(국, 사립) 유치원·초등학교 교사를 선발하는 시험입니다.
- 임용시험에 응시하기 위해서는, 2개의 자격증(교원자격증, 한국사능력검정시험 3급 이상)이 반드시 필요합니다.
- 임용시험은 1년에 한 번만 진행되며, 1차 시험 합격 시 2차 시험에 응시할 수 있습니다.
- 임용시험은 1차 시험과 2차 시험으로 나누어져 있습니다.

2. 시험 유형 및 배점

- 1차 시험은 논술형·기입형·서술형으로 구성된 필기시험이며, 2차 시험은 수업실연 및 면접 등으로 구성된 실기시험입니다.
- 1차 시험(교직논술, 교육과정 A·B)의 성적이 각 과목 해당 배점의 40% 미만인 경우 과락으로 2차 시험에 응시할 수 없습니다.
- 부득이한 사정으로 2차 시험에 응시하지 못하거나 불합격한 경우, 다음 연도에 다시 1차 시험부터 응시해야 합니다.
- 최종점수는 '1차 + 2차 시험 성적'을 합산하여 점수가 높은 사람부터 차례로 최종 합격자가 결정됩니다.
- 1차 시험 성적은 1차 합격자 발표일에, 2차 시험 성적은 최종 합격자 발표일에 확인할 수 있습니다.

1) 1차 시험

교시	1교시: 교직논술	2교시: 교육과정 A		3교시: 교육과정 B	
출제 분야	유치원 교직·소양	유치원 교육과정			
시험 시간	60분 (09:00 ~ 10:00)	70분 (10:40 ~ 11:50)		70분 (12:30 ~ 13:40)	
문항 유형	논술형	기입형	서술형	기입형	서술형
문항 수	1문항	16문항 내외			
배점	20점	80점			
총 배점	100점				

- 논술형: '서론-본론-결론'이 전체적으로 이어지는 하나의 틀을 가지고 답안을 작성하는 방식
- 기입형: 주로 풀이과정을 작성하라는 별도의 지침 없이, 단답으로 답안을 작성하는 방식(= 단답형)
- 서술형: 2~3가지의 답이 이어지도록 문장의 형태로 답안을 작성하는 방식

2) 2차 시험

시험 과목	시험 시간	총 배점
교직적성 심층면접, 교수·학습 과정안 작성, 수업실연	시·도 교육청 결정	100점

*2차 시험은 시·도별 / 과목별로 시험 과목, 출제 범위 및 내용 등이 다르므로, 응시하고자 하는 시·도 교육청 홈페이지의 공고문을 꼭 확인하세요.

3. 시험 과목

시험 과목		출제 범위(비율) 및 내용
1차 시험	교직논술 (1교시)	• 출제 범위는 유치원 교직·교양 전 영역이며, '논술형' 문항 유형으로 출제됩니다. • 2021학년도 시험부터 답안지가 원고지 형태에서 일반 답안지로 변경되어 주어진 면수(2면 이내)의 답안지에 작성하고, 글자 수를 제한하지 않으며 분량에 대해 배점하지 않습니다.
	교육과정 A, B (2, 3교시)	• 2019년 7월 24일 고시된 2019 개정 누리과정이 확정 및 발표되어, 2021학년도 시험부터 2019 개정 누리과정으로 학습해야 합니다. • 교육과정 A(2교시) 및 교육과정 B(3교시)는 '기입형 + 서술형' 문항으로 출제됩니다.
2차 시험	교직적성 심층면접, 교수·학습 과정안 작성, 수업실연	• 시·도 교육청별로 과목별 배점, 문항 수, 시간, 출제 범위 등의 세부 사항이 다르므로 반드시 시험 시행 공고문을 확인하여 준비해야 합니다.

4. 응시원서 접수 안내

1) 응시원서 접수 방법

• 응시원서는 시·도 교육청별 온라인 채용시스템을 통하여 인터넷으로만 접수가 가능하며, 방문 / 우편 접수는 불가합니다.
• 접수기간 내에는 24시간 접수하며, 접수마감일은 18:00까지 접수가 가능합니다.
• 응시원서 접수 마감시간에 임박하면 지원자의 접속 폭주로 인하여 사이트가 마비되거나 속도가 저하되는 등 마감시간까지 접수를 완료하지 못할 수 있으므로 미리 접수하는 것이 좋습니다.
• 응시원서 최종 접수 결과는 각 시·도 교육청 홈페이지에서 확인할 수 있습니다.

2) 접수 준비물

한국사 능력검정시험 3급 이상	• 국사편찬위원회에서 주관하는 한국사능력검정시험의 3급 또는 심화 3급 이상 시험 성적이 필요하며 1차 시험 합격자 결정일 전날까지 점수가 발표된 시험 중 인증등급(3급) 이상인 시험 성적에 한하여 인정함 　※ 한국사능력검정시험 급수체계 개편에 따라 제46회 시험 이전 응시자는 3급, 제47회 시험 이후 응시자는 심화 3급의 인증등급이 필요함 　※ 2022학년도 임용 시험의 경우 2016. 1. 1 이후 실시된 한국사능력검정시험까지의 성적에 한함 　※ 반드시 임용시험 응시원서 접수 마감시간 전까지 한국사능력검정시험 원서접수를 완료한 후, 인터넷 임용시험 응시원서 접수도 완료되어야 함 • 응시원서 접수 전 인증등급 취득자는 응시원서에 합격등급, 인증번호, 인증(합격) 일자 등을 정확히 기재해야 함 • 인증등급 취득 예정자는 응시원서에 응시예정등급, 원서접수번호를 정확히 기재하여야 하며, 미취득자는 결시로 처리함 (응시 수수료 환불 불가) 　※ 시험 시행 공고문에 취득 예정 인정 회차가 기재되어 있으므로 참고하여 응시원서를 접수해야 함
사진	• 최근 6개월 이내 촬영한 3.5cm x 4.5cm의 여권용 컬러 증명사진 • 파일은 jpg, gif, jpeg, png로 된 30KB 이상 100KB 이내 사이즈여야 함
응시료	시·도 교육청별로 상이함

* 스캔파일 제출 대상자는 원서 접수 시 입력내용과 동일한 각종 증명서류를 스캔하여 반드시 파일 첨부로 제출해야 합니다.
* 교원자격증 또는 교원자격취득예정증명서는 1차 합격자 발표 이후 합격자에 한해서만 제출합니다.

⚠ 응시원서 중복 지원 금지 : 아래 17개 시·도 교육청 중 본인이 응시하기 원하는 1개의 지역에만 지원 가능합니다.
서울특별시 교육청, 부산광역시 교육청, 대구광역시 교육청, 인천광역시 교육청, 광주광역시 교육청, 대전광역시 교육청, 울산광역시 교육청, 경기도 교육청, 강원도 교육청, 충청북도 교육청, 충청남도 교육청, 전라북도 교육청, 전라남도 교육청, 경상북도 교육청, 경상남도 교육청, 제주특별자치도 교육청, 세종특별자치시 교육청

유아임용 1차 시험 미리보기

1. 1차 시험 진행 순서

시험장 가기 전	• 수험표, 신분증, 검은색 펜, 수정테이프, 아날로그(바늘시계) 손목시계를 반드시 준비합니다. 　(전자시계, 탁상시계 및 휴대전화는 반입 불가) • 중식시간 없이 시험이 진행되므로, 필요할 경우 간단한 간식(또는 개인도시락) 및 음용수를 준비합니다. 　참고　• 유효 신분증: 주민등록증, 운전면허증, 여권, 장애인등록증 또는 장애인복지카드 　　　　• 수험표: 이면지를 사용하여 출력할 수 없고, 컬러로 출력해야 하며, 수험표 앞/뒷면에 낙서 및 메모 금지 　　　　• 검은색 펜: 답안지는 지워지거나 번지지 않는 동일한 종류의 검은색 펜만을 사용해야 하며, 연필 또는 사인펜은 사용 불가
시험장(시험실) 도착 및 착석	• 시험 당일 정해진 입실 시간까지 입실 완료하여 지정된 좌석에 앉아야 합니다. 　참고　시·도별로 입실 시간이 상이하므로 시·도 교육청 홈페이지의 공고문을 꼭 확인하세요. • 시험장 입구에서 수험번호 및 선발과목을 확인한 후 시험실 위치를 확인합니다. • 시험실에 부착된 좌석배치도를 확인하여 착석합니다.
시험 준비 및 대기	• 매 교시 시험 시작 후에는 입실과 퇴실이 금지되므로, 화장실을 미리 다녀옵니다. 　참고　부득이한 사정(생리현상 등)으로 시험 시간 중 불가피하게 퇴실할 경우, 해당 시험 시간 중 재입실이 불가하며, 시험 종료 시까지 　　　　시험 관리본부 지정 장소에서 대기하여야 합니다. • 시험실에 모든 전자기기(휴대폰, 태블릿 PC, 넷북, 스마트워치 등)를 포함한 '소지(반입)금지물품'을 반입한 경우, 전원을 끈 후 　시험 시작 전에 감독관에게 제출합니다. (시험장 내에서 이를 사용 또는 소지할 경우 부정행위자로 간주하여 처분함) • 소지품, 책 등은 가방 속에 넣어 지정된 장소에 두어야 합니다. • 보조기구(귀마개, 모자 등)는 착용이 불가합니다.
답안지 및 시험지 배부	• 감독관의 지시에 따라 시험지의 인쇄상태를 확인합니다. 　(인쇄상태 확인 후 시험 시작 전에 계속 시험지를 열람하는 행위는 부정행위로 간주됨) • 감독관의 지시에 따라 답안지의 상단 부분을 작성합니다.
시험 시간	• 총 3교시로 나눠서 시험이 진행됩니다. 　1교시 교직논술　　09:00 ~ 10:00(60분) 　2교시 교육과정 A　10:40 ~ 11:50(70분) 　3교시 교육과정 B　12:30 ~ 13:40(70분) • 답안지 작성 시간이 시험 시간에 포함되어 있으므로 시험 시간을 고려해가며 문제를 풀고 답안을 작성합니다. • 시험 종료종이 울리면 답안지를 제출합니다. (시험지는 제출하지 않음)
쉬는 시간	• 총 2번의 쉬는 시간이 있습니다. 　1교시 후 쉬는 시간　10:00 ~ 10:40(40분) 　2교시 후 쉬는 시간　11:50 ~ 12:30(40분) • 쉬는 시간에는 화장실을 다녀오거나, 준비해온 간식을 먹으며 휴식합니다. • 다음 시험이 시작하기 전 미리 착석하여 대기합니다.
시험 종료	• 전체 시험이 종료되면 감독관의 지시에 따라 퇴실합니다. • 시험 전 제출한 '소지(반입)금지물품'이 있을 경우, 물품을 받은 뒤 퇴실합니다.

2. 유아임용 시험 답안지(OMR) 작성 시 유의사항

답안지 관련 정보	• 각 교시당 답안지는 총 2면이 제공되며, 답안지 수령 후 문제지 및 답안지의 전체 면수와 인쇄 상태를 확인하여야 합니다. • 답안지 사이즈는 B4 사이즈이며, 답안지 용지 재질은 OMR 용지입니다.	
작성 시간	• 별도의 답안 작성 시간이 제공되지 않으므로, 시험 종료 전까지 답안 작성을 완료해야 합니다. • 시험 종료 후 답안 작성은 부정 행위로 간주됩니다. • 시험이 종료되면 답안지를 제출해야 합니다.	
답안란 상단 작성 및 수정	• 답안지 모든 면의 상단에 검은색 펜을 사용하여 성명과 수험번호를 기재하고, 수험번호를 해당란에 '●'로 표기해야 합니다. • '●'로 표기한 부분을 수정하고자 할 경우에는 반드시 흰색 수정테이프를 사용해야 합니다. • 답안을 작성하지 않은 빈 답안지에도 성명과 수험번호를 기재·표기한 후, 답안지를 순서대로 정리하여 2면을 모두 제출해야 합니다.	
답안란 작성 (공통사항)	• 문제지에 제시된 '응시자 유의사항'을 읽은 후 답안을 작성해야 합니다. • 답안은 지워지거나 번지지 않는 동일한 종류의 검은색 필기구(연필이나 사인펜 종류 사용 불가)를 사용하여 작성해야 합니다. • 답안지에는 하위 문항의 번호 또는 기호와 함께 답안을 작성해야 합니다. 문항의 내용은 필요한 경우에만 일부 활용하여 작성할 수 있습니다. • 문항에 대한 답안 내용 이외의 것(답안의 특정 부분을 강조하기 위한 밑줄이나 기호 등)은 일절 표시하지 말아야 합니다. 　[참고] 일반적인 글쓰기 교정부호는 사용이 가능함 • 문항에서 요구하는 내용의 가짓수가 제한되어 있는 경우, 요구한 가짓수까지의 내용만 답안으로 작성해야 합니다. 　[참고] 첫번째로 작성한 내용부터 문항에서 요구하는 가짓수에 해당하는 내용까지만 순서대로 채점합니다. • 답안의 특정 내용을 강조하기 위하여 밑줄을 칠 수 없으며, 문제에 대한 답안 내용 이외에는 기타 어떠한 내용도 일절 표시할 수 없습니다. • 아래에 해당하는 답안은 채점하지 않습니다. 　- 답안란 이외의 공간(문항번호란, 답안지 여백 등)에 작성한 부분 　- 내용이 지워지거나 번지는 등 식별이 불가능한 부분 　- 연필로 작성한 부분, 수정테이프 또는 수정액을 사용하여 수정한 부분 　- 개인 정보를 노출하거나 암시하는 표시(성명 및 수험번호 기재란 예외)가 있는 답안지 전체	
답안란 작성 (과목별 사항)	교직논술 (1교시)	• 문제지에 제시된 '답안 작성 시 유의 사항' 및 '배점'을 읽어 보고 답안을 작성해야 합니다. • 답안의 초안 작성은 초안 작성 용지를 활용할 수 있습니다.
	교육과정 (2~3교시)	• 답안의 초안 작성은 문제지 여백을 활용할 수 있습니다. • 답안 작성 시, 가로 선을 그어 답안란의 줄을 추가할 수 있습니다 • 다른 문항의 답안란에 작성한 부분(문항 번호를 임의로 수정하는 경우, 맞바꿔 작성한 부분을 화살표로 표시하는 경우 등)은 채점하지 않습니다.
답안 수정	• 답안을 수정할 때에는 반드시 두 줄(=)을 긋고 수정할 내용을 작성해야 합니다. • 수정테이프 또는 수정액을 사용하여 답안을 수정할 수 없습니다. • 답안지 교체가 필요한 경우에는 답안 작성 시간을 고려해야 합니다. 　[주의] • 시험 종료종이 울리면 답안을 작성할 수 없음 　　　　• 답안지 교체 후, 교체 전 답안지는 폐답안지로 처리함	

*유아임용 전용 답안지(OMR)는 해커스임용 사이트(teacher.Hackers.com)의 [학습자료실] >[과년도 기출문제]에서 무료로 다운받으세요.
*더 자세한 답안지(OMR) 작성 시 유의사항은 한국교육과정평가원 홈페이지(www.kice.re.kr)에서 확인하세요.

유아임용 1차 시험 미리보기

* 아래 내용은 참고용이며, 더 자세한 내용은 한국교육과정평가원 사이트(www.kice.re.kr)에서 확인하시길 바랍니다.

3. 답안지 작성 관련 Q&A

Q1 교직논술 답안지가 변경되었다고 하는데, 어떻게 변경됐는지 궁금해요!

2021학년도부터 원고지 형식이 아닌 일반 줄글 형식의 답안지로 변경되었습니다.

줄글 형식의 답안지가 총 2면 제공되며, 답안지의 쪽 번호를 확인한 후 작성하여야 합니다. 기존 원고지 답안지와 다르게 글자 수를 제한하지 않으며 분량에 대해 배점하지 않습니다. 시험 전 미리 본 교재 부록에 수록된 답안지 양식을 활용하여 답안을 작성하는 연습을 해보는 것을 추천합니다.

Q2 교직논술 답안지 작성 시 특히 유의해야 할 점이 있나요?

응시자 유의사항을 필수로 숙지해야 하며, 그 외에도 유의해야 할 점이 몇 가지 있습니다.

글의 내용을 논리적으로 작성하는 것도 물론 중요하지만, 정성을 들여 깨끗하게 원고를 작성하는 것 역시 중요합니다. 글씨는 정자로 깨끗하게 쓰도록 하며, 각 문단이 시작될 때는 들여쓰기를 합니다. 하위 문항의 번호 또는 기호를 포함하여 작성하며, 교정부호 자체가 부정의 소지가 될 수 있기 때문에 교정부호를 최소한으로 사용하는 것이 좋습니다.

Q3 답안은 바로 답안지에 작성해야 하나요? 초안을 작성할 수는 없나요?

실제 답안을 답안지에 작성하기 전 초안을 작성해볼 수 있습니다.

1교시 교직논술에서는 초안 작성 용지가 별도로 제공되며, 2~3교시의 교육과정 A / B는 문제지의 여백을 활용하여 초안을 작성할 수 있습니다. 하지만 답안을 작성하는 시간도 모두 시험시간에 포함되어 있기 때문에 미리 시간에 맞춰 문제를 풀고 답안을 작성하는 연습을 해야 합니다. 특히, 교육과정 A / B 과목의 경우 문항 번호를 수정하거나 화살표로 맞바꾸어 쓸 경우에는 채점이 불가하니 신중하게 답안을 작성하는 연습을 해야 합니다.

Q4 답안 작성 시 고치고 싶은 부분에 수정액 또는 수정테이프를 써도 되나요?

답안란에는 검은색 펜을 제외한 어떤 필기구도 사용할 수 없습니다.

답안란에는 연필이나 사인펜 종류도 사용할 수 없으며, 수정액 및 수정테이프의 사용도 불가능합니다. 수험번호를 수정하고자 할 경우에는 흰색 수정테이프를 사용하여 수정할 수 있으나, 답안란에는 사용할 수 없습니다. 답안 수정이 필요할 경우에는, 해당 부분에 두 줄(=)을 긋고 수정할 수 있습니다. 퇴고 시 교정부호는 되도록 띄어쓰기 관계(∨,⌒), 삭제(=), 삽입(√)만 사용하도록 합니다.

4. 응시자 유의사항(교직논술) 미리보기

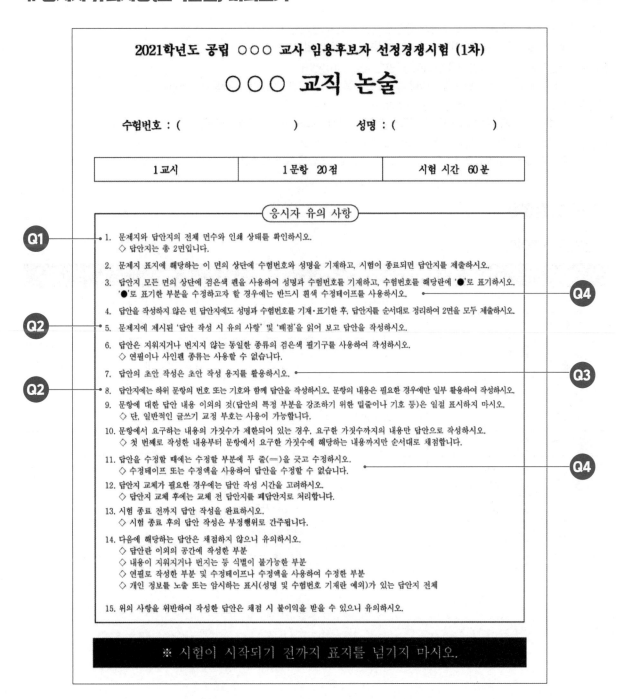

한눈에 파악하는 교직논술 출제경향

1 교직논술 학습 Tip

Tip 1 유아교사론, 유아교육 및 교육학 이론에 대한 이해가 필요하다!
교사론 영역 중 조직론과 지도성 등의 기초이론을 완벽하게 암기해야 합니다.

Tip 2 기본적인 논술 작성방법을 익히고, 다양한 글을 읽어본다!
글쓰기에 대한 기본 개념 학습뿐 아니라, 다양한 글을 많이 읽으면 글에 대한 이해도가 높아집니다.

Tip 3 기출문제에 대한 충분한 분석을 해야 한다!
시험문제에 대한 적응력을 높일 수 있도록 기출문제를 내 것으로 만드는 연습이 필요합니다.

Tip 4 논제의 지문에서 '사례'를 찾는 연습이 필요하다!
각 사례에서 핵심 포인트를 찾을 수 있는 문장 사례 찾기 연습을 많이 해야 합니다.

2 9개년 기출이론

1. 영역별 기출이론

구분	교수법	부모교육론	유아교사론	장학	평가
2021학년도		워크숍			
2020학년도			교직윤리		
2019학년도				멘토링(추시) 동료장학(정시)	
2018학년도		유치원 - 가정 연계 (브론펜브레너 + 엡스테인)			
2017학년도			역할갈등		
2016학년도	교육과정의 탄력적 운영				
2015학년도			반성적 사고		
2014학년도			직무 스트레스		
2013학년도			조직문화(추시)		포트폴리오(정시)

2. 연도별 기출이론

시험	내용
2021학년도 (정시)	• 양방향적 의사소통의 필요성, 대면 개별(개인) 면담과 전화면담 장점 [5점] • 부모교육으로 워크숍 형식이 적합한 이유와 이를 실시할 때 교사가 준비해야 할 사항 [4점] • 교사 - 유아, 교사 - 부모, 유아 - 부모 관계에서 나타날 수 있는 긍정적 효과 [6점]
2020학년도 (정시)	• 세 교사가 갈등한 내용 [3점] • 세 교사가 선택한 행동의 이유 [3점] • 세 교사의 문제 해결방안 [3점] • 유아교사가 유아, 학부모, 동료 교사에 대해 갖추어야 할 덕목(3점)과 그 이유(3점) [6점]
2019학년도 (추시)	• 안전사고 관련 적절하지 못한 행동의 수정(3점), 그 이유(3점) [6점] • 정서적 지원의 기대 효과(3점)와 전문적 지원의 기대 효과(3점) [6점] • 교사 역량과 그 개발의 필요성 [3점]
2019학년도 (정시)	• 교사의 관심사(3점)와 동료장학 내용(3점) [6점] • 동료장학의 기대 효과 [4점] • 신입 교사의 관심사(1점)와 동료장학 내용(2점) [3점] • 신입 교사의 대인관계에서의 어려움 극복 방안 [2점]
2018학년도 (정시)	• 유치원 - 가정 연계의 필요성 [3점] • 유치원 - 가정 연계의 유형(3점)과 사례(3점) [6점] • 김 교사 유치원이 가정과 관계 맺는 방식에서 초래되는 교육상 문제점(3점)과 해결방안(3점) [6점]
2017학년도 (정시)	• 유아교사의 역할 [4점] • 역할갈등의 개념(3점)과 내용(2점) [5점] • 개인 차원의 역할갈등 해결방안 [4점] • 조직 차원의 지원방안 [2점]
2016학년도 (정시)	• 교육과정의 탄력적 운영이 필요한 이유 [2점] • 교육과정의 탄력적 운영 시 고려한 사항과 의의 [6점] • 교직의 전문직 관점에서 교사에게 요구되는 특성 [2점]
2015학년도 (정시)	• 반성적 사고가 교사의 전문성 신장에 미치는 긍정적 효과 [2점] • 반성적 사고를 통해 안 교사가 개선해야 할 교수행동과 대안 [6점] • 반성적 사고 증진방안 [2점]
2014학년도 (정시)	• 직무 스트레스의 유발 요인 [2점] • 직무 스트레스가 교사와 유치원에 미치는 부정적 영향 [4점] • 자기 관리 능력 개발과 문제 해결 능력 개발 차원에서의 직무 스트레스 대처 방안 [4점]
2013학년도 (추시)	• (가)의 사례에 나타난 A 초등학교 병설유치원 조직문화의 긍정적 측면 2가지 [2점] • (나)의 사례에 나타난 B 초등학교 병설유치원 조직문화의 문제점 4가지 [4점] • 문제점에 대한 해결방안 4가지 [4점]
2013학년도 (정시)	• 유아 평가의 목적 2가지 [2점] • 김 교사가 포트폴리오 평가 수행 과정에서 범한 문제점 4가지 [4점] • 문제점에 대한 해결 방안 4가지 [4점]

한눈에 파악하는 유아 교육과정 출제경향

1 유아 교육과정 학습 Tip

Tip 1 2019 개정 누리과정의 목표와 내용범주 및 내용을 숙지한다!
교육과정의 문제는 최신 교육과정을 바탕으로 출제되기 때문에 개정된 내용을 충분히 숙지하여야 합니다.

Tip 2 사상가와 이론 및 발달단계 등의 키워드를 정확하게 암기한다!
사상가의 이름, 이론의 명칭, 용어 등을 묻는 문제에 대비하기 위해 키워드를 정확하게 암기하여야 합니다.

Tip 3 기출문제에 대한 충분한 분석을 해야 한다!
시험문제에 대한 적응력을 높일 수 있도록 기출문제를 내 것으로 만드는 연습이 필요합니다.

Tip 4 문제를 꼼꼼히 읽고 문제가 묻는 사항에 대하여 빠짐없이 답한다!
각 문제에서 1개 이상의 내용을 답해야 할 때 정확하게 무엇을 묻고 있는지 확인하는 습관을 가져야 합니다.

2 영역별 10개년 기출이론

1. 유아교육사상

구분	2021	2020	2019	2018	2017	2016	2015	2014	2013	2012
방정환									O	O
프뢰벨			O				O	O	O	
듀이	O			O			O	O		
코메니우스					O					
페스탈로치			O					O		
몬테소리					O		O		O(추)	
로크				O						
루소	O			O					O(추)	
슈타이너										
게젤					O				O	
니일(썸머힐)								O(추)		
오웬			O							

2. 발달이론

구분	2021	2020	2019	2018	2017	2016	2015	2014	2013	2012
반두라			O						O(정/추)	
스키너										
프로이드			O							
피아제				O			O	O	O(정/추)	
비고츠키					O		O		O(추)	
가드너					O		O		O(추)	
브론펜브레너						O			O	
콜버그									O	
브루너								O	O(추)	
촘스키								O		
셀만								O	O	
길포드							O			
행동수정 기법							O	O	O(추)	
언어학습 이론						O				
학습기제						O				
에릭슨						O				
골만					O					

3. 놀이이론

구분	2021	2020	2019	2018	2017	2016	2015	2014	2013	2012
파튼									O(추)	
스밀란스키				O	O			O	O	
피아제					O			O		
전통놀이										
카미-드브리스									O	O
놀이지도								O(추)		
친사회성								O(추)		
비고츠키					O			O		
프로이드								O		
각본이론		O				O				
베이트슨						O				
루빈			O		O					
에릭슨						O				
각성이론			O							
하우웨		O								
허트		O								
존슨		O								
놀이공간		O								
바넷		O								

4. 부모교육

구분	2021	2020	2019	2018	2017	2016	2015	2014	2013	2012
고든				O		O		O		
드라이커스			O						O	
기노트			O						O(추)	
번									O(추)	
로저스								O		
누리과정(운영)									O(추)	
바운린드, 맥코비, 마린		O								

5. 평가

구분	2021	2020	2019	2018	2017	2016	2015	2014	2013	2012
평정척도법			O					O		
사건표집법		O		O		O		O		
시간표집법			O						O(추)	
일화기록법				O	O		O			O
사회성측정법		O					O			
유치원 평가						O	O			
검사법								O		
행동목록법						O				
포트폴리오						O				
신뢰도, 타당도		O	O							
2015 개정 유치원 교육과정 평가		O								

6. 교사론

구분	2021	2020	2019	2018	2017	2016	2015	2014	2013	2012
캐츠							O		O	
풀러와 보온				O				O		
엘바즈							O			
반 매논	O					O				
자기장학						O				
사이버장학			O							
사라초			O			O				
컨설팅장학						O				
교직 발달단계						O				
하그리브스와 풀란				O						
교수 · 학습 원리		O								

7. 아동복지

구분	2021	2020	2019	2018	2017	2016	2015	2014	2013	2012
아동복지				O			O		O	

8. 신체운동·건강

구분	2021	2020	2019	2018	2017	2016	2015	2014	2013	2012
신체 인식하기								O		
신체조절과 기본 운동하기	O	O	O	O	O	O	O	O	O(정/추)	
신체활동에 참여하기				O	O		O		O(추)	
건강하게 생활하기		O	O			O	O		O(추)	O
안전하게 생활하기	O	O	O	O	O		O	O	O(정/추)	

9. 의사소통

구분	2021	2020	2019	2018	2017	2016	2015	2014	2013	2012
언어교육이론	O	O	O	O	O	O	O	O	O(정/추)	O
듣기	O	O	O	O	O			O		
말하기	O	O	O		O		O	O	O(추)	O
읽기	O	O			O		O	O	O(정/추)	
쓰기		O	O	O	O					

10. 사회관계

구분	2021	2020	2019	2018	2017	2016	2015	2014	2013	2012
사회교육이론	O	O	O	O	O	O		O	O	
나와 다른 사람의 감정 알고 조절하기	O				O		O		O	
가족을 소중히 여기기										O
다른 사람과 더불어 생활하기	O	O	O	O			O		O(정/추)	
사회에 관심갖기			O	O	O	O		O	O(추)	

11. 예술경험

구분	2021	2020	2019	2018	2017	2016	2015	2014	2013	2012
아름다움 찾아보기	O	O	O	O		O	O	O	O(정/추)	
예술적 표현하기	O	O	O	O	O	O	O	O	O(추)	O
예술 감상하기	O	O	O	O	O		O		O(정/추)	O

12. 자연탐구

구분	2021	2020	2019	2018	2017	2016	2015	2014	2013	2012
과학이론	O	O	O	O	O	O	O	O		
수학이론	O	O			O	O	O	O		
탐구하는 태도 기르기						O		O	O(정/추)	
수학적 탐구하기		O	O	O	O			O	O(정/추)	O
과학적 탐구하기					O		O	O	O(정/추)	O

학습 성향별 맞춤 학습법

개별학습 | 혼자 공부할 때, 학습효과가 높다!

- **자신에게 맞는 학습계획을 세운다.**

  교재의 목차를 참고하여 자신에게 맞는 학습계획을 세워 시간을 효율적으로 활용할 수 있도록 합니다. 월별 / 주별 / 일별로 계획을 구체적으로 세워 스스로 점검합니다.

- **교재를 꼼꼼히 학습한다.**

  해커스임용 교재로 핵심 내용을 꼼꼼히 학습합니다. 학습 중 교재에 관해 궁금한 사항이 생기면, 해커스임용 사이트의 [고객센터] > [1:1 고객센터] 게시판에 질문합니다.

- **해커스임용 사이트를 적극 활용한다.**

  해커스임용 사이트를 적극적으로 활용하면 수험정보, 최신정보, 기출문제 등 참고자료를 얻을 수 있습니다. 또한, 학습 시 부족한 부분은 해커스임용 동영상 강의를 통해 보충할 수 있습니다.

스터디학습 | 여러 사람과 함께 공부할 때, 더 열심히 한다!

- **자신에게 맞는 스터디를 선택하고 준비한다.**

  자신의 학습성향 및 목표에 맞는 스터디를 선택하고, 스터디 구성원들끼리 정한 계획에 따라 공부해야 할 자료를 미리 준비합니다.

- **스터디 구성원들과 함께 학습하며 완벽하게 이해한다.**

  개별적으로 학습할 때, 이해하기 어려웠던 개념은 스터디를 통해 함께 학습하며 완벽하게 이해합니다. 또한, 학습 내용 및 시험 관련 정보를 공유하며 학습 효과를 높일 수 있습니다.

- **스터디 자료 및 부가 학습자료로 개별 복습한다.**

  스터디가 끝난 후, 스터디 구성원들의 자료와 자신의 자료를 비교하며 학습한 내용을 복습합니다. 또한, 해커스임용 사이트에서 제공하는 다양한 학습자료를 활용하여 학습 내용을 보충합니다.

동영상학습 | 자유롭게 시간을 활용해 강의를 듣고 싶다!

- **자신만의 학습플랜을 세운다.**
  해커스임용 사이트의 샘플강의를 통해 교수님의 커리큘럼 및 강의 스타일을 미리 파악해 보고, 수강할 동영상 강의 커리큘럼을 참고하여 스스로 학습계획을 세웁니다.

- **[내 강의실]에서 동영상 강의를 집중해서 학습한다.**
  학습플랜에 따라 공부해야 할 강의를 듣습니다. 자신의 학습속도에 맞게 '(속도) 배수 조절'을 하거나, 놓친 부분이 있다면 되돌아가서 학습합니다.

- **[학습 질문하기] 게시판을 적극 활용한다.**
  강의 수강 중 모르는 부분이 있거나 질문할 것이 생기면 해커스임용 사이트의 [고객센터] > [문의하기] > [학습 질문하기] 게시판을 통해 교수님께 직접 문의하여 확실히 이해하도록 합니다.

학원학습 | 교수님의 생생한 강의를 직접 듣고 싶다!

- **100% 출석을 목표로 한다.**
  자신이 원하는 학원 강의를 등록하고, 개강일부터 종강일까지 100% 출석을 목표로 빠짐없이 수업에 참여합니다. 스터디가 진행되는 수업의 경우, 학원 수업 후 스터디에 참여하여 학습 효과를 높일 수 있습니다.

- **예습과 복습을 철저히 한다.**
  수업 전에는 그날 배울 내용을 미리 훑어보고, 수업이 끝난 후에는 그날 학습한 내용을 철저하게 복습합니다. 복습 시 이해하기 어려운 부분은 교수님께 직접 질문하여 완벽하게 이해할 수 있도록 합니다.

- **수업에서 제공하는 자료를 적극 활용한다.**
  수업 시 교재 외 부가 학습자료를 제공하는 경우가 많으므로, 해커스임용 교수님의 노하우가 담긴 학습자료를 자신만의 방식으로 정리 및 암기합니다.

교원임용학원 강의만족도 1위,
해커스임용 teacher.Hackers.com

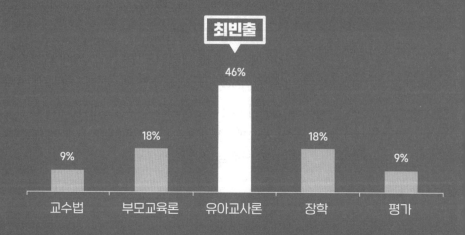

교직논술 출제 경향 확인하기

* 아래 출제경향은 2013~2021학년도의 출제빈도를 나타낸 것입니다.

최빈출

46%

18%   18%

9%   9%

교수법   부모교육론   유아교사론   장학   평가

Part 1

교직논술

01회 모의고사
02회 모의고사
03회 모의고사
04회 모의고사
05회 모의고사

06회 모의고사
07회 모의고사
08회 모의고사
09회 모의고사
10회 모의고사

11회 모의고사
12회 모의고사
13회 모의고사
14회 모의고사
15회 모의고사

16회 모의고사
17회 모의고사
18회 모의고사
19회 모의고사
20회 모의고사

1교시	1문항 20점	시험 시간 60분

최근 유치원 현장에서 수업컨설팅이 활성화되고 있다. 이러한 추세에 맞추어 1) 유치원 컨설팅 장학의 목적 3가지를 논하고, 2) 수업장학과 수업컨설팅의 차이점을 4가지 측면에서 비교하고, 3) 사례에 근거하여 수업컨설팅에 참여한 교사들의 문제점과 개선방안을 각각 3가지씩 논하고, 4) 사례에 나타난 수업컨설팅 진행 과정에서 교사들의 변화된 점 2가지를 논하시오. [총 20점]

김 교사 : 제가 수업컨설팅 때 수업이 잘 안되었어요. 아무래도 애들이 어리니까 준비한 대로 잘 안된 것 같아요. 계획할 때 그런 부분도 생각했어야 하는데 말이에요.

박 교사 : 그랬군요. 우리 반에는 남자 아이가 많거든요. 그래서 주의 집중이 어려워요. 이야기 나누기를 하려 해도 집중하지 않으니까 계속 지적만 하다가 끝나는 경우가 많아요. 홍 선생님은 어떠세요?

홍 교사 : 저도 마찬가지예요. 수업이 잘되기 위해서는 교사 대 유아의 비율이 적절해야 한다고 생각해요. 교실에서 유아들을 모두 파악하고 평가하는 것이 어려워 수업을 진행하면서 어려움을 느낄 때가 많아요. …(중략)… 또한, 수업을 계획할 때 유아 개개인의 특징과 발달 정도를 파악하는 것이 중요한데 이를 위해서는 보조교사를 지원해 주는 것이 필요하다고 생각해요.

최 교사 : 맞아요. 수업이 잘되기 위해서는 무엇보다 교사의 업무를 줄여주는 노력이 필요해요. 수업에 집중하고 싶지만 시간적 어려움이 많아요. 수업을 준비하는 데 있는 어려움 때문에 그때그때 계획과는 다른 수업을 하게 되는 경우가 많이 있어요.

배 교사 : 맞아요. 그래서 저는 유아들에게 노래 배우기와 악기 연주를 함께 가르쳐 주었어요. 그랬더니 원감 선생님이 "원래 노래 배우는 것이 하나의 활동이 되어야 하고, 그다음 2차시나 3차시에 활동이 이루어져야 해요."라고 하셨어요. 원감선생님 말씀대로 했더니 유아들이 더 흥미롭게 참여하였어요.

엄 교사 : 그랬군요. 저도 수업을 준비할 때 너무 어려운 것을 준비해서 만 3세 유아들이 웅성거리고 있을 때가 많았어요. 그런데 이제는 만 3세 유아들에게 맞추어 수업준비를 잘하게 되었어요.

배점

- **논술의 내용 [총 15점]**
  - 유치원 컨설팅 장학의 목적 [3점]
  - 수업컨설팅 참여 교사들의 문제점(3점)과 개선방안(3점) [6점]
  - 수업장학과 수업컨설팅의 비교 [4점]
  - 수업컨설팅 진행 과정에서 나타난 교사들의 변화 [2점]

- **논술의 구성 및 표현 [총 5점]**
  - 글의 논리적 체계성 [3점]
  - 맞춤법 및 어휘·문장의 적절성 [2점]

1교시	1문항 20점	시험 시간 60분

다음은 유치원 자유선택활동에서 나타나는 상황이다. 이러한 상황을 고려하여, 1) 자유선택활동의 의의 3가지와 자유선택활동 시 교사가 유의해야 할 점 2가지를 대화에 근거하여 제시하고, 2) 사례에서 자유선택활동 시간에 발생한 교사 역할수행 갈등을 4가지로 논하고, 3) 이러한 교사의 역할수행 갈등에 대한 해결방안을 4가지로 논하고, 4) 사례에서 교사의 역할수행에 도움을 주는 효능감 2가지에 대하여 논하시오. [총 20점]

김 교사 : 자유선택활동은 정말 교사가 준비해야 할 사항도 많고, 유아에게 많은 역할을 제공해 주어야 하는 시간인데 그렇게 해주지 못해서 항상 반성해요. 유아들에게 정말 많은 것을 해주고 싶지만 현실적으로 어떤 한 가지를 하고 있을 때 '또 다른 것을 해야 하는 상황'이 올 때는 정말 몸이 하나라는 것이 너무 괴로워요.

박 교사 : 맞아요. 제가 한 영역에만 있을 수 있는 것이 아니니까 너무 정신이 없어요. 그래서 여러 영역들을 계속 돌아다니면서 유아들의 놀이에 상호작용을 해줄 때, 유아들에게 칭찬만 해주어야 할지 아니면 역할놀이를 하고 있을 경우 놀이에 끼어들어야 하는지도 많이 고민되어요.

홍 교사 : 그렇군요. 저는 한 유아와 어느 정도 충분한 시간을 두고 이야기를 진행시켜야 하는데, 이야기하는 동시에 다른 유아들에게도 관심을 가져야 하는 것이 어려워요. 그렇다고 한 유아에게만 집중할 수도 없고, 모든 유아들을 대상으로 충분한 이야기를 하자니 유아들이 너무 많아서 힘들지요.

최 교사 : 제가 하루 종일 유아들에게 했던 말을 하루가 지나서 돌이켜보면 "OO아, 그거 하지 마라. 그거 위험하다."라는 말을 너무 많이 하는 것 같아요. 그래서 제게 유아를 지도하는 교사로서 필요한 능력이 있는지도 염려되어요.

백 교사 : 맞아요. 저도 유아들이 협동하여 작업해야 할 경우, 성공적으로 유아들을 이끌 수 있을지 고민되어요.

배점

• 논술의 내용 [총 15점]
- 자유선택활동의 의의(3점)와 유의점(2점) [5점]
- 자유선택활동 시 교사의 역할수행 갈등에 대한 해결방안 [4점]
- 자유선택활동 시 교사의 역할수행 갈등 [4점]
- 자유선택활동 시 교사의 역할수행에 도움을 주는 효능감 [2점]

• 논술의 구성 및 표현 [총 5점]
- 글의 논리적 체계성 [3점]
- 맞춤법 및 어휘·문장의 적절성 [2점]

* 모범답안 707쪽

1교시	1문항 20점	시험 시간 60분

유치원의 교직원은 담당 발달수준, 경력, 연령이 다양하기 때문에 교수 – 학습 상황에서 다양한 의견이 제시될 수 있다. 이러한 다양성을 활용하여 동료끼리 짝이 되어 도움을 주기 위한 사례에 근거하여 1) 동료장학의 목적 2가지와 효과 2가지를 제시하고, 2) 동료끼리 짝을 구성하는 적합한 방법 4가지를 논하고, 3) 사례에서 경력교사가 초임교사에게 적절하게 도움을 준 경우 3가지를 찾아서 논하고, 4) 동료끼리 짝이 되어 도움을 줄 때 효과적인 동료장학의 방법 2가지를 제시하고, 5) 동료장학이 성공하기 위한 조건 2가지에 대하여 논하시오. [총 20점]

두 학급의 같은 유치원에 함께 근무하는 경력 1년 6개월의 김 교사와 경력 3년의 박 교사가 잠시 복도에서 마주치면서 이루어지는 도움 사례이다. 박 교사는 유아들과 실외놀이를 위해서 밖으로 나가려 하고 있고, 김 교사는 유아들과 게임 수업을 하기 위해 유아들을 유희실로 데려가려고 복도에서 줄을 세우고 있다.

김 교사 : 자, 나비 팀 한 줄로 서보세요. 다음은 꽃 팀 한 줄로 서보세요. 나비 팀과 꽃 팀 친구들 서로 손잡으세요.
(교사의 소리를 들은 유아들은 두 명씩 손을 잡고 줄을 서 있지만 곧 옆의 친구와 소란스럽게 장난을 치고 있다.)
박 교사 : 어머, 게임하시려나 봐요?
김 교사 : 네. 유희실로 가서 게임 수업을 하려 해요.
박 교사 : 여기서부터 팀끼리 줄을 세워서 가려면 힘드실 것 같아요.
김 교사 : 그렇군요. 그럼 어떤 좋은 방법이 있을까요?
박 교사 : 우선, 유아들에게 좋아하는 친구끼리 손을 잡게 해서 유희실로 가세요. 그런 다음 유희실에서 팀을 나누어 게임을 하는 것은 어떨까요?
김 교사 : 아하, 그렇게 하면 되겠군요.
박 교사 : 팀을 나누는 방법도 다양하게 하면 유아들이 훨씬 즐거워하는데, 오늘은 어떤 방법으로 팀을 나누셨나요?
김 교사 : 제가 정해준 두 친구끼리 가위바위보로 정했어요.
박 교사 : 그래요? 우리 반에서는 가끔 비밀상자를 사용해서 뽑기로 팀을 정하는데 유아들이 무척 즐거워하더라고요.
김 교사 : 아, 그래요?
박 교사 : 우리 반에 있는 것 빌려드릴 테니까 오늘 한번 사용해 보세요.

배점

- **논술의 내용 [총 15점]**
  - 동료장학의 목적(2점)과 효과(2점) [4점]
  - 동료끼리 적절하게 도움을 준 점 [3점]
  - 동료장학이 성공하기 위한 조건 [2점]
  - 동료끼리 짝을 구성하는 방법 [4점]
  - 동료끼리 짝이 되어 도움을 줄 때 동료장학의 방법 [2점]

- **논술의 구성 및 표현 [총 5점]**
  - 글의 논리적 체계성 [3점]
  - 맞춤법 및 어휘·문장의 적절성 [2점]

| 1교시 | 1문항 20점 | 시험 시간 60분 |

(가)와 (나)는 유치원 조직문화에서 이루어지는 교사들 간의 대화이다. 1) (가) 사례에 나타난 조직문화의 문제점과 해결방안을 각 3가지로 논하고, 2) (나)의 사례에 나타난 조직문화의 문제점과 해결방안을 각 3가지로 구체적으로 논하고, 3) (가)와 (나) 사례를 극복하기 위한 건강한 조직문화 형성 방안 3가지를 논하시오. [총 20점]

(가) 〈청일 유치원(단설) 초임 교사 정 교사와 경력 교사 안 교사의 대화〉

정 교사 : 안 선생님! 아이들 봐주셔서 고마워요. 배가 아팠는데 아이들만 두고 화장실에 갈 순 없었어요. 며칠 전 잠시 화장실 다녀 온 사이에 한 아이가 다쳐서 정말 속상했어요. 교실 안의 화장실은 유아용인데다 개방형이어서 사용하기가 곤란해요.

안 교사 : 앞으로 급할 때는 이야기해요. 나도 경험해 봤으니까요. 그럴 때 저는 원감 선생님께 도움을 요청했어요. 그런데 정 선생님, 오늘따라 많이 피곤해 보이네요.

정 교사 : 네, 안 선생님. 하지만 원감 선생님께 매번 부탁드리기는 어렵고, 저는 화장실을 자주 가는 편이라서 교사회의 때 이 문제를 건의해 봐야 할 것 같아요. 그리고 요즘 부모면담을 준비하느라 늦게까지 일하고 퇴근해요. 처음 하는 면담이라 그런지 부담이 많이 되네요. 실은 학부모 한 분이 거의 매일 전화하셔서 이것저것 간섭하고 요구사항도 많으세요. 그 전화를 받고 나면 가슴이 쿵쾅거려서 일을 제대로 못하겠어요.

안 교사 : 어머! 정말 힘들겠네요.

정 교사 : 네, 그래도 아이들을 보면 정말 예뻐서 힘이 나요. 학부모 공개 수업에 부모 면담까지 준비하다 보니 업무가 버거워서 아직 학급 운영계획서도 못 냈어요. 게다가 박 선생님이 생활 주제가 같다며 저에게 자료 준비를 자주 부탁하시는데, 아무리 같은 자료지만 부담돼요. 거절하자니 관계가 나빠질 것 같아 말도 못했어요. 이런 점 때문에 가끔은 우리 반 자료 준비도 하기 싫어지고, 불편한 마음이 들어 아이들에게 짜증내기도 해서 많이 미안하죠.

안 교사 : 아, 그런 일이 있었군요. 다과 모임 때 박 선생님께 솔직하게 이야기하지 그랬어요?

정 교사 : 지난 모임에는 박 선생님과 마주치기 싫어서 안 갔어요. 이번에는 가서 이야기해볼까 생각 중이에요.

안 교사 : 그러는 것이 좋겠어요. 어쨌든 이번 주면 힘든 일이 어느 정도 끝나네요. 기분 전환도 할 겸 같이 등산이나 갈까요?

(나) 〈청일 초등학교 병설유치원의 교사들의 대화〉

정 원감 : 오늘 회의에서는 행사 준비 상황을 점검해 보죠. 먼저 부모면담 일정은 확정되었나요?

서 교사 : 우리 반은 이제 다 확정되었어요.

황 교사 : 저는 면담 일정 안내문을 보냈는데, 아직 몇 분이 답을 안 주셨어요.

김 교사 : 저도 안내문은 보냈어요. 그런데 제가 부모면담이 처음이라 그러는데, 면담 자료는 어떻게 준비해야 하나요?

정 원감 : 부모교육 책을 찾아서 준비해 보세요. 그리고 곧 가족의 날 행사가 있는데요. 서 선생님, 행사 담당이시죠?

서 교사 : 행사 담당은 제가 맞지만 가족의 날 행사는 반별로 준비해야 하는 것 아닌가요?

황 교사 : 반별로 준비하더라도 전체가 함께 하는 프로그램도 있는데, 그건 누가 담당하는 거죠?

정 원감 : 행사가 얼마 남지 않았는데, 지금 서로 그런 질문을 하고 있으면 어떡해요? …(중략)…

황 교사 : 이번 어린이날 행사는 작년과는 조금 다르게 하면 어떨까요?

서 교사 : 작년에 했던 것도 괜찮은데 그냥 그대로 해요.

황 교사 : 작년에 다녔던 아이들도 많은데 너무 똑같으면 재미없지 않을까요?

서 교사 : 작년에 별 문제 없었는데 뭘 굳이 바꿔요.

정 원감 : 그럼 어린이날 행사는 그대로 하세요.

배점

- **논술의 내용 [총 15점]**
  - (가) 사례에서 조직문화의 문제점(3점)과 해결방안(3점) [6점]   – (나) 사례에서 조직문화의 문제점(3점)과 해결방안(3점) [6점]
  - 건강한 조직문화 형성 방안 [3점]

- **논술의 구성 및 표현 [총 5점]**
  - 글의 논리적 체계성 [3점]   – 맞춤법 및 어휘·문장의 적절성 [2점]

* 모범답안 709쪽

1교시	1문항 20점	시험 시간 60분

다음은 어느 유치원에서 효율적인 멘토링을 위해 멘토 – 멘티 사전 협의회를 하는 장면이다. 1) 멘토링에서 멘토 – 멘티 사전 협의회가 필요한 이유 3가지를 사례와 관련지어 논하고, 2) 멘토링이 효율적으로 이루어질 수 있는 조건 2가지를 멘토의 자질과 멘티의 자세 측면에서 각각 1가지씩 사례에서 찾아 논하시오. 그리고 3) 김 교사가 겪고 있는 어려움을 교사 발달의 측면 중 ① 지식과 기술, ② 자기 이해, ③ 인간관계, ④ 생태학적 측면(2가지)에서 찾고, 각각에 대해 박 교사가 멘토링 과정에서 지원할 수 있는 방법을 서로 중복되지 않도록 논하시오. [총 20점]

멘토 – 멘티 사전 협의회에서 박 교사(유치원 교사 경력 10년, 멘토 경력 6년)와 김 교사(유치원 교사 경력 3개월)가 대화를 나누고 있다.

박 교사 : 김 선생님이 늘 열심히 해서 도움을 주고 싶었는데, 제가 선생님의 멘토가 되어서 참 좋아요. 멘토링을 통해 좋은 교사로 성장했으면 좋겠어요.

김 교사 : 평소에도 박 선생님께서 편하게 대해 주셨는데 이렇게 제 멘토가 되어 주셔서 정말 감사드려요. 선생님을 보면서 저도 선생님처럼 좋은 교사가 되고 싶어서 꼭 선생님과 멘토링을 하고 싶었어요. 그런데 저는 수업에 무엇을 해야 할지 잘 모르겠어요.

박 교사 : 그래요. 어려운 점이 많지요?

김 교사 : 열심히 하려고 하는데 생각보다 잘 안돼요.

박 교사 : 어떤 점이 힘들지요?

김 교사 : 대학에서 이론도 배우고 실습도 해서, 교사가 되면 수업만큼은 잘할 수 있을 줄 알았어요. 그런데 아무리 수업 준비를 많이 해도 계획대로 잘 안돼요. 그리고 업무가 많아서 힘들어요.

박 교사 : 그렇군요. 또 다른 어려운 점은 없나요?

김 교사 : 우리 반 유아들 부모님께서 전화하셔서 유아 문제로 불만을 이야기하실 때 어떻게 해야 할지 잘 모르겠어요. 어떤 부모님은 저를 교사로 여기지 않으시는지 반말을 하실 때도 있어서 그런 때는 좀 위축되기도 해요. 그리고 매주 토요일에 몬테소리 교육 연수를 받아야 해요.

박 교사 : 그런 일도 있었군요.

김 교사 : 또 제가 정말 교사로서 자질이 있는지 모르겠어요. 끝까지 교사를 할 수 있을지도 불안하고 걱정이 돼요.

박 교사 : 그래요. 여러 가지 어려움이 있군요. 멘토링을 통해 하나씩 해결해 갑시다. 그럼 지금 어떤 도움이 가장 필요하죠?

김 교사 : 아무래도 부모님들과의 관계가 가장 어려워요. 그 부분에서 도움이 절실해요.

박 교사 : 오늘 사전 협의회가 잘 이루어졌네요. 그럼 다음 주에 멘토링을 본격적으로 시작할 때, 부모 관련 문제부터 다뤄 볼까요?

배점

• 논술의 내용 [총 15점]
- 멘토 – 멘티 사전 협의회의 필요성 [3점]
- 김 교사의 어려움 5가지와 각각에 대한 지원방법 [10점]　　– 효율적인 멘토링을 위한 멘토의 자질과 멘티의 자세 [2점]

• 논술의 구성 및 표현 [총 5점]
- 글의 논리적 체계성 [3점]　　– 맞춤법 및 어휘·문장의 적절성 [2점]

1교시	1문항 20점	시험 시간 60분

　유아교육의 질을 높이기 위해서는 유아에 대한 이해와 평가가 중요하다. 유아 발달에 대한 이해를 증진시킬 수 있는 방법의 하나로써 유아 관찰에 대한 교사의 지식과 기술 발달을 꾀할 수 있다. 초임교사인 김 교사는 자신의 수업에서 관찰한 내용을 동료교사와 협의하였다. 1) 유아평가의 목적 2가지를 (가)와 관련지어 논하고, 2) (나)와 (다)를 바탕으로 수업활동을 개선하기 위한 유아 관찰 목표, 관찰 대상 행동, 관찰방법을 제시하고, 3) 김 교사 수업활동에 나타난 문제점 중 2가지를 찾아 수정하고, 4) 유아를 관찰할 때 고려해야 할 점을 2019 개정 누리과정의 '평가'를 근거로 3가지 제시하고, 5) 유아평가 결과를 활용할 수 있는 방안을 논하시오. [총 20점]

(가) 송 교사가 작성한 저널

새 학기를 시작한 지도 벌써 한 달이 되었다. 그동안 내가 맡은 아이들의 개인별 특성을 파악하려고 나름대로 노력하였고, 그로 인해 얻은 것이 참 많다. 파악한 아이들의 특성을 최대한 반영하여 교육과 보육 활동을 개선하면 더욱 멋진 한 해가 되겠지! 다음 주부터 학부모 상담이 시작된다. 학부모를 상담하는 자리가 조금은 부담스럽다. 그러나 학부모 상담은 내가 아이에 대해 파악한 것이 맞는지, 더 알아야 할 것은 없는지, 부모님이 나에게 바라는 점은 어떤 것이 있는지 등을 한 번 더 확인하는 기회가 될 것이기 때문에 기대도 된다.

(나) 김 교사의 유아 관찰 노트

미술 시간에 요술 그림 그리기 활동의 방법을 설명해 주고 유아들끼리 각 분단으로 흩어져 활동을 시작하려고 할 때, 동진이가 질문한다. "선생님, 뭐 그리라고요? 놀이공원이요?", "놀이공원 말고 다른 것 그리면 안돼요?", "옆에 기린 그려도 돼요?", "아래에 계단 그려도 돼요?", "계단 두 개 그려요? 많이 그려요?"와 같이 그림 하나를 그릴 때마다 교사에게 와서 물어본다. 처음에는 대구를 하다가 나중에는 아무 대답도 하지 않자 그제야 그리기 시작하였다.

(다) 김 교사의 관찰내용 분석 결과

김 교사 : 미술 활동 때 있었던 걸 간단히 기록한 것인데, 동진이에 대해 궁금해서 가져왔어요. 호기심도 많고 유난히 말도 많은 아이인데 어떨 땐 동진이 때문에 수업을 진행하는 것이 조금 힘들어요. 무엇이 문제인지, 어떻게 하면 좋을지 고민이 돼요.

장 교사 : 활동의 도입 부분이 어땠나요?

김 교사 : 보통 때처럼 테이블 위에 준비물을 올려놓고 지금부터 요술 그림 그리기를 할 거라고 했어요.

장 교사 : 활동 소개를 어떻게 하셨는데요?

김 교사 : "흰 도화지에 흰 크레파스로 그림을 그리면 어떻게 될까?"라고 질문을 던진 다음, "지난 번 놀이공원 갔을 때 본 것들을 그려보면 좋을 것 같다."라고 하고, 마지막으로 물감으로 칠하면 네가 그린 게 나타날 거라고 했어요.

장 교사 : 평소 동진이가 그림 그리기에 흥미가 없거나 그렇지는 않나요?

김 교사 : 아뇨. 그림 그리기를 좋아하는 편이에요.

장 교사 : 그런데 선생님은 왜 이 날은 그림을 그리지 않고 계속 질문을 했다고 생각하세요?

김 교사 : 글쎄요. 동물을 그리고 싶어서 그런 것 같지는 않고요. 정말 어떤 것을 그릴지 몰라서 그럴 아이는 아닌데⋯⋯.

배점

• 논술의 내용 [총 15점]

- 유아평가의 목적 [2점]
- 수업활동에 나타난 문제점(2점)과 수정(2점) [4점]
- 유아평가 결과를 활용할 수 있는 방안 [3점]
- 유아 관찰 목표, 행동, 방법 [3점]
- 유아 관찰 시 고려해야 할 점 [3점]

• 논술의 구성 및 표현 [총 5점]

- 글의 논리적 체계성 [3점]
- 맞춤법 및 어휘·문장의 적절성 [2점]

* 모범답안 711쪽

1교시	1문항 20점	시험 시간 60분

다음은 ○○초등학교 병설유치원에서 교육과정 운영과 관련하여 교사들이 나눈 대화의 일부이다. 1) 유치원 교육현장에서 교육과정의 탄력적 운영이 필요한 이유를 학습자와 유치원 현장의 특성 측면에서 각각 1가지씩 논하고, 2) 정 교사와 권 교사가 교육과정을 변경하고자 할 때 고려하고 있는 점 3가지를 제시한 후, 2019 개정 누리과정 총론의 '편성과 운영'을 근거로 각각의 교육적 의의를 논하고, 3) 교직의 전문직 관점에서 교육과정을 탄력적으로 운영하기 위해 교사에게 요구되는 특성 2가지에 대해 논하고, 4) 교육과정을 탄력적으로 운영하기 위한 유치원 교사의 개인적 자질 2가지와 전문적 자질 3가지에 대해 논하시오. [총 20점]

정 교사 : 박 선생님, 오늘 나비 축제에 대한 참여 요청 공문이 왔어요. 우리 아이들이 개막식에서 노래를 불러줬으면 좋겠다고 하는데, 그 날짜가 다음 주네요. 축제에 참여하려면 우리가 계획한 교육일정을 변경해야 하는 상황이에요. 어떻게 하면 좋을까요?

박 교사 : 그러면 곤란하지 않을까요? 벌써 학부모님께 월간 학습 계획안이 나간 상황이라 축제에 참여하기가 어려울 것 같아요. 이미 계획한 활동을 그대로 진행하는 것이 낫지 않을까요? 노래를 준비할 시간도 별로 없고 학부모로부터 사전 동의 받을 시간도 부족해요.

정 교사 : 박 선생님 말씀처럼 계획대로 하는 것도 좋겠지만 이번에는 조금 특별한 상황이잖아요. 저는 기존 계획을 바꿔서 운영할 수도 있다고 생각해요. 교육과정을 편성하고 운영할 때 예기치 못한 상황을 고려해야 한다고 교육과정에 제시되어 있어요. 특히 이번 축제는 1년 동안 기다려 온 프로그램이라서 놓치고 싶지 않아요. 유아들이 지역사회의 축제 문화에 참여해 볼 수 있는 좋은 기회이기도 하고요.

박 교사 : 권 선생님 반에는 장애 유아 두 명이 있는데 괜찮을까요?

권 교사 : 네, 마침 우리 반도 기존 계획을 무리 없이 변경할 수 있을 것 같아요. 일단 축제 진행 담당자에게 장애 유아를 위해 특별한 서비스를 제공해 줄 수 있는지 알아보고, 두 아이가 함께 하기 힘든 활동은 조금 줄여서 계획하면 될 것 같아요. 그리고 작년에 개인적으로 다녀왔던 유아들은 벌써부터 축제에 가기를 기대하고 있어요. 다른 아이들도 축제에 대한 기대가 크고요. 유아들이 나비를 실제로 보고 '나비 되어보기'나 '나비 따라 달리기' 등 여러 가지 행사에도 놀이 활동처럼 참여하면 나비에 대해 더 많이 배울 수 있어서 좋을 것 같아요.

배점

• 논술의 내용 [총 15점]
  – 교육과정의 탄력적 운영이 필요한 이유 [2점]
  – 교직의 전문직 관점에서 교사에게 요구되는 특성 [2점]
  – 교육과정의 탄력적 운영 시 고려한 사항(3점)과 의의(3점) [6점]
  – 유치원 교사의 개인적 자질(2점)과 전문적 자질(3점) [5점]

• 논술의 구성 및 표현 [총 5점]
  – 글의 논리적 체계성 [3점]
  – 맞춤법 및 어휘·문장의 적절성 [2점]

1교시	1문항 20점	시험 시간 60분

유아들의 활동에 대한 교육과정의 탄력적 운영은 유치원 교육현장에서 중요한 과정이다. 이러한 과정과 관련하여 1) (가)에 나타난 사례에 근거한 교사의 교수행동 4가지를 논하고, 2) (나)에 나타난 사례에 근거한 유아교육에서 강조하는 교수·학습 원리 3가지를 논하고, 3) (가)와 (나)의 사례에 대하여 2019 개정 누리과정 총론의 교수·학습방법에 근거한 각각의 교육적 의의 5가지를 논하고, 4) 교육과정을 탄력적으로 운영하기 위한 방안을 2019 개정 누리과정 총론의 편성·운영에 근거하여 3가지로 논하시오. [총 20점]

(가) '낙엽'을 주제로 동작 활동을 실시할 때 교사는 유아의 동작 표현을 격려하기 위해 다양한 교수 행동을 사용하였다.

김 교사 : "나뭇잎이 구르는 모습을 몸으로 표현할 수 있는 또 다른 방법은 없을까?"라고 유아에게 말했지요.

박 교사 : 그랬군요. 저는 "선생님이 음악(고엽)을 들려줄 테니 음악에 맞추어 낙엽이 움직이는 모습을 표현해보자."라고 하였어요.

홍 교사 : 잘하였어요. 저는 바닥에 '∞' 모양으로 테이프를 붙여놓고, '∞' 모양을 따라 나뭇잎이 구르는 모습을 표현하도록 하였지요. '∞' 모양을 따라 구르는 모습을 잘 표현하면 테이프를 떼어내고 굴러 보도록 하였지요.

백 교사 : 그랬군요. 저는 "선생님이 바람이야. 너희들은 바람이 부는 대로 움직이는 나뭇잎이 되어보자."라고 했지요.

(나) 갑자기 눈이 펑펑 내렸고 아이들은 밖으로 나가 썰매를 타고 싶어 했다. 지호가 "썰매 만들어서 타요."라고 외치자 몇몇 아이들은 벌써 도화지로 썰매를 만들기 시작했다. 나는 자유선택활동을 위해 계획했던 놀이를 취소하고 아이들의 관심과 행동을 따르기로 했다. 순주는 종이가 젖는다고 비닐로 종이 썰매를 감싸며 "선생님, 지호는 비닐도 안 대고 만든대요. 찢어지는데….."라고 말했다. 나는 순주가 지호에게 직접 얘기해 주도록 했다. 한쪽에서는 두어 명이 종이 상자 두 개를 이어 썰매를 만들었다. 한 아이가 썰매에 끈을 달고 그림을 그리자 다른 아이들도 끈을 달고 장식하기 시작했다.

　　자유선택활동이 끝나고 대집단 모임 시간을 가진 후 아이들은 바깥으로 나가 썰매를 타기 시작했다. 얇은 종이라도 비닐을 씌운 썰매는 잘 미끄러지지만 종이 상자 썰매는 점점 젖으면서 잘 미끄러지지 않았다.

　　교실로 돌아온 아이들은 다시 썰매를 만들고 싶어 했다. 마침 내일도 눈이 온다는 예보가 있으니, 아이들의 이러한 관심을 연장시켜 내일은 놀이 속에서 과학 학습이 이루어지도록 비닐을 덧댄 썰매와 종이 상자 썰매를 비교해 보는 발문에 신경써야겠다.

배점

- **논술의 내용 [총 15점]**
  - (가)에서 교사의 교수행동 [4점]
  - (가)와 (나) 교수·학습방법의 교육적 의의 [5점]
  - (나)에서 교수·학습 원리 [3점]
  - 교육과정의 탄력적 운영을 위한 편성·운영방안 [3점]

- **논술의 구성 및 표현 [총 5점]**
  - 글의 논리적 체계성 [3점]
  - 맞춤법 및 어휘·문장의 적절성 [2점]

★ 모범답안 713쪽

1교시	1문항 20점	시험 시간 60분

초임 교사인 안 교사와 경력 교사인 김 교사의 다음 대화에 근거하여 1) 반성적 사고가 교사의 전문성 신장에 미치는 긍정적 효과 2가지를 논하고, 2) 반성적 사고를 통해 안 교사가 개선해야 할 교수행동과 대안을 각각 3가지씩 제시하고, 3) 안 교사가 활용할 수 있는 반성적 사고의 증진 방안 2가지를 논하고, 4) 반성적 사고의 개념과 반 매넌(Van Manen)이 제시한 반성적 사고 수준을 찾아 논하시오. [총 20점]

안 교사 : 오늘은 여러 가지 일들로 고민이 많네요.

김 교사 : 무슨 문제가 있었어요?

안 교사 : 오늘 자유선택활동 시간에 몇몇 유아들이 역할놀이 영역에서만 너무 오래 놀고 있기에 의도적으로 다른 영역에 가서 놀도록 했어요. 대학에서 배운 대로 유아들에게 여러 영역이 활동을 고루 경험시키는 것이 중요하다고 생각했거든요. 그런데 유아들의 불평이 많았어요.

김 교사 : 나도 그런 경우가 종종 있었어요. 실제로 유아들을 지도해 보니 꼭 배운 대로 되는 것은 아니더라고요. 오히려 유아들을 가르치고 계속 고민하면서 조금씩 새로 깨달아 가는 것이 많았던 것 같아요. 그런데 또 다른 일도 있었던 거예요?

안 교사 : 요즘 원장 선생님이 종종 교실 관찰을 하시잖아요? 우리 반 아이들이 쌓기놀이 영역에서 매번 똑같은 것만 만드는 것 같다고 하시면서 그 이유가 무엇인지 고민해 보라고 하시네요. 사실 저는 유아들이 잘 노는 것 같아 크게 관심을 갖지 않았거든요. 그런데 저는 도무지 이유를 모르겠어요.

김 교사 : 원장 선생님께서 그런 말씀을 하셨다면 무슨 이유가 있었을 테니 더 고민해 보세요. 나도 그런 문제에 부딪혔을 때 제 행동을 곰곰이 되돌아보곤 하는데, 그게 문제를 풀어가는 데 많은 도움이 되더라고요.

안 교사 : 네, 그렇군요. 그러고 보니 한 가지 고민이 더 있어요. 오늘 미술 영역에서 유아들이 그린 해바라기를 벽면에 전시해 놓았는데, 제가 보여 준 해바라기와 똑같이 잎사귀는 초록, 꽃은 노랑으로 그린 거예요. 모두 똑같이 그린 것을 보니 제 지도방법에 문제가 있는 것이 아닌가 하는 생각이 들었어요. 선생님은 그럴 때 어떻게 하셨어요?

김 교사 : 나는 막연하게 생각만 하기보다는 하루를 되돌아보며 꼼꼼하게 정리해 보곤 했어요. 그래서 나는 '유아가 자신이 생각한 방법대로 창의적으로 표현해본다.'라는 교육목표를 효과적으로 달성하기 위한 방법을 찾는 데 초점을 두었지요.

안 교사 : 저도 그 방법을 써 봐야겠네요. 저는 유아의 행복한 삶에 이 같은 활동이 의미가 있는지에 대해 고민해 보아야겠어요.

김 교사 : 다른 선생님과 내가 처한 상황에 대해 이야기하는 것도 도움이 되었어요.

안 교사 : 아, 그것도 좋은 방법이겠네요.

배점

- **논술의 내용 [총 15점]**
  - 반성적 사고의 긍정적 효과 [2점]
  - 반성적 사고의 증진 방안 [2점]
  - 반성적 사고를 통해 개선해야 할 교수행동(3점)과 대안(3점) [6점]
  - 반성적 사고의 개념(3점)과 수준(2점) [5점]

- **논술의 구성 및 표현 [총 5점]**
  - 글의 논리적 체계성 [3점]
  - 맞춤법 및 어휘·문장의 적절성 [2점]

1교시	1문항 20점	시험 시간 60분

다음은 청일 유치원에서 김 교사가 처한 윤리적 딜레마를 제시한 내용이다. 1) 유치원 교사의 교직윤리 2가지와 정의를 제시하고, 2) 윤리적 딜레마의 개념을 설명하고, 3) 김 교사가 처한 윤리적 딜레마를 사례와 관련하여 4가지로 논하고, 4) 김 교사가 이 딜레마를 해결하기 위하여 할 수 있는 일이 무엇인지를 미국유아교육협의회(NAEYC)에서 제안한 교사의 윤리 강령에 근거하여 논하시오. [총 20점]

벚꽃 반은 4세 유아로 구성된 통합학급이다. 신학기가 시작한지 한 달여 만에 입학한 윤식이는 발달행동 장애를 가진 유아인데 뒤늦게 합류하면서 그동안 겨우 진정되던 학기 초 분위기가 다시 엉망이 되어가고 있다. 대집단 활동이 종종 윤식이로 인해 어수선해지면서 수업이 어려워지고 있다. 더군다나 윤식이가 툭하면 교실 밖으로 사라져 버려서 어머니가 늘 따라다니며 보살피지 않으면 안 되는 일도 많다. 윤식이와 윤식이 부모님으로 인해 다른 유아들도 엄마를 부르거나 우는 일도 자주 발생하고, 한 유아의 어머니는 잘 다니던 기영이가 엄마도 유치원에 오라고 한다면서 무슨 일이냐고 문의해 오는 일도 생기고 있다.

김 교사는 장애 유아의 등원을 거부할 수도 없고 누군가가 담당을 해야 하는 상황이라 이해는 하지만, 이제 신임교사인 자신에게 꼭 장애 유아를 배치했어야 하는지 원장 선생님도 원망스럽고 함께 일하는 다른 교사들도 도와주지 않는 것 같아 더 속이 상한다. 지역사회 내에서도 장애 유아에 대한 시설이 부족하여 마음이 많이 무겁다.

배점

- **논술의 내용 [총 15점]**
  - 유치원 교사의 교직윤리와 정의 [4점]
  - 김 교사가 처한 윤리적 딜레마 [4점]
  - 윤리적 딜레마의 정의 [3점]
  - 윤리적 딜레마 극복방법 [4점]

- **논술의 구성 및 표현 [총 5점]**
  - 글의 논리적 체계성 [3점]
  - 맞춤법 및 어휘·문장의 적절성 [2점]

* 모범답안 715쪽

1교시	1문항 20점	시험 시간 60분

다음은 ○○초등학교 병설유치원에서 원감과 전체 교사가 회의하는 장면이다. 1) 라임(Rahim)의 갈등관리 유형 중 대화에 나타난 4가지를 논하고, 각각의 유형에 해당하는 사례를 찾아 제시하고, 2) 효과적인 갈등관리 방안 4가지를 논하고, 3) 이러한 갈등관리의 개념과 그에 따른 효과를 사례와 관련하여 2가지로 논하시오. [총 20점]

정 원감 : 오늘 회의에서는 학부모 면담 준비상황을 점검해 보려고 해요. 학부모 면담 준비에서 어려운 점은 무엇이지요?

홍 교사 : 저희는 통합교육이 중요하잖아요. 레지오 에밀리아에서 하는 것처럼 프로젝트 방법으로 유아들을 교육할 때 부모 입장에서 보면 마치 노는 것처럼 보이시나 봐요. 한 번은 학부모께 전화가 왔는데 글자는 왜 안 가르치느냐 하시는 거예요. 다른 애들은 한글을 벌써 다 아는데, 우리 집 애는 아직 모른다며 왜 안 가르쳐 주냐고 하셨어요.

정 원감 : 그때 어떻게 답변하셨어요?

홍 교사 : "우리 유치원에서도 한글을 지도할 예정이에요. 너무 걱정하지 마세요."라고 하였지요.

엄 교사 : 홍 선생님, 그렇게 하면 안 되지요. 우선, 학부모의 말에 공감하고 유아 발달특성을 자세히 설명해 드려야 하지 않을까요?

김 교사 : 하지만 부모님들은 자신의 의견만을 주장하잖아요. 그래서 저는 학부모께 유아 교육은 학원 교육이 아니라고 말해야 한다고 생각해요.

박 교사 : 선생님들 고민이 많군요. 그럼 어떻게 하면 이러한 문제를 해결할 수 있는지 우리 다 같이 생각하여 문제를 해결해 보도록 해요.

홍 교사 : 그래요. 하지만 저는 그런 학부모 때문에 가르치는 일에 보람을 느낄 수가 없어서 화가 나요.

정 원감 : 하지만 노력을 더 해 보아야 하지 않을까요?

박 교사 : 맞아요. 저도 고민이 많았지만 유치원의 일을 나의 일처럼 생각하고 최선을 다하고 있어요.

배점

• 논술의 내용 [총 15점]
- 라임의 갈등관리 유형(4점)과 사례(4점) [8점]
- 갈등관리 개념(1점)과 효과(2점) [3점]
- 효과적인 갈등관리 방안 [4점]

• 논술의 구성 및 표현 [총 5점]
- 글의 논리적 체계성 [3점]
- 맞춤법 및 어휘·문장의 적절성 [2점]

11회 모의고사 답안노트

★ 모범답안 716쪽

1교시	1문항 20점	시험 시간 60분

두 학급 유치원에 근무하는 초임교사인 최 교사는 수업에 자신이 없는 활동에 대한 계획안을 구성하고 수업을 전개하였다. 이를 개선하기 위한 1) 동료장학의 목적을 제시하고, 2) 두 학급 유치원의 동료장학 기본방향을 논하고, 3) 아래의 수업 계획안에 나타난 문제점 중 3가지를 찾아서 수정된 계획안을 각각 재구성하고, 4) 이 수업을 잘 이루어지기 위한 동료장학의 조건을 제시하시오. [총 20점]

---

1) **목표**
   - 젖은 빨래와 마른 빨래의 상태를 관찰하는 능력을 기른다.
   - 빨래는 햇볕이 있는 곳에서 잘 마른다는 것을 안다.
2) **활동자료** : 재질과 두께 및 크기가 서로 다른 인형옷 10벌, 물, 투명한 그릇, 건조대, 비교표
3) **활동과정**
   - **도입** : 유아들과 소집단으로 오늘 날씨에 대해 잠시 이야기한 후, 준비한 '빨래하기' 활동을 소개한다.
   - **전개** : 먼저 탁자 위에 늘어놓은 여러 가지 인형옷을 유아들에게 보여주고, 돌아가며 한 번씩 만져본 후 느낌을 말하게 한다. 다음으로 인형옷을 물에 넣으면 어떻게 될지 한 명씩 예측하고 물에 넣어보게 한 뒤, 예측한 대로 되었는지 교사의 질문에 답하게 한다. 이후 교사는 투명한 그릇에 인형옷을 넣어 빨면서 유아들에게 이 과정을 관찰하게 한다. 마지막으로 젖은 인형옷을 말릴 수 있는 방법을 소개하고, 10벌의 인형옷을 3개의 건조대에 나누어 널고 실외의 햇볕이 있는 곳, 교실, 욕실에서 각각 말린다.
   - **마무리** : 일정 시간이 지난 뒤 건조대의 인형옷 상태를 비교표 '어느 곳(실외의 햇볕이 있는 곳, 교실, 욕실)에서 잘 말랐나요?'에 표시하게 한 뒤, '햇볕이 있는 곳에서 인형옷이 잘 마른다.'라는 교사의 이야기로 결론을 내린다.

배점

- **논술의 내용 [총 15점]**
  - 동료장학의 목적 [4점]
  - 수업 계획안의 문제점(3점)과 수정된 계획안(3점) [6점]
  - 두 학급 유치원의 동료장학 기본방향 [3점]
  - 동료장학의 조건 [2점]

- **논술의 구성 및 표현 [총 5점]**
  - 글의 논리적 체계성 [3점]
  - 맞춤법 및 어휘·문장의 적절성 [2점]

* 모범답안 717쪽

1교시	1문항 20점	시험 시간 60분

다음은 교사 학습 공동체에서 유치원 교사들이 나눈 대화이다. 1) 하그리브스(Hargreaves)와 풀란(Fullan)의 교사발달 이론에 근거하여 교사발달의 측면을 3가지로 논하고, 2) 하그리브스와 풀란의 교사발달 이론에 근거하여 김 교사에게 나타난 교사발달의 측면과 사례를 3가지씩 찾아 제시하고, 3) 김 교사의 교사발달 관점이 교사교육에 주는 중요성 3가지를 제시하시오. [총 20점]

1년 경력의 초임교사 이 교사와 3년 경력의 김 교사 간의 대화이다.

이 교사 : 저는 25명의 유아를 담당하는 것이 어렵고, 매주 토요일에 몬테소리 교육 연수를 하고 월 1회 토요일 견학을 해요.

김 교사 : 그렇군요. 저는 기존에 있던 교사의 비협조 때문에 어려워요. 그리고 바쁜 일정과 감정의 불일치로 인해 제대로 유아들에게 지도하지 못해요. 그리고 행정적 업무에도 어려움이 있어요.

이 교사 : 저도 무엇을 해야 하는지 또는 교사를 끝까지 할 수 있을까 고민이 돼요. 그래도 조금씩 유아 수준을 이해하고 교육 실시에서의 융통성이 생겼어요.

김 교사 : 다행이네요. 저도 연구하는 교사가 되어가고, 유치원 참관과 학회에 참여하며 좋은 유치원의 프로그램 견학을 하지요.

이 교사 : 하지만 교사로서 자부심이 부족하지 않나요?

김 교사 : 경력이 증가될수록 자기 발전을 통한 기쁨을 가지게 되고, 교사로서 보다 여유를 가지게 되어서 유아들과의 수업이 즐거웠어요. 그리고 동료교사들에게 연구자로서의 역할을 지원하고, 인간적인 배려를 많이 하게 되었지요.

배점

• 논술의 내용 [총 15점]
  – 교사발달의 측면 [3점]　　　　　　　　　　　　　– 김 교사의 교사발달의 3가지 측면과 측면별 사례 3가지 [9점]
  – 김 교사 관점의 교사교육에 주는 중요성 [3점]

• 논술의 구성 및 표현 [총 5점]
  – 글의 논리적 체계성 [3점]　　　　　　　　　　　– 맞춤법 및 어휘·문장의 적절성 [2점]

1교시	1문항 20점	시험 시간 60분

다음은 주제 '봄'을 전개하면서 김 교사와 만 3세반 유아들이 산책하는 장면이다. 1) 아래 수업을 보다 성공적으로 실행하기 위한 김 교사의 자기장학 방법을 2가지 제시 후 그 이유를 각각 논하고, 2) 아래의 장면을 토대로 김 교사가 수행한 교수활동 중 부적절한 교수방법 3가지를 지적하고 그에 적합한 개선방안을 논하고, 3) 수업을 위해 김 교사가 효율적으로 노력해야 하는 점을 글래쏜(Glatthorn)의 자기장학 모형을 바탕으로 4단계로 제안하고 글래쏜의 자기장학의 개념을 쓰시오. [총 20점]

김 교사가 유아들과 유치원 근처 숲으로 산책을 가는 중에 영주가 "선생님! 여기 개구리가 있어요. 개구리가 폴짝폴짝 뛰어요." 라고 말하자 다른 유아들도 "어디? 나도 좀 보자.", "개굴개굴!"이라고 소리 내며 개구리에 관심을 보인다. 김 교사는 "그래? 우리도 개구리처럼 뛰어볼까?", "개구리 소리를 입으로도 한번 내 볼까?"라고 반응하였다. 유아의 흥미를 고려하여 사후 활동으로 개구리 노래를 배우고, 개구리 노래에 맞춰 다양한 리듬악기로 합주를 하였다. 그리고 유아의 흥미를 고려하여 유치원 교실이나 바깥에서 쉽게 들을 수 있는 반복적인 멜로디가 있는 소리를 찾아보는 사후 활동을 하였다.

…(중략)…

유아들과 함께 도착한 숲에는 벚꽃, 진달래꽃 등이 피어 있고 바람이 살랑살랑 불면서 꽃잎이 흔들리거나 떨어지는 모습이 보인다. 그 모습을 본 유아들이 "선생님! 꽃잎이 막 떨어져요."나 "꼭 눈 같아요."라고 말한다. 김 교사는 "와, 하얀 꽃잎이 눈처럼 떨어지네! 꽃잎이 어떤 모양으로 떨어지니? 꽃잎처럼 움직여볼까?"라고 반응하였다. 그리고 유아의 흥미를 고려하여 모차르트의 '봄의 노래' 오케스트라 곡을 대집단으로 들려주고 각 악기의 음색을 비교하는 사후 활동을 하였다.

배점

• 논술의 내용 [총 15점]
  – 자기장학 방법(2점)과 그 이유(2점) [4점]　　　　　　　　– 부적절한 교수방법(3점)과 개선방안(3점) [6점]
  – 글래쏜의 자기장학의 모형(4점)과 개념(1점) [5점]

• 논술의 구성 및 표현 [총 5점]
  – 글의 논리적 체계성 [3점]　　　　　　　　　　　　　　　　– 맞춤법 및 어휘·문장의 적절성 [2점]

1교시	1문항 20점	시험 시간 60분

김 교사는 유아의 동기 및 주의집중 지도 방법을 개선하기 위해 마이크로티칭을 실시하였다. 1) 마이크로티칭을 '마이크로'라고 명명하는 이유 3가지와 이 기법의 활용 이유 2가지를 논하고, 2) (가)에서 켈러(Keller)의 ARCS 동기 전략에 해당하는 수업행동 4가지를 찾아 각 근거를 논하고, 3) (나)에서 앨런(Allen)과 라이언(Ryan)이 제시한 마이크로티칭의 특성을 3가지 측면에서 논하고, 4) 마이크로티칭의 교육적 효과에 대하여 논하시오. [총 20점]

수업 단계	마이크로티칭 과정에서 수집한 수업행동 자료의 일부
(가)	• (학급 아동 부모들이 나오는 영상을 보여 주며) 와! 컴퓨터에 우리 반 친구들의 부모님께서 나오시네요. …(중략)… • (카네이션을 들고) 여기에 카네이션이 있어요. • (카네이션을 내려놓고 카드를 보여 주며) 오늘은 어버이날에 여러분이 부모님께 선물해 드릴 예쁜 카드를 만들 거예요. • (진영이 앞으로 가서 카네이션과 카드를 건네주는 동작을 보여 주며) 엄마, 아빠께 이렇게 드리면, '와! 우리 진영이, 고마워.'라고 하시면서 정말 좋아하실 거예요. • 카드는 살 수도 있고 만들 수도 있어요. • (전 날 만든 카네이션을 보여 주며) 여러분이 이렇게 멋진 카네이션도 만들었으니, 오늘 카드도 잘 만들 수 있을 거예요. • 지금부터 카드 만들기를 시작해요.
(나)	김 교사 : 제가 진행한 수업을 녹화해서 보니까 실수했던 부분이 눈에 보이네요. 2차 수업시연에서는 발문도 좀 다양하게 해보고 여러 가지 사항을 고쳐야 할 것 같네요. 선생님들께서 제가 진행한 수업에 대해 평가해 주세요. 박 교사 : 저는 유아들이 어려워하는 것 같다는 느낌이 좀 들었어요. 유아들이 이해하기 쉬운 내용을 선정했으면 좋았을 것 같아요. 최 교사 : 본 수업시연에서 수업모형에 따른 단계별 수업 진행이 자연스럽게 연결 되었는지에 대해서도 이야기해봐야 할 것 같아요. 아무래도 1차 수업시연에서는 수업시간도 좀 짧고 적은 인원수로 수업을 진행하시는 게 어색하셨는지 흐름이 매끄럽게 이어지지 못했던 것 같아요. 김 교사 : 네, 아무래도 시간도 짧고 압축해서 수업을 진행하려고 하다보니까 어색하고 그랬죠. 그래서 2차 수업시연 때 보완을 좀 해야 할 것 같아요.

배점

• 논술의 내용 [총 15점]
  – '마이크로'의 명명 이유(3점)와 활용 이유(2점) [5점]
  – 마이크로티칭의 특성 [3점]
  – 켈러의 ARCS 동기 전략에 해당하는 수업행동의 근거 [4점]
  – 마이크로티칭의 교육적 효과 [3점]

• 논술의 구성 및 표현 [총 5점]
  – 글의 논리적 체계성 [3점]
  – 맞춤법 및 어휘·문장의 적절성 [2점]

★ 모범답안 720쪽

1교시	1문항 20점	시험 시간 60분

유아의 탐구능력을 향상하기 위하여 수·과학활동의 통합적 활동이 중요하다. 사례에서 1) 데링턴(Derrington, M. L.)이 제시한 수·과학활동의 통합 유형을 5가지로 제시하고, 2) 유아의 실생활에서 친숙한 블록과 같은 비표준화된 단위를 이용한 수학과 과학의 통합된 교수 – 학습전략 2가지를 사례와 관련하여 논하고, 3) 교사의 수업활동에 나타난 문제점 4가지를 밝히고, 4) 각 문제점에 대한 해결방안을 구체적으로 논하시오. [총 20점]

교　사 : 오늘은 친구들 키재기를 해보려고 하는데 키를 재려면 어떻게 할 수 있을까?
유아 1 : 저번에 병원에 갔었는데요. 어디에 올라갔었는데요. 그렇게 재었어요.
유아 2 : 쌓아서요.
교　사 : 그럼 우린 친구 4명을 블록을 쌓아서 키재기를 해 보자. 정희처럼 키재는 기계에 올라가서 잴 수도 있지만 쌓기 영역에서 가지고 노는 블록을 이용해서 한번 재어보기로 하자. 정호부터 해 볼까?
유아들 : (정호는 바로 서고 그 키만큼 블록을 쌓는다.)
교　사 : 우리 다같이 정호 키만큼 블록을 쌓았는데 몇 개가 필요했지?
유아 2 : (하나씩 세어보고) 12개요.
교　사 : 정호 키는 블록으로 12개였어. 그럼 종이를 한번 볼까? (기록 용지를 보며) '김정호' 이름을 써 보자.
유아 1 : (이름을 기록한다.)
교　사 : 블록 수만큼 스티커를 붙여보자.
교　사 : 그럼 이젠 누구 키를 재어볼까? 세진이 키를 재어보자. 여기에 서 볼래? (블록을 세진이 키만큼 쌓는다.) 그런데 하나 더하면 남고 빼버리면 모자라는데 이럴 때는 어떤 방법이 있을까?
유아 1 : 잘라요.
교　사 : 블록을 잘라?
유아 2 : 큰 칼로 자르면 돼요.
교　사 : (작은 눈금이 있는 블록을 보이며) 조금 모자랄 경우에 쓸 수 있는데 세진이 키에서 여기 몇 개까지 오니?
유아 1, 유아 3 : 4까지요.
교　사 : 그럼 전체 블록은 몇 개까지이고 작은 것은 4개인가 세어볼래?
유아 4 : (세어본 후) 11개요.
교　사 : 11개 하고 12개는 안 되고 작은 것 4칸 더 필요하네. 그럼 적어보자. 세진이는 이름 쓰자.
유아 2 : (자기 이름을 쓴다.)
교　사 : 11개하고 작은 것 4칸이 있어야 하는구나. (교사가 11개째 위에 '작은 눈금 4칸'이라고 적는다.) 스티커를 11까지 붙이자 (같이 11까지 스티커를 붙인다.). 이번에는 누구 키를 재어볼까?

배점

• 논술의 내용 [총 15점]
　– 수·과학활동의 통합 유형 [5점]　　　　　– 수학과 과학의 통합된 교수 – 학습전략 [2점]
　– 수업활동에 나타난 문제점 [4점]　　　　– 문제점에 대한 해결방안 [4점]

• 논술의 구성 및 표현 [총 5점]
　– 글의 논리적 체계성 [3점]　　　　　　　– 맞춤법 및 어휘·문장의 적절성 [2점]

1교시	1문항 20점	시험 시간 60분

2013년부터 3～5세 연령별 누리과정이 도입됨에 따라 유치원 교육과정 운영이나 실제 수업의 질에 대한 관심이 높아져 누리과정 운영 지원을 위해 컨설팅 장학을 강화하고자 하였다. 사례에 근거하여 1) 유치원 컨설팅 장학의 개념을 제시하고, 컨설팅 장학의 목적 4가지에 대해 논하고, 2) 사례에서 누리과정 컨설팅 장학을 잘못 이해하고 있는 점 4가지를 제시하고, 3) 누리과정 컨설팅 장학에 대해 잘못 이해하고 있는 점에 대한 수정안을 4가지로 논하시오. [총 20점]

명 교사 : 저는 유치원에서 유아들의 생활지도에 대한 어려움이 많아 주변의 수석교사에게 의뢰하여 많은 도움을 받게 되었지요.

김 교사 : 그랬군요. 저도 유치원 운영에 어려움이 있어 컨설팅 장학의 도움을 받게 되었지요. 컨설팅 장학은 유치원 운영이 제대로 진행되고 있는지에 대한 지도·감독을 해 주어서 좋은 것 같아요.

박 교사 : 맞아요. 저도 부모와의 갈등이 있을 때 유아교육진흥원의 유아교육 종합컨설팅지원단 주도로 많은 지원을 받아 도움이 되었어요. 하지만 그래도 모든 문제를 해결하지는 못하였지요.

최 교사 : 그래요. 컨설팅 장학이 만능 해결사는 아닌 것 같아요. 그래서 저는 학사운영 전반에 대한 점검·감독 위주의 담임장학은 폐지되어야 한다고 생각해요

홍 교사 : 그랬군요. 저도 시·도 교육청 중심의 교육과정 및 수업컨설팅 장학에 중점을 두었지요. 그랬더니 많은 것이 변화되었어요. 선생님들은 어떠신지요?

백 교사 : 맞아요. 하지만 스스로 노력해야 할 부분도 많았어요. '수업컨설팅 장학'과 '찾아가는 컨설팅 장학'을 통합하여 실시하며 단위유치원 원내 자율장학을 병행하였지요.

배점

• **논술의 내용 [총 15점]**
  - 유치원 컨설팅 장학의 개념(3점)과 목적(4점) [7점]
  - 잘못 이해한 점에 대한 수정안 [4점]
  - 누리과정 컨설팅 장학에 대해 잘못 이해한 점 [4점]

• **논술의 구성 및 표현 [총 5점]**
  - 글의 논리적 체계성 [3점]
  - 맞춤법 및 어휘·문장의 적절성 [2점]

★ 모범답안 722쪽

1교시	1문항 20점	시험 시간 60분

다음은 백청일 유치원에서 각 초임교사가 처한 윤리적 딜레마를 제시한 내용이다. 1) 유치원 교사의 교직윤리 2가지와 정의를 제시하고, 2) 윤리적 딜레마의 개념을 설명하고, 3) 각 초임교사들이 처한 윤리적 딜레마를 사례와 관련하여 4가지로 논하고, 4) 각 초임교사들이 딜레마를 해결하기 위하여 할 수 있는 일이 무엇인지를 유치원 교사강령에 근거하여 논하시오. [총 20점]

〈백청일 유치원 초임교사들의 대화〉

김 교사 : 자료도 충분하지 않고, 그렇다고 우리를 끌어주고 장학해줄 사람들도 없어서 하나하나 내 스스로 헤쳐 나가야 했기 때문에 실제적으로 도움 받은 것은 월간유아 같은 교사 잡지였던 것 같아요. 제가 말로만 상호작용 주제 접근법이지 행동주의와 별반 다를 게 없다고 생각한 게, 월간유아에 짜여 있는 것을 가져다 쓰고 있어요.

박 교사 : 그렇군요. 저는 한 유아가 말도 잘 듣지 않고 소리만 지르는 행동을 보였어요. 그래서 저는 그 유아를 아웃사이더로 돌리곤 하였어요. 좀 그랬던 것 같아요.

홍 교사 : 미안한 마음이 들었겠어요. 저는 3월 학기 초에 있었던 일인데요. 만 3세반의 특징이 어린 거잖아요. 그런데 그중에 항상 고집도 세고 울음을 그치지 않아서 주임 선생님께서 시키는 대로 교실 문 밖으로 그냥 내 놓았어요. 하지만 그 아이에 대한 미안한 마음이 있어요. 어떤 공포감 같은 것이 들었을 텐데….

최 교사 : 그랬군요. 저는 한부모 가정의 유아에게 가족 형태에 대해서 설명을 해야 하지만, 이런 것을 하게 되어 그 친구들이 상처를 받게 되면 어떻게 하나 고민이 되었어요. 그래서 내용을 축소시킬까, 아니면 항상 하던 것처럼 일괄적으로 그대로 갈까 고민이 되어 그 친구에게 상처를 덜 주기 위해서 간단히 설명하고 넘어갔어요. 활동을 단순화하고 간단한 예시를 들면서 이러한 가족 형태가 있다며 자료를 통해서 설명하고 넘어갔던 것 같아요.

배점

- **논술의 내용 [총 15점]**
  - 유치원 교사의 교직윤리와 정의 [4점]
  - 각 초임교사가 처한 윤리적 딜레마 [4점]
  - 윤리적 딜레마의 개념 [3점]
  - 윤리적 딜레마 극복방법 [4점]

- **논술의 구성 및 표현 [총 5점]**
  - 글의 논리적 체계성 [3점]
  - 맞춤법 및 어휘·문장의 적절성 [2점]

* 모범답안 723쪽

| 1교시 | 1문항 20점 | 시험 시간 60분 |

최근 우리나라는 외국인 이주 노동자 유입과 국제결혼 비율이 급격하게 증가하고 있다. 이에 따라 우리 사회는 인종과 국적이 다른 사람들이 어울려 살아가야 하는 다문화 사회로 변모하고 있다. 다문화 가정 자녀들의 유치원 입학이 늘어나고 있으며 이러한 추세는 더욱 증가할 것으로 보인다. 아래 자료는 다문화 가정 자녀 지도에 대한 교사 면담 자료이다. 자료를 참고하여, 1) 유아를 위한 더만 – 스파크스(L. Derman – Sparks)가 제안한 다문화 교육의 목표를 5가지로 논하고, 2) 사례에 기반하여 다문화 교실 상황에서 나타날 수 있는 문제 3가지를 기술하고, 3) 이러한 문제를 해결하기 위한 방안을 교사가 해야 할 일을 3가지로 논하고, 4) 교육 행정기관 등 외부의 지원을 받아야 할 일을 4가지로 나누어 논하시오. [총 20점]

최 교사 : 우리 반에는 차타라는 아이가 있어요. 이 아이의 부모님은 베트남에서 왔어요.

홍 교사 : 우리 반의 바다는 엄마가 필리핀 출신이에요.

박 교사 : 그렇군요. 우리 반에도 다문화 가정의 아이인 유레나가 있어요. 그런데 유레나의 피부색이 검다고 자꾸 우리 반 아이들이 놀려요.

최 교사 : 이런, 어쩌면 유레나의 경우는 따돌림을 당할 수도 있겠어요.

박 교사 : 네, 맞아요. 우리 반 아이들에게 그래서는 안 된다고 타일러 보았지만 아이들이 말을 잘 안 들어요. 그래서 어려움을 겪고 있어요.

홍 교사 : 그렇군요. 우리 반 바다의 경우는 약간 다른 상황이에요. 바다는 집에서 엄마와 대화할 때는 필리핀어를 쓴대요. 그런데 친구들에게는 필리핀 사람이라는 것을 감추려고 해요.

박 교사 : 바다와 이야기는 나누어 보셨나요?

홍 교사 : 네. 바다와 이야기해 보니까 바다가 유치원에서 친구들과는 한국말을 쓰고, 집에서는 엄마와는 필리핀어를 써서 자신이 한국 사람인지 필리핀 사람인지 잘 모르겠대요.

최 교사 : 홍 선생님도 바다를 지도하는 것에 대해서 어려움을 느끼고 계시겠군요. 우리 반의 차타는 바다와는 또 다른 상황이에요. 차타의 경우는 부모님과 차타가 한국에 온 지 얼마 안 되어서 한국어를 잘 못해요. 부모님도 마찬가지이구요.

박 교사 : 차타가 유치원에서 잘 적응해 나가는 데 여러 가지 어려움이 있을 것 같군요. 사실 차타, 바다, 유레나뿐만 아니라 다른 아이들도 있기 때문에 우리가 좀 더 구체적으로 이러한 문제를 잘 해결할 수 있도록 고민해 볼 필요가 있겠어요.

홍 교사 : 네, 맞습니다. 그런데 우리만의 노력으로는 해결될 수 없는 것 같아요. 외부의 지원도 보다 구체적으로 이루어져야 이러한 문제가 안정적으로 해결될 수 있다는 생각이 듭니다.

배점

- **논술의 내용[총 15점]**
  - 다문화 교육의 목표 [5점]
  - 문제를 해결하기 위해 교사가 해야 할 일 [3점]
  - 다문화 교실 상황에서 나타날 수 있는 문제 [3점]
  - 외부의 지원을 받아야 할 일 [4점]

- **논술의 구성 및 표현 [총 5점]**
  - 글의 논리적 체계성 [3점]
  - 맞춤법 및 어휘·문장의 적절성 [2점]

* 모범답안 724쪽

1교시	1문항 20점	시험 시간 60분

공립 유치원의 조직구조는 단설과 병설 유치원으로 나뉘며 이는 조직문화에 큰 영향을 미친다. 이러한 문제를 해결하기 위한 1) 조직문화의 의미를 제시하고, 2) (가)의 사례를 참고하여 공립 유치원 교사들이 선호하는 학급 규모 3가지와 선호하지 않는 조직구조 2가지를 각각 제시하고, 3) (나) 사례에 나타난 조직구조의 문제점 4가지를 지적하고, 4) 각각의 문제점에 대한 해결방안을 논하시오. [총 20점]

(가)

배 교사 : 공립 유치원은 근무지를 이동해야 하잖아요. 저는 출·퇴근 여건이나 자녀교육의 문제와 같은 근무 여건이 비슷하다면 학급 규모를 중요시해요.

황 교사 : 그렇군요. 저는 유아교육을 전공한 원감이 있는 학급의 유치원이 좋아요.

(나)

김 교사 : 음, 저는 3학급에 조금 있었고 한 학급에 거의 더 많이 있었는데요. 물론 교사마다 다르겠지만 한 학급은 저 혼자 하기 때문에 교육에 조금 소홀해질 가능성이 있다고 봐요. 유치원은 초등학교에 비해 교사의 재량권이 너무 많아요. 쉽게 말해서 유치원 교사가 그냥 하루 종일 아무 계획 없이 '그냥 놀아라.'라고 목표도 없이 애들을 놀게 할 수 있는 곳이 유치원인 것 같아요.

박 교사 : 결국 최고 결정권자 뜻대로 보통 진행돼요. 원감·원장 선생님이 교사를 도와주는 그런 측면에서는 같이 나란히 평행선을 이루지만, 가끔 수직관계라는 느낌이 들 때는 힘들고 어렵더라고요. 특별히 자유로운 분위기를 주시는 분도 계시지만 그런 분은 거의 없죠. 예를 들어 "선생님들이 참 고생이 많으세요."와 같이 격려 차원의 말씀을 따뜻하게 말씀해주시는 원감 선생님보다도, "이거 해놓으라니까 왜 안 해놨어?"라고 말을 함부로 한다거나 말이에요.

장 교사 : 여기 단설 4학급에 오니까 업무적인 것이 좀 더 체계적으로, 다시 말해 기업화되었다고 할까요? 분업화가 이루어져요. 분업화 및 체계화 되었지만 어떻게 보면 제 일이 더 많아진 거예요. 병설에 있었을 때는 제가 다 했어요. 부모 교육, 현장체험학습, 전통문화체험, 운동회 추진도 모두 저 혼자 했는데, 여기는 다 계가 있어요. 생활계, 부모교육계처럼 다 있지만, 왜 더 힘들게 느껴질까요?

채 교사 : 이제 원장 선생님이 계신 곳으로 와서 혼자 병설에 있었을 때 느꼈던 것 나름대로 열심히 하면서 '초등 선생님들은 왜 저렇게 주체적이지 못할까?' 하는 생각이 있었거든요. 근데 제가 단설에 가보니까 그 초등 선생님들을 이해하게 되었어요. 여기서는 어떤 기계화된 부품처럼 각자 맡겨진 일을 하는 방식이라, 병설에서 혼자 모든 걸 계획하고 운영하고 했던 게 이제 남의 역할이 돼버렸잖아요. 물론 의견 수렴 절차가 있지만, 대부분 맡은 분야만 본인의 일이고 다른 역할은 쉽게 나서지지가 않잖아요. 본인이 맡은 업무만 하게 되고, 다른 일의 주체는 교무가 될 수밖에 없죠.

배점

- **논술의 내용 [총 15점]**
  - 조직문화의 의미 [2점]
  - (나)에서 유치원 조직구조의 문제점 [4점]
  - 선호하는 학급 규모(3점)와 선호하지 않는 조직구조(2점) [5점]
  - (나)에서 유치원 조직구조의 해결방안 [4점]

- **논술의 구성 및 표현 [총 5점]**
  - 글의 논리적 체계성 [3점]
  - 맞춤법 및 어휘·문장의 적절성 [2점]

* 모범답안 725쪽

교원임용학원 강의만족도 1위,
해커스임용 teacher.Hackers.com

✅ 유아 교육과정 출제 경향 확인하기

* 아래 출제경향은 1997~2021학년도의 출제빈도를 나타낸 것입니다.

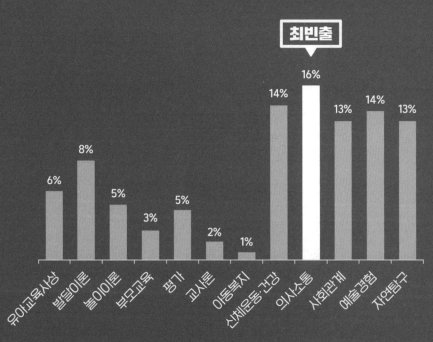

최빈출

유아교육사상	발달이론	놀이이론	부모교육	평가	교사론	아동복지	신체운동·건강	의사소통	사회관계	예술경험	자연탐구
6%	8%	5%	3%	5%	2%	1%	14%	16%	13%	14%	13%

Part 2

유아 교육과정

Chapter 01   유아교육사상   Chapter 07   아동복지
Chapter 02   발달이론   Chapter 08   신체운동·건강
Chapter 03   놀이이론   Chapter 09   의사소통
Chapter 04   부모교육   Chapter 10   사회관계
Chapter 05   평가   Chapter 11   예술경험
Chapter 06   교사론   Chapter 12   자연탐구

교원임용학원 강의만족도 1위,
해커스임용 teacher.Hackers.com

유아교육사상 출제 경향 확인하기

* 아래 출세경향은 1997~2021학년도의 출제빈도를 나타낸 것입니다.

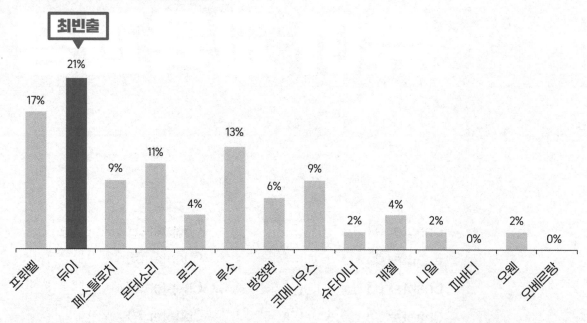

최빈출

프뢰벨	듀이	페스탈로치	몬테소리	로크	루소	방정환	코메니우스	슈타이너	게젤	니일	피바디	오웬	오베르랑
17%	21%	9%	11%	4%	13%	6%	9%	2%	4%	2%	0%	2%	0%

Chapter 01
유아교육사상

Point 01   프뢰벨
Point 02   듀이
Point 03   페스탈로치
Point 04   몬테소리
Point 05   로크
Point 06   루소
Point 07   방정환

Point 08   코메니우스
Point 09   슈타이너
Point 10   게젤
Point 11   니일
Point 12   피바디
Point 13   오웬
Point 14   오베르랑

🔍 개념 완성 탐구문제

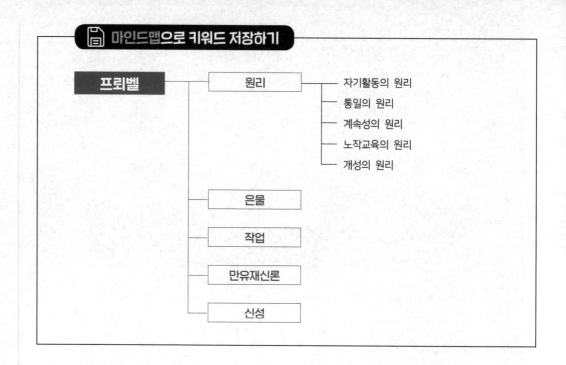

1. 주요 개념

통일의 법칙	• 우주의 모든 형성 작용의 바탕에는 하나의 통일, 즉 신이 깃들어 있는 것 • 만물의 본질은 신이며, 만물의 직분·사명은 단지 그의 본질인 자기 내부의 '신성'을 외부에 표현하는 것
만유재신론	'신'은 만물의 유일한 근원이자 만물 중에 존재해 있으며, 만물을 소생시킴과 동시에 또 만물을 지배함
노작의 본질	• 노작은 인간의 본질, 즉 신성의 표현을 직접적인 목적으로 함 ⇨ 인간 생명의 창조적·자발적 활동 • 단순한 유아의 생명활동 모두를 노작으로 보았으며, 나아가 생명을 활동·작업·창조로 보았음

2. 교육원리

발달순응적 교육	• 유기적 발달에 근거해 인간은 고유한 내적 필연성을 따라 내부로부터 발달한다고 봄 • 교육의 성과는 외면적인 결과를 빨리 가져오게 하는 것이 아닌, 내면적인 열매를 가져 　오도록 하는 것이라는 점을 강조함 • 끊임없이 유아에 대한 주의와 보호를 하면서도 필요할 때는 곧바로 적극적·능동적인 　작용을 할 수 있는 태세를 갖추고 있어야만 교육적 방법임

3. 교육내용과 교육방법

놀이	• 유아들이 자신의 내적 세계를 스스로 표현하는 것 • 놀이하는 것은 내적인 것을 자발적으로 표현하는 것이며, 내적인 것 자체의 필연성과 　욕구에 따라 내적인 것을 표현하는 것
은물과 작업	• **은물** : 프뢰벨의 교육적인 놀잇감 　⇨ 모든 은물을 형체·면·선·점의 네 가지 영역으로 나누었으며, '재구조'라는 종합의 　　영역을 추가하였음 • **은물의 전개방향** 　- 형체에서 점까지의 배열은 각각 3차원의 세계(형체), 2차원의 세계(면), 1차원의 세계 　　(선) 순으로 배열함 　- 감각을 통해 세계를 관찰하는 정신구조에 바탕을 두어 배열한 것으로, 마지막으로 이념의 　　'세계(점)'는 통일점에 해당함 • 은물은 단순한 것에서 복잡한 것으로, 구체적인 것에서 추상적인 것으로, 가벼운 것에 　서 무거운 것으로, 잘 알려진 것에서 덜 알려진 것으로 나아감 • **작업의 전개방향** : 작업은 점에서 입체로 전진되어 나아감
노래와 게임	『**어머니의 노래와 사랑의 노래**』 **발간** : 어머니의 교육적 기능 강화를 위한 부모 교육서
정원활동	**정원활동의 효과** : '볼 수 없는 힘'의 작용을 유아가 관찰할 수 있는 방법 중 하나 ⇨ 식물 생육의 필수적인 원리 및 전체와 부분의 관계를 배울 수 있음

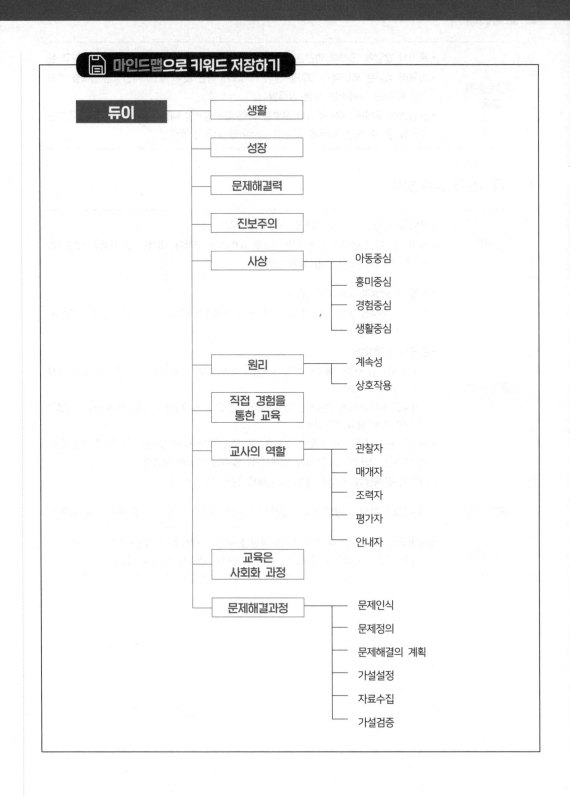

마인드맵으로 키워드 저장하기

듀이
- 생활
- 성장
- 문제해결력
- 진보주의
- 사상
  - 아동중심
  - 흥미중심
  - 경험중심
  - 생활중심
- 원리
  - 계속성
  - 상호작용
- 직접 경험을 통한 교육
- 교사의 역할
  - 관찰자
  - 매개자
  - 조력자
  - 평가자
  - 안내자
- 교육은 사회화 과정
- 문제해결과정
  - 문제인식
  - 문제정의
  - 문제해결의 계획
  - 가설설정
  - 자료수집
  - 가설검증

1. 교육사상

① 유아는 개인적인 능력과 관심을 지니는 '개인적 존재'일 뿐만 아니라 환경과 능동적으로 상호작용하는 '사회적 존재'임을 강조함
② 인간의 경험을 중시함
③ 인간의 자발성, 자주성, 자유를 중심으로 한 인간경험을 강조함
④ 아동중심, 흥미중심, 경험중심, 생활중심의 사상
⑤ 교육은 미래의 삶을 위한 준비가 아니라 현재 삶의 질을 높이는 것이라고 주장함

2. 교육방법과 원리

경험의 원리	계속성의 원리	과거의 경험은 현재 및 미래의 경험과 밀접한 관련이 있고, 계속적으로 영향을 주고받음
	상호작용의 원리	인간은 주변 환경과 끊임없이 상호 교섭을 함
문제해결과정	• 문제의 인식 • 문제의 정의 • 문제해결의 계획	• 해결을 위한 가설설정 • 자료수집 • 가설 검증

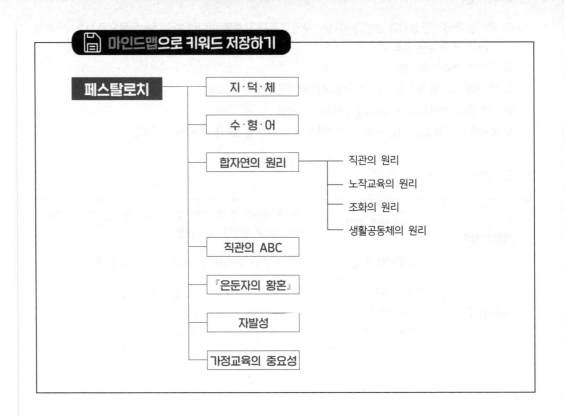

1. 교육목적과 내용

교육목적	지적(**지**)·도덕적(**덕**)·신체적(**체**)인 능력이 조화롭게 성장할 수 있도록 돕는 것 ⇨ 인간도야, 사회개혁
교육내용	수, 형, 어

2. 교육방법의 원리

직관의 원리	• 코메니우스와 같이 외계의 인상을 수동적으로 수용만 하는 직관이 아닌, 외계의 인상을 결합하여 능동적으로 개념을 구성하는 작용으로서의 직관을 강조함 • 사물을 '직관'함으로써 감각적인 인상에서 추상적 사고력이 발달함 • **사물을 정확히 인식하는 수단과 과정**: 수, 형, 어
자기활동의 원리	• **아동 스스로의 교육** 　- 인간이 가진 자연적인 힘을 내적인 힘을 통해 자발적으로 발전하도록 하는 것 　- 개성존중, 인간존중, 아동존중
조화균형의 원리	도덕적 능력을 중심으로 지적·기능적 능력의 조화로운 발달을 하는 것
단계적 방법의 원리	• 자기 발전은 질서 있는 일정한 단계를 거치며 이루어지므로 교육은 이러한 단계에 따라 이루어져야 한다는 것 • **3단계 교수**: 근본적인 기초요소 ⇨ 다른 요소 ⇨ 종합
생활공동체의 원리	어머니와 자녀의 인격 관계를 중요시함 ⇨ 어머니와 자녀 사이의 애정과 신뢰감이 도덕 및 종교 교육의 기저라고 생각함

3. 저서

① 『**은둔자의 황혼**』: 인간평등 주장, 가정의 안정론, 인간 행복의 기초 제시
② 『**린하르투와 게르트루트**』, 『**게르트루트는 어떻게 그의 자녀를 가르치는가?**』: 전인교육 강조
③ 『**육아일기**』, 『**백조의 노래**』

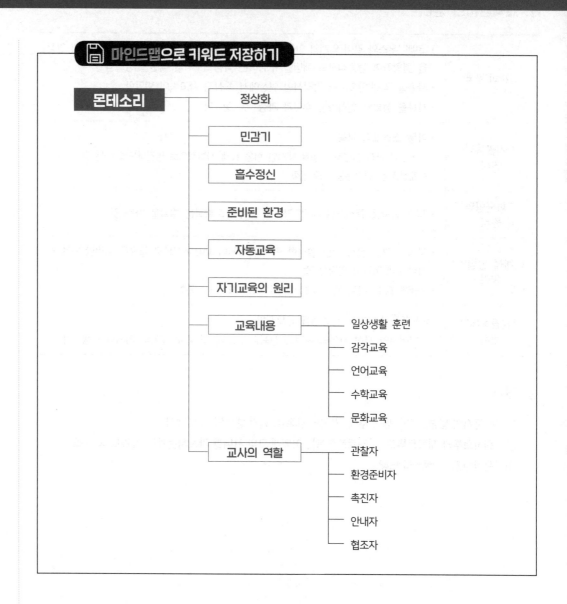

1. 교육목적

정상화된 어린이, 즉 정상화된 천성을 회복한 어린이로 성장하게 하는 것 ⇨ 정신발달 조성

[참고] **정상화 이론** : 유아가 작업에 진정한 흥미를 가지고 집중 반복하여 만족감을 가지는 상태

2. 교육원리

민감기	• 유아가 특정 행동에 감수성이 예민해서 쉽게 배울 수 있는 시기 • 주로 0~6세 사이에 이루어짐 • 각 유아마다 민감기가 나타나는 시기가 다르며, 연령에 따라 나타나는 행동특성도 다름 　예 질서(1~2개월), 양손 사용(2개월~2세), 세부 인식(2~3세), 걷기 활동(18개월~ 　3세), 언어 획득의 민감기(0~3세) 등
흡수정신	• 유아 내부에 잠재되어 있는 '흡수하는 정신능력'을 통해 환경을 받아들이면서 스스로 경험하며 배우게 되는 유아의 특성 • **무의식적 단계(0~3년)** : 보기, 듣기, 맛보기, 냄새 맡기, 만지기와 같은 감각이 발달 하고 개인의 의지와는 상관없이 외부의 인상을 흡수함 • **의식적 단계(3~6년)** : 계획적으로 환경과 상호작용을 하며, 좋아하는 것을 직접적으 로 경험하고자 하는 의지가 강함
준비된 환경	• 유아의 올바른 성장과 발달을 이끌 수 있는 자극을 주는 교육적 환경 • 발달 단계에 대한 관찰을 통하여 그에 적절한 교구를 마련해 줄 수 있는 환경
자동교육 (자기교육)	'준비된 환경' 속에서 선택한 교구를 가지고 능동적으로 활동할 때 이루어지는 학습 ⇨ "인간은 결코 타인에 의해 교육되어지지 않는다. 스스로 그 자신을 교육해야만 한다." 참고 교구 자체가 자기 수정적임 ⇨ 유아 스스로 자신의 실수·오류를 발견하여 자동적으로 　학습이 이루어질 수 있음
자기교육의 원리	유아에게 충분한 자유를 주고 그들 흥미대로 활동하도록 하면 원래 유아의 내면에 있는 가능성이 가장 바람직하고 적절한 방향으로 성장·발달해 갈 것

3. 교육내용과 방법

교육내용	일상생활 훈련, 감각 교구, 수학교육, 언어교육(모국어), 문화교육 참고 읽기보다 쓰기가 앞서며, 쓰기를 덜 추상적인 것으로 봄
교육방법	• 자유, 자기활동, 감각교육, 3R's 교육을 강조하였음 • 개별화 교육 시행
개별화 교육	유아 개인에 초점을 두고 실시됨 ⇨ 자신의 흥미와 욕구에 따라 활동하도록 함
혼합연령 집단 수업	협력학습이 가능하며 나이가 많은 유아는 나이가 어린 유아의 역할모델이 됨
3단계 교수법	• **1단계** : 대상물을 제시하고 사물의 이름을 단순하게 설명 없이 구성해 주는 단계 • **2단계** : 유아의 마음에 추상적인 인상이 연관 지어졌는지를 시험해 보는 단계 • **3단계** : 유아에게 대상물의 명칭을 기억시키고 말해 보게 하는 단계

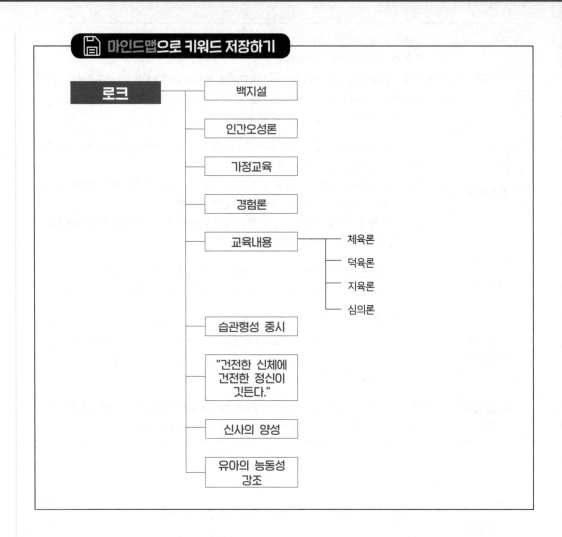

1. 인간관

"인간의 지식 획득은 어린이의 외부 세계로부터 온다."라는 백지설의 인간관을 가짐

2. 교육내용 - 『교육에 관한 의견』에서 제시

체육론	건전한 신체에 건전한 정신 ⇨ 단련주의
덕육론	지육의 선행조건으로 중요시함 ⇨ 존경심과 신뢰심에 의한 교육 및 체벌에 반대함
지육론	• 지육 그 자체를 목적으로 하는 교육은 배척함 　⇨ 지식은 오로지 덕을 쌓고 사색을 깊게 하는 데 필요한 수단이라고 주장함 • **지육의 목적**: 신사에 필요한 교육
심의론	• 태어날 때 인간의 상태는 백지 ⇨ 학습은 그 이후로 감각을 통해 얻어지는 인상 　- **『인간오성론』**: "모든 지식은 감각경험의 사실 관찰로부터 나온다."

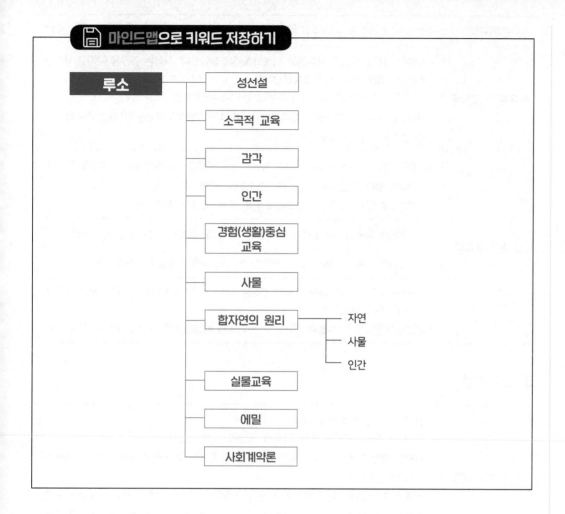

1. 인간관

"인간은 태어날 때부터 선하다."라는 성선설의 인간관을 가짐

2. 교육사상

근본사상	자연주의, 합리주의, 자유주의 ⇨ "자연은 선하고 사회는 악이다. 자연으로 돌아가라."
자유주의 교육론	• 자연은 인간을 착하고 자유롭고 행복하게 창조하였으나, 사회는 인간을 악하고 부자연스럽고 비참하게 만들고 있음(성선설) ⇨ 인간은 자연으로 돌아가서 자연의 순리에 따라야 함 • **자연** : 외부적 자연이 아닌, 심리적이고 내면적인 자연(정신적인 자연)을 추구함 ⇨ 순수한 인간 본성을 의미

소극적 교육론	• 성인의 간섭을 최소화하여 유아의 자연스러운 발달을 보장해야 함 ⇨ 안내해 주는 것
	 - **교육의 형태** : 자연교육, 사물교육, 인간교육(사람에 의한 교육)
	 - 인간교육과 사물교육은 자연교육에 따를 것 ⇨ 소극적 교육 이념
	
	       | **적극적 교육** | 학생들에게 인위적이고 관례적인 사회의 관습과 관념을 주입하는 것 |
	       | **소극적 교육** | 학생 스스로 판단할 수 있는 교육적 환경을 마련해 주는 것 |
	
	 - 단순한 방임이 아닌 교사의 직접적 간섭을 배제하는 것으로, 아동의 자유를 보장하고 자립 능력을 함양시키는 것
	• 발달단계론을 주장(식물의 성장) ⇨ 어린이의 발달단계에 알맞은 교육이 있음

3. 교육방법

합자연의 원리	• 인간의 발달단계에 맞는 교육 ⇨ 자연, 인간, 사물에 의한 교육이 자연의 목적에 합치 • **자연에 의한 교육** : 인간의 내부에 천성으로 갖추어진 각 기관과 능력이 자연스럽게 내면적으로 발달함 • **사물에 의한 교육** : 외부 세계의 사물과 접촉하여 감각과 경험을 통하여 획득되는 것 • **인간에 의한 교육** : 자연, 사물, 인간에 대한 교육이 잘 조화되어 동일한 도달점과 동일한 목적에서 일치할 때만 참된 인간교육이 가능하다는 것
주정주의적 교육	아동의 자연적 발달에 적응한 교육
실물교육	구체물에 의한 감각교육
소극적 교육	• 어린이의 자연스러운 발달을 보장하는 것 • 바람직한 환경 속에서 어린이의 자유로운 활동을 존중해야 함
이성적 교육	• 도덕교육과 직업교육을 경시하고 지적 교육을 배척함 ⇨ 감성교육의 토대 위에서 이성적 교육을 실시

4. 저서

『에밀』	• 기성종교를 비난하고 자연종교를 주장하였으며 어린이를 발견한 최초의 사람 • 식물의 성장을 모델로 하며 아동의 자발적인 성장을 강조함 • 자유와 개성을 학습의 조건으로 봄 • 교육은 무엇을 가르쳐 주는 것이 아니라 안내해주는 것 　⇨ 불필요한 성인의 간섭을 최소화 하는 교육을 실시(소극적인 교육) • 발달단계	

유아기 (1~5세)	신체 발육에 중점, 건강에 유념, 어머니의 책임 강조 ⇨ 운동성
아동기 (6~12세)	소극적 교육에 의한 자연성 발현, 놀이를 통한 감각의 발달과 직관적 추리력 증진, 언어의 습득, 경험을 통한 사물의 교육 ⇨ 감수성
소년기 (13~15세)	지적 도야기, 호기심, 이성적인 판단과 비판력, 자신의 발견에 의한 과학학습 강조(노작교육) ⇨ 지성, 이성
청년기 (16~20세)	지육발생, 도덕생활 중점, 사회생활 교육 시기, 역사학 · 종교학 ⇨ 유용성

『사회계약론』	인간은 국가에 지배당해서는 안 되며 자유로워야 함

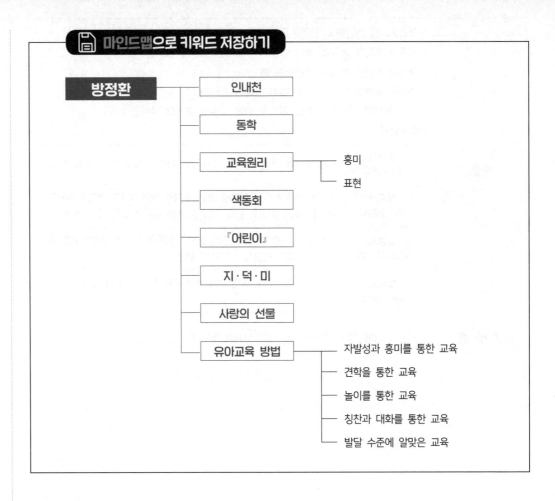

1. 교육사상

사상적 기반	• 동학 사상 ⇨ 유, 불, 선 사상을 기반으로 형성
	• 손병희의 사위이자 천도교의 간부로 아동교육 사상도 동학적 인간관을 바탕으로 함
	• **성선설적 입장** : 인간의 성품은 태어날 때 아주 착한 상태로 태어남
	  - 어린이는 이상 세계인 하늘 나라의 성품을 가진 존재로, 어린이의 착한 성품을 보존·확충할 것(**인**내천 사상)
	  - 아동은 하나의 완전한 인격체(성인의 축소판이 아니며 부모의 예속물도 아님)

아동의 어림	크게 자라날 어림, 새로운 큰 것을 지어낼 어림(잠재 가능성) ⇨ 미성숙

2. 교육방법

흥미의 원리	『어린이』(창간호) ⇨ "재미있게 놀이하는 중에 저절로 깨끗하고 착한 마음이 자라게 하자."
표현의 원리	자신의 생각이나 현실을 꾸밈없이 느낀 대로 표현해야 함을 강조하는 원리

환경의 중요성	• 선천적 잠재 가능성 못지 않게 환경의 영향도 중시함
	  - 좋은 환경을 제공할 것 ⇨ 올바른 성장을 도와주는 환경
	  - 이를 위해서 예술문화 운동과 소년 단체 운동을 진행함

3. 어린이 운동

출판 운동	• 천도교의 출판 운동과 함께 『개벽』을 중심으로 이뤄짐	
	1920년	『개벽』지 창간 ⇨ 천도교에서 발행한 잡지
	1922년	『사랑의 선물』 발행 ⇨ 세계 명작 동화 10가지를 번역하여 만든 단행본 동화집(한글, 그림 삽입)
	1923년	『어린이』지 창간 ⇨ 소년 운동의 구심점 역할, 동요 보급(한국 최초의 순수 어린이 잡지)
	1923년	『신여성』지 창간 ⇨ 동학의 여성관 반영, '어린이 찬미' 수록
예술 문화 운동	• 『어린이』지가 중심이 됨	
	1922년~	동화 구연 외 동극, 사진 등
	1923년~	동요 보급 운동 ⇨ 『어린이』 창간호부터 시작되었으며, 7·5조나 8·5조의 창가 형식으로 민족 고유의 풍속
	1924년~	자유화 대회 '어린이' 주최
	1928년	세계 아동 예술 전람회 개최

소년 단체 조직	• **천도교 소년회 조직**(1921. 5.) - 천도교에서 시작되었으나 민족주의적 구국정신 고취와 어린이의 인격적 해방에 주력함 - 창립 1주년 기념일인 1921년 5월 1일에 최초의 어린이날 행사 시행함 • **색동회**(1923. 5.) - 새롭게 제1회 어린이날을 전국적으로 거행하는 데 큰 역할을 함 - 도쿄에서 창립한 소년 문제 연구회 - 동화와 동요를 중심으로 아동 문학을 연구함 - 『어린이』지를 중심으로 활동함 - 1928년에 열린 세계 아동 미술 전람회 개최에 기여함 • **소년 운동 협회**(1923. 5.) - 1923년 어린이날 행사를 위해 전국의 소년 운동 단체들을 모아 결성함 - 오월회와 대립함 • **어린이날** - 1922년 5월 1일에 천도교 소년회 주최로 시작됨 - 1923년 5월 1일에 40여 개 소년회 연합체인 조선 소년 운동 협회 주체로 1923년 5월 1일을 제1회 어린이날로 제정함 • **소년 지도자 대회**(1923. 7. 23.) - 색동회 주최의 '전선 소년 지도자 대회'가 대표적임

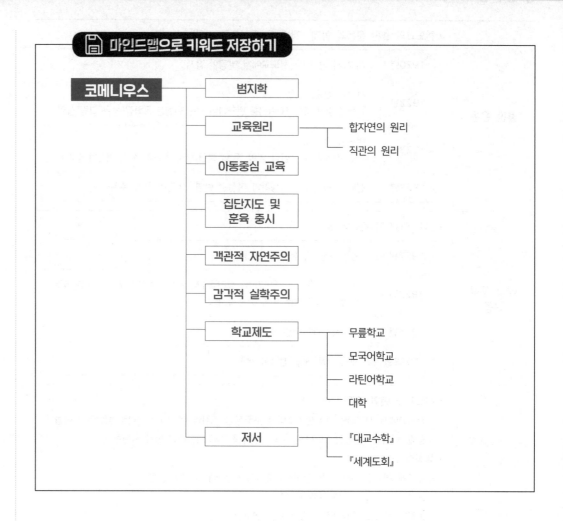

1. 교육목적

① 내세를 위한 준비에 있으며, 이 준비는 박식·덕·경건 등의 세 방향에서 이루어져야 함
② 지·덕·신앙의 세 영역을 연관적으로 획득하는 신과의 합일이 이루어져야 함
③ 지식을 닦고 도덕심을 쌓고 신앙심을 길러 천국 생활을 준비해야 함

2. 교육내용

| 범지학 | 의미 | 신, 인간, 자연에 관한 내용
⇨ **보편적 지혜** : 모든 사람에게 모든 것을 철저하게 알리는 것 |
| | 목적 | 모든 것을 통해 전체를 파악 |

3. 교육원리

합자연의 원리	객관적 자연주의 ⇨ 자연의 질서에 따른 교육

교육과정	• 자연적 순서에 따라 교육과정이 진행된다면 학습이 쉽게 이루어질 것이라고 함
	• **자연적 순서**
	  - 마음의 순수성을 잃기 전, 일찍 학습이 시작될 때
	  - 마음에 무엇을 받아들일 준비가 되어 있을 때
	  - 교육과정이 일반적인 것에서 구체적인 것으로 진행될 때
	  - 모든 경우에 있어서 진행을 서두르지 않을 때
	  - 학생들에게 너무 많은 과목으로 지나친 부담을 주지 않을 때
	  - 학습내용이 쉬운 것에서 어려운 것으로 진행될 때
	  - 아동의 본성에 흠이 가지 않도록 연령에 적합한 내용과 방법을 사용할 때
	  - 모든 것을 감각기관의 매체를 통해 가르칠 때
	  - 학습된 것을 계속적으로 사용하도록 할 때

직관의 원리	• 교육의 실제에 있어서 실물에 의한, 즉 직접적인 사물을 통한 교육을 의미함
	  ⇨ 모든 경험적 지식을 중시함
	[참고] 직관
	  • 코메니우스의 직관 : 수동적 의미
	  • 페스탈로치의 직관 : 감각＋사고 ⇨ 능동적 의미

교육의 기회균등의 원리	• 서민 교육에의 관심을 가짐 • 평등교육과 공교육의 틀을 제시함 ⇨ "모든 계급의 남녀 아동을 동일한 학교에서 교육하라."
집단 학습의 원리	공립적 집단교육 사상
직관주의 교육	• 코메니우스는 직관주의 교육의 창시자임 • 경험주의에 입각하여 규칙보다는 사례를 중시함 • '신의 선물'인 어린이를 어머니가 중심이 되어 보호·지도하여야 한다고 주장함 ⇨ 어린이의 능력과 개성을 중시

4. 학교제도

유아기 (1~6세)	어머니 무릎학교	• 건강, 일상 언어, 도덕 및 신앙, 자연계의 사실과 진리를 교육함 • 가정에서의 교육 ⇨ 어머니가 교육 담당 • 사물의 명칭을 바르게 말하기 • 명확한 개념 습득 안내하기 • 분명하게 말하기
아동기 (7~12세)	모국어학교	• 모국어, 종교, 산수, 역사, 지리, 미술, 물리를 교육함 • 모국어를 배우기 이전에 라틴어나 다른 외국어로 가르치지 않고 모국어로만 교수해야 함 • 모든 아이들은 모국어 학교에서 교육받아야 함 • 독서, 3R's을 강조함 • 무상·의무 초등교육기관
소년기 (13~18세)	라틴어학교	모국어, 라틴어, 그리스어, 히브리어, 자유 7학과, 물리학, 지리학, 도덕과 종교를 교육함
청년기 (19~24세)	대학 및 여행	• 대학은 자신의 전공 분야인 신학·철학·법학·의학뿐 아니라, 모든 방면에 지식을 제공함 • 특히 여행과 고전을 중요시함

5. 저서

『어학입문』	심리학 기초(시각적 라틴어 교수에 관한 교과서)
『대교수학』	• 최초의 체계적인 교육학 저서 ⇨ 어머니 무릎 학교, 모국어 학교, 라틴어 학교, 대학의 단계가 제시됨 • 교육의 목적과 내용, 학교교육의 필요성, 취학의 필요성, 현재 학교의 결함과 개선 필요성, 교과영역별의 교육기술론, 학교제도, 학교관리, 학교조직론 등을 내용으로 함 ⇨ 모든 어린이들의 교육받을 권리, 교육원리 교수법, 단계별 학습, 학년별 학습 • 라틴어를 쉽게 학습할 수 있는 방법과 보편교육의 기초를 형성해 줄 수 있는 모든 지식을 개관하기 위하여 저술함 ⇨ 범지학
『세계도회』	• **시청각 교육의 선구자** - "감각에 존재하지 않고 지성에 존재하는 것은 하나도 없다." ⇨ 감각적 직관을 강조 - 사물과 언어, 문자를 통합하여 짧은 시간에 흥미 있고 정확한 지식을 감각에 의해 얻으려 함 • 모든 주제를 그림으로 설명함
그 외 저서	• 『어학최신교수법』 　　　　　　　　　　　　• 『범지학교』 • 『범교육론』 　　　　　　　　　　　　　　• 『유희학교』 • 『유아학교』 ⇨ 교사들을 위한 안내서 　　• 『코메니우스 교육학전집』 • 『어학입문지침』

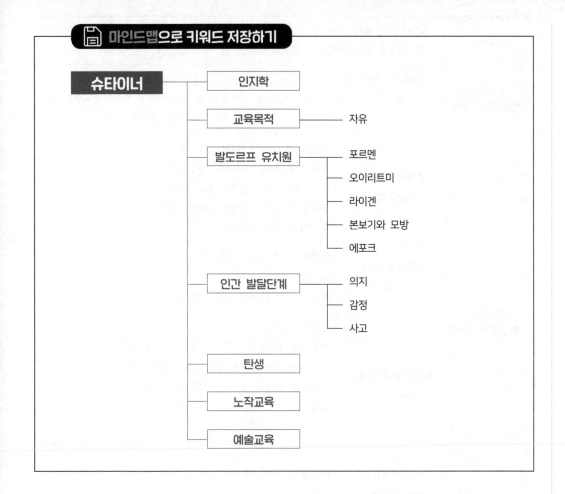

1. 인간관

의미	인간은 형태·삶·의식의 삼체성에 기초하여 신체·영혼·정신의 삼지적 구조를 지님 ⇨ 인간의 모든 경험은 이 삼지적 구조를 통해 이뤄짐
아동관	• 타고난 정신적 본질이 육체화를 이루어가는 삶의 한 과정에 있는 인격체 • 한 특정한 부모와 특정한 운명의 연관성 속에서 육체화되는 하나의 지속적인 인격체

2. 인지학

의미	인간의 본질 속에 내재되어 있는 정신적인 것을 인식하는 것으로부터 우주에 내재되어 있는 정신현상을 인식할 수 있도록 하자는 것
인지학적 발달론의 의미	• 인간의 발달을 연속적인 과정으로 보지 않고 단계적인 과정으로 봄 　- **탄생**: 서두르는 교육은 미숙아를 낳는 것과 같은 결과를 가져오는 잘못된 교육임을 의미 　- 인간 발달의 비약, 질적 변화 특징을 나타내기 위해 **'탄생'** 용어를 사용

인지학적 발달론의 단계	**물리적 신체기 (0~7세)**	• 정신을 뺀 나머지 육체를 의미함 • 유아의 몸 전체는 하나의 감각기관임 • 감각기관이 외부 세계로 열려 있음 • 교육은 온몸을 사용하는 모방에 의해 행해짐 　⇨ 오감의 발육이 중요
	에테르체 탄생 (7~14세)	• **생명체**: 기억, 습관, 기질, 성향을 관장함 • 학습을 시작해도 괜찮음 • 예술에 대한 감각이 눈을 뜨게 됨
	아스트랄체 탄생 (14~21세)	• 감정체의 탄생 • 사춘기가 됨으로써 제2의 마음의 탄생을 맞이함 • 개인의 관심과 취미를 발달시키는 능력이 발달함 • 독립적인 인식과 판단력을 얻으려 노력함 • 세계와 인간에 대한 깊은 인식 요구가 나타남 • 추상적 사고 능력이 생김 • 학교 수업은 심층적으로 학문적 태도의 기초를 닦는 데 기여함
	자아체 탄생 (21세 이후)	• **자아체**: '나'라는 의식을 가질 수 있는 힘 • 자아를 통해 에테르체와 아스트랄체의 충동을 지시하고 통제함

3. 자유 발도르프 학교

개념	삼지화이념과 인지학적 인간 이해에 기초하여 설립됨 ⇨ 신체, 영혼, 정신의 세 구조가 하나의 전체로 작용할 때, 참다운 인간 존재가 가능함
교육방법	• 타고난 것과 기질을 고려한 교육 • **본**보기와 **모**방을 통한 교육 ⇨ 성인과 유아의 내적인 유대 관계 • 감각을 통한 교육 • **리듬과 질서를 통한 교육** {표} 리듬의 원리 | 일어날 일을 예측할 수 있도록 외적 행동 + 인간 내면 질서의 원리 | 공간(⑩ 물건 제자리에 비치), 시간(질서 있게 운영), 내적인 질서
특징	• 혼합연령 학급 및 8년 학급 담임제를 운영함 • 같은 기질의 아이끼리 집단을 구성함 • 교육과정의 예술적 구성 • **오**이리트미 : 음악이나 말을 몸의 움직임으로 나타냄 ⇨ 볼 수 있는 언어, 볼 수 있는 노래 • **포르멘** : 직선, 곡선으로 된 다양한 도형을 그리게 하는 것 • **에포크 수업(주기집중수업)** : 8~20시 사이에 매일 100분간 매일 같은 과목의 같은 주제를 3~5주 정도 계속하여 수업하는 것
유치원 활동	• **자유놀이** : 예술적 활동 • **서클활동** : 노래, 손가락 놀이, 이미지 게임 등 • **이야기와 동화모임** : 한 주제에 대한 이야기를 일주일 내내 반복함
특이사항	• **놀잇감** : 자연물로서 꾸밈없는 원형 그대로인 완제품이 아닌 놀잇감 • **환경 구성** : 다양한 곡선의 활용 • **상호작용** 　- 완전 평등한 관계 　- 교사들 간의 동료적인 경영체제 　- 교사와 학부모의 집중적인 협력

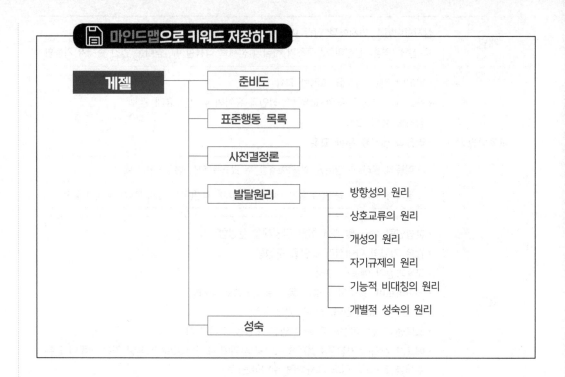

1. 성숙이론

① 광범위한 필름을 관찰하여 유아의 **표**준행동목록을 작성함

② **성숙** : 발달 과정의 방향을 통제하는 유전자 기제를 의미함

③ **발달** : 단계적 순서를 통해 형성되며 그 순서는 종의 생물학적 진화적 역사에 의해 결정됨

④ 학습의 **준**비도를 강조함 ⇨ 유아의 준비도에 따라 적절히 반응 필요

⑤ 유아의 흥미와 욕구에 대한 주의 깊은 관찰과 통찰력을 통해 적절한 환경을 구성함

⑥ 발달의 경향과 순서에 대한 이론적 지식의 필요함

2. 발달의 기본 원리

발달적 방향성의 원리	인간의 발달은 정돈된 방식에 의해 진행됨
상호적 교류의 원리	• 인간은 양측으로 구성되어 있음 　🔘 두 반구로 된 뇌, 두 눈, 두 손, 두 다리 등 • 양측이 점차적으로 효과적인 체제화가 되어 가는 과정을 말함
기능적 비대칭의 원리	유기체가 나중 단계에서 어느 정도의 성숙을 이룰 수 있도록 비대칭적이거나 불균형적 발달 기간을 거치게 되는 것
개별적 성숙의 원리	• 발달은 연속적 패턴화의 과정으로, 패턴화는 미리 결정되며 유기체가 성숙함에 따라 드러나게 됨 • 개인의 발달 패턴과 방향을 확립시키는 내적 기제로서 '성장모형'의 중요성을 강조함
자기 규제의 원리	• 아동들에게 너무 일찍 많은 것을 가르치려는 시도에 대하여 아동들이 저항할 때 작용함 • 아기들이 자신의 수유, 수면, 깨어 있는 상태의 주기 등을 규제하는 능력의 토대가 됨 • 유동적인 성장에 대한 본질의 기저를 이루기도 함
개성 및 개인차	정상적인 아동은 모두가 동일한 순서를 거치지만 그 성장 속도는 서로 다름

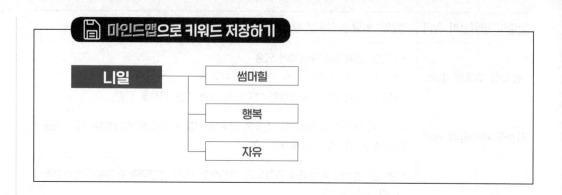

1. 개념

아동관	• 자유와 행복을 근간으로 함 • 루소의 자연주의적 인간관과 같은 맥락에서 인간은 선하게 태어난다는 믿음에 기초함 ⇨ 선천적으로 선한 어린이를 어떻게 다루어야 하는가를 교육 실천의 문제로 삼음 • 어린이는 호기심이 많으며 성인의 간섭 없이 스스로 탐구적 활동에 몰두할 수 있음 • 어린이에게는 자연적인 창조력이 있음 ⇨ 창조력을 가두어 놓으면 파괴로 변형됨 • 자연적 창조력은 자유로운 분위기라는 바탕에서 어린이가 각자의 관심 분야에 따라 자신의 능력을 발휘할 수 있도록 하는 원동력이 됨
교육방법	• 어린이 자신의 흥미에 따라 살도록 하고, 개인적 흥미와 사회적 흥미가 충돌할 때에는 개인적 흥미를 먼저 허용하여 어린이들의 정신을 개방시켜 주어야 함 • 학과 공부보다는 놀이를 중요시함 • 보다 많은 자유, 미술, 공작, 음악, 댄스, 연극 등과 같은 창작활동을 할 것을 강조함 ⇨ 위 활동을 통해 재능과 감정을 자유롭게 해주면 지성도 활발히 활동하게 됨

2. 썸머힐

① 규율, 훈련, 지시, 도덕교육, 종교교육을 강요하지 않음 ⇨ 자유로운 학교
② 학교의 목표는 행복, 성실, 조화, 사회성을 가진 균형 잡힌 인물을 양성하는 것임

Point 12 피바디

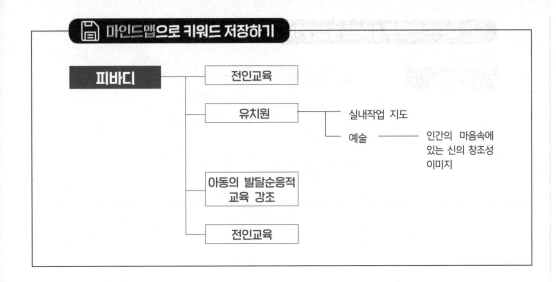

마인드맵으로 키워드 저장하기

- 피바디
  - 전인교육
  - 유치원
    - 실내작업 지도
    - 예술 ── 인간의 마음속에 있는 신의 창조성 이미지
  - 아동의 발달순응적 교육 강조
  - 전인교육

1. 생애

① 프뢰벨이 쓴 『인간의 교육』을 읽고 프뢰벨의 유치원에 흥미를 갖게 되었음
② 슐츠 여사로부터 유치원에 관한 실제 지도를 받았음
③ 미국에서 영어로 가르치는 최초의 유치원을 개설하였음

2. 교육관 – 성선설적 아동관

① 교사나 어머니가 유아기의 아동을 다룰 때 아동의 기질을 잘 보존하면서 아동의 활동이 내적인 법칙에 따라 활발하게 행해지도록 하는 것이 가장 중요하다고 주장함
② 교육은 어머니의 의지와 아동의 의지가 접촉할 때 시작됨 ⇨ 유아기 교육 중시
③ 체벌 및 엄격한 교육을 반대함
④ 발달순응적 교육에 기초하여 아동을 부드럽게 인도할 것을 주장함

3. 유치원 교육

유치원 설립	1860년 보스톤에 미국 최초의 영어 유치원을 설립하고 프뢰벨식의 교육을 펼침
	참고 유아학교
	• 노동자의 자녀들을 대상으로 부모가 일하는 동안 아이들을 보호하는 것이 주임무
	• 아동을 조용히 있도록 하고 기독교 교리문답을 암송
	• 쓰기와 읽기의 초보적인 수준을 배우기
	• 유치원은 채찍이나 강요에 의한 교육이 아닌 정원사가 나무를 돌보듯 정성스레 아동을 다루고 개성이나 욕구를 존중하는 것임
유치원 운동	1870년대에 유치원 운동을 실시하였으며, 유치원 교사 양성학급을 개설함

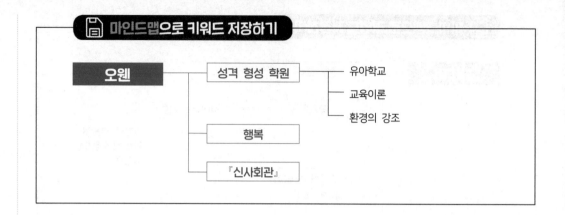

1. 교육관

인생의 궁극적 과제	행복(빈곤 조절)
인간관	• 형성되어 가는 존재 • 기본구조와 신체의 기본구성이 이루어진 후 환경의 영향과 질적 수준에 따라 다르게 형성됨
영향	• 사상 측면에서는 로크로부터, 교육방법 측면에서는 페스탈로치로부터 영향을 받음 • 펠렌버그의 학교 영향도 받았으며 교육을 사회개혁의 수단으로 봄
교육목표	합리적으로 생각하고 행동하는 심신이 모두 안정된 인간(성격) 형성
교육방침	성격 형성론에 의한 환경개선 교육, 유아 자신에 의한 교육, 사랑과 행복의 교육, 상벌 폐지, 직관적 교수, 생산과 노동이 결합된 교육
교수방법	호기심 유발, 대화, 애정을 가지고 대하기, 실물 교육, 개성 존중의 자유교육, 집단적 훈련, 발달 단계의 흥미 중시, 주지주의 배격
교육내용	옥외놀이, 실물 모형, 그림을 통한 놀이, 실물지시, 담화, 음악과 율동, 군사교련(행진)

2. 성격 형성 학원(유아학교)

① 인간 성격의 대부분이 유아기에 형성되며 이는 환경에 의한 영향이 크다고 믿었으며, 유아학교를 성격 형성 학원의 주축으로 운영하였음

② 성격 형성 학원의 일부로 뉴라나크의 '유아학교 개설'이 있음

③ **성격 형성론** : 인간의 성격은 자연적 자질과 후천적 영향(정신적 환경 - 교육, 외부적 환경 - 사회생활)이 결합된 상태 ⇨ 성격의 개선은 환경의 개선으로 시작해야 함

④ 유아를 수동적인 존재로 파악하였고, 유아가 가진 유연한 성질은 현명한 관리하에서 쉽게 이상적으로 형성 가능하다고 보았음

Point 14 오베르랑

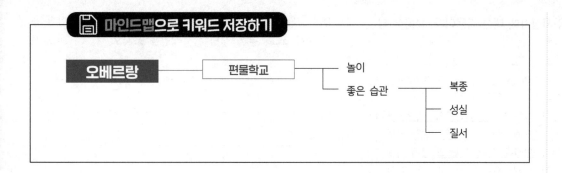

마인드맵으로 키워드 저장하기

오베르랑 — 편물학교 — 놀이
— 좋은 습관 — 복종
— 성실
— 질서

1. 생애

1770년에 편물학교를 설립하였음(독일의 프뢰벨 : 1840년에 유치원 설립)

참고 편물학교
- 부모가 일터에 있는 동안 어린이들을 보호하면서 적극적인 탁아기능에 중점을 두는 교육기관임
- 교구 전체의 사회적·경제적 개발 및 주민 복지의 일환으로 이루어 짐
- 3세 이상의 취학 전 어린이와 수업시간 이외의 아동들을 대상으로 함
- 1700년 이후 속출하고 있었던 '모친학교'와 비슷한 시설

2. 교육관

교육목표	가정에서 배운 나쁜 습관 제거, 복종, 좋은 습관 형성, 표준어 습득, 기독교와 도덕의 기초 형성을 목표로 하였음
교육내용	프랑스어, 기독교 교육, 도덕교육 등을 시행함 예 정확한 프랑스어 학습, 찬송과 성격의 학습, 박물, 지리, 놀이, 바느질, 뜨개질, 동화
교육방법	• 놀이를 통해 학습함 • 올바른 언어를 구사하면서 기쁘게 노래하고 학습하도록 함

* 모범답안 726 ~ 729쪽

01 다음은 유아교육 사상가에 대한 내용이다. 물음에 답하시오. [5점]

> **(가)** (㉠)은/는 신의 존재를 받아들이고 자신의 본질인 내재되어 있는 '(㉡)'을/를 깨닫는 것을 교육의 목적으로 하였다. 그는 "㉢ 신은 만물의 유일한 근원이며 만물 중에 존재해 있으며 만물을 소생시키며 또 만물을 지배한다. 만물은 신 가운데, 또 신에 의해 존재하며 신에 의해 생명을 부여받고 또 거기에 그 본질을 간직하고 있다."라고 하였다.
>
> **(나)** 『 ㉣ 』은/는 프리드리히 웅거가 그림을 그렸고, 로버트 콜이 노래를 작곡했다. 50개의 놀이노래는 어린이와 어머니가 친밀하게 어울려 팔, 다리와 감각을 훈련시키고, 나아가 예감이 가득한 상징적인 방법으로 어린이를 생명과 세계를 이어주고 있다. 『 ㉣ 』의 삼분의 일은 노동세계, 자연 그리고 동물에 대한 내용, 약 오분의 일은 가정과 유치원이 모범이 되는 사회적인 것에 대한 내용이며 노래의 마지막 부분은 정서, 캐릭터, 종교와 신의 영역을 다루고 있다.
>
> **(다)** (㉤)은/는 ㉥ 가정에 있어서의 가족 집단, 특히 어머니와 자녀의 인격 관계를 중시하고, 어머니와 자녀의 애정과 신뢰감을 도덕 교육 및 종교 교육의 기저로 생각하였다. 또한 그것이 확대되면 자연히 시민으로서의 자질이 높아지고, 국민으로서의 자각이 강화되며, 나아가서 인류의 복지에 이바지하는 정신까지 발전할 수 있다고 생각하였다.

1) (가)의 ㉠에 들어갈 사상가의 이름을 쓰고, ㉡에 적합한 용어를 쓰고, ㉢을 설명하는 개념을 쓰시오. [3점]

㉠ _____

㉡ _____

㉢ _____

2) (나)의 ㉣에 들어갈 저서 이름을 쓰시오. [1점]

㉣ _____

3) (다)의 ㉤에 들어갈 사상가를 쓰고, ㉥의 사상가가 강조하는 ㉥은 무엇을 말하는지 쓰시오. [1점]

㉤ _____

㉥ _____

02 다음은 유아교육 사상가에 대한 내용이다. 물음에 답하시오. [5점]

> **(가)** (㉠)은/는 "어른들의 의무는 어린이를 지혜롭게 대하고, 어린이가 생활에 필요한 지식을 받아들이도록 도와주는 협조자여야 한다."라고 하였다. (㉠)은/는 '㉡ <u>정상화(normalization)</u>'를 교육목적으로 하고, 유아가 준비된 환경에서 교구를 활용하여 자기 스스로 오류를 정정해 나가는 자동교육을 주장하였다.
>
> **(나)** (㉢)은/는 "우리의 능력과 기관의 내적 발달은 자연의 교육이고, 이 발달을 어떻게 이용할 것인지를 가르쳐 주는 것은 (㉣)의 교육이다. 그리고 우리에게 영향을 미치는 대상들에 대한 우리 자신의 경험으로부터 얻는 것은 (㉤)의 교육이다."라고 하였다. 또한 성선설에 근거하여 자연적인 성향과 조화를 이루며 자연의 원리를 따르는 교육을 주창하였다.
>
> **(다)** (㉥)은/는 "(㉦)(이)라는 것은 능동적 요소와 수동적 요소의 특수한 결합으로 이루어졌다는 점에 착안하면 …(중략)… 능동적 측면에서 볼 때, (㉦)은/는 해보는 것을 말한다. 해보는 것으로서의 (㉦)은/는 변화를 가져온다."라고 하여 실제적인 (㉦)와/과 직접 활동하는 가운데 탐구하고 실험하면서 학습하는 것을 중요시하였다.

1) (가)의 ㉠에 들어갈 사상가를 쓰고, ㉡의 의미를 쓰시오.
[2점]

㉠ _____

㉡ _____

_____

2) (나)의 ㉢에 들어갈 사상가를 쓰고, ㉢ 사상가가 강조하는 ㉣과 ㉤에 적합한 용어를 쓰시오. [2점]

㉢ _____

㉣ _____

㉤ _____

3) (다)의 ㉥에 들어갈 사상가를 쓰고, ㉥ 사상가가 언급한 ㉦에 적합한 용어를 쓰시오. [1점]

㉥ _____

㉦ _____

03 다음은 유아교육 사상가에 대한 내용이다. 물음에 답하시오. [5점]

(가) (㉠)은/는 "만약 우리가 어린이들의 마음속에서 사물에 대한 참되고 확실한 지식이 자라게 되기를 원한다면 실제적인 관찰과 감각적 지각에 의하여 모든 사물들을 배울 수 있도록 그들에게 특별한 관심을 기울여야 한다."라고 하였으며, 지식은 먼저 감각에서 시작하여 기억으로 가기 때문에 감각교육이 모든 학습의 기초가 된다고 보았다.

(나) (㉡)은/는 "(㉢)은/는 개체의 전 성장의 형태와 그 변화 정도를 결정하는 성장의 내적 요소에 해당한다. …(중략)… (㉢)은/는 외적 환경 및 내적 환경에 반응하는 유기체의 제반 발달적 분화를 포함한다는 의미에서 성장(growth)보다 훨씬 더 종합적·포괄적 개념이라고 할 수 있다."라고 하였으며 아동 개인의 발달을 평가하는 데 사용할 수 있는 (㉣)을/를 고안하였다.

(다) (㉤)은/는 지·덕·체의 조화로운 발달을 통한 전인적인 성장을 강조하였고, 사물을 인식하는 수단으로 수(數)·형(形)·언어(言語)를 중요한 교육 방법으로 ㉥ <u>직관의 원리</u>와 노작교육의 원리 등을 제시하였다.

---

1) (가)의 ㉠에 들어갈 사상가를 쓰고, ㉠ 사상가는 '모든 사람에게 모든 것을 철저하게 알리는 보편적 지혜'를 강조하였는데 ① 이 교육내용이 무엇인지 쓰시오. [2점]

㉠ _____

① _____

2) (나)의 ㉡에 들어갈 사상가를 쓰고, ㉡ 사상가가 강조하는 ㉢과 ㉣에 적합한 용어를 쓰시오. [2점]

㉡ _____

㉢ _____

㉣ _____

3) (가)의 ㉤에 들어갈 사상가를 쓰고, ㉥에 대해 설명하시오. [1점]

㉤ _____

㉥ _____

_____

04 다음은 유아교육 사상가에 대한 내용이다. 물음에 답하시오. [5점]

(가) (㉠)은/는 자연의 법칙과 질서에 따르는 '㉡ 합자연의 원리'를 교육의 근본 원리로 삼았으며, 교육의 단계를 ㉢ 유아기를 위한 어머니 무릎학교, 아동기를 위한 모국어학교, 소년기를 위한 라틴어학교, 청년기를 위한 대학으로 구분하였다.

(나) (㉣)은/는 "만물에는 영원불멸의 법칙이 살아 지배한다. …(중략)… 이 영원불멸의 법칙은 필연적으로 모든 사물에 퍼져있고, 강하고, 생동적이고 내재적인 영원한 (㉤)에 기초하고 있다. …(중략)… 만물은 그들 안에 존재하는 신성을 밖으로 발현함으로써 존재한다. 하나하나의 사물에 존재하는 신성의 발현이 바로 그 사물의 본질이다."라고 하였다. 그리고 인간 발달은 선행 발달 단계에 기초하여 (㉥)을/를 갖고 이루어진다고 하였다.

(다) (㉦)은/는 대표적인 저서인 『 ㉧ 』에서 인간의 본성을 과학적으로 규명하고자 하였다. 그의 기본가정은 인간의 본성이 출생 때는 백지 상태와 같다는 것이다.

1) (가)의 ㉠에 들어갈 사상가를 쓰고, ① ㉠의 사상가가 강조하는 ㉡의 설명과 ㉢의 단계를 제시한 저서를 순서대로 쓰시오. [2점]

㉠ _____

① _____

2) (나)의 ㉣에 들어갈 사상가를 쓰고, ㉣의 사상가가 강조하는 ㉤과 ㉥에 적합한 용어를 쓰시오. [2점]

㉣ _____

㉤ _____

㉥ _____

3) (다)의 ㉦에 들어갈 사상가를 쓰고, ㉦의 사상가가 저술한 ㉧을 쓰시오. [1점]

㉦ _____

㉧ _____

05 다음은 유아교육 사상가에 대한 내용이다. 물음에 답하시오. [5점]

> **(가)** (㉠)은/는 인간의 본성은 환경에 따라 이렇게도 저렇게도 쓰여질 수 있는 (㉡)을/를 주장하였고, ㉢ "건전한 신체에 건전한 정신이 깃든다."고 하였다.
>
> **(나)** (㉣)은/는 자신의 유명한 저서 중의 하나인 (㉤)의 서문에서 "감각에 존재하지 않고 지성에 존재하는 것은 하나도 없다."라고 하며 감각적 직관을 강조하였다.
>
> **(다)** (㉥)은/는 인간 발달의 비약적이고 질적인 변화의 특징을 보다 잘 드러내기 위하여 인간의 발달현상에 대하여 '성숙'이나 '발전'이라는 단어를 사용하지 않고 (㉪)(이)라는 말을 사용하였다.

1) (가)의 ㉠에 들어갈 사상가와 ㉡에 적절한 용어를 쓰고, ㉢의 내용을 언급한 저서를 쓰시오. [2점]

㉠ _____

㉡ _____

㉢ _____

2) (나)의 ㉣에 들어갈 사상가를 쓰고, ㉤에 적합한 용어를 쓰시오. [2점]

㉣ _____

㉤ _____

3) (다)의 ㉥에 들어갈 사상가를 쓰고, ㉥의 사상가가 강조하는 ㉪에 적합한 용어를 쓰시오. [1점]

㉥ _____

㉪ _____

06 다음은 유아교육 사상가에 대한 내용이다. 물음에 답하시오. [5점]

> **(가)** 발도르프 유치원에는 단순한 신체표현과 다른 '몸을 움직이는 놀이시간', 즉 (㉠)이/가 있다. 사람이 소리와 음색에 익숙해져서 이것을 (㉠)의 몸짓으로 형상화한다면 그 일은 모든 정신력과 인간의 신체가 요구하는 활동이다.
>
> **(나)** (㉡)은/는 아동은 본디 선하고 도덕적인 존재이므로 교사나 어머니 유아기의 아동을 다룰 때 아동의 기질을 잘 보존하면서 아동의 활동이 내적인 법칙에 따라 활발하게 행해지도록 하는 것이 가장 중요하다고 하였다.
>
> **(다)** (㉢)은/는 (㉣)에는 질서와 순서가 있어야 한다고 하였다. (㉣)은/는 순수한 감정이 길러지는 도덕교육의 터전이며 기초교육이 다져지는 곳이다.

1) (가)의 ㉠에 적합한 용어를 쓰고, ㉠과 관련된 ① 사상가를 쓰시오. [2점]

㉠ _____

① _____

2) (나)의 ㉡에 들어갈 사상가를 쓰고, 이 사상가는 "(①)은/는 어머니의 의지와 아동의 의지가 접촉할 때 시작하라."고 하였다. ①에 적합한 용어를 쓰시오. [2점]

㉡ _____

① _____

3) (다)의 ㉢에 들어갈 사상가를 쓰고, ㉢의 사상가가 강조하는 ㉣에 적합한 용어를 쓰시오. [1점]

㉢ _____

㉣ _____

07 다음은 유아교육 사상가에 대한 내용이다. 물음에 답하시오. [5점]

> **(가)** (㉠)은/는 집단적 훈련과 어린이의 건강을 중시하고 야외에서의 놀이를 가능한 한 많이 실시하며, 만약 운동과 놀이에 지쳤을 때 보육실로 유도하였다. (㉠)은/는 (㉡)을/를 인생의 궁극적 과제로 여겼다. 또한, (㉡)을/를 강건한 신체를 지니고 진, 선, 미의 모든 욕구와 성격을 충분히 키워가는 것과 빈곤을 근절하는 것에 있다고 생각하였다.
>
> **(나)** (㉢)은/는 아동 본위의 주관적 자연주의에 입각하고 있고, 자연전개의 이론을 적용해야 한다는 것이며 실학적 단련주의에서 피교육을 자연적 자유 발전에 맡긴다는 것은 실사물을 통한 교육을 의미하는 것이다. (㉢)은/는 교육이란 성인사회의 사고나 도덕을 어린이들에게 주입시키는 (㉣)이/가 아니라 악덕의 침입을 막는 일이고 진리를 가르치기에 앞서 편견을 막는 일이다. 이러한 방법은 어린이의 어린이로서의 성숙, 즉 '성숙된 어린이'를 위한 가장 적절하고도 유일한 방법이다. (㉢)은/는 이러한 방법을 (㉤)(이)라고 하였다.

1) (가)의 ㉠에 들어갈 사상가를 쓰고, ㉡에 적합한 용어를 쓰시오. [2점]

㉠ _____

㉡ _____

2) (나)의 ㉢에 들어갈 사상가를 쓰고, ㉣과 ㉤에 적합한 용어를 쓰시오. [3점]

㉢ _____

㉣ _____

㉤ _____

08 다음은 유아교육 사상가에 대한 내용이다. 물음에 답하시오. [5점]

> **(가)** 듀이는 "교육이란 (㉠)의 과정인 동시에 유아가 체험하는 (㉡)의 끊임없는 개조이다."라고 하였다.
>
> **(나)** 발도르프 교육학에서 생각하는 약 7세까지의 어린이의 기본 학습 형태는 (㉢)와/과 (㉣)이다. (㉣)은/는 어른의 시범적인 행동을 따라하는 것을 의미하는 것이 아니라 내적인 유대를 말한다. 유아의 (㉣) 능력은 유아의 내면에 있는 자유의 표현이며 이는 유아가 자기 주변의 인물들 속에서 비교될 수 있는 것을 인지한 경우에만 계발될 수 있는 능력이다. 다른 측면에서 유아는 어른에게 (㉢)을/를 보인다. 유아는 놀이를 통해서 자유를 실천하고자 한다. 유아가 자유로운 놀이를 통하여 보여줄 때 그것은 성인에게 영향을 미친다. 어른 스스로가 자신이 살아가는 삶의 자주성과 자유를 역으로 얻는다.
>
> **(다)** 유교식 교육은 태교를 포함하여 크게 네 단계로 구성되어 있다. 즉, 태교기, (㉤), 소학 교육기, 대학 교육기가 그것이다. 이 중 (㉤)이/가 유아 교육기에 해당하는 학령 전 교육기로서 5세까지의 유아교육은 주로 식사습관, 언어습관, 의복습관 등의 생활습관과 관련된 교육이 주가 되고, 6세부터 9세까지는 숫자, 방위의 학습을 비롯하여 남녀유별과 장유유서의 습관교육이 주를 이룬다.

1) (가)의 ㉠과 ㉡에 들어갈 적합한 용어를 쓰시오. [2점]

㉠ _____

㉡ _____

2) (나)의 ㉢과 ㉣에 들어갈 적합한 용어를 쓰시오. [2점]

㉢ _____

㉣ _____

3) (다)의 ㉤에 들어갈 적합한 용어를 쓰시오. [1점]

㉤ _____

09 다음은 유아교육 사상가에 대한 설명이다. 물음에 답하시오. [5점]

> ㉠ 코메니우스는 "만약 우리가 어린이들의 마음속에서 사물에 대한 참되고 확실한 지식이 자라게 되기를 원한다면 실제적인 관찰과 감각적 지각에 의하여 모든 사물들을 배울 수 있도록 그들에게 특별한 관심을 기울여야 한다."라고 하였다.
>
> (㉠)은/는 자신의 유명한 저서 중의 하나인 (㉡)의 서문에서 '감각에 존재하지 않고 지성에 존재하는 것은 하나도 없다.'라고 하여 감각적 직관을 강조하였다.
>
> ㉢ 몬테소리는 인간의 본성은 환경에 따라 이렇게도 저렇게도 쓰여질 수 있는 (㉣)을/를 주장하였다.

1) ㉠의 사상가가 강조하는 다음의 주요 내용을 완성하시오. [2점]

> 지식은 먼저 (①)에서 시작하여 기억으로 가기 때문에 (①)교육이 모든 학습의 기초가 된다고 보았다. 또한, (②)에서 '인간에게 전체에 대한 진정한 지식을 가르치는 것이며, 인간을 전체 내의 바른 위치로 인도하는 것'이라고 주장하고 있다.

① _____

② _____

2) ㉡에 적합한 저서를 쓰시오. [1점]

㉡ _____

3) ㉣에 적합한 용어를 쓰고 다음을 완성하시오. [2점]

> '건전한 신체에 건전한 정신'이라고 로크의 저서 (①)에 쓰여있다.

㉣ _____

① _____

10 다음은 유아교육 사상가에 대한 설명이다. 물음에 답하시오. [5점]

> **(가)** (㉠)은/는 인간 발달의 비약적이고 질적인 변화의 특징을 보다 잘 드러내기 위하여 인간의 발달현상에 대하여 '성숙' 또는 '발전'이라는 단어를 사용하지 않고 (㉡)(이)라는 말을 사용하였다.
>
> **(나)** 발도르프 유치원에는 단순한 신체표현과 다른 '몸을 움직이는 놀이시간', 즉 (㉢)이/가 있다. 사람이 소리와 음색에 익숙해져서 이것을 (㉢)의 몸짓으로 형상화한다면 그 일은 모든 정신력과 인간의 신체가 요구하는 활동이다.
>
> **(다)** (㉣)은/는 "학대받고 짓밟히고, 차고 어두운 속에서 우리처럼 또 자라는 불쌍한 영(靈)을 위하여 그윽히 동정하고 아끼는 사랑의 첫 선물로 나는 이 책을 짰습니다."라고 서문에 밝히고 있다.

1) (가)의 ㉠에 들어갈 사상가를 쓰고, ㉡에 적합한 용어를 쓰시오. [2점]

㉠ _____

㉡ _____

2) (나)의 ㉢에 들어갈 용어를 쓰시오. [1점]

㉢ _____

3) (다)의 ㉣에 들어갈 사상가를 쓰고, 다음의 ①에 적합한 용어를 쓰시오. [2점]

> (㉣)의 교육방법 원리 중 (①)의 원리에 대하여 (㉣)은/는 '동화작법'에서 동화를 지을 때 교육적 문제보다 (①)을/를 우위에 두어야 한다고 하였다.

㉣ _____

① _____

11 다음은 유아교육 사상가에 대한 설명이다. 물음에 답하시오. [5점]

> **(가)** (㉠)은/는 아동은 본디 선하고 도덕적인 존재이므로 교사나 어머니가 유아기의 아동을 다룰 때, 아동의 기질을 잘 보존하면서 아동의 활동이 내적인 법칙에 따라 활발하게 행해지도록 하는 것이 가장 중요하다고 하였다.
>
> **(나)** (㉡)은/는 '내적인 것을 밖으로 한다.'라는 형이상학적인 기본사상에 입각하여 (㉢)의 필요성을 강조하였다. 인간이 자신을 진실되게 인식하고자 한다면 자기 자신을 밖으로 표현하지 않으면 안 되기 때문에 (㉢)교육이 중요한 것이다.
>
> **(다)** (㉣)은/는 (㉤)에는 질서와 순서가 있어야 한다고 하였다. (㉤)은/는 순수한 감정이 길러지는 도덕교육의 터전이며 기초교육이 다져지는 곳이다.

1) (가)의 ㉠에 들어갈 사상가를 쓰고, 이 사상가의 ① 교육관을 쓰시오. [2점]

㉠ _____

① _____

2) (나)의 ㉡에 들어갈 사상가를 쓰고, ㉢이 무엇인지 쓰시오. [2점]

㉡ _____

㉢ _____

3) (다)의 ㉣에 들어갈 사상가를 쓰고, ㉤이 무엇인지 쓰시오. [1점]

㉣ _____

㉤ _____

12 다음은 유아교육 사상가에 대한 설명이다. 물음에 답하시오. [5점]

> **(가)** 집단적 훈련을 중시하고, 어린이의 건강을 중시하며 야외에서의 놀이를 가능한 한 많이 실시하고, 만약 운동과 놀이에 지쳤을 때 보육실로 유도하였다.
>
> **(나)** 아동 본위의 주관적 자연주의에 입각하고 있고, 자연전개의 이론을 적용해야 한다는 것이며 실학적 단련주의에서 피교육을 자연적 자유 발전에 맡긴다는 것은 실사물을 통한 교육을 의미하는 것이다.

1) (가)와 관련된 ①에 들어갈 사상가를 쓰고, 다음을 완성하시오. [2점]

> (①)은/는 (②)을/를 인생의 궁극적 과제로 여겼다. 또한, (②)을/를 강건한 신체를 지니고 진, 선, 미의 모든 욕구와 성격을 충분히 키워갈 것과 빈곤을 근절하는 것에 있다고 생각하였다.

① _____

② _____

2) (나)와 관련된 ①에 들어갈 사상가를 쓰고, 다음을 완성하시오. [3점]

> (①)은/는 교육이란 성인사회의 사고나 도덕을 어린이들에게 주입시키는 (②)이/가 아니라, 악덕의 침입을 막는 일이고 진리를 가르치기에 앞서 편견을 막는 일이라고 하였다. 이러한 방법은 어린이의 어린이로서의 성숙, 즉 '성숙된 어린이'를 위한 가장 적절하고도 유일한 방법이다. (①)은/는 이러한 방법을 (③)(이)라고 하였다.

① _____

② _____

③ _____

13 다음은 유아교육에 영향을 미친 철학 기초에 대한 설명이다. 물음에 답하시오. [5점]

(가) 플라톤의 교육사상은 절제·용기·지성·정의의 덕이 지배하는 정의로운 국가를 그린 저서 『(㉠)』에서 찾아볼 수 있다.

(나) 아리스토텔레스는 (㉡)이(란) 훌륭한 행위를 갈망하는 도덕적·정치적·관조적 활동을 의미하며, 유아기에는 이러한 미덕과 행복을 추구하는 좋은 습관을 지니도록 해야 한다고 하였다.

(다) (㉢)은/는 교육의 가치는 믿음, 희망, 자비, 겸손의 기독교적 가치로 영혼을 채움으로써 죽음을 넘는 생을 위한 준비를 하는 것이며, 특별히 어린이를 위한 교육계획이 따로 있지 않다고 하였다.

(라) (㉣)의 교육사상은 부분적으로는 중세적 사상의 테두리를 벗어나지 못한 점이 있으나, 진보적인 교육사상가로서 과학적인 교수방법, 시청각을 이용한 교육방법, 인간의 마음에 초점을 두었다.

(마) 듀이는 "교육이란 (㉤)의 과정인 동시에 유아가 체험하는 (㉥)의 끊임없는 개조이다."라고 하였다.

---

1) (가)의 ㉠에 적합한 용어를 쓰시오. [1점]

㉠ _____

2) (나)의 ㉡에 적합한 용어를 쓰시오. [1점]

㉡ _____

3) (다)의 ㉢에 적합한 용어를 쓰시오. [1점]

㉢ _____

4) (라)의 ㉣에 적합한 용어를 쓰시오. [1점]

㉣ _____

5) (마)의 ㉤과 ㉥에 적합한 용어를 쓰시오. [1점]

㉤ _____

㉥ _____

14 다음은 유아교육 사상에 대한 설명이다. 물음에 답하시오. [5점]

> **(가)** 발도르프 교육학에서 생각하는 약 7세까지의 어린이의 기본 학습 형태는 (㉠)와/과 (㉡)이다. (㉡)은/는 어른의 시범적인 행동을 따라하는 것을 의미하는 것이 아니라 내적인 유대를 말한다. 유아의 (㉡) 능력은 유아의 내면에 있는 자유의 표현이며 이는 유아가 자기 주변의 인물들 속에서 비교될 수 있는 것을 인지한 경우에만 계발될 수 있는 능력이다.
> 　다른 측면에서 유아는 어른에게 (㉠)을/를 보인다. 유아는 놀이를 통해서 자유를 실천하고자 한다. 유아가 자유로운 놀이를 통해 보여줄 때 그것은 성인에게 영향을 미친다. 어른 스스로가 자신이 살아가는 삶의 자주성과 자유를 역으로 얻는다.
>
> **(나)** (㉢)은/는 20세기 후반 모든 획일적 가치체계와 보편적 신념을 거부하며 생겨난 현상으로, 이질성과 다양성을 강조하여 사상적 다원주의를 포괄하고 있으며 구체적인 '너'와 '나'를 존중한다.
>
> **(다)** (㉣)은/는 남성 위주의 역사 속에서 보다 평등하고 여성의 역할이 인정되는 사회를 만들자는 사회운동으로 정의의 윤리와 (㉤)의 윤리 중 (㉤)의 윤리의 중요성을 강조한다.

1) (가)의 ㉠에 적합한 용어를 쓰시오. 　　　　　　[1점]

㉠ _____

2) (가)의 ㉡에 적합한 용어를 쓰시오. 　　　　　　[1점]

㉡ _____

3) (나)의 ㉢에 적합한 용어를 쓰시오. 　　　　　　[1점]

㉢ _____

4) (다)의 ㉣에 적합한 용어를 쓰시오. 　　　　　　[1점]

㉣ _____

5) (다)의 ㉤에 적합한 용어를 쓰시오. 　　　　　　[1점]

㉤ _____

15 (가)~(다)는 유아교육 사상에 대한 설명이다. 물음에 답하시오. [5점]

> **(가)** 피아제 이론과 연구를 바탕으로 유도된 교육방법은 (㉠) 학습 방법을 통한 (㉡)에 의한 학습을 근간으로 하고 있다.
>
> **(나)** 유교식 교육은 태교를 포함하여 크게 네 단계로 구성되어 있다. 즉, 태교기, (㉢), 소학 교육기, 대학 교육기가 그것이다. 이 중 (㉢)이/가 유아 교육기에 해당하는 학령 전 교육기로서 5세까지의 유아교육은 주로 식사습관, 언어습관, 의복습관 등의 생활습관과 관련된 교육이 주가 되고, 6세부터 9세까지는 숫자, 방위의 학습을 비롯하여 남녀유별과 장유유서의 습관교육이 주를 이룬다. (㉣)에서 강조하는 아동들이 지켜야 할 규칙 네 가지를 소개하면 다음과 같다. 첫째, 남녀 분별 교육이다. 둘째, 습관교육으로 어렸을 때부터 행동거지를 법도에 맞추어 습관화 시켜야 한다는 것이다. 셋째, 예의교육이다. 넷째, 교육환경에 대한 강조이다.
>
> **(다)** 유교식 교육의 '(㉤)'에서는 7세까지의 유아는 행동에 잘못이 있더라도 벌주지 않는다고 하는 것으로, 아직 이성이 발달하지 않은 단계임을 인정하였다.

1) (가)의 ㉠과 ㉡에 적합한 용어를 쓰시오. [2점]

㉠ _____

㉡ _____

2) (나)의 ㉢과 ㉣에 적합한 용어를 쓰시오. [2점]

㉢ _____

㉣ _____

3) (다)의 ㉤에 적합한 용어를 쓰시오. [1점]

㉤ _____

---

16 다음은 유아교육에 기초된 동양 사상에 대한 내용이다. 물음에 답하시오. [5점]

> (㉠)은/는 조선의 주자로 불리며, 이와 기를 완전히 구별하고 이기호발설을 주장하였다.
>
> (㉡)은/는 남을 사랑하는 것이라 하여 사람을 바탕으로 삼은 조화된 정감에 의거한 덕을 (㉢)(이)라고 하였고, (㉣)은/는 사람의 본성이 선하다고 보았다.
>
> (㉤)은/는 본연지성을 지닌 존재로서의 인간을 강조하였고, 실천적 윤리를 통해 기질지성을 제거함으로써 본연지성인 선을 회복할 수 있다고 하였다. 실천적 윤리의 방법으로는 존덕심과 (㉥)이/가 있다.

1) ㉠에 들어갈 적합한 학자를 쓰시오. [1점]

㉠ _____

2) ㉡에 들어갈 사상가를 쓰고, ㉢에 적합한 용어를 쓰시오. [1점]

㉡ _____

㉢ _____

3) ㉣에 적합한 용어를 쓰고, 다음을 완성하시오. [2점]

> (①)에 따르면 "사내아이는 큰소리로 속히 대답하고 계집아이는 부드러운 소리로 느슨하게 대답하게 하며 사내아이는 가죽으로 띠를 하고 계집아이는 실로 띠를 할 것이다."라고 하였다.

㉣ _____

① _____

4) ㉤과 ㉥에 적합한 용어를 쓰시오. [1점]

㉤ _____

㉥ _____

17 다음은 유아교육 사상가에 대한 내용이다. 물음에 답하시오. [5점]

(가) (㉠)은/는 "어른들의 의무는 어린이를 지혜롭게 대하고, 어린이가 생활에 필요한 지식을 받아들이도록 도와주는 협조자여야 한다."라고 하였다. (㉠)은/는 '정상화(normalization)'를 교육목적으로 하고, 유아가 준비된 환경에서 교구를 활용하여 자기 스스로 오류를 정정해 나가는 (㉡)을/를 주장하였다. 또한 환경을 받아들이며, 스스로 경험하여 배우게 되는 특성을 설명하는 개념인 '흡수정신'을 제시하였다.

(나) (㉢)은/는 "내가 기대하는 것은 학생들이 삶의 이유를 찾든 못 찾든 간에 그 결정의 (㉣)을/를 학생들에게 줄 수 있는 교육방법을 마련하자는 것이다. 이는 가능한 일이다. 그것은 (㉣)을/를 통해서만, 그리고 (㉣)을/를 사랑하는 교사에 의해서만 가능하다."라고 하였다. 또한 (㉢)은/는 학생들이 행복한 삶을 영위하는 것을 교육의 목적으로 보았으며, 학교 운영에서도 교사나 성인이 간섭하지 않고 자치회를 통해 자신의 의사결정 능력을 익히도록 하였다.

(다) (㉤)은/는 "교육의 근원은 자연과 인간과 사물이다. 우리의 능력과 기관의 내적 발달은 자연의 교육이고, 이 발달을 어떻게 이용할 것인지를 가르쳐 주는 것은 인간의 교육이다. 그리고 우리에게 영향을 미치는 대상들에 대한 우리 자신의 경험으로부터 얻는 것은 사물의 교육이다."라고 하였다. 또한 (㉥)에 근거하여 자연적인 성향과 조화를 이루며 자연의 원리를 따르는 교육을 주창하였다.

1) (가)의 ㉠에 들어갈 사상가를 쓰고, ㉡에 들어갈 용어를 쓰시오. [2점]

㉠ _____

㉡ _____

2) (나)에서 ① ㉢의 사상가가 설립한 학교 이름을 쓰고, ㉣에 들어갈 말을 쓰시오. [2점]

① _____

㉣ _____

3) (다)의 ㉤에 들어갈 사상가를 쓰고, ㉥에 적합한 용어를 쓰시오. [1점]

㉤ _____

㉥ _____

18 역사적으로 볼 때 아동에 대한 우리의 관점은 여러 가지 종교적 사상으로부터 영향을 받아왔음을 알 수 있다. 다음은 전통적 종교의 영향에 의한 아동관의 설명이다. 물음에 답하시오. [5점]

(가) (㉠) 사상은 효도를 강조하여 부모로서의 위치와 권위는 중시하고 있으나 아동에 대해서는 명확히 밝히고 있지 않고, 단지 성인과 대조되는 말로서 '소아'라는 의미임을 시사할 뿐이다.

(나) (㉡)에서는 누구나 깨달음에 도달할 수 있으므로 아동은 축소된 성인이 아니고 성인도 본받을 점이 있는 순수한 존재며, 아동의 놀이나 장난은 인간 형성 과정의 중요한 일면으로 인정된다고 보았다.

(다) (㉢)에서는 울며 칭얼대는 아이도 하느님이고, 태아도 사람 속에 핀 우주의 꽃이며, 우주로부터 비롯된 열매이기 때문에 하느님이라는 아동관을 바탕으로 인간은 하나님을 대하듯이 아이와 태아를 공경하고 모셔야 한다고 하였다.

(라) 처음 우리나라에 (㉣)이/가 전파되고 민중 속에 흡수되게 된 배경에는 (㉣)의 신 앞에 평등한 인간관과 내세관이 민중에게 강한 호소력을 가졌기 때문이다. 제도적 측면에서 유아교육이 현대적으로 정비되고 일반화되어감에 따라 1900년대 초반의 기독교의 영향은 매우 컸다. 이전에는 서당에서 7세 전후의 남자 아이에게 한문을 가르쳤을 뿐이고, 7세 이전의 어린이, 특히 여자 아이를 위한 교육에 대해선 거의 관심을 두지 않았다. 이러한 시기에 우리나라의 초기 유치원 교육은 (㉣)을/를 전파하려는 선교사에 의해 시작되었다.

---

1) (가)의 ㉠과 관련하여 다음을 완성하시오. [1점]

'(①)'에 따르면 유아들의 취침생활과 식사생활에 대해 "유아들은 일찍 자고 늦게 일어나서 하고 싶은 대로 한다. 먹는 것도 때 없이 먹는다."라고 하였고, 또 "(조부모가 남긴 밥 중) 맛이 좋고 달고 부드럽고 미끄러운 것은 유아들이 먹는다."라고 하여 자식들은 부모님을 우선적으로 모시되 남긴 밥 중 맛있고 소화가 잘되는 것은 유아에게 주어야 한다는 것을 말하고 있다.

① _____

2) (나)의 ㉡과 관련하여 다음을 완성하시오. [1점]

불교는 모든 인간의 마음속에는 불성이 자리 잡고 있음을 강조한다. 모든 인간은 깨달을 수 있는 가능성의 존재며, 따라서 누구나 깨달음을 통해 부처가 될 수 있다고 보았다. 이러한 불교적 인간관은 아동관에도 나타나는데 4~20세 사이의 남자를 '동자(童子)', '동아(童兒)', '동진(童眞)'이라 하고 여자는 '동녀(童女)'라고 하였다. 한편 우리 전통사회에서 보이는 동자와 관련된 의례 및 조상(造像)의 사례들 역시 불교의 아동관을 나타낸다. 고려 시대의 (②)은/는 아이들의 병을 없애거나 임산부의 순산을 기원하는 신앙의 대상으로 여겨졌으며, 삼국 시대 이래로 문수동자상은 지혜의 상징으로 조상되기도 하였다. 이러한 동자상은 아동을 세속에 물들지 않고 순수한 마음을 유지하고 있는 이상적 인간상으로 신앙의 대상으로까지 여겨진 일례가 된다.

② _____

3) (다)의 ⓒ과 관련하여 다음을 완성하시오. [1점]

동학이 생기게 된 당시의 시대적 상황은 유교적인 가치체계에 의존하였던 조선시대의 봉건사회로 신분의 서열이 뚜렷하고 이러한 시대적 상황에서 모든 인간은 그 속에 각각 한울님이 있으며 하늘의 존엄성이 곧 인간의 존엄성이라는 '(③)'의 사상이 생겨나고 모든 인간의 존엄성을 강조하게 되었다. 이 사상에 의하면 어린아이도 하느님이며, 산모가 태아를 가지고 있다는 것도 한울님을 어머니의 몸속에 모시고 있다는 것으로 생각했다. 이는 아동에 대한 생각으로 이어져 어린이를 키우려면 그를 가두어 두거나 묶어두지 말아야 한다고 보았다. 이처럼 동학의 아동관은 인격적인 존재로서 한울님을 모시듯 어린이를 소중하게 길러야 한다는 것으로 귀결된다. 이러한 (③)의 사상은 이후 우리나라 소년해방 운동의 정신적 배경의 주류가 되어 소파 방정환의 아동중심 사상이 싹트게 되었다.

③ _____

4) (라)의 ⓔ과 관련하여 다음을 완성하시오. [2점]

1914년 최초로 (④)유치원을 창설했던 선교사 브라운리는 기독교 사상에 바탕을 두고 (⑤)의 교육원리를 적용하였다. 이때의 유치원에서는 자모교육도 병행하여 실시하였다. 대부분의 유치원이 근래까지 교회 부속으로 운영되었던 것도 이들 선교사로부터 영향을 받았기 때문이다.

④ _____

⑤ _____

19 다음은 유아교육 사상가에 대한 교사들의 대화 내용이다. 물음에 답하시오. [5점]

홍 교사: 저는 프뢰벨이 신의 존재를 받아들이고 자신의 본질인 내재되어 있는 '(㉠)'을/를 깨닫는 것을 교육의 목적으로 한다는 것과, "㉡ <u>신은 만물의 유일한 근원이며 만물 중에 존재해 있고, 만물을 소생시키며 또 만물을 지배한다. 만물은 신 가운데, 또 신에 의해 존재하며 신에 의해 생명을 부여받고 또 거기에 그 본질을 간직하고 있다.</u>"는 사상은 중요하다고 봅니다.

박 교사: 그렇군요. 저는 그러한 사상을 구체화하기 위해서 프리드리히 웅거가 『 ㉢ 』의 그림을 그렸고, 로버트 콜이 노래를 작곡하였으며, 해당 50개의 놀이노래는 어린이와 어머니가 친밀하게 어울려 팔, 다리와 감각을 훈련시키고 나아가 예감이 가득한 상징적인 방법으로 어린이를 생명과 세계를 이어주었다고 봅니다.

백 교사: 맞아요. 이러한 사상의 바탕은 ㉣ <u>가정에 있어서의 가족 집단, 특히 어머니와 자녀의 인격 관계를 중시하고, 어머니와 자녀의 애정과 신뢰감을 도덕교육 및 종교교육의 기저로 생각한 사상가의 영향이 크다고 할 수 있지요.</u>

---

1) ㉠에 적합한 용어를 쓰고, ㉡을 설명하는 용어를 쓰시오. [2점]

㉠ _____

㉡ _____

2) ㉢에 들어갈 저서 이름을 쓰시오. [1점]

㉢ _____

3) ㉣이 무엇을 말하는지 쓰고, ① ㉣의 생각을 강조한 사상가를 쓰시오. [2점]

㉣ _____

① _____

20 다음은 유아교육 사상가에 대한 교사의 대화 내용이다. 물음에 답하시오. [5점]

백 교사: 저는 몬테소리가 강조하는 "어른들의 의무는 어린이를 지혜롭게 대하고, 어린이가 생활에 필요한 지식을 받아들이도록 도와주는 (㉠)(이)어야 한다."는 점을 중시하며, '㉡ <u>정상화(normalization)</u>'를 교육목적으로 하고, 유아가 준비된 환경에서 교구를 활용하여 자기 스스로 오류를 정정해 나가는 (㉢)에 감명을 받았습니다.

청 교사: 그랬군요. 이러한 몬테소리의 사상에 영향을 준 (㉣)은/는 "우리의 능력과 기관의 내적 발달은 자연의 교육이고, 이 발달을 어떻게 이용할 것인지를 가르쳐 주는 것은 (㉤)의 교육이다. 그리고 우리에게 영향을 미치는 대상들에 대한 우리 자신의 경험으로부터 얻는 것은 (㉥)의 교육이다."라고 하였지요.

---

1) ㉠에 적합한 용어를 쓰고, ㉡의 의미를 설명하고, ㉢에 들어갈 적합한 말을 쓰시오. [3점]

㉠ _____

㉡ _____
_____

㉢ _____

2) ㉣에 들어갈 사상가를 쓰고, ㉤과 ㉥에 적합한 용어를 순서대로 쓰시오. [2점]

㉣ _____

㉤ _____

㉥ _____

21 다음은 유아교육 사상가에 대한 교사들의 대화 내용이다. 물음에 답하시오. [5점]

> 주 교사 : 저는 "(㉠)(이)라는 것은 능동적 요소와 수동적 요소의 특수한 결합으로 이루어졌다는 점에 착안하면 …(중략)… 능동적 측면에서 볼 때, (㉠)은/는 해보는 것을 말한다. 해보는 것으로서의 (㉠)은/는 변화를 가져온다."라고 하는 것처럼 실제적인 (㉠)와/과 직접 활동하는 가운데 탐구하고 실험하면서 학습하는 것이 중요하다고 생각해요. 이러한 학습이 궁극적으로 (㉡)해결에 도움을 주게 되지요.
>
> 황 교사 : (㉡)해결 과정은 (㉡)의 인식과 정의, (㉡)해결의 계획과 해결을 위한 (㉢)이 필요하게 되지요.

1) ㉠에 적합한 용어를 쓰고, ① 이를 강조한 사상가를 쓰고, 이 사상가가 제시하는 ② 교육과정의 구조를 쓰시오.
　　　　　　　　　　　　　　　　　　　　　[3점]

㉠ ＿＿＿＿＿＿＿＿＿＿＿＿＿＿＿＿＿＿

① ＿＿＿＿＿＿＿＿＿＿＿＿＿＿＿＿＿＿

② ＿＿＿＿＿＿＿＿＿＿＿＿＿＿＿＿＿＿

2) ㉡과 ㉢에 적합한 용어를 쓰시오.　　　[2점]

㉡ ＿＿＿＿＿＿＿＿＿＿＿＿＿＿＿＿＿＿

㉢ ＿＿＿＿＿＿＿＿＿＿＿＿＿＿＿＿＿＿

22 다음은 유아교육 사상가에 대한 교사들의 대화 내용이다. 물음에 답하시오. [5점]

> 김 교사 : 코메니우스는 "만약 우리가 어린이들의 마음 속에서 사물에 대한 참되고 확실한 지식이 자라게 되기를 원한다면, 실제적인 관찰과 감각적 지각에 의하여 모든 사물들을 배울 수 있도록 그들에게 특별한 관심을 기울여야 한다."라고 하여, 지식은 먼저 (㉠)에서 시작해서 (㉡)(으)로 가기 때문에 ㉢ 직관교육이 모든 학습의 기초가 된다고 보았지요.
>
> 박 교사 : 맞아요. 이러한 감각교육에 영향을 받은 (㉣)은/는 지·덕·체의 조화로운 발달을 통한 전인적인 성장을 강조하였고 사물을 인식하는 수단으로 (㉤)을/를 중요한 교육 방법으로 ㉥ 직관의 원리, 노작교육의 원리 등을 제시하였지요.

1) ① ㉠과 ㉡에 적합한 용어를 순서대로 쓰고, 이와 관련하여 코메니우스는 '모든 사람에게 모든 것을 철저하게 알리는 보편적 지혜'를 강조하였다. ② 이 교육내용이 무엇인지 쓰시오.　　　　　　　　　　　[2점]

① ＿＿＿＿＿＿＿＿＿＿＿＿＿＿＿＿＿＿

② ＿＿＿＿＿＿＿＿＿＿＿＿＿＿＿＿＿＿

2) ㉣에 적합한 사상가를 쓰고, ㉤에 들어갈 이 사상가의 교육내용을 쓰시오.　　　　　　　[2점]

㉣ ＿＿＿＿＿＿＿＿＿＿＿＿＿＿＿＿＿＿

㉤ ＿＿＿＿＿＿＿＿＿＿＿＿＿＿＿＿＿＿

3) 밑줄 친 ㉢과 ㉥을 바라보는 두 사상가의 관점 차이를 설명하시오.　　　　　　　　　　　　[1점]

＿＿＿＿＿＿＿＿＿＿＿＿＿＿＿＿＿＿＿＿＿

＿＿＿＿＿＿＿＿＿＿＿＿＿＿＿＿＿＿＿＿＿

23 다음은 유아교육 사상가에 대한 교사들의 대화 내용이다. 물음에 답하시오. [5점]

김 교사 : 저는 ⓐ <u>성숙주의</u>의 바탕이 되는 (㉠)은/는 "(㉡)은/는 개체의 전 성장의 형태와, 그 변화 정도를 결정하는 성장의 내적 요소에 해당한다. …(중략)… (㉡)은/는 외적 환경 및 내적 환경에 반응하는 유기체의 제반 발달적 분화를 포함한다는 의미에서 성장(growth)보다 훨씬 더 종합적·포괄적 개념이라 할 수 있다."라고 하였으며, 아동 개인의 발달을 평가하는 데 사용할 수 있는 (㉢)을/를 고안한 것은 대단하다고 보아요.

박 교사 : 그렇지요. 이러한 생각에 도움을 준 사상가는 루소의 영향이 매우 크고, 20세기 초 아동 연구의 중심에 있었던 (㉣)의 영향도 크다고 할 수 있지요.

---

1) ㉠에 들어갈 사상가를 쓰고, ㉠의 사상가가 강조하는 ㉡과 ㉢에 적합한 용어를 순서대로 쓰시오.　　　[2점]

㉠ _____

㉡ _____

㉢ _____

2) ㉣에 적합한 사상가를 쓰고, ① ㉣의 사상가가 강조한 진화론의 개념을 쓰시오.　　　[2점]

㉣ _____

① _____

3) 밑줄 친 ⓐ에서 가장 중요시하는 점을 쓰시오.　　　[1점]

_____

24 다음은 교육 사상가들에 대한 설명이다. 물음에 답하시오. [5점]

(가) 페스탈로치(J. Pestalozzi)는 "자녀들은 인간 본성의 모든 능력을 부여받았으나 아직 미해결로 남아 있습니다. 그것은 자녀들의 (㉠)이/가 어떻게 사용되어야 할 것인가에 대한 물음입니다. 자녀들이 부여받은 정신적 능력이 발현되기 위해서는 교육을 받아야 합니다. …(중략)… 그러면 어떤 방법으로 교육을 받아야 할까요? 인간의 (㉠)의 모든 능력이 조화롭게 결합되면 이 숭고한 사업이 성공할 것입니다. …(중략)… 실물교육이나 노작교육처럼 아동의 직접 경험 또는 직접 체험을 (㉡)을/를 통해 가르쳐야 합니다."라고 하였다. 그리고 외적 (㉡)은/는 감각기관을 통해 외계의 인상을 받아들이는 것을 말하며, 내적 (㉡)은/는 자신의 마음의 눈으로 세계의 본질을 체험하는 것을 말한다.

(나) 프뢰벨(F. Froebel)은 "만물에는 영원불멸의 법칙이 살아 지배한다. 모든 것을 지배하고 있는 이 영원불멸의 법칙은 필연적으로 모든 사물에 퍼져 있고, 강하고, 생동적이고, 내적인 영원한 (㉢)에 기초하고 있다. …(중략)… 학교 본연의 임무는 만물에 항상 존재하는 (㉢)에 중요한 가치를 두는 것임을 잊지 말아야 한다. 아동은 자기 자신의 (㉢)이(가) 있는 자아를 다양성을 통해 표현하고, 또 다양한 자아도 다양하게 표현한다."라고 하였다.

(다) 듀이(J. Dewey)는 "경험의 (㉣) 원리는 모든 경험에 대해 보편적으로 적용될 수 있는 것으로, 지금 우리가 하고 있는 경험은 어느 정도 그리고 어떤 식으로든지 앞으로 올 경험의 객관적인 조건들을 구성하게 됩니다. 나아가 지금 하고 있는 경험이 앞으로 경험하게 될 외부적인 조건들을 구성하는 데 영향을 미칩니다. …(중략)… (㉤)(이)라는 말은 경험의 의미를 이해하는 데 필요한 두 번째 원리입니다. 여기에는 경험 속에서 함께 작용하는 두 가지 요소, 즉 객관적이고 외적인 요소와, 주관적이고 내적인 요소가 함께 작용하고 있다는 것을 의미합니다."라고 하였다.

---

1) (가)의 ㉠에 들어갈 인간본성의 능력을 나타내는 것 3가지를 쓰고, ㉡에 들어갈 용어 1가지를 쓰시오. [2점]

㉠ _____

㉡ _____

2) (나)의 ㉢에 들어갈 용어 1가지를 쓰시오. [1점]

㉢ _____

3) (다)의 ㉣과 ㉤에 들어갈 용어를 각각 1가지씩 쓰시오. [2점]

㉣ _____

㉤ _____

25 다음은 유아교육 사상가에 대한 내용이다. 물음에 답하시오. [5점]

(가) (㉠)은/는 "어른들의 의무는 어린이를 지혜롭게 대하고, 어린이가 생활에 필요한 지식을 받아들이도록 도와주는 협조자여야 한다."라고 하였다. (㉠)은/는 '정상화(normalization)'를 교육목적으로 하고, 유아가 준비된 환경에서 교구를 활용하여 자기 스스로 오류를 정정해 나가는 자동교육(auto education)을 주장하였다. 또한 환경을 받아들이며, 스스로 경험하여 배우게 되는 특성을 설명하는 개념인 (㉡)을/를 제시하였다.

(나) (㉢)은/는 "내가 기대하는 것은 학생들이 삶의 이유를 찾든 못 찾든 간에 그 결정의 (㉣)을/를 학생들에게 줄 수 있는 교육방법을 마련하자는 것이다. 이는 가능한 일이다. 그것은 (㉣)을/를 통해서만, 그리고 (㉣)을/를 사랑하는 교사에 의해서만 가능하다."라고 하였다. 또한 (㉢)은/는 학생들이 행복한 삶을 영위하는 것을 교육의 목적으로 보았으며, 학교 운영에서도 교사나 성인이 간섭하지 않고 자치회를 통해 자신의 의사결정 능력을 익히도록 하였다.

(다) (㉤)은/는 "교육의 근원은 자연과 인간과 사물이다. 우리의 능력과 기관의 내적 발달은 자연의 교육이고, 이 발달을 어떻게 이용할 것인지를 가르쳐 주는 것은 인간의 교육이다. 그리고 우리에게 영향을 미치는 대상들에 대한 우리 자신의 경험으로부터 얻는 것은 사물의 교육이다."라고 하였다. 또한 성선설에 근거하여 자연적인 성향과 조화를 이루며 자연의 원리를 따르는 교육을 주창하였다.

---

1) (가)의 ㉠에 들어갈 사상가의 이름을 쓰고, ㉡에 들어갈 용어 1가지를 쓰시오. [2점]

㉠ _____

㉡ _____

2) (나)에서 ① ㉢에 들어갈 사상가가 설립한 학교 이름을 쓰고, ㉣에 들어갈 말 1가지를 쓰시오. [2점]

① _____

㉣ _____

3) (다)의 ㉤에 들어갈 사상가의 이름을 쓰시오. [1점]

㉤ _____

26 다음은 교육 사상가들에 대한 설명이다. 물음에 답하시오. [5점]

> **(가)** (㉠)은/는 "성숙(maturation)은 개체의 전 성장의 형태와 그 변화 정도를 결정하는 성장의 내적 요소에 해당한다. …(중략)… 성숙은 외적 환경 및 내적 환경에 반응하는 유기체의 제반 발달적 분화를 포함한다는 의미에서 성장(growth)보다 훨씬 더 종합적·포괄적 개념이라 할 수 있다."라고 하였으며 아동 개인의 발달을 평가하는 데 사용할 수 있는 표준 행동 목록(발달 일정표)을 고안하였다.
>
> **(나)** (㉡)은/는 "어렸을 때의 생활이 그렇듯이 심한 것은 마치 일생의 어린 싹이 차고 아린 서리를 맞는 것입니다. 아무 것보다도 두렵고 슬픈 일입니다. …(중략)… 부인은 아이를 때리지 마라. 아이를 때리는 것은 한울(하늘)을 때리는 것이니 한울(하늘)이 싫어하고 기운을 상하게 하는 것이다."라고 하여 아동 존중 사상을 주창하였다.
>
> **(다)** (㉢)은/는 "은물의 형태와 자료는 어린이의 통찰력을 기르고자 하는 우주 법칙에 의해, 그리고 은물이 의도하고자 하는 아동 발달의 조건에 의해 결정된다."라고 하여 놀이의 중요성을 강조하였다.

1) (가)의 ㉠에 들어갈 사상가와 ①에 들어갈 용어를 쓰시오. [2점]

> (㉠)은/는 '유아에게 무엇을 가르치기 위해서는 유아가 성숙할 때까지 기다려야 한다.'라는 (①) 개념을 제시하였다.

㉠ _____

① _____

2) (나)의 ㉡에 들어갈 사상가를 쓰고, ① 이 사람이 아동교육 운동을 전개하는 데 있어 주된 배경이 된 우리나라의 사상을 쓰시오. [2점]

㉡ _____

① _____

3) (다)의 ㉢의 사상가는 구멍 뚫기, 바느질하기, 색칠하기, 콩 끼우기 등 10여 종의 활동을 고안하였으며, 이를 사용하여 유아의 내면세계를 표현하도록 하였다. 이 활동을 포괄적으로 지칭하는 명칭을 쓰시오. [1점]

_____

27 다음은 자율장학연구회 소모임에서 유치원 교사들이 나눈 대화 내용이다. 물음에 답하시오. [5점]

> 홍 교사 : 유아는 단계적으로 발달하면서 감각을 통해 모든 것을 받아들이잖아요. "감각에 의하지 않고 지성을 따르는 것은 하나도 없다."라고 한 (㉠)의 주장은 유아교육의 중요성을 잘 드러내 주는 것 같아요. 그 사상가는 유아들을 위한 세계 최초의 그림책도 만들었지요.
>
> 김 교사 : ㉡ 몬테소리(M. Montessori)를 포함하여 여러 교육자는 유아를 위한 다양한 교구를 만들었죠. 저도 그런 교구를 보면 가지고 놀고 싶다니까요.
>
> 최 교사 : 사람은 자연의 일부이기 때문에 교구를 활용할 때도 자연의 순서에 따라 서두르지 말고, 쉬운 것에서 어려운 것으로, 연령에 적합한 내용과 방법으로 교육해야 한다고 생각해요. 세계 최초로 영상 촬영기술을 이용하여 유아의 행동을 관찰함으로써 표준화된 행동목록을 만든 (㉢)도 ㉣ 유아가 배울 준비가 되어 있지 않다면 준비될 때까지 기다려야 한다고 했잖아요.
>
> 임 교사 : 그래서 발달적으로 적합한 교육을 통해 최적의 교육기회를 제공해주고자 미국의 전국유아교육협회(NAEYC)에서는 1984년부터 약 2년 동안 방대한 연구를 통해 유아 연령의 적합성과 개인의 적합성이 반영된 통합된 교육과정의 운영지침을 제공했지요.
>
> 김 교사 : 이후 이 지침은 개정되어 기존의 두 가지 원칙에 (㉤)을/를 하나 더 추가했지요.
>
> …(하략)…

1) ㉠에 들어갈 사상가의 이름을 쓰고, ① 홍 교사와 최 교사의 대화에서 공통적으로 나타나는 ㉠ 사상가의 교육원리 1가지를 쓰시오. [2점]

㉠ _____

① _____

2) 다음은 ㉡에 관련된 내용이다. ⓐ~ⓔ 중 틀린 내용 1가지를 찾아 기호를 쓰고, 이를 바르게 고쳐 쓰시오. [1점]

> ⓐ 교구를 통한 감각훈련과 언어지도 및 기본생활습관 훈련을 철저하게 실시하였다.
> ⓑ 교사는 유아가 교구와 상호작용하는 동안 호기심을 유발하도록 질문한다.
> ⓒ 유아는 스스로 성장할 수 있는 내적 생명력을 지니고 있다.
> ⓓ 유아 스스로 특정과제를 숙달하고 자강하게 집중하는 현상이 나타난다.
> ⓔ 교구는 사용법이 정해져 있어 정해진 방법으로만 활용해야 한다.

_____ , _____

3) ① ㉢에 들어갈 학자의 이름과, ㉣이 의미하는 용어를 각각 쓰고, ㉤에 들어갈 원칙 1가지를 쓰시오. [2점]

① _____

㉤ _____

교원임용학원 강의만족도 1위,

해커스임용 teacher.Hackers.com

발달이론 출제 경향 확인하기

* 아래 출제경향은 1997~2021학년도의 출제빈도를 나타낸 것입니다.

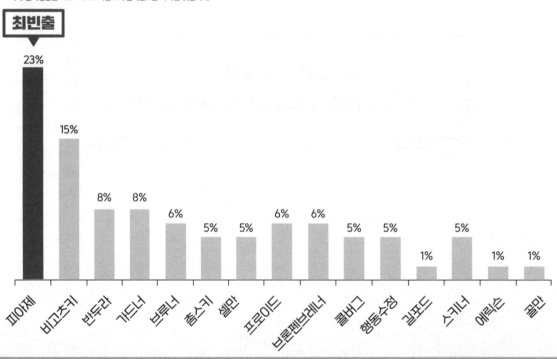

최빈출

피아제	비고츠키	반두라	가드너	브루너	촘스키	셀만	프로이트	브론펜브레너	콜버그	행동수정	길포드	스키너	에릭슨	콜만
23%	15%	8%	8%	6%	5%	5%	6%	6%	5%	5%	1%	5%	1%	1%

Chapter 02
발달이론

Point 01	피아제	Point 07	셀만
Point 02	비고츠키	Point 08	프로이드
Point 03	반두라	Point 09	브론펜브레너
Point 04	가드너	Point 10	콜버그
Point 05	브루너	Point 11	행동수정
Point 06	촘스키	Point 12	길포드

🔍 **개념 완성 탐구문제**

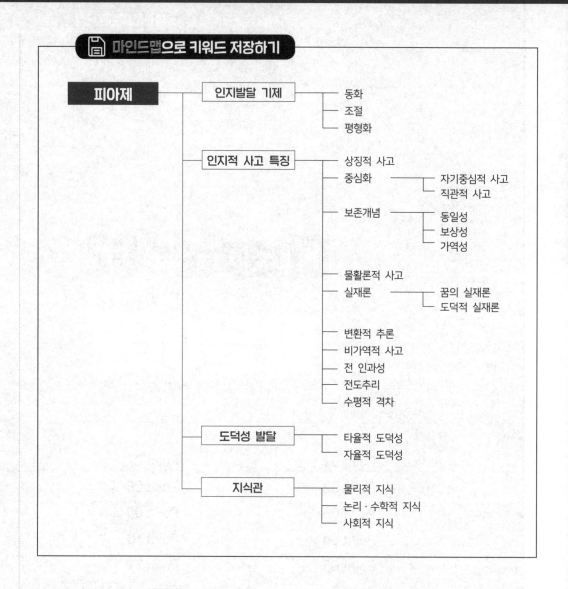

1. 인지발달 기제 – **동화 · 조절 · 평형화**

인지적 갈등 (cognitive conflict)	• 환경으로부터 들어오는 자극과 자신이 가진 자극 간의 불일치로 인해 발생함 • 능동적 학습자인 인간에게 인지적 불평등을 경험하게 하는 현상
평형화	인지적 갈등을 적극적으로 해결하여 해소하는 것
평형화의 인지적 과정	• **동화** : 이미 자신이 가지고 있는 도식 또는 인지구조 속에 새로 들어오는 도식을 받아들이는 인지과정 • **조절** : 인지갈등으로 인한 불평형을 자신의 인지구조를 수정함으로써 해소하고자 하는 인지과정

적응	• 계속해서 평형화가 이루어지는 것 • 지적 능력의 적응 • 동화, 조절, 평형화를 통해 이루어짐
조직화	• 여러 도식들을 연결하여 하나의 통합된 체계를 만드는 능력 ⇨ 타고난 경향 • 주변 환경의 요구에 부합하는 과정인 적응을 촉진시킴

2. 전조작기 유아의 인지적 사고 특징

상징적 사고		자신이 내재적으로 형성하고 있는 표상들을 여러 형태의 상징으로 표현할 수 있음
지연 모방		모방할 동작을 내재적인 표상으로 기억했다가 나중에 다시 재현해 내는 것
가상놀이		가상의 사물·상황을 실제 사물·상황으로 상징화하는 것
자아 중심성		타인의 생각·관점·감정을 이해하지 못하고 자신의 입장에서만 세상을 바라보는 경향
중심화	의미	대상물이나 활동의 한 가지 측면만 고려하여 두 개 이상의 측면을 동시에 고려하거나 이를 통합하는 조직적 사고가 결여된 상태
	자아중심적 사고	다른 사람도 자신과 동일한 방식으로 생각하거나 동일한 관점을 가지고 있다고 여김 ⇨ 다른 사람의 입장을 이해하지 못함
	직관적 사고	사물의 현저한 지각적 속성에 의해 그 대상을 판단하는 중심화된 사고 ⇨ 크기, 모양, 색깔 등 지각에 의존하는 판단 능력
보존개념	의미	어떤 대상의 외양이 바뀌어도 그 대상이 갖고 있는 양적 속성이나 실체는 바뀌지 않는다는 사실을 이해하는 것
	동일성	서로 같은 양에서 길이나 형태의 외양만 변한 것임을 아는 것
	보상성	높이, 길이, 면적의 상호보상 관계를 아는 것
	가역성	역으로 조작하면 원래의 상태로 갈 수 있음을 아는 것
물활론적 사고		생명이 없는 대상물에 생물의 특성을 부여하여 살아 있는 존재처럼 생각하는 경향성
실재론	의미	생각한 것이 존재한다고 믿는 것
	꿈의 실재론	• 유아는 자신이 꿈꾼 것이 실제로 벌어진 일이라고 생각함 • 어느 정도 자란 후에는 꿈은 밖에서 오는 것으로 생각하여 타인들도 자신의 꿈을 볼 수 있다고 여김
	도덕적 실재론	저지른 잘못이 크면 클수록 그 의도와 관계없이 더 크고 나쁜 처벌이 주어진다고 생각함 ⇨ 의도보다 결과에 치중
변환적 추론		서로 관련이 없는 두 개의 사건을 원인과 결과의 관계로 연결시키는 비약적 도출
비가역적 사고		컵의 물을 원래 컵에 부으면 이전 상태로 돌아갈 수 있다는 것을 알지 못하는 것

3. 도덕성 발달

타율적 도덕성	• 권위자로부터 도덕적 판단의 기준을 받아들임 • 행위의 옳고 그름을 그 행위가 가져온 결과에 근거하여 판단함 • **내재적 정의에 대한 믿음** : 규칙을 어기면 누군가 반드시 처벌을 받아야 한다는 믿음 • **도덕적 절대성** : 규칙이란 절대적이고 불변의 것이라는 믿음
자율적 도덕성	• 또래로부터 도덕적 판단의 기준을 획득함 • 사회적 규칙은 변화될 수 있고 인위적 승인에 의해 이루어졌다는 것을 알게 됨 • 인지적 성숙과 사회적 경험은 타율적 도덕성에서 자율적 도덕성으로 발달하는 데 중요한 역할을 함

4. 지식관

물리적 지식 (physical knowledge)	• 유아가 감각기관을 통해 느낄 수 있는 물체에 관한 지식 • 외관상으로 나타나는 사물의 물리적 특성 　예 은 공을 떨어뜨렸을 때 굴러가는 공을 관찰하면서 공의 특성을 알게 됨 • 유아는 스스로 직접적인 경험을 통해 물체에 대한 지식 및 원리 등을 발견하며 물리적 지식을 습득하게 됨

논리·수학적 지식 (logic- mathematical knowledge)	• 물체를 다루어 보는 경험을 통해 새로 알게 된 것과 이미 알고 있는 지식과의 관계를 스스로 만들어 내는 지식 　⇨ 다양한 물체를 경험하며 분류·비교·변별 등의 다양한 방법을 통해 물체들 간의 관계성을 만들어 가는 구성능력 형성 • 논리·수학적 지식을 구성하기 위해 분류, 서열화, 수에 관한 지식 구조를 구성하여야 함 • **지식 구조**

분류 (classification)	사물 간의 유사점과 차이점을 찾아서 분류 기준에 의하여 나누고 그룹짓기
서열화 (seriation)	상대적 차이에 의하여 순서 정하기
수 (number)	같음, 더 많음, 더 적음을 결정하고 사물의 모양이 변하여도 양은 변하지 않는다는 사실을 이해하기

사회적 지식 (social knowledge)	• 사회구성원들에 의해 만들어진 규칙 및 약속에 대한 지식 • 물리적 지식과 함께 발달할 수 있는 지식으로 사회생활을 해나가는 데 필요한 지식 　예 굴러가는 공의 특성을 관찰하면서 '공'이라고 부르며, 음식은 숟가락과 젓가락을 사용해서 먹어야 한다는 사회적 약속 • 주변의 성인이나 또래와의 상호작용을 통해 형성됨

Point 02 비고츠키

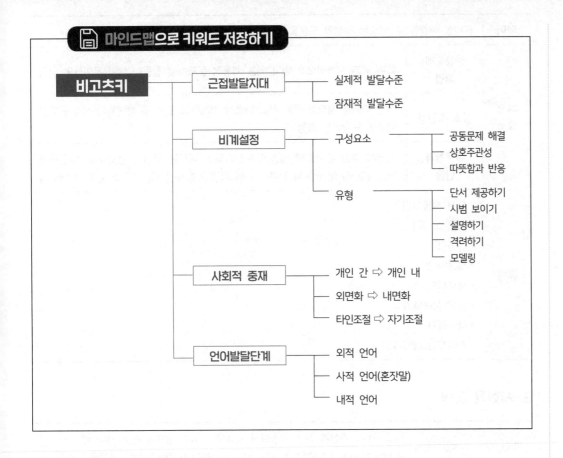

1. 근접발달지대(ZPD)

개념	• **정의** : 아동의 실제적 발달 수준과 잠재적 발달 수준 간의 차이	
	• **위치**	
	초보자 수준 / 근접발달지대(ZPD) / 유능한 또래 또는 성인	
	실제적 발달 수준　　　　　잠재적 발달 수준	
구분	**실제적 발달 수준**	• 유아 스스로의 힘으로 문제를 해결할 수 있는 수준 • 독립적인 문제해결에 의해 결정됨
	잠재적 발달 수준	성인이나 유능한 또래로부터 도움을 받아 문제를 해결할 수 있는 수준

2. 비계(scaffolding) 설정

의미		문제를 해결할 수 있도록 적절한 도움을 제공하는 것 ⇨ 사회적 중재(social mediation)
구성 요소	공동문제 해결	흥미 있고 문화적으로 의미 있는 협동적 문제해결 활동에 대한 유아들의 참여
	상호 주관성	어떤 과제를 시작할 때는 서로 다르게 이해하고 있던 두 참여자가 점차 공유된 이해에 도달하는 과정
	따뜻함과 반응	과제에 대한 유아들의 집중과 도전하려는 태도는 성인이 명랑하고, 따뜻하고 반응적일 때 및 언어적 칭찬과 함께 적절하게 자신감을 북돋워 줄 때 최대화됨
유형		• 단서 제공하기 • 시범 보이기 • 설명하기 • 질문하기 • 토론하기 • 함께 참여하기 • 격려하기 • 주의집중 시키기

3. 사회적 중재

개인 간 ⇨ 개인 내	사고, 기억, 이성과 같은 고등정신 기능은 사회적 중재를 통해 개인 간 (interpersonal) 단계에서 시작하여 개인 내(intrapersonal) 단계로 진행됨
외면화 ⇨ 내면화	사회적 중재 과정의 초기에는 주로 성인 또는 유능한 또래가 직접 행동을 보여주거나 언어적 지시를 통해 사고를 이끌어 주는 역할을 하다가, 내면화(internalization) 과정을 통해 점차 유아가 스스로 문제를 해결하게 됨
타인조절 ⇨ 자기조절	사회적 중재를 통해 사회 또는 성인에게 의존하여 타인조절(other-regulation)이 이루어지다가 점차 유아 스스로 더 많은 주도성을 가지고 활동을 해나가는 자기 조절(self-regulation) 능력을 갖게 됨

4. 혼잣말

발달 단계	외적 언어 ⇨ 사적 언어(혼잣말, 자기중심적 언어) ⇨ 내적 언어	
어린이들의 혼잣말에 대한 견해	비고츠키 견해	• 유아들은 어려운 과제를 처리할 때 쉬운 과제를 처리하거나 과제가 전혀 없을 때보다 더 많은 혼잣말을 사용함 • 혼잣말의 빈도가 연령의 변화에 따라 거꾸로 된 U모양(∩)의 양식을 보인다는 것에 주목함 ⇨ 미취학기의 중·후반기에 최고조를 보이다가 유아의 공공연한 혼잣말이 속삭임이나 들을 수 없는 중얼거림으로 대치될 때 감소함 • '혼잣말은 연령이 증가함에 따라 보다 사회적으로 된다.'는 피아제의 주장에 반대함 ⇨ 대신 혼잣말은 단축되고 내면화되어 감에 따라 다른 사람들이 점점 알아들을 수 없게 된다고 주장함 • 피아제의 예측과는 반대로 비고츠키는 유아가 보다 많은 사회적 상호작용의 기회를 가지면 가질수록 보다 많은 혼잣말이 발생한다고 제시함 • 유아의 혼잣말(private speech)에 자기조절과 같은 긍정적 기능이 있다고 봄
	피아제 견해	• 혼잣말은 미취학 아동이 다른 사람의 입장이 되어 볼 수 없음을 반영함 • 전조작적인 정신의 논리적 제한들을 강조하기 때문에 혼잣말을 비효과적인 사회적 말로 간주함 • 자기중심적 사고를 벗어나기 시작하는 만 5~6세경 이후부터 자기 중심어(혼잣말)가 감소한다고 봄

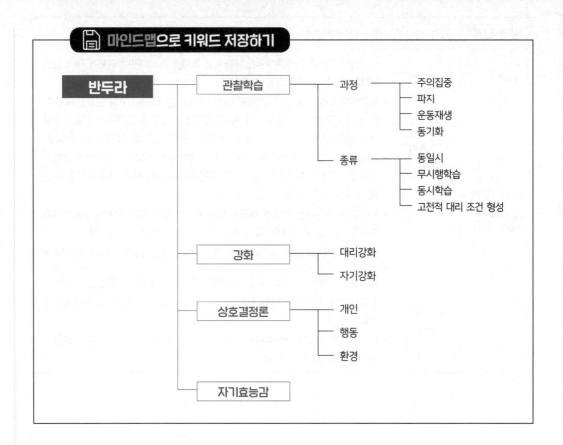

마인드맵으로 키워드 저장하기

1. 관찰학습 과정(주의집중 ⇨ 파지 ⇨ 운동재생 ⇨ 동기화)

주의집중 (attention)	• 모방하려는 모델의 행동에 집중하는 단계 ⇨ 관찰학습에 결정적인 단계로 이 단계를 거치지 않으면 다음 단계인 파지, 운동재생, 동기화로 진행할 수 없음 • 모델에 주의집중할 확률은 그들의 의존성, 자존심, 자신의 능력에 대한 지각과 같은 성격적 특성에 의해 영향을 받음
파지 (retention)	• 관찰된 내용이 기억되는 단계 • 내용이 기억되기 위해서는 모델의 행동에 주의를 집중함과 동시에 그 행동의 사실적 혹은 분석적 표상이 형성되어야 함 ㉢ 슈퍼맨의 영상을 직접 그려보는 경우에 학습효과가 더욱 큼
운동재생 (재생산)	실제 행동으로 옮기는 것 ㉢ 텔레비전의 슈퍼맨의 행동을 모방하는 단계
동기화	• 관찰을 통해서 학습된 행동은 그 행동이 강화를 받을 때만 지속적으로 일어남 • 관찰 학습은 개인이 모델의 형태를 보고 그 행동을 모방하거나 강화를 받을 때, 직접 강화(direct reinforcement)를 통하여 모방이 강화됨

2. 강화

대리강화 (vicarious reinforcement)	• 대리적 강화를 통해서도 모방은 강화될 수 있음 • **간접적 강화(2차적 강화)** : 관찰자는 자신의 행동에 대해서 직접적인 강화를 받지 않더라도 모델이 보상 또는 벌을 받는 것을 관찰함으로써 마치 자신이 강화를 받은 것처럼 행동함
자기강화 (self- reinforcement)	• 숙제를 정해진 기간에 제출한 학생이 칭찬받는 것을 관찰한 학생은 숙제를 정해진 기간에 내도록 강화를 받음 • 다른 사람의 행동과는 관계없이 개인이 일정한 본인의 표준에 도달할 때 모방은 증가함 　⑩ 여고생이 유명 연예인의 신상명세를 잘 아는 것은 그녀가 교사로부터 칭찬을 받기 위해서가 아니라 이는 그 자신을 즐겁게 하는 지식이기 때문임

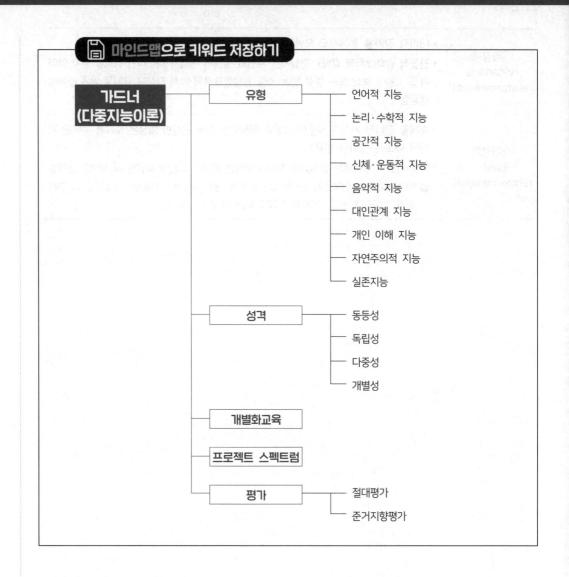

1. 다중지능의 유형

지능 유형	내용	직업군
언어적 지능	• 단어의 의미와 소리에 대한 민감성 • 효과적인 언어 사용 능력	시인, 연설가, 정치가, 작가
논리·수학적 지능	• 숫자를 효과적으로 사용하는 능력 • 관계에 대한 이해·추론 능력, 추상적 사고 능력	수학자, 과학자
공간 지능	• 시각·공간적 세계를 정확하게 지각하는 능력 • 균형·구성에 대한 민감성 • 시각·공간적 아이디어를 시각화하는 능력	예술가, 항해사, 건축가, 외과의사
신체·운동적 지능	• 몸 전체를 사용하는 아이디어와 느낌을 표현하는 기술 • 손을 사용하여 물건을 만들어 내고 변형시키는 재능	무용가, 외과의사, 운동선수, 공예가, 배우
음악적 지능	• 음악 지각력, 변별력, 변형 능력, 표현 능력 • 음악에 대한 직관적 이해와 분석적이고 기능적인 능력	음악가, 작곡가, 음악 비평가
대인관계 지능 (개인 간 지능)	• 다른 사람의 정서적 상태를 분별하고 지각하는 능력 • 타인에 대한 지식에 따라 효과적으로 반응하는 능력	정치가, 종교인, 사업가, 행정가, 교사
개인 이해 지능 (개인 내적 지능)	• 자아에 대한 이해를 통해 실체적으로 적응하는 능력 • 정서 인식 및 조절, 자기 관리, 자기 동기화	소설가, 상담가
자연주의적 지능 (자연탐구, 자연친화적)	• 사물을 구별·분류하는 능력과 환경의 특징을 사용하는 능력 • 생태적 환경과의 관계가 있음	생물학자, 수의사, 과학자
실존지능	• 철학적·종교적으로 사고하는 능력 • 뇌에는 해당 부위가 없고, 아동기에는 거의 나타나지 않음	철학자, 종교인

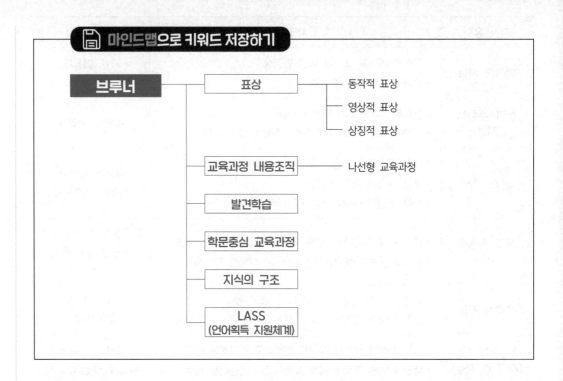

	행동적 표상	• 지식이 행동을 통해 표현됨 • 전조작기에 속하는 단계 • 유아의 행위에 의해 사물을 인지해 가는 초보적인 단계
표상발달	영상적 표상	• 시각 및 다른 감각 조직에 의해 그의 주변 세계에 대한 사고 체제를 구비함 • 유아로 하여금 물리적으로 존재하지 않는 사건이나 사물을 생각하게 하는 데 도움을 줌
	상징적 표상	• 상징체계를 사용하여 자기 세계를 나타냄 • 언어·수학적 상징은 인지능력의 확대에 중요한 역할을 함
나선형 교육과정		학문의 개념이나 원리(지식의 구조)는 동일하게 유지하면서, 학생들의 발달단계에 따라 점차 세련된 형태로 가르치도록 계획된 교육과정
발견학습		지식의 구조를 가르치는 교육방법상의 원리 ⇨ 아동이 학자처럼 생각하고 스스로 탐구하게 하여 원리를 발견하도록 하는 것

촘스키

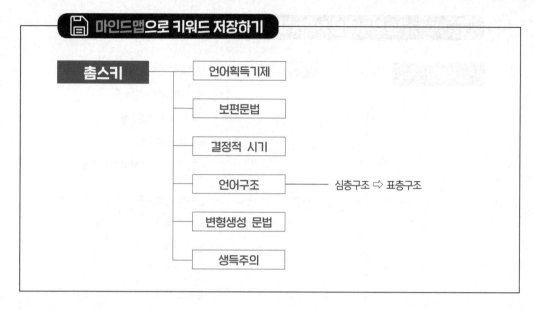

언어획득장치 (LAD)	외부로부터 들려오는 언어자극을 분석하는 지각적·인지적 능력 ⇨ 뇌의 특정 구조나 부위를 뜻하는 것이 아님
보편문법	• 모든 언어에 공통적으로 있는 언어규칙 • 언어획득의 기본 순서는 어떤 문화권에서든지 고정된 순서로 이루어짐 　예 옹알이를 시작하는 시기, 돌 전에 첫 단어를 말하는 것, 두 돌 전후에 이어문 표출하는 　　것과 같은 특정 시기는 고정되어 있음
언어획득 시기	언어습득에는 **결정적 시기**가 있음
언어구조	언어의 의미와 내용을 전하는 추상적 기본구조인 **심층구조**는 여러 변형 규칙들이 적용되어 다양한 형태의 문장들로 표현된 **표층구조**로 전환됨
변형생성 문법	변형생성 문법에서는 언어 표현을 심층구조에서 변형을 거쳐 표층구조로 유도된 것으로 봄

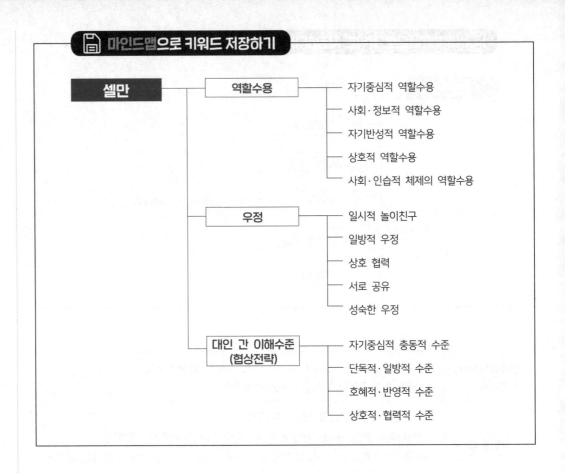

1. 역할수용 능력

(1) 의미

다른 사람의 능력, 특성, 기대, 감정, 동기, 잠재적 반응과 사회적 판단을 포함하는 사회적 존재에 대한 이해의 발달로 정의됨

(2) 발달단계

0단계(4~6세) : 자기중심적 역할수용	• 유아 자신이 상황을 보는 방법만이 유일한 방법이라고 생각함 ⇨ 타인에 대한 이해 결여 • 특정 상황에서 누군가가 어떻게 느낄지 물으면 아동은 자신이 어떻게 느끼는가를 대답함 ⑩ 그 분은 기뻐하실 거예요. 그는 고양이를 좋아하니까요. 왜 홀리의 아버지가 기뻐할까? ⇨ 나는 고양이를 좋아하니까요.

1단계(6~8세) : 사회·정보적 역할수용	• 타인들이 서로 다른 사회적 조망을 가질 수 있다는 것을 인식함 • 타인의 관점이 상이한 이유를 잘 이해하지 못함 ⇨ 유아는 타인이 동일한 정보를 갖고 있다면 그들은 자신이 느끼는 것과 똑같이 느낄 것이라고 생각함 예 만약 홀리가 왜 나무에 올라갔는지 홀리의 아버지가 몰랐더라면 화를 내었을 거예요. 그러나 홀리가 왜 그렇게 했는지 안다면 홀리에게 정당한 이유가 있었음을 알 거예요.
2단계(8~10세) : 자기반성적 역할수용	• 사춘기 이전의 아이들은 타인의 개별적인 조망을 수용함 ⇨ 상호적인 인식 • 타인의 입장에 대한 추론을 할 수 있으며, 자신의 행동과 동기를 타인의 관점에서 생각할 수 있음 예 홀리가 아버지께서 어떻게 느낄 것인가에 대해 고려할 것이라는 것을 알아요. 홀리는 아버지가 그것이 옳은 행위라고 생각할 것을 알아요. 그래서 홀리가 나무에 올라간 것이 괜찮아요.
3단계(10~12세) : 상호적 역할수용	아동들은 자신의 조망, 상대방의 조망, 중립적인 제3자의 조망을 취할 수 있음 예 홀리는 고양이를 좋아하기 때문에 고양이를 내려주기를 원하지만, 나무에 올라가지 말아야 한다는 것도 알고 있어요. 홀리의 아버지는 홀리가 나무에 올라가지 않겠다고 말한 것을 알고 있지만 고양이에 대해서는 모를 거예요.
4단계(12세 이후) : 사회·인습적 체제의 역할수용	• 서로의 관점을 취하는 것이 항상 완전한 이해를 의미하는 것은 아니라는 것을 깨달음 • 자신의 반응을 다른 사람에게 전달할 수도 있고 다른 사람들의 행동을 이해할 수도 있기 위해 사회적 관습이 필요함을 인식함 예 홀리가 나무에 오른 것에 대해 벌을 받아야 하는가? ⇨ 아니요, 동물에 대한 인간적인 행동 가치는 홀리의 행동을 정당화하고, 대부분의 아버지는 이 점을 인식할 거예요.

2. 셀만(Selman)의 우정발달 4단계

0단계 (3~5세)	• 일시적인 신체적 놀이 친구(짝) ⇨ 지금 바로 여기에서 나와 놀고 있는 사람 • 친구와의 지속성이 없음 ⇨ 즉시성, 신체적 근접성
1단계 (5~7세)	• 일방적 도움의 단계 • 자신의 소망 충족과 연관됨 ⇨ 친구란 자신에게 유익하고 즐거움의 자원이 되는 아동 • 지속성이 약함 ⇨ 쉽게 이루어지고 깨짐 • 친구와의 갈등은 개인적 감정이나 애정에 의한 것이 아닌 물질적인 것에 의해 발생함
2단계 (8~12세)	• 상호호혜적으로 서로 도와주는 사람 ⇨ 협력활동을 통해 우정을 경험함 참고 상호호혜적 : 우정을 주고 받는 것으로 생각함과 동시에 여전히 우정을 각자의 흥미를 충족시켜주는 것으로 여김 • 자주 보기 때문에 좋아하는 것보다는 그 아동이 어떤 특성을 가졌기 때문에 좋아함
3단계 (9~15세)	• 서로 이해할 수 있고 내적 생각과 느낌을 나누는 사람 • 지속성을 가짐 • 상호교류 관계의 친밀함 ⇨ 특별히 친근한 유대관계를 형성함과 동시에 배타성도 나타남

3. 대인 간 이해수준(협상전략과 공유경험)

수준	협상전략	공유경험
1수준 (자기중심적·충동적 수준)	때리거나 힘에 밀려 물러서는 행동	한 아동이 기침하면 옆의 아동들도 따라서 기침함
2수준 (단독적·일방적 수준)	일방적 명령, 자동적인 복종 전략	자신의 열정만을 표현하는 경험 단계
3수준 (호혜적·반영적 수준)	자기반영적이며 호혜적 협응 능력을 통한 전략	공동적인 지각을 표상하는 공유 상태
4수준 (상호적·협력적 수준)	자신과 타인의 요구를 통합하는 협동적 전략	생각을 상호 공통적으로 고려하는 공유경험

4. 리더십 발달단계

0단계	힘이 더 세고 다른 유아에게 무엇을 하라고 지시하는 사람을 리더로 생각함 ⇨ 리더를 신체적·행동적 개념으로 이해함
1단계	지식이나 기능이 제일 뛰어난 사람을 리더로 인식함
2단계	리더를 쌍방적인 개념에서 독재가 아니라 권위자로 이해함
3단계	자신의 이익보다는 집단의 이익을 반영하고 집단을 구조화하는 매개자를 리더로 인식함

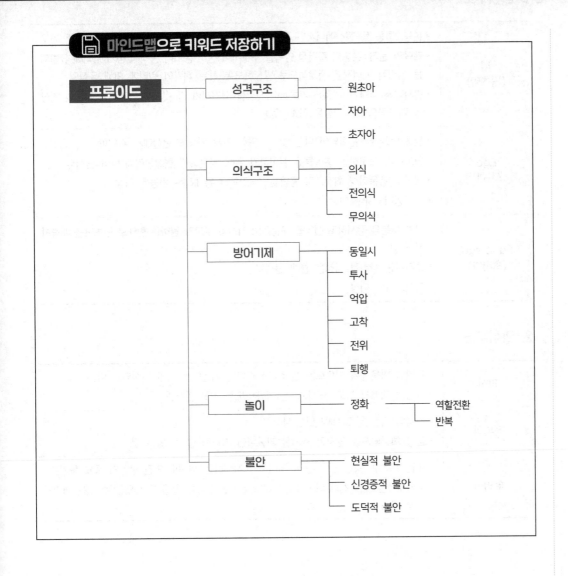

1. 성격구조

Id **(원초아)**	• 본능, 충동 등 정신에너지의 기본적인 원천 ⇨ 생득적인 요소로 즉각적인 만족 추구 • **쾌락의 원리**: 충동의 즉각적 만족을 추구하며 성적 동기나 공격적 동기에 의해 유발되는 심리적 에너지를 즉각적으로 발산하도록 하는 쾌락의 원리에 의해 움직임 • 반사작용(재채기, 하품) + 기초과정(긴장을 제거시켜 줄 것으로 기대되는 물체의 영상을 떠올림으로써 긴장을 감소시킴)
Ego **(자아)**	• 원초아로부터 분화되어 나온 것 ⇨ 여러 가지 기능을 현실에서 수행함 • 원초아가 요구하는 충동들을 실현하기 위해 적절하게 현실원리에 따라 움직임 • 개인의 행동이 사회적으로 용납될 수 있도록 통제하는 기능을 가짐 • 현실원리 + 자아 이상
Superego **(초자아)**	• 다른 부분을 감시하고 선악을 구분하며 사회와 부모가 원하는 형태로 원초아를 배출시키려 함 • 초자아는 사회화 과정을 통해 형성됨 • 양심 + 자아 이상

2. 의식구조

의식	• 우리의 마음속에 떠오르는 생각들과 주의를 기울이는 순간 인식되는 마음 • 각성 상태에서 보고, 느끼고, 생각하는 모든 것을 관장함
전의식	• 기억의 저장 창고 내에 있는 내용 • 금방 회상되지는 않지만 주의를 기울이면 기억해 낼 수 있는 것
무의식	• 개인의 욕구, 충동 등 본능적 에너지가 지배하는 세계로 인간 행동의 중요 동기 • 평상시에는 이를 전혀 의식하지 못하다가 최면 상태나 꿈을 통해 엿볼 수 있는 개인의 의식 세계

3. 방어기제

종류	의미	예시
반동형성	자신이 가지고 있는 것과는 반대되는 생각이나 감정을 과장되게 표현하는 현상 ⇨ 반대되는 행동을 하는 것	• 여자친구를 좋아하면서 자기는 그 친구가 정말 싫다고 함 • "미운 놈 떡 하나 더 준다."
전치	본능적 충동이 본래 대상보다는 위협이 적은 대상으로 옮겨가는 현상	• 직장에서 상사에게 꾸중듣고, 집에 와서 아이들에게 화풀이함 • 야단맞고 강아지를 걷어참
치환(대치)	욕구를 만족시킬 대상이 없을 경우 비슷하거나 다른 대상으로 바꾸어 욕구를 충족시키는 것	• 부모님이 안 계신 유아가 교사에게 애착을 형성함 • '꿩 대신 닭'
합리화	• 자신을 괴롭히는 행동과 경험에 대해 그럴듯한 이유를 들어 자신의 무능이나 실패를 두둔하고자 하는 것 ⇨ 논리적 위장 • 신포도형, 달콤한 레몬형, 투사형, 망상형	친구가 갖고 있는 과자가 먹고 싶으면서도 그런 맛없는 과자는 싫다고 하는 것
동일시	• 자신이 바라는 특성을 지닌 사람과 강한 정서적 일체감을 형성시키는 현상 • 자아와 초자아 형성에 영향을 줌	• "내 친구는 노래를 잘해." • "우리 아빠는 힘이 세."
승화	사회적으로 인정되지 못하는 욕구나 충동을 사회가 인정해 주는 방향으로 표출하는 행위	공격성을 감소시키기 위해 표현활동을 함
보상(복구)	자신의 약점이나 부족한 점을 다른 분야에서의 능력으로 보충·만족하고자 하는 행위	• 체구가 왜소한 사람이 학업 면에서 뛰어나기 위해 노력하여 인정을 받는 것 • 대화는 하지 못하면서 선물만 하는 것 • "작은 고추가 맵다." • 나폴레옹 콤플렉스
투사	자신의 실패나 잘못된 행동·생각들을 남에게 전가시킴으로써 불안에서 벗어나고자 함 ⇨ 남 탓	• 선생님을 싫어해서 유치원에 가기 싫을 때 선생님이 자기를 미워해서 유치원에 가기 싫다고 하는 것 • "너 때문이야." • "차가 늦게 와서…"
주지화	불편한 감정을 조절하거나 최소화하기 위해 지나치게 추상적으로 사고하거나 일반화함으로써 감정적 갈등이나 스트레스를 해소함	마음에 드는 여학생에게 제대로 말도 못 붙이는 남학생이 친구들과 "사랑이 뭐냐?", "인생이 뭐냐?"와 같은 토론을 벌이는 것
부정	의식화하기 불쾌한 생각, 욕구, 충동, 현실을 무의식적으로 부정함으로써 자신을 보호하는 기제	죽은 남편이 잠시 어디 가 있다고 믿는 것 참고 '저항'과 '부정'의 차이점 : 저항은 "싫어."의 감정이며, 부정은 "아니야."의 감정임

4. 놀이

① 프로이드(S. Freud)에 의하면, 놀이는 부정적인 감정을 감소시켜주는 감정의 정화 효과를 가짐
② 놀이가 갖는 이러한 효과는 공격 에너지를 발산하면 공격성이 감소된다는 것을 가정하는 정화이론과 유사한 것으로, 유아는 놀이 속에서 대리 사물 및 사람에게 자신의 부정적인 감정을 전이시켜 부정적 감정을 감소시킬 수 있게 됨

5. 불안

현실적 불안 (객관적 불안, objective anxiety)	자아(Ego)가 외부에 존재하는 위험을 인지했을 때 느끼는 불안 ⇨ 현실적이고 외적인 위험에 대한 반응으로 나타남 📵 사나운 개, 어두운 골목길
신경증적 불안 (neurotic anxiety)	본능(Id)으로부터 오는 위험을 자아(Ego)가 인지했을 때 느끼는 불안 📵 낯선 이성에게서 성적 충동을 경험하는 것, 사람들이 보는 자리에서 원초적인 욕구를 노출할지도 모른다고 걱정하는 것
도덕적 불안 (moral anxiety)	자아(Ego)와 초지아(Superego)의 갈등에서 비롯되는 불안 📵 높은 표준에 맞추어 살지 못하는 데에서 비롯되는 죄책감·수치심으로 고통을 겪고 있는 사람

Point 09 브론펜브레너

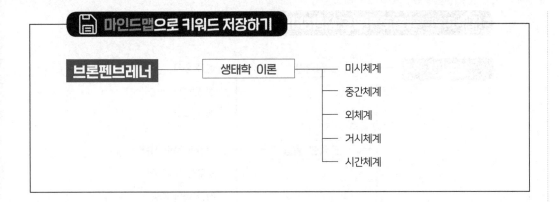

마인드맵으로 키워드 저장하기

브론펜브레너 ─── 생태학 이론 ─┬─ 미시체계
                              ├─ 중간체계
                              ├─ 외체계
                              ├─ 거시체계
                              └─ 시간체계

1. 생태학 구조

미시체계	• 가족이나 또래와 같이 유아에게 직접적으로 영향을 주는 환경 • 유아와의 직접적 교류가 진행되는 환경 ⑩ 가족, 친구, 학교, 병원, 교회, 이웃과의 놀이 등
중간체계	2개 이상의 미시체계들 간의 연결이나 상호 관계
외체계	유아와 직접 상호작용을 하지는 않지만 아동의 경험에 간접적 영향을 미치는 사회적 환경 ⑩ 부모의 직장, 형제의 학교, 학교위원회 등
거시체계	유아가 속한 문화권(사회)의 광범위한 제도, 신념, 가치 체계들 ⑩ 교육, 경제, 정치 및 사회 가치의 핵심, 국가, 인종 등
시간체계	전 생애에 걸쳐 일어나는 변화와 사회·역사적인 환경 ⇨ 시대가 흐름에 따라 달라지는 경험

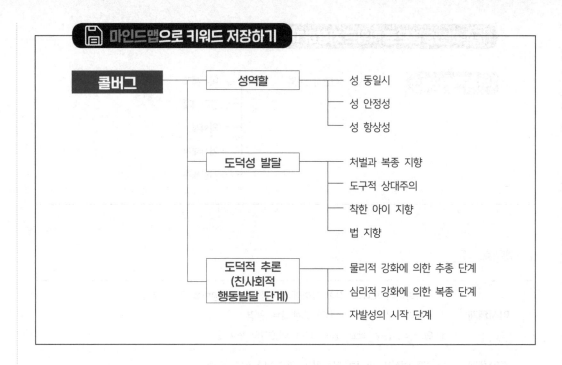

1. 성역할 개념

성 동일시(2~3세경)	• 유아가 자신이나 다른 사람을 여성 또는 남성임을 구별하는 것 • 주로 외모나 옷을 보고 남녀를 구별하게 됨
성 안정성(4세경)	일생 동안 같은 성을 갖게 된다는 것을 이해함
성 항상성(6~7세경)	사람의 옷, 머리, 활동이 변화하여도 성은 일정하다는 것을 이해함

2. 도덕성 발달단계

	의미	행위의 결과가 가져다주는 보상이나 처벌에 의해 옳고 그름을 판단하거나 규칙을 정하는 사람들의 물리적인 권위에 따라 도덕성을 판단함
전인습적 수준	처벌과 복종 지향	• 물리적 결과에 의해 옳고 그름을 판단함 • 처벌을 피하기 위해 권위의 명령에 복종함 참고 진정한 의미의 규칙에 대한 개념 없이, 위반 행위의 중대성을 그 결과의 크기(처벌의 양, 객관적인 손상의 양) 등에 의해 결정함
	도구적 상대주의 지향	• 자신에게 당장 이익이 있을 때 규칙을 따름 ⇨ 욕구를 도구적으로 충족시켜 주는 것이 옳은 행위 • 즐거운 결과를 가져오는 것이 선이며, 평등한 교환·거래·협약 등 공정한 것이 정의라고 여김 예 "만약 네가 나를 도와준다면 나도 너를 도와줄 것이다." 참고 위반 행위의 중대성은 부분적으로 행위자의 의도에 의해 판단됨

인습적 수준	의미	가족·사회·국가의 기대를 유지하는 것 자체가 그것이 가져오는 결과와는 무관하게 가치로움
	대인간 조화 (착한 소년 - 소녀)	• 자신에게 가까운 사람들의 역할기대에 따라 행동하는 것이 도덕적인 행위 • 선한 동기를 가지고 타인에 대한 관심을 보이는 것을 선으로 여김 • 신뢰, 충성, 존경, 감사, 상호 관계의 유지 등을 존중함
	법과 질서 지향	• 스스로 동의한 현실적 의무를 준수하는 것을 선으로 여김 • 확고한 사회적 의무와 갈등을 일으키는 극단적인 경우를 제외하고는 법은 준수되어야 함 • 사회, 집단, 제도에 공헌하는 것 역시 선으로 여김
후인습적 수준	의미	• 도덕적 기준이 내면화되며 자신의 것이 됨 • 집단의 권위나 권리를 행사하는 사람들과는 무관하게 도덕적 가치와 원리 를 규정하려는 노력을 보임
	사회적 계약과 합법적 지향	• 계약, 개인적 권리, 민주적으로 인정된 법률의 도덕성 • 사회 질서를 유지하기 위해 법과 규칙은 준수되어야 하지만, 그 법과 규칙 은 바뀔 수 있음 ⇨ 사회적 약속은 대다수 성원들의 보다 나은 이익을 위 해 변화 가능(도덕적 융통성) • 생명, 자유와 같은 비상대적인 가치는 어떤 사회에서라도 다수의 의견과 관계없이 지켜져야 함
	보편적인 윤리적 원리 지향	• 스스로 선택한 윤리적 원칙을 따르고 그 원칙에 의해서 정의를 판단함 ⇨ 양심 • 법과 자신의 원리가 충돌할 때에는 자신의 원리에 따라 행동함 • 보편적인 원리 즉, 인권 평등과 인격체로서의 인간의 존엄성을 존중함

3. 사회적 규칙 개념 발달

0단계	규칙에 대한 개념이 없음
1단계	규칙은 권위자로부터 나오며 규칙은 나쁜 행동을 금지하고 복종해야 하는 것으로 인식함
3단계	규칙은 안내의 기준으로서, 지키는 사람들에게 긍정적으로 안내의 역할을 하는 것으로 간주함

4. 돕는 행동

1차원	타율 - 자율의 차원으로 남을 돕는 행동과 관련된 것
2차원	유아가 기대할 수 있는 보상의 종류가 '물리적인 것인가?', '심리적 또는 사회적인 것인 가?'와 관련된 것

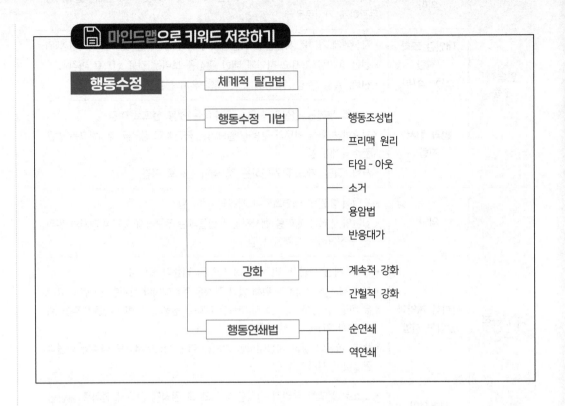

1. 행동수정 기법

(1) 바람직한 행동의 증가 기법

정적강화	바람직한 일에 칭찬(강화)함으로써 바람직한 행동을 증가시키는 방법
부적강화	주어지던 부정적 자극을 제거함으로써 바람직한 행동을 증가시키는 방법
행동계약	"만일 A라는 행동을 하면 B라는 보상을 주겠다."라고 약속함으로써 바람직한 행동을 증가시키는 방법
행동조성법	새로운 행동을 학습시키고자 할 때 행동을 여러 단계로 세분화하여 점진적으로 강화를 주어가며 행동을 조성하는 방법
행동연쇄법	과제분석과 여러 가지 단위 행동으로 구성된 행동 참고 행동조성법과 행동연쇄법의 차이점 행동조성법은 목표행동과 유사한 행동이 일어날 때마다 보상을 해주지만 행동연쇄법은 과제분석을 통해 단계를 일정하게 정한 후 단계별로 한 단계가 끝나면 보상을 해줌
프리맥 강화	발생 빈도가 낮은 행동을 증가시키기 위한 강화자극으로 발생 빈도가 높은 행동을 이용하는 방법

역연쇄법	지능이 낮은 경우나 성취감 및 동기유발을 갖기 어려운 경우 사용함
용암법	도움을 점차 줄여감으로써 스스로 행동을 학습하도록 하는 방법

토큰강화	• 바람직한 행동을 했을 때 구매력을 가진 상징적인 표나 점수 등을 이용해 강화를 여러 조각으로 나누어 주는 강화 체계 ⓔ 칭찬 스티커, 보상물 • **장단점**

	장점	경제성, 만족지연 능력 향상, 이중강화 효과
	단점	내적 동기 감소 가능성, 지나친 경쟁심 유발 가능성

피드백	행동에 반응하는 것으로 동기유발을 이끔 ⓔ 끄덕끄덕

(2) 문제행동의 감소를 위한 기법

소거	• 행동이 거의 일어나지 않을 때까지 그 행동을 유지시켜온 강화를 제거시키는 과정 • 고전적 조건화에서 자극을 제거하거나 조작적 조건화에서 반응을 제거함 • 소거저항, 소거폭발이 나타날 수 있음 ⓔ 더 큰소리 내기

격리 (타임 - 아웃)	• 행동의 감소를 위해 일정 시간 동안 긍정적인 보상을 박탈하는 것 • **문제점 및 유의점**

	문제점	또래들의 라벨링(집단 따돌림 형성), 소속감 박탈(부정적 자아개념 형성), 반복사용(습관화로 인한 효과 ↓)
	유의점	격리의 명확한 이유 설명, 시간과 행동지침에 대한 구체적 설명, 약속 이행 시 적절한 보상 제공

상반행동 강화	개인 내에서 바람직하지 못한 행동과 양립하기 어려운 상반된 바람직한 행동을 강화함으로써 문제 행동을 감소시키는 방법 ⓔ 개똥이가 유치원의 공동 물건을 친구들과 사이좋게 나누어 쓰면 칭찬을 해줌
포화	문제행동을 유지시키는 강화 자극을 일시에 너무 많이 제공하여 강화력을 상실하도록 하는 방법
차별강화	어떤 반응에는 강화를 주지만 어떤 반응에는 강화를 주지 않음
역조건 형성	이미 어떤 반응에 새로운 자극을 더 강하게 연합하게 하는 방법
홍수법	장시간 동안 충분하게 경험시켜 공포·불안을 소거하는 방법
벌	• 바람직하지 않은 행동을 약화하거나 행동의 빈도를 감소시키는 것 • **벌의 유형**

	수여성 벌	불쾌한 자극 제공(행동빈도 ↓)
	제거성 벌	타임아웃(정적 강화가 없는 다른 장소에 보내는 것 ⇨ 행동빈도 ↓)

(3) 체계적 탈감법(systematic desensitization) - 웰페(Wölpe)가 개발

개념		• 역조건 형성을 이용하여 불안이나 공포를 일으키는 자극에 점진적으로 노출시켜 공포를 소거시킴 • 불안이나 공포를 일으키는 조건자극에 그와 양립할 수 없는 이완(relaxation)반응을 결합시켜 불안이나 공포를 소거시킴
절차	제1단계	**불안위계 목록의 작성**: 불안을 일으키는 자극을 불안을 일으키는 정도에 따라 순서대로 배열함 📵 비행기를 타고 여행을 간다. ⇨ 비행기 좌석에 앉아있다. ⇨ 비행기 가까이 다가간다. ⇨ 멀리서 비행기를 바라본다.
	제2단계	**이완훈련**: 이완의 느낌이 어떤지 경험하도록 하며, 즐거운 장면을 상상함 📵 명상, 근육이완, 선(禪)명상
	제3단계	**상상하면서 이완하기**: 환자가 완전히 이완된 상태일 때 불안위계에서 가장 약한 불안을 일으키는 항목부터 상상하여 차츰 상위수준의 자극과 이완을 결합시킴

2. 강화계획의 유형

고정간격 강화	일정 시간마다 행동에 대한 강화물을 제공함
변동간격 강화	일정하지 않은 시간 간격에 따라 강화물을 제공함
고정비율 강화	일정한 수에 따라 강화가 주어지는 것 📵 환경 미화를 위한 바람직한 행동을 한 번 할 때마다 스티커를 하나씩 주는 것
변동비율 강화	행동과 강화 간의 반응 수가 일정하지 않게 이루어짐

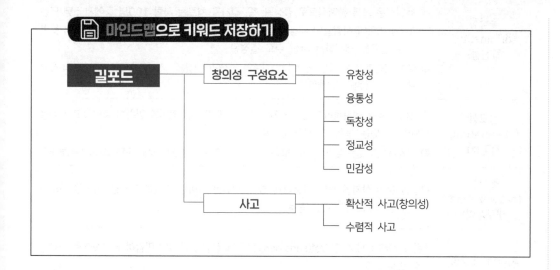

1. 창의성 구성요소

유창성 (fluency)	**양의 다양성** : 사고의 속도와 관련하여 제한된 시간에 많은 양의 반응을 하는 능력 ⇨ 사고, 연상, 표현 등 예 **브레인스토밍** : 특정한 주제에 대하여 떠오른 생각을 모두 말해 보기, 어떤 대상에 대하여 가능한 한 많은 것을 연상해 보기
융통성 (flexibility, 유연성)	• 질(접근방법)의 다양성에 관한 요소 • 한 가지 문제에 대하여 접근하는 방법이 얼마나 다양한가 하는 사고능력 • 낡고 오래된 사고를 버리고 새로운 생각을 채택하는 능력 ⇨ 사고의 넓이 예 바늘의 주요한 용도는 옷을 깁는 것이지만 이외의 다른 용도를 제시해보기 • **관련 기법** <table><tr><td>**SCAMPER 기법**</td><td>서로 관계가 없어 보이는 사물이나 현상들 간의 관련성을 찾아보며, 다양한 관점을 적용해 봄</td></tr><tr><td>**속성열거법**</td><td>사물이나 현상의 속성들을 추론하고 추론한 속성별로 생각해 봄</td></tr></table> 참고 유창성과 융통성의 차이점 　　유창성은 각기 다른 반응의 총 개수이고 융통성은 일반적으로 다른 종류로 분류할 수 　　있는 반응범주의 개수 ⇨ 일정한 시간 내에 한 범주 내에 속하는 아이디어를 다양하게 　　생성해 내는 능력이 유창성이라면, 융통성은 다양한 범주에 해당되는 아이디어들을 생성해 　　내는 능력을 말함. 예를 들어, 어떤 사람이 벽돌의 용도를 30가지 열거했는데, 그것이 　　전부 무언가를 건설하는 용도라면 유창성의 점수는 높을지라도 융통성의 점수는 낮음

독창성 (originality, 참신성)	사고의 결과로 나타나는 반응의 색다름 및 신기함 ⇨ 독창성은 보통 통계적으로 결정됨. 즉, 검사를 치르는 사람 100명 중에서 5명 또는 10명 이하의 사람들이 내놓는 반응을 말하는 것으로, 다른 사람들이 생각하지 못한 다른 반응을 제시하는 사람 수로 결정됨 ⑩ 다른 사람과 같지 않은 생각하기, 기존의 생각이나 사물의 가치를 부정하기, 기존의 생각 을 다른 상황에 적용해보기
정교성 (elaboration, 치밀성)	주어진 문제를 세분화하여 전개시키거나 문제에 포함된 의미를 명확히 파악하고 결점을 보완할 수 있는 능력 ⇨ 사고의 깊이 ⑩ 다듬어지지 않은 생각을 다듬어보기, 은연중에 떠오른 막연한 것을 구체적으로 생각해보기
조직성 (organization, 재구성력)	복잡한 문제 상황을 보다 간결하게 하며, 새로운 의미를 부여하고 사물·사상을 구조적 이고 기능적으로 관련짓는 능력
지각의 개방성 (perceptional openness)	• **문제 사태에 대한 민감성(sensibility)** : 문제 상황에 대하여 민감하게 사실대로 지각할 수 있는 능력 • 관련성이 없는 자극에 의하여 혼돈되거나 방해를 받지 않고 독립적인 자각을 할 수 있는 능력 ⇨ 장독립적인 지각, 시넥틱스법

2. 확산적 사고와 수렴적 사고의 개념

(1) 확산적 사고

개념		• 전혀 관계가 없었던 아이디어들을 이전에는 볼 수 없었던 새로운 방식으로 결합하여 기발한 생각으로 재창조하는 것 • 주어진 문제에 대한 해결책을 최대한 다양한 측면으로 사고하는 것 • 인간의 감각기관을 통하여 지각하거나 뇌에 기억된 정보로부터 신기하고, 새롭고, 비습관적 인 해결책을 새롭게 만드는 생산적 사고로서 문제해결의 다양성을 강조함 • 되도록 많은 아이디어를 생각해 내는 것
사고 신장 기법	브레인스토밍	집단의 구성원들이 하나의 구체적인 문제에 초점을 두고 가능한 한 많은 수의 아이디어들을 생성해 내기 위한 기법
	강제 연결법	• 특별한 관계가 없어 보이는 어떤 대상을 문제에 강제로 연결시켜 봄으로써 아이디어를 얻고자 하는 방법 • 집단에서 아이디어를 생각해 내다가 더 이상 진척이 없을 경우, 이러한 방법 을 활용할 수 있음 ⑩ 카메라폰(카메라＋휴대폰), 캠핑카(집＋자동차) 등

연상법		• 연상은 상상력의 원천이 됨 • **종류**	
		자유연상	어떤 단서, 대상, 주제, 방법, 상황을 제시하고 문득 떠오르는 아이디어를 포착하는 방법 ⑩ 흔히 있을 수 없는 일이 일어나면 그 결과가 어떻게 될 것인지 자유롭게 상상해 보기, 이야기의 내용이 원래와는 전혀 다르게 써보기
		통제연상	자유연상에 어느 정도 제한 조건을 주어서 통제된 연상을 유도하는 방법

(2) 수렴적 사고

개념		• 하나의 주어진 정보를 통하여 가장 안전하고 확실한 대안을 산출하는 것 • 자신이 생성해 낸 아이디어들을 심사·분류·평가하여 최선의 것을 선택하는 것
사고 신장 기법	**창의적 평가**	• 아이디어의 수가 많고, 이들을 대강 평가해도 좋을 때 효과적으로 사용할 수 있는 방법 • 평가를 위해 별도의 준거를 만들지 않아도 됨
	하이라이팅 기법	대안들 가운데서 그럴듯하고 괜찮다고 생각되는 것을 분류하여 문제해결의 적중 영역(hot spots)을 만들어 낸 후, 이러한 적중 영역의 해결책을 집단 토론을 통해 수정하고 발전시켜 더 나은 대안으로 만들어 가는 방법
	PMI법	• 아이디어에 대해 각각 "그 장점(Plus)은 무엇인가?", "단점(Minus)은 무엇인가?", "흥미로운 점(Interesting)은 무엇인가?" 등의 질문을 던져보는 것 • 이러한 질문을 통해 최선의 아이디어를 선택할 수 있는 하나의 준거를 마련할 수 있음

* 모범답안 730 ~ 735쪽

01 다음은 피아제 이론에 대한 설명이다. 물음에 답하시오. [5점]

> **(가)** 철수는 친구 집에서 영희가 엄마에게 떼를 쓰는 것을 본 3일 후에 마트에서 공룡 장난감을 사 달라고 떼를 부렸다.
>
> **(나)** 철수에게 동일한 양과 모양의 찰흙을 주고 그 중 한 개의 모양을 변화시켜 보여주었더니 두 개의 양이 "다르다."라고 하였다.
>
> **(다)** 영희는 자신이 공을 맞히지 못한 것은 아빠가 공을 잘못 던졌기 때문이라고 생각한다.
>
> **(라)** 광수는 '점토가 공 모양에서 호떡 모양이 되는 과정'을 정신적으로 표상할 수 없었다.

1) (가)를 설명하는 적합한 용어를 쓰시오. [1점]

_____

2) (나)를 설명할 수 있는 에겐(P. Eggen)이 언급한 ① 전조작기의 주요 특징을 쓰고, ② 철수가 보존개념을 이해하기 위하여 알아야 하는 3가지 특성을 쓰시오. [2점]

① _____

② _____

3) ① (다)와 ② (라)를 설명할 수 있는 에겐이 언급한 전조작기의 주요 특징을 쓰시오. [2점]

① _____

② _____

02 다음은 학습공동체의 교사들의 대화와 반성적 저널쓰기의 내용이다. 물음에 답하시오. [5점]

> 김 교사 : 비고츠키(Vygotsky)는 유아의 (㉠)은/는 성인과의 참여활동에서 주고받는 외적 언어를 충분히 내면화하여, 아동 자신의 내재적 사고로 바꾸어 가는 과정에서 아동이 자신의 사고를 소리내어 표현하는 과도기적 특성이라고 설명하였지요.
>
> 박 교사 : 맞아요. 우리 반의 준호는 물고기 머리띠를 한 채 혼자서 중얼거리고 있고, "물고기는 예쁜 비늘이 있어야 해⋯⋯. 비늘은 배에도 있고 등에도 있어⋯⋯. 그러니까 여기에다 비늘을 달아야 돼. 그래야 진짜 물고기처럼 되는 거야."라고 하였지요.
>
> 홍 교사 : 그랬군요. 우리 반 승미는 친구들을 때리거나 떼를 쓰는 행동을 자주 보여 같은 반 친구들이 놀아주지 않았고, 승미는 친구들이 놀아주지 않는다고 자꾸 선생님에게 일렀어요. 그래서 저는 비고츠키 이론을 적용하여 유아들과 효과적으로 상호작용을 하였지요. 먼저 승미에게 친구들과 함께 노는 법을 알려주거나 설명하기, 시범 보여주기 등과 같은 직접적이고 구체적인 도움을 주었고 승미는 친구들이 싫어하는 행동을 조금씩 덜 하게 되었지요.(반성적 저널쓰기, 2018년 6월 15일)

1) 김 교사의 ㉠에 들어갈 적합한 용어를 쓰시오. [1점]

㉠ _____

2) 피아제는 '준호의 혼잣말을 (①)(이)라고 부르며, 여러 명의 유아들이 함께 놀면서 (②)을/를 하는 동안 나타나는 언어에 초점을 맞춘다.'라고 하였다. ①과 ②에 해당하는 용어를 각각 쓰고, ③ ①에 대한 용어를 설명하시오. [3점]

① _____

② _____

③ _____

3) 홍 교사에서 나타나는 교사 – 유아 상호작용을 설명하는 것을 (①)(이)라고 한다. ①이 무엇인지 쓰시오. [1점]

① _____

03 다음은 유아들의 사회관계에 관련된 사례들이다. 물음에 답하시오. [5점]

(가) 에스키모 소년들은 어른들이 사냥하고 눈집 짓는 것을 주의 깊게 지켜보다가 그 행동을 기억하게 되고, 기억한 행동을 떠올리며 시도해 보게 된다. 사냥하고 눈집 짓는 일은 에스키모인에게 있어서는 통상적으로 남자들의 일이라, 소년들이 그런 행동을 하면 어른들은 격려하고 칭찬한다. 그러면 ㉠ 소년들은 사냥하고 눈집 짓는 일을 계속 하게 되고 그 행동을 학습하게 된다. 그에 비해 에스키모 소녀들은 그런 행동을 해 볼 기회가 상대적으로 적어 소년들만큼 그 일을 숙련되게 하지 못한다.

(나) 철수는 동네에서 나무타기를 가장 잘한다. 어느 날 나무에 올라갔다가 떨어졌으나 다치지는 않았다. 마침 아빠는 철수가 떨어지는 것을 보시고 화를 내시며 앞으로 나무에 올라가지 말라고 하셨고 철수도 올라가지 않겠다고 약속했다. 그 후 철수는 친구를 우연히 만났는데 그 친구의 새끼 고양이가 나무에 걸려서 내려오지도 못하고 자칫 잘못하다간 떨어질 지경이었다. 고양이를 나무에서 데리고 내려올 수 있는 사람은 철수뿐이었으나 철수는 아빠와의 약속 때문에 주저하며 머뭇거렸다.

1) 다음 ①이 무엇인지 쓰시오.   [1점]

(가)와 관련하여 반두라(A. Bandura)의 사회학습이론에서는 관찰학습을 강조하고 있다. ㉠은 모델의 행위를 그대로 따라함으로써 보상을 받아 학습이 이루어지는 현상으로, 관찰학습의 유형 중 (①   )(이)라고 한다.

①

2) 다음 ①과 ②가 무엇인지 쓰시오.   [2점]

(가)와 관련하여 반두라는 모방의 효과가 외적자극이 단순히 관찰자의 행동을 통제하는 것이 아니라 관찰자의 내적인 (①   )에 의하여 학습이 이루어지므로 사회학습은 학습자 스스로 자신의 행동을 통제하는 (②   )(이)라고 하였다.

①

②

3) 다음 ①과 ②가 무엇인지 쓰시오.   [2점]

(나)의 사례처럼 철수가 아빠의 감정의 이해하기 위하여 타인에 대한 직관적·논리적 표상으로 다른 사람의 내적·심리적 경험에 대해 유아가 가지는 사고와 추리의 과정을 (①   )(이)라고 한다. 그리고 상대의 입장을 이해하고 관점을 추리하는 능력을 셀만(Selman)은 (②   )(이)라고 하며 타인과 자신의 관점에 대한 관계를 이해하는 것과 관련된다.

①

②

04 김 교사의 '사과나무 키우기' 수업 장면이다. 질문에 답을 하시오. [5점]

> 김 교사는 유아의 사과나무 키우기 기능을 신장하기 위하여 ㉠ 사과나무 키우기로 성공한 과수원의 예를 동영상으로 보여 주었다. 그리고 ㉡ 사과나무 키우기 목적에 대하여 언어적인 수단을 이용하여 설명하였고 ㉢ 사과나무 키우기의 요령을 교사가 시범을 보인 후 ㉣ 유아들에게 직접 실행하도록 하였다.

1) ㉠~㉣에 해당하는 유아의 경험을 그림의 A~D와 바르게 연결하시오. [2점]

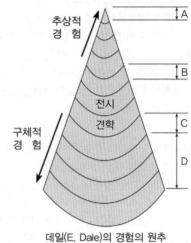

데일(E. Dale)의 경험의 원추

㉠ _____

㉡ _____

㉢ _____

㉣ _____

2) 견학을 가기 전에 사전 준비활동으로 꼭 하여야 하는 사항을 제시하시오. [1점]

_____

3) 1)의 B와 관련된 부르너의 표상 단계를 쓰시오. [2점]

_____

05 다음은 각 놀이 상황에서 나타난 유아 간의 상호작용과 교사 개입의 사례이다. 물음에 답하시오. [5점]

(가) 쌓기 영역에서 순호가 자동차 길을 만들고 있을 때 진서가 와서 함께 놀고 싶어 한다. 순호는 ⊙ "안 돼. 내 거야. 넌 다른 거 가지고 놀아."라고 소리친다. 진서는 선생님을 쳐다본다. 순호는 "안 돼요."라고 다시 소리친다. ⓐ <u>교사는 교실의 물건은 함께 써야 한다는 규칙을 정해준다.</u>

(나) 경호와 태희는 수수께끼 놀이를 하고 있다. 경호가 문제를 내자 태희는 힌트를 달라고 요구하고 그 힌트를 들은 태희는 맞힌다. 다음 차례인 경호가 힌트를 달라고 하자 태희는 "안 돼. 내가 이겨야 해."라며 힌트를 주지 않는다. 다시 자기 차례가 되자 경호는 ⓛ "너도 힌트 주지 않았잖아. 나만 힌트 주는 건 불공평해."라고 하였고 둘 사이에 긴장감이 돈다. 태희는 경호에게 힌트를 달라고 하는 대신 교사에게 가서 답을 알려 달라고 했고 결국 게임은 제대로 이루어지지 않는다. ⓑ <u>교사는 태희에게 "경호는 힌트를 줬는데 넌 주지 않았잖아. 경호 기분이 어땠을까?"라고 묻는다.</u>

(다) 모래 영역에서 효진이와 은미는 서로 다른 방향에서 모래터널을 짓고 있다가 두 터널이 마주치게 된다. 효진이가 은미의 터널을 무너뜨리자 은미는 효진이를 밀어 넘어뜨렸고 둘 다 울음을 터뜨린다. ⓒ <u>교사는 "무슨 일이니?"라고 물으며 효진이와 은미의 기분을 들어주고 각자의 생각을 말로 전할 수 있도록 돕는다.</u>

---

1) 위 사례 (가)~(다)는 셀만(R. Selman)에 의한 대인 간 이해의 협상 전략 수준을 보여 준다. (가)의 ⊙과 (나)의 ⓛ에서 유아들이 보이는 협상전략 수준이 무엇인지 쓰시오. [1점]

⊙ _____

ⓛ _____

2) 위 사례에 근거하여 다음 문장을 완성하시오. [1점]

피아제(J. Piaget)는 또래와의 상호작용은 유아의 도덕성 발달에 중요한 영향을 미친다고 보았고, 또래 간 게임이나 놀이경험은 (①)에 관한 도덕성 발달에 도움이 될 수 있다고 하였다.

① _____

3) 다음의 ①과 ②에 알맞은 내용을 쓰고, ③ 이러한 도덕성 발달에 적합하지 않은 교사 개입을 사례의 ⓐ, ⓑ, ⓒ 중에서 1가지 찾아 기호를 쓰시오. [3점]

피아제(J. Piaget)에 따르면 유아의 도덕성은 (①)에서 (②)(으)로 발달해 가는데 성인과 아동 관계의 특성은 이를 지연시키기도 하고 촉진시키기도 한다.

① _____

② _____

③ _____

06 다음은 (가)는 유아들의 자아통제 발달이론에 관한 내용이고, (나)는 마이켄바움(Meichenbaum)의 자아통제 과정의 내용이다. 물음에 답하시오. [5점]

(가) 프로이트는 동성 부모를 동일시하는 과정에서 형성되는 (㉠)의 발달로 자아통제가 이루어진다고 하였다. 또한, 사회학습이론은 외적인 사회규범이 내적인 자기 행동 기준으로 (㉡)하는 과정을 통해 자아통제가 획득된다고 보았다. 한편, 피아제와 콜버그 등은 자아 통제가 옳고 그름에 대한 (㉢)에 기초해 이루어진다고 보았다. 비고츠키는 (㉣)이/가 행동을 통제하는 중요한 문화적 수단이라고 보았다.

(나) "좋아, 내가 해야 하는 것이 뭐지? 여러 개의 선으로 이루어진 그림을 그대로 따라 그리라는 말이지. 천천히 조심해서 해야만 해. 자, 선을 밑으로 긋는 거야, 됐어. 이젠 오른쪽으로 긋고 그렇지. 이젠 조금 밑으로 가서 왼쪽으로. 좋아. 지금까지 잘하고 있어. 다시 위로 올라가야지. 아냐, 밑으로 가야만 해. 됐어. 선을 조심스럽게 치우고…. 좋아, 비록 실수를 한다고 해도 난 천천히 조심스럽게 할 수 있어. 좋아, 다시 밑으로 가야만 해. 끝냈다. 난 해냈어."

---

1) (가)와 관련하여 ㉠, ㉡, ㉢, ㉣에 적합한 용어를 쓰시오.
　　　　　　　　　　　　　　　　　　　　　[2점]

　　㉠ _____

　　㉡ _____

　　㉢ _____

　　㉣ _____

2) (나)와 관련하여 비고츠키(Vygotsky)의 다음 문장을 완성하시오.
　　　　　　　　　　　　　　　　　　　　　[2점]

사회적 규칙이 내적인 자기 기준으로 내면화되기 전, 유아의 행동통제는 성인의 언어적 명령이나 지시 등과 같은 (①)지시적 언어 통제에 의해 이루어진다. 그러나 유아의 언어가 발달하고 성인과의 언어적 상호작용이 활발해지면서 성인의 외적인 통제를 모방한 (②)지시적 언어가 유아에게 나타난다. (②)지시적 언어는 사적인 언어에서 시작되어 (③)인 언어로 발달한다. (④)은/는 사적인 언어의 예라 할 수 있고, 두뇌의 정신 활동은 (③)인 언어의 한 예라 할 수 있다.

---

　　① _____

　　② _____

　　③ _____

　　④ _____

3) (나)와 관련된 마이켄바움(Meichenbaum)은 비고츠키(Vygotsky)와 루리아(Luria)의 이론을 기초로 과잉행동을 보이는 유아와 충동적인 유아를 치료하기 위한 단계를 제시하였다. ①에 들어갈 적합한 용어를 쓰시오. [1점]

(나)의 사례에서는 유아는 수행을 이끌어 나가는 데 (①)을/를 사용하였다.

---

　　① _____

07 다음은 각 놀이 상황에서 나타난 유아의 친사회적 행동의 사례이다. 물음에 답하시오. [5점]

> **(가)** 교사로부터 친구에게 장난감을 빌려주면 간식시간에 먹고 싶은 과자를 더 많이 주겠다는 이야기를 듣고 난 후 영희는 친구에게 자기의 장난감을 빌려준다고 하였다.
>
> **(나)** "한 개 남은 이 빵을 내가 먹지 않고 동생에게 주면 엄마가 시장에 가서 내가 원하는 로봇을 사주실거야."라고 철수는 말하였다.
>
> **(다)** 어린 동생이 놀던 장난감을 치워주라는 엄마의 말에 광수는 "엄마 말대로 동생이 어질러 놓은 장난감을 내가 치워 주지 않으면 엄마에게 꾸중들을지 몰라."라고 하였다.

1) 위 사례 (가)~(다)는 콜버그(Kohlberg)에 의한 도덕적 추론 능력을 토대로 친사회적 행동의 동기의 수준을 보여 준다. (가), (나), (다)에서 유아들이 보이는 친사회적 수준 단계가 무엇인지 쓰시오. [3점]

(가) _____

(나) _____

(다) _____

2) 콜버그는 '돕는 행동'을 다음과 같이 설명하였다. ①과 ②에 들어갈 적합한 용어를 쓰시오. [2점]

> '돕는 행동'이 2가지 차원을 근거로 발달한다고 하였다. 제1차원은 (①)-(②)의 차원으로 남을 돕는 행동과 관련된 것이고, 제2차원은 남을 돕는 행동을 함으로써 유아가 기대할 수 있는 보상의 종류가 물리적인 것인가, 심리적 또는 사회적인 것인가와 관련된 것이라고 하였다.

① _____

② _____

08 (가)는 전조작기 유아의 특성에 관한 내용이고, (나)는 프로이드의 방어기제에 관련된 내용이고, (다)는 행동수정기법에 관한 내용이다. 물음에 답하시오. [5점]

> **(가)**
> **철수** : "나는 아직 낮잠을 자지 않았어. 그러니까 지금은 오후가 아니야."
> **영희** : 개를 아는 영희가 개처럼 털이 있고 네발 달린 짐승을 보면 "개"라고 한다.
>
> **(나)**
> **민수** : 장난감 말을 타고 놀다가 떨어지면 그 말을 발로 찬다.
> **효주** : 동생이 태어난 후 손가락을 빨고 말을 더듬고, 아무데나 오줌을 싼다.
>
> **(다)**
> **유아들** : "장난감을 치우기 싫어요."
> **교　사** : "장난감을 다 치우면 뽀로로 영화 보여 줄게요."
> **유아들** : "얼른 치워야지, 빠빠빠!"

1) (가)에 나타난 ① 철수와 ② 영희의 사고특성을 쓰시오. [2점]

① _____

② _____

2) (나)에 나타난 ① 민수와 ② 효주의 방어기제를 쓰시오. [2점]

① _____

② _____

3) (다)에 나타난 행동수정의 원리를 쓰시오. [1점]

_____

09 다음은 언어와 사고의 관계에 관한 설명이다. 물음에 답하시오. [5점]

(가) 언어와 사고는 독립적인 구조를 갖는다. 사고과정에도 전언어단계가 있고, 언어 발달에도 (㉠)이/가 있다. 두 과정은 독립적·평행적으로 발달하다가 사고가 언어화되고 언어가 논리적으로 되는 사고와 언어의 합치점이 있게 된다.

(나) 언어는 경험을 (㉡)할 뿐만 아니라 이를 변형하는 수단을 제공한다. 일단 유아가 언어를 인지적 도구로서 내면화하는 데 성공하면 경험의 규칙성을 (㉡)하는 것이 가능하며, 이를 유동성 있게 또 전보다 힘 있게 조직적으로 변형할 수 있게 한다.

1) (가)를 주장한 학자는 언어발달과 인지발달은 서로 (①)(이)라는 생각을 하였다. (가)의 ㉠과 ①이 무엇인지 쓰시오. [2점]

㉠ _____

① _____

2) 언어발달과 인지발달은 별개의 다른 요인에 의해 좌우된다는 생각을 가진 학자는 (①)(이)다. ①이 무엇인지 쓰시오. [1점]

① _____

3) ① (나)를 주장한 학자를 쓰고, (나)의 ㉡이 무엇인지 쓰시오. [2점]

① _____

㉡ _____

10 다음은 5세반 유아들의 비눗방울 놀이 장면의 일부이다. 물음에 답하시오. [5점]

(선영, 민서, 수연, 창수가 동그란 모양 틀로 비눗방울을 만들고 있다.)

선영 : 와! 크다!

민서 : 어! 나는 자꾸 터지는데, 왜 터지지?

                          …(중략)…

교사 : (세모, 네모, 별 모양의 틀을 보여주며) 이 모양 틀로 비눗방울을 불면 어떻게 될까?

선영 : ㉠ 세모 모양은 세모로 나와요.

창수 : 별 모양은 별 모양으로 나올 것 같아요.

수연 : 잘 안 불어질 것 같아요.

(유아들이 세모, 네모, 별 모양의 틀을 가지고 비눗방울을 불기 시작한다.)

선영 : ㉡ (고개를 갸우뚱하며) 어? 이상하다! 왜 별 모양으로 안 나오지?

창수 : 와~, 난 잘 불어진다!

                          …(중략)…

교사 : 비눗방울이 잘 불어졌니?

창수 : 네. 잘 불어졌어요.

교사 : 창수는 잘 불어졌구나.

선영 : 선생님! 저는 큰 동그라미가 나왔어요.

교사 : 어떻게 하니까 비눗방울이 크게 불어졌니?

선영 : 내가 '후~' 하고 살살 불었더니 크게 불어졌어요.

---

1) ㉠에 나타난 사고 과정 1가지를 피아제(J. Piaget)의 인지발달기제과 관련된 용어로 쓰시오. [1점]

_____

2) ㉡에 나타난 사고 과정 1가지를 피아제의 인지발달과정을 쓰시오. [1점]

_____

3) 피아제 이론에 대한 물음이다. 다음을 쓰시오. [3점]

세상에 대한 자기의 표상(表象)을 정신적으로 전환시키지 못하는 단계를 (①)(이)라고 하며, 자신이 공을 맞히지 못한 것은 아빠가 공을 잘못 던졌기 때문이라고 생각하는 것은 전조작기의 인지적 특성인 (②)(이)다. 모든 털이 달린 동물(토끼, 고양이, 개)을 보고 '고양이'라고 하는 것을 전조작기의 인지적 특성인 (③)(이)라고 한다.

---

① _____

② _____

③ _____

11 (가)~(라)는 인간발달의 단계별 발달 특성에 관한 사례이다. 물음에 답하시오. [5점]

> **(가)** 윤우는 언니와 놀이를 하고 있다. 언니가 놀이의 새로운 규칙을 가르쳐 주자 윤우는 "안 돼. 이건 원래 이렇게 하는 거야. 규칙은 바꾸면 안 돼."라고 이야기 한다.
>
> **(나)** 민아는 좁고 깊은 컵에 있는 우유를 넓고 납작한 컵에 옮겨 부은 후 "㉠ 컵 모양이 달라져도 우유의 양은 똑같아."라고 말한다.
>
> **(다)** 민주는 다른 사람은 다 죽어도 자신은 영원히 죽지 않으리라는 생각 때문에, 인라인 스케이트를 위험하게 타다가 심하게 다쳤다.
>
> **(라)** 수지는 공 모양의 종이 점토를 가지고 놀고 있다. 그 종이 점토로 넓적한 팬케이크 모양을 만든 후, "엄마 이제 종이 점토가 더 많아졌지?"라고 이야기 한다.

1) 위의 사례 중에서 (라)에 나타나는 유아기 인지적 사고의 특징을 쓰시오. [1점]

_____

2) 위의 사례 중에서 (나)의 ㉠과 관련하여 유아가 보존개념을 습득하기 위하여 필요한 요소 2가지를 쓰시오. [2점]

_____

3) 위의 사례 중에서 (가)의 유아와 같이 나타나는 이유를 설명하시오. [1점]

_____

4) (다)와 관련하여 유아의 죽음에 관한 개념을 완성하시오. [1점]

> 죽음을 피할 수 없는 것이라고 인지하는 유아도 선생님이나 직접적인 가족, 특수한 아동은 죽지 않는다는 생각을 하는 (①) 개념을 가지고 있다.

① _____

12 **(가)~(다)는 유아교육의 발달이론에 관한 내용이다. 물음에 답하시오. [5점]**

(가) 출생 후 4년까지 유아가 기어다는 것은 인간 종족이 네 발을 사용하던 무렵의 동물적 단계를 반복하는 것이다. 이 시기에 유아는 감각발달이 우세하며 자기보존에 필요한 감각운동 기술을 습득하게 된다.

(나) (㉠)(이)란 유아에게 무엇을 가르치기 위해서는 유아가 성숙될 때까지 기다려야 한다는 학습의 시기에 관한 개념이다. 즉, 인간의 내부에는 발달과 성숙을 위한 내적인 성장시간표가 있어 이에 따라 신체적·정서적·사회적인 성장을 이루며, 이를 교육을 통해 혹은 인위적으로 앞당기거나 늦추려 하는 것은 의미가 없다고 보았다. 이러한 의미에서 (㉡)은/는 (㉢)을/를 제시함으로써 성인이 유아의 발달에 지나친 기대를 하거나 유아의 발달수준을 넘어서는 성취를 강요하지 말 것을 경고하였다.

(다) (㉣)은/는 인간의 정신을 빙산에 비유하여 물 위에 떠 있는 작은 부분이 (㉤)이고, 물속에 잠겨있는 훨씬 큰 부분이 (㉥)이며, 파도에 의해 물 표면으로 나타나기도 하고 잠기기도 하는 부분이 (㉦)(이)라고 보았다.

---

1) ① (가)의 내용을 강조한 학자와, ② 이 학자가 언급한 진화론의 개념이 무엇인지 쓰시오. [2점]

① ＿＿＿＿＿＿＿＿＿＿＿＿＿＿＿＿＿

② ＿＿＿＿＿＿＿＿＿＿＿＿＿＿＿＿＿

2) (나)의 ㉠ ~ ㉢이 무엇인지 쓰고, ㉢과 관련하여 ①에 들어갈 용어를 쓰시오. [2점]

(㉢)은/는 오랜 기간 유아의 행동관찰과 부모면담을 통해 유아가 각 연령별로 할 수 있는 것과 할 수 없는 것을 밝혀내어 연령별 유아행동의 (①)이/가 되는 목록이다.

㉠ ＿＿＿＿＿＿＿＿＿＿＿＿＿＿＿＿＿

㉡ ＿＿＿＿＿＿＿＿＿＿＿＿＿＿＿＿＿

㉢ ＿＿＿＿＿＿＿＿＿＿＿＿＿＿＿＿＿

① ＿＿＿＿＿＿＿＿＿＿＿＿＿＿＿＿＿

3) (다)의 ㉣ ~ ㉦에 들어갈 용어를 쓰고, 다음을 완성하시오. [1점]

(①)은/는 부모나 교사의 보상과 벌을 통해서, 또 부모나 타인과의 동일시를 통해서 사회적·문화적 규범 등이 내면화되는 것이다.

㉣ ＿＿＿＿＿＿＿＿＿＿＿＿＿＿＿＿＿

㉤ ＿＿＿＿＿＿＿＿＿＿＿＿＿＿＿＿＿

㉥ ＿＿＿＿＿＿＿＿＿＿＿＿＿＿＿＿＿

㉦ ＿＿＿＿＿＿＿＿＿＿＿＿＿＿＿＿＿

① ＿＿＿＿＿＿＿＿＿＿＿＿＿＿＿＿＿

13 다음은 켈러(J. Keller)의 ARCS 이론을 적용한 교수·학습지도안이다. 물음에 답하시오. [5점]

수업단계	마이크로티칭 과정에서 수집한 수업행동 자료의 일부
도입	• (㉠ 학급 아동 부모들이 나오는 영상을 보여 주며) 와! 컴퓨터에 우리 반 친구들의 부모님께서 나오시네요. …(중략)… • (카네이션을 들고) 여기에 카네이션이 있어요. • (카네이션을 내려놓고 카드를 보여 주며) 오늘은 어버이날에 여러분이 부모님께 선물해 드릴 예쁜 카드를 만들거예요. • (진영이 앞으로 가서 카네이션과 카드를 건네주는 동작을 보여 주며) ㉡ 엄마, 아빠께 이렇게 드리면, "와! 우리 진영이, 고마워." 하시면서 정말 좋아하실 거예요. • 카드는 살 수도 있고 만들 수도 있어요. • (전날 만든 카네이션을 보여 주며) 여러분이 이렇게 멋진 카네이션도 만들었으니, 오늘 카드도 잘 만들 수 있을 거예요. • 지금부터 카드 만들기를 시작해요.

1) 켈러의 동기유발 구성요인 중 ㉠과 ㉡을 설명하는 용어를 쓰시오. [2점]

㉠ _____

㉡ _____

2) 다음은 마이크로티칭 과정을 나타낸 것이다. ①에 적합한 내용과 ②에 적합한 용어를 쓰시오. [3점]

모의수업실기	①

⇩

②	관찰자가 교사의 모의수업을 자세하게 관찰하고 분석하는 단계

⇩

재수업	모의수업 결과를 토대로 수정하고 보완할 점을 반영하여 다시 수업을 실시하는 단계

① _____

_____

② _____

14 비고츠키의 관점에서 교사들이 교실에서 수업을 할 때 유아들의 언어사용을 강화할 수 있는 방법에 대한 설명이다. 물음에 답하시오. [5점]

> **김 교사** : ㉠ <u>교사의 행동과 유아의 행동을 분명하게 말로 나타낸다.</u>
>
> **박 교사** : 새로운 개념은 행동과 함께 묶어서 소개한다. 교사는 자를 소개하면서 "하나의 사물이 얼마나 긴지를 알아 보기 위해서 자를 사용할 때는, 여기 끝에다 자를 대고 숫자를 읽는 거야."라고 말하고 자의 사용방법의 (㉡)을/를 보인다.
>
> **최 교사** : 혼잣말의 (㉢)을/를 격려한다. 만일 콧노래가 과제의 완성에 도움이 안 된다면 유아가 과제에 적절한 혼잣말을 (㉢)하도록 도와준다.
>
> **배 교사** : 혼잣말을 (㉣)하는 매개체를 사용한다. 책상 위에 1, 2, 3이라고 씌어진 카드를 보면서 다음에 진행할 학습영역을 기억할 수 있게 도와준다.
>
> **홍 교사** : 유아들이 새로운 개념과 전략을 이해했는지 알아보기 위해서 말하는 동안 (㉤)을/를 이용한다. "나는 네가 그것에 대해 어떻게 생각하는지를 알고 싶구나."라고 말한다.

1) 김 교사의 ㉠에 대한 적합한 예를 쓰시오.　　[1점]

_____

_____

2) 박 교사의 ㉡에 들어갈 용어를 쓰시오.　　[1점]

㉡ _____

3) 최 교사의 ㉢에 들어갈 용어를 쓰시오.　　[1점]

㉢ _____

4) 배 교사의 ㉣에 들어갈 용어를 쓰시오.　　[1점]

㉣ _____

5) 홍 교사의 ㉤에 들어갈 용어를 쓰시오.　　[1점]

㉤ _____

15 (가)는 피아제(J. Piaget)와 비고츠키(L. S. Vygotsky) 이론의 언어 발달에 대한 관점을 비교해 본 그래프이다. (나)는 비고츠키학파가 주장한 발화(speech)의 조절(regulation) 기능의 변화 과정을 나타낸 것이다. 물음에 답하시오. [5점]

(가)

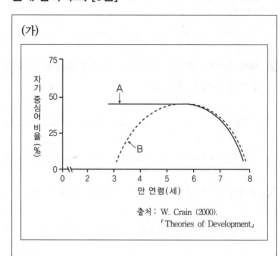

출처 : W. Crain (2000).
「Theories of Development」

(나)

발달의 초기에 유아의 행동은 ( )의 말로 조절된다.

↓

점차 유아는 (㉡)인 말로 자신의 행동을 조절하기 시작한다.

↓

유아는 (㉢)의 ( )인 말로 자신의 행동을 조절하게 된다.

1) (가)에서 A처럼 그래프가 나타나는 이유를 쓰시오. [1점]

_____

_____

2) (나)의 ㉠, ㉡, ㉢, ㉣에 들어갈 적합한 용어를 쓰시오. [4점]

㉠ _____

㉡ _____

㉢ _____

㉣ _____

16 다음은 데이몬(Damon)이 공정성 연구에서 유아들에게 들려준 이야기이다. 이야기를 듣고 유아들이 공정성 발달 수준의 나타낸 내용이다. 물음에 답을 하시오. [5점]

어느 반의 아이들이 ㉠ 그림을 그렸습니다. 어떤 아이들은 그림을 보다 많이 그리고 어떤 아이들은 적게 그렸습니다. 어떤 아이들은 그림을 잘 그리고 어떤 아이들은 잘 못 그렸습니다. 어떤 아이들은 착하게 열심히 그렸지만 어떤 아이들은 돌아다니며 장난을 쳤습니다. 아이들 중에는 가난한 아이도 있고 부자도 있으며 남자아이도 있고 여자아이도 있었습니다. 아이들이 그린 그림을 학교 바자회에서 팔았습니다. 바자회에서 번 돈을 어떻게 나누면 공평할까요?

철수 : 내가 원하니까 많이 가져야 돼.
영희 : 아이들의 이야기를 들어 보아야 돼. 가난한 아이가 더 많이 가져야 돼.
광수 : ㉡ 키가 제일 큰 아이가 제일 많이 가져야 돼. 우리는 남자니까 많이 가져야 돼.
재석 : ㉢ 모든 아이들이 똑같이 가져야 돼.
지효 : 그림을 많이 그린 아이들이 많이 가져야 돼.
세영 : 모든 아이들이 각자 적합한 보상을 받아야 돼.

1) 다음 ①에 들어갈 적합한 용어를 쓰시오.　　　　[1점]

㉠와 관련하여 유아들의 그림 중 켈로그(Kellogg)는 원 안에 십자가 모양을 그린 형태로 원이 여러 개 모인 것처럼 나타나는 (①)형태를 분류하였다.

① _____

2) 위의 유아들 중 ① 가장 낮은 수준의 유아와 ② 가장 높은 수준의 유아를 쓰시오.　　　　[2점]

① _____

② _____

3) 유아가 ㉡과 같이 생각하는 이유를 설명하시오.　　[1점]

_____

4) 유아가 ㉢과 같이 생각하는 이유를 설명하시오.　　[1점]

_____

17 다음은 유아기 사고의 특성을 보여 주는 예이다. 물음에 답하시오. [5점]

(가) 4세인 현정이는 아빠와 함께 아빠 친구 집에 놀러 갔다. 아빠 친구의 딸 3세인 지온이를 만나 즐겁게 쌓기놀이를 하고 놀았다. 놀이를 하던 중 지온이는 자신의 아빠에게 "아빠, 이건 잘 만들어지지 않아. 아빠가 만들어줘. 잉잉……." 하면서 떼를 쓰는 것을 보았다. 그때 지온이의 아빠는 지온이가 원하는 것을 들어주었다. …(중략)… 며칠 뒤 현정이는 아빠와 함께 마트의 장난감 코너에 갔다. 현정이는 "아빠, 저 뽀로로 인형 사줘. 안 사주면 여기서 누울 거야."라고 하며 떼를 썼다.

(나) 5세인 사랑이는 엄마의 생일 선물로 자신이 좋아하는 인형을 선물하면 좋아할 것이라고 생각하여 엄마에게 호빵맨 인형을 그려서 주었다. …(중략)… 사랑이는 낮잠을 자면서 아빠와 권투 글러브를 가지고 신나게 노는 꿈을 꾸었다. 낮잠을 자고 일어난 사랑이에게 아빠는 "아빠 생일 선물로 무엇을 줄 거야?"라고 하니, 사랑이는 "아빠한테 권투 글러브를 아까 주었잖아."라고 말하였다.

(다) 미경이는 같은 양의 물이 담긴 두 개의 컵 중에 하나를 밑면적이 넓고 낮은 컵에 담고 어느 컵의 양이 더 많은지 물어보면 길고 폭이 좁은 컵의 물이 더 많다고 대답하였다.

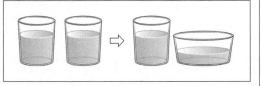

---

1) (가)에서 ① 현정이가 보여 주는 유아기 사고의 특성을 나타내는 용어를 1가지 쓰고, ② 그 의미를 서술하시오.
[2점]

① _____

② _____

2) (나)에서 사랑이가 보여 주는 유아기 사고의 특성을 나타내는 용어를 2가지 쓰시오. [2점]

_____

3) (다)에서 미경이는 어떤 변화가 있을 때 이것을 원래 상태로 되돌려 놓을 수 있는 사고능력이 부족하다. 이러한 미경이가 보여 주는 유아기 사고의 특성을 나타내는 용어를 1가지 쓰시오. [1점]

_____

18 (가)는 자유선택활동 시간에 영희가 과학 영역에 준비된 활동을 하는 과정에서 일어난 상황이고, (나)는 자유선택활동 시간에 수·조작 영역에서 일어난 상황이다. 물음에 답하시오. [5점]

(가)

영희: (크기가 큰 스티로폼을 물에 넣은 후) 어! 이건 큰데 왜 뜨지? (영희는 스티로폼을 손으로 가라앉히려고 물속으로 밀어 보지만, 손을 떼자 가라앉았던 스티로폼이 다시 떠오르고, 영희는 계속 가라앉히려고 애를 쓴다.)

교사: (영희의 행동을 지켜보던 교사는 작지만 가라앉는 물체와 크지만 뜨는 다양한 물체들을 첨가해 주면서) 영희야, 이 물체들도 물에 넣어 보자!

영희: (큰 스티로폼과 작은 골프공을 반복하여 물에 넣어본다. 다양한 물체를 반복해서 물에 넣어 보더니) ⑦ 아하! 이제 알았다. 크다고 가라앉는 건 아니잖아!

(나) 수·조작 놀이 영역에서 선희와 기영이가 주사위를 이용하여 판 놀이를 하고 있다. 놀이 방법은 1부터 3까지의 숫자와 별 모양이 있는 주사위를 던져서 숫자가 나오면 말을 이동하고 별이 나오면 한 번 쉬는 것이다. 이렇게 하여 도착점에 먼저 도착하는 사람이 이기는 놀이이다. 교사가 와서 선희와 기영이가 놀고 있는 것을 보고 있다.

기영: ⓒ 너는 4칸, 나는 3칸 남았다! 너는 나보다 1칸 더 남았어.

선희: ⓒ (주사위를 던져 별이 나오자) 에이, 별이네. 한 번 쉬어야겠다. 근데, 이거 너무 오래 걸려 재미없다. 그치?

교사: 그럼, 좀 더 재미있게 할 수 있는 방법이 없을까?
…(중략)…

기영: (교사를 보면서) 그러면, 주사위 2개를 던지면 어때요?

교사: 그거 참 좋은 생각이네. 또 다른 방법은 없을까?

선희: 주사위에 별이 나오면 말을 한 번 쉬는 것이 아니라 5칸 더 가기로 해요.

기영: 5칸 더 가는 것이 아니라 자기가 놓고 싶은 곳에 놓기로 하자.

선희: 안 돼. 별이 나왔을 때 (도착점을 가리키며) 여기에 놓으면 놀이가 끝나잖아.

기영: (잠시 생각하더니) 그럼, 4칸만 더 가는 것으로 할까?

선희: 그래. 그럼, 별 나오면 내가 이겨!

선희와 기영이는 놀이를 다시 시작하고 교사는 다른 곳으로 간다.

---

1) 피아제(J. Piaget)의 인지발달 과정 중 (가)의 ⑦을 무엇이라고 하는지 용어를 쓰시오. [1점]

_____

2) (가)에서 피아제(J. Piaget) 이론의 인지발달기제 중 ① 동화와 ② 조절에 해당하는 사례를 찾아 쓰시오. [2점]

① _____

② _____

3) 카미-드브리스 프로그램(Kamii & DeVries Program)에 따르면 유아들은 다양한 활동을 통해 3가지 유형의 지식을 구성할 수 있다. 유아들이 구성할 수 있는 지식의 유형 중 ⓒ, ⓒ에 해당되는 것이 무엇인지를 각각 쓰시오. [2점]

ⓒ _____

ⓒ _____

19 (가)~(나)는 교사 저널이다. 물음에 답하시오. [5점]

(가) 간식 시간에 민재는 친구들에게 바나나 한 개를 세 명의 친구에게 나누어주는 능력이 뛰어난 편이다. 민재는 그림자 크기를 비교하는 활동을 즐겨한다. 그러나 민재는 친구들과 함께 줄을 서서 미끄럼틀을 탈 때 기다리는 것을 잘 못하고 자신이 먼저 타겠다고 하며 화를 내기도 한다. 민재가 잘하는 영역과 어려워하는 영역이 있는 걸 보면, 민재의 지능 영역 안에는 다양한 잠재능력이 있다는 생각이 든다. 민재가 ㉠ <u>강점 지능 영역</u>을 통해 ㉡ <u>약점 지능 영역</u>을 보완할 수 있도록 통합적 활동을 계획해야겠다. (2021년 ○월 ○일)

(나) 충북 청주에 있는 ○○유치원 이야기다. 이 유치원이 다른 유치원과 다른 점은 원생들이 졸업을 할 때까지 글을 읽지 못하는 아이들이 몇 명씩 있다는 것이다. 요즘 유치원을 마치고도 글을 읽지 못한다고 알려지면 그 유치원에 자기 자녀를 보내려고 하는 사람은 찾아보기 힘들 것이다. 그리고 요즘 누리과정만 보아도 초등학교 1학년 교육과정 뺨치는 내용을 종종 볼 수 있는 것이 현실이다. 그런데 ○○유치원은 글을 읽지 못하고 졸업하는 아동이 더러 있다는 소문이 나돌아도 그 유치원에 보내는 학부모들은 항상 기쁘다는 데 특성이 있다.

이 ○○유치원은 ㉢ <u>스스로 문제를 찾아 해결하는 법을 가르치는 것을 최우선 학습목표로 한다</u>고 말한다. 그리고 일주일에 하루는 꼭 현장학습을 한다고 한다. ㉣ <u>스스로 옷 입기, 스스로 밥 먹기, 스스로 길 찾기, 스스로 공부하기, 소위 자기 학습자를 만드는 일이다.</u> 또, 이 유치원에는 ㉤ <u>매년마다 스스로 시청 찾아가기 활동을 한다고 한다.</u> 교실에서 시청을 찾아가는 법을 배운 후, 교사의 도움 없이 자기들 스스로 시청을 찾아가는 법을 토론하고, 버스도 타고, 길도 묻고 해서 시청을 찾아간다는 것이다. 부모들은 조마조마한 가슴으로 멀리서 지켜보는데 아이들은 자기가 맡은 역할을 다 해가면서 시청을 찾아 간다는 것이다. 그리고 마침내 시청에 다다랐을 때에는 서로 붙들고 '마침내 시청을 찾았다!'는 기쁨의 눈물을 터뜨린다고 한다. 그런 경험을 한 아이들은 부모들이 어디를 간다고 할 때, 자신이 가는 길을 찾아보겠다고 먼저 말한다고 한다. 어렸을 때부터 자기 문제를 스스로 찾아 해결하려는 모습을 보는 부모들은 자녀가 그저 대견스럽다는 것이다. 원래 ○○유치원 주변 환경은 다른 지역에 비해 못

하지만 ○○유치원으로 일부러 이 유치원에 보내는 부모도 점점 늘어난다고 한다. (2021년 ○월 ○일)

1) (가)에서 가드너(H. Gardner)의 다중지능 영역 중 ㉠과 ㉡에 해당하는 민재의 지능 영역을 쓰시오. [2점]

㉠ _____

㉡ _____

2) (나)에서 ㉢과 같이 학습목표를 평가의 준거로 삼아 학습목표의 도달 여부와 그 정도를 확인·점검하는 ① 평가를 무엇이라고 하는지 쓰고, ㉣과 같은 활동을 평가하기 위해 가드너가 유아기에 활용한 ② 유아의 장점과 흥미를 찾아서 개발하기 위한 프로그램을 쓰시오. [2점]

① _____

② _____

3) (나)의 ㉤과 같이 유아들이 진심으로 흥미 있어 하는 문제를 탐구하게 하여 유아의 흥미와 요구에 따르는 문화맥락주의 프로그램을 무엇이라고 하는지 명칭을 쓰시오. [1점]

_____

20 다음을 읽고 물음에 답하시오. [5점]

<table>
<tr>
<td colspan="2">승미는 친구들을 때리거나 떼를 쓰는 행동을 자주 보여 같은 반 친구들이 놀아주지 않았다. 그러자 승미는 친구들이 놀아주지 않는다고 자꾸 선생님에게 일렀다. 이에 김 교사는 비고츠키(Vygotsky) 이론을 적용하여 유아들과 효과적으로 상호작용을 하였다.</td>
</tr>
<tr>
<td>(가)</td>
<td>김 교사는 먼저 승미에게 친구들과 함께 노는 법을 알려주거나 설명하기, 시범 보여주기 등과 같은 직접적이고 구체적인 도움을 주었고 승미는 친구들이 싫어하는 행동을 조금씩 덜 하게 되었다. 승미의 행동이 나아짐에 따라 김 교사는 점차적으로 도움의 정도를 줄여갔고 승미는 이제 교사의 도움 없이 친구들과 잘 지내게 되었다.</td>
</tr>
<tr>
<td>(나)</td>
<td>김 교사는 '따돌림'에 대해 유아들과 이야기 나누기를 하였다. 처음에 유아들은 각자 자신의 입장에서만 이야기를 하였다.

…(중략)…

⊙ <u>교사 : 그런데, 동민이가 너의 말을 안들면 속상해 하지 않을까?</u>

<u>지호</u> : (잠깐 머뭇거리다가) 아니요.

<u>교사</u> : 그럼, 네가 동민이라면 기분이 어떨까?

<u>지호</u> : ……

점차 유아들은 서로의 관점이 어떻게 다른지를 알게 되었고 이야기 나누기가 끝날 무렵 서로의 입장을 이해하고 서로가 싫어하는 행동을 하지 않아야겠다고 생각하게 되었다.</td>
</tr>
</table>

1) (가)에서 나타나는 교사 – 유아 상호작용을 설명하는 것을 (①)(이)라고 한다. ①이 무엇인지 쓰고, ② ①의 의미를 (가)의 사례를 들어 설명하시오. [2점]

① _____

② _____

_____

_____

2) (나)의 이야기 나누기에서 나타난 상호작용 과정을 설명하는 것을 (①)(이)라고 한다. ①이 무엇인지 쓰고, ② 그 의미를 설명하시오. [2점]

① _____

② _____

_____

3) 김 교사는 ⊙을 근거로 지호가 (①)와/과 같은 능력이 부족하다고 생각하였다. ①을 가드너(Gardner) 이론에 적합한 용어로 쓰시오. [1점]

① _____

21 (가)~(다)는 유아의 문제행동 수정에 대한 내용이다. 물음에 답하시오. [5점]

> **(가)** '엄마' 발성을 가르칠 때, 처음에는 '어'와 비슷한 발성만 해도 보상을 주고, 그 다음에는 '어 - ㅁ' 정도 발성해야 보상을 주고. 마지막에는 '엄마'의 발성을 정확히 해야 보상을 받게 하였다.
>
> **(나)** 유아에게 '양말 벗기'를 ① 손을 양말에 대기, ② 양말 끝을 손으로 잡기, ③ 발목까지 내리기, ④ 뒤꿈치까지 빼기, ⑤ 발가락 끝까지 빼기의 5단계로 나누었다. 처음에는 손을 양말에 대는 것만 시킨다. 이때 아동이 잘하면 보상을 주면서 이 과정을 4~5회 반복한 다음에는 양말 잡는 것까지 시킨 후 보상을 주고, 다음에는 발목까지 내리기만 시킨 후 보상을 주는 등의 과정을 거쳐, 마지막 단계에서는 양말을 처음부터 끝까지 혼자 벗으면 보상을 주는 것이 긍정적 행동연쇄 방법이다. (㉠) 방법은 이와 반대로 하는 방법이다. 유아에게 옷입기를 가르칠 때 첫 단계부터 한 단계씩 가르칠 경우 한 단계만도 며칠씩 걸릴 수 있는데, 이런 상황에서 유아는 옷입기 경험을 하지 못하기 때문에 성취감이나 동기유발을 갖기가 어렵다. 따라서 옷입기를 완수하는 성취감을 경험하게 되기 때문에, 옷입기와 같은 경우에는 (㉠) 방법이 더 편리하고 효율적이다.
>
> **(다)** 유아가 손을 빨 경우 손 빠는 것에 대한 제재는 가하지 않지만, 손을 사용하는 놀이를 집중적으로 할 때 보상을 주었다.

1) (가)에 적용한 ① 행동수정 방법을 쓰고, ② 그 의미를 설명하시오. [2점]

① _____

② _____

_____

2) (나)의 ㉠에 들어갈 적합한 용어를 쓰시오. [1점]

㉠ _____

3) (다)에 적용된 문제행동 교정 시에 병행되는 ① 강화의 종류를 쓰고, ② 그 의미를 설명하시오. [2점]

① _____

② _____

_____

22 다음은 성역할 개념 발달과 성역할 행동 학습에 관련된 내용이다. 물음에 답하시오. [5점]

(가) 은지, 민아는 여자 유아이고, 준수는 남자 유아이다.

- 은지는 자기가 여자인지 알고, 커서 남자인 아빠가 될 수 있다고 생각한다.
- 민아는 아빠가 여자 옷을 입고 있어도 아빠는 남자임을 안다.
- 준수는 자기가 남자이기 때문에 커서 아빠가 될 수 있다고 생각하고, 아빠가 엄마 옷을 입으면 여자라고 생각한다.

(나) 에스키모 소년들은 어른들이 사냥하고 눈집 짓는 것을 주의 깊게 지켜보다가 그 행동을 기억하게 되고, 기억한 행동을 떠올리면서 시도해 보게 된다. 사냥하고 눈집 짓는 일은 에스키모인에게 있어서는 통상적으로 남자들의 일이라, 소년들이 그런 행동을 하면 어른들은 격려하고 칭찬한다. 그러면 소년들은 사냥하고 눈집 짓는 일을 계속 하게 되고 그 행동을 학습하게 된다. 그에 비해 에스키모 소녀들은 그런 행동을 해 볼 기회가 상대적으로 적어 소년들만큼 그 일을 숙련되게 하지 못한다.

(다)

모방사태 → ⓐ → ⓑ → ⓒ → ⓓ → 모방행동

---

1) (가)에서 ① 은지에게 해당하는 성역할 개념 발달의 단계를 제시하고, ② 그 특성을 설명하시오. [2점]

① _____

② _____

_____

2) 다음 ①과 ②가 무엇인지 쓰시오. [2점]

> (다)에서 ⓑ은 관찰된 내용을 (①)하는 과정이다. 반두라는 "모방할 행동을 말로 바꾸어 표현하거나, 심상으로 그려 보면, 즉 단순히 (②)만 하고 있거나 한눈을 팔고 있는 경우보다 쉽게 학습이 일어난다."라고 주장하였다.

① _____

② _____

3) (다)의 ⓓ에 해당되는 사례를 (나)에서 찾아 쓰시오. [1점]

_____

23 (가)와 (나)는 하늘 유치원 만 5세반 박 교사가 자유선택활동 시간에 관찰한 내용의 일부이다. 물음에 답하시오. [5점]

(가) 자유선택 활동 시간에 역할놀이 영역에서 남아인 지훈이와 여아인 다빈이가 같이 놀이를 하고 있다.

…(중략)…

지훈이가 놀잇감 속에서 여성용 머플러와 가발, 여성용 구두를 꺼내 든다. 그리고 가발과 머플러를 머리 위에 뒤집어 쓰고 구두를 신고는 거울 앞에 선다. 지훈이가 거울에 비친 자기의 모습을 바라보더니 요리하는 엄마 흉내를 낸다. 이것을 본 다빈이가 "야, 넌 왜 남자가 엄마처럼 하고 있냐? ㉠ 가발 쓰고 구두 신는다고 엄마가 되냐? 그리고 밥은 여자만 하는 거야."라고 말한다. 그러자 옆에 있던 지원이가 ㉡ "우리는 어른이 되어도 남자야."라고 한다. 그러자 지훈이는 재빨리 가발과 머플러, 구두를 바구니에 던져 놓고는 쌓기 영역으로 가서 다른 남아들과 집짓기 놀이를 한다. 집짓기 놀이 중 지훈이가 무거운 블록을 들고와 집을 짓자 남아들이 "야, 지훈이는 아빠 같이 힘이 세고 집도 잘 짓네!"라고 하며 좋아한다. 그 말을 듣고 지훈이는 블록을 많이 들고 와서 더 열심히 집짓기에 참여한다. 집을 다 지은 후, 남아들이 "집은 우리 남자들만 짓는 거야."라는 말을 한다.

(나) 평소 양보를 잘 하지 않는 준우가 "선생님, 제가 정훈이에게 자동차를 먼저 가지고 놀라고 양보했어요."라고 하였다. 나는 은주의 감사카드에 글을 적어주느라 칭찬을 못 해주고 "아, 정훈이가 무척 좋아했겠구나."라고만 하였다. 준우는 어제 주희가 친구에게 양보해서 칭찬받은 것을 보고, ㉢ 그 일을 기억해서 자신도 칭찬받기를 기대한 것 같다. 준우가 친구들과 잘 놀 수 있도록 칭찬해 줄 수 있는 기회를 놓친 것 같아 아쉽다.

---

1) 반두라의 사회학습이론에서는 모델이 보이는 행동을 관찰하고 모델의 행동을 따라하는 모방과 정적강화가 인간의 사회성 발달에 있어 필수적이라고 본다. (가)의 사례에서 ① 정적강화의 예를 1가지 찾아 쓰고, ② 정적강화의 의미를 설명하시오.

[2점]

① _____

② _____

2) 성역할 개념 발달에 대한 콜버그의 견해에 비추어 보면, (가)의 다빈이와 지원이가 보인 ㉠과 ㉡ 같은 반응은 다빈이와 지원이가 (①), (②) 단계에 이르렀음을 보여준다. ①, ②에 들어갈 단계를 쓰고 각각의 의미를 설명하시오.

[2점]

① _____, _____

② _____, _____

3) (나)에서 반두라의 사회학습이론에 근거하여 관찰학습이 일어나는 인지적 과정 중 ㉢을 설명하는 용어 1가지를 쓰시오.

[1점]

_____

24 다음은 유아들의 사회관계에 관련된 사례들이다. 물음에 답하시오. [5점]

〈사례 1〉	에스키모 소년들은 어른들이 사냥하고 눈집 짓는 것을 주의 깊게 지켜보다가 그 행동을 기억하게 되고, 기억한 행동을 떠올리면서 시도해 보게 된다. 사냥하고 눈집 짓는 일은 에스키모인에게 있어서는 통상적으로 남자들의 일이라, 소년들이 그런 행동을 하면 어른들은 격려하고 칭찬한다. 그러면 소년들은 사냥하고 눈집 짓는 일을 계속 하게 되고 그 행동을 학습하게 된다. 그에 비해 에스키모 소녀들은 그런 행동을 해 볼 기회가 상대적으로 적어 소년들만큼 그 일을 숙련되게 하지 못한다.
〈사례 2〉	철수는 동네에서 나무타기를 가장 잘한다. 어느 날 나무에 올라갔다가 떨어졌으나 다치지는 않았다. 마침 아빠는 철수가 떨어지는 것을 보시고 화를 내시며 앞으로 나무에 올라가지 말라고 하셨고 철수도 올라가지 않겠다고 약속했다. 그 후 철수는 친구를 우연히 만났는데 그 친구의 새끼 고양이가 나무에 걸려서 내려오지도 못하고 자칫 잘못하다간 떨어질 지경이었다. 고양이를 나무에서 데리고 내려올 수 있는 사람은 철수뿐이었으나 철수는 아빠와의 약속 때문에 주저하며 머뭇거렸다. ⓒ 철수는 "나무에 올라가 고양이를 데리고 내려와요. 아빠는 고양이가 다칠지도 몰라서 철수가 나무에 올라가게 된 것을 이해하실 거예요. 그래도 아빠는 철수가 다칠까봐 걱정이 되어 야단치실 거예요." 라고 대답한다.

1) 반두라(A. Bandura)의 사회학습이론에서는 관찰학습을 강조하고 있다. 다음은 반두라의 관찰학습의 구성요소를 제시한 것이다. ①이 무엇인지 쓰고, ② 〈사례 1〉에서 ①의 예를 1가지 찾아 쓰시오. [2점]

주의집중 → (①) → 운동재생 → 동기화

① _____

② _____

2) 다음 ①이 무엇인지 쓰고, ② 그 의미를 설명하시오. [3점]

〈사례 2〉에서 ⓒ은 아동의 사회적 조망수용 능력의 발달 수준을 판단해 볼 수 있는 예문이다. 이는 셀만(R. L. Selman)이 제시한 발달 수준 중 (①) 단계이다.

① _____

② _____

25 다음은 아동의 사회적 조망수용 능력의 발달 수준을 판단해 볼 수 있는 예문이다. 질문에 답하시오. [5점]

> 〈예문〉
> 철수는 동네에서 나무타기를 가장 잘한다. 어느 날 나무에 올라갔다가 떨어졌으나 다치지는 않았다. 마침 아빠는 철수가 떨어지는 것을 보시고 화를 내시며 앞으로 나무에 올라가지 말라고 하셨고 철수도 올라가지 않겠다고 약속했다. 그 후 철수는 친구를 우연히 만났는데 그 친구의 새끼 고양이가 나무에 걸려서 내려오지도 못하고 자칫 잘못하다간 떨어질 지경이었다. 고양이를 나무에서 데리고 내려올 수 있는 사람은 철수뿐이었으나 철수는 아빠와의 약속 때문에 주저하며 머뭇거렸다.

> **(가)** 철수는 나무에 올라가 고양이를 데리고 내려와요. 철수가 고양이를 구하면 아빠는 좋아하실 거예요. 왜냐하면 아빠도 고양이를 좋아하거든요.
>
> **(나)** 철수는 나무에 올라가 고양이를 데리고 내려와요. 아빠는 철수가 왜 올라갔는지 모른다면 화내실지도 몰라요. 그런데 고양이가 다칠지도 몰라서 철수가 구했다고 하면 잘했다고 하실 거예요.
>
> **(다)** 철수는 나무에 올라가 고양이를 데리고 내려와요. 아빠는 고양이가 다칠까봐 철수가 나무에 올라가게 된 것은 이해하실 거예요. 그래도 아빠는 철수가 다칠까봐 걱정이 되어 야단치실 거예요.

1) 위 예문을 들려주고 "이때 철수는 어떻게 할까? 철수 아빠는 그 결정에 대해 어떻게 생각하실까?"라는 질문을 했을 때 (가)에서 나타나는 유아의 반응을 셀만(R. L. Selman)이 제시한 발달 수준으로 쓰시오. [1점]

_____

2) 위 예문을 들려주고 "이때 철수는 어떻게 할까? 철수 아빠는 그 결정에 대해 어떻게 생각하실까?"라는 질문을 했을 때 (나)에서 나타나는 유아의 반응을 셀만(R. L. Selman)이 제시한 발달 수준으로 쓰시오. [1점]

_____

3) 위 예문을 들려주고 "이때 철수는 어떻게 할까? 철수 아빠는 그 결정에 대해 어떻게 생각하실까?"라는 질문을 했을 때 (다)에서 나타나는 유아의 반응을 셀만(R. L. Selman)이 제시한 발달 수준으로 쓰시오. [1점]

_____

4) 다음 ①과 ②에 적합한 용어를 쓰시오. [2점]

> 위 사례는 2019 개정 누리과정의 사회관계 영역의 '더불어 생활하기'의 '내용' 중 하나인 "(①)와/과 (②)의 필요성을 알고 지킨다."와 관련이 있다.

① _____

② _____

26 다음 사례는 만 5세반 송 교사가 자유선택활동 시간에 관찰한 내용의 일부이다. 물음에 답하시오. [5점]

> 자유선택활동 시간에 역할놀이 영역에서 남아인 정수와 여아인 지연이가 같이 놀이를 하고 있다.
>
> 정수가 놀잇감 속에서 여성용 가발과 앞치마를 꺼내든다. 그리고 가발을 머리 위에 뒤집어 쓰고 앞치마를 두르고는 거울 앞에 선다. 정수가 거울에 비친 자신의 모습을 바라보더니 며칠 전에 집에서 봤던 요리하는 엄마 흉내를 내며 '먼저 쌀을 불려야겠다.'라고 이야기한다.
>
> 이것을 본 지연이가 "네가 엄마야? 그럼 내가 아빠를 할게. 나는 지금 회사에 있다고 하자."라고 이야기하며 남성용 구두를 신는다. 정수와 지연이가 식탁을 어떻게 만들지 의견을 나누고 블록으로 협동하여 식탁을 만든다. 지연이가 정수가 요리하는 모습을 보고 "너 정말 엄마처럼 요리하는 것 같다."라며 좋아한다. 그 말을 듣고 정수가 더 열심히 여러 가지 요리 만드는 흉내를 내기 시작한다.

1) 반두라는 관찰학습은 주의집중 → 파지 → (ⓐ) → (ⓑ)의 과정을 거쳐 이루어진다고 보았다. ① ⓐ에 들어갈 용어와 ② 그 예시를 찾아 쓰고, ③ ⓑ에 들어갈 용어와 ④ 그 예시를 찾아 쓰시오. [4점]

　　① _____

　　② _____

　　③ _____

　　④ _____

2) 반두라는 사람, 행동, 환경이라는 개념을 통하여 행동의 내적 및 외적 결정요인이 있지만, 행동은 내적 요인이나 외적 요인 두 가지의 단순한 조합에 의해 결정되지 않는다는 (①)을/를 제시하였다. ①에 적합한 용어를 쓰시오. [1점]

　　① _____

27 반두라(Bandura)의 관찰학습의 단계이다. 물음에 답하시오. [5점]

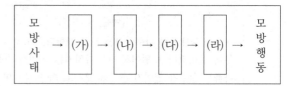

1) (가)는 모방하려는 모델의 행동에의 (①) 과정이다. 이 과정은 관찰대상의 특징은 물론 관찰자 (②)의 특징에 영향을 받는다. ①과 ②가 무엇인지 쓰시오. [1점]

　　① _____

　　② _____

2) (나)는 관찰된 내용을 (①)하는 과정이다. 반두라는 '모방할 행동을 말로 바꾸어 표현하거나, 심상으로 그려 보면, 즉 단순히 (②)만 하고 있거나 한눈을 팔고 있는 경우보다 쉽게 학습이 일어난다.'라고 주장하였다. ①과 ②가 무엇인지 쓰시오. [1점]

　　① _____

　　② _____

3) (라)는 강화를 통해서 행동의 (①)을/를 높여주는 단계이다. 이런 의미에서 사회적 학습이론은 강화나 벌에 대해서 조작적 조건형성 이론과 거의 비슷한 견해를 갖고 있다고 볼 수 있다. ①이 무엇인지 쓰고, 사회학습이론과 조작적 조건형성의 차이를 ②~③ 2가지로 설명하시오. [3점]

　　① _____

　　② _____

　　　_____

　　③ _____

　　　_____

28 다음은 유아들의 놀이상황에 대한 내용이다. 물음에 답하시오. [5점]

(가) 다음은 혼합연령반 바깥놀이 시간에서 놀이 중에 일어난 상황이다.

만세 : 애들아, '우리 무궁화 꽃이 피었습니다!' 놀이하자.

민국 : 좋아, 술래는 누가하지?

대한 : 나는 술래하기 싫어! 지온이 네가 해. 네가 여기서 제일 어리잖아~

지온 : 왜 내가 하는데! 우리 형 11살이야. 우리 형 나이 많거든? 그러니깐 나는 술래하면 안 돼.

만세 : 지온아, 그럼 네가 먼저 술래하면 다음번에 내가 술래할게. 어때?

지온 : 그래도 싫어! 으앙~ (울음을 터트린다.)

민국 : 애들아, 그러지 말고 우리 가위바위보를 하면 어떨까? 가위바위보를 해서 진 사람이 술래하기로 하자. 이렇게 술래를 하는 것이 제일 공평하고 좋을 것 같아. 어때? 지온아, 그게 좋겠지?

지온 : 좋아!

(나) 재은이는 아나운서, 정수는 기자, 미주는 카메라맨을 하기로 하였다.

재은 : 우리 놀자. 나는 아나운서 할래. 정수는 기자를 하고 미주는 카메라맨을 해. 그리고 ㉠ 막대기를 마이크라고 하자.

미주 : 근데, 이번에는 내가 아나운서 할래. (재은이를 바라보며) 네가 카메라맨 해. 나만 카메라맨 하는 건 불공평해.

재은 : 안돼. 내가 아나운서 할 거야. 넌 카메라맨 해.

정수 : 그럼, 이번에는 너희 둘이 아나운서 하고 내가 카메라맨 할게. 다음에는 바꿔서 하면 되잖아. 기자가 없으니까 경환이도 부르자.

재은, 미주 : 그래, 좋아.

1) (가)의 사례에서 셀만(R. Selman)에 의한 대인 간 이해의 협상전략 수준을 보여 준 유아 중 호혜적·반영적 수준이 나타난 ① 유아를 쓰고, ② 그 이유를 설명하시오. [2점]

① _____

② _____

2) (가)의 민국이와 (나)의 정수가 보여주는 행동의 공통점을 셀만에 의한 대인 간 이해의 협상전략 수준으로 설명하시오. [1점]

_____

_____

_____

3) (가)의 민국이가 보이는 행동에서 찾을 수 있는 피아제의 지식관을 쓰시오. [1점]

_____

4) (나)의 ㉠에 나타난 스밀란스키의 사회적 극놀이의 요소를 쓰시오. [1점]

_____

29 다음은 교사저널의 일부이다. 물음에 답하시오. [5점]

(가) 영진이는 유치원에서 친구들의 장난감을 뺏고 자신이 좋아하는 장난감은 아무도 만지지 못하게 한다. 다른 친구가 가지고 있는 장난감을 보면 한 손에 장난감을 쥐고 있으면서도 친구의 것을 빼앗는다. 그래서 ㉠ 영진이에게 일정기간 동안 그 장난감을 가지고 놀지 못하도록 하였다. 친구가 꼭 쥐고 놓아주지 않으면 친구의 손을 물어버린다. 사인펜과 같은 공동 물건도 함께 사용하지 않고 혼자만 독차지하려다 친구들과 자주 싸움이 나곤 한다. 그래서 영진이가 유치원의 공동 물건을 친구들과 사이좋게 나누어 쓰면 칭찬을 해주었다. 수업시간에는 선생님의 관심을 끌려고 소리를 지르기도 하고 자동차를 앞뒤로 밀면서 교실을 돌아다닌다. 그래서 ㉡ 영진이의 행동에 관심을 보이지 않았다. 이렇게 하니 영진이의 부적절한 행동이 적절하게 수정되었다.(2021년 0월 0일)

(나) 이야기나누기 시간에 창식이는 계속하여 교실을 이리저리 왔다갔다 하고 친구들을 괴롭히고 있었다. 그래서 창식이가 조용히 자리에 앉아 있을 때 칭찬을 해 주었다. 그랬더니 창식이의 이리저리 돌아다니는 행동이 줄어들었다. 이러한 행동수정방법은 유아의 부적절한 행동을 수정하는 데 적절한 방법인 것 같다.(2021년 0월 0일)

1) (가)의 ㉠처럼 영진의 행동을 감소시키기 위해서 사용된 문제행동을 교정하기 위한 방법을 제시하시오. [1점]

_____

2) (가)에서 ① 정적강화의 사례를 찾아 쓰고, ㉡에 적용된 ② 행동수정 방법을 쓰시오. [2점]

① _____

② _____

3) (나)에 적용된 ① 행동수정 방법 1가지를 쓰고, ② 그 의미를 설명하시오. [2점]

① _____

② _____

30 다음은 학습공동체에서 발달이론에 대한 교사들의 대화이다. 물음에 답하시오. [5점]

> 김 교사 : 아동은 타인의 행동을 관찰한 결과를 통해 도덕적 행동을 학습하고, 일반적으로 부모들이 도덕적 규칙과 조정의 모델이 되며 아동은 궁극적으로 그것들을 '(㉠)' 하는 거죠. (㉠)이/가 이루어지면 아동은 어떤 행동이 도덕적이고 어떤 행동이 금지된 것인가를 결정할 수 있지요.
>
> 박 교사 : 맞아요. (㉡)은/는 바람직한 효과를 산출하는 행동을 성공적으로 수행할 수 있다는 개인의 믿음을 말하며 인간의 사고, 동기, 행위에 중요한 역할을 하지요.
>
> 홍 교사 : 그렇군요. 사회학습이론에서의 상호결정론이란 아동의 발달은 아동, 행동, (㉢) 간의 지속적인 상호작용으로 결정된다는 것이죠.
>
> 양 교사 : 그렇죠. 그 영향에 따른 행동수정에서는 어떤 행동이나 반응이 더 이상 강화되지 못하여 사라지거나 약화되는 경향을 (㉣)(이)라고 하지요.
>
> 백 교사 : 맞아요. 그래서 로렌츠는 오리 새끼가 부화되면서부터 어미를 쫓아다니는 (㉤)현상을 관찰하고, (㉤)의 (㉥) 시기가 있다고 했지요.

1) 김 교사의 ㉠에 들어갈 적합한 용어를 쓰시오. [1점]

㉠ _____

2) 박 교사의 ㉡에 들어갈 적합한 용어를 쓰시오. [1점]

㉡ _____

3) 홍 교사의 ㉢에 적합한 용어를 쓰시오. [1점]

㉢ _____

4) 양 교사의 ㉣에 적합한 용어를 쓰시오. [1점]

㉣ _____

5) 백 교사의 ㉤과 ㉥에 들어갈 적합한 용어를 쓰시오. [1점]

㉤ _____

㉥ _____

31 다음은 학습공동체에서 비고츠키 이론에 대한 교사들의 대화이다. 물음에 답하시오. [5점]

> 김 교사 : 비고츠키 이론의 '공유된', '분배된', '(㉠)'(이)라는 용어들은 모두 사람 사이에서 존재하는 정신과정을 나타내는 말이고, 유아들이 이런 정신적인 도구를 자신의 사고 과정에 통합시키면 그 도구는 변형이 되어 (㉡) 적인 것이 된다고 하였지요.
>
> 박 교사 : 맞아요. 비고츠키는 정신의 과정을 하등정신과 고등정신 기능으로 나누었고, 인간만이 갖고 있는 고등정신 기능은 학습과 교수를 통해 획득되는 인지적 과정으로 (㉢)된 행동들이라고 하였지요.
>
> 최 교사 : 그렇군요. (㉢)된 행동은 개인의 정신 속에 존재하고 관찰될 수 없고, (㉢)은/는 유아들이 하는 행동이 외적 표현과 동일한 구조나 초점 및 기능을 유지하면서 정신 내부로 변화해 들어가는 것을 말하죠.
>
> 홍 교사 : 맞아요. 자포르제츠는 유아의 현재 근접발달지역을 최대한 이용하는 방법을 설명하기 위해 (㉣)(이)라는 용어를 사용하였어요. (㉣)은/는 유아가 가진 장점에 기초하여 발달을 증진시키지만 근접발달지대 밖으로 나가지는 않는다고 하였지요.
>
> 백 교사 : 그렇군요. 유아가 동물원에서 호랑이를 지목하며 "어흥"이라고 하면 부모들은 마치 유아가 "저기 호랑이 좀 보세요."라고 말하기라도 한 것처럼 "그래, 그것은 호랑이란다. 호랑이 새끼 보이니? 새끼가 세 마리 있네."라고 반응을 보이죠. 이것은 유아들이 (㉤) 내에 있는 더 성숙한 언어 형태에 반복해서 노출되고 난 후에 문법을 획득하기 시작하는 것이지요.

1) 김 교사의 ㉠과 ㉡에 들어갈 적합한 용어를 쓰시오. [2점]

㉠ _____

㉡ _____

2) 박 교사와 최 교사의 ㉢에 공통으로 들어갈 적합한 용어를 쓰시오. [1점]

㉢ _____

3) 홍 교사의 ㉣에 들어갈 적합한 용어를 쓰시오. [1점]

㉣ _____

4) 백 교사의 ㉤에 들어갈 적합한 용어를 쓰시오. [1점]

㉤ _____

32 다음은 학습공동체에서 피아제 이론에 대한 교사들의 대화이다. 물음에 답하시오. [5점]

양 교사 : 생물학적 관점에서 (㉠)은/는 (㉡) (으)로부터 분리될 수 없고, 그들은 단일 기제의 두 가지 보완적 과정이며, 전자인 (㉠)은/는 내적 측면이고 후자인 (㉡) 외적 측면을 구성한다고 하였지요.

최 교사 : 맞아요. 실제 사물은 '소'인데 "4개의 다리, 고양이보다 더 크고, 친구처럼 다정해 보이는구나. 촉촉한 코, 멋진 강아지! 멋진 강아지!"라고 유아가 말할 때 유아가 소를 '개'로 부른 것은 매우 '(㉢)'인 것이죠. (㉣)은/는 아동의 외현적 행동에 의해 규정되죠. 그러나 (㉣)은/는 행동 이상의 것이고, 행동을 야기시키는 내적 구조이자, 변화되는 인지발달의 구조인 것이죠.

황 교사 : 그렇군요. 그럼, 실제 사물은 '소'인데 "4개의 다리, 고양이보다 더 크고, 친구처럼 다정해 보이는구나. 촉촉한 코, 멋진 강아지! 멋진 강아지!"라고 유아가 말할 때, 유아가 사용한 인지발달 기제는 (㉤)인 것이죠.

---

1) 양 교사의 ㉠과 ㉡에 들어갈 적합한 용어를 쓰시오. [2점]

㉠ _____

㉡ _____

2) 최 교사의 ㉢과 ㉣에 들어갈 적합한 용어를 쓰시오. [2점]

㉢ _____

㉣ _____

3) 황 교사의 ㉤에 들어갈 적합한 용어를 쓰시오. [1점]

㉤ _____

33 다음은 학습공동체에서 피아제 이론에 대한 교사들의 대화이다. 물음에 답하시오. [5점]

김 교사 : 피아제는 아동의 놀이를 전형적으로 (㉠) 보다 (㉡)(이)라고 하였고, 다른 한편으로 모방하려는 아동의 노력은 보통 (㉡) 보다 (㉠)행위라고 하였지요.

황 교사 : 맞아요. 만일 아동이 자극을 (㉡)할 수 없다면 그 아동은 도식을 수정하거나 새로운 도식을 형성함으로써 (㉠)을/를 시도하게 되지요. 이것이 되었을 때, 자극의 (㉡) 가 일어나고 그 순간 (㉢)에 이르게 되는 것이죠.

연 교사 : 그렇군요. 그리고 엄마를 도와서 청소를 하다가 그릇을 5개 깨뜨리는 것은 엄마 몰래 과자를 꺼내 먹다가 그릇을 1개 깨뜨리는 것보다 나쁘다고 생각하는 것은 (㉣)적인 도덕성 단계이죠.

백 교사 : 맞아요. 그럼, 한쪽 컵이 긴 반면에 다른 컵은 넓기 때문에 두 컵의 양이 같다는 것을 아는 것은 (㉤) 개념을 아는 것이고, 두 개 이상의 차원을 동시에 고려하지 못한 채 한 가지 차원에서만 주의를 집중하는 것은 (㉥) 상태인 것이지요.

---

1) 김 교사와 황 교사의 ㉠과 ㉡에 들어갈 적합한 용어를 쓰시오. [1점]

㉠ _____

㉡ _____

2) 황 교사의 ㉢에 들어갈 적합한 용어를 쓰시오. [1점]

㉢ _____

3) 연 교사의 ㉣에 들어갈 적합한 용어를 쓰시오. [1점]

㉣ _____

4) 백 교사의 ㉤과 ㉥에 들어갈 적합한 용어를 쓰시오. [2점]

㉤ _____

㉥ _____

34 다음은 학습공동체에서 발달에 대한 교사들의 대화이다. 물음에 답하시오. [5점]

김 교사 : 유아들이 아래처럼 질문을 하였어요.

> 혜란 : 현상이 동생이 누구야?
> 성은 : 현숙이랑 현철이야.
> 혜란 : 어 그렇구나… 그럼 현철이네 형은 누구야?
> 성은 : 몰라.

이러한 유아가 관계의 또 다른 면을 상상하지 않고 한 방향에서만 생각하는 것을 (㉠)(이)라고 하지요.

박 교사 : 맞아요. 유아들은 인형의 다리가 부러지면 아플 것이라고 여기는 (㉡) 사고도 나타나지요.

홍 교사 : 반면, 프로이드는 인성 구조 중 (㉢)은/는 선천적으로 존재하는 인간의 정신에너지가 저장된 창고이며, (㉣) 원리에 따른다고 하였지요.

백 교사 : 맞아요. 프로이드는 유아발달에서 (㉤)의 중요성을 강조했고, 성격발달에 있어 유아기를 강조하였지요.

---

1) 김 교사의 ㉠에 들어갈 적합한 용어를 쓰시오.　[1점]

㉠ _____

2) 박 교사의 ㉡에 들어갈 적합한 용어를 쓰시오.　[1점]

㉡ _____

3) 홍 교사의 ㉢과 ㉣에 들어갈 적합한 용어를 쓰시오.

[2점]

㉢ _____

㉣ _____

4) 백 교사의 ㉤에 들어갈 적합한 용어를 쓰시오.　[1점]

㉤ _____

35 다음은 학습공동체에서 발달에 대한 교사들의 대화이다. 물음에 답하시오. [5점]

김 교사 : 에릭슨은 발달이 기존의 기초 위에서 이루어져, 특정 단계의 발달은 이전 단계에서 성취한 발달과업에 영향을 받는 (㉠) 원리에 의해 진행된다고 하였지요.

안 교사 : 맞아요. 에릭슨에게 영향을 준 프로이드는 (㉡)(이)란 자아의 무의식 영역에서 일어나는 심리기제로서 인간이 고통스러운 상황에 적응하려는 무의식적 노력이라고 말했지요.

황 교사 : 그렇군요. 프로이드는 부모나 타인으로부터 칭찬이 토대가 되어 그에 대한 (㉢)을/를 추구하게 된다고 하였지요.

차 교사 : 맞아요. 프로이드는 발달단계가 진행하지 못하고 특정단계에 머무르게 되는 것을 (㉣)(이)라고도 하였지요.

한 교사 : 그렇군요. 또한, 프로이드는 남자아이가 어머니를 성적으로 사랑하게 되면서 경험하는 딜레마를 (㉤)이라고 하였지요.

---

1) 김 교사의 ㉠에 들어갈 적합한 용어를 쓰시오.　[1점]

㉠ _____

2) 안 교사의 ㉡에 들어갈 적합한 용어를 쓰시오.　[1점]

㉡ _____

3) 황 교사의 ㉢에 들어갈 적합한 용어를 쓰시오.　[1점]

㉢ _____

4) 차 교사의 ㉣에 들어갈 적합한 용어를 쓰시오.　[1점]

㉣ _____

5) 한 교사의 ㉤에 들어갈 적합한 용어를 쓰시오.　[1점]

㉤ _____

36 다음은 학습공동체에서 발달에 대한 교사들의 대화이다. 물음에 답하시오. [5점]

> 김 교사 : 프로이드는 방어기제 중 의식에서 용납하기 어려운 생각, 욕망, 충동 등을 무의식 속에 머물도록 눌러 놓는 것을 (㉠)(이)라고 하였지요.
>
> 방 교사 : 맞아요. 그리고 방어기제 중 무의식의 죄책감을 씻기 위해서 사서 고생을 하는 경우나 잃어버린 대상을 그리워하면서 불행하게 지내는 경우를 (㉡)(이)라고 하였지요.
>
> 황 교사 : 그렇군요. 방어기제 중 받아들일 수 없는 충동이나 욕망, 자신의 실패 등을 타인의 탓으로 돌리는 것은 (㉢)(이)지요.
>
> 채 교사 : 방어기제는 매우 다양하네요. 어떤 생각이나 감정 등을 표현해도 덜 위험한 대상에게 옮기는 것은 방어기제 중 (㉣)(이)지요.
>
> 편 교사 : 그렇군요. 방어기제 중 받아들여질 수 없는 소망, 충동, 감정 또는 목표가 좀 더 받아들여질 수 있는 것으로 하는 것을 (㉤)(이)라고 말하였지요.

1) 김 교사의 ㉠에 들어갈 적합한 용어를 쓰시오. [1점]

㉠ _____

2) 방 교사의 ㉡에 들어갈 적합한 용어를 쓰시오. [1점]

㉡ _____

3) 황 교사의 ㉢에 들어갈 적합한 용어를 쓰시오. [1점]

㉢ _____

4) 채 교사의 ㉣에 들어갈 적합한 용어를 쓰시오. [1점]

㉣ _____

5) 편 교사의 ㉤에 들어갈 적합한 용어를 쓰시오. [1점]

㉤ _____

37 다음은 만 5세 초록반 김 교사의 '무지개 물고기' 활동 계획안의 일부이다. 질문에 답하시오. [5점]

활동명	동화 '무지개 물고기'를 듣고 표현하기
활동목표	• 동화를 듣고 창의적으로 표현해 본다. • 극놀이에 참여하여 창의적인 표현 과정을 즐긴다.
활동자료	'무지개 물고기' 동화책, 동극 대본, 동극 배경 음악, 동극용 소품

활동방법
1. 동화 '무지개 물고기'를 듣는다. 2. 동화를 회상하며 '무지개 물고기'가 되어 본다. 　• '무지개 물고기'는 어떤 모습일까? 　• 선생님을 따라 이렇게 '무지개 물고기'가 되어 보자. 3. 동화의 줄거리를 말해 본다. 4. 극놀이를 위해 준비해야 할 것들에 대해 유아들과 이야기 나눈다. 　• 무대는 어디에, 어떻게 꾸밀까? 　• 역할은 어떻게 정할까? 　• ㉠ '무지개 물고기'는 누가 해 볼까? 5. ㉡ 극놀이를 한다.

1) 다음은 ㉠에 대한 유아들의 행동을 기술한 것이다. 위 사례에서 승기의 행동은 다른 사람의 ⓐ 관점, ⓑ 생각, ⓒ 감정을 추론하고 이해할 수 있는 (　①　)의 결핍으로 볼 수 있다. ①에 해당하는 용어를 쓰고, ①의 세 가지 범주인 ⓐ, ⓑ, ⓒ의 명칭을 쓰시오. 　　　　　　　[4점]

> 승기와 수지는 서로 자신이 '무지개 물고기'의 역할을 하고 싶어 한다. 승기는 "내가요, 내가 할래요."라고 말한다. 교사가 수지에게 "괜찮니?"라고 묻자, 수지는 싫은 표정을 짓고 있다. 승기는 "수지는 다른 거 하면 돼요. 그냥 내가 할래요."라고 말한다.

① _____

ⓐ _____

ⓑ _____

ⓒ _____

2) 다음 ①과 ②에 해당하는 용어를 쓰시오. 　[1점]

> 비고츠키(L. Vygotsky)에 의하면, 준호의 혼잣말은 (　①　)이/가 점차 내면화되어 (　②　)(으)로 발달하는 과정에서 생겨나는 과도기적 언어이다.

① _____

② _____

38 (가)~(다)는 피아제(J. Piaget)의 실험에 대한 내용이다. 질문에 답하시오. [5점]

(가)

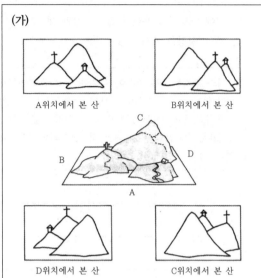

A위치에서 본 산　　　　B위치에서 본 산

D위치에서 본 산　　　　C위치에서 본 산

*출처: 송명자, 발달심리학, 학지사(2008), p.108

　세 개의 산의 모형이 있는 책상의 좌석 A에 4세 철수가 앉아 있다고 가정하자. 자신이 앉아 있는 자리에서 이 산의 모습이 어떻게 보이느냐고 물으면 대부분의 유아는 조망 A를 바르게 선택한다.
　ㄱ 좌석 D에 인형을 하나 갖다 주고 좌석 A에 앉아 있는 철수에게 '만일 네가 인형이 있는 자리에 앉아서 산을 보면 어떻게 보일까?'라고 묻는다.
이때, 철수는 A를 선택한다.

(나)

ㄱ 유아에게 밑면적이 넓고 낮은 같은 모양인 두 개의 컵에 같은 양의 물이 담겨 있는 것을 보여주고, 물의 양에 대해 물으면 두 개의 컵에 담긴 물의 양이 같다고 대답한다.
ㄴ ㄱ의 컵 중 하나를 높이가 길고 폭이 좁은 컵에 옮겨 담는 것을 보여준다.

(다)

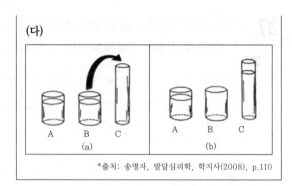

A　　B　　C
(a)　　　　　A　　B　　C
(b)

*출처: 송명자, 발달심리학, 학지사(2008), p.110

1) (가)와 (나)의 실험에서 나타난 유아의 반응을 ① 피아제는 전조작기 사고의 한계 중 무엇이라고 한지 쓰고, ② 그 의미를 설명하시오. [2점]

①＿＿＿＿＿＿＿＿＿＿＿＿＿＿＿＿＿

②＿＿＿＿＿＿＿＿＿＿＿＿＿＿＿＿＿

2) (가)에 나타난 ① 전조작기의 사고 특징을 쓰고, (가)의 실험을 통하여 유아에게 ② 어떤 능력을 훈련시키는 방법이 될 수 있는지 쓰시오. [1점]

①＿＿＿＿＿＿＿＿＿＿＿＿＿＿＿＿＿

②＿＿＿＿＿＿＿＿＿＿＿＿＿＿＿＿＿

3) (나)에 나타난 전조작기의 사고 특징을 쓰시오. [1점]

＿＿＿＿＿＿＿＿＿＿＿＿＿＿＿＿＿＿

4) (다)에서 유아에게 A와 C의 주스량을 판단하는 이유를 물으면, 어떤 유아는 C의 주스를 원래의 B에 다시 부으면 주스의 양이 같아질 것이라고 설명한다. 이를 피아제는 가역성의 한 조작 형태로 무엇이라 했는지 쓰시오. [1점]

＿＿＿＿＿＿＿＿＿＿＿＿＿＿＿＿＿＿

39 유아의 창의성 교육을 위한 내용이다. 물음에 답하시오. [5점]

(가)

• "건물을 그릴 때 앞면만 생각하지 말고 뒷면을 생각하면서 그려 봐요."

• "서로 관계없는 듯한 것끼리도 관련을 지어서 생각해 보아요. 예를 들면 비행기를 만들 때, 새만이 아니고 물고기의 생김새도 참고해서 만들어요."

• "사물의 성질을 일일이 찾아내서 그 성질에 따라 생각해 보세요."

(나)

• 엉뚱하고 남다른 기발한 생각을 하게 한다.

• 과거나 이미 있는 것에 매이지 말고 아주 다른 시각에서 별난 것을 생각해 내게 한다.

• 남에게 없는 나만의 것을 생각해 내게 한다.

(다)

• 좀 더 구체적으로 생각해 보기

• 좀 더 자세히 설명해 보기

• 아이디어 세밀하게 만들기

• 더 가치 있는 것으로 다듬기

• 장식성과 아름다움을 높이고 관심을 끌 수 있도록 다듬기

(라)

• **비판 금지** : 남이 제시한 아이디어에 대해서 곧 '좋다.', '나쁘다.'를 판단하지 않는다. 나중에 평가하는 것이므로 그때까지는 비판하지 않는다.

• **자유분방** : 아이디어는 막힘이 없는 자유로운 것일수록 좋다.

• **다량 생산을 권하기** : 아이디어의 수가 많으면 많을수록 그 속에 좋은 아이디어가 있을 가능성이 많아진다.

• **결합 개선** : 나의 아이디어와 남의 아이디어를 조합해서 더욱 좋은 아이디어를 제시하게 한다.

(마) 서로 다른 요소를 결합함으로써 새로운 아이디어를 만들어 내는 방법으로 고든이 창안한 기법이다. 이 방법에서는 다음과 같은 세 가지 유추를 활용한다.

1) **인격적 유추** : 자기 자신이 바로 그것(아이디어, 물건, 작품의 주인공)이 되어 그 속에서 생각해 보고 느껴 보는 것이다. 예를 들면, 화학자는 운동을 하고 있는 분자가 되어서 분자에게 일어나는 일을 느껴 보듯이 생각하는 것이다. 또 "만일 어린이가 토끼가 되었다고 하면 어떤 일을 생각하고 있었을까?"라고 묻고는 어린이에게 토끼가 된 양 생각하고 느끼고 말하게 하는 것이다. 이것은 토끼에 대한 인간의 입장에서가 아닌, 토끼의 입장에서 생각하고 느끼고 말하는 전혀 다른 입장에서 보는 것이므로 아주 색다른 아이디어를 만들 것을 기대한다.

2) **직접적 유추** : 이미 있는 지식이나 경험적 법칙을 미지의 것에 맞추어 보는 것인데, 이밖에 또 다른 방법이나 기술이나 해결방법이 없는지 혹은 비슷한 것은 없는지를 생각해 보는 것이다. 벨은 인간의 귀의 구조에서 전화의 메커니즘을 찾아낸 것이다.

3) (㉠) **유추** : 문제를 기술하는 데 물리적이고 비인격적인 이미지를 떠올리게 하는 것이다. 가능한 존재나 실제로 존재하지 않는 것, 예를 들면 "열려라 참깨!"와 같은 '아라비안나이트' 이야기에서 자동개폐문을 고안한다든지 하는 방법을 말한다.

---

1) (가)는 창의성 구성요소 중 무엇이며, 그 의미를 쓰시오.
[1점]

_____. _____

2) (나)는 창의성 구성요소 중 무엇이며, 그 의미를 쓰시오.
[1점]

_____. _____

3) (다)는 창의성 구성요소 중 무엇이며, 그 의미를 쓰시오.
[1점]

_____. _____

4) (라)는 어떤 창의적 사고기법과 관련된 것인지 쓰시오.
[1점]

_____

5) (마)는 어떤 창의적 사고기법인지 쓰고, ㉠에 들어갈 적합한 용어를 순서대로 쓰시오. [1점]

_____

40 (가)는 자유선택활동 시간에 영희가 과학 영역에 준비된 활동을 하는 과정에서 일어난 상황이고, (나)는 자유선택활동 시간에 수·조작 영역에서 일어난 상황이고, (다)는 유아의 공간개념에 대한 내용이다. 물음에 답하시오. [5점]

(가)

영희: (크기가 큰 스티로폼을 물에 넣은 후) 어! 이건 큰데 왜 뜨지? (영희는 스티로폼을 손으로 가라앉히려고 물속으로 밀어 보지만, 손을 떼자 가라앉았던 스티로폼이 다시 떠오르고, 영희는 계속 가라앉히려고 애를 쓴다.)

교사: (영희의 행동을 지켜보던 교사는 작지만 가라앉는 물체와 크지만 뜨는 다양한 물체들을 첨가해 주면서) 영희야, 이 물체들도 물에 넣어 보자!

영희: (큰 스티로폼과 작은 골프공을 반복하여 물에 넣어본다. 다양한 물체를 반복해서 물에 넣어 보더니) 아하! 이제 알았다. 크다고 가라앉는 건 아니잖아!

(나) 수·조작 놀이 영역에서 선희와 기영이가 주사위를 이용하여 판 놀이를 하고 있다. 놀이 방법은 1부터 3까지의 숫자와 별 모양이 있는 주사위를 던져서 숫자가 나오면 말을 이동하고 별이 나오면 한 번 쉬는 것이다. 이렇게 하여 도착점에 먼저 도착하는 사람이 이기는 놀이이다. 교사가 와서 선희와 기영이가 놀고 있는 것을 보고 있다.

기영: 너는 4칸, 나는 3칸 남았다! 너는 나보다 1칸 더 남았어.

선희: (주사위를 던져 별이 나오자) 에이, 별이네, 한 번 쉬어야겠다. 근데, 이거 너무 오래 걸려 재미 없다. 그치?

교사: 그럼, 좀 더 재미있게 할 수 있는 방법이 없을까?
 …(중략)…

기영: (교사를 보면서) 그러면, 주사위 2개를 던지면 어때요?

교사: 그거 참 좋은 생각이네. 또 다른 방법은 없을까?

선희: 주사위에 별이 나오면 말을 한 번 쉬는 것이 아니라 5칸 더 가기로 해요.

기영: 5칸 더 가는 것이 아니라 자기가 놓고 싶은 곳에 놓기로 하자.

선희: 안 돼. 별이 나왔을 때 (도착점을 가리키며) 여기에 놓으면 놀이가 끝나잖아.

기영: (잠시 생각하더니) 그럼, 4칸만 더 가는 것으로 할까?

선희: 그래. 그럼, 별 나오면 내가 이겨!

선희와 기영이는 놀이를 다시 시작하고 교사는 다른 곳으로 간다.

(다)

1) (가)에서 이루어진 ① 과학적 과정을 쓰고, ② 영희의 가설을 쓰시오. [1점]

　　① _____

　　② _____

2) (가)에서 피아제(J. Piaget) 이론의 인지발달 기제 중 ① 동화와 ② 조절에 해당하는 사례를 찾아 쓰시오. [1점]

　　① _____

　　② _____

3) (나)에서 카미-드브리스 프로그램에 따르면 유아들은 다양한 활동을 통해 3가지 유형의 지식을 구성할 수 있다. 유아들이 구성할 수 있는 지식의 유형 중 ① 사회적 지식의 사례를 찾아 쓰고, ② (나)에 나타난 로즈그란트와 브레드캠프의 교수행동 유형 중 1가지를 쓰시오. [2점]

　　① _____

　　② _____

4) (다)와 같은 공간개념 발달 단계를 피아제와 인헬더(Piaget & Inhelder) 단계 중 어떤 단계인지 쓰시오. [1점]

　　_____

교원임용학원 강의만족도 1위,

해커스임용 teacher.Hackers.com

놀이이론 출제 경향 확인하기

* 아래 출제경향은 1997~2021학년도의 출제빈도를 나타낸 것입니다.

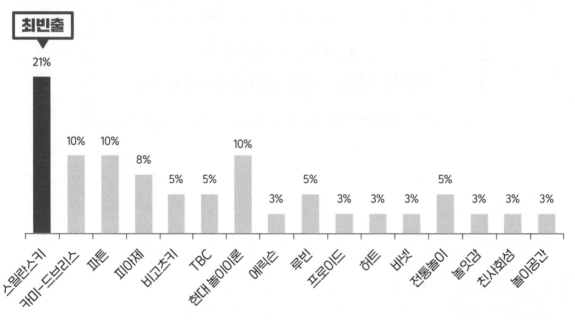

Chapter 03
놀이이론

Point 01   스밀란스키
Point 02   카미-드브리스
Point 03   파튼
Point 04   피아제
Point 05   비고츠키
Point 06   TBC(교사 놀이지도 연속모형)
Point 07   현대 놀이이론

🔍 개념 완성 탐구문제

마인드맵으로 키워드 저장하기

```
스밀란스키 ── 사회극 놀이    ── 역할의 가작화
                촉진 요소      ── 사물의 가작화
                              ── 행동의 가작화
                              ── 상황의 가작화
                              ── 지속성
                              ── 상호작용
                              ── 의사소통 ── 상위 의사소통
                                           └ 가작화 의사소통

            ── 놀이단계      ── 기능 놀이
                              ── 구성 놀이
                              ── 극화놀이
                              ── 규칙이 있는 게임

            ── 놀이교수      ── 외적 중재
                              ── 내적 중재
                              ── 주제 - 상상 훈련
```

1. 사회극 놀이 촉진요소

역할의 가작화	실제의 어떤 역할을 가상으로 표현함 ⇨ 가상적인 역할을 언어와 행동으로 표현		
사물의 가작화	• 사물의 용도를 실제와 다르게 상상해서 언어나 행동으로 표현 또는 다른 사물로 대치함 　- **언어를 사용하여 가상적 사물을 표현** : 자신의 손을 들면서 "나의 컵은 여기 있어요."라고 외침 　- **사물을 다른 사물로 대치** : 블럭을 물 마시는 컵으로 대치함		
행동과 상황의 가작화	**의미**	상황이나 행동을 상상해서 언어로 표현	
	행동의 가작화	실제 행동을 모방하여 대치함 ⓔ 손을 위아래로 움직이며 망치로 못을 박는 척 하기, 의사처럼 청진기로 진찰을 하는 척 하기	
	상황의 가작화	언어적 표현을 통해 가상적 상황을 만듦 ⓔ "여기는 병원이라고 하자.", "자, 이제 우리는 비행기 안에 있는 거야."	
지속성	한 가지 놀이 주제를 일정 시간 동안 계속함 ⓔ 영아 5분, 유아 10분		

상호작용		동일한 놀이 주제와 관련하여 적어도 두 명 이상이 함께 어울림
언어적 의사소통	의미	놀이 주제와 관련하여 놀이자 간에 언어를 사용한 의사소통이 이루어짐
	상위(메타) 의사소통 (meta communication)	• 놀이상황을 조직하고 구성하는 데 사용됨 예 "민우야, 사자는 춤을 춰야지. 우리가 춤추기로 했잖아." - **특정 사물의 가상적 특성을 다른 사물에 대치** : "이 밧줄을 뱀으로 하자." - **역할부여** : "나는 아빠가 될 테니, 너는 아기가 되어라." - **전개될 이야기의 계획** : "먼저, 우리는 슈퍼에 간다. 그리고 나서 장난감 가게에 갈 것이란다." - **놀이상황에 부적절한 태도로 놀이행동을 하는 놀이 상대자에 대한 비난** : "엄마는 그렇게 말하지 않아.", "이것은 호스가 아니고 뱀이야. 알았지?"
	가작화 의사소통 (pretend communication)	놀이상황에서 할당된 역할을 적절하게 이행할 때 사용함 예 의사 역할을 하는 유아가 "날씨가 추우니까 바깥에 나가서 놀면 감기에 걸린단다. 자, 이제 주사를 맞아야 해."라고 말함
가상전환		사물의 용도·행동·상황을 다양하게 상상해서 언어나 행동으로 표현하거나 사물로 대치함 ⇨ 사물·행동·상황의 가작화가 모두 결합된 것으로 사물·행동·상황을 상징화함

참고 스말란스키의 사회적 극화놀이 평가 범주

역할 수행	가상전환			사회적 상호작용	언어적 의사소통		지속성
	사물	행동	상황		메타 의사소통	가상 의사소통	

2. 놀이단계 – 인지발달 정도에 따른 놀이의 유형

기능놀이	• 자신의 신체를 이용하여 단순한 행동을 되풀이하는 놀이 • 반복을 통해 즐거움을 느낌
구성놀이	다양한 놀잇감을 이용하여 구성물을 조직하는 놀이
극화놀이	• 유아가 표상능력을 갖게 되면서 나타나는 놀이 • 하나의 주제를 가지고 놀이에 다수의 유아가 참여함 ⇨ 사회성 발달에 도움을 줌 • 사물의 가작화와 역할의 가작화 등을 이용한 언어적 상호작용을 통해 나타남
규칙 있는 게임	• 사전에 합의된 규칙에 따라 행해지는 놀이 • 유아는 규칙을 받아들이면서 자신의 행동을 조절할 수 있게 됨

3. 놀이 중 교사 개입의 유형 – 사회극 놀이 훈련

외적 중재	유아에게 사회극 놀이 행동을 사용하도록 놀이상황 밖에서 제안함
내적 중재	하나의 역할로 놀이에 참여하며, 사회극 행동의 구체적 모델을 제공함
주제 - 상상 훈련	동화를 이용하여, 이야기 내용을 행동으로 표현해 보도록 함

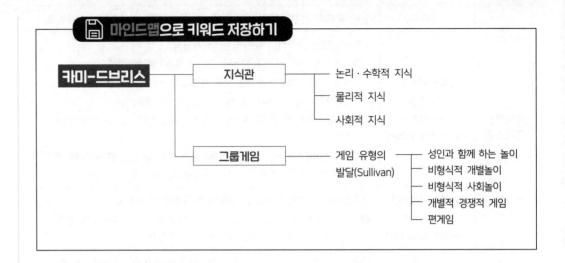

1. 지식관 - 피아제 이론에서 시사하는 세 가지 유형의 지식

논리·수학적 지식	분류, 계열, 수, 공간, 시간, 인과관계, 측정 등의 개념에 관한 과제를 다룸 예 명명하기, 관찰하기, 추측하기, 조작하기, 구별하기, 배열하기, 비교하기, 찾아보기, 표시하기
물리적 지식	인체, 동식물, 물체, 자연현상 등의 대상을 통하여 대상물의 운동, 대상물에서의 변화, 대상물의 운동과 변화로 구분하여 다룸 예 돌보기, 흉내내기, 만지기, 밀기, 당기기, 굴리기, 식히기, 끓이기, 놓기
사회적 지식	유아는 또래와 성인과의 상호작용을 통해 사회적·도덕적 가치들을 구성하게 되며, 개인생활과 집단생활 속에서 잘 지내기 위한 내용에 대해 다룸 예 정돈하기, 협동하기, 인사하기, 약속지키기, 중재하기, 생각하기, 주의끌기, 줍기, 주의집중하기

2. 그룹게임의 종류 - 놀이자가 무엇을 하는가에 따라 8가지로 분류

목적물 맞추기 게임	• **떨어뜨려 맞추기** : 수 개념, 거리, 크기, 높이 개념 예 옷 핀 떨어뜨리기 • **던져서 목적물 맞추기** : 수 개념, 거리, 무게, 크기와의 관계 개념, 던져야 할 방향, 힘 　예 고리 던지기 • **눈 감고 목적물 맞추기** : 위치, 공간의 개념, 촉감으로 탐색해서 붙이기 　예 당나귀 꼬리 달기 참고 방향과 힘을 생각하며, 결과보다는 과정을 중시함
경기	• 다양한 직업이 포함된 경기 • 협조가 필요한 경기 ⇨ 탈중심화가 되어야만 유아의 협조 가능 　예 손수레 경기, 다리 묶고 달리기 • 시공간 변형 경기 예 의자 뺏기, 독 의자, '친구야, 친구야!' • 똑같은 행동이 여러 번 반복되는 경기 예 콩 나르기

쫓기 게임	• 술래가 다른 어린이들을 쫓는 게임 **예** 치기, '여우야! 여우야! 뭐하니?' • 술래가 자신을 쫓아올 한 어린이를 선택하는 게임 **예** 손수건 돌리기, 오리 거위, 다람쥐와 호두 • 술래가 특정인을 잡으려 하고 다른 놀이자는 술래를 막는 게임 **예** 고양이와 쥐, 꼬리치기
숨기기 게임	• 숨기 **예** 숨바꼭질, 엄마 닭 게임, 엄마 고양이 • 물체 숨기기 **예** 강아지 먹이 찾기, 단추 찾기
알아맞히기 게임	• 만져서 알아맞히기 **예** 비밀주머니, 열네 발자국 가기 • 듣고 알아맞히기 **예** '그건 나야', 동물원 게임 • 보고 알아맞히기 **예** 지휘자 게임, 샤레이드, '나는 보았지!' • 언어적 힌트로 알아맞히기 **예** 경찰관 놀이, 물건 찾기 놀이
언어적 지시 게임	• 술책을 사용한 언어 지시 게임 **예** 선생님 가라사대, 코코코 • 술래 지시에 따라하기 **예** '무궁화 꽃이 피었습니다.' • 짝과 함께 지시 따라하기 **예** 마주대기, 오랏말 놀이, 구석차기 놀이
카드 게임	• 카드 찾기 **예** 그림카드 찾기 • 비슷하거나 똑같은 것끼리 찾기 **예** 기억게임, 도미노게임, 도둑잡기, 낚시게임, 가족게임, 동물가족 찾기 • 순서대로 배열하기 **예** 카드, 도미노, '그건 아니야!' • 어떤 카드가 많은지 비교하기 **예** 전쟁놀이 • 수나 모양에 따라 카드 맞추기 **예** 작전카드 게임 • 같은 종류끼리 모으기 **예** 러미 게임 • 집합·분배 게임 **예** 일곱 만들기
판을 이용한 게임	• 일정한 길을 따라 말을 움직이는 게임 **예** 널 뛰어넘기, 낭떠러지와 사다리, 집 찾아가기, 트랙 경기, 앞으로 뒤로, 줄다리기 • 표면에 말을 놓는 게임 • 물건 모으기 **예** 앵두 따기, 청소하기

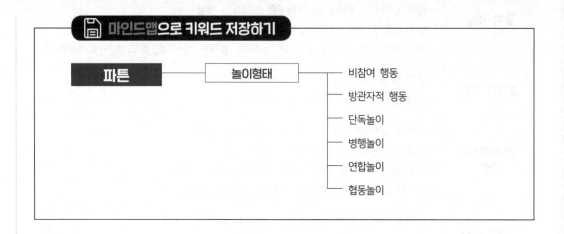

1. 파튼(Parten) - 유아 간 사회적 상호작용에 따라 놀이 분류

비참여 행동	우연히 일시적인 관심이 생긴 대상을 바라보면서 자기 자신에게 전념함
방관자적 행동	다른 친구의 놀이를 지켜보는 것으로서 가끔 자신이 구경하고 있는 친구에게 말을 걸거나 질문이나 제안을 하기도 함 ⇨ 명백하게 특정 집단의 유아들이 노는 것을 바라봄
단독놀이	• 대화가 가능할 정도의 거리에서 친구의 놀잇감과는 다른 놀잇감을 가지고 혼자 놀이함 ⇨ 유아 간 상호작용 없음 • 사회적 시도를 하지 않음 ⇨ 옆에서 다른 놀잇감으로 놀고 있는 유아에게 관심 없음
병행놀이	• 동일한 놀잇감을 가지고 같은 영역에서 독립적으로 놀이함 ⇨ 혼자서 놀이함 • 함께 놀이한다기보다 다른 어린이 곁에서 논다고 할 수 있음 ⇨ 유아 간 상호작용 없음
연합놀이	• 다른 어린이와 함께 놀이하는 집단 놀이의 일종 • 놀이 내용에 대해 이야기를 주고받거나 놀잇감을 빌려줌 • 놀이를 위한 역할분담이나 조직적 전개가 없음 ⇨ 자신의 개인적 흥미를 집단에 종속시키려 하지 않음(유아 간 상호작용 있음)
협동놀이	• 1~2명의 리더가 있음 ⇨ 유아 간 상호작용 있음 • 역할을 분담하여 공동의 목표 달성을 위해 진행하는 조직적인 놀이가 이루어짐

2. 하우웨(Howes)

단순 병행놀이	유사한 활동을 하지만 상대에게 관심 없음
상호존중 놀이	유사한 활동을 하며 눈을 마주치거나 서로 의식하지만, 대화나 사회적 시도는 없음
단순한 사회놀이	유사한 활동을 하며, 이야기·미소 짓기·놀잇감 주기 등의 사회적 접촉이 나타남
보상적 사회놀이	사회적 지지는 없으나 서로를 의식하는 유사한 활동에서 협력함
보상적·호혜적 놀이	사회적 지지가 있으며 유사한 활동에서 협력함

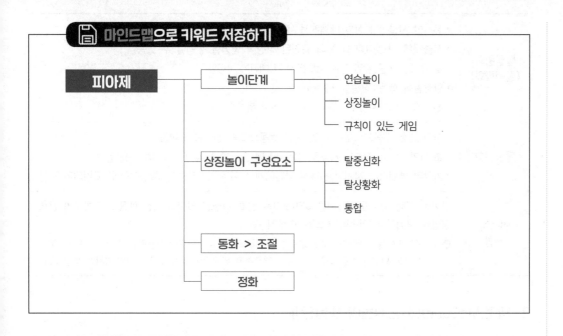

1. 피아제의 놀이

(1) 개념

① 놀이는 동화에 의해 지배되는 활동 ⇨ 새로 획득한 개념이나 기능을 연습하기 위해 놀이를 함

② 피아제에 의하면 놀이는 아동의 인지발달 수준을 나타내줄 뿐만 아니라 인지발달에 기여하는 요소로, 학습이 일어나기 위해서는 적응이 일어나야만 함

③ 적응은 동화와 조절 간의 평형이 요구되는 과정으로, 피아제는 놀이에서 동화가 조절보다 우세한 비평형의 상태라고 보았음

(2) 놀이 유형 - 연습놀이 ⇨ 상징놀이 ⇨ 규칙이 있는 게임 순으로 발달

연습놀이 (출생~2세)	감각 운동기 단계의 영아에게는 신체적 행위의 반복적인 패턴이 나타남
상징놀이 (2~7세)	• 전조작기에 나타나는 놀이 형태 • 자기중심적인 사고를 자신의 욕구에 따라 새로운 세계를 만들어 가는 상징놀이, 극화놀이, 가상놀이가 나타남
규칙이 있는 게임 (7~11세)	• 구체적 조작기에 접어들면서부터 어린이의 놀이는 집단과 도덕적 규약에 의해 조정됨 • 집단 내에 정해진 놀이 규칙을 지켜야 하며, 규칙을 변경하기 위해서는 다른 사람의 동의가 있어야 함 • 어린이는 자기중심적 사고에서 벗어나는 인지적 경험과 함께 구조화된 놀이로 게임을 이해하며, 게임 규칙을 지키는 경험을 연속적으로 하게 됨

2. 피아제의 상징놀이 요소

탈상황화 (탈맥락화)	• 유사한 사물이나 상황 대체에서 유사하지 않은 사물이나 상황 대체로 변화하는 것 • **사물대체**: '사물대체'를 통해 독립된 상징적 변형을 실행할 수 있음 　예 유아는 돌돌 말린 작은 담요를 아기 대신에 사용함 • **탈상황적 행동**: 상황을 재규정하는 것 　예 "내가 지금 운전해서 집에 가는 거라고 하자."
탈중심화	• 자기 관련 행동으로부터 타인 관련 행동으로의 전이를 보여줌 　예 자기 자신이 잠자는 시늉을 하는 대신에 곰 인형이 잠자는 것처럼 연출함 • 가상의 행위자가 자기 자신에서 타인에게로 이동하는 변화는 '탈중심화'로 표현되기도 함
연속적 통합	유아는 점점 하나의 제스처를 하기보다는 상호 관련된 일련의 가상 행동을 조합하여 전체 장면을 구성하는 '연속적 통합'을 이루게 됨 　예 처음엔 인형을 그저 만지거나 옮겨 놓거나 두드리는 대상으로만 사용하던 유아가 다음 해 중반쯤에는 이 단절된 행동들을 정교하게 연결하고 확장하여 주제가 있는 이야기처럼 통합시킴

3. 맥쿤(McCune)의 상징놀이 발달단계

1단계 : 전상징적 단계	• 놀잇감의 사회화된 기능에 집착하는 놀이행동 • 놀잇감을 이용하여 소리를 내거나 흉내를 내지는 않음 　예 빈 컵을 입에 가져가기, 빗을 머리에 대기
2단계 : 자기 가작화 단계	• 자신의 신체나 일상생활에 가작화가 집중된 놀이행동 • 놀이행동의 가작적 본질을 인식함 　예 컵으로 소리 내며 마시는 시늉, 코를 골며 잠자는 시늉
3단계 : 분산된 가작화 단계	• 가작화 쉐마를 다른 사람이나 놀잇감에게 적용함 • 다른 사람이나 사물의 행동을 가작화함 　예 컵으로 인형에게 물 먹이는 시늉, 곰돌이 푸우 흉내내기
4단계 : 가작화 놀이의 통합 단계	• 하나의 상징적 쉐마를 동시에 여러 대상에게 적용하기도 함 • 여러 개의 쉐마를 일련의 순서로 연기함 　예 자신의 머리를 빗고 인형의 머리를 빗긴 뒤 친구의 머리를 빗어줌, 인형에게 입맞춘 뒤 침대에 눕히고 젖꼭지를 물린 뒤 자장가를 불러줌
5단계 : 계획적 상징놀이 단계	• 1단계에서 4단계까지의 놀이 요소를 포함함 • 놀이가 사전에 계획되었음을 언어나 비언어적으로 해설함 　예 "우리 병원놀이 하자. 내가 의사고, 진하는 간호사야. 그리고 너희가 손님인데 배가 아파서 병원에 왔어."

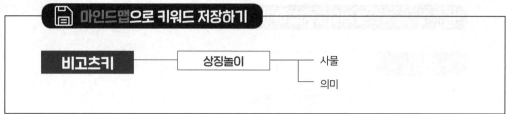

1. 비고츠키(Vygotsky)의 놀이이론

배경	• 비고츠키도 프로이드처럼 아동이 잊을 수 없거나 현실사회에 의해서 충족될 수 없는 소망들 간의 긴장에서 놀이가 도출된다고 보았음 ⇨ 긴장을 해소하기 위해 아동은 현실에서는 실현될 수 없는 소망을 실현시킬 수 있다는 상상적인 환상의 세계로 들어감 • 비고츠키는 정신분석이론가들이 추구하는 것처럼 특정한 놀이내용에 대해 고도로 지능화되고 상징화된 분석은 하지 않았음 • 대신, 상징적 상황이 보다 일반화된 정서적 요구나 동기에 의해 촉진되는 것으로 보았음 ⇨ 놀이는 본질적으로 소망을 충족시켜주며 놀이를 통해 충족되는 것은 분리된 소망들이 아닌 일반화된 정서
관점	• 비고츠키는 놀이의 동기를 정서적 억압이나 현실생활의 긴장과 같은 심리적인 문제로 보았음 • 이러한 억압이나 긴장의 해결은 긴장의 감소가 아닌 긴장을 통제하려는 보다 일반화된 연습으로 이루어지며, 인지적 성장을 이루려는 적응적 메커니즘을 통해 달성된다고 보았음
아동의 발달	• 어린 유아는 의미와 사물을 분리시킬 수 없어 막대를 가지고 말 타는 흉내를 낼 수 없음 ⇨ 의미와 사물이 하나로 인식되어 실제로 말(馬)을 보지 않고는 말을 생각할 수 없음 • 의미와 사물을 처음 분리할 수 있게 되는 때는 취학 전 아동기임 ⇨ 나뭇조각이 인형이 되고, 막대기가 말(馬)이 되는 가장놀이를 하면서 사물의 의미와 사물 자체가 구별됨 • 이러한 과정을 거쳐 유아는 사물이 표상하는 의미와 사물을 독립적으로 생각할 수 있게 됨

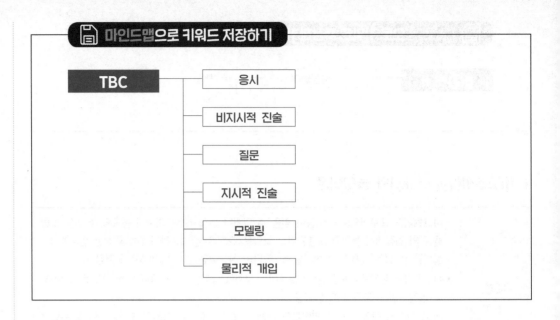

1. 교사 놀이지도 연속모형(TBC)의 유형

유형	예시
응시(관찰)	지켜보기
비지시적 진술	"선생님이 보니까 선화는 아기 인형에게 우유를 주고 있구나."
질문	"이제 아기에게 우유를 먹였으니 다음에는 어떻게 할까?"
지시적 진술	• "아기가 우유를 먹어서 배가 부르니까 유모차에 태우고 밖으로 나가자." • "너는 아빠고, 아기는 주연이가 하렴."
모델링	"아기에게 우유를 먹이려면 이렇게 안고 먹여야지. 선생님이 해볼까?"
물리적 개입	전화기를 유아의 귀에 잘 대주면서 아기가 아프다고 병원에 전화하라고 말함

2. 우드, 맥마한, 크랜스토운

병행놀이하기		• 유아가 편안함을 느끼게 하며, 놀이활동의 가치가 있음을 암시함 • 교사가 유아의 곁에서 동일한 놀이자료를 가지고 놀이함 ⇨ 상호작용은 없음
함께 놀이하기		• 놀이활동을 활성화시켜 성숙된 단계로 유도할 수 있음 ⇨ 친밀감 형성 • 교사가 유아의 놀이에 함께 참여하며, 유아가 주도권을 가짐
놀이교수	외적 중재	놀이장면 밖에서 교사가 놀이를 지도 ⇨ 제안, 질문 등
	내적 중재	놀이활동에 교사가 직접 참여하여 역할을 담당하고 이행하는 것
	주제 - 상상 훈련	사회적 역할놀이를 지도할 때 활용 ⇨ 주로 동극할 때 활용
현실 대변인		• 교수학습의 매개로서 놀이를 활용할 때 적용함 • 유아의 놀이장면 밖에서 놀이활동과 현실세계를 연결할 수 있도록 고무함

3. 존슨, 크리스타, 야키

관찰자	유아들의 놀이를 관객처럼 구경하면서 관찰하는 것
무대관리자	놀이를 위한 준비를 돕고, 놀이 배경을 꾸미는 데 도움을 주는 보다 적극적 역할 수행
병행놀이자	유아의 곁에서 동일한 놀이자료를 가지고 놀지만 직접적인 상호작용은 하지 않는 것
공동놀이자	• 유아의 놀이에 동등한 파트너로 참여하며 주변적인 역할을 맡음 • 놀이를 활성화시키고 교사와 유아 간의 친밀감을 형성할 수 있음
놀이리더	• 공동놀이자처럼 유아들의 놀이에 참여하지만 상당한 영향력을 행사함 • 놀이 이야기를 풍부하게 하며 놀이를 촉진시키기 위해 의도적으로 개입함 • 유아들이 놀이 시작에 어려움을 느끼거나 진행 중인 놀이가 중단되려고 할 때 사용함
지시자	• 유아의 놀이를 통제하고 유아에게 무엇을 할지 지시함 • 스스로 놀이에 참여하지 않거나, 친구들과 노는 데 어려움이 있는 유아에게 활용함
교수자	• 질문을 통해 학습을 위한 매개체로 놀이를 활용함 • 놀이를 잠시 중지하고 유아에게 학습과 관련되거나 현실지향적인 질문을 함 • 교사 개입은 꼭 필요한 경우에만 짧게 사용 ⇨ 유아들이 다시 놀이에 몰입하기 위함

Point 07 현대 놀이이론

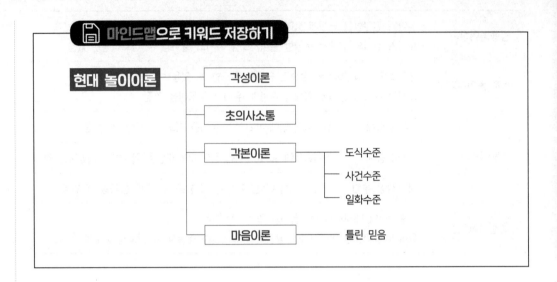

1. 각성이론 – 놀이는 자극 생산 활동(즐거움을 추구하기 위한 행동)

벌린	각성 수준을 적정하게 유지시키려는 중추신경계의 욕구를 만족시키기 위해서 놀이함
엘리스	• 놀이는 자극의 다양성을 창출함 • 유아를 최적의 각성 수준으로 끌어 올릴 수 있는 자극 추구 활동

2. 초의사소통

베이트슨	• 유아는 놀이를 통해 역할의 틀을 형성하고 재형성화하는 노력을 학습함 • 상위 의사소통을 통해 학습이 이루어짐
가비	유아들은 가상적인 특성의 놀이를 하는 동안 문제가 발생하면, 놀이를 멈추고 어려움을 해결하기 위하여 현실세계로 돌아옴 ⑩ 놀이의 틀을 설정하고, 여러 가지 상황·사물·행동을 친구들에게 이해시키고 설명해주기 위한 의사소통

3. 각본이론

(1) 개념

① 기억에 의해 활성화되는 경험의 구조로 특유의 놀이를 구성하는 하위 활동이나 장면의 연결망에 대한 지식을 의미함
② 놀이에는 유아의 개인적인 경험에 대한 지식이 나타남
③ 일상경험을 재구성해 놓은 기억에 관한 것

(2) 각본수준

쉐마(도식) 수준		한 가지의 소규모 사건에 관련된 한두 가지의 단순한 행동을 함
사건 수준	단순 사건	한 가지 목적을 달성하기 위해 최소 두세 가지 쉐마를 행하는 것 예 인형을 목욕시키고 침대에 눕히기, 인형에게 우유를 주고 등에 업기
	윤곽 사건	최소 네 가지 쉐마를 행하는 것 예 햄버거를 만들고, 커피를 타고, 케이크를 굽고, 샐러드를 만들기
에피소드 수준	단순 에피소드	한 가지 목적을 달성하기 위해 두 가지 이상의 각본을 행하는 것 예 케이크를 만들어서 친구에게 대접하기
	윤곽 에피소드	두 가지 이상의 윤곽 사건을 내포하는 것 예 여러 가지 음식을 장만하여, 여러 친구들에게 대접한 후, 설거지하기

4. 마음이론

개념		• 틀린 믿음이 주어진 상황에서 어떤 사건이 사실이 아님에도 불구하고 사실이라고 생각하는 것 • 유아가 타인의 틀린 믿음을 이해한다는 것은 타인의 생각이나 바람, 감정 등을 추론하고 이런 추론에 따라 타인의 행동을 예측하고 이해하는 능력인 '마음이론'을 형성했다는 것을 의미함
특징	인지적 측면	역할수용, 조망수용
	정의적 측면	공감, 감정이입
유아 관점		• 마음이론은 유아 자신의 생각, 신념, 의도, 감정과 같은 내적 마음 상태를 인지하고, 다른 사람도 자신과 같은 마음과 관점을 가진다고 여김 • 때로는 타인의 관점이 자신과 다를 수도 있음을 인식하는 것을 의미함

* 모범답안 736 ~ 739쪽

01 다음의 (가)는 유아들의 놀이에 대한 상황이고, (나)는 놀이 이론에 대한 교사들의 대화이다. 물음에 답하시오. [5점]

(가) 철수, 영희, 상욱이는 자유선택활동 영역에서 각자 10분 이상 놀이를 하고 있었다.

영희 : ㉠ 아휴, 나는 이제 힘들어. 좀 쉬어야겠어.

철수 : ㉡ 난 아직도 힘이 남아서 더 놀아야지.

상욱 : (역할영역에서) ㉢ 난 아빠처럼 출근하는 모습을 연습할 거야.

(나) 김 교사와 박 교사의 대화

김 교사 : 유아 놀이의 특성은 ㉣ 유아가 여기와 지금의 현실적 구속에서 벗어나 새로운 가능성을 경험하도록 한다는 것이지요.

박 교사 : 그렇죠. 유아 놀이는 ㉤ 유아의 자아 존중감과 주도성을 발전시키는 중요한 역할도 하지요.

1) (가)의 ㉠을 설명할 수 있는 쉴러(Schiller)가 제시한 놀이 이론을 쓰시오. [1점]

_____

2) (가)의 ㉡을 설명할 수 있는 라자루스(Lazarus)가 제시한 놀이이론을 쓰시오. [1점]

_____

3) (가)의 ㉢을 설명할 수 있는 그루스(Groos)가 제시한 놀이 이론을 쓰시오. [1점]

_____

4) (나)의 ㉣을 설명하는 용어를 유아 놀이의 특성 측면에서 쓰시오. [1점]

_____

5) (나)의 ㉤을 설명하는 용어를 유아 놀이의 특성 측면에서 쓰시오. [1점]

_____

02 다음은 학습공동체에서 놀이 이론에 대한 교사들의 대화이다. 물음에 답하시오. [5점]

> 김 교사 : 유아들이 놀이를 통해 ㉠ 신체발달과 에너지 방출의 기회를 얻으며 자신의 감정을 조절하는 방법을 배우고, 부정적인 감정을 여과하며 충돌을 통제하는 방법을 배우기 때문에 사회에 참여하는 기술을 터득하게 되지요.
>
> 박 교사 : 그렇군요. 에릭슨은 유아가 놀이를 통해 현실의 요구에 익숙해지는 모형의 상황을 창출한다고 하였지요. (㉡) 놀이 단계에서는 자신의 신체를 가지고 감각적 지각이나 근육 운동 및 발성을 반복하여 시도한다고 하였고, 미시 영역 놀이단계에서는 (㉢)(이)나 사물을 대상으로 놀이한다고 하였고, (㉣) 놀이 단계에서는 유아가 다른 친구와 함께 놀이하는 것이라 하였지요.
>
> 백 교사 : 맞아요. 에릭슨 이론에 의하면 유아는 놀이를 통해 현실의 요구에 익숙해지는 모형의 상황을 창출하고, 유아는 놀이를 통해 주변 세계에 대한 숙달감을 발달시킴으로써 (㉤)을/를 강화시켜 나가게 되는 것이죠.

1) 김 교사의 ㉠를 설명하는 유아 놀이 종류를 쓰시오.

[1점]

_____

2) 박 교사의 ㉡, ㉢, ㉣에 들어갈 적합한 용어를 쓰시오.

[3점]

㉡ _____

㉢ _____

㉣ _____

3) 백 교사의 ㉤에 들어갈 적합한 용어를 쓰시오. [1점]

㉤ _____

03 다음은 유아들의 놀이에 대한 내용이다. 물음에 답하시오. [5점]

(가) 교사가 엄마 역할을 하고 있다.

교사 : 영훈아, 생일 축하해.

영훈 : 헤헤… 엄마, 고마워요.

영은 : 난 영훈이한테 곰인형을 선물해 줄 거예요. 자, 곰인형에게 이 파란 리본을 달아준 다음에.

교사 : 참 귀여운 곰이구나.

영은 : (곰인형을 건네며) 영훈아, 생일 축하해.

영훈 : 고마워.

교사 : 그래, 영은아. 영훈이랑 사이좋게 놀아라.

영은 : 네.

(나) 철수는 놀이에 직접 참여하지 않고 적목으로 집을 만들고 있는 영희를 쳐다보다가 영희에게 "너 그게 뭐니?"라고 묻는다. 철수의 행동은 파튼의 사회적 놀이 형태 중 (㉠)(이)다.

(다) 철수가 컵으로 소리를 내며 마시는 시늉을 하거나 코를 골며 잠자는 시늉을 한다.

(라) 정수는 역할놀이 영역에 혼자 앉아 있다.

은주 : (한 손에 인형을 들고 정수에게 다가가 보여 주며) 나는 엄마다.

정수 : (은주 손의 인형을 바라보며) 그래? 그럼 나는 아빠할까?

은주 : 좋아. 그럼 우리 목욕탕에서 아기 목욕시키는 거하고 놀자.

정수 : ㉡ 여기는 목욕탕이고, ㉢ 이 블록은 비누야.

은주 : 응, 여보. 우리 아기 목욕시켜야 해요. 비누 좀 집어주세요.

정수 : 내가 아기 씻겨 줄게요. (인형 얼굴을 블록으로 박박 문지른다.)

은주 : 야~! 인형을 그렇게 박박 문지르면 어떻게 해? 아기는 조심조심 씻겨야 한단 말이야.

정수 : 알았어…. 여보, 우리 아기가 시원한가 봐요

---

1) (가) 상황에서 유아의 사회극 놀이를 촉진하기 위해 교사가 개입하고 있는 역할을 존슨, 크리스타, 야기가 언급한 용어로 쓰시오. [1점]

_____

2) (나)의 ㉠에 들어갈 적합한 용어를 쓰시오. [1점]

㉠ _____

3) (다)는 맥쿤의 상징놀이의 발달 과정 중 (①) 단계이다. ①에 들어갈 적합한 용어를 쓰시오. [1점]

① _____

4) 스밀란스키(S. Smilansky)가 중요시하는 사회적 극놀이를 촉진하는 요소 중 (라)의 ㉡과 ㉢를 설명하는 용어를 쓰시오. [2점]

㉡ _____

㉢ _____

04 다음은 만 4세반 교실의 쌓기놀이 영역에서 놀고 있는 준희를 관찰한 기록이다. 준희는 평소 공룡 만화 영화 보기를 좋아하고, 혼자놀이를 자주 하는 편이다. 물음에 답하시오. [5점]

준희는 티라노사우루스의 흉내를 내며 바닥에 있는 공룡 장난감을 발로 요란스럽게 차고, 넘어뜨리며 "너의 뼈를 부러뜨릴 거야. 너를 부숴 버릴 거야."라고 말한다. 잠시 후 스테고사우루스 장난감 2개를 집어 든 준희는 그 중 하나로 바닥에 놓여있는 공룡들에게 "빨리 내 뒤에 숨어. 난 너희를 해치지 않아. 난 널 도우려는 거야."라고 말한다. 다른 공룡들을 의자 뒤로 숨기며 "여기 있어. 너희들은 안전해."라고 한다.

다른 공룡들을 도와주는 스테고사우루스가 된 준희는 티라노사우루스를 내리치며 "널 죽일 거야."라고 말한다. 준희는 티라노사우루스를 다른 곳으로 옮긴 후 "야! 티라노사우루스를 무찔렀어!"라고 소리치며 숨겨 놓았던 다른 공룡들을 모두 가지고 온다.

준희는 공룡들에게 "이제 너희들은 모두 안전해."라고 말하고 블록으로 만든 우리에 티라노사우루스를 가둔 후 "넌 나쁜 짓을 했으니까 친구들과 헤어져서 여기에 있어야 해."라고 말한다. 준희는 티라노사우루스가 나오지 못하도록 우리를 더 튼튼하게 만들고 있다.

1) 김 교사는 위의 관찰 기록을 기초로 유치원에서 (①) 놀이를 허용하고자 하였다. ①에 들어갈 적합한 용어를 쓰고, ②, ③에 들어갈 적합한 용어는 스카트와 팬세프(Scott & Panksepp)가 제시한 용어로 쓰시오. [3점]

유치원에서 괴롭힘과 관련된 행동은 대부분 남아에게서 많이 나타난다. 그 이유는 여아보다 남아가 좀 더 공격적이고 폭력적인 (①) 신체놀이를 많이 하는 경향이 있기 때문이다. (①) 신체놀이는 남아에게는 자연스럽게 나타나는 신체, 사회, 가상놀이의 조합이다. 남아에게 보이는 (①) 신체놀이는 신체적 욕구를 방출하는 것뿐 아니라 (②)을/를 쌓도록 하고 협동적인 (③)와/과 태도를 활성화시킨다.

① _____

② _____

③ _____

2) 김 교사는 준희를 지도하기 위하여 1)의 (①) 신체놀이에서 드러난 공격성이나 폭력성을 미술, 대화, 그림책 읽기와 같은 방법을 통해 다룰 수 있게 하여 스스로 다양한 상황을 만들어 정서를 조절하는 능력을 발달시키도록 하였다. 이때, 김 교사가 접근한 발달이론의 명칭을 쓰시오. [1점]

_____

3) 준희와 관련하여 다음을 읽고 ①에 적합한 내용을 쓰시오. [1점]

유아들은 가파른 미끄럼틀을 내려가려고 준비할 때 약간의 걱정과 두려움이 동반된다. 그러나 유아가 반복해서 미끄럼틀을 타는 것을 보면 이러한 두려운 상황도 매우 즐거운 특성을 지니게 하는 것 같다. 이러한 놀이행동의 징표를 스미스(Smith)와 볼스텟(Vollstedt)은 (①)(이)라고 하였다.

① _____

05 다음의 (가)는 만 4세반 김 교사가 관찰한 모래 놀이 영역에서 나타난 놀이 장면의 일화기록이고, (나)는 놀이에 대한 이론이다. 물음에 답하시오. [5점]

(가) 영미와 수진이는 모래로 케이크를 만들고 차를 끓이면서 엄마 놀이를 하고 있다. 이때 민주가 다가와 이 둘은 바라본다. 민주는 한동안 이들을 바라본 후, 모래 놀이 영역 주위를 세 번 돈다. 그리고 ⊙ 민주는 모래 놀이 영역으로 들어가 앉은 후, 주변에 있는 다른 찻잔을 잡고 마시는 척 한다. 영미는 민주에게서 찻잔을 뺏고, 안 돼라고 조그맣게 말한다. 민주는 다시 이들의 놀이를 바라본다.

잠시 후, 민주는 영미에게 다가가 모래로 케이크 팬을 채운다. 민주가 영미를 바라본 후, "우리는 친구야. 그렇지, 영미야?"라고 말한다. 영미는 민주를 쳐다보지 않고 케이크 팬에 모래를 계속 담는다.

민주는 영미 옆에 앉아 숟가락으로 냄비에 모래를 담기 시작한다. 영미는 수진이에게 "나는 케이크를 만든다."라고 말한다. 그리고 "우리는 엄마야. 맞지, 수진아?"라고 민주가 말하자, 수진이가 "맞아."라고 말한다. 세 유아는 20분간 놀이를 계속하였고, 정리 시간을 알리는 소리가 들린다.

(나) 비고츠키(L. Vygotsky) 이론에 의하면 놀이는 유아의 근접발달지대를 창출하며, 이때 성인의 (ⓒ)은/는 매우 중요하다. 상징놀이에 관해서는 사물로부터 (ⓒ)의 분리를 도와줌으로써 추상적 사고의 발달에 필수불가결한 준비의 역할을 한다고 보았다.

---

1) (가)의 ⊙에 나타난 파튼의 놀이유형을 쓰시오. [1점]

_____

2) (가)에서 일화기록 작성 시 유의점에 근거하여 ① 부적절한 사례를 찾아 쓰고, ② 그 사례를 수정하시오. [2점]

① _____

② _____

3) (나)의 ⓒ과 ⓒ에 들어갈 적합한 용어를 쓰시오. [2점]

ⓒ _____

ⓒ _____

06 다음의 (가)는 유아들이 교실에 설치된 프로젝터와 스크린 사이에서 우연히 발견한 그림자에 관심을 가지며 놀이하는 상황이고, (나)는 유아 놀이 유형에 대한 내용이다. 물음에 답하시오. [5점]

(가) 유아들의 놀이 상황

현수: (우연히 스크린에 나타난 자신의 그림자를 발견한다.) 와! 여기 봐! 그림자다!

미라: (현수 옆에 서며) 어? 여기도 있어.

현수: (자신의 그림자를 보며 프로젝터 앞으로 가까이 걸어가다가 멈춰 선다.) 그런데 그림자가 아까보다 더 커졌어. ㉠ 내 그림자가 네 그림자보다 더 커.

미라: (현수처럼 프로젝터 앞으로 걸어가며) 야! 나도 커졌어.

현수: 어? 내가 컸는데 이상하다! (뒤로 물러선다.)

미라: 어? 진짜, 커졌다 작아졌다 그러네?

···(중략)···

철수: (그림자 놀이를 하고 있는 현수에게) 야, 나도 좀 해보자.

현수: 안 돼!

철수: 너만 많이 했잖아. 나도 좀 해 보자.

현수: 그래, 어떻게 할까?

미라: 그럼, ㉡ 가위바위보 하자.

유아들: (가위바위보를 한다.)

(나) (㉢) 놀이는 유아가 동화 속의 등장인물이 되어서 이야기 내용을 가작화하는 놀이이다. (㉢) 놀이는 동화의 이야기와 같이 유아기 직접적으로 (㉣) 을/를 소재로 다루기 때문에 극놀이의 시작과 끝 부분이 있고, 이야기가 체계적으로 잘 구성되어 있는 특성이 있다. (㉢) 놀이는 집단 활동 시간에 교사가 동화의 이야기 흐름에 맞춰 역할 분담, 소품 준비, 동화 이야기 들려주고 (㉤)하기 등의 보다 적극적인 역할을 수행하게 된다.

---

1) (가)에서 카미-드브리스 프로그램(Kamii & DeVries Program)의 3가지 지식 유형 중 ㉠과 ㉡에 나타내는 지식관을 쓰시오. [2점]

㉠ _____

㉡ _____

2) (나)에서 ㉢, ㉣, ㉤에 들어갈 적합한 용어를 쓰시오. [3점]

㉢ _____

㉣ _____

㉤ _____

07 다음은 학습공동체에서 놀이 이론에 대한 교사들의 대화이다. 물음에 답하시오. [5점]

> 김 교사 : 파튼(Parten)은 ⊙ 같은 공간에서 다른 유아들과 비슷한 놀잇감을 가지고 놀이를 하지만 옆의 유아들의 놀이에 영향을 미치려 하지 않는 놀이단계와 ⓒ 서로 놀잇감을 교환하기도 하고, 다른 유아를 따라하기도 하는 놀이단계를 제시하였죠.
>
> 박 교사 : 맞아요. ⓒ 놀이를 하는 유아들을 쳐다보면서 집단에 좀 더 접근하기 위해 질문이나 제안을 하기도 하는 행동을 제시하기도 하였지요.
>
> 백 교사 : 그렇군요. 스밀란스키(Smilansky)는 피아제의 놀이유형 재조직하여 ② 피아제의 놀이 발달단계에 포함되지 않는 단계를 제시하였지요.
>
> 홍 교사 : 맞아요. 피아제는 '유아가 비어있는 커피 잔을 들고 커피가 가득 들어있다고 가장하면서 커피마시기'를 하는 것은 유아들의 놀이는 조절보다 동화가 우세한 (⑩)의 예라고 하였지요.

1) 김 교사가 언급한 ⊙과 ⓒ의 놀이단계의 분류기준은 파튼(Parten)의 (①)에 따른 분류이다. ①에 들어갈 적합한 용어를 쓰시오. [1점]

① _____

2) 파튼이 분류한 ⓒ의 행동을 무엇이라고 하는지 쓰시오. [1점]

_____

3) ① ②과 관련된 놀이유형을 쓰고, 이는 피아제(Piaget)가 이 놀이유형을 (②)와/과 규칙 있는 게임의 중간 단계로 보았기 때문이다. ①과 ②에 적합한 용어를 쓰시오. [2점]

① _____

② _____

4) 홍 교사의 ⑩에 들어갈 적합한 용어를 쓰시오. [1점]

⑩ _____

08 다음은 유아들의 놀이상황이다. 물음에 답하시오.
[5점]

(가)

철수 : 떡볶이 드실래요?

교사 : 그래, 좀 주겠니?

철수 : 여기 있어요. (장난감 접시에 모래를 담아서 준다.)

교사 : 고맙다. 맛있어 보이는구나. 콜라도 있니?

철수 : 영희야, 선생님께 콜라 드려.

영희 : 여기 있어요. (뚜껑이 닫힌 장난감 병을 선생님께 드린다.)

교사 : 고맙다. 어떻게 열지?

영희 : 내가 열어 드릴게요. (㉠ 병뚜껑을 열어 컵에 따르는 시늉을 한다.)

교사 : 고맙다.

철수 : 맛있어요?

교사 : 응, 정말 맛있어. (먹는 흉내를 낸다.)

(나) 유치원에서 숙명이가 인형을 가지고 혼자 만지작거리고 있다. 그런데 다른 친구들은 소꿉코너에서 가게 놀이를 하고 있다. 이때 교사는 혼자 앉아 있는 숙명이에게 접근하여 "아기가 무척 배가 고픈가 봐요. 왜 저 가게에 가서 아기에게 먹일 우유를 사지 그러세요."라고 의견을 말한다.

(다) 두 명의 아동이 자동차와 블록을 가지고 놀고 있다.

교사 : 그것은 무엇이니, 철이야? (철이는 자동차와 모형마을을 가지고 놀고 있다.)

철이 : 문이요.

교사 : 문? 그러면 자동차가 문에 부딪치지 않게 문을 열어야 하지 않니?

철이 : 으음….

교사 : 그렇지 않으면 아마도 너는 자동차를 부수게 될 거야.

옥희 : 그래, 자동차가 부서질 거야.

철이 : 부서지겠지.

옥희 : 그리고 경찰이 달려 올 거야.

교사 : 경찰은 무엇을 하지?

옥희 : 자동차를 고쳐요.

교사 : 경찰이 자동차를 고치니? 내 생각에는 경찰은 자동차를 고치는 것 같지 않아. 경찰은 자동차를 고치기 위하여 다른 사람에게 가지고 간다.

옥희 : 가게로요.

1) (가)의 사례는 우드, 맥마한 등이 제시한 ① 놀이지도 방법 중 무엇인지 쓰고, 이 놀이지도 방법에서 교사와 유아가 가장 자주하는 대화 중 '유아의 대화나 행동에 대한 반응'하는 ② 사례를 (가)에서 찾아 쓰고, ③ ㉠에 나타난 스밀란스키(S. Smilansky)의 사회극 놀이의 조건을 쓰시오.
[3점]

① _____

② _____

③ _____

2) (나)의 사례를 스밀란스키의 이론에 기초하여 교사가 사용한 놀이 개입의 유형을 쓰시오.　　[1점]

_____

3) (다)의 교사가 놀이에서 어떤 역할을 하였는지 쓰시오.
[1점]

_____

09 (가)는 사자춤 동영상을 감상한 후 김 교사와 유아들이 역할놀이 영역에서 진행한 놀이 장면이고, (나)는 놀이 장면의 일부이다. 물음에 답하시오. [5점]

(가) 김 교사는 역할놀이 영역에서 정민, 진영, 민우의 놀이를 바라보고 있다. 다음 놀이는 15분 이상 진행되었다.

민우 : (정민, 진영을 보며) 애들아, 우리 아까 본 사자춤 놀이해 볼래?

진영 : 재미있겠다. 그런데 어떻게 해?

민우 : 사자 옷이 필요해. (보자기를 꺼내 어깨에 두른다.) 사자 털도 있으면 좋겠다.

(㉠ 교사는 사자 갈기처럼 생긴 술이 달린 인디언 치마를 소품 통에 비치한다.)

　　　　　　…(중략)…

정민 : 선생님, 둥둥둥 북소리 내주세요. 우리가 춤출게요.

진영 : (인디언 치마를 머리에 쓰고서 덩실거리면서) 어흥~ 나는 사자다.

민우 : (가만히 서서) 무서워, 살려줘!

진영 : 그런데 민우야, 사자는 춤을 춰야지. 우리가 춤추기로 했잖아.

민우 : (진영이와 함께 어깨를 덩실거리며 몸을 흔든다.)

정민 : 선생님, 이번에는 내가 북을 치고 싶어요. 선생님이 사자하세요.

(㉡ 교사는 정민이와 역할을 바꾸고 정민이의 북소리에 맞춰 민우, 진영이와 함께 사자춤을 춘다.)

(나) 유아들이 역할놀이 영역에서 소꿉놀이를 하고 있다.

㉢ ⎡ **소연** : (빈 컵을 입에 갖다 대며 마시는 시늉을 하며) 아, 시원하다.
　 ⎣ **민채** : 아기도 목 말라. (인형의 입에 빈 컵을 갖다 대며 먹이는 시늉을 하며) 아가야, 이제 됐어?

　　　　　　…(중략)…

㉣ ⎡ **진우** : (인형과 수건을 가지고 교사에게 다가가며) 선생님, 아기 업을래요.
　 ⎣ **민지** : 나도 아기 업을래. 어? 인형이 없네. (쌓기놀이 영역에 가서 종이 벽돌 블록과 보자기를 가져오며) 선생님, 나도 아기 업을래요. 이거 묶어 주세요.

---

1) (가)의 ㉠, ㉡에 나타난 각 교사 역할을 존슨, 크리스티, 야키가 제시한 용어로 쓰시오. [2점]

　㉠ _____

　㉡ _____

2) (가)와 (나)에 나타난 유아들이 사물의 용도, 행동, 상황을 다양하게 상상해서 언어나 행동을 표현하거나 사물로 대치하는 행동을 (①)(이)라고 한다. ①에 들어갈 적합한 용어를 쓰시오. [1점]

　① _____

3) (나)의 ㉢과 ㉣에 나타난 피아제가 제시한 상징놀이의 구성요소를 쓰시오. [2점]

　㉢ _____

　㉣ _____

10 다음 (가)는 동화의 일부이며, (나)는 (가)를 읽은 후 일어난 상황이다. 김 교사는 (나)를 동료 교사들과 함께 해석해 보았다. 물음에 답하시오. [5점]

(가) 옛날에 배고픈 호랑이가 먹이를 찾아 마을로 내려와 어느 집으로 들어갔다. 그 집에는 아기가 계속 울고 있었다. 어머니는 아기에게 호랑이가 잡으러 온다고 말하면서 달래지만 아기는 울음을 그치지 않았다. 그런데 아기에게 곶감을 건네자 울음을 뚝 그쳤다. 이를 본 호랑이는 자기보다 더 무서운 놈이 곶감인 줄 알고 외양간으로 숨었다. 마침 소도둑이 소를 훔치러 외양간으로 들어갔다가 호랑이를 소로 착각하고 등에 올라탔다. 그러자 호랑이는 소도둑이 곶감인 줄 알고 줄행랑을 쳤다.

(나) 희철, 다정, 진우, 승규가 「호랑이와 곶감」 동화를 함께 읽은 후에 극놀이를 하는 장면이다. 희철이는 호랑이, 다정이는 어머니, 진우는 아기, 승규는 소도둑을 하기로 한다.
                                       …(중략)…
㉠ 다정이는 주황색 플라스틱 조각을 가져와 '곶감'으로 사용하기로 하고, 희철이는 모루(털철사)를 길게 꼬아 허리에 두른 후에 "호랑이다."라고 말한다. 희철이가 역할놀이 영역의 식탁에 앉아 있는 다정이와 진우를 바라본다. 진우가 가만히 있자 ㉡ 다정이는 진우에게 "울어야지."라고 말한다. 진우가 "응애, 응애."라고 하자 다정이는 "울면 호랑이에게 잡혀 가."라고 말하지만 진우는 계속 "응애, 응애." 소리를 낸다. 다정이는 진우에게 ㉢ "아가야, 울지마. 곶감 줄게."라고 말하고 주황색 플라스틱 조각을 건넨다. 그러자 진우가 울음을 뚝 그친다. 희철이는 "우와! 곶감이 호랑이보다 더 무섭다. 도망가자!"라고 하더니 승규에게 ㉣ "승규야, 소도둑이 되어야지!" 하며 쿵쾅쿵쾅 뛰어 간다.

1) (나)의 극놀이 지속시간을 길게 하고 극화를 위해 사건과 사물을 '~인 척 하는 (①)'을/를 할 수 있다. ①이 무엇인지 쓰고, ② 그 의미를 설명하시오.   [2점]

① _____

② _____

_____

2) ㉠과 ㉢의 놀이상황에는 (①)의 특성이 나타나고 있다. ①이 무엇인지 쓰고, ② 그 의미를 설명하시오.   [2점]

① _____

② _____

_____

3) ㉡에 나타난 의사소통을 할 수 있는 것은 유아가 (①)을/를 사용하기 때문이다. ①에 적합한 용어를 쓰시오.
                                       [1점]

① _____

11 (가)와 (나)는 놀이 장면의 교사개입에 대한 내용이다. 물음에 답하시오. [5점]

(가) 유아들이 역할놀이 영역에서 병원놀이를 하고 있다. 교사는 유아들의 놀이를 지켜보고 있다.

소연 : 지현이 너가 환자 역할해. 난 의사할 거야.

지현 : 싫어. 나도 환자하기 싫어. 난 간호사하고 싶단 말이야.

교사 : 무슨 일이니? 둘 다 환자 역할 말고 다른 역할을 하고 싶구나. 어떻게 하면 좋을까?

소연 : 선생님이 환자 역할 해 주세요.

교사 : 그것도 좋은 생각이구나. (㉠ 환자 흉내를 내며 역할놀이 영역에서 유아와 함께 놀이한다.) 의사 선생님~ 저 배가 아파요. 좀 봐주세요.

(나) 교사는 역할놀이 영역에서 놀고 있는 ㉡ 유아들을 가까운 거리에서 지켜본다. 또래의 놀이를 보고 있던 윤아는 병원으로 꾸며진 역할놀이 영역에 들어와 인형 옷을 입히며 혼자놀이를 하고 있다. 이때 교사는 역할놀이 영역 안으로 들어가서 개입한다.

교사 : 나는 유명한 의사예요. 아기가 아픈 사람은 와서 진찰을 받아요.

윤아 : 지금 의사선생님께 가려고 하였어요.

---

1) (가)의 ㉠과 관련된 교사의 개입은 존슨 등(J. Johnson et al.)의 놀이개입 유형 중 어디에 해당하는지 쓰시오. [1점]

_____

2) (나)의 ㉡에 나타난 교사의 역할은 존슨 등(J. Johnson et al.)의 놀이개입 유형 중 어디에 해당하는지 쓰시오. [1점]

_____

3) (나)에 나타난 스밀란스키(Smilansky)의 놀이교수(play tutoring) 방법 중 무엇인지 쓰시오. [1점]

_____

4) 다음 ①과 ②에 들어갈 적합한 용어를 쓰시오. [2점]

스밀란스키(Smilansky)가 사용한 놀이교수(play tutoring) 방법 중 (①)은/는 교사가 놀이에 직접 참여하지는 않고 유아의 놀이 장면 밖에서 놀이를 지도하는 형태이다. 즉, 놀이의 시작을 제시하고 놀이 장면을 교사가 주도적으로 지시하며 (②) 놀이 행동을 유도한다.

---

① _____

② _____

12 다음은 (가)는 유아들의 사회적 놀이 장면이고, (나)는 카미-드브리스가 제시한 게임의 종류이고, (다)는 유아들이 교실에 설치된 프로젝터와 스크린 사이에서 우연히 발견한 그림자에 관심을 가지며 놀이하는 상황이다. 물음에 답하시오. [5점]

(가) 병원놀이 장면

의　사 : 어서 오세요. 어디가 아프세요?

환　자 : 머리가 아파요.

의　사 : (장난감 청진기를 머리에 댄다.) 누워보세요.

환　자 : (눕는다.) 너무너무 아파서 큰일 났어요. 수술해야 되나요?

의　사 : 네, 수술해야 돼요. 수술 칼이 어디 있지? 어! 없네. (검지손가락을 펴며), ㉠ <u>손가락이 수술 칼이에요.</u> 그래서 하나도 아프지 않아요. (검지손가락으로 머리를 자르는 흉내를 낸다). 쓱싹 쓱싹. (말로 한다.) 간호사! 여기 좀 꿰매야 하니까 실이랑 바늘 좀 주세요.

간호사 : 네, 알았습니다. (마땅한 도구를 이리저리 찾는데 잘 보이지 않는지 망설이다가, 얼른 뛰어가서 리듬막대를 가져온다.) 여기 있어요. 이것이 바늘이고요. 실은 이거예요. (㉡ <u>아무것도 없이 손을 오므렸다 펴면서 의사에게 주는 시늉을 한다.</u>)

의　사 : (실은 받는 시늉을 하고 바늘은 받아 쥔다.) 빨리 해야 해요. 피가 나니까요. 자, 다 됐어요. 어서 일어나세요.

환　자 : 약은요? (아픈 시늉을 한다).

의　사 : 약국에서 받아 가세요. 하루에 세 번 먹으세요.

(나)

• 목적물 맞추기 게임
• 경기(race)
• 쫓기 게임
• 숨기기 게임
• 알아맞히기 게임
• 언어적 지시 게임
• 카드 게임
• 판을 이용한 게임

(다)

현수 : (우연히 스크린에 나타난 자신의 그림자를 발견한다.) 와! 여기 봐! 그림자다!

미라 : (현수 옆에 서며) 어? 여기도 있어.

현수 : (자신의 그림자를 보며 프로젝터 앞으로 가까이 걸어가다가 멈춰 선다.) 그런데 그림자가 아까보다 더 커졌어. 내 그림자가 네 그림자보다 더 커.

미라 : (현수처럼 프로젝터 앞으로 걸어가며) 야! 나도 커졌어.

현수 : 어? 내가 컸는데 이상하다! (뒤로 물러선다.)

미라 : 어? 진짜, 커졌다 작아졌다 그러네?

철수 : (그림자 놀이를 하고 있는 현수에게) 야, 나도 좀 해보자.

현수 : 안 돼!

철수 : 너만 많이 했잖아. 나도 좀 해 보자.

현수 : 그래, 어떻게 할까?

미라 : 그럼, 가위바위보 하자.

유아들 : (가위바위보를 한다.)

1) (가)의 ㉠에 나타난 스밀란스키의 사회적 극놀이의 요소를 쓰시오. [1점]

_____

2) (가)의 ① ㉡에 나타난 스밀란스키의 사회적 극놀이의 요소를 쓰고, ② ㉠과 ㉡을 묶어 무엇이라고 하는지 쓰시오. [2점]

① _____

② _____

3) (나)는 카미-드브리스가 제시한 (　①　)게임의 종류이다. ①에 들어갈 적합한 용어를 쓰시오. [1점]

① _____

4) (다)의 사례처럼 아이젠버그와 자롱고는 유아를 위한 게임은 (　①　)이/가 적고, 점수화 체계가 단순한 것이 좋다고 하였다. ①에 들어갈 적합한 용어를 쓰시오. [1점]

① _____

13 (가)와 (나)는 만 3세반 최 교사가 작성한 활동계획안의 일부이다. 물음에 답하시오. [5점]

	목표	누리과정 관련 요소
	• 음식을 골고루 먹는 것은 몸을 튼튼하게 한다는 것을 안다. • 도구를 안전하게 사용한다. • 요리재료의 특성을 안다.	• **신체운동·건강** : 건강하게 생활하기 • **신체운동·건강** : 안전하게 생활하기 • **자연탐구** : 생활 속에서 탐구하기
	창의·인성 관련	
	• **창의성** : (생략) – (생략) • **인성** : 질서 – 기초질서	
	활동방법	
(가)	• 요리 재료를 살펴보며 이야기 나눈다. 　– 이 재료는 무슨 색이니? 　– 이렇게 색이 다른 음식들을 골고루 먹어야 우리 몸이 튼튼해지는구나. • 요리 도구를 바르게 사용하는 방법에 대해 함께 이야기 나눈다. 　– 이것은 무엇을 할 때 사용하는 것일까? 　– 만약 잘못 사용하면 어떤 일이 생길까? 　– 바르게 사용하는 방법은 무엇일까? • 요리 순서도를 보며 만드는 방법을 알아본 후 요리를 한다. 　– 유아들과 함께 핫플레이트를 이용해 당근을 삶아 삶기 전과 삶은 후의 변화를 탐색해 볼 수 있도록 한다. 　　　　　　　　…(하략)…	
	확장활동	
(나)	민정이와 은혜는 밀가루 반죽을 동그랗게 빚고 있다. 민정이는 공 모양 밀가루 반죽을 손바닥으로 눌러 넓적하게 만들면서 "와! 빈대떡이다. 내 찰흙이 너보다 더 많다~"라며 즐거워한다. 　　　　　　　　…(하략)…	

1) 카미와 드브리스 프로그램(Kamii & DeVries Program)에서는 지식을 3가지 유형으로 제시하였다. (나)는 이 3가지 지식 유형 중 (①)에 해당한다. ①이 무엇인지 쓰고, 다음에 적합한 용어를 쓰시오. [2점]

(②)은/는 논리·수학적 지식의 범주에 속하지만 논리·수학적 지식이 물리적 지식이나 사회적 지식과 무관한 것은 아니다. 유아가 발달하면서 축적하는 물리적 지식과 사회적 지식은 논리·수학적 지식의 틀을 구성하는 데 도움을 준다. 마찬가지로 논리·수학적 체계는 물리적 지식이나 사회적 지식을 구성하는 데 반드시 필요하다. 예를 들어, 블록을 블록으로 인식하는 것이나 블록의 색 등 물리적 지식의 구성을 위해서는 논리·수학적 지식이 필요하며, 특정 단어가 나쁜 말이라는 것을 인식하는 사회적 지식을 위해서는 단어들을 좋은 단어와 나쁜 단어로 분류할 수 있어야 하기 때문이다. 이처럼 세 가지 유형의 지식은 상호 순환관계를 통해 (②)의 발달을 촉진한다.

① _____

② _____

2) 다음 ①에 들어갈 적합한 용어를 쓰시오. [1점]

피아제가 제시한 지식 중 (①)(이)란 물체의 색깔, 모양, 강도, 탄성 등과 같은 외적인 실재에 관한 지식이다.

① _____

3) 카미–드브리스 게임의 종류를 제시한 것이다. 적합한 용어를 쓰시오. [2점]

• '무궁화 꽃이 피었습니다.'와 같은 게임을 (①)(이)라고 한다.
• 비밀주머니, 물건 찾기 놀이와 같은 게임을 (②)(이)라고 한다.

① _____

② _____

14 (가)는 맥쿤(McCune)의 상징놀이에 관한 내용이고, (나)는 놀이상황에서 교사가 한 역할이고, (다)는 설리반(Sullivan)이 제시한 게임유형의 발달에 대한 내용이다. 물음에 답하시오. [5점]

(가)

철수 : 장난감 전화기를 들고 "여보세요?"라고 말하며 전화 받는 시늉을 한다.

한수 : 컵으로 인형에게 우유를 먹이는 놀이 행동을 한다.

미래 : 열쇠를 자물쇠에 끼워본다.

영희 : 인형에게 입맞춤을 해주고 침대에 눕힌 후 고무 젖꼭지를 물려준다.

광희 : 막대기를 들고 "이건 칫솔이야."라고 말하며 이 닦는 동작을 흉내낸다.

(나) 교사는 유아들을 '식사 준비하기' 놀이에 초대하는 것으로 놀이장면을 시작한다. 그러나 일단 놀이가 시작되자 놀이의 주도권은 유아에게로 넘어가고, 유아는 무엇을 먹을 것인지, 언제 먹어야 하는지를 결정한다. 가작화 역할을 하는 동안, 교사는 식사 메뉴에 관하여 묻거나 배가 고프다는 것만 말한다.

(다)
㉠ 편게임
㉡ 성인과 함께 하는 놀이
㉢ 비형식적 사회놀이
㉣ 비형식적 개별놀이
㉤ 개별적·경쟁적 게임

---

1) (가)에서 ① 철수, ② 한수, ③ 미래에게 나타나는 맥쿤의 상징놀이 단계를 쓰고, ④ 맥쿤의 상징놀이 발달단계의 순으로 5명 유아의 이름을 나열하시오. [2점]

① _____

② _____

③ _____

④ _____

2) (가)의 광희에게 나타나는 맥쿤의 상징놀이 단계를 설명하시오. [1점]

_____

3) (나)에 나타난 교사의 역할을 존슨, 크리스타, 야키가 제시한 용어로 쓰시오. [1점]

_____

4) (다)에 제시된 기호를 게임 유형의 발달단계의 순서대로 나열하시오. [1점]

_____

15 다음 사례는 만 5세반 송 교사가 자유선택활동 시간에 관찰한 내용의 일부이다. 물음에 답하시오. [5점]

> 자유선택활동 시간에 역할놀이 영역에서 남아인 정수와 여아인 지연이가 같이 놀이를 하고 있다.
>
> 정수가 놀잇감 속에서 여성용 가발과 앞치마를 꺼내 든다. 그리고 가발을 머리 위에 뒤집어 쓰고 앞치마를 두르고는 거울 앞에 선다. 정수가 거울에 비친 자신의 모습을 바라보더니 몇일 전에 집에서 봤던 ㉠ 요리하는 엄마 흉내를 내며 "먼저 쌀을 불려야겠다."라고 이야기한다.
>
> 이것을 본 지연이가 ㉡ "네가 엄마야? 그럼 내가 아빠를 할게. 나는 지금 회사에 있다고 하자."라고 이야기하며 남성용 구두를 신는다. 정수와 지연이가 식탁을 어떻게 만들지 의견을 나누고 블록으로 협동하여 식탁을 만든다. 지연이가 정수가 요리하는 모습을 보고 "너 정말 엄마처럼 요리하는 것 같다."라며 좋아한다. 그 말을 듣고 정수가 더 열심히 여러 가지 요리 만드는 흉내를 내기 시작한다.

1) ㉡은 피아제의 상징놀이 구성요소 중 ① 무엇을 말하는지 쓰고, ② 그 의미를 쓰시오. [2점]

① _____

② _____

2) 맥쿤은 상징놀이 발달단계를 5단계로 제시하였다. ㉠에 해당하는 단계의 ① 명칭과 ② 특징을 쓰시오. [2점]

① _____

② _____

3) 다음은 상징놀이에 대한 내용이다. ①에 들어갈 적합한 용어를 쓰시오. [1점]

> 유아는 돌돌 말린 작은 담요를 아기 대신에 사용하는 '(①)'을/를 통해 독립된 상징적 변형을 실행할 수 있다.

① _____

16 다음은 자유선택활동 시간에 일어난 상황이다. 물음에 답하시오. [5점]

> 수·조작 놀이 영역에서 선희와 기영이가 주사위를 이용하여 판 놀이를 하고 있다. 놀이 방법은 1부터 3까지의 숫자와 별 모양이 있는 주사위를 던져서 숫자가 나오면 말을 이동하고 별이 나오면 한 번 쉬는 것이다. 이렇게 하여 도착점에 먼저 도착하는 사람이 이기는 놀이이다. 교사가 와서 선희와 기영이가 놀고 있는 것을 보고 있다.
>
> **기영** : 너는 4칸, 나는 3칸 남았다! ㉠ 너는 나보다 1칸 더 남았어. 나는 너보다 빨리 도착할 수 있어.
> **선희** : ㉡ (주사위를 던져 별이 나오자) 에이, 별이네. 한 번 쉬어야겠다. 근데, 이거 너무 오래 걸려서 재미없다. 그치?
> **교사** : 그럼, ㉢ 좀 더 재미있게 할 수 있는 방법은 없을까?
> **기영** : (교사를 보면서) 그러면, 주사위를 2개를 던지면 어때요?
> **교사** : 그거 참 좋은 생각이네. 선생님이 주사위를 한 개 더 가져올게. 별이 나오면 말을 한 번 쉬는 것 말고 다른 방법은 어떨까?
> **선희** : 그러면, 주사위에 별이 나오면 말을 한 번 쉬는 것이 아니라 5칸 더 가기로 해요.
>
> 선희와 기영이는 놀이를 다시 시작하고 교사는 다른 곳으로 간다.

1) 다음은 스파이델(Spidell)의 교사의 개입 유형이다. ①에 들어갈 내용을 찾아 쓰고, ②에 들어갈 적합한 용어를 쓰시오. [2점]

개입유형	의미	사례
환경수정	(생략)	①
놀이유지	놀이 진행 과정의 보조 및 유지를 위해 도움을 주는 것	(생략)
②	(생략)	별이 나오면 말을 한 번 쉬는 것 말고 다른 방법은 어떨까?

① _____

② _____

2) 위 사례에서 ㉠과 ㉡에 나타난 피아제가 주장한 지식의 유형을 쓰시오. [2점]

㉠ _____

㉡ _____

3) 위 사례에서 ㉢은 교사의 역할 중 어떤 역할인지 쓰시오. [1점]

_____

17 (가)는 유아들이 음식 놀이를 하는 장면이고, (나)는 사회극 놀이에 관련된 내용이다. 물음에 답하시오. [5점]

(가)

영미 : 호떡을 만든다.

승현 : 햄버거를 만들고 커피를 끓이고 케이크를 굽고 샐러드를 준비하면서 음식을 만드는 척 행동을 한다.

병찬 : ㉠ 다양한 호떡, 부침개, 케이크를 만들어 다양한 놀이 친구에게 대접하고 설거지까지 한다.

수연 : 설거지 하는 병찬을 방해하며 "내가 할 거야."라고 한다.

은수 : "그래, 그럼 수연이가 해도 좋아."라고 말한다.

(나) (㉡)이론은 유아 자신의 생각, 신념, 의도, 감정과 같은 내적 (㉢) 상태를 인지하고 다른 사람도 자신과 같은 (㉢)와/과 관점을 가지며 때로는 타인의 (㉢)와/과 관점이 자신과는 다를 수도 있음을 인식하는 것을 말한다. (㉡)이론은 유아가 엄마나 아빠, 의사, 요리사와 같은 타인의 역할을 맡아 수행하는 사회극 놀이와 관련 있다. 즉, 유아가 사회극 놀이를 하는 동안 타인의 역할을 수행한다는 것은 그 역할에 대한 생각, 느낌, 신념, 의도 등을 이해하고 이를 행동으로 표상할 수 있음을 말한다.

---

1) 울프(Wolf)와 그롤만(Grollman)은 (가)의 활동을 놀이 (①)의 상이한 수준으로 제안하였다. ①에 적합한 용어를 쓰고, ② ㉠의 수준을 쓰고, ③ 그 의미를 설명하시오.
[3점]

① _____

② _____

③ _____

2) (나)의 ㉡에 들어갈 적합한 용어를 레슬리(Leslie)가 제시한 이론으로 쓰시오.
[1점]

㉡ _____

3) (가)와 (나) 같은 놀이는 (①)적 접근이 필요하다. ①에 적합한 용어를 쓰시오.
[1점]

① _____

18 다음은 (가)와 (나)는 유아들의 사회적 놀이 장면이다. 물음에 답하시오. [5점]

> **(가)** 재은이는 아나운서, 정수는 기자, 미주는 카메라맨을 하기로 하였다.
>
> 재　은 : ㉠ <u>우리 놀자. 나는 아나운서 할래. 정수는 기자를 하고, 미주는 카메라맨을 해. 그리고 이것을 마이크라고 하자.</u>
>
> 미　주 : 근데, 이번에는 내가 아나운서 할래. (재은이를 바라보며) 네가 카메라맨 해. 나만 카메라맨 하는 건 불공평해.
>
> 재　은 : 안 돼. 내가 아나운서 할 거야. 넌 카메라맨 해.
>
> 정　수 : 그럼, 너희 둘이 이번에는 아나운서 하고 내가 카메라맨 할게. 다음에는 바꿔서 하면 되잖아. 기자가 없으니까 경환이도 부르자.
>
> 재은, 미주 : 그래, 좋아.
>
> **(나) 병원놀이 장면**
>
> 의　사 : 어서 오세요. 어디가 아프세요?
>
> 환　자 : 머리가 아파요.
>
> 의　사 : (장난감 청진기를 머리에 댄다.) 누워보세요.
>
> 환　자 : (눕는다.) 너무 너무 아파서 큰일 났어요. 수술해야 되나요?
>
> 의　사 : 네, 수술해야 돼요. 수술 칼이 어디 있지? 어! 없네. (검지손가락을 펴며) ㉡ <u>손가락이 수술 칼이에요.</u> 그래서 하나도 아프지 않아요. (검지손가락으로 머리를 자르는 흉내를 낸다.) 쓱싹 쓱싹. (말로 한다.) 간호사! 여기 좀 꿰매야 하니까 실이랑 바늘 좀 주세요.
>
> 간호사 : 네, 알았습니다. (마땅한 도구를 이리저리 찾는데 잘 보이지 않는지 망설이다가, 얼른 뛰어가서 리듬막대를 가져온다.) 여기 있어요. 이것이 바늘이고요. 실은 이거예요. (아무것도 없이 손을 오므렸다 펴면서 의사에게 주는 시늉을 한다.)
>
> 의　사 : (실은 받는 시늉을 하고 바늘은 받아 쥔다.) 빨리 해야 해요. 피가 나니까요. 자, 다 됐어요. 어서 일어나세요.
>
> 환　자 : 약은요? (아픈 시늉을 한다.)
>
> 의　사 : 약국에서 받아 가세요. 하루에 세 번 먹으세요.

1) (가)의 사례와 같이 가비(Garvey)는 유아들은 사회적 놀이에서의 언어적 수단으로 놀이언어(play talk)를 사용한다고 하였다. 놀이언어 중 ㉠의 유형을 쓰시오.　　[1점]

_____

2) (나)의 ㉡에 나타난 스밀란스키의 사회적 극놀이의 요소를 쓰시오.　　[1점]

_____

3) 다음 ①, ②, ③에 들어갈 적합한 용어를 쓰시오.　[3점]

> (가)와 (나)에 나타난 유아들의 놀이는 베이트슨(Bateson)이 말하는 (　①　)이/가 필요하다. 베이트슨은 놀이 (　②　)(이)란 놀이 활동 자체로서 놀이가 일어나는 주변 (　②　)에 의하여 영향을 받는다고 말했다. 반면, 서톤-스미스(Sutton-Smith)는 놀이란 일상적 의사소통의 대화체로서 실제 네 가지 유형의 의사소통자 역할이 포함된 4자 대화를 통한 (　③　)이론을 제시하였다.

① _____

② _____

③ _____

19 (가)는 놀이이론에 대한 설명이고, (나)는 놀이 장면의 일부이다. 물음에 답하시오. [5점]

> **(가)** (㉠)은/는 ㉡ <u>프로이드의 주장에 다른 차원을 첨가해서 이론을 체계화하는 데</u> 공헌했다. 즉, 놀이의 동기를 주관적으로 해석하는 정신 분석의 이론의 결점을 보완하여 놀이를 주변 환경의 숙달(mastery)에 기여하는 발달적 현상으로 설명하였다. 그의 저서 '아동과 사회'에서 어린이의 놀이 단계가 세 단계로 발달된다고 주장하였다. 1단계는 자기세계의 놀이시기(autocosmic play)로 자신의 신체를 가지고 감각적 지각이나 근육 운동 및 발성들을 반복하여 시도해 보는 놀이를 한다. 2단계는 (㉢)(으)로 놀잇감이나 사물을 놀이 대상으로 하는 단계에 이른다. (㉠)은/는 이 시기를 어린이의 자아에 수리가 필요할 때 되돌아 가기 위해 만들어 놓은 피난처와 같다고 묘사했다. 3단계, 거시 영역 놀이시기(the macro-sphere)로 다른 사람과 함께 놀이를 한다.
>
> **(나)** 유아들이 역할놀이 영역에서 병원놀이를 하고 있다. 교사는 유아들의 놀이를 지켜보고 있다
>
> **소연** : 지현이 너가 환자 역할해. 난 의사할 거야.
>
> **지현** : 싫어. 나도 환자하기 싫어. 난 간호사하고 싶단 말이야.
>
> **교사** : 무슨 일이니? 둘 다 환자 역할 말고 다른 역할을 하고 싶구나. 어떻게 하면 좋을까?
>
> **소연** : 선생님이 환자 역할 해 주세요.
>
> **교사** : 그것도 좋은 생각이구나. (환자 흉내를 내며 역할놀이 영역에서 유아와 함께 놀이한다.) 의사선생님~ 저 배가 아파요. 좀 봐주세요.

1) (가)의 ㉠에 들어갈 학자 이름과 ㉢에 들어갈 용어를 쓰시오. [2점]

㉠ _____

㉢ _____

2) 다음은 (가)의 ㉡에 관한 설명이다. ①에 들어갈 용어 1가지를 쓰시오. [1점]

> (①)은/는 프로이드의 심리성적 이론의 기본 틀을 수용하기는 하였으나, 성욕이나 공격욕 등 인간의 본능적이고 무의식적 욕구의 표출을 강조한 프로이드와는 달리 이들 욕구를 충족시키거나 억압하는 사회·문화적 영향 또는 인간의 사회적 관계에 초점을 두고 인간의 발달 특성을 연구하는 이론을 (①)이론이라 한다.

① _____

3) 교사의 놀이개입 유형과 사례를 제시한 표이다. (나) 사례에 비추어 ①에 들어갈 내용 1가지와 ②에 들어갈 교사의 개입 유형을 쓰시오. [2점]

놀이개입 유형	내용
병행놀이하기	교사가 유아 가까이에서 같은 자료를 가지고 놀이활동을 하지만 상호작용도 하지 않고, 놀이에 직접적인 영향을 주지도 않는다.
함께 놀이하기	①
②	교사가 유아에게 놀이를 직접 지도하는 것으로 놀이과정 하나하나에 교사가 직접 관여하고 지시하면, 유아는 그에 따라 놀이를 진행하는 것이다.
현실 대변인	(생략)

① _____

② _____

20 (가)는 놀이이론에 대한 설명이고, (나)는 놀이 장면의 교사개입에 대한 내용이다. 물음에 답하시오. [5점]

(가) (㉠)은/는 놀이에서 결과보다 과정을 중요시한다. 유아는 놀이를 하면서 목표 성취에 대한 부담이 있으면 할 수 없는 새롭고 독특한 행동들을 연합하여 실행해 볼 수 있다고 하였다. 즉, 안정적인 지역 내에서 놀이하며 새로운 행동과 사고를 시험해 볼 수 있다. 유아는 놀이를 실행하면서 탐색한 새로운 연합적 행동을 일상생활의 문제를 해결하는 데에도 적용할 수 있다. 다시 말해, 놀이는 유아가 활용할 수 있는 다양한 방법과 행동을 함으로써 사고의 (㉡)을/를 증진시킨다.

(나) 유아들이 역할놀이 영역에서 병원놀이를 하고 있다. 교사는 유아들의 놀이를 지켜보고 있다

소연 : 지현이 너가 환자 역할해. 난 의사할 거야.

지현 : 싫어. 나도 환자하기 싫어. 난 간호사하고 싶단 말이야.

교사 : 무슨 일이니? 둘 다 환자 역할 말고 다른 역할을 하고 싶구나. 어떻게 하면 좋을까?

소연 : 선생님이 환자 역할 해 주세요.

교사 : 그것도 좋은 생각이구나. (㉢ 환자 흉내를 내며 역할놀이 영역에서 유아와 함께 놀이한다.) 의사 선생님~ 저 배가 아파요. 좀 봐주세요.

1) (가)의 ㉠과 ㉡에 들어갈 적합한 용어를 쓰시오. [2점]

㉠ _____

㉡ _____

2) (나)에 나타난 놀이에서 ㉢과 관련된 존슨, 크리스티, 야키가 제시한 교사의 개입유형을 쓰시오. [1점]

_____

3) (나)의 유아 사회극 놀이에서처럼 크리스티(Christie)는 교사 개입을 다음과 같이 설명하였다. ①과 ②에 들어갈 적합한 용어를 쓰시오. [2점]

(①)은/는 교사가 유아의 놀이 활동에 직접 참여하여 역할을 담당하고 이행하는 형태로 (②)을/를 활용한다.

① _____

② _____

21 다음은 유아들의 사회적 놀이 장면이다. 물음에 답하시오. [5점]

(가) 재은이는 아나운서, 정수는 기자, 미주는 카메라맨을 하기로 하였다.

재 은 : ㉠ <u>우리 놀자. 나는 아나운서 할래. 정수는 기자를 하고, 미주는 카메라맨을 해. 그리고 이것을 마이크라고 하자.</u>

미 주 : 근데, 이번에는 내가 아나운서 할래. (재은이를 바라보며) 네가 카메라맨 해. 나만 카메라맨 하는 건 불공평해.

재 은 : 안 돼. 내가 아나운서 할 거야. 넌 카메라맨 해.

정 수 : 그럼, 너희 둘이 이번에는 아나운서 하고 내가 카메라맨 할게. 다음에는 바꿔서 하면 되잖아. 기자가 없으니까 경환이도 부르자.

재은, 미주 : 그래, 좋아.

(나) 병원놀이 장면

의 사 : 어서 오세요. 어디가 아프세요?

환 자 : 머리가 아파요.

의 사 : (장난감 청진기를 머리에 댄다.) 누워보세요.

환 자 : (눕는다.) 너무 너무 아파서 큰일 났어요. 수술해야 되나요?

의 사 : 네, 수술해야 돼요. 수술 칼이 어디 있지? 어! 없네. (검지손가락을 펴며) ㉡ <u>손가락이 수술 칼이에요.</u> 그래서 하나도 아프지 않아요. (검지손가락으로 머리를 자르는 흉내를 낸다.) 쓱싹 쓱싹. (말로 한다.) 간호사! 여기 좀 꿰매야 하니까 실이랑 바늘 좀 주세요.

간호사 : 네, 알았습니다. (마땅한 도구를 이리저리 찾는데 잘 보이지 않는지 망설이다가, 얼른 뛰어가서 리듬막대를 가져온다.) 여기 있어요. 이것이 바늘이고요. 실은 이거예요. (㉢ <u>아무것도 없이 손을 오므렸다 펴면서 의사에게 주는 시늉을 한다.</u>)

의 사 : (실은 받는 시늉을 하고 바늘은 받아 쥔다.) 빨리 해야 해요. 피가 나니까요. 자, 다 됐어요. 어서 일어나세요.

환 자 : 약은요? (아픈 시늉을 한다.)

의 사 : ㉣ <u>약국에서 받아 가세요. 하루에 세 번 먹으세요.</u>

---

1) 다음 ①에 들어갈 적합한 용어를 쓰시오. [1점]

> 베이트슨(Bateson)은 (가)와 (나)의 사회적 놀이와 같이 유아가 놀이를 하면서 (①)을/를 경험함으로써 자신이 맡은 역할에 짜 맞추는 능력이 촉진된다고 강조하였다.

①ㅤ_____

2) (가)의 예에서 가비(Garvey)는 유아들은 사회적 놀이에서의 언어적 수단으로 놀이언어(play talk)를 사용한다고 하였다. 놀이언어 중 ㉠의 유형을 쓰시오. [1점]

ㅤ_____

3) (나)의 ㉡에 나타난 스밀란스키의 사회적 극놀이의 요소를 쓰시오. [1점]

ㅤ_____

4) (나)의 ㉢에 나타난 스밀란스키의 사회적 극놀이의 요소를 쓰시오. [1점]

ㅤ_____

5) (나)의 ㉣은 가비(Garvey)의 놀이언어(play talk) 중 어떤 유형인지 쓰시오. [1점]

ㅤ_____

22 (가)는 유아들이 음식 놀이를 하는 장면이고, (나)는 사회극 놀이에 관련된 내용이고, (다)는 특정 이론에 대한 예시 상황이다. 물음에 답하시오. [5점]

(가)

영미 : 호떡을 만든다.

승현 : 햄버거를 만들고 커피를 끓이고 케이크를 굽고 샐러드를 준비하면서 음식을 만드는 척 행동을 한다.

병찬 : 다양한 호떡, 부침개, 케이크를 만들어 다양한 놀이 친구에게 대접하고 설거지까지 한다.

수연 : 설거지 하는 병찬을 방해하며 "내가 할 거야."라고 한다.

은수 : "그래, 그럼 수연이가 해도 좋아."라고 말한다.

(나) (㉠)이론은 유아자신의 생각, 신념, 의도, 감정과 같은 내적 (㉠) 상태를 인지하고 다른 사람도 자신과 같은 (㉠)와/과 관점을 가지며 때로는 타인의 (㉠)와/과 관점이 자신과는 다를 수도 있음을 인식하는 것을 말한다. (㉠)이론은 유아가 엄마나 아빠, 의사, 요리사와 같은 타인의 역할을 맡아 수행하는 사회극놀이와 관련 있다. 즉, 유아가 사회극놀이를 하는 동안 타인의 역할을 수행한다는 것은 그 역할에 대한 생각, 느낌, 신념, 의도 등을 이해하고 이를 행동으로 표상할 수 있음을 말한다. 다음은 유아의 (㉠)이론 발달을 측정하는 과제이다.

(다)

	ⓐ 철수는 찬장 X에 초콜릿을 넣어 두고 놀러 나간다.
	ⓑ 철수가 나간 사이에 어머니가 들어와 초콜릿을 찬장 Y로 옮겨 놓고 나간다.
	ⓒ 철수가 돌아온다.

유아 A와 유아 B에게 위의 ⓐ~ⓒ 장면을 보여 주고 설명한 후, "철수는 초콜릿을 찾기 위해 어디로 갔을까?"라고 묻는다.
• 유아 A : 철수는 찬장 X로 가요.
• 유아 B : 철수는 찬장 Y로 가요.

1) 울프(Wolf)와 그롤맨(Grollman)은 (가)의 활동을 놀이각본의 상이한 수준으로 제안하였다. ① 영미의 수준을 제시하고, ② 그 수준을 설명하시오. [2점]

① _____

② _____

2) (나)의 ㉠에 들어갈 적합한 용어를 쓰시오. [1점]

㉠ _____

3) (다)에서 ① 유아 A와 ② 유아 B가 보인 반응을 각각 설명하시오. [2점]

① _____

② _____

23 다음은 놀이이론에 대한 내용이다. 물음에 답하시오.
[5점]

(가) 18세기 시인이자 철학자인 실러는 심미적인 교육에 대해 관심을 가지고 있었는데, 놀이를 '남는 에너지를 목적 없이 소비하는 것'이라고 정의하였다. 그의 중심 가설은 사람이나 동물은 일차적인 욕구를 충족시키기 위해 노동을 하며 이러한 일차 욕구가 만족되고 난 후 에너지가 남으면 이 에너지를 쓰기 위해 놀이를 하게 된다는 것이다. 어린 동물이나 아동은 자신의 생존을 위해 노동을 할 책임이 없으므로 (㉠)이/가 더 많이 남게 된다. 그러므로 성인에 비해 놀이를 하면서 보내는 시간이 많다.

실러의 놀이 이론은 왜 아동이 성인보다 놀이를 더 많이 하는가를 적절하게 설명해 주고 있다. 놀이에 대한 그의 이러한 통찰력은 현대이론에도 영향을 미쳤다. 그는 놀이를 통하여 참여자가 현실을 뛰어 넘어 이를 변형시키는 과정을 통하여 세계에 대한 새로운 상징적 표상을 얻게 된다고 하였는데 이러한 관점은 피아제(Piaget), 비고츠키(Vygotsky), 싱거(Singer)의 이론에도 반영되어 있다.

(나) 놀이의 초기 이론 중 가장 설득력 있는 이론은 그루스(Groos, 1898, 1901)의 이론이다. 그루스는 그의 저서 「동물의 놀이」와 「인간의 놀이」에서 놀이는 아동기의 전유물이며 아동기는 놀이를 위해 존재한다고 주장했다. ㉡ 동물의 놀이기간은 계통발생에 따라 다른데, 고등동물일수록, 생존기간이 길수록 미성숙기의 기간도 길어 놀이기간도 길다.

(다) 연습놀이가 기능적 동화를 통해 아동이 새롭게 습득한 기능을 재생하는 것처럼, 상징놀이도 아동이 그때까지 살아온 경험을 상징적 심상에 의해 재생시키는 것이 된다. 이 두 가지 형태에서 나타나는 재생은 과거의 경험을 되살리고 자신의 능력을 연습해 보는 주로 자기선언적인 것이다. 또한 프로이드의 놀이이론과 마찬가지로 피아제는 놀이의 가작화를 통해 손상을 받아 왜곡된 정서가 치유되는 (㉢)이/가 나타난다고 하였다. 즉, 아동은 곤란하거나 불쾌한 상황에 직면할 때, 그 상황을 보상하려 하거나 수용하려 한다. 그런데 수용하고자 할 때는 그 상황을 놀이를 통해 (㉣)적으로 변형시켜 재생한다. 이렇게 상황이 그 맥락의 불쾌함이라는 특성에서 분리되면 다른 행동에 협응되어 점진적으로 동화가 이루어진다.

예를 들어 자네트는 식탁의 새 의자에 앉기를 두려워하였는데 오후에 인형들을 모아 불편한 자세로 앉혀 놓고 '괜찮아, 좋아질 거야.'라고 스스로에게 하던 말을 인형에게 했다. 이후에 약을 가지고 비슷한 장면이 벌어졌는데 자네트는 나중에 그 약을 양에게 주었다.

(라)

교사 : 그것은 무엇이니, 철이야? (철이는 자동차와 모형마을을 가지고 놀고 있다.)

철이 : 문이요.

교사 : 문? 그러면 자동차가 문에 부딪치지 않게 문을 열어야 하지 않니?

철이 : 으음….

교사 : 그렇지 않으면 아마도 너는 자동차를 부수게 될 거야.

옥희 : 그래, 자동차가 부서질 거야.

철이 : 부서지겠지.

옥희 : 그리고 경찰이 달려 올 거야.

교사 : 경찰은 무엇을 하지?

옥희 : 자동차를 고쳐요.

교사 : 경찰이 자동차를 고치니? 내 생각에는 경찰은 자동차를 고치는 것 같지 않아. 경찰은 자동차를 고치기 위하여 다른 사람에게 가지고 간단다.

옥희 : 가게로요.

1) (가)의 ㉠에 들어갈 적합한 용어를 쓰시오. [1점]

㉠ _____

2) (나)의 ㉡이 나타나는 이유를 설명하시오. [1점]

_____

3) (다)의 ㉢과 ㉣에 들어갈 적합한 용어를 쓰시오. [2점]

㉢ _____

㉣ _____

4) (라)는 교사가 어떤 역할을 하여 유아의 놀이를 중재하고 있는지 쓰시오. [1점]

_____

24 (가)는 자유선택활동 시간에 일어난 상황이고, (나)는 루빈(K. Rubin) 등이 개발한 '사회·인지적 놀이 기록양식'이고, (다)는 유아들의 놀이 상황에 대한 관찰내용이다. 물음에 답하시오. [5점]

(가) 수·조작 놀이 영역에서 선희와 기영이가 주사위를 이용하여 판 놀이를 하고 있다. 놀이 방법은 1부터 3까지의 숫자와 별 모양이 있는 주사위를 던져서 숫자가 나오면 말을 이동하고 별이 나오면 한 번 쉬는 것이다. 이렇게 하여 도착점에 먼저 도착하는 사람이 이기는 놀이이다. 교사가 와서 선희와 기영이가 놀고 있는 것을 보고 있다.

기영 : 너는 4칸, 나는 3칸 남았다! 너는 나보다 1칸 더 남았어. 나는 너보다 빨리 도착할 수 있어.

선희 : (주사위를 던져 별이 나오자) 에이, 별이네. 한 번 쉬어야겠다. 근데, 이거 너무 오래 걸려서 재미없다. 그치?

교사 : 그럼, 좀 더 재미있게 할 수 있는 방법은 없을까?

기영 : (교사를 보면서) 그러면, 주사위를 2개를 던지면 어때요?

교사 : 그거 참 좋은 생각이네. 선생님이 주사위를 한 개 더 가져올게. 별이 나오면 말을 한 번 쉬는 것 말고 다른 방법은 어떨까?

선희 : 그러면, 주사위에 별이 나오면 말을 한 번 쉬는 것이 아니라 5칸 더 가기로 해요.

선희와 기영이는 놀이를 다시 시작하고 교사는 다른 곳으로 간다.

(나) 사회·인지적 놀이 기록양식

관찰유아 : _____ 관찰일시 : _____

사회적 수준		인지적 수준			
		기능 놀이	구성 놀이	극화 놀이	(㉠)
	혼자 놀이				
	병행 놀이				
	집단 놀이				

…(하략)…

(다)

ⓐ 철수와 영희는 블록을 가지고 고속도로를 함께 만든다.

ⓑ 지수와 민수가 장난감 차들을 바닥에 굴리고 있다. 붕붕 자동차 놀이를 하지만 서로 간의 상호작용을 하지 않는다.

1) (나)의 ㉠에 들어갈 명칭을 쓰고, (나)의 '사회·인지적 놀이 기록양식'에서 ① (가)의 놀이가 해당하는 사회적 수준과 인지적 수준을 순서대로 쓰시오. [2점]

㉠ _____

① _____

2) (나)의 '사회·인지적 놀이 기록양식'에서 (다)의 ① ⓐ 활동과 ② ⓑ 활동에 해당하는 사회적 수준에 인지적 수준을 순서대로 쓰시오. [2점]

① _____

② _____

3) 스파이델(Spidell)의 교사의 개입 유형 중 ①에 적합한 사례를 (가)에서 찾아 쓰시오. [1점]

개입유형	설명	사례
놀이유지	놀이 진행 과정의 보조 및 유지를 위해 도움을 주는 것	(생략)
방향재지시	(생략)	①

① _____

25 다음은 (가)는 유아들의 사회적 놀이 장면이고 (나)는 놀이이론의 내용이다. 물음에 답하시오. [5점]

(가) 병원놀이 장면에서 영희는 의사 역할, 철수는 환자 역할, 선미는 간호사 역할을 하기로 하였다.

영희 : 어서 오세요. 어디가 아프세요?

철수 : 머리가 아파요.

영희 : (장난감 청진기를 머리에 댄다). 누워보세요.

철수 : (눕는다.) 너무 너무 아파서 큰일 났어요. 수술 해야 되나요?

영희 : 네, 수술해야 돼요. 수술 칼이 어디 있지? 어! 없네. (검지손가락을 펴며) 손가락이 수술 칼이 에요. 그래서 하나도 아프지 않아요.(검지손가 락으로 머리를 자르는 흉내를 낸다.) 쓱싹 쓱싹. (말로 한다.) 간호사! 여기 좀 꿰매야 하니까 실 이랑 바늘 좀 주세요.

선미 : 네, 알았습니다. (마땅한 도구를 이리저리 찾는데 잘 보이지 않는지 망설이다가, 얼른 뛰어가서 리 듬막대를 가져온다.) 여기 있어요. 이것이 바늘이 고요. 실은 이거예요. (아무것도 없이 손을 오므 렸다 펴면서 의사에게 주는 시늉을 한다.)

영희 : (실은 받는 시늉을 하고 바늘은 받아 쥔다.) 빨리 해야 해요. 피가 나니까요. 자, 다 됐어요. 이 제 집에 가도 됩니다.

철수 : ㉠ <u>의사는 그렇게 말하는 게 아니야.</u>

(나) 비고츠키(Vygotsky) 이론에 의하면, 놀이는 유아 의 근접발달지대를 창출하며, 이때 성인의 비계설정은 매우 중요하다. 상징놀이에 관해서는 사물로부터 의미 의 분리를 도와줌으로써 추상적 사고의 발달에 필수불 가결한 준비의 역할을 한다고 보았다.

　피아제(Piaget)는 인지가 발달함에 따라 놀이는 3단 계로 발달해간다고 보았다. 스밀란스키(Smilansky)가 기능놀이와 극놀이의 중간 단계에 나타난다고 보았던 구성놀이를 피아제는 하나의 독립된 놀이 단계로 인정 하지 않았다.

　프로이드(Freud)에 의하면, 놀이는 부정적인 감정 을 감소시켜주는 감정의 정화 효과를 갖는다. 놀이가 갖는 이러한 효과는 공격 에너지를 발산하면 공격성이 감소된다는 것을 가정하는 ㉡ <u>정화이론</u>과 유사한 것으 로, 유아는 놀이 속에서 대리 사물이나 사람에게 자신 의 부정적인 감정을 전이시켜 부정적 감정을 감소시킬 수 있게 된다.

---

1) (가)에 나타난 베이트슨(Bateson)의 이론을 쓰시오. [1점]

_____
_____

2) (가)의 ㉠과 관련하여 아래의 사례를 보고 ①과 ②에 나타 난 Sawyer가 제시한 유형을 쓰시오. [2점]

민수 : ① <u>닌자 거북이 놀이 하자.</u> **영진** : 좋아. **민수** : ② <u>나는 도나첼로</u>(닌자 거북이 TV 프로그램 속의 한 주인공). **영진** : 나는 라파엘로(그 프로그램 속의 다른 주인공).

① _____

② _____

3) (나)의 ㉡과 관련하여 프로이드는 ㉡의 기능은 2가지 기제 를 통하여 완성될 수 있다고 하였다. 2가지 기제를 쓰시오. [2점]

① _____

② _____

26 (가)와 (나)는 유아들의 사회적 놀이 장면이고, (다)와 (라)는 놀이이론에 대한 설명이다. 물음에 답하시오. [5점]

(가) 병원놀이 장면

의사 : 어서 오세요. 어디가 아프세요?

환자 : 머리가 아파요.

의사 : (장난감 청진기를 머리에 댄다.) 누워보세요.

환자 : (눕는다.) 너무 너무 아파서 큰일 났어요. 수술 해야 되나요?

의사 : 네, 수술해야 돼요. 수술 칼이 어디 있지? 어! 없네. (검지손가락을 펴며) 손가락이 수술 칼이 에요. 그래서 하나도 아프지 않아요. (검지손가 락으로 머리를 자르는 흉내를 낸다.) 쓱싹쓱싹. (말로 한다.) 간호사! 여기 좀 꿰매야 하니까 실 이랑 바늘 좀 주세요.

간호사 : 네, 알았습니다. (마땅한 도구를 이리저리 찾 는데 잘 보이지 않는지 망설이다가, 얼른 뛰어 가서 리듬막대를 가져온다.) 여기 있어요. 이 것이 바늘이고요. 실은 이거예요. (아무것도 없이 손을 오므렸다 펴면서 의사에게 주는 시 늉을 한다.)

의사 : (실은 받는 시늉을 하고 바늘은 받아 쥔다.) 빨 리 해야 해요. 피가 나니까요. 자, 다 됐어요. 어 서 일어나세요.

환자 : 약은요? (아픈 시늉을 한다).

의사 : ㉠ 약국에서 받아 가세요. 하루에 세 번 먹으세요.

(나) 유아들이 역할놀이 영역에서 병원놀이를 하고 있 다. 교사는 유아들의 놀이를 지켜보고 있다

소연 : 지현이 너가 환자 역할해. 난 의사할 거야.

지현 : 싫어. 나도 환자하기 싫어. 난 간호사하고 싶단 말이야.

교사 : 무슨 일이니? 둘 다 환자 역할 말고 다른 역할을 하고 싶구나. 어떻게 하면 좋을까?

소연 : 선생님이 환자 역할 해 주세요.

교사 : 그것도 좋은 생각이구나. (환자 흉내를 내며 역 할놀이 영역에서 유아와 함께 놀이한다.) 의사 선생님~ 저 배가 아파요. 좀 봐주세요.

(다) 유아는 기존 방식의 미끄럼 타기에 싫증이 나면 자신이 시도할 수 있는 다양한 방법으로 미끄럼 타는 시도를 하게 된다는 (㉡) 이론은 자극과 놀이 간의 관계를 다룬 싱거(Singer)의 이론과는 다른 이론이다.

(라) 서튼-스미스(Sutton-Smith)는 놀이가 일상적 의 사소통 대화체로서, 네 가지 유형의 의사소통자 역할이 포함된 4자 대화라고 보았다. 서튼-스미스의 (㉢) 이론에서 제기한 '4자'란 놀이자, 감독자, (㉣), 청 중을 말한다.

1) (가)에서 가비(Garvey)는 유아들은 사회적 놀이에서의 언 어적 수단으로 놀이언어(play talk)를 사용한다고 하였다. 놀이언어 중 ㉠의 유형을 쓰시오. [1점]

_____

2) (나)에 나타난 교사의 놀이 개입 전략을 Peter, Neisworth와 Yawkey가 제안한 전략 중 무엇인지 쓰시오. [1점]

_____

3) (다)의 ㉡에 들어갈 적합한 용어를 쓰시오. [1점]

㉡ _____

4) (라)의 ㉢과 ㉣에 들어갈 적합한 용어를 쓰시오. [2점]

㉢ _____

㉣ _____

교원임용학원 강의만족도 1위,
해커스임용 teacher.Hackers.com

📋 부모교육 출제 경향 확인하기

* 아래 출제경향은 1997~2021학년도의 출제빈도를 나타낸 것입니다.

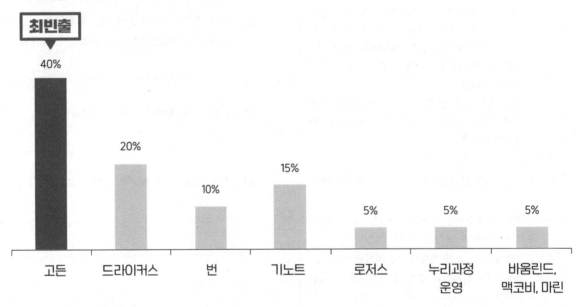

Chapter 04
부모교육

Point 01   고든
Point 02   드라이커스
Point 03   번
Point 04   기노트
Point 05   로저스

🔍 **개념 완성 탐구문제**

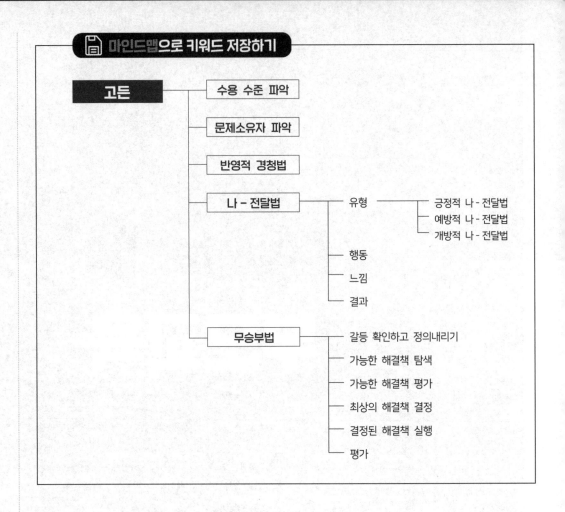

1. 효율적인 부모훈련 이론(P.E.T)

(1) 원리

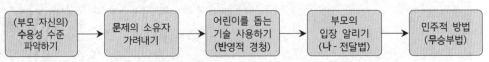

(2) 원리별 적용 방법

수용성 수준 파악하기	부모의 수용성 수준에 따라 자녀와의 상호작용 방법이 달라짐 ⇨ 자신의 수용성 수준이 어느 정도인가를 정확히 파악하기
문제의 소유자 가려내기	• 문제의 소유자가 누구인지에 따라 적절한 해결 방법을 사용하기 • **자녀가 문제를 소유한 경우** : 반영적 경청 기술 사용 　　📌 자녀가 자신의 욕구를 만족시키지 못하여 화를 내거나 좌절을 경험 및 불행하다 느낄 때

	• **부모가 문제를 소유한 경우** : 나 - 전달법 기술 사용 　**예** 자녀 자신의 욕구를 충족시키기 위해 부모의 권리를 침해하고 방해하는 행동을 할 때 • **부모와 자녀 모두 문제를 소유한 경우** : 대안 찾기 기술 사용
어린이를 돕는 기술 사용하기 (반영적 경청)	• 문제가 되는 사람이 부모가 아닌 자녀일 때 사용하는 방법 　⇨ 자녀 스스로 자신의 문제를 해결해 나가도록 도와줄 수 있음 • **단계** : 침묵 ⇨ 소극적인 경청 ⇨ 개방적 반응 ⇨ 반영적 경청 • **장점** 　- 문제가 되는 감정의 정화 작용을 촉진하고, 부정적인 감정을 두려워하지 않도록 도와줌 　- 부모와 자녀 사이의 온정적인 관계를 증진시킴 　- 자녀가 부모의 생각과 견해를 보다 더 잘 경청하도록 함 　- 자녀가 자신의 문제를 분석하고 해결책을 찾도록 격려하여 독립심을 길러줌 • **고려할 점** 　- 자녀의 감정을 진심으로 수용하려는 태도로 반영적 경청을 할 것 　- 시간적인 제약을 고려해야 함 　- 반응하는 말은 되도록 "~한 것 같구나."와 같이 탐색적일 것 　- 지나친 반영적 경청은 오히려 역효과를 초래함 ⇨ 개입하는 시점이 중요함 　- 반영적 경청이 잘못된 행동목표를 강화시키는 경우도 있음 　　**예** 자녀가 관심끌기를 목적으로 할 경우, "나는 너 스스로 그 문제를 잘 해결하리라 　　믿는다."와 같은 반응을 보임 　　　⇨ 자신이 문제를 해결하려고 애쓸 때에만 부모가 도와줌을 알게 함 　- 반영적 경청을 해도 즉각적으로 효과가 나타나지는 않음 　- 부모가 특정한 의도를 가지고 반영적 경청을 하는 경우, 효과를 기대하면 안 됨
부모의 입장 알리기 (나 - 전달법)	• 부모 자신이 느끼는 감정과 경험을 표현하는 부모 자신의 의사소통 방법 • **나 - 전달법의 요소** : 부모를 괴롭히는 자녀의 **행**동 말하기 + 행동의 결과로 생긴 부 모의 **느**낌 말하기 + **결**과 말하기 • **고려할 점** 　- 반영적 경청이 전제되어야 함 　- 부모의 구체적인 감정을 솔직히 표현해야 하며, 부정적인 감정만을 중점적으로 전달해 서는 안 됨 　- 행동과 자녀를 분리시키며, 상대를 평가하지 않을 것 　- 자녀가 무시하는 경우, 더욱 강한 나 - 전달법을 사용할 것
민주적 방법 (무승부법)	• **부모 승** : 제1의 방법 / **자녀 승** : 제2의 방법 • 부모와 자녀가 동등한 관계에서 누구도 이기거나 지는 것이 없는 상태 • **단계** : 문제의 정의 ⇨ 가능한 해결책 모색 ⇨ 가능한 해결책에 대한 평가 ⇨ 최선 의 해결책 결정 ⇨ 수행방법 결정 ⇨ 평가 • 반영적 경청이나 나 - 전달법 기술이 습득된 것을 전제로 함 • **장점** 　- 해결책의 결정에 자녀가 참여함 　- 자녀의 사고 능력 향상을 훈련할 수 있음 　- 부모에게 적대감을 가지거나 강요당하는 일이 적음 　- 자녀를 한 인간으로 존중하여 대우함

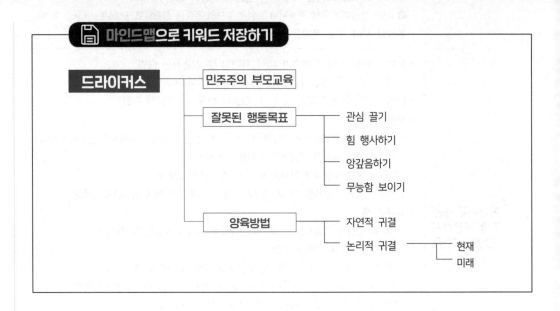

1. 민주적 부모교육 이론

배경	아들러의 개인 심리학 이론을 부모교육에 적용하여 체계화시킴
인간관	• 인간은 사회적 존재이며, 목표를 추구하는 유기체 ⇨ 목적을 갖고 행동함 • 자유에는 책임이 따르므로, 유아는 시행착오를 거듭하면서 상황을 구분하고 행동 양식을 배움
강조점	부모와 자녀의 관계는 평등 관계 ⇨ 평등성 강조(모든 사람은 동등한 관계임)

2. 부모에게 나타나는 자녀의 잘못된 행동목표

행동목표	자녀의 잘못된 생각	부모의 느낌과 반응	부모의 행동에 대한 자녀의 반응	부모를 위한 대안
관심 끌기	관심을 끌 때에만 소속감을 느낌	• 귀찮다는 느낌 가짐 • 관심을 보이고 달래려는 반응을 보임	• 일시적으로 잘못된 행동을 중단함 • 이후 같은 행동을 되풀이 하거나 다른 방법으로 방해함	• 되도록 잘못된 행동 무시하기 • 고의적으로 관심을 얻으려 하지 않을 때의 긍정적인 행동에 대해 관심보이기

행동목표	자녀의 잘못된 생각	부모의 느낌과 반응	부모의 행동에 대한 자녀의 반응	부모를 위한 대안
힘 행사 하기	내가 모든 것을 마음대로 할 수 있고, 누구도 나를 지배하지 못할 때에만 소속감을 느낌	• 부모는 자신의 권위 가 위협받은 것처럼 느낌 • 자녀와 힘 겨루기를 하거나 포기함	보다 적극적·공격적이 되거나 오히려 반대로 반항적인 순종을 함	• 힘겨루기로부터 한 걸음 물러나기 • 자녀에게 도움을 청 하거나 협조하게 함 으로써 힘을 긍정적 으로 사용하는 방법 가르쳐주기
앙갚음 하기	사랑받지 못하고 내가 상처 받은 만큼 다른 사람에게 상처를 주어야 소속감을 느낌	부모는 깊은 상처를 받고 자녀에게 보복하려는 경향을 보임	더욱 심하게 잘못된 행동을 함 으로써 복수심을 표현함	• 자녀가 사랑받고 있 다는 확신을 가지게 하고 신뢰로운 관계 를 형성하기 • 벌을 주거나 앙갚음 하지 않기
무능함 보이기	• 무기력·무능력함 • 다른 사람이 나에게 아무 것도 기대하지 않게 함으로써 소속 감을 느낌	• 부모는 절망·포기 하고 무기력해짐 • 어떤 일도 할 수 없 다고 인정하는 경향 을 보임	어떤 일에나 수동적으로 반응 하거나 거의 반응을 보이지 않음	• 절대 어린이를 비난 하지 않기 • 어떤 긍정적인 시도 라도 격려하기 • 작은 일이라도 관심 보이기 • 동정·포기하지 않기

3. 훈육방법

자연적 귀결	• 자연적인 법칙을 무시하고 행동하면 시간의 경과를 통해 부정적인 결과를 경험하게 함 • 한 개인의 경험 자체가 훌륭한 스승이 됨을 의미함
논리적 귀결	• 사회적 규칙을 위반하고 행동하는 경우에 체득하게 되는 부정적인 결과를 의미함 ⇨ 자녀에게 자연적인 결과를 적용하는 것이 불가능하거나 위험한 경우에 사용 • 아동이 바람직한 행동을 하지 않았을 때 경험하는 결과는 벌과 유사하지만, 상벌의 방 법과 여러 상황에서 차이가 있음 • 벌은 과거 시점의 행동에 초점을 두지만, 논리적 귀결은 **현재**와 **미래** 시점의 행동에 초점을 둠

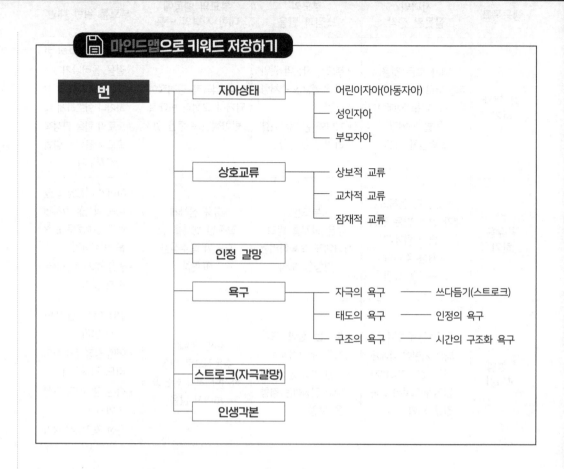

1. 상호교류 분석이론

배경	정신분석 이론의 영향을 받음 ⇨ 과거중심 상담이론은 현재 문제의 원인을 과거에서 찾으려 함
특징	• 프로이드의 성격구조와 달리 외현적인 행동을 통해 표현되기 때문에 이를 수정하는 것이 용이함 • **자아상태** : 한 개인이 의식적으로 깨달을 수 있고 눈으로 볼 수 있는 행동, 가치, 느낌의 총체 ⇨ 아동자아, 성인자아, 부모자아 • 각 개인의 성격의 기본이 되는 자아상태를 파악함으로써 한 개인을 변화시키는 것이 가능하다고 봄

2. 자아상태

(1) 의미

한 개인의 사고와 감정 및 이와 관련된 일련의 행동양식을 총칭하는 것

(2) 분류

어린이자아(C)	• 생리적 욕구와 기본 감정의 저장소 • **종류** : 자유로운 어린이 자아상태, 순응하는 어린이 자아상태
성인자아(A)	• 자료를 수집하고 처리하며, 논리적인 법칙에 따라 판단하고 어떤 결론에 도달하도록 진행시키는 것 등을 포함하는 성격의 한 부분 • 부모자아와 어린이 자아상태의 중재 역할을 수행함
부모자아(P)	• 부모, 형제 등 의미 있는 타인을 통해 모방·학습하게 되는 태도나 행동이 내면화되어 성격의 일부분으로 자리잡은 것 • 규칙, 태도, 전통, 가치 등을 배우는 것을 포함함 • **종류** : 양육적 부모 자아상태, 비판적인 부모 자아상태

(3) 상태

자아상태의 오염	하나의 자아상태가 다른 자아상태를 침범하여 경계가 파손된 것
자아상태의 배제	자아상태 간의 교류가 차단된 것

3. 교류분석

(1) 의미

'교류'란 사회적 의사소통의 기본 단위

(2) 종류

구분	내용	예시
상보적 교류	• 동일한 두 개의 자아상태가 개입함 - 자극과 반응이 평행을 이룸 - 적절한 기대와 반응 및 의사소통 진행	• 시간 좀 내줘. ⇨ 무슨 일인데? • 속상해 죽겠어. ⇨ 그래, 말해보렴.
교차적 교류	• 상호 간의 의사소통에서 기대하지 않은 자아상태가 개입함 - 자극과 반응이 교차를 이룸 - 상호 간 의견충돌·의사소통 문제 발생	자료 좀 찾아줄래? ⇨ 도와달라고 하지 말고 혼자 좀 해 봐라.
잠재적 (이면) 교류	• 내부에서 표면상의 메시지와 다르게 이루어지는 심리적 메시지의 교류 - **사회적 메시지** : 외부로 표현되는 것 - **심리적 메시지** : 내부에서 이뤄지는 것	• **사회적 메시지** : 새 앨범 샀는데 우리 집에 놀러와. ⇨ 좋은 생각인데? • **심리적 메시지** : 새 앨범 부럽지? ⇨ 뭐기에 폼을 잡지?

참고 **허기** : 모든 인간은 탄생에서 죽음까지 누군가가 만져주기를 바라고 타인으로부터 인정받고 싶어 하며 시간을 보내려는 욕구가 있음

참고 **쓰다듬기** : 상대방의 존재를 인정하는 데 사용되는 모든 행동을 의미 ⇨ 신체적 접촉, 눈길, 말, 몸짓, 상징적 인정의 형태를 취하기도 함

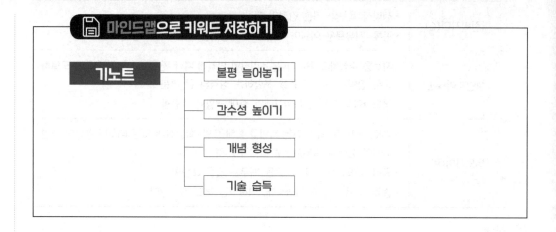

1. 인본주의적 부모교육 이론

배경	인본주의 이론에 기초 ⇨ 로저스 등의 인간중심적 철학을 기본으로 함
특징	• 자녀에 대한 수용, 즉 자녀를 하나의 독립된 인격체로서 있는 그대로 받아들이는 것을 강조함 　참고　자녀의 행동은 무조건적인 수용이 불가능하며 한계를 설정하는 것이 필요하나, 수용은 자녀의 감정이나 생각을 포함한 자녀의 존재에 대한 무조건적인 수용을 의미함 • 인본주의 심리학을 부모교육에 적용함 ⇨ 부모와 자녀 간 의사소통을 증진시키는 방법

2. 부모교육

	이야기하기 (불평 늘어놓기)	정화 효과를 유도하는 단계
단계(토의)	민감성 향상 단계 (감수성 높이기)	문제행동에 대한 유아의 입장을 이해하는 단계
	개념 형성 단계	이론을 도입하는 단계
	기술 습득 단계	가정에서 실습 훈련 과정에서의 피드백을 주는 단계
원리	• **자녀와의 대화** : 자녀의 인격을 존중하고, 자녀의 말을 이해하는 기술이 필요함 • **칭찬과 비판의 방법** : 칭찬이나 긍정적 강화를 과용하지 않고 칭찬과 건설적인 비판을 적절히 사용하기, 노력한 만큼의 결과를 인정하는 격려 사용하기 • **책임감과 독립심** : 자기 행동에 대한 책임을 질 수 있도록 한계를 설정하고, 선택과 성취의 기회 제공하기 • **행동의 한계 설정** : 자녀가 이해할 수 있는 한계를 합리적으로 설정하기 • 어린이와 눈높이를 맞추기 • 체벌은 효과가 없음을 이해하기	

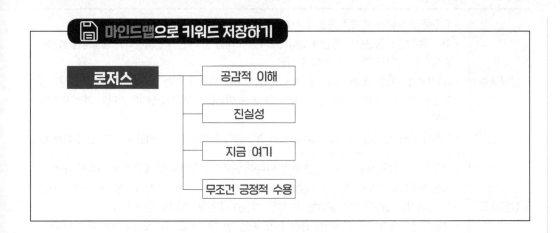

Point 05 로저스

1. 성격 이론

특징		• 모든 인간은 독특한 존재이며 잠재력을 발휘할 수 있는 능력을 충분히 갖고 있다고 여김 • 이러한 잠재적 능력은 출생 시부터 존재하는 유기체의 내재적 지혜 속에 자리 잡고 있으며, 이러한 내재적 지혜를 '유기체적 가치화 과정'이라고 함 • 이 과정을 통해 유아는 특정 순간에 자신에게 무엇이 옳고 그른지 평가할 수 있으며, 출생 시부터 존재하는 이러한 경향성은 생명의 유지와 향상을 지향하며 개인적인 능력의 발달을 목표로 하는 내적인 힘임 • 이러한 독특한 인간의 측면을 '자아실현 경향'이라고 함
인간에 대한 기본 관점	**실현경향성**	• 자신의 잠재력과 가능성을 실현하려는 유기체의 타고난 경향성 • 인간은 근본적으로 자기실현을 추구하는 존재로서 자신의 모든 잠재력을 발현시켜 유능한 인간이 되려는 성향을 지님 • 어떤 사람이 좌절을 겪고 있는 것은 가능성이나 잠재력이 부족해서가 아니라 자신의 가능성을 발견하지 못하여 제대로 실현하지 못했기 때문임
	지금과 여기	• '지금 여기'에서 사람이 어떻게 생각하고 느끼는가가 결정하는 유일한 요소 • 현재의 나를 결정짓는 것은 바로 지금의 '현상적 장'에서 갖고 있는 나와 세상에 대한 희망 　참고 현상적 장 : 여기와 지금에서 전개되는 유기체의 모든 경험 내용들 • 지금 여기에서 사람들이 발견하는 의미가 원래 갖고 태어난 실현경향성과 부합하는 것일 때 발전과 성장이 가능하며, 반대로 의미가 실현경향성과 일치하지 않을 때는 심리적 문제가 발생함
	긍정적 존중에의 욕구와 자기	• **자기개념** : 한 개인의 스스로에 대한 모든 생각과 태도들의 집합체 • 한 개인이 세상을 경험해 가면서 '나는 어떤 사람인가?'에 관한 물음에 대하여 내린 답 • 사람들은 자신에 대해 긍정적인 생각을 하려는 욕구가 있으며 이는 타인에게서 긍정적으로 존중받고 인정을 받을 때 가능함

2. 상담

상담목적		• 인간중심 상담의 목적은 충분히 기능하는 인간이 되도록 돕는 것임 • 어느 특수한 행동변화의 완성에 있다기보다는 오히려 한 개인의 전체적이고 계속적인 성장의 방향으로 향하게 하는 데 목적이 있음 • 내담자들은 자신 내부에 성장할 수 있는 잠재력을 갖고 있으며, 적절한 관계성만 조성되면 그들은 자신의 문제에 대처할 수 있는 더 좋은 방법들을 발견해 낼 수 있다고 하는 가정에 따름 • 따라서 로저스는 상담 및 심리치료를 개인 속에 이미 잠재해 있는 능력을 해방시키는 것으로 봄
상담목표		• 내담자의 성장을 도와 현재의 문제뿐만 아니라 앞으로의 문제도 잘 해결할 수 있도록 돕는 것 • 정상적인 발달을 위한 조건을 제공하기 위해서 상담자는 내담자의 자기실현으로 향하는 개인의 정상적인 발달패턴이 발휘될 수 있는 적절한 조건을 제공해 주어야 함 • 내담자의 자아개념과 유기체적 경험 간의 불일치를 제거하고 그가 느끼는 자아에 대한 위협과 이를 방어하려는 방어기제를 해체함으로써 충분히 기능하는 사람이 되도록 도움
상담기법	**진실성**	• 상담자가 내담자와의 관계에서 나타내는 반응이 매순간 그가 내적으로 경험하고 느끼는 바와 합치되는 상태 • 상담자는 상담관계 속에서 내담자에게 단순히 상담자로서의 역할을 수행하는 행동으로 가식적으로 대하거나 ~체 하지 않고 인간으로서의 모습을 진솔하게 나타내는 것 • 집단상담에서는 상담자뿐만 아니라 다른 집단원들이 상담자의 역할이 되어 보며 서로에게 자신의 모습을 진솔하게 나타낼 수 있음
	무조건적 긍정적 수용	• 속으로든 겉으로든 비판적인 모습을 보이지 않는 것을 의미함 • 상담자는 내담자를 좋은 점과 나쁜 점을 모두 갖고 있는 그대로의 개인으로 수용하고, 내담자를 긍정적으로든 부정적으로든 평가하지 않음 • 중립적으로 수용하는 것 이상을 의미함 • 내담자를 가치 있는 인간으로 받아들이고 존경을 표시하는 것과 내담자에게 호감을 갖고 온정으로 대하거나 칭찬해주는 것까지 포함함
	공감적 이해	• **공감**: 내담자의 생각·감정·경험에 대하여 상담자 자신의 주관적인 입장에서가 아닌 내담자의 입장에서 듣고 반응하는 것 • 공감은 '타인의 입장에서 서게 되는 것' 또는 '타인의 눈으로 사물을 바라보는 것'이라고 할 수 있음 • 공감은 상담자가 내담자에게 던져주는 단순한 하나의 언어반응이 아니라 상담자가 내담자와 '더불어 함께하는 과정'이라고 할 수 있음

3. 매슬로우의 동기 이론

(1) 이론

개념	매슬로우는 개인의 능력을 발휘하고자 하는 '동기'를 강조하는 자아발달 이론을 주장하였으며, 이러한 욕구를 '자아실현'이라고 명명하였음	
인간의 욕구 5단계	• 자아실현을 이루기 위해서는 먼저 기본적인 욕구가 만족되어야 함 • 생리적 욕구, 안전의 욕구, 소속과 애정의 욕구, 자존의 욕구가 자아실현 이전에 충족되어야 함	
동기	결핍 동기	자신에게 부족한 것을 보충하기 위한 동기 ⇨ 생리적 욕구, 안전의 욕구, 소속과 애정의 욕구, 자존의 욕구
	성장 동기	자신에게 부족한 것을 보충하기보다는 더 발전하고 성장하려는 동기로서 잠재력을 실현하고자 하는 경향의 동기 ⇨ 자아실현의 욕구

(2) 상담기법

공감적 이해 표현	• **공감적 이해**: 내담자의 관점에서 세계를 지각하고 이를 내담자에게 전달하는 것 • 주의집중, 공감적 이해의 언어적·비언어적 의사소통, 공감적 이해를 표현하는 수단으로서의 침묵을 포함함
순수성의 표현	• 상담자는 상담자의 순수성을 전달하기 위해 상담관계에서 완전히 자기 자신이 되어 한 인간으로서 자신의 진면목을 표현해야 함 ⇨ 이는 상담자가 가식과 가면을 버릴 때 가장 촉진됨 • 상담자가 정직하고 투명해져서 내담자가 상담자 자신이 실제로 어떤 사람인지 알 수 있도록 하는 것 • 상담자는 매순간 경험하는 것과 느껴지는 것을 자각하고 자유롭게 상담에 활용할 수 있게 됨 ⇨ 상담자는 전인적으로 상담에 관련되며 자신의 인격과 모든 존재로서 상담과 치료에 임하게 됨
수용의 표현	• 한 인간으로서 내담자를 존중하고 배려하는 것 • 수용, 무조건적 긍정적 관심, 존중, 배려, 자랑스러워함과 같은 여러 가지 용어로 사용되기도 함

★ 모범답안 740~744쪽

01 다음은 부모교육 이론에 대한 내용이다. 물음에 답하시오. [5점]

> **(가)** 고든(T. Gordon)의 (㉠) 이론은 부모와 자녀, 교사와 유아 간 효과적인 의사소통과 유아생활지도를 위해 폭넓게 적용되는 인간관계 이론이다. 고든은 부모와 자녀 사이에 갈등이 생길 경우 경청의 방법을, 부모의 문제일 경우 (㉡)을/를, 경청 또는 (㉡)을/를 사용했음에도 자녀의 행동이 변화되지 않고 부모와 자녀 모두에게 문제가 남게 될 경우 (㉢)을(를) 사용하는 것이 효과적이라고 한다.
>
> **(나)**
> • ㉣ : "오후 1시부터 2시까지는 엄마가 낮잠을 잘 수 있도록 집이 조용했으면 좋겠다."
> • ㉤ : "엄마는 초록색이 좋아. 왜냐하면 초록색을 보면 숲이 생각나고 편안한 마음이 되거든."

1) (가)의 ㉠, ㉡, ㉢에 적합한 용어를 쓰시오. [3점]

㉠ _____

㉡ _____

㉢ _____

2) (나)에 제시된 사례는 (가)의 ㉡과 관계된 유형이다. ㉣과 ㉤의 유형을 쓰시오. [2점]

㉣ _____

㉤ _____

02 다음은 고든의 부모교육 이론을 적용한 내용이다. 물음에 답하시오. [5점]

철수는 풀을 사용할 때마다 뚜껑을 잘 닫지 않곤 하였다. 그러다 보니 풀 뚜껑을 잃어버려서 풀이 말라 못 쓰게 되었다. 박 교사는 철수에게 새 풀을 주면서 "풀을 사용한 후에는 뚜껑을 잘 닫기로 하자."라고 하였다. 얼마 후 철수는 또 풀 뚜껑을 닫지 않았다.

이때 교사는 아래와 같은 방법을 적용하였다.

문제 해결의 절차	교사 – 유아 상호작용의 예
문제 정의하기	…(생략)…

↓

| 실행 가능한 해결책 찾기 | 교사 : 풀 뚜껑을 잃어버리지 않고 꼭 닫아 두려면 어떻게 해야 할까?
철수 : ….
교사 : 뚜껑과 몸에 철수 이름을 적어 두면 잘 잃어버리지 않을 것 같은데, 또 다른 방법은 없을까?
철수 : 뚜껑이 도망가지 않게 끈을 달아요. |

↓

| 실행 가능한 해결책 평가하기 | …(생략)… |

↓

| ㉠ | 교사 : 그럼, 철수가 말한 방법대로 사용해 볼까?
철수 : 좋아요. |

↓

| …(생략)… | …(생략)… |

↓

| ㉡ | 교사 : 철수야, 네가 말한 방법대로 해 보니까 풀 뚜껑을 잃어버리지 않는 데 도움이 되었니?
철수 : 네. ○○해서 도움이 되었어요. |

1) ① 위 사례에 적용한 방법이 무엇인지 쓰고, ②~③ 이 방법의 장점을 2가지 쓰시오. [3점]

① _____

② _____

③ _____

2) ㉠과 ㉡에 들어갈 적합한 내용을 쓰시오. [2점]

㉠ _____

㉡ _____

03 다음은 부모교육 이론에 대한 내용이다. 물음에 답하시오. [5점]

(가) 유아에게 문제가 있을 때는 부모가 상황에 따라 돕는 기술을 사용한다. 또한 부모들은 말을 해서 해결해 주려 하지 말고 잘 들어주어야 한다. 네 가지의 기본적인 경청 기술을 소개하면 다음과 같다.

- (㉠) : 부모가 계속 말을 하거나 말을 많이 하게 되면, 자녀들은 자신의 이야기를 할 수 없게 되므로, 침묵하면서 조용히 들어주는 것이다.

- (㉡) : 부모가 고개를 끄덕이거나, 미소를 짓거나, 얼굴 표정을 짓는 것이다.

- (㉢) : 처음에 마음의 문을 열고 말문을 열 수 있도록 언어로 이끌어 준다. "네 이야기가 재미있구나!", "그것에 대해 이야기해 줄 수 있겠니?"와 같은 언어를 사용해서 격려하는 것이다.

- (㉣) : 부모와 자녀 간에 문제가 발생하였을 때 (㉣)에 의해 해결할 수 있다. (㉣)은/는 침묵이나 조용히 듣는 수동적 경청과는 달리 자녀들로부터 들은 대화 내용을 이해하고 피드백하는 진지한 대화의 자세이다. 따라서 (㉣)은/는 자녀와의 개방적인 의사소통 방법이며 부모의 진지한 대화의 자세가 필수적인 요건이 된다. 자녀들이 부모와의 대화를 꺼린다면 자녀와 부모 간의 조력 관계는 형성될 수 없다. 부모는 자녀로 하여금 자신이 이야기한 것과 이야기하지 않은 이면에 숨은 감정을 다 알고 있다는 것을 알려주어야 한다는 것이다.

(나) 드라이커스가 제시한 자녀 양육방법인 (㉤)은/는 자녀의 행동 결과에 대해 부모와 자녀가 합의하여 결정한 것을 자녀가 따르도록 함으로써 자신의 잘못된 행동에 대해 책임을 수용하는 법을 배울 수 있도록 도와주는 방법이다. 벌은 과거 시점의 행동에 초점을 두는 반면, (㉤)은/는 (㉥)시점의 행동에 초점을 둔다.

1) (가)의 ㉠, ㉡, ㉢, ㉣에 적합한 용어를 쓰시오.　　[2점]

㉠ _____

㉡ _____

㉢ _____

㉣ _____

2) (가)의 ㉣에 들어갈 방법의 장점을 2가지 쓰시오.　[2점]

① _____

② _____

3) (나)의 ㉤과 ㉥이 무엇인지 쓰시오.　　　　　　[1점]

㉤ _____

㉥ _____

04 다음은 부모교육 이론에 대한 내용이다. 물음에 답하시오. [5점]

> **(가)** 아들러(A. Adler)의 개인심리학을 적용하여 발전시킨 부모교육 이론으로 부모–자녀 관계, 성인–유아 관계를 (㉠)에 기초하여 보다 바람직한 상호관계 유형으로 발전시키고자 하는 부모교육 이론이다.
>
> **(나)** 부모는 자녀가 자신의 기대나 목표를 달성하기 위해 (㉡)을/를 행동 전략으로 설정한다는 것을 파악하고 대처해야 한다. 예를 들어, 평소 착하던 아이가 동생이 태어난 후 엄마가 동생에게만 애정을 보이고 자신에게는 소홀하게 대한다고 생각하여 동생을 자꾸 꼬집고 울리곤 하는 것이다.
>
> **(다)** 부모를 대상으로 경험과 불평 늘어놓기 단계, 감수성 증진 단계, (㉢) 단계, 기술 익히기 단계로 구분하여 부모교육 프로그램을 운영한다.

1) ① (가)와 관련된 부모교육 이론을 쓰고, ㉠에 들어갈 적합한 용어를 쓰시오. [2점]

① _____

㉠ _____

2) (나)의 ㉡에 들어갈 적합한 용어를 쓰고, ① 사례에 제시된 잘못된 행동 목표를 쓰시오. [2점]

㉡ _____

① _____

3) (다)의 ㉢에 들어갈 적합한 용어를 쓰시오. [1점]

㉢ _____

05 다음은 부모교육 이론과 프로그램에 대한 것으로, 이에 기초한 자녀 양육행동 사례를 제시한 것이다. 질문에 답하시오. [5점]

(가) (㉠) : 수현이의 엄마는 편식이 심한 수현이가 좋은 식습관을 갖게 하고자 하였다. 엄마는 적절한 강화물을 사용하고 엄마가 골고루 음식을 먹는 등 모델링 방법도 사용하였다.

(나) ⓐ <u>고든(T. Gordon)의 부모효율성 훈련</u> : 민수의 아버지는 동생과 자주 싸우는 민수가 동생과 잘 지내도록 하고자 하였다. 아버지는 민수의 말을 적극적으로 경청하고, (㉡), (㉢) 등을 사용하였다.

(다) ⓑ <u>기노트(H. Ginott)의 인본주의 이론</u> : 민선이의 아버지는 게임중독에 빠진 민선이가 긍정적인 생활 자세를 가지도록 하고자 하였다. 아버지는 민선이의 자아 상태를 파악하고 의사소통 방식을 분석하며, 논리적 귀결 기법을 사용하였다.

(라) ⓒ <u>번(E. Berne)의 교류분석 이론</u> : 자영이의 엄마는 자주 거짓말을 하는 자영이의 습관을 바꾸고 책임감과 독립심을 키워주고자 하였다. 엄마는 자영이를 있는 그대로 수용하고 내면의 감정도 이해하려고 노력하지만, 거짓말을 해서는 안 된다는 분명한 한계를 설정해 주었다.

(마) (㉣) : 딩크메이어와 맥카이가 체계화한 종합적이고 단계적인 부모교육 프로그램으로 기본 가설은 민주적인 가정이다. 부모로 하여금 자녀양육의 방법과 결과를 알게 하여 책임 있는 자녀양육과 만족감을 느끼게 함으로써 민주사회에 있어 자녀양육을 바람직하게 할 수 있는 방법을 제시하였다.

---

1) ㉠, ㉡, ㉢, ㉣에 들어갈 용어를 제시하시오.　　　[2점]

㉠ _____

㉡ _____

㉢ _____

㉣ _____

2) 위의 부모교육 방법 ⓐ~ⓒ 중 부적절하게 제시된 것의 기호 2가지를 지적하고, 각각 옳게 고치시오.　　　[2점]

① _____, _____

② _____, _____

3) 다음은 번에 대한 내용이다. ①에 적합한 용어를 쓰시오.　　　[1점]

(①) 유형은 자기 스스로 타인과 비교하여 열등하게 느끼거나 부적절하게 느껴 경쟁을 피하고 회피나 감정적 도피처를 찾는 경향이 있다. 좌절감을 느끼고 자신에 대해 가치를 두지 못하는 입장으로 순종적이며 열등감, 부적절감, 우울증, 죄의식과 타인에 대한 불신감을 지니게 된다. 출생 후의 유아가 느끼게 되는 감정으로 개인의 일생 동안 계속 영향을 끼치는 가장 보편적인 생활 자세이다.

---

① _____

06 다음은 부모와 자녀의 대화법에 포함된 요소에 대한 내용이다. 물음이 답하시오. [5점]

(가) "엄마는 ⊙ 정호가 위험한 장난감을 사달라고 몹시 조르는데. ⓒ 네가 장난감으로 놀다가 다칠까봐 ⓒ 걱정이 된단다."

(나) 아이가 비싼 장난감을 사달라고 졸랐으나 엄마가 사주지 않아 생긴 문제 상황이다.
유아 : ② 나는 엄마가 미워요.
엄마 : ⑩ 우리 미영이가 엄마가 장난감을 사주지 않아 매우 화가 나 있구나.
유아 : ⑭ 네, 맞아요, 엄마.

---

1) 다음을 읽고 ①에 적합한 용어를 쓰시오.　　　　[1점]

(가)처럼 유아의 행동으로 인하여 부모의 마음이 불편해지면서 문제를 소유할 때 유아에게 야단을 치고 비난하기보다는 자녀의 행동이 부모에게 어떤 영향을 주는지 알려주고, 그에 대한 부모 자신의 감정을 보여주어 자녀가 자신의 문제를 스스로 바꿀 수 있도록 하는 것을 (　①　)이라고 한다.

---

①_____

2) (가)에 제시된 ⊙, ⓒ, ⓒ의 요소를 쓰시오.　　[1.5점]

⊙_____

ⓒ_____

ⓒ_____

3) 다음을 읽고 ①에 적합한 용어를 쓰시오.　　　　[1점]

(나)처럼 부모가 자기의 메시지를 포함하지 않고, 부모는 자녀의 내면을 비춰주는 거울로서의 역할만을 수행하여 자녀가 말한 메시지를 되돌려 주는 것을 (　①　)(이)라고 한다.

---

①_____

4) (나)에 제시된 ②, ⑩, ⑭의 요소를 쓰시오.　　[1.5점]

②_____

⑩_____

⑭_____

07 (가)는 드라이커스(R. Dreikurs)의 부모교육 이론에 대한 설명이고, (나)와 (다)는 행동수정 기법에 대한 설명이다. 물음에 답하시오. [5점]

(가) 자녀가 자신의 행동 결과로 인해 배우게 되는 (㉠)와/과 행동 결과에 대해서 부모와 성인들이 자녀와 합의하여 논리적으로 정하는 (㉡)의 경험을 많이 하도록 함으로써 자녀 스스로 자기 훈련을 통해 책임감을 기르도록 한다.

(나) 행동수정 기법 중 한 가지인 (㉢)은/는 새로운 행동을 처음 가르칠 때 쓰는 방법으로, 기르고자 하는 목표행동을 한 번에 달성하기 힘든 경우에 사용한다. 언어지도, 대인관계지도, 지적장애나 자폐아동의 식사나 옷 입기 등 신변처리 지도에 많이 이용한다.

(다) 양치질하는 행동을 가르칠 때 (㉣)을/를 하여 (㉤)을/를 적용할 수 있다.
- **1단계** : 칫솔 고르기
- **2단계** : 치약을 알맞게 바르기
- **3단계** : 양치질하기
- **4단계** : 컵에 물을 받기
- **5단계** : 물로 양치질하기
- **6단계** : 칫솔을 씻어 제자리에 꽂기

1) (가)의 ㉠, ㉡에 적합한 용어를 쓰시오. [1점]

㉠ _____

㉡ _____

2) (나)의 ㉢에 적합한 용어를 쓰시오. [1점]

㉢ _____

3) (다)의 ㉣, ㉤에 적합한 용어를 쓰시오. [1점]

㉣ _____

㉤ _____

4) ㉢과 ㉤의 차이를 설명하시오. [2점]

_____

_____

08 누리과정 편성·운영 지침에 의하면, 부모와 유치원의 실정에 따라 부모교육을 다양하게 실시하도록 하고 있다. (가)와 (나)는 부모교육 이론에 대한 내용이다. 질문에 답하시오. [5점]

(가) (㉠)은/는 그의 저서 『부모와 자녀 사이 (Between Parent and Child)』에서 아동과의 대화에 대하여 다음과 같이 밝히고 있다.

아동은 부모가 자기를 이해해 주고 있다는 것을 느끼면 외로움이나 상처가 다 사라진다. 어머니의 이러한 이해심은 정서적인 치료제 역할을 하게 된다. 아동과의 의사소통에서 기본이 되는 요소는 존중과 기술로, 부모의 자존심만큼 아동의 자존심도 존중하여야 하며 충고나 지시를 할 때에도 먼저 부모 자신이 그 말을 충분히 이해하고 난 다음에 전달하도록 한다. 또한 아동이 무례한 행동을 하였을 때 그 행동에 대해서만 이야기하고, 그의 성격이나 특성을 공격하거나 비난하지 말아야 한다. 부모는 자녀를 있는 그대로 받아들여야 하며, 부모-자녀 간 바람직한 의사소통을 위한 부모교육의 과정은 (㉡), (㉢), 개념 형성, 기술 습득의 4단계를 거친다.

아동과의 대화에서 또 하나 강조하는 바는 부모와 아동 간에 신체적 차이가 적을 때 의사소통이 보다 효과적이라는 점이다. 이렇게 하는 방법 중 하나는 아동과 눈높이를 같게 하는 것이다. 즉, 아동을 대할 때 무릎을 굽혀 앉거나 무릎에 앉히도록 한다.

(나) (㉣)은/는 가정에서 일어나는 사회화 과정의 중요성을 강조한다. 모든 아동들은 가정환경에 의해 영향을 받으며, 부모를 통해 문화와 사회적 영향에 노출된다. 또한 아동들은 인종, 종교, 경제, 교육 및 다른 여러 사회적 요소들을 부모와의 경험을 통해 받아들이게 된다. 형제자매들의 유사성은 바로 이들이 가정에서 갖는 공통적 경험, 그들에게 노출된 가치, 그들이 훈련되어 온 행동 형태를 나타낸다. 아동들이 사회에 적응하는 것을 배우게 되는 것은 바로 가족이라는 단위 안에서이다.

가정환경의 중요한 요소 중 하나는 부모의 자녀양육 태도로서 (㉣)은/는 부모가 (㉤)을/를 가져야 한다고 주장한다. 전통적 봉건주의 체제 속에서의 자녀양육은 우수한 자와 열등한 자와의 관계에서 나온 것으로, 이는 비효과적임이 증명되고 있다. 즉, 모든

독재적 사회체제의 근본적 요소에는 우수한 자와 열등한 자가 있다는 것이다. 이러한 체제 안에서의 아동은 자신의 위치를 알도록 가르침을 받는다. 또 손윗사람들에게 경의를 표하도록 가르침을 받을 뿐만 아니라, 그들이 성인이 되면 다음 세대에게 같은 역할을 하리라는 것을 배우게 된다.

1) (가)의 ㉠ 학자가 강조하는 ㉡, ㉢의 명칭을 제시하고, 각각 설명하시오. [2점]

㉡ _____

_____

㉢ _____

_____

2) 다음을 읽고 ①이 무엇인지 쓰시오. [1점]

(나)의 ㉣ 학자는 유아가 자신의 잘못된 행동에 대해 변명하고 효과적으로 행동목표를 달성하지 못했다는 느낌을 갖게 되면, 자신에 대해 상당히 실망하고 성공하려는 희망을 포기하게 되는 (①)이/가 나타난다고 하였다.

① _____

3) (나)의 ㉣과 ㉤에 들어갈 용어를 쓰시오. [2점]

㉣ _____

㉤ _____

09 (가)는 바움린드(Baumrind)의 양육행동에 대한 내용이고, (나)는 부모교육 이론이다. 질문에 답하시오. [5점]

(가) (㉠) 양육행동의 특징은 자녀를 하나의 인격체로 대하고 자녀의 자율성을 전적으로 존중하는 것이다. 이러한 양육행동은 (㉡) 양육행동과 (㉢) 양육행동으로 나뉘어진다.

(㉡) 양육행동을 보이는 부모는 수용적이지만 통제적이지 않은 행동을 통해 자녀가 하고 싶은 일을 마음대로 할 수 있도록 하는 유형이다. 이 유형의 부모는 자녀에게 규칙을 설명하고 자율성을 격려하지만, 행동을 감독하거나 통제하지는 않는다.

또한 (㉢) 양육행동을 보이는 부모는 수용적이지도, 통제적이지도 않다. 이 유형의 부모는 자신의 기분에 따라 자녀를 대하기 때문에 일관성이 없으며, 자녀를 거부하고 등한시하며 바람직한 행동을 하도록 지도하지 않는다. 자녀가 잘못된 행동을 했을 때 '아이가 실수로 그럴 수도 있지.'라고 받아들이지 않고 '고의적으로 나쁜 짓을 한다.'라고 생각하여 자녀로 하여금 자신은 원래 그런 아이라고 생각하게 만든다.

(나) 어머니가 아침에 "학교에 몇 시에 갈래?"라고 묻는 것은 표면적으로 성인자아에 근거하여 이야기하는 것이지만, 내면에는 '그만 일어나라. 왜 이렇게 일어나질 못하니? 학교 가려면 시간이 없는데.'라는 메시지가 담겨있다. 이때 자녀가 "네, 준비할게요."라고 반응하면 어머니의 아동자아상태를 자극하여 어머니가 원하는 것을 이루었음을 의미한다.

---

1) (가)의 ㉠, ㉡, ㉢에 들어갈 적합한 용어를 쓰시오. [3점]

㉠ _____

㉡ _____

㉢ _____

2) (나)는 번(E. Berne)의 교류유형 중 하나이다. ① 이 두 사람의 의사소통에는 네 종류의 자아상태 중 어떤 유형이 나타나는지 쓰고, ②에 적합한 용어를 쓰시오.
[2점]

두 사람 간에 세 종류의 자아상태가 관여하는 경우로, 일반적인 정보를 제공하지만 그를 통해 상대방의 특정 자아상태가 자극되기를 원할 때 사용된다. 이를 (②) 교류라고 한다.

---

① _____

② _____

10 다음의 부모교육에 대한 내용이다. 물음에 답하시오.
[5점]

(가) (㉠) 가족은 기혼여성이 취업 중에 있으므로 부부 모두 직장을 가지는 가족으로 정의할 수 있으며, 산업사회 도래와 함께 형성된 개념 중 하나이다. (㉠) 가족의 자녀양육 문제는 특히 일을 하는 어머니가 역할 과부하 현상을 경험하며, 자녀에 대한 걱정과 죄책감으로 지나치게 통제적이거나 허용적인 양육태도를 보인다는 것이다.

(나) (㉡) 가족은 만 18세 미만의 미성년 자녀를 둔 가정에서 부모 중 한쪽이 사망이나 이혼, 별거, 유기, 미혼모 등의 이유로 혼자서 자녀를 키우는 (㉡)와/과 자녀로 구성된 가족을 의미한다.

(다) (㉢) 가족이란 부부 중 한 사람이 외국 출신으로서 국제결혼에 의하여 가족관계가 형성된 가족 형태이며, 가족 내에 다양한 문화가 공존하고 있다는 의미를 내포한다.

1) (가)의 ㉠에 적합한 용어를 쓰고, 다음 ①에 들어갈 적합한 용어를 쓰시오. [2점]

(㉠) 가족에 대한 사회적 지원으로는 질 높은 영유아 교육기관 확충, (①)와/과 같은 제도적 지원, 대리양육자에 대한 사회적 차원의 질 관리 등이 있다.

㉠ _____

① _____

2) (나)의 ㉡에 들어갈 적합한 용어를 쓰시오. [1점]

㉡ _____

3) (다)의 ㉢에 적합한 용어를 쓰고, 다음 ①에 들어갈 적합한 용어를 쓰시오. [2점]

(㉢) 가족의 자녀양육 문제로는 (㉢) 가족 자녀의 기초학습 능력이 낮은 경향이 있으며, 언어발달 지체 현상과 문화부적응의 어려움을 겪고, 정체성 혼란과 사회의 편견으로 인해 (①)을/를 당할 우려가 있다.

㉢ _____

① _____

11 (가) ~ (다)는 부모교육 이론에 대한 내용이다. 물음에 답하시오. [5점]

> **(가)** 유아 형제 간의 싸움이 잦은 가정이 있다. 유아들은 부모의 관심을 받기 위해 자주 싸우고, 부모는 끊임없이 싸움을 말리느라 큰소리를 치는 악순환이 계속된다. 이러한 문제를 해결하기 위해 드라이커스는 부모에게 "동생과 그렇게 싸워서 엄마를 기쁘게 하려는 건 아니겠지?"라고 물어보게 하였다. 이때 유아가 "응."이라고 하였다.
>
> **(나)** 고든은 무승부법 시행단계를 6단계로 구분하였다.
>
> | 1단계 | 갈등 확인 및 정의 |
> |---|---|
> | 2단계 | 가능한 해결책 (㉠) |
> | 3단계 | 가능한 해결책 (㉡) |
> | 4단계 | 최상의 해결책 결정 |
> | 5단계 | 결정된 해결책 시행 |
> | 6단계 | 평가 |
>
> **(다)** (㉢)은/는 딩크마이어와 맥케이가 체계화한 종합적이고 단계적인 부모교육 프로그램이다. 이 프로그램은 드라이커스와 고든의 장점을 혼합하여 사용하였다.

1) (가)에 나타난 특징을 무엇이라고 하는지 쓰시오. [1점]

_____

2) (나)의 ㉠과 ㉡에 들어갈 적합한 용어를 쓰시오. [2점]

㉠ _____

㉡ _____

3) (다)의 ㉢에 적합한 용어를 쓰고, 다음을 완성하시오. [2점]

> (①)은/는 스스로 자신감과 자아존중감을 갖도록 하는 데 비해, (②)은/는 반드시 자아존중감이나 자신감 갖도록 하지는 않는다는 점에서 서로를 구분하여야 한다고 하였다.

㉢ _____

① _____

② _____

12 (가)와 (나)는 부모 양육행동에 대한 내용이고, (다)는 부모교육 이론에 대한 내용이다. 물음에 답하시오. [5점]

(가) 쉐퍼(Schaefer)는 ⊙ 부모가 자녀에게 애정을 가지고 인격적으로 존중하는 태도로서 자녀의 행동의 독립성과 자율성을 최대한 인정하는 양육행동이 있는가 하면, ⓛ 인지발달에 집착하여 자녀의 학업성취도를 높일 수는 있지만, 의존적이며 자신의 문제를 스스로 해결하고자 하는 자신감을 떨어뜨리는 양육행동이 있다고 하였다.

(나) 바움린드(Baumrind)는 ⓒ 부모가 자녀와 이야기하는 것을 좋아하지 않으며 전통, 일, 질서 유지와 복종에 중요한 가치를 두는 양육행동이 있는가 하면, ② 자녀의 행동에 대해 수용적이고 긍정적으로 반응하며, 부모란 권위를 지닌 존재가 아니라고 생각하기 때문에 통제나 처벌을 거의 사용하지 않는 양육행동이 있다고 하였다.

(다) 어머니가 아침에 "학교에 몇 시에 갈래?"라고 묻는 것은 표면적으로는 성인자아에 근거하여 이야기하나 내면에는 '그만 일어나라. 왜 이렇게 일어나질 못하니? 학교 가려면 시간이 없는데.'라는 메시지가 담겨있다. 이때 자녀가 "네, 준비할게요."라고 반응하면 어머니의 (⑩)자아상태를 자극하여 어머니가 원하는 것을 이루었음을 의미한다.

---

1) (가)에 나타난 쉐퍼가 분류한 양육행동 유형 중 ⊙과 ⓛ에 적용된 유형을 쓰시오. [2점]

⊙ _____

ⓛ _____

2) (나)에 나타난 바움린드가 분류한 양육행동 유형 중 ⓒ과 ②에 적용된 유형을 쓰시오. [2점]

ⓒ _____

② _____

3) (다)는 이면적 교류의 예이다. ① 이러한 교류의 종류를 쓰고, ⑩에 들어갈 적합한 용어를 쓰시오. [1점]

① _____

⑩ _____

13 다음은 부모교육 이론과 프로그램에 대한 내용이며, 이에 기초한 자녀양육 행동사례가 적절하게 제시된 것이다. 질문에 답하시오. [5점]

(가) 고든(T. Gordon)의 부모교육 이론은 부모와 자녀, 교사와 유아 간 효과적인 의사소통과 유아 생활지도를 위해 폭넓게 적용되는 인간관계 이론이다. 다음과 같이 세 가지 경우로 나누어 제시하였다.

㉠ 유아가 문제를 갖는 경우
부모–자녀 관계에 문제가 없는 경우
㉡ 부모가 문제를 갖고 있는 경우

┌ **철수** : ⓐ <u>엄마! 주사를 꼭 맞아야 돼요?</u>
㉢ **엄마** : 아플까 싶어 무서운 모양이구나.
└ **철수** : 예, 그래요.

(나) (가)의 ㉠과 ㉡처럼 부모와 자녀 모두에게 문제가 남게 될 경우 (㉣)을/를 사용하는 것이 효과적이라고 한다.

(다) (㉤) : 밥투정을 하면 밥을 먹지 못하는 경우인데, 다른 가족이 밥을 다 먹고 난 뒤 어머니가 식탁을 치워 버렸기 때문이다.

1) (가)의 ㉢에 적합한 명칭을 쓰고, ①에 적합한 용어를 쓰시오. [2점]

> ㉢의 ⓐ처럼 유아가 자신의 느낌을 부모에게 직접적으로 표현하는 것을 피하고 간접적으로 표현하는 상징적 표현을 (①)(이)라고 한다.

㉢ _____

① _____

2) (나)의 ㉣에 적합한 용어를 쓰고, ㉡의 절차 중 ①에 들어갈 적합한 절차를 쓰시오. [2점]

1단계 : 갈등을 확인하고 정의 내리기
2단계 : 가능한 모든 해결책 찾기
3단계 : 해결책 평가하기
4단계 : (①)
5단계 : 해결책 실행하기
6단계 : 해결책이 잘 적용되었는지 평가하기

㉣ _____

① _____

3) 드라이커스가 제시한 행동통제 방법 중 (다)의 ㉤에 들어갈 적합한 방법을 쓰시오. [1점]

㉤ _____

14 누리과정 편성·운영 지침에 의하면, 부모와 유치원의 실정에 따라 부모교육을 다양하게 실시하도록 하고 있다. (가)~(다)는 기노트의 부모교육 이론에 관한 내용이다. 질문에 답하시오. [5점]

(가) 기노트의 (㉠) 부모교육 이론은 (㉡)의 내담자 중심 상담이론을 근간으로 한다. (㉡)은/는 인간이 자기를 억압하거나 이상적 자기를 실제적 자기로 믿을 때 긴장이나 불안을 경험하며, 실제적 자기와 이상적 자기가 일치하는 것이 건강한 성격의 핵심이라고 보았다.

(나) (㉡)의 제자인 액슬린은 (㉡)의 이론을 아동치료에 적용하여 아동중심 놀이치료로 발전시켰다. 액슬린은 아동중심 놀이치료의 8가지 원칙을 제시하였고, 『 ㉢ 』라는 사례집을 발간하여 그 효과를 널리 알렸다. 기노트는 (㉡)와/과 액슬린의 영향을 받아 그의 저서 『 ㉣ 』에서 아동과의 대화에 관하여 다음과 같이 밝히고 있다.

   아동은 부모가 자기를 이해해 주고 있다는 것을 느끼면 외로움이나 상처가 다 사라진다. 어머니의 이러한 이해심은 정서적인 치료제 역할을 하게 된다. 아동과의 의사소통에서 기본이 되는 요소는 존중과 기술로서 부모의 자존심만큼 아동의 자존심도 존중하여야 하며, 충고나 지시를 할 때에도 먼저 부모 자신이 그 말을 충분히 이해하고 난 다음에 전달하도록 한다. 또한 아동이 무례한 행동을 하였을 때 그 행동에 대해서만 이야기하고, 그의 성격이나 특성을 공격하거나 비난하지 말아야 한다. 부모는 자녀를 있는 그대로 받아들여야 한다고 하였다.

(다) ⓐ "너무 힘드셨겠네요.", "속상하셨겠네요.", "그래요, 부모 노릇하기가 쉽지 않지요."라는 말을 통해 긍정적이고 격려적인 태도를 보여준다.
   ⓑ 부모가 자녀를 양육할 때의 부족함을 인식하게 되고, 성인과 다른 아동의 입장에서 자녀를 이해하는 능력을 개발한다.
   ⓒ '왜 우리 아이가 그랬을까?', '그때 기분이 어떠했을까?'를 생각해 보고, 부모들끼리 서로 이야기를 나눈다.
   ⓓ 자녀 양육기술을 실제로 가정에서 자녀에게 직접 적용해 본다.

---

1) (가)의 ㉠과 ㉡에 적합한 용어를 쓰시오. [1점]

   ㉠ _____

   ㉡ _____

2) (나)의 ㉢과 ㉣에 적합한 저서를 쓰시오. [2점]

   ㉢ _____

   ㉣ _____

3) (다)에서 기노트가 말하는 부모-자녀 간 바람직한 의사소통을 위한 부모교육의 과정은 4단계를 거친다고 하였다. ① 그 과정을 순서대로 기호로 쓰고, ⓐ~ⓓ 각 단계의 명칭을 쓰시오. [2점]

   ① _____

   ⓐ _____

   ⓑ _____

   ⓒ _____

   ⓓ _____

15 (가)~(다)는 부모교육 이론에 대한 내용이다. 물음에 답하시오. [5점]

(가) 드라이커스의 민주적 양육방법은 생활양식의 구성개념으로 네 가지 개념을 활용하고 있는데, (㉠)은/는 자신에게 초점을 맞추고 'I, I am, I like, I do'가 해당되는 용어로서 자기표현 등을 하는 자아와 관련된 개념이다. (㉡)은/는 무엇을 하고 싶은 것에 대한 개인의 태도로서 프로이드는 (㉡)(으)로, 로저스는 이상적 자아로 표현했다. (㉢)은/는 개인이 해야 하는 것과 해서는 안 될 것에 대한 태도를 의미한다. (㉣)은/는 자신을 제외한 주변에 대한 믿음이나 일치성을 의미한다.

(나) 고든의 나 – 전달법
 ① "엄마는 초록색이 좋아. 왜냐하면 초록색을 보면 숲이 생각나고 편안한 마음이 되거든."
 ② "오후 1시부터 2시까지는 내가 낮잠을 잘 수 있도록 집이 조용했으면 좋겠다."

(다) (㉤)은/는 아직도 자녀의 말에 관심이 있고, 계속 말해도 좋으며, 자녀와 많은 것을 공유할 준비가 되어 있음을 알리는 신호이다. 머리를 약간 수그린다거나 미소를 보내거나, "음~ 오~ 그래?" 등과 같은 신호를 보내는 것이다.

1) (가)의 ㉠ ~ ㉣에 적합한 용어를 쓰시오. [2점]

 ㉠ _____

 ㉡ _____

 ㉢ _____

 ㉣ _____

2) (나)의 ①과 ②에 나타난 나 – 전달법의 유형을 쓰시오. [2점]

 ① _____

 ② _____

3) (다)의 ㉤은 고든의 부모교육 방법 중 하나이다. ㉤에 들어갈 적합한 용어를 쓰시오. [1점]

 ㉤ _____

16 다음은 유치원에서 부모와의 협력 관계를 유지하기 위하여 부모를 참여시키기는 방법을 제시한 것이다. 물음에 답하시오. [5점]

> 누리과정을 편성·운영함에 있어서 ㉠ <u>부모의 요구를 반영</u>하고 교사가 부모를 직접 만나기 어려운 경우에는 부모와 전화로 이야기를 나눌 수 있다. 부모교육을 위한 ㉡ <u>가정통신</u>은 부모가 일정을 조정하여 참여할 수 있도록 충분한 시간적 여유를 두고 미리 안내하는 것이 바람직하다. 그리고 교사는 부모의 관심사를 반영하여 부모와 함께 교육자료 제작 등을 위한 ㉢ <u>부모 자원봉사 활동</u>을 계획하여 운영한다.

1) 다음을 읽고 ①과 ②에 들어갈 적합한 내용을 쓰시오. [2점]

> ㉠과 관련하여 「유아교육법」 제19조 3항에 유치원 (①)의 설치를 규정하고 있다. 「유아교육법 시행령」 제22조의 8항에서는 국·공립 유치원에 두는 (①)은/는 학부모가 (②)을/를 부담하는 사항을 심의할 때에는 국립유치원의 경우 유치원 규칙으로 정하는 바에 따라 미리 학부모의 의견을 수렴하여야 하며, 공립 유치원의 경우 시·도의 조례로 정하는 바에 따라 미리 학부모의 의견을 수렴하여야 한다.

① _____

② _____

2) ㉡에 포함되어야 할 내용 4가지를 쓰시오. [2점]

① _____

② _____

③ _____

④ _____

3) 다음은 ㉢과 관련된 내용이다. ⓐ~ⓔ 중 틀린 내용 1가지를 찾아 기호를 쓰고, 이를 바르게 고쳐 쓰시오. [1점]

> ⓐ '우리나라' 생활 주제 전개 시 국악기를 다루기나 감상하기 활동을 계획·수행할 때 장구나 북을 연주할 줄 아는 부모를 유치원에 직접 초대하여 악기 연주하는 법을 가르치게 할 수 있다.
>
> ⓑ 유치원에 다문화 가정의 유아가 있을 경우에는, '세계 여러 나라' 생활 주제 전개 시 다문화 가정의 부모를 초대하여 그 나라의 음식을 함께 만들어 보거나, 음악 등을 함께 감상하고 연주해 봄으로써 각 나라의 고유문화와 정체성을 인정하고 존중하는 다문화적 가치를 형성할 기회를 제공할 수 있다.
>
> ⓒ 기본 생활습관 지도와 관련하여, 이 닦기 지도 시 치과 의사인 부모님을 초대하여 치아 건강의 중요성이나 이 닦는 방법 등을 유아들에게 직접 알려주게 할 수 있다.
>
> ⓓ 교육자료 제작은 유아의 관심사를 반영하여 교사와 부모가 함께 흥미로운 활동을 계획하고, 제작 방법은 간단하고 이해하기 쉽게 조직하며, 필요한 경우 본뜨기 등의 자료를 미리 인쇄하거나 준비해 둔다.
>
> ⓔ 수업 보조교사로서의 봉사는 유아교육에 대해 일정한 교육을 받은 부모로부터 도움을 받는 활동으로, 처음에는 간식을 준비하거나 요리 활동 보조 또는 동화책을 읽어주는 정도의 단순한 일에서 시작하여 점차 자유선택활동의 한 영역을 지도하고 부분적으로 프로그램에 관여하는 역할까지 할 수 있다.

_____ , _____

17 (가)는 부모 참여 프로그램 계획안이고, (나)는 입학일의 하루 일과를 계획한 사례이다. 물음에 답하시오. [5점]

(가)			
일자	유형	내용	주의사항
2/26	부모 오리엔테이션	• 유치원의 전반적인 소개 • 부모를 위한 운영 안내 • 교육일정, 행사안내, 반별 모임	토요일 또는 가능한 날짜 조사
3/26	신입 원아 면담	신입원아 개별 면담-금요일	–
3월 말	부모 강연회 및 간담회	주제강연	
5월	놀이실 부모 참관 및 소집단 모임	–	토요일 계획 (2차례)
6월	소풍 및 어머니 참여 프로그램	놀잇감 제작 워크숍	금요일 계획
7월 말	면담	1학기 부모 개별면담	–
10월	아버지 참여 프로그램	강연회	토요일 오후
12월	학기말 면담	부모 개별면담	귀가 직전에 시간 마련
12월	어머니 참여 수업	방학일 부모 참여 수업	연말연시 축하모임

(나)			
학급명	○○반	지도교사	○○○
유아 연령	○세	일시	21. ○. ○
운영 시간	9:00 ~ 12:00		
대상 유아	○○반 35명 유아 전체		
준비물	• 경쾌한 음악, 동화, 간식 • 유아들의 개인 사진과 이름표 • 유치원 생활을 소개하는 사진 및 그림 자료 • 가정에서 접해 보지 못한 여러 가지 새로운 교구		

활동 내용	등원 → 교실 돌아보기 및 자유선택활동 → 정리정돈 → 이야기 나누기 → 화장실 안내 및 간식 → 동화 듣기 → 귀가
유의점	새로운 환경에 대한 호기심을 유발할 수 있도록 유아들을 입학일 당일에 처음으로 유치원에 오게 한다.

1) (가)의 부모 참여 프로그램 계획안 중 문제가 되는 점 3가지를 찾아 쓰시오. [2점]

① _____

② _____

③ _____

2) 입학하는 첫날의 프로그램 계획 시 유의해야 할 점에 비추어 (나) 사례의 문제점을 4가지 쓰고, 그 대안을 각각 1가지씩 제시하시오. [2점]

① 문제점 : _____

　대안 : _____

② 문제점 : _____

　대안 : _____

③ 문제점 : _____

　대안 : _____

④ 문제점 : _____

　대안 : _____

3) 다음을 읽고 ①에 적합한 용어를 쓰시오. [1점]

> 유치원에서 부모교육을 계획할 때는 (①)단위의 계획을 세우는 것이 적절하다.

① _____

18 (가)~(다)는 드라이커스(R. Dreikurs)의 부모교육 이론에 대한 설명이다. 물음에 답하시오. [5점]

(가) (㉠) 부모교육 이론은 드라이커스(R. Drei-kurs)가 중심이 되어 (㉡)의 개인심리학을 부모교육에 적용하여 발전시킨 이론이다. (㉡)은/는 (㉢)을/를 강조하였는데, (㉢)은/는 어떻게 생활하고 문제해결을 하며 대인관계를 맺는지와 관련된 것으로, 유아는 사회화 과정을 통해 인성, 태도, 신념, 능력 등을 포함하는 (㉢)을/를 형성하는데, 이때 부모의 양육태도가 많은 영향을 미친다고 하였다. 유아가 지닌 부정적 개념에는 부적절한 느낌, 환경에 대한 부정적인 생각, 자신에 대한 부정적인 사고, 타인에 대한 편견이나 오해, 자신을 특별한 존재로 여기는 것 등이 있다. 이러한 열등감을 보상하기 위해 유아는 가상목표를 세우게 된다. 그리고 가상목표를 달성하기 위하여 유아는 특정 행동을 하는데, 이러한 행동이 반복되어 (㉣)이/가 된다. 만일 유아가 가상목표를 잘못 세우면 바람직하지 못한 행동이 (㉣)이/가 될 수 있다.

(나) 드라이커스(R. Dreikurs)의 (㉥) 양육원리에서 추구하는 심리적 목표는 크게 3가지이다. 상황이 일어날 때마다 즉시 설정하는 목표는 (㉦) 목표이고, 삶의 편안함이나 의미 찾기, 다른 사람을 기쁘게 하기, 다른 사람보다 우세하게 느끼기 등을 추구하는 (㉧) 목표가 있고, (㉨) 목표는 중심이 되기 위해 목표를 설정하고 조정하며 항상 좋은 사람이 되려는 것이다.

(다) 자녀가 자신의 행동 결과로 인해 배우게 되는 (㉩)와/과, 행동 결과에 대해서 부모와 성인들이 자녀와 합의하여 논리적으로 정하는 (㉪)의 경험을 많이 하도록 함으로써 자녀 스스로 자기 훈련을 통해 책임감을 기르도록 한다.

(라) 상벌의 방법이 지닌 한계점을 극복하고 상호 존중과 평등에 근거한 민주적인 부모-자녀 관계를 형성하기 위한 중요한 기술 가운데 하나가 (㉫)이다. 드라이커스(R. Dreikurs)는 (㉫)이/가 아동 양육에서 매우 중요한 요소이기 때문에 (㉫)의 부족이 잘못된 행동의 근본 원인이 될 수 있다고 하였다.

1) (가)의 ㉠~㉢에 적합한 용어를 쓰시오. [1점]

㉠ _____

㉡ _____

㉢ _____

2) (나)의 ㉥, ㉦, ㉧, ㉨에 적합한 용어를 쓰시오. [2점]

㉥ _____

㉦ _____

㉧ _____

㉨ _____

3) (다)의 ㉩과 ㉪에 적합한 용어를 쓰시오. [1점]

㉩ _____

㉪ _____

4) (라)의 ㉫에 적합한 용어를 쓰시오. [1점]

㉫ _____

19 **(가)와 (나)는 부모 양육행동에 대한 내용이고, (다)는 부모교육 이론에 대한 내용이다. 물음에 답하시오. [5점]**

> **(가)** 쉐퍼(Schaefer)는 자녀의 행동에 간섭하지 않고 제멋대로 행동하게끔 내버려두는 태도는 자녀를 정서적으로 불안하고 소극적으로 행동하게 한다고 하였다.
>
> **(나)** 바움린드(Baumrind)는 부모가 자녀의 잘못한 행동을 했을 때 벌하더라도 자녀 자체를 비난하지는 않는다고 하였다.
>
> **(다)** 번스타인은(Bernstein) (㉠) 이론을 토대로 사회계층에 따라 어머니가 자녀의 행동을 통제할 때 사용하는 언어통제 유형에 차이가 있다고 보았다.

1) (가)에 나타난 쉐퍼가 분류한 양육행동 유형을 쓰시오.
[1점]

_____

2) (나)의 설명은 바움린드가 분류한 양육행동 유형 중 어떤 유형에 해당하는지 쓰시오.
[1점]

_____

3) 다음을 읽고 ①과 ②에 적합한 용어를 쓰시오.
[2점]

> (나)에 나타난 바움린드가 분류한 양육행동 유형은 (①)와/과 (②)을/를 기준으로 유형을 제시하였다.

① _____

② _____

4) (다)의 ㉠에 들어갈 적합한 용어를 쓰시오.
[1점]

㉠ _____

20 (가)와 (나)는 부모교육 이론에 대한 설명이고, (다)는 행동수정 기법에 대한 설명이다. 물음에 답하시오. [5점]

> **(가)** 자녀가 자신의 행동 결과로 인해 배우게 되는 (㉠)와/과 행동 결과에 대해서 부모와 성인들이 자녀와 합의하여 논리적으로 정하는 (㉡)의 경험을 많이 하도록 함으로써 자녀 스스로 자기 훈련을 통해 책임감을 기르도록 한다.
>
> **(나)** 드라이커스(Dreikurs)는 부모 역할에 대한 전략으로 첫째, 인간의 행동은 우연히 일어나는 것이 아니라 (㉢)와/과 (㉣)이/가 있다고 하였다. …(중략)… 넷째, 자녀의 행동을 이해하기 위해서는 자녀가 경험한 일에 대해 스스로 설명하게 하고 (㉤)할 필요가 있다. 다섯째, 인간의 기본욕구 중에 하나는 (㉥)에 소속되고자 하는 것이다.
>
> **(다)** 티셔츠 입기를 가르치는 과정
> • 1단계 : 티셔츠 앞쪽 찾기
> • 2단계 : 머리구멍 찾기
> • 3단계 : 머리 끼우기
> • 4단계 : 팔 끼우기
> • 5단계 : 몸통 내리기

1) (가)의 ㉠과 ㉡에 들어갈 적합한 용어를 쓰시오. [1점]

㉠ _____

㉡ _____

2) (나)의 ㉢, ㉣, ㉤, ㉥에 적합한 용어를 쓰시오. [2점]

㉢ _____

㉣ _____

㉤ _____

㉥ _____

3) (다)에서 티셔츠 입기를 가르치기 위해 처음에는 1~4단계를 부모나 교사가 도와주고, 마지막 5단계는 아동이 스스로 하게 한다. 이것을 잘하면 1~3단계만을 부모나 교사가 도와주고, 나머지 4~5단계는 아동이 혼자 하는 방식으로 진행한다. ① 이러한 과정에 적용된 행동수정 방법을 쓰고, ② 구체적으로 어떤 방법을 사용하였는지 그 용어를 쓰시오. [2점]

① _____

② _____

21 (가)와 (나)는 번(Berne)의 부모교육 이론에 대한 설명이다. 물음에 답하시오. [5점]

(가)

영철 어머니 : 선생님, 우리 영철이는 또래에 비해 발달이 느린 것 같아서 걱정이에요. 그래서 영철이가 위축되고 자신감도 없어 보여서…. 어떻게 해야 될지 모르겠어요.

김 교사 : 네, 어머니, 걱정 많으시죠? 유치원에서 영철이가 점심을 먹을 때 수저 잡기 자세가 어려운 경우 보조 숟가락을 제공하였지요. 그러니 어머니께서도 영철이를 ㉠ 따뜻하게 안아주고 자주 칭찬해주세요. 그러면 영철이의 자존감이 향상되고 자신을 긍정적 존재로 인식하는 데 도움이 될 거예요.

(나)

┌ **철수** : 내 책상에 있던 책 어디 있어요?
① └ **엄마** : 너는 왜 항상 네 물건을 함부로 놓고 다니니?

┌ **엄마** : 제발 네 방을 깨끗이 정돈하고 살아라.
② └ **영희** : 엄마나 집 안을 좀 더 잘 정리하고 사세요.

---

1) ① 번의 교류분석 이론에서 (가)의 ㉠처럼 아동이 신체적 접촉이나 심리적 인정을 통하여 자아존중감을 느끼고 자신을 긍정적 존재로 인식하게 하는 것을 무엇이라고 하는지 쓰고, ②에 적합한 용어를 쓰시오. [1점]

> 인간의 기본적인 욕구에는 자극에의 욕구(자극갈망)와 인정받고자 하는 욕구 외에도 상대방과 스트로크를 주고받기 위해 일상생활에서 자기가 원하는 방식으로 자신의 환경 또는 생활시간을 계획하고자 하는 욕구가 있는데, 이를 T. A(Transactional Analysis)에서는 (②)(이)라고 한다.

① _____

② _____

2) (나)에서 ①과 ② 사례에 나타난 상호교류 유형을 쓰시오. [2점]

① _____

② _____

3) (나)에서 ①의 철수와 ②의 영희에게서 나타난 자아의 유형을 쓰시오. [2점]

① _____

② _____

22 다음은 부모와 자녀의 대화법에 포함된 요소에 대한 내용이다. 물음에 답하시오. [5점]

(가) "엄마는 정호가 위험한 장난감을 사달라고 몹시 조르는데, 네가 장난감으로 놀다가 다칠까봐 걱정이 된단다."

(나)

너 – 전달법	컴퓨터 게임을 그만 해라.
↓	
나 – 전달법	㉠

1) 다음을 읽고 ①에 적합한 용어를 쓰시오. [1점]

> (가)처럼 유아의 행동으로 인하여 부모의 마음이 불편해지면서 문제를 소유할 때 유아에게 야단을 치고 비난하기보다는 자녀의 행동이 부모에게 어떤 영향을 주는지 알려주고, 그에 대한 부모 자신의 감정을 보여주어 자녀가 자신의 문제를 스스로 바꿀 수 있도록 하는 것을 (①)(이)라고 한다.

① _____

2) 다음의 ①에 들어갈 적합한 용어를 쓰고, ② (가)에서 사례를 찾아 쓰시오. [2점]

> 첫째, 문제를 유발하는 자녀의 (①)은/는 무엇인가?
> 둘째, 그 행동은 당신에게 어떤 영향을 끼치고 있는가?
> 셋째, 당신은 그 결과에 대해 어떤 감정을 가지고 있는가?

① _____

② _____

3) 나 – 전달법의 3요소를 포함하여 (나)의 ㉠에 들어갈 사례를 제시하시오. [2점]

㉠ _____

23 다음은 다양한 가족 형태에 대한 내용이다. 물음에 답하시오. [5점]

> **(가)** 조손 가족이란 부모가 부재하거나 부모가 존재하더라도 부모기능을 수행하지 못하는 경우, 조부모가 (㉠)세 이하의 손자녀와 동거하면서 1차적 책임을 지는 가족이다.
>
> **(나)** (㉡) 가족은 만 18세 미만의 미성년 자녀를 둔 가정에서 부모 중 한쪽이 사망이나 이혼, 별거, 유기, 미혼모 등의 이유로 혼자서 자녀를 키우는 (㉡)와/과 자녀로 구성된 가족을 의미한다.
>
> **(다)** (㉢) 가족이란 부부 중 한 사람이 외국 출신으로서 국제결혼에 의하여 가족관계가 형성된 가족형태이며, 가족 내에 다양한 문화가 공존하고 있다는 의미를 내포한다.
>
> **(라)**「다문화 가족 지원법」
> 제4조(생략 등) ① 여성가족부 장관은 다문화 가족의 현황 및 실태를 파악하고 다문화 가족 지원을 위한 정책수립에 활용하기 위하여 3년마다 다문화 가족에 대한 (㉣)을/를 실시하고 그 결과를 공표하여야 한다. 〈개정 2010.1.18.〉
> ② 여성가족부 장관은 제1항에 따른 (㉣)을/를 위하여 관계 공공기관 또는 관련 법인·단체에 대하여 필요한 자료의 제출 등 협조를 요청할 수 있다. 이 경우 자료의 제출 등 협조를 요청받은 관계 공공기관 또는 관련 법인·단체 등은 특별한 사유가 없는 한 이에 협조하여야 한다. 〈개정 2010.1.18.〉

1) (가)의 ㉠에 들어갈 적합한 용어를 쓰시오. [1점]

㉠ _____

2) (나)의 ㉡에 들어갈 적합한 용어를 쓰시오. [1점]

㉡ _____

3) (다)의 ㉢과 다음 ⓘ에 들어갈 적합한 용어를 쓰시오. [2점]

> (㉢) 가족의 자녀양육 문제로는 (㉢) 가족 자녀의 기초학습 능력이 낮은 경향이 있으며, 언어발달 지체 현상과 문화부적응의 어려움을 겪고, 정체성 혼란과 사회의 편견으로 인해 (ⓘ)을/를 당할 우려가 있다.

㉢ _____

ⓘ _____

4) (라)의 ㉣에 들어갈 적합한 용어를 쓰시오. [1점]

㉣ _____

24 다음은 드라이커스(R. Dreikurs)의 부모교육 이론에 대한 설명이다. 물음에 답하시오. [5점]

> **(가)** 드라이커스는 부모 – 자녀 간의 대등한 관계를 강조하는 '(㉠) 부모교육 이론'을 수립하였다. 그는 영유아의 인성을 형성하는 데 있어 부모들이 큰 영향을 미친다고 하면서 다음과 같이 밝히고 있다. "삶의 형태는 일련의 행동으로 구성되는데, 이 행동들은 아이들이 삶의 목표를 세울 때 사용된다. 유아기 아이들이 세우는 삶의 목표는 대개 ㉡ '나는 인정받고 싶다.', '난 이 집에서 중요한 사람이다.'와 같은 감정을 느낄 수 있기를 바라는 것이다."
>
> **(나)** 드라이커스는 아이들의 잘못된 행동이 잘못된 행동목표에서 비롯된다고 본다. 그에 따르면 유아들의 잘못된 행동목표는 '관심 끌기', '(㉢)', '보복하기', '부적절성 나타내기'이다. (㉢)을/를 나타내는 사례를 들면, 부모의 요구에 '싫어'라는 말을 자주 사용하는데 이러한 행동은 다른 사람의 통제에 대해 저항하는 거절증의 한 표현이다. 거절증은 유아가 가정에서 자신의 위치를 유지하기 위해 무엇을 하라고 하면 하지 않고, 반대로 하지 말라고 하면 하는 행동이다.
>
> **(다)** 드라이커스가 제시한 자녀 양육방법인 (㉣)은/는 자녀가 어떤 일을 했을 때 부모의 개입 없이 자연적으로 일어나는 결과를 경험하게 하는 것이다. (㉤)은/는 자녀 스스로 결정을 내리는 기회를 제한하지만 (㉣)은/는 자녀가 스스로 어떤 행동이 적절한가를 결정하게 한다.

1) 드라이커스의 부모교육 이론의 특성을 나타내 주는 말인 ㉠이 무엇인지 쓰고, ㉡은 드라이커스의 심리적 목표 중 무엇인지 쓰시오. [1점]

㉠ _____

㉡ _____

2) (나)의 ㉢은 유아들의 잘못된 행동목표 중 무엇에 해당하는지 쓰시오. [1점]

㉢ _____

3) 유아들이 (나)의 ㉢과 같은 잘못된 행동목표를 설정함으로써 얻고자하는 것이 무엇인지 (가)에서 예시를 찾아 1가지 쓰시오. [1점]

_____

4) (다)의 ㉣과 ㉤이 무엇인지 쓰시오. [2점]

㉣ _____

㉤ _____

25 (가)는 부모교육 이론이고, (나)는 부모면담 내용의 일부이다. 물음에 답하시오. [5점]

(가) 고든(T. Gordon)의 부모효율성 훈련(PET)에서는 부모의 성격이나 자녀의 특성, 또는 자녀의 행동이 발생하는 시간이나 장소와 같은 상황적 요인이 부모의 수용수준에 영향을 미친다고 보았다. 또한 ㉠ 문제가 되는 사람이 누구인가에 따라 그 해결방식이 상이하므로 ㉡ 문제가 되는 사람이 누구인지를 파악하는 것이 중요하다고 보았다.

(나)

교　사 : 준이가 집에서는 어떻게 지내나요?

어머니 : 얼마 전부터 ㉢ 준이가 유치원에 가는 걸 싫어해요. 어제는 유치원에서 함께 놀 친구가 없다고 울었어요. 제가 어떻게 해야 좋을지 모르겠어요.

교　사 : 안 그래도 요즘 준이가 유치원에서 친구들과의 관계에 조금 어려움을 겪고 있어요. 그래서 집안에 무슨 일이 있는지 궁금했어요.

어머니 : 집에서도 동생과 자주 싸우는데, 그때마다 자기는 잘못한 게 없다고 우겨요. 그럴 때는 어떻게 하면 좋을까요?

교　사 : 음…, 우선 아이입장에서 이해해 주는 게 필요해요. ㉣ 어머니께서 준이의 행동에 대해 무조건 비판하지 않는 것이 필요하지 않을까요?

어머니 : 네, 제가 준이에게 좀 더 관심을 가져야겠네요. 그런데요. 선생님, 한 가지 생각나는 건데 ㉤ 제가 전화 통화할 때마다 옆에 와서 말을 걸거나 소리를 질러서 꼭 해야 하는 통화를 못해요. 그럴 때는 정말 화가 나고 속상해요.

…(중략)…

교　사 : 준이가 집에서는 음식은 골고루 잘 먹나요?

어머니 : 자기가 먹고 싶은 것만 먹어서 걱정이에요. 그래서 준이가 음식을 골고루 잘 먹을 때마다 준이가 좋아하는 동화책을 읽어주기로 했어요.

---

1) (가)의 ㉠에 관련된 용어 1가지를 쓰시오.　　　[1.5점]

_____

2) ① (가)의 ㉡에 비추어 (나)의 ㉢과 ㉤의 상황에 적절한 부모의 의사소통 기술을 사용하였으나 해결되지 않을 때 쓸 수 있는 적합한 방법을 쓰고, ② ㉤의 부모의 의사소통 기술에 포함되어야 요소 중 '결과'를 찾아 쓰시오.　　[2점]

①　_____

②　_____

3) 로저스(C. Rogers)의 상담이론에서 제시한 상담태도 중 (나)의 ㉣에 해당하는 용어를 쓰시오.　　[1.5점]

_____

26 (가)는 4세반 민수 어머니와 담임인 김 교사의 개별 면담 내용이고, (나)는 김 교사와 원장의 대화이다. 물음에 답하시오. [5점]

(가) 민수 어머니와 김 교사의 대화

어머니 : 민수가 처음 동생이 생겼을 때는 안 그랬는데, ⊙ 요즘 동생만 보면 밀고 때리고 그래요. 동생이 너무 밉고 싫어서 그런대요. 그럴 때는 제가 어떻게 해야 할지 모르겠어요.

교 사 : 민수가 집에서 그랬군요. 제 생각에는 민수 입장에서 민수의 마음을 이해해 주시면 좋을 것 같은데요?

어머니 : 그게 뭐예요?

교 사 : 우선 민수가 하는 말을 잘 들어주고, 마음을 읽어주세요. 이때 비판이나 판단 없이 진심으로 이해하려는 태도가 중요해요. 그리고 ⓛ 민수의 속마음을 파악하셔서 민수를 이해하고 있다는 것을 알려주시면 돼요.

어머니 : 아, 그렇군요.

교 사 : 지난번에 승연이 어머니도 비슷한 일로 고민하시기에 이 방법을 알려드렸더니, 나중에 하시는 말씀이 효과적이었다고 하시더라고요.

(나) 김 교사와 원장의 대화

원 장 : 민수 어머니께서 오래 계시다 가신 것 같은데, 민수에게 무슨 일이 있었나요?

교 사 : 민수가 집에서 동생을 자꾸 때리고 미워하고 그러나 봐요. 민수 문제로 면담을 요청하셔서, (ⓒ) 방법을 집에서 해 보시라고 자세히 알려드렸어요.

원 장 : 네, 그것도 적절한 방법이죠. 그런데 ⓔ 민수 어머니께서 동생이 태어나기 전에는 민수가 어리광을 부려도 받아줬는데, 동생이 생기면서 민수가 더 의젓하게 행동하기를 바라는 것 같아요. 민수 어머니에게 그 부분을 확인해 보도록 안내하는 것이 필요할 것 같아요.

교 사 : 아, 그렇군요. 제가 부모님과 이야기를 더 해봐야겠어요.

원 장 : 그럼, 다음 달에 해야 하는 부모교육은 부모님들께서 관심을 갖는 주제를 미리 조사해서 강연회나 워크숍으로 계획해 보면 어떨까요?

---

1) 다음을 읽고 ①과 ②에 들어갈 말을 쓰시오.　　　　[2점]

> 드라이커스는 자녀가 가정에서 자신의 위치를 차지하기 위한 노력 중 (가)의 ⊙처럼 나타내는 것을 (①)(이)라고 하였다. 이때 부모가 자녀의 행동을 수정하기 위해서 (②)와/과 같은 방법을 취해야 한다.

① _____

② _____

_____

2) 로저스(C. Rogers)의 상담이론에서 제시한 상담태도 중 (가)의 ⓛ에 해당하는 용어 1가지를 쓰시오.　　[1점]

_____

3) (가)에서 제시된 부모 상담 과정에서 김 교사의 부적절한 부분을 찾아 개선해야 할 점을 쓰시오.　　[1점]

_____

4) (가)의 내용과 고든(T. Gordon)의 부모효율성 훈련 이론에 근거하여, (나)의 ⓒ에 들어갈 용어를 쓰고, ⓔ을 가리키는 단계를 쓰시오.　　[1점]

ⓒ _____

ⓔ _____

27 (가)는 번(E. Berne)의 교류분석 이론에 대한 설명이고, (나)는 유치원에서 실시하는 교육과 관련된 설명이다. 물음에 답하시오. [5점]

(가) 번의 교류분석에 의하면 교류(transaction)는 자극욕구와 (㉠)욕구가 있다는 것이다. 자극욕구는 자극을 받고자 하는 것이고, (㉠)욕구는 사회적 상호작용을 통해서 (㉠)을/를 받고자 하는 것이다. 자극욕구는 인간을 인식하는 기본단위로 (㉡)(이)라고 불리는 것을 통하여 충족된다. 그리고 자아상태의 (㉢)을/를 분석하는 것은 교류분석 이론의 가장 핵심적인 부분 중 하나이다. 사람들 간의 상호 대화는 교류로 이루어지며, 교류는 3가지 자아상태(egostate)가 어떻게 관여하는지에 따라 3가지 교류 유형으로 분류된다.

(나) ㉣ 브라운리(C. Brownlee), (㉤) 등은 1900년대 초반부터 우리나라의 유치원과 교회에 자모회를 조직하여 어머니들을 계몽하였다. 특히 (㉤)은/는 아버지 교육에도 관심을 가지고 어머니와 아버지가 함께 월례회에 참석하도록 지도하였다. 이러한 역사적 배경을 바탕으로 1980년대에는 (㉥)법이 제정되어 영유아 교육기관에서의 부모교육 프로그램이 본격적으로 실시되기 시작하였다. 오늘날 유치원에서는 가정통신문, 워크숍, 강연회, 대·소집단 모임, 면담 등의 다양한 방법을 활용하여 누리과정 운영이 가능한 범위 내에서 하루 일과, 교사 구성 등을 고려하여 (㉦)을/를 실시하고 있다.

---

1) (가)의 ㉠ ~ ㉢에 들어갈 적합한 용어를 쓰고, (가)에 근거하여 ① 다음 대화에서 드러난 교류유형 1가지를 쓰고, ② 수호와 ③ 엄마의 자아상태 1가지를 쓰시오. [3점]

수호 : 친구랑 다투었더니 너무 속상해요

엄마 : 속상한 네 기분을 알 것 같구나. 속 시원히 이야기해보렴.

㉠ _____

㉡ _____

㉢ _____

① _____

② _____

③ _____

2) ① (나)에서 ㉣이 1914년에 설립한 유치원 이름을 쓰고, ㉤ ~ ㉦에 들어갈 적합한 용어를 쓰시오. [2점]

① _____

㉤ _____

㉥ _____

㉦ _____

28 다음은 부모교육의 역사에 대한 내용이다. 물음에 답하시오. [5점]

> **(가)** 플라톤은 (㉠)(이)란 인간이 성장함에 따라 낮은 수준에서 높은 수준으로 이행하는 과정으로, 각각의 (㉠)단계에 적절한 교육이 이루어지는 것이 바람직하다고 보았다. 인간의 (㉠)에는 '욕망, 정신, 신성'의 세 가지 수준이 존재한다고 하였다.
>
> **(나)** 아리스토텔레스는 인간발달을 3단계로 나누어 '유년기, 소년기, 청년기'로 구분하였다. 인간과 동물을 구분 짓는 가장 높은 수준은 (㉡)적 사고이며, (㉡)적 사고능력을 발달시키는 것이 인간발달의 궁극적인 목표라 하였다. 아리스토텔레스는 교육이 이상사회를 건설하기 위한 필수조건이라고 하였는데, 이는 플라톤과 같다. 그러나 아동은 (㉢)이/가 있으므로 국가가 아니라 (㉣)이/가 양육해야 하며, 개인의 잠재력을 최대한 발휘할 수 있는 양육방식을 강조했다는 점에서 플라톤과 구별된다.
>
> **(다)** 중세에는 인간은 창조의 산물이라는 신학적 견해로 인해 (㉤)적인 사고가 지배적이었다. (㉤)은/는 남성의 정자나 여성의 난자 안에 인간이 이미 완전한 형상을 갖추고 있다는 것으로, 성인과 아동의 차이는 단순히 양적인 차이일 뿐이라고 보았다.
>
> **(라)** 로크는 아동은 성인의 축소판이 아닌 질적으로 성인과 다른 존재이므로 아동의 발달단계에 따른 부모역할이 있다고 보았다. 부모가 아동을 훈육할 경우 벌보다 (㉥)이/가 바람직하다고 하였다.
>
> **(마)** 우리나라의 전통사회의 부모교육에 관련하여 『규중요람』에서는 "아들을 가르치지 않으면 우리 집을 망치고, 딸을 가르치지 않으면 남의 집을 망친다. 그러므로 가르치지 않는 것은 부모의 죄이다."라고 하였다. 이러한 우리나라 전통교육의 대표적인 방법은 (㉦)의 원리를 들 수 있다.

1) (가)의 ㉠에 적합한 용어를 쓰시오. [1점]

㉠ _____

2) (나)의 ㉡ ~ ㉣과 (다)의 ㉤에 적합한 용어를 쓰시오. [2점]

㉡ _____

㉢ _____

㉣ _____

㉤ _____

3) (라)의 ㉥에 적합한 용어를 쓰시오. [1점]

㉥ _____

4) (마)의 ㉦에 적합한 용어를 쓰시오. [1점]

㉦ _____

29 (가)~(라)는 부모교육 이론에 대한 내용이다. 물음에 답하시오. [5점]

(가) 부모의 역할은 한 성인의 생애와 관련되고 자녀의 성장과 함께 부모의 역할도 달라지게 된다. 다음은 부모 역할수행 단계의 사례이다.

㉠ 철수 어머니는 철수에게 한계를 설정하고 강화하기도 하며 자율과 책임의 양면성 사이에서 부모의 역할을 형성해 가고 있지요.

㉡ 영희 어머니는 영희에게 여러 가지 현실을 연결해 주는 역할을 수행하기 위하여 노력하고 있지요.

(나) 부모교육과 유사한 의미로 사용되는 용어는 많이 있다. (㉢)은/는 부모에게 효율적으로 부모역할을 수행하도록 교육시키는 과정이고, (㉣)은/는 자녀를 양육하고 보호하며, 지도하는 일련의 연속적 상호작용의 과정을 의미한다.

(다) 드라이커스(R. Dreikurs)의 민주적 부모교육의 원리 중 (㉤)은/는 사회화 과정을 통해 형성되는 인성, 태도, 신념, 능력 등을 의미한다. 유아기에 형성되는 (㉤)은/는 이후 그 사람의 행동을 통제하고 목표를 달성하는 데 중요한 역할을 하게 된다. 또한, 유아는 자신의 욕구 충족을 위해 가상적 목표를 설정하고 목표의 성공을 위해 다양한 행동양식을 (㉥) 하게 된다. 이러한 과정에서 부모의 반응은 중요하며 잘못된 행동에 대해 자녀의 의도대로 반응하게 되면 바람직한 방법보다는 잘못된 방법으로 목표를 달성하게 된다.

(라) 기노트(Ginott)의 인본주의적 부모교육의 원리 중에는 훈육방법이 있다. 효과적인 유아 훈육의 4단계는 다음과 같다.

• **1단계** : 유아가 원하는 바를 인정하고 간단한 말로 반복해서 말해준다.

• **2단계** : 잘못된 행동에 대해서는 (㉦) 통제하는 말을 해준다.

• **3단계** : 유아가 원하는 바를 최소한 일부분이라도 수용할 수 있는 다른 방법을 제시해준다.

• **4단계** : 부모가 유아의 행동을 통제할 때 유아에게 일어날 수 있는 분노의 감정을 표현할 수 있도록 허용하고 도와주어야 한다.

---

1) ① (가)의 ㉠은 갈린스키(Gallinsky)가 제시한 부모역할 수행단계 중 어떤 단계인지 쓰고, ② 이 단계가 중요한 이유를 쓰시오. [1점]

① _____

② _____

_____

2) ① (가)의 ㉡은 갈린스키(Gallinsky)가 제시한 부모역할 수행단계 중 어떤 단계인지 쓰고, ② 이 단계가 중요한 이유를 쓰시오. [1점]

① _____

② _____

_____

3) (나)의 ㉢과 ㉣에 들어갈 적합한 용어를 쓰시오. [1점]

㉢ _____

㉣ _____

4) (다)의 ㉤과 ㉥에 들어갈 적합한 용어를 쓰시오. [1점]

㉤ _____

㉥ _____

5) (라)의 ㉦에 들어갈 적합한 내용을 쓰시오. [1점]

㉦ _____

30 (가)와 (나)는 부모교육 이론이고, (다)는 유치원에서 부모와 협력 관계를 유지하기 위하여 부모를 참여시키는 방법이다. 물음에 답하시오. [5점]

(가)

김 교사 : 저는 부모들에게 "너무 힘드셨겠네요.", "속상하셨겠네요.", "그래요, 부모 노릇하기가 쉽지 않지요."라는 말을 해주었지요.

박 교사 : 그랬군요. 잘 했어요. 저는 "우리 아이가 왜 그랬을까?", "그때 기분이 어떠했을까?"를 생각해볼 수 있게 부모들끼리 상호 이야기를 나누게 하였지요.

(나) 어머니가 아침에 "학교에 몇 시에 갈래?"라고 묻는 것은 표면적으로는 (㉠)자아에 근거하여 이야기하지만 내면에는 '그만 일어나라, 왜 이렇게 일어나질 못하니, 학교 가려면 시간이 없는데.'라는 메시지가 담겨있다. 이때 자녀가 "네, 준비할게요."라고 반응하면 어머니의 (㉡)자아 상태를 자극하여 어머니가 원하는 것을 이루었음을 의미한다.

(다)

김 교사 : 저는 누리과정을 편성·운영함에 있어서 부모의 요구를 반영하려고 해요.

홍 교사 : 맞아요. 저는 부모를 직접 만나기 어려운 경우에는 부모와 전화로 이야기를 나누기도 해요.

박 교사 : 그렇군요. 저는 부모가 수업 참관을 할 때 일상적인 유치원 생활과 특별한 면을 보여줄 수 있도록 환경 조성에 세심한 주의를 기울이지요.

백 교사 : 열심히 하시는 군요. 저는 부모의 관심사를 반영하여 부모와 함께 교육자료 제작 등을 위한 부모 자원봉사 활동을 계획하여 운영하려고 해요.

차 교사 : 부모교육을 위한 가정통신은 부모가 일정을 조정하여 참여할 수 있도록 충분한 시간적 여유를 두고 미리 안내하려고 해요.

---

1) ① (가)에 적용된 부모교육의 이론을 쓰고, ② 부모교육 과정 중 박 교사가 행한 단계의 명칭을 쓰시오. [1점]

① _____

② _____

2) (나)는 이면적 교류의 예이다. ㉠과 ㉡에 들어갈 적합한 용어를 쓰시오. [2점]

㉠ _____

㉡ _____

3) ① (다)에서 부적절하게 대처한 교사 이름을 쓰고, ② 이를 해결하기 위한 방안을 2019 개정 누리과정의 '편성·운영'에 근거하여 쓰시오. [2점]

① _____

② _____

교원임용학원 강의만족도 1위,
해커스임용 teacher.Hackers.com

✅ 평가 출제 경향 확인하기

* 아래 출제경향은 1997~2021학년도의 출제빈도를 나타낸 것입니다.

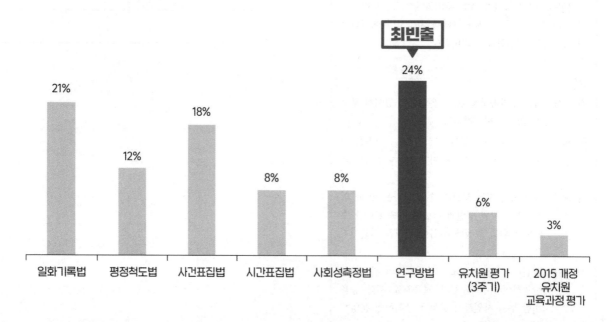

최빈출

일화기록법	평정척도법	사건표집법	시간표집법	사회성측정법	연구방법	유치원 평가 (3주기)	2015 개정 유치원 교육과정 평가
21%	12%	18%	8%	8%	24%	6%	3%

Chapter 05
평가

Point 01   일화기록법
Point 02   평정척도법
Point 03   사건표집법
Point 04   시간표집법
Point 05   사회성측정법
Point 06   연구방법

🔍 **개념 완성 탐구문제**

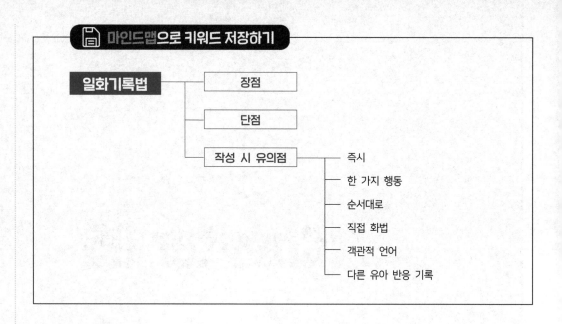

마인드맵으로 키워드 저장하기

```
일화기록법 ─┬─ 장점
            ├─ 단점
            └─ 작성 시 유의점 ─┬─ 즉시
                              ├─ 한 가지 행동
                              ├─ 순서대로
                              ├─ 직접 화법
                              ├─ 객관적 언어
                              └─ 다른 유아 반응 기록
```

1. 일화기록법

개념	개인이 나타낸 구체적인 행동 사례나 어떤 사건에 관련된 관찰기록을 상세히 기록하는 방법 ⇨ 글로 묘사된 사진
특징	• 특정한 양식이 필요하지 않음 • 사건에 대해 간결하고 전후관계가 명확한 설명을 할 수 있음 • 어느 누구라도 결론을 내릴 수 있는 세부 사항에 대한 기록임

요소	• **사실적 기록**: 언제, 어디서, 어떻게, 무슨 말, 어떤 행동 ⇨ 직접 화법으로 기록
	• **보통 3가지 수준으로 기록함**
	  - 행동의 전반적인 측면이나 주요 행동
	  - 주요 행동의 하위 행동 및 행동의 진행 상황

장점	• 명확하고 분명한 상황 기록이 가능 ⇨ 객관적 사실에 입각한 자료 제공 • 언제든 교사가 편리할 때 기록 가능 ⇨ 연필, 메모지 • 모인 기록들은 다른 기록들과 비교 가능 ⇨ 유아의 독특한 발달패턴, 변화, 흥미, 능력 등을 이해 가능 • 간결한 형태로 기록 ⇨ 다른 서술식 기록에 비해 시간이 적게 걸림
단점	• 시간이 지나 기록하는 경우 편견 개입의 가능성과 중요 사건의 누락 가능성이 있음 • 시간 간격과 행동 단위가 작은 경우 연속성, 자연성, 충분한 상황적 설명의 결여 • 관찰 가능한 유아의 수가 제한됨 ⇨ 1~2명 • 정밀하게 다시 옮기는 작업을 해야하므로, 사실상 기록하는 데 시간이 많이 소요됨

유의점	• 사건이 생긴 직후, 기억이 선명할 때 즉시 기록함
	• 하나의 사건에 대해 일어난 순서대로 기록함 ⇨ 관찰 유아가 보이는 주요한 행동 중심
	• 대상 유아가 한 말과 행동을 사실 그대로 기록함 ⇨ 직접 화법+객관적 기술
	• 관찰 시간, 장면, 진행 중인 활동 등과 같은 상황에 대해서도 기록함
	• 상황 내의 다른 유아나 교사의 반응도 기록함
	• 유아의 전체적인 행동뿐만 아니라, 목소리·몸짓·얼굴 표정과 같은 감정의 표현도 기록
	  참고 객관적 사실과 관찰자의 해석이나 처리방안을 명확하게 구분해야 함
	     ⇨ 서로 다른 일화들을 총괄적으로 기록하지 않음(독립된 일자, 상황, 대상, 참여자 등에 따라 기록)

2. 표본기록법

특징	• 지속적인 관찰기록법으로 행동의 일화를 가장 자세하고 완전하게 표현하는 관찰법 • 관찰자가 관찰할 대상, 장면, 시간을 미리 정해놓고 그 장면에서 일어나는 유아의 모든 행동 및 상황을 집중적으로 전체를 기술함 ⇨ 제한된 시간과 상황하에서 연속적인 행동을 관찰하고 자세하게 기록
장점	• 유아에 대한 많은 정보를 얻을 수 있음 • 다른 도구가 없이 최소한의 필기도구만 있으면 됨 • 관찰된 행동과 사건을 통해 사건의 전후 관계를 파악할 수 있음 • 문제행동을 해결하거나 학기 초에 교사가 유아를 이해하는 데 도움이 됨
단점	• 기록하고 평가하는 데 시간이 많이 걸림 • 주관적인 해석이나 추론으로 흐를 수 있음 • 한 번에 적은 숫자만 관찰할 수 있음 ⇨ 보통 1명 • 빨리 쓸 수 없기 때문에 모든 사항을 기록하는 것은 불가능함 • 수집된 자료를 분류·분석하는 일이 쉽지 않음

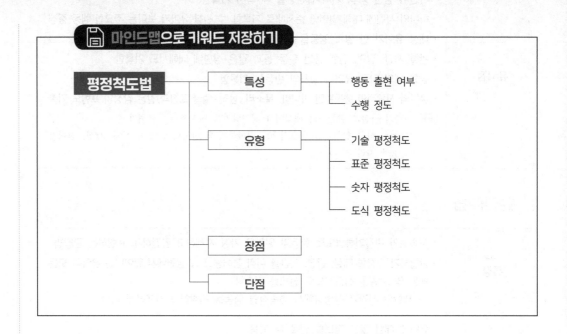

1. 평정척도법

(1) 개념

① 어떤 행동의 출현 유무만을 표시하는 것에 그치지 않고, 행동의 **질적인** 특성을 몇 등급으로 구분해서 알고자 할 때 유용하게 사용할 수 있음

② 특정 행동의 출현 유무만을 표시하는 체크리스트의 한계를 보완(행동목록법 + 질적 수준의 정보 형태)

(2) 유형

기술 평정척도	• 문항마다 구체적 지문을 제시함 • 예시 ▶ **사물 분류하기** _____ 1) 사물을 한 가지의 외적 준거(모양, 크기 색깔 등 외형)에 의해 분류한다. _____ 2) 사물을 두 가지 이상의 외적 준거(노랗고 큰 것, 빨갛고 작은 것 등)에 의해 분류한다. _____ 3) 사물을 개념적 준거(과일, 연장 등)에 의해 분류한다. _____ 4) 분류된 사물을 보고 분류 준거를 찾아낸다. ▶ **공간에 관한 기초 개념 가지기** _____ 1) 공간에 관한 기초 개념(앞, 뒤, 위, 아래 또는 옆)을 모른다. _____ 2) 공간에 관한 기초 개념을 안다. _____ 3) 기초 개념은 알고 있으나, 오른쪽과 왼쪽을 가끔 혼동한다. _____ 4) 오른쪽과 왼쪽을 구별한다.

표준 평정척도	• 예시 분류하기 수의 기초 개념 시간 개념 공간 개념 하위 5% 하위 20% 중간 50% 상위 20% 상위 5%

숫자 평정척도	• 항목별로 1~5점을 부여함 • 예시

측정 문항	전혀 아니다	약간 아니다	보통 이다	약간 그렇다	매우 그렇다
▶ 사물의 모양에 관심을 갖는다.	1	2	3	4	5
▶ 동그라미의 이름을 말한다.	1	2	3	4	5
▶ 네모의 이름을 말한다.	1	2	3	4	5
▶ 세모의 이름을 말한다.	1	2	3	4	5
▶ 같은 모양기리 모을 수 있다.	1	2	3	4	5

도식 평정척도	유아 스스로 이를 닦습니까?				
	전혀 그렇지 않다.	별로 그렇지 않다.	보통이다.	대체로 그렇다.	항상 그렇다.

(3) 장점 및 단점

장점	• 만들기 쉽고, 사용이 편리함 • 채점과 통계적 측정의 관점에서 용이함 • 어떤 행동의 출현 여부뿐만 아니라 질적 특성의 차이를 판단할 수 있음 • 교육과정 전 영역 개발 시 유아 발달의 전반적 측면을 관찰 및 평가할 수 있음
단점	• 평정자의 판단을 요구함 ⇨ 평정자의 오류나 편파가 생길 가능성이 있음 • 행동의 원인을 알 수 없음 ⇨ 행동의 수준만 기록되는 경우가 많음 • 정확하고 객관적인 문항 개발이 어려움

2. 길포드의 6가지 평정자 오류

관대함의 오류	일반적으로 타인에 대해서는 관대하게, 자신은 부정적으로 평정하는 경향
중심화 경향의 오류	극단적 판단보다는 중간 정도로 판단하는 경향
후광효과	관찰 대상자에 대한 다른 정보들이 현재 관찰행동 특성의 판단에 영향을 주는 경향
논리적 오류	다른 것을 서로 비슷하게 생각하여 판단하는 경향
비교의 오류	자신과 유사하게 또는 자신과 정반대로 평정하는 경향
근접성의 오류	가까이 있는 문항의 상관이 멀리 떨어진 문항과의 상관보다 더 높다고 생각하는 경향

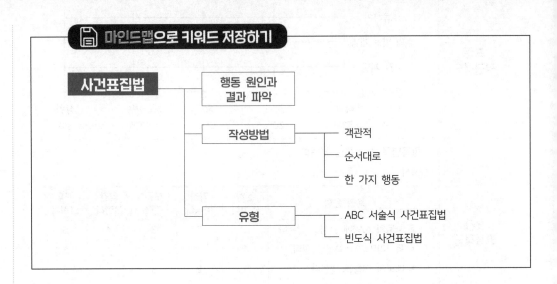

1. 개념

특징	• 시간표집법과는 달리 관찰의 단위가 시간 간격이 아니라 어떤 행동이나 사건 자체에 있음 ⇨ 사건이 발생할 때마다 사건의 범주를 기록하는 것 • 사건이라고 불리는 행동의 발생을 일정한 형식에 따라 행동의 순서를 자세하게 기록함 • 관찰 단위를 사건 자체에 둠으로써 사건이 일어난 동기, 표집행동의 원인, 심각성에 대한 정보를 습득할 수 있음
유의점	• 관찰하고자 하는 행동이나 사건을 명확히 정하고, 조작적으로 정의할 것 • 연구자는 관찰하고자 하는 행동이나 사건에 대해 충분히 이해하고 있어야 함 • 기록하고자 하는 정보나 자료의 종류를 미리 결정할 것 • 관찰기록 용지는 가능한 한 사용하기 쉽게 만들 것 • 관찰 결과를 기록하기 위하여 녹음기나 비디오 등의 영상 기록매체를 사용하기도 함 ⇨ 행동 특성을 자세하게 기술하기 위함
기록 과정	• 사건표집을 사용하려는 이유 생각하기 ⇨ 원인, 빈도, 지속성, 심각성 • 행동 범주의 유형 선택하기 　예 공격성 : 때리기, 물기, 꼬집기, 뺏기, 욕설하기 • 목적에 맞는 관찰양식 준비하기 ⇨ ABC 사건표집 또는 빈도 사건표집 • 필요시 행동 범주에 대한 조작적 정의 기록하기 • 관찰행동을 최대한 정확하고 상세하게 기록하기 • 충분히 기록한 후 분석하는 시간 가지기 • 분명한 진술로 객관적인 추론을 기록하기

2. 유형

ABC 서술식 사건표집법 (질적 연구)	개념	관찰하고자 하는 사건이나 행동이 일어나기 전의 상황(A), 사건이나 행동 그 자체(B), 사건이나 행동이 일어난 후의 결과(C)를 순서대로 기록하는 방법
	의의	어떤 행동의 원인을 알고자 할 때 가장 적합하게 사용할 수 있음
	장점	• 사건의 전후 관계가 기록되어 행동의 배경을 알 수 있음 • 자주 일어나지 않는 행동을 연구할 수 있음 　⇨ 관찰행동의 범위에 제한이 없음 • 유아를 개별적으로 관찰할 수 있음 ⇨ 개별교수에 적용 가능 • 유아 개인의 질적인 정보를 제공해 줌 • 자연스러운 상황에서 관찰 가능
	단점	• 서술식으로 기록하여야 함 　⇨ 시간과 노력이 많이 필요함(관찰시간 예측할 수 없음) • 관찰한 자료를 수량화하기 어려운 상황이 많음 　⇨ 수량화하지 못하기 때문에 신뢰도 측정이 어려움 • 표본기록법에 비해 사건이 일어난 전·후의 자연스런 연속성이 깨지기 쉬움 　⇨ 시간표집법보다는 양호함 • 관찰자가 주관적으로 관찰할 가능성이 높음
빈도식 사건표집법 (양적 연구)	개념	도표를 가지고 미리 정해진 범주의 행동이 일어날 때마다 기록하는 방법
	의의	선별된 행동·상황이 얼마나 자주 일어나는지 알아보는 주제 중심의 관찰방법 ⇨ 양적 정보 제공
	장점	• 편리하고 단순함 ⇨ 간단한 관찰용지 및 기록하는 데 적은 시간·노력 • 자료를 쉽게 수량화하고 분석할 수 있음 • 특정 사건 발생 시에만 기록함 ⇨ 시간 절약 • 관찰행동의 적용 범위가 광범위함 • 세부사항을 적지 않고 표시만 함 ⇨ 신속한 기록 가능
	단점	• 어떤 행동 및 사건의 발생 빈도에만 관심 ⇨ 출현행동의 원인을 알 수 없음 • 행동 및 사건의 양적인 자료는 제공 가능하지만 유아 개인의 질적 정보를 제공하지 못함

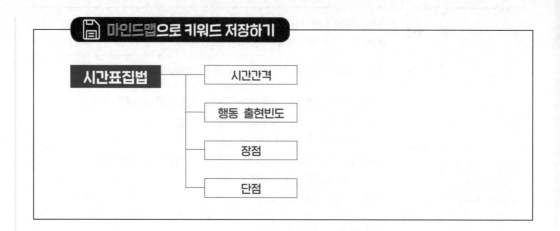

1. 개요

개념	• 특수한 시간체계 내에서 행동을 표집하는 방법 ⇨ 대표성 있는 사건의 흐름 • 미리 선정된 행동을 정해진 짧은 시간 동안 관찰하여 여러 회에 걸쳐 관찰 • 이때 정해진 시간에 나타나는 행동은 일상적인 행동의 표집으로 간주됨
대상	먹기, 놀기, 사회적 상호작용 등과 같이 비교적 자주 일어나는 대표적 행동이어야 함 예 아동의 공격적 행동 관찰 시 미리 계획을 세워 1분 관찰·30초 기록 ⇨ 15분간 10회 관찰
제한점	• 비교적 자주 일어나는 행동의 연구에서만 적절함 • 관찰 가능한 외현 행동의 연구에 적합함 ⇨ 내적 행동의 원인·질적 측면 분석 어려움

2. 장점 및 단점

장점	• 시간의 한계와 관찰 행동의 정의가 분명해 신뢰도와 객관도가 높음 ⇨ 특정한 행동과 문제에 초점을 맞추어서 관찰대상 통제 가능 • 행동이나 사건의 발생빈도를 결정할 때 유용함 • 짧은 시간 내에 많은 정보를 얻을 수 있음 • 서술적 방법보다 시간과 노력이 절약됨 ⇨ 부호화하여 기록 • 피험자와 신뢰감을 형성할 필요가 없음 • 수량화를 통해 통계적 분석을 할 수 있음 ⇨ 기록 및 분석의 용이
단점	• 관찰대상이 자주 나타나는 문제나 행동으로 제한됨 • 관찰 시 특정 행동에만 초점을 두기 때문에 수많은 행동 간 상호 관계는 밝히기 어려움 ⇨ 양적 자료 ○, 질적 자료 × • 단편적인 행동만을 취급하게 됨 ⇨ 내면의 감정과 생각의 관찰에는 부적합 • 인과관계를 밝혀주지 못함 • 편파된 관찰이 될 가능성이 높음 • 미리 제시된 유목에 끼워 넣는 경우, 중요한 행동임에도 불구하고 간과될 수 있음

3. 절차 및 양식

절차 (관찰지침)	• 관찰하려는 행동에 대한 조작적 정의를 반드시 내림 • 관찰시간 간격을 결정함 • 관찰 횟수와 총 시간 수를 결정함 • 관찰기록 방법을 결정함 예 세기표, 체크표, 1과 0으로 표시하기 등 • 참여대상 유아의 행동을 유(有)나 무(無)로 부호화할 수도 있음
관찰양식	• **행동의 출현 유무만 표시하기** : 일정한 시간 단위 내에서 한 번이라도 나타났으면 그 빈도와 상관없이 '나타남'에 표시하는 것 • **빈도수 표시하기** : 일정 시간 단위 내에 행동이 나타날 때까지 세기표(/)로 나타내는 것 • **행동의 지속시간까지 추가하여 표시하기** : 행동의 지속시간까지 추가하여 표시하는 것

예

관찰자 :			성별 : 남, 여			관찰시간 : AM 10:00~10:15		
단계 \ 시간	1단계 나르기	2단계 쌓기	3단계 다리구성	…	…	…	…	메모
15초		V						적목을 위로 쌓고
15초					V			다 쌓은 울타리를…
15초			V					
15초		V						
15초	V							
15초					V			
15초			V					
15초				V				
15초			V					
15초		V						
15초			V					
15초				V				
합계	1	3	4	2	2			
총계								

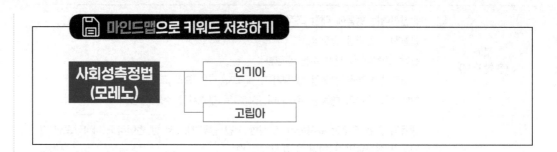

1. 사회성측정법

개념		집단 내에서 개인의 사회적 위치 및 비형식적인 집단 형성의 구조를 알아내는 방법
의의		• 유아의 시각에서 유아를 평가할 수 있음 • 또래 집단 내 유아의 사회적 위치 발견할 수 있음
방법	또래 지명법	각 유아에게 해당 친구를 2~3명 정도 지목하게 하는 방법
	또래 평정법	집단 내 모든 유아를 선호의 정도에 따라 평정하도록 하는 방법
목적		• 개인의 사회적 적응을 개선함 • 집단의 사회구조를 개선함 • 집단 조직에 도움을 줌 • 특수한 교육문제 해결에 적용함

연구방법

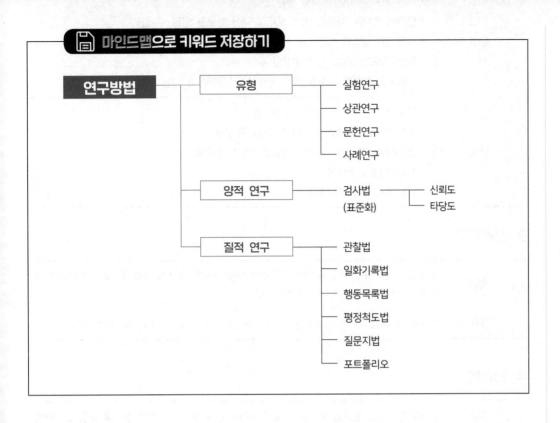

📄 마인드맵으로 키워드 저장하기

```
연구방법 ─── 유형 ─── 실험연구
                    ─── 상관연구
                    ─── 문헌연구
                    ─── 사례연구

          ─── 양적 연구 ─── 검사법 ─── 신뢰도
                          (표준화) ─── 타당도

          ─── 질적 연구 ─── 관찰법
                          ─── 일화기록법
                          ─── 행동목록법
                          ─── 평정척도법
                          ─── 질문지법
                          ─── 포트폴리오
```

1. 관찰 시 유의점

① 관찰계획을 먼저 수립함 ⇨ 언제, 어디서, 누구를 관찰할 것인가 등
② 관찰 결과는 가능하면 관찰과 동시에, 적어도 관찰 직후 바로 기록함
③ 관찰 결과 기록방식을 사전에 결정함
④ 객관적 관찰 능력을 높이기 위해 노력함

2. 면접법

개념	• 1:1의 관계에서 면담하는 형식(언어) • 유아와의 대화 및 부모와의 대화를 통해 유아를 이해하는 방법
유의점	• 교사와 유아, 부모의 신뢰로운 인간관계가 형성될 것 ⇨ 래포 형성 • 유아나 부모가 많은 표현을 할 수 있게 할 것 ⇨ 수용적인 태도로 이야기를 경청하기 • 교사의 사용 언어는 유아나 부모가 이해할 수 있는 것이어야 함 • 이야기의 주도권은 교사가 가지지 않음 • 개방적·간접적 질문을 함 ⇨ 이중 질문은 지양함 • 한두 번의 면담으로 모든 문제를 알아내려 하지 않음 ⇨ 계속적 진행이 필요하며 결과는 기록할 것

장점	• 여러 가지 유익한 정보를 얻음 • 인지적 영역과 정의적 영역 모두에 대한 정보를 얻을 수 있음 • 다른 평가방법과 병행하여 사용할 수 있음 • 어떤 프로그램에도 쉽게 활용할 수 있음 • 서면으로 얻어진 정보를 보다 정확하게 파악할 수 있음
단점	• 정보가 포괄적이지 못하고 부정확함 • 면접자에 따라 답변이 달라질 가능성이 있음 • 면담자와 피험자의 편견이 개입될 가능성이 있음 • 시간이 많이 소요됨 • 익명성이 보장되지 않음

3. 사례연구

개념	특정 개인·집단·기관을 대상으로 하여 어떤 문제나 특성을 심층적으로 조사하고 분석하는 연구 ⇨ 적절한 치료방법을 모색
절차	문제의 규정 ⇨ 자료의 수집 ⇨ 원인과 진단 ⇨ 지도 및 치료 ⇨ 사후 지도

4. 관찰법

개념		피관찰자에게 반응을 요구하지 않고 단지 행동을 관찰해 측정의 증거를 수집하는 방법
관찰의 분류	자연적 관찰	있는 그대로의 자연스러운 상황에서 관찰함
	통제된 관찰	관찰 장면에서의 통제가 적용됨
	참여 관찰	연구자가 대상의 집단 속에 들어가서 집단의 한 구성원으로서의 역할을 가지며 관찰함
	비참여 관찰	관찰자가 현장에 있으나 활동에 전혀 개입하지 않고 관찰함
관찰 시 유의점		• 관찰은 사실을 있는 그대로 보고 듣는 것이어야 함 • 객관적인 태도로 이루어져야 함 • 행동이 일어난 상황을 고려하며 관찰해야 함 • 관찰대상과 내용에 대하여 반드시 비밀을 보장해야 함 • 관찰결과 기록 시 가능한 한 정확한 용어로 기술해야 함

장점	• 개인에 대한 보다 직접적인 정보를 얻을 수 있음
	• 비교적 자세하고 풍부한 자료를 얻을 수 있음
	• 유아의 자발적인 행동을 관찰함으로써 유아를 이해할 수 있음 ⇨ 유아에 적용 가능
단점	• 관찰자의 시간, 노력, 경비가 많이 소요됨
	• 관찰자의 편견, 의견, 주관적 판단이 개입될 가능성이 있음
	• 피관찰자가 관찰자를 인식하게 되면 행동이 달라질 수 있음
	• 전체 장면이 아닌 일부만 관찰하게 될 가능성이 있음

관찰의 오류 유발 요인	• 관찰대상에 미치는 관찰자의 영향이 있을 수 있음
	• **관찰자 자신이 범하는 오류**
	- **관찰자의 기대** : 결과에 대한 기대가 반영됨
	- **과대한 일반화** : 익숙한 것을 당연한 것으로 여김
	- **후광효과** : 관찰대상에 대한 예비 지식과 인상이 관찰에 영향을 줌
	- **주관적 해석의 가능성** : 자신의 개인적 느낌에 기초하여 관찰내용을 해석함
	• 관찰 범주를 설정하는 과정에서 오류가 있을 수 있음

관찰의 오류 최소화 방법	관찰자	• 충분히 시간을 두어 관찰자의 존재에 익숙하게 함
		• 관찰자가 관찰대상의 눈에 띄지 않도록 함
	기록	• 상황을 고려하며 관찰을 기록함
		• 정확한 용어를 사용하고, 말과 행동을 구분하여 기록함
		• 사건 직후 기록함
		• 객관적 태도를 유지함
		• 일어난 순서대로 기록함
	성격	• 용어의 객관성
		• 심리적 특수성
		• 이론적 통합성

5. 검사법

표준화 지능검사	• 유아의 지적 발달을 측정하는 도구
	• 사회·정서·신체발달은 평가대상이 아님
	ⓓ 일반 지능검사, 유아 지능검사, 인물화에 의한 간편 지능검사, 그림 지능검사
학습 준비도 검사	• 유아가 초등학교 과제를 수행하기 위해 요구되는 기초 능력 및 지식을 갖추고 있는 정도를 평가하는 도구
	• 변별력, 기억력, 개념 형성, 이해력, 운동 협응력을 측정함

6. 신뢰도 및 타당도

신뢰도	'측정을 얼마나 오차 없이 정확하게 해냈는가'를 강조함	
타당도	• '원래 측정하려고 계획했던 수업목표를 얼마나 충실하게 측정하였는가'의 문제를 중시함 • 타당도의 종류	
	안면타당도 (face validity)	관련 분야 전문가나 평가 전문가가 특정 평가도구에 대해 전문가의 관점에서 나름대로 검토하여 타당성 여부를 판단하는 것
	내용타당도	평가하고자 하는 내용이 평가도구에 제대로 반영되었는지를 연역적·논리적으로 검토하는 것
	구인타당도 (construct validity)	구인이란 어떤 개념이나 특성을 구성한다고 생각할 수 있는 가상적인 하위 개념 또는 하위특성에 관한 것
	공인타당도 (concurrent validity)	이미 널리 사용하고 있는 평가도구와, 그와 비슷한 내용을 평가한다고 상정되는 새로 제작한 평가도구와의 상호 관련성을 검토하는 것
	예언타당도	특정 평가도구를 사용한 평가결과가 피험자의 미래에 발생할 행동 또는 특성을 얼마나 잘 예언하느냐에 관한 것
	체제적 타당도	비교적 최근에 거론되는 용어로, 어떤 평가를 실시함으로써 그 체제(system) 전체에 교육적인 이점이 있었는지의 여부를 검토하는 것
	생태학적 타당도	비교적 최근에 거론되는 용어로, 검사의 내용이나 절차가 검사를 실시하고자 하는 피험자들의 사회·문화적인 배경이나 주변 상황에 타당한지를 검토하는 것

7. 포트폴리오

(1) 개념

특징	• 시간의 흐름에 따른 개별 유아의 성장과 발달에 대한 다양한 측면들을 밝혀주는 항목들의 모음
	• 유아들의 교육적 활동의 과정뿐만 아니라, 결과에 의한 유아의 행동과 작품을 '포착'하여 제시한 것 ⇨ 단순한 자료철이나 유아의 작품표본을 수집한 것이 아님
	• 한 가지 학습영역뿐만 아니라, 다양한 영역에서 아동의 성취능력·노력·진전도 등을 파악하는 데 목적을 둠
	• **학자별 포트폴리오에 대한 분류**
	  - **다니엘슨과 압루틴(1997)** : 진행·전시·평가 포트폴리오로 분류함
	  - **킴레돌프(1994)** : 학습자·연구·전문가·개인 포트폴리오로 분류함
	  - **Kingore(1993)** : 자연발생적·장기적·계획된 경험 포트폴리오로 분류함

장점	• 발달 과정에 대한 정보를 얻을 수 있음 • 학습자의 긍정적인 자존감 형성에 도움을 줌 • 일상의 환경 속에서 평가가 이루어짐 • 학습자의 장점에 초점을 둠 • 개별 학습자에 대한 적합한 평가를 실시할 수 있음 • 평가의 과정에 부모와 가족도 참여할 수 있음 • 협동을 장려함
단점	• 비용과 시간이 많이 소요됨 • 감상적인 기억들을 담은 상자가 될 수도 있음 • 기록물 보관 공간이 필요함 • 교사의 편견이 작용할 수 있음 • 내용의 타당성을 확보하기 어려움 • 대규모로 실시하기 어려움

(2) 유형

진행(학습) 포트폴리오	학습자의 학습과정이 발생하는 초기부터 학습과정에서 나오는 산출물을 포함하는 포트폴리오
전시 포트폴리오	학습자가 행한 최고의 학습 결과나 행동을 자료로 만들어 전시할 목적으로 제작하는 포트폴리오
평가 포트폴리오	교육목표에 따른 학습결과를 나타내는 포트폴리오
학습자 포트폴리오	학습자의 성취·지식을 보다 더 잘 보여줌으로써 학교에서 받은 수업과정이나 그 밖의 특별한 활동이 무엇인지 증명할 수 있는 포트폴리오
연구 포트폴리오	연구과제나 연구단계의 순서·노력을 보여주는 다큐멘터리와 같은 포트폴리오
전문가 포트폴리오	전문인이 되기 위한 목표와 연구과제를 설정하고, 주제를 고르는 포트폴리오
개인 포트폴리오	개인에게 적용하는 포트폴리오
교사 제작 포트폴리오	교사가 손쉽고 간단하게 사용하기 위해 만든 포트폴리오
과정 포트폴리오	유아의 학습에서 발달과정을 나타내는 본보기들이 들어 있는 것으로 미완성에서 완성으로의 과정 또는 비능률에서 능률로의 과정 등에 관한 자료들로 구성됨
결합 포트폴리오	전시 포트폴리오와 과정 포트폴리오를 결합한 형태
자연발생적 포트폴리오	학습활동을 전개하는 과정에서 자연스럽게 생성된 증거물이나 성과물 등의 자료 모음
장기적 포트폴리오	계획된 교수활동 중에서 행사와 같이 주기적으로 행해지는 활동의 성과물
계획된 경험 포트폴리오	교육목표에 맞춰 표준화된 상황을 제시하고, 그로부터 실행해야 할 경험들을 중심으로 한 내용들을 포함한 성과물

(3) 유의점 및 절차

자료 수집 시 유의점		• 유아들의 활동 결과물의 자료, 일화기록 자료 등을 유아의 개인 파일에 체계적으로 수집 및 정리하기 • 결과물 중 수집이나 보관이 어려운 경우 사진 자료를 남겨 평가 자료에 첨부하기 • 신체활동·행동 등은 사진 촬영 및 비디오 녹화를 통해 객관적이고 정확한 평가가 되도록 하기 • 평가를 실시하는 날짜와 작업이 행해질 때의 상황 등을 평가 자료와 함께 기록하기 • 학부모와의 면담 내용 및 학부모의 평정 결과도 함께 기록하여 보관하기
포트폴리오 평가 시 유의점		• 포트폴리오에 대한 사전 계획 및 해석을 위한 준거를 마련해 둠 • 포트폴리오가 평가 자료로 활용되기 위해, 교사의 짧은 설명이나 해석들을 첨부함 • 포트폴리오 수집과 포트폴리오 평가를 구분함 • 조직하는 기준을 어떻게 정할 것인가를 결정함 　예 발달영역별, 흥미영역별, 생활영역별 등 • 작품 수집 기간을 정하고, 작품에 날짜를 기입함 　예 1회 : 3~5월 / 2회 : 6~10월 등 • 포트폴리오에 대한 결론을 내리는 평가 시기를 결정함 • 내용물을 넣을 장소 또는 도구로 적합한 것을 결정함 　예 피자 상자, 구두 상자, 파일 등 • 포트폴리오를 늘 조직하고 현재의 경향을 유지하도록 함 • 평가를 하루의 생활 중 정규적인 일부가 되도록 함 • 유아의 중요한 작품을 학기 초부터 수집해 놓는 습관을 들임
절차	**계획 단계**	• 규정 설정하기(포트폴리오 평가를 실시하기 위한 계획) ⇨ 유아 및 부모의 참여를 최대한 보장할 수 있는 방향으로 규정 작성하기 • 평가 참여자에 대한 연수 및 안내(교사, 유아, 부모 대상)
	실행 단계	• 보관함을 준비하고, 시간에 따른 개별 유아에 관련된 다양한 평가 자료를 수집함 ⇨ 자료 수집과 그에 대한 평가 활동이 수반됨 • **단계** : 보관함 준비하기 ⇨ 내용 목차 ⇨ 다양한 작업 표본 수집 ⇨ 학습일지 기록 ⇨ 교사의 관찰 자료 ⇨ 논평 자료
	평가 및 활용 단계	• 실행 단계에서 수집한 자료들을 바탕으로 포트폴리오 요약서를 준비하고 포트폴리오 협의회를 개최하며, 유아의 활동 및 발달 상황에 대한 정보를 공유하기 위한 전시회를 열 수 있음 • **단계** : 포트폴리오 요약서 준비 ⇨ 포트폴리오 협의회 실시 ⇨ 포트폴리오 전시회 개최 ⇨ 인수 포트폴리오 준비(유아의 다음 교사에게 전달하여 연계)

8. 실험연구

개념		가설을 세우고 이 가설에 따라 통제된 조건이나 변인의 조건을 인위적으로 조작하여, 기대했던 행동이 일어나는가를 알아봄으로써 어떠한 법칙을 확립하려는 과학적 연구방법 ⇨ 실험집단과 통제집단의 두 집단을 가지고 실험하여 비교하는 방법
변인	독립변인	영향을 미치는 변인 ⇨ 원인이 되는 변인
	종속변인	영향을 받는 변인
집단	실험집단	독립변인이 적용되는 집단
	통제집단 (비교집단)	독립변인이 투입되지 않은 집단

9. 발달연구

종단적 접근법	개념	아동의 어떤 특성을 연구하기 위해 동일한 아동을 대상으로 오랜 기간에 걸쳐 반복적으로 관찰하고 연구하는 접근법
	장점	• 동일한 아동을 대상으로 연구할 수 있음 ⇨ 정확한 발달적 변화 파악 가능 • 초기 사건이 후기 행동에 미친 영향을 알 수 있음 • 연구대상 행동이 안정성을 유지함 • 오염변인들의 통제가 용이함
	단점	• 시간과 비용이 많이 소요됨 • 예기치 못한 사건 발생 시 연구의 타당도가 저해됨 • 연습의 효과가 나타날 우려가 있음 • 각 세대마다 경험하는 상이한 사회적·역사적 환경 때문에 연구결과가 무효화될 수 있음
횡단적 접근법	개념	동일한 시기에 상이한 연령의 아동들을 동시에 연구함으로써 일정 기간 동안의 발달곡선을 그려 낼 수 있는 접근법
	장점	• 연구결과를 즉시 활용할 수 있음 • 비교적 짧은 기간 내에 광범위한 연령 범위에 대한 행동 차이를 파악할 수 있음
	단점	• 진정한 발달곡선을 알아낼 수 없음 • 인생 초기 사건이 후기 행동에 주는 영향을 나타내주지 않음 • 전집을 대표할 수 있는 표집의 선정이 어려움
단기 종단적 접근법		• 위 두 가지 접근법의 장점을 취하고, 단점을 보완함 ⇨ 몇 개의 연령집단을 짧은 기간(3~5년) 동안 연구함 • 개인의 성장 및 발달에 미치는 역사·사회적 영향을 배제하고 순수한 연령변인 효과를 밝히는 데 목적을 둠 ⇨ 연대별 접근법

10. 상관연구

개념	수집한 자료들을 통계적으로 분석하고 해석하는 데 초점을 두는 연구
특징	• 어떤 사건이나 현상에 내재되어 있는 변인 간의 관계를 규명하는 데 중점을 둠 • 인과관계적 해석을 하지 않음

11. 질문지법

개념	• 연구하고자 하는 문제나 사실에 관해 작성한 일련의 물음들을 체계적으로 구성한 것 • 피험자가 그 물음·사실에 대해 자기의 의견이나 관계되는 사실에 대답을 기술하는 것
질문지 작성 시 고려할 점	• 질문지의 작성 목적을 명백히 규정하기 ⇨ 대상, 내용, 범위 • 어떤 형식의 질문지를 사용할 것인지 정하기 • 질문지의 실시방법을 정하기 ⑩ 직접 방문, 제3자 방문, 우편 등 • 응답자를 익명으로 할 것인지 여부 정하기
장점	• 비용이 적게 들고 간편함 ⇨ 집단 실시 가능 • 익명성이 보장되어 연구자가 응답자에게 미치는 영향을 최소화할 수 있음 • 피험자의 의견, 태도, 감정, 가치관과 같은 정의적 특성을 파악하는 것은 질문지법이 효과적임 • 개인의 생활경험이나 묘한 심리적 경험을 조사할 수 있음
단점	• 응답자의 문장 이해력, 표현능력에 크게 의존함 ⇨ 영유아, 문맹자에 적용하기 어려움 • 질문지에 응답한 내용의 진위 및 기억의 착오 확인이 어려움 • 질문을 확실히 통제하거나 자료를 엄격히 다룰 수 없음 • 질문지의 회수율이 낮음 • 편파적 표집의 가능성이 있음 • 융통성이 부족함 ⇨ 응답상황에 대해 알 수 없음

12. 수행평가

개념	• 평가자가 학습자의 학습과제의 수행 과정과 결과를 직접 관찰하고, 그 결과를 전문적으로 판단하는 평가방법 • 결과뿐만 아니라 과정도 함께 중요시하는 평가방법 • 아동 개개인의 발달 변화과정을 종합적으로 평가하기 위하여 전체적이면서도 지속적으로 이루어지는 평가방법
특징	• 아동의 학습과정을 진단하고 개별학습을 촉진하는 데 목적이 있음 • 가능한 한 실제 상황에서 달성했는지에 대한 여부를 파악할 수 있게 해 줌 • 아동의 인지적 영역, 정신·운동적 영역 등에 대한 종합적이고 총체적인 평가를 중시함

01 (가)는 김 교사가 영찬이의 행동을 관찰하여 기록한 일화기록의 일부이다. (나)는 (가)에서 나타난 영찬이의 행동이 다른 활동에서도 나타나는지 알아보기 위해 김 교사가 활용한 평가방법의 일부이다. 물음에 답하시오. [5점]

> **(가)** 바깥놀이 시간에 영찬이는 동영이가 있는 모래 놀이 영역으로 간다. 동영이는 여러 가지 용기를 이용하여 젖은 모래로 동그라미, 세모, 별 모양을 만들고 있다. 영찬이는 자기도 놀이에 참여하고 싶다는 표정으로 동영이를 쳐다본다. 그러더니 동영이에게 둥근 용기를 하나만 달라고 말한다. 동영이는 영찬이에게 아무 말도 하지 않고 둥근 용기에 젖은 모래를 넣어 동그라미 모양을 만든다. 영찬이는 동영이 앞으로 가더니 둥근 용기를 동영이에게서 빼앗는다.
>
> **(나)**
>
> | 내용 | 예 | 아니오 |
> |---|---|---|
> | ① 친구가 가지고 놀고 있는 놀잇감을 빼앗는다. | ∨ | |
> | ② 다른 친구의 놀이를 방해한다. | ∨ | |

1) 일화기록 작성 시 유의할 점에 비추어 볼 때, (가)에서 부적절하게 기록된 내용 2가지를 찾아 각각 그 이유와 함께 쓰시오. [2점]

① _____

_____

② _____

_____

2) ①~② 일화기록법의 장점 2가지를 쓰고, ③ (나)의 평가방법이 무엇인지 쓰시오. [1점]

① _____

② _____

③ _____

3) 일화기록법의 단점 1가지를 쓰시오. [1점]

_____

4) (가)를 보완할 수 있는 측면에서 (나) 방법의 장점 2가지를 쓰시오. [1점]

① _____

② _____

02 다음은 2019 개정 누리과정의 해설서에 관한 내용이다. 물음에 답하시오. [5점]

> **(가)** 누리과정 운영의 (㉠)을/를 진단하고 개선하기 위해 평가를 계획하고 실시한다.
>
> 평가의 목적은 유아가 중심이 되고 놀이가 살아나는 누리과정 운영을 자체적으로 평가하여, 누리과정 운영의 (㉠)을/를 진단하고 누리과정 운영을 보다 나은 방향으로 개선하는 데 있다. 유치원과 어린이집에서는 지역 특성, 각 기관 및 학급(반)의 상황과 요구를 고려하여, 누리과정 운영을 개선할 수 있도록 자율적으로 평가 계획을 수립한다. 평가의 (㉡), 평가 (㉢), 평가 방법 등에 대한 계획은 각 기관 구성원들 간의 민주적인 협의를 통해 정한다.
>
> **(나)** 유아의 특성 및 변화 정도와 누리과정의 운영을 평가한다.
>
> 평가는 유아 평가와 누리과정 운영 평가로 이루어진다. 유아 평가는 궁극적으로 유아의 (㉣)와/과 전인적 발달을 지원하는 데 그 목적이 있다. 교사는 유아의 놀이, 일상생활, 활동 속에서 유아의 고유한 특성이나 의미 있는 변화를 발견하고, 그것을 바탕으로 유아의 배움과 성장을 돕기 위하여 평가를 할 수 있다. 교사는 유아의 배움이 나타나는 놀이, 일상생활, 활동에서 유아가 가장 즐기고 잘하는 것, 놀이의 특성, 흥미와 관심, 친구 관계, 놀이를 이어가기 위한 자료의 활용 등에 주목하여 유아 놀이를 관찰하고 이를 통해 유아의 특성과 변화를 이해하도록 한다.
>
> 누리과정 운영 평가는 유치원과 어린이집의 교육과정이 유아·놀이 중심으로 적절하게 운영되고 있는지 평가하는 데 그 목적이 있다. 유치원과 어린이집의 누리과정 운영 평가에서는 놀이시간을 충분히 운영하였는지, 유아 주도적인 놀이와 배움이 이루어지고 있는지, (㉤)이/가 적절한지 등을 평가할 수 있다. 이는 놀이 속에서 나타나는 유아의 특성 및 변화 정도와 연계하여 파악할 수 있다. 필요에 따라 부모와의 협력이나 (㉥)이/가 적절하게 이루어지고 있는지 등을 평가할 수도 있다.

1) (가)의 ㉠ ~ ㉢에 들어갈 용어를 쓰시오. [1.5점]

㉠ _____

㉡ _____

㉢ _____

2) (나)의 ㉣ ~ ㉥에 적합한 용어를 제시하시오. [1.5점]

㉣ _____

㉤ _____

㉥ _____

3) 유아 평가결과를 문장으로 서술하는 이유를 쓰시오. [2점]

_____

_____

03 (가)와 (나)는 2019 개정 누리과정 평가에 관련된 내용이고, (다)는 유아 평가에 대한 내용이다. 물음에 답하시오. [5점]

(가) 유아교육법 제 19조(평가)

① (㉠)은/는 유아교육을 효율적으로 하기 위하여 필요하면 유치원 (㉡) 등에 대한 평가를 할 수 있다.

(나) 평가 방법은 평가의 목적과 대상에 따라 달라질 수 있다. 유치원과 어린이집은 평가 목적에 가장 적합한 평가 방법을 자율적으로 정하여 활용할 수 있다.

교사는 유아의 특성과 변화 정도를 파악하기 위하여 유아들의 실제 놀이 모습을 계획안에 (㉢)할 수 있고, 놀이 결과물과 작품 등을 일상적으로 수집할 수 있다. 유아들의 놀이를 관찰할 때에는 유아의 말, 몸짓, 표정 등에서 드러나는 놀이의 의미와 특성에 주목하여 이 중 필요한 내용을 메모나 사진 등 교사가 할 수 있는 가장 용이한 방법으로 (㉢)한다. 이러한 관찰기록 자료는 교실에서 자율적으로 수립한 계획안에 포함하여 유아의 특성과 변화 정도를 파악하는 데 활용할 수 있다.

유치원과 어린이집의 누리과정 운영에 대한 평가는 (㉣)이/가 필요한 사항에 따라 자율적으로 실시할 수 있다. 기관별·학급별 상황이나 필요성에 따라 적합한 방법을 선택하여 누리과정 운영을 평가한다.

개정 누리과정에서는 교사가 유아의 놀이 관찰기록, 유아 평가와 누리과정 운영 평가 등 평가 자료를 만들고 수집하는 데 과도한 노력을 기울이기보다는 유아의 놀이에 더 집중하고 지원하는 것이 중요함을 강조하고 있다. 교사는 개별 유아를 정기적으로 관찰하기보다는 (㉤)이/가 나타나는 또래 간의 놀이나 활동 등 유아들이 일상에서 놀이하며 배우는 자연스러운 상황에서 유아의 특성과 변화를 이해하는 평가를 하도록 한다. 또한 5개 영역 59개 내용을 (㉥)(으)로 잘못 인식하여 유아의 놀이에서 59개 내용이 나타나는지 여부만을 체크하지 않도록 유의한다.

(다) 유아가 참여한 놀이나 활동에서 유아가 만든 활동물, 언어나 음률 활동 동영상, 쌓기 구조물 사진 등을 주기적으로 수집하고 관찰 자료와 함께 활용하여 유아를 종합적으로 평가하도록 한다.

---

1) (가)의 ㉠과 ㉡에 적합한 용어를 쓰시오. [2점]

㉠ _____

㉡ _____

2) (나)의 ㉢ ~ ㉥에 적합한 용어를 쓰시오. [2점]

㉢ _____

㉣ _____

㉤ _____

㉥ _____

3) (다)와 관련된 평가방법을 쓰시오. [1점]

_____

04 (가)~(다)는 유치원 평가에 대한 내용이다. 물음에 답하시오. [5점]

> **(가) 제19조(평가)**
> ③ 제1항과 제2항에 따른 평가의 (㉠) 및 (㉡) 와/과 평가 결과의 공개 등에 필요한 사항은 대통령령으로 정한다.
>
> **(나) 제22조(평가의 절차 등)**
> ① 교육감은 매 학년도가 시작되기 전까지 유치원 평가에 관한 기본 계획을 수립하여 평가대상 유치원에 통보하여야 한다. 〈개정 2012. 4. 20.〉
> ② 교육감은 법 제19조 제1항에 따라 유치원 운영 실태 등에 대한 평가를 하는 경우 법 제19조의 2에 따른 유아교육정보시스템에 저장된 자료, 「교육관련기관의 정보공개에 관한 특례법」 제5조의 2에 따른 공시정보 등을 이용한 (㉢)평가의 방법으로 한다. 다만, (㉢)평가만으로 정확한 평가가 어렵다고 인정되는 경우에는 (㉣) 등의 방법을 이용한 (㉤)평가의 방법을 병행할 수 있다. 〈개정 2020. 2. 25.〉
>
> **(다) 유치원 평가 목적**
> • 유치원 교육 활동 진단 및 개선을 통한 단위 유치원 교육의 질 개선
> • 유치원 (㉥)을/를 통한 유치원 현장의 (㉦) 및 (㉧) 강화
> • 유아의 건전한 성장 지원과 학부모 만족도 제고
> • 유치원 평가 결과 환류를 통한 교육과정 운영 내실화

1) (가)의 ㉠과 ㉡에 들어갈 적합한 용어를 쓰시오. [1점]

㉠ _____

㉡ _____

2) (나)의 ㉢ ~ ㉤에 들어갈 적합한 용어를 쓰시오. [3점]

㉢ _____

㉣ _____

㉤ _____

3) (다)의 ㉥ ~ ㉧에 들어갈 적합한 용어를 쓰시오. [1점]

㉥ _____

㉦ _____

㉧ _____

05 다음은 유아의 행동에 대한 관찰자 신뢰도를 제시한 것이다. 물음에 답하시오. [5점]

구분	관찰자 1	관찰자 2
㉠ 손톱 물어뜯기	6	5
㉡ 손가락 빨기	17	12
㉢ 코 후비기	2	4
총계	25	18

1) 관찰자 간의 신뢰도를 알기 위한 상관계수를 제시하시오.
[1점]

_____

2) 두 관찰자의 결과가 일치하지 <u>않는</u> 이유를 2가지로 제시하시오.
[2점]

① _____

② _____

3) '관찰' 평가 시 유의사항이다. ①과 ②에 들어갈 적합한 용어를 쓰시오.
[2점]

> • 언제, 어디서, 누구를 관찰할지 등을 포함한 관찰 (①)을/를 먼저 수립한다.
> • 관찰 결과는 가능한 한 관찰과 동시에 또는 관찰 직후에 기록한다.
> • 관찰 결과의 기록방식은 (②)에 결정한다.
> • 객관적인 관찰 능력을 높이기 위하여 노력해야 한다.

① _____

② _____

06 (가)는 김 교사가 활용한 평가 방법의 일부이고, (나)는 5주기 유치원 평가에 대한 내용이다. 물음에 답하시오. [5점]

(가)	
관찰 상황	(몬테소리) 수학 영역에서 자동차 수놀이 게임을 하고 있다.
시간	관찰 장면 기록
8:52 ~ 8:55	석우는 수 영역에서 자동차 게임 판을 두 손으로 꼭 쥐고 매트 위로 가지고 온다. 매트 위에 자동차 게임 판을 조심스럽게 내려놓음과 동시에 자신의 무릎도 구부리며 앉는다. 그리고는 주위를 둘러보고 옆에 지켜보던 교사를 보며 싱긋 웃는다. 교사도 석우의 웃는 모습을 보고 따라 웃는다. 선생님 우리 같이 게임해요라는 말과 함께 옆에 앉으라고 손짓한다. 교사는 "그럼 같이 게임 해볼까?"라고 하며 석우의 옆에 앉는다.
8:55 ~ 8:58	옆에 문화 영역에서 활동하고 있던 찬우(男)와 민중(男)이가 자신들이 활동하던 영역을 성급히 정리하고 석우 옆으로 와 매트 위에 빙 둘러 앉으며 관심을 나타낸다. 찬우는 교사와 석우가 진행하고 있는 게임 판을 지켜보며 "나는 어제 용석이랑 해서 내가 이겼는데."라고 자랑하듯이 웃음을 머금고 말한다.

(나) 평가 영역 및 내용

가. (㉠)-(㉡)-(㉢)으로 구성

1) 공통영역

　가) 제시된 평가(㉠), 평가(㉡), 평가
　　(㉢) 공통 적용(변경 불가)

2) (㉣)영역

　가) 평가항목을 단위 유치원의 여건을 반영하여
　　(㉣)적으로 변경·조정하여 구성

나. 2019 개정 누리과정 (㉤) 및 (㉥), 안전한 교육환경 조성, 유치원 학교문화 혁신 등을 반영하여 평가 내용 구성

1) (가)에서 부적절하게 기술된 사례 2가지를 찾아 쓰고, 각각의 이유를 쓰시오. [2점]

① 사례 : _____

　이유 : _____

② 사례 : _____

　이유 : _____

2) (나)의 ㉠ ~ ㉥에 적합한 용어를 쓰시오.
[3점]

㉠ _____

㉡ _____

㉢ _____

㉣ _____

㉤ _____

㉥ _____

07 (가) ~ (다)는 유치원 평가에 관련된 내용이다. 물음에 답하시오. [5점]

(가) 〈유아교육법〉 제19조(평가)
② (㉠)은/는 필요한 경우 각 시·도 교육청의 유아교육 전반에 대한 평가를 실시할 수 있다.

(나) 유치원 평가 추진 경과
• 2004년, 유아교육법 제정 시 평가 근거 마련('05년 시행령 제정)
• (㉡)년, 유치원 시범평가(100개원) 실시
• 제1주기('08 ~ '10년) 유치원 평가 실시
• 유아교육법 개정('12. 1. 26), 유치원 평가 권한 (㉢)에게 이양
• 제2주기('11 ~ '13년), 제3주기('14 ~ '16년) 유치원 평가 실시
•「유치원·어린이집 평가체계 (㉣) 방안」마련 ('14. 12월)
• (㉣)평가 시범운영(유치원 46개, 어린이집 149개, 총 195개) 실시('15년)
• (㉣)평가 보완방안 마련 및 제4주기 유치원 평가 기본계획 시행('16년)
• 유치원 평가 업무를 교육연구정보원에서 (㉤)(으)로 이관('18년)
• 제5주기 유치원 평가지표 개발 연구 실시('19년)
   – 유치원 교원·학부모·전문가 대상 설문, 심층면담, 포럼 등을 통한 유치원 평가의 (㉥) 제고를 위한 개선방안 마련

(다) 국가 수준의 유치원 평가가 이루어지고 있지만 이와 함께 유치원의 문제점이나 취약점을 개선·보완하도록 하여 유치원의 교육력을 제고하고 유치원 수업이나 전반적 운영을 개선하도록 지원하는 것이 필요하다고 논의되었다. 2010년 유아교육 선진화 사업의 일환으로 전국적으로 새롭게 실시된 누리과정의 안정적인 정착을 위해 2013년부터 종합적인 (㉦)을/를 제공·지원할 수 있는 방안을 모색하였고, 5주기 유치원 평가의 결과 환류는 조직적이고 체계화된 (㉦)(으)로 강화한다.

1) (가)의 ㉠에 들어갈 적합한 용어를 쓰시오. [1점]

㉠ _____

2) (나)의 ㉡ ~ ㉥에 들어갈 적합한 내용을 쓰시오. [3점]

㉡ _____

㉢ _____

㉣ _____

㉤ _____

㉥ _____

3) (다)의 ㉦에 들어갈 적합한 용어를 쓰시오. [1점]

㉦ _____

08 다음은 미래 유치원 평가 결과 보고서의 내용이다. 물음에 답하시오. [5점]

- 교육목표 실행을 위한 교육중점, 실천과제, 활동 등과의 연계 및 구체적인 방안 진술이 있어야 한다.
- 교육목표 수립 시 부모와 지역사회의 요구 및 특성 분석에서의 연계성이 요구된다.
- 교육목표는 대체로 국가 수준의 교육과정과 ○○광역시 교육청의 운영지침을 근거로 유아의 전인발달 교육을 지향하고 있는 편이었으나, 연간 – 주간 – 일일교육계획의 목표와 내용이 적절하게 연계되어 계획 – 실행 – 평가에 대한 이해가 낮다.
- 적절한 교수·학습방법 및 매체 활용에 대한 연구가 요망된다.
- 유아의 능동적 활동 참여, 교육목표 달성을 위한 질적인 발문 형성과 상호작용이 적극적으로 일어날 수 있도록 하여야 한다.
- 교사 – 유아 간 질적인 상호작용을 향상시키기 위한 발문 연구가 요망된다.
- 소주제 및 환경에 맞추어 일과 활동이 통합되고 있으나, 활동의 유형과 양의 균형이 미흡하여 보완이 요구된다.
- 일일교육계획안의 목표가 내용에 적절하며 연계성은 있으나, 연령에 따른 구분이 미흡하다.
- 일일교육계획안에는 소주제, 목표, 활동시간 및 내용, 자료, 평가 등이 포함되어 있으며, 평가 및 총평이 기록되어 있으나 형식적이거나 활용이 미약하다.
- 유아중심적인 수업보다는 교사중심의 이야기하기 수업을 주로 하고 있다.
- 교사 – 유아 간 상호작용은 일반적이나, 유아 – 유아 간의 상호작용을 촉진하는 핵심적인 교사 발문능력이 부족하다.

1) 위와 관련된 5주기 유치원 평가 지표를 3가지로 쓰시오. [3점]

① _____

② _____

③ _____

2) 위를 통해 유치원 운영 개선을 도모할 수 있는 방안을 쓰시오. [1점]

_____

3) 위에 제시된 평가영역을 쓰시오. [1점]

_____

09 유치원 평가 내용에 대한 교사의 대화이다. 물음에 답하시오. [5점]

강 교사 : 선생님들, 평가받느라고 고생 많으셨어요.

김 교사 : 유치원 평가는 3년 주기로 진행이 되고 있고, 2007년부터 시작이 되었지요.

강 교사 : 글쎄요. 이번 5주기 유치원 평가에서는 자율성을 강조하였지요.

최 교사 : 현장평가하는 날 저한테는 우리 원이 민주적으로 운영되는지 질문하더라고요.

강 교사 : ㉠ 시설·설비가 유아의 발달에 적합한지도 꼼꼼히 확인하던데요.

최 교사 : ㉡ 유아의 행동 관찰 기록, 활동 결과물도 자세히 검토하셨어요.

임 교사 : 5주기 유치원 평가에서는 국가 수준의 공통 영역과 (㉢)을/를 적용하지요.

박 교사 : 이번 5주기 유치원 평가에서는 교육과정 및 방과후 과정의 평가 방법은 5단 척도 (㉣) 와/과 (㉤)을/를 병행하였지요.

---

1) ㉠, ㉡과 관련된 유치원 평가 영역을 각각 1가지 쓰시오. [2점]

㉠ _____

㉡ _____

2) 유치원 평가 절차에서 ㉢에 들어갈 내용을 쓰시오. [1점]

㉢ _____

3) ㉣과 ㉤에 들어갈 적합한 용어를 쓰시오. [2점]

㉣ _____

㉤ _____

10 다음은 유아 평가 절차에 대한 내용이다. 질문에 답을 하시오. [5점]

㉠ 1단계	유아발달 확인	• 유아 관찰(척도 사용, 기록) • 작품 분석 • 면담(부모, 유아)
㉡ 2단계	유아발달 특성 및 정도 파악	• 5개 교육과정을 통합한 내용 　- 기본 생활 습관 　- 정서적 안정감 　- 사회적 적응 　- 창의적 표현 　- 의사소통 능력, 탐구심 등
3단계	유아발달 특성 및 정도	㉢ 유아 발달기록 작성
4단계	㉣	㉤
5단계	교육과정의 편성 및 운영 계획	• 교육과정 편성 • 교육과정 운영 계획

1) ㉠ 단계에서 유의해야 할 점을 제시하시오.　　[1점]

_____

_____

2) ㉡ 단계에서 교사가 가져야 할 자세를 설명하시오.　[1점]

_____

_____

3) ㉢에서 가장 주의해야 할 점을 쓰시오.　　[1점]

_____

_____

4) ㉣에 들어갈 내용을 제시하고, ① ~ ② ㉤에 관련된 내용 2가지를 제시하시오.　　[2점]

　㉣ _____

　① _____

　② _____

11 다음은 유아 관찰 척도의 평정 형식 중 (㉠)을/를 제시한 것이다. [5점]

신체운동·건강 : 신체 부분에 대한 관심	
단계	평정 기준
1	신체 주요 부분의 명칭(머리, 다리, 팔, 손 등)을 안다.
2	신체 주요 부분의 명칭과 주요 기능(걷는다, 잡는다 등)을 안다.
3	신체 세부적 부분의 명칭(팔꿈치, 뒤꿈치)을 안다.
4	신체 세부적 부분의 명칭과 기능을 안다.

1) ㉠에 들어갈 용어를 제시하고, ①~② 평정척도법의 장점 2가지를 쓰시오. [3점]

㉠ _____

① _____

② _____

2) 다음은 길포드(Guilford)가 제시한 평정자 오류에 대한 설명이다. ①과 ②에 적합한 용어를 제시하시오. [2점]

> (①)은/는 유아를 평가할 때 관찰 유아 주변의 어떤 요소가 평정에 작용하는 것을 말하는데 관찰 유아에 대한 사전 정보나 호감, 인성이 평정에 영향을 주어 관찰 유아를 과대 또는 과소평가 하는 것을 말한다.
> (②)은/는 시간이나 공간에서 서로 이웃하거나 가까이에 있는 항목들을 상이한 항목들보다 더욱 유사한 평정을 하게 되는 오류이다.

① _____

② _____

12 다음은 유아 평가에 대한 내용이다. 물음에 답하시오.
[5점]

> **(가)** 평가도구의 타당도란 평가하고자 의도한 구체적인 목표나 내용을 제대로 평가하고 있는지를 나타내는 정도를 의미한다. 이러한 타당도 중 (㉠)타당도는 특정 평가도구가 어떤 심리적 특성을 재고 있다고 주장하는 경우, 그것이 정말로 그러한 특성을 재고 있는지를 어떤 이론적인 가설을 세워 경험적·통계적으로 검증하는 과정을 의미한다. 예를 들어, '사회성'이라는 인간의 심리적인 특성을 측정하기 위해 그 하위 영역으로 '윗사람과의 관계', '동료들과의 관계', '아랫사람과의 관계'로 나누고, 각각의 하위 영역을 평가하기 위한 문항들을 개발·종합하여 전체 사회성 검사지를 완성한 다음, 그것을 실시한 결과에 대해 요인을 분석하거나 상관관계를 분석한다.
>
> **(나)** (㉡)은/는 시간의 변화에 따른 한 유아의 발달과 성장의 다양한 모습을 알려주는 항목들의 집합체이다. 한 유아의 이름이 적혀 있는 서류 보관함에 여러 가지 작품이 들어 있어서 그 작품들을 살펴보면 어떤 변화가 들어 있는지, 또는 어떤 노력을 하고 있는지 등을 파악할 수 있다.
>
> **(다)** (㉢)은/는 유아의 학습과정이 발생하는 초기부터 학습과정에서 나오는 산출물을 포함하는 것으로 학습자의 변화과정을 살펴볼 수 있는 것이고, (㉣)은/는 유아의 학습에서 발달과정을 나태내는 본보기들이 들어 있는 것으로 미완성에서 완성으로의 과정 혹은 비능률에서 능률 등에 관한 자료들로 구성된다.

1) (가)의 ㉠에 들어갈 적합한 용어를 쓰시오.   [1점]

㉠ _____

2) (나)의 ㉡에 들어갈 적합한 용어를 쓰고, ① ~ ② 이 평가방법의 장점과 단점을 한 가지씩 쓰시오.   [2점]

㉡ _____

① 장점 : _____

② 단점 : _____

3) (다)는 (나)의 세부 유형에 관한 내용으로, ㉢과 ㉣에 들어갈 적합한 용어를 쓰시오.   [2점]

㉢ _____

㉣ _____

13 다음 유아의 싸움 행동에 관한 관찰법을 제시한 것이다. 물음에 답하시오. [5점]

(가) 여아 19명과 남아 21명을 대상으로 유치원 자유선택활동 시간에 보인 싸움 행동에 대해 관찰하였다. 관찰자는 싸움 행동이 나타날 때까지 기다리다가, 싸움이 시작되면 초시계를 켜고 주의해서 관찰하다가 싸움이 끝날 때 초시계를 껐다. 그리고 피험자의 이름, 연령, 성별, 싸움 지속시간, 싸움이 시작될 때의 상황, 그리고 행동 유형(비참여자, 참여자 공격적 행동, 싸우는 동안의 보복행동, 신체 움직이는 소리, 결과, 그 후의 영향 등)을 기록하는 기록용지를 완성했다. 그리고 실제 있었던 대화를 기억할 수 있는 경우는 그것도 기록했다. 이 연구에서 시간도 하나의 요인이지만 싸움 지속시간은 별로 중요하지 않은 자료로 다루고 주로 사건(싸움)에 초점을 두었다.

(나)

관찰유아 :		생년월일 :		
관 찰 일 :		성 별 : 남, 여		
관찰일 현재 유아 연령 :		년 월		
관찰행동 : 분류하기				

구분	논리적	동일성	유사성	재분류
블록	V	V	V	
미술		V	V	
과학	V	V	V	
수 영역	V			V
요 약 :				

1) (가)에 사용된 관찰법을 쓰시오. [1점]

_____

2) (가)의 관찰법을 사용하기 전에 준비해야 할 지침의 내용이다. ①과 ②에 적합한 내용을 쓰시오. [2점]

- 연구하고자 하는 행동을 명확히 규정할 수 있도록 (①)을/를 내린다.
- 행동을 관찰할 장소와 시간에 대해 충분히 알아야 한다.
- 기록하고자 하는 정보를 결정한다(싸움 지속시간, 싸움이 시작될 때의 상황, 싸울 때의 행동유형, 일어난 일과 오고간 말, 그 이후에 보인 싸움의 영향).
- (②)은/는 가능한 한 쉽게 작성할 수 있도록 만든다.

① _____

② _____

3) (나)에 사용된 관찰법을 쓰시오. [1점]

_____

4) (나)의 관찰법의 장점과 단점을 1가지씩 쓰시오. [1점]

① 장점 : _____

② 단점 : _____

14 다음은 유아 평가에 대한 교사들의 내용이다. 물음에 답하시오. [5점]

> **오 교사** : 유아의 행동발달을 알아보기 위해 관찰법과 질문지법을 활용해 보았는데, 다른 유아들과 비교해볼 수 있는 좀 더 체계화된 평가방법이 있을까요?
>
> **박 교사** : 그럼 다른 평가방법을 실시해보면 어떨까요? 개인차를 비교할 수 있도록 규준을 제시해 줄 수 있는 (㉠)검사법을 사용해 보세요. 그리고 (㉠)검사법은 개발 과정에서 신뢰도와 타당도를 검증하잖아요.
>
> **김 교사** : 평가도구의 (㉡)란 평가하고자 의도한 구체적인 목표나 내용을 제대로 평가하고 있는지를 나타내는 정도를 의미하잖아요.
>
> **백 교사** : 그 외에도 (㉢)은/는 시간의 변화에 따른 한 유아의 발달과 성장의 다양한 모습을 알려주는 항목들의 집합체로 한 유아의 이름이 적혀 있는 서류 보관함에 여러 가지 작품이 들어 있어서 그 작품들을 살펴보면 어떤 변화가 들어 있는지 혹은 어떤 노력을 하고 있는지 등을 파악할 수 있지요.

1) ㉠에 들어갈 적합한 용어를 쓰시오. [1점]

㉠ _____

2) ㉠ 검사법에 관련된 내용이다. ⓐ~ⓕ 중 <u>틀린</u> 내용 2가지를 찾아 기호를 쓰고, 이를 바르게 고쳐 쓰시오. [2점]

> ⓐ 검사의 선택은 연구자의 목적과 대상에 알맞은 것이어야 한다.
> ⓑ 적절한 수준의 검사 신뢰도만 제시되어한다.
> ⓒ 검사실시 상 특별한 훈련이나 전문지식이 필요한지의 여부를 확인해야 한다.
> ⓓ 검사실시에 소요되는 시간 및 비용이 적절한가를 검토해야 한다.
> ⓔ 검사절차를 준수해야 한다.
> ⓕ 검사의 해석에 유의하여 검사점수를 절대시하여야 한다.

_____, _____

_____, _____

3) ㉡과 ㉢에 들어갈 적합한 용어를 쓰시오. [2점]

㉡ _____

㉢ _____

15 다음은 유아 관찰에 대한 내용이다. 물음에 답하시오.
[5점]

(가)

내용	예	아니오
친구가 가지고 놀고 있는 놀잇감을 빼앗고, 친구를 밀친다.	∨	
다른 친구의 놀이를 방해한다.	∨	

(나) 교사들의 대화

박 교사 : 지금 우리 반 유아들이 손 씻기나 옷 입기 같은 자조 기술이 있는지 확인하고 싶은데, 어떻게 해야 하나요?

최 교사 : 관찰 방법 중 (㉠)을/를 활용해 평가하는 것은 어때요? (㉠)은/는 '예'나 '아니오'로 표시하면 되니까 자조 기술이 형성되었는지 여부를 알기가 쉬워요. 그리고 결과에 따라 유아들의 자조 기술 형성에 도움을 줄 수 있는 방안을 교육과정 계획에 반영해 볼 수도 있잖아요.

신 교사 : 맞아요. (㉠)은/는 편하게 기록할 수 있어요. 그렇지만 유아의 행동 발달을 단계적으로는 파악할 수 없고요. 또 관찰한 행동이 얼마나 자주 일어나는지도 알 수 없어요.

(다)

유아 이름	이석우(男)
관찰자	이지영
관찰 시간	8:52 ~ 8:58
관찰 상황	(몬테소리) 수학 영역에서 자동차 수 놀이 게임을 하고 있다.
시간	관찰 장면 기록
8:52 ~ 8:55	석우는 수 영역에서 자동차 게임 판을 두 손으로 꼭 쥐고 매트 위로 가지고 온다. 매트 위에 자동차 게임 판을 조심스럽게 내려놓음과 동시에 자신의 무릎도 구부리며 앉는다. 그리고는 주위를 둘러보고 옆에 지켜보던 교사를 보며 싱긋 웃는다. 교사도 석우의 웃는 모습을 보고 따라 웃는다. "선생님 우리 같이 게임해요."라는 말과 함께 옆에 앉으라고 손짓한다. 교사는 "그럼 같이 게임 해볼까?" 하며 석우의 옆에 앉는다.
8:55 ~ 8:58	옆에 문화 영역에서 활동하고 있던 찬우(男)와 민중(男)이가 자신들이 활동하던 영역을 성급히 정리하고 석우 옆으로 와 매트 위에 빙 둘러 앉으며 관심을 나타낸다. 찬우는 교사와 석우가 진행하고 있는 게임 판을 지켜보며 "나는 어제 용석이랑 해서 내가 이겼는데," 라고 자랑하듯이 웃음을 머금고 말한다.
발달적 요약	**신체 발달** : 앉는 자세, 주사위 던지기 **언어 발달** : 자동차 종류와 색깔 말하기 **인지 발달** : 기억력, 수 세기 능력 사회/정서 발달 : 주도성(자발성), 기본 정서 표현(기쁨, 즐거움, 흥분)
추론 근거	• 석우는 수를 셀 수 있다. • 석우는 자동차 종류와 색깔에 대해 안다.
교수 계획	…(생략)…

1) ① (가)에서 부적절하게 기록된 내용을 찾아 쓰고, ② 그 이유를 쓰시오. [2점]

① _____

② _____

2) (나)의 ㉠에 공통으로 들어갈 용어를 쓰고, ① (나)에서 관찰 방법에 대한 교사의 말 중 잘못된 내용을 찾아 그 이유를 쓰시오. [2점]

㉠ _____

① _____

3) (다)의 평가방법을 쓰시오. [1점]

_____

16 다음은 백 교사가 작성한 저널의 일부이다. 물음에 답하시오. [5점]

백 교사는 서현이 활동에서 의미롭다고 보는 내용에 따라 수행 수준을 서술식으로 기술하고, 1점에서 4점으로 점수화하여 (㉠)을/를 제작하여 활용하였다. (㉠)은/는 유아가 정확하게 수행할 수 있는지에 대한 여부만을 나타내는 (㉡)와/과, 행동의 정도에 대한 정성적인 판단을 내리거나 행동이 일어난 상황을 분명하게 제시하지 못하는 (㉢)와/과는 달리 학습자의 결과물을 채점한다는 수행 수준의 지침으로, 수행과제를 평가하는 데 사용된다. 유아의 발달과 학습에 있어서의 진보된 상황을 관찰 평가하는 (㉠)의 장점은 학습자의 수준 높은 활동이나 수행에 대해 지침을 제공한다는 점으로, (㉣)에 맞추어 제작할 수 있다는 (㉤)와/과 쉽게 수정하고 변화시킬 수 있다는 적응성을 모두 갖춰 학습자의 변화하는 요구를 충족시킬 수 있다.

누리반 백 교사는 위와 같은 내용을 참고하여 서현이의 음률 활동 수행 수준을 알아보기 위해 아래와 같은 (㉠)을/를 제작하였다.

유아명	이서현	평가시기	10월 10~14일
주제	생략	활동명	음률 활동

(㉣)(평가 내용 및 관점)				
내용/점수	1수준 (1점)	2수준 (2점)	3수준 (3점)	4수준 (4점)
악기 연주 (리듬 만들기)	리듬을 이해하지 못한다.	새로운 리듬을 만들어 내지는 못하나, 또래가 제시한 리듬을 한마디 정도 연주할 수 있다.	새로운 리듬을 만들어 내지 못하나 만들어진 리듬을 쉽게 연주할 수 있다.	새로운 리듬을 만들 수 있으며 그에 맞게 연주를 할 수 있다.

구분	내용	1	2	3	4
악기 연주 (리듬 만들기)	노래에 맞추어 간단한 리듬을 만들어 리듬악기를 연주한다.				V

해석 및 교육계획	…(생략)… 악기 만들기에 흥미를 보이며 즐겁게 참여하였으며, 만든 악기를 리듬에 맞추어 흔들어보며 연주하였다. 다양하고 창의적인 이야기가 나올 수 있도록 모둠활동 시 깊이 있는 질문을 더 하도록 해야겠다.

1) 사례에 제시한 ㉠ ~ ㉤에 적합한 용어를 쓰시오. [5점]

㉠ _____

㉡ _____

㉢ _____

㉣ _____

㉤ _____

17 다음은 유아 평가 방법에 대한 내용이다. 물음에 답하시오. [5점]

(가)

관 찰 자 : 김순정
관찰대상 : 김철수(만 4세)
관찰장소 : 한솔반(유치원 교실)
관찰일시 : 2021. 7. 26.
생년월일 :   년 월 일(남, 여)
관찰행동 : 유아의 사회적 행동

	1	2	3	4	5	6	
a. 협동적							비협동적
b. 적극적							소극적
c. 주도적							주도적

(나)

내용	예	아니오
① 교사의 지시를 따르며, 친구들과 협동한다.	∨	
② 언어가 발달되어 있다.	∨	

(다)

신체운동·건강 : 신체 부분에 대한 관심	
단계	평정 기준
1	신체 주요 부분의 명칭(머리, 다리, 팔, 손 등)을 안다.
2	신체 주요 부분의 명칭과 주요기능(걷는다, 잡는다 등)을 안다.
3	신체 세부적 부분의 명칭(팔꿈치, 뒤꿈치)을 안다.
4	신체 세부적 부분이 명칭과 기능을 안다.

1) ①과 ②에 적합한 용어를 쓰시오. [2점]

(가)는 (①)형 평정척도로, 수직선이나 수평선상에 평정단서를 제시해 놓고 판단내용을 기록하는 방법이다. 그리고 (①)형 평정척도 중 (가)는 오스굿(Osgood)이 개발하여 사용한 (②)(으)로 문항의 양쪽 끝에 서로 반대되는 형용사를 나열하여 배치하는 구성방법이다.

① _____

② _____

2) (나)와 같은 평가 방법 작성 시 유의사항에 근거하여 잘못된 점 2가지를 쓰시오. [2점]

① _____

② _____

3) (다)의 평정 형식을 선정하는 이유를 쓰시오. [1점]

_____

_____

18 다음 유아 행동에 관한 평가법을 제시한 것이다. 물음에 답을 하시오. [5점]

(가) 여아 19명과 남아 21명을 대상으로 유치원 자유선택활동 시간에 보인 싸움 행동에 대해 관찰하였다. 관찰자는 싸움행동이 나타날 때까지 기다리다가, 싸움이 시작되면 초시계를 켜고 주의해서 관찰하다가 싸움이 끝날 때 초시계를 껐다. 그리고 피험자의 이름, 연령, 성별, 싸움 지속시간, 싸움이 시작될 때의 상황, 그리고 행동 유형(비참여자, 참여자 공격적 행동, 싸우는 동안의 보복행동, 신체 움직이는 소리, 결과, 그 후의 영향 등)을 기록하는 기록용지를 완성했다. 그리고 실제 있었던 대화를 기억할 수 있는 경우는 그것도 기록했다. 이 연구에서 시간도 하나의 요인이지만 싸움 지속시간은 별로 중요하지 않은 자료로 다루고 주로 사건(싸움)에 초점을 두었다.

(나)

관찰유아 :		생년월일 :		
관 찰 일 :		성 별 : 남, 여		
관찰일 현재 유아 연령 : 년 월				
관찰행동 : 분류하기				

구분	논리적	동일성	유사성	재분류
블록	∨	∨	∨	
미술		∨	∨	
과학	∨	∨	∨	
수 영역	∨			∨
요약 :				

(다)

신체운동·건강 : 신체 부분에 대한 관심	
단계	평정 기준
1	신체 주요 부분의 명칭(머리, 다리, 팔, 손 등)을 안다.
2	신체 주요 부분의 명칭과 주요기능(걷는다, 잡는다 등)을 안다.
3	신체 세부적 부분의 명칭(팔꿈치, 뒤꿈치)을 안다.
4	신체 세부적 부분이 명칭과 기능을 안다.

1) ① (가)~(다)를 평가할 때 가장 먼저 고려해야 할 점을 쓰고, (가)~(다)에서 관찰한 내용을 각각 쓰시오. [2점]

① _____

(가) _____

(나) _____

(다) _____

2) (가)의 평가 방법의 장점 1가지를 쓰시오. [1점]

_____

3) (나)의 평가 방법을 쓰시오. [1점]

_____

4) (다)의 평가 방법을 쓰시오. [1점]

_____

19 다음은 유아 평가에 관한 내용이다. 물음에 답하시오.
[5점]

(가) 유아 – 유아의 (㉠) 관찰기록

관찰자 : 이선영
관찰일시 : 2021. 7. 20
관찰유아 : 최민지, 정지원
관찰장면 : 역할 영역에서 음식 차리기 놀이를 하며 이야기를 나누는 장면

민지	지원
1. 우리 접시에다 빵 올려 놓자.	
	2. 빵 말고 김밥 만들자.
3. 나는 김밥 싫은데. 나는 계란을 못 먹어. 계란을 먹으면 얼굴이 빨개져.	
	4. 계란을 먹는데 왜 얼굴이 빨개져?
5. 아토피가 있어서 그래.	
	6. 그럼, 우리 빵이랑 계란 없는 김밥 만들까?

해석 : (㉡)

(나) 수현이는 디자이너 되어보기 프로젝트 과정 포트폴리오에 대한 자기평가에서 부족한 활동으로 자연물 액세서리 만들기를 선택하였고, 이에 대한 설명에서 문제를 정의하고 적절한 전략을 선택하여 문제해결 전략까지 보여주었다. 다음은 김 교사의 관찰일지의 일부이다.

김 교사 : 수현아, 그럼 부족한 활동에는 어떤 게 있을까?
수 현 : 캐릭터 머리띠 만들 때 나뭇잎은 크고 로즈마리는 작아서, 나뭇잎이 너무 커서 다 차지해서 작은 잎을 가지고 와서 하는 게 더 좋았을 것 같아요.

이와 같이 수현이는 반성적 사고로 학습적 개념을 의미있게 증진시키는 방법을 알고 이를 설명하면서 메타인지 능력을 보여주었다. 누리반 친구들은 ㉢ 포트폴리오의 이러한 자기반성 과정을 통해 점점 자기 자

신의 장단점에 대한 정확한 이해, 자기 내면의 기분, 의도, 동기, 기질, 욕구 등에 대한 이해능력뿐 아니라 자기통제와 자기 관리 능력이 높아졌음을 알 수 있었다.

1) (가)의 ㉠에 적합한 용어를 쓰고, ㉡에 들어갈 사례에 맞는 적절한 해석을 제시하시오. [2점]

㉠ _____

㉡ _____

_____

2) (나)에 나타난 포트폴리오 평가의 장점을 쓰시오. [1점]

_____

3) (나)의 ㉢의 자료 수집 시 지침에 관련된 내용이다. ⓐ~ⓕ 중 틀린 내용 2가지를 찾아 기호를 쓰고, 이를 바르게 고쳐 쓰시오. [2점]

ⓐ 포트폴리오에 포함되는 내용을 정기적으로 수집한다.
ⓑ 교사와 유아와의 토론을 거친다.
ⓒ 단기간에 걸쳐 수집한다.
ⓓ 교육과정 목표를 반영하도록 한다.
ⓔ 성공보다 실패에 초점을 맞춘다.
ⓕ 유아, 학부모와 상호 의견교환을 한다.

_____, _____

_____, _____

20 다음은 누리반 포트폴리오 평가에 관한 내용이다. 물음에 답하시오. [5점]

(가) 누리반 김 교사는 프로젝트 진행에 따른 다음과 같은 절차로 포트폴리오 평가를 했다.

절차	관련 내용
계획	• 규정 설정하기 • 평가 참여자에 대한 연수 및 안내하기
수집	• 보관함 준비하기 • 내용 목차 작성하기 • 시간에 따른 다양한 작업표본 수집하기 • 학습일지 기록하기 • 관찰 기록하기 • 자기 반영 및 조언 자료 수집하기
조직과 관리	• 포트폴리오 조직하기 • 수집된 자료 보관방법 정하기 • 보관함 꾸미기
해석 및 활용	• 포트폴리오 요약서 준비하기 • 포트폴리오 협의회 실시하기 • 포트폴리오 전시회 개최하기 • (㉠) 포트폴리오 준비하기 : 학년 말에 유아의 1년 동안의 활동을 정리한다.

(나) 서현이는 디자이너 되어보기 프로젝트 과정 포트폴리오에 대한 자기평가에서 부족한 활동으로 자연물 액세서리 만들기를 선택하였고, 이에 대한 설명에서 문제를 정의하고 적절한 전략을 선택하여 문제해결 전략까지 보여주었다. 다음은 김 교사의 관찰일지의 일부이다.

김 교사 : 서현아, 그럼 부족한 활동에는 어떤 게 있을까?

서 현 : 캐릭터 머리띠 만들 때 나뭇잎은 크고 로즈마리는 작아서, 나뭇잎이 너무 커서 다 차지해서 작은 잎을 가지고 와서 하는 게 더 좋았을 것 같아요.

이와 같이 서현이는 반성적 사고로 학습적 개념을 의미있게 증진시키는 방법을 알고 이를 설명하면서 메타인지 능력을 보여주었다. 누리반 친구들은 포트폴리오의 이러한 자기반성 과정을 통해 ㉡ 점점 자기 자신의 장단점에 대한 정확한 이해, 자기 내면의 기분, 의도, 동기, 기질, 욕구 등에 대한 이해능력뿐 아니라 자기통제와 자기 관리 능력이 높아졌음을 알 수 있었다.

1) (가)의 ㉠에 들어갈 적합한 용어 1가지를 쓰고, 다음을 완성하시오. [2점]

> (①) 포트폴리오는 병력사항이나 부모의 전화번호와 같이 비밀이 보장되어야 하는 유아 개인의 정보를 수집한 포트폴리오를 의미한다.

㉠ _____

① _____

2) (나) 유형의 포트폴리오는 누가 자료수집을 하는지 쓰시오. [1점]

_____

3) 포트폴리오의 장점 중 하나이다. 다음을 완성하시오. [1점]

> 유아의 (①)평가와 (②)평가 기술이 발달한다. 포트폴리오에서의 반영과 평가 경험은 유아들에게 필요한 (①)평가 기술을 얻고 다른 사람들에 대한 평가를 더 잘 전달하도록 해준다.

① _____

② _____

4) 가드너의 다중지능이론 중 (나)의 ㉡ 내용에 해당하는 지능 1가지를 쓰시오. [1점]

_____

21 다음 유아 행동에 관한 평가 방법을 제시한 것이다. 물음에 답하시오. [5점]

(가) 여아 19명과 남아 21명을 대상으로 유치원 자유선택활동 시간에 보인 싸움 행동에 대해 관찰하였다. 관찰자는 싸움 행동이 나타날 때까지 기다리다가, 싸움이 시작되면 초시계를 켜고 주의해서 관찰하다가 싸움이 끝날 때 초시계를 껐다. 그리고 피험자의 이름, 연령, 성별, 싸움 지속시간, 싸움이 시작될 때의 상황, 그리고 행동 유형(비참여자, 참여자 공격적 행동, 싸우는 동안의 보복행동, 신체 움직이는 소리, 결과, 그 후의 영향 등)을 기록하는 기록용지를 완성했다. 그리고 실제 있었던 대화를 기억할 수 있는 경우는 그것도 기록했다. 이 연구에서 시간도 하나의 요인이지만 싸움 지속시간은 별로 중요하지 않은 자료로 다루고 주로 사건(싸움)에 초점을 두었다.

(나) (㉠) 사건표집법의 관찰기록 양식

관찰자	김수자
관찰대상	김철수(만 4세)
관찰장소	한솔반
관찰일시	2021. 7. 17
생년월일	년 월 일(남·여)
관찰행동	공격적 행동

시간	문제 상황	중심사건 및 사건흐름

(다) 다음은 평정척도 오류에 대한 예이다.

김 교사 : '민수는 어휘력이 풍부해. 그러니까 문장력도 뛰어나겠지.'라고 평정을 하였지요.

박 교사 : 그랬군요. 저는 '나는 발음이 안 좋은데 지수는 어린데도 발음이 좋아. 대단해.'라고 평정을 하였어요.

---

1) (가)의 ① 평가 방법을 쓰고, ② 이 평가 방법을 사용한 이유를 쓰시오. [2점]

① _____

② _____

2) (나)의 ㉠에 들어갈 용어를 쓰고, ① 이러한 관찰기록을 하기 위해 사전에 고려해야 할 점을 쓰시오. [1점]

㉠ _____

① _____

3) (다)의 ① 김 교사와 ② 박 교사에 나타난 길포드(Guilford)가 제시한 평정자 오류를 쓰시오. [2점]

① _____

② _____

22 (가) 김 교사가 활용한 평가 방법의 일부이고, (나)는 '유아교육 선진화 방안'에 따라 2014년부터 전면 유치원 교육현장에서 시행하는 내용이고, (다)는 시간표집법의 지침이다. 물음에 답하시오. [5점]

(가)

유아명	김수현	평가 시기	10월 10~14일
주제	돈	활동명	음률활동

능력 수준(평가 내용 및 관점)

내용/ 점수	1수준 (1점)	2수준 (2점)	3수준 (3점)	4수준 (4점)
악기 연주 (리듬 만들기)	리듬을 이해하지 못한다.	새로운 리듬을 만들어 내지는 못하나, 또래가 제시한 리듬을 한마디 정도 연주할 수 있다.	새로운 리듬을 만들어 내지 못하나, 만들어진 리듬을 쉽게 연주할 수 있다.	새로운 리듬을 만들 수 있으며 그에 맞게 연주를 할 수 있다.

구분	내용	1	2	3	4
악기 연주 (리듬 만들기)	노래에 맞추어 간단한 리듬을 만들어 리듬악기를 연주한다.				∨
해석 및 교육계획	…(생략)… 악기 만들기에 흥미를 보이며 즐겁게 참여하였으며, 만든 악기를 리듬에 맞추어 흔들어보며 연주하였다. 다양하고 창의적인 이야기가 나올 수 있도록 모둠활동 시 깊이 있는 질문을 더 하도록 해야겠다.				

(나) 교원 등의 연수에 관한 규정(대통령령 제24662호 일부 개정 2013. 07. 15.) 제19조 (평가의 원칙)

교육부 장관 및 교육감은 다음 각 호의 원칙에 따라 ㉠교원능력개발평가를 하여야 한다.

1. 평가대상 및 평가 참여자의 범위는 평가의 공정성 및 신뢰성이 확보될 수 있도록 기준을 정할 것
2. 평가 방법은 계량화할 수 있는 측정방법과 서술형 평가 방법 등을 함께 사용하여 평가의 객관성 및 타당성을 확보할 것
3. 평가에 참여하는 교원, 학생 및 (㉡)의 익명성을 보장할 것
4. 평가에 관한 학교의 자율성을 최대한 보장할 것
   〈전문개정 2013.7.15.〉

(다)

- 시간표집법은 평균 15분마다 한 번 나타나는 행동과 같이 자주 나타나는 행동에 대해서만 적합하다. 만약 이 점에 의심이 가면 예비 관찰을 통해서 그 행동이 자주 나타나는 것인지 아닌지를 결정하고 행동에 영향을 미치는 개인적이거나 상황적인 요인을 규명해야 한다.
- 시간표집은 행동이 관찰 가능할 때만 사용한다. 이 방법은 외현 행동의 연구에 가장 적당하다. 내적 행동, 즉 정신 기능, 사고, 백일몽 등 인간의 내적 기능과 활동은 시간표집에 의해 연구될 수 없다.
- 관찰자는 (㉢)을/를 내림으로써 다른 사람들이 모든 용어를 분명히 이해할 수 있도록 해야 한다.
- 시간표집 연구의 구성방법을 결정하기 위해서 관찰의 목적을 밝히는 것이 중요하다.
- 기록 용지의 형식을 결정한다. 기록 용지는 쉽게 기록할 수 있도록 단순하게 작성하고 예기치 않게 생긴 사건이나 어떤 방해가 있을 때 이것을 기록할 수 있는 여백을 두는 것이 좋다.

1) (가)의 평가 방법을 쓰시오. [1점]

_____

2) (나)의 ㉠이 진행되는 목적 2가지로 쓰시오.
[2점]

　① _____

　② _____

3) (나)의 ㉡에 들어갈 적합한 용어를 쓰시오. [1점]

　㉡ _____

4) (다)의 ㉢에 들어갈 적합한 용어를 쓰시오. [1점]

　㉢ _____

23 **(가)~(다)는 평가에 관련된 내용의 일부이다. 물음에 답하시오. [5점]**

(가) 누리과정에서 유아 평가는 유아의 ㉠ 지식, 기능, 태도를 포함하여 평가한다. 이에 유치원에서는 유아를 관찰하고 기록하기 위하여 (㉡) 평가를 사용한다. (㉡) 평가는 유아들의 활동 진행과정 및 결과물을 체크리스트, 일화기록, 관찰기록, 면담 기록 또는 사진이나 비디오를 통해 수집하는 종합적인 평가 방법으로, 유아 개개인의 변화 과정 및 발달 상태를 종합적으로 판단할 수 있는 평가 방법을 말한다.

(나) (㉢)은/는 관찰대상, 장면, 시간을 미리 선정한 후 그 상황에서 일어나는 관찰대상의 행동과 말 등 모든 것을 자세하게 순서대로 이야기식으로 기술하는 관찰 방법이다. 관찰자가 보고 들은 모든 것을 기록하여 어떤 일부분을 선택하는 것이 아니라 전체를 기록한다.

(다) 검사법은 실시하기 전에 특별한 훈련이 필요할 수도 있고, 전문지식이 요구되기도 하지만, 개인차를 비교할 수 있도록 (㉣)을/를 제시한다. 그리고 검사법은 개발 과정에서 (㉤)와/과 (㉥)을/를 검증한다. (㉤)은/는 한 검사가 측정하고자 하는 내용을 얼마나 정밀하게 측정하고 있느냐를 의미한다. (㉥)은/는 측정도구가 측정하려고 하는 것을 충실하게 재고있는 정도를 말한다.

1) (가)의 ㉠처럼 하는 이유를 쓰고, ㉡에 들어갈 평가 방법을 쓰시오. [2점]

㉠ _____

_____

㉡ _____

2) (나)의 ㉢에 들어갈 관찰법의 종류를 쓰시오. [1점]

㉢ _____

3) (다)의 ㉣에 들어갈 적합한 용어를 쓰시오. [1점]

㉣ _____

4) (다)의 ㉤과 ㉥에 들어갈 적합한 용어를 각각 쓰시오. [1점]

㉤ _____

㉥ _____

24 (가)와 (나)는 유아 평가 방법에 대한 내용이다. 물음에 답하시오. [5점]

(가)

사진 기록지

유아 이름 : ○○○(만 4세 남아)
날짜 : 2021. 4. 6.
장소 및 상황 : 극화 영역에서 꽃가게 놀이를 하다가 꽃 이름과 가격이 필요하다며 미술 영역으로 이동하여 종이 위에 꽃 이름과 글자를 적는 모습
장면 설명 : 극화 영역

> (사진 : 유아가 종이 위에
> 붓으로 글자를 쓰고 있음)

발달 요약 및 평가 : 꽃을 같은 종류끼리 분류하며 꽃가게에서 보았던 경험을 기억하여 놀이에 반영한다. 꽃가게 놀이에 필요한 것이 무엇인지 알고 있으며, 꽃을 모양과 색깔에 의해 분류할 수 있다. 간판, 꽃 이름, 꽃 가격 등의 원하는 글자와 숫자를 쓸 수 있으며, 쓸 수 없는 글자에 대해서는 교사에게 도움을 청한다.

(나)

유아의 쓰기 준비도

이　　름 : _____
성　　별 : _____
생년월일 : _____
관　찰　자 : _____
관　찰　일 : _____

지시 : 다음의 행동이 관찰되면 '예'에, 관찰되지 않으면 '아니오'에 V로 표기하시오. 단, '아니오'에 해당되는 행동이 추후에 관찰되면 관찰된 날짜를 기록하시오.

과업	예	아니오	행동이 처음 나타난 날짜
1. 손목과 손가락을 자기가 원하는 대로 움직일 수 있다.			
2. 눈과 손의 협응이 가능하다.			

1) ① (가)의 평가 방법을 쓰고, 다음의 ②와 ③에 들어갈 적합한 용어를 쓰시오. [3점]

> (가)의 평가 방법에 공통적으로 포함될 내용 중 (②)은/는 유아들의 활동 결과물을 의미하는 것으로 다양한 영역에서 유아의 진보를 나타내는 모든 자료를 지칭하는 것이다. 그리고, (③)은/는 다양한 영역에서 다양한 작품들을 체계적으로 정리하게 하는 데 필요한 것이다.

① _____
② _____
③ _____

2) ① (나)의 평가 방법을 쓰고, ② 이 방법의 단점을 쓰시오. [2점]

① _____
② _____

25 다음은 유치원의 역할 놀이 영역에서의 일화기록 자료이다. 물음에 답을 하시오. [5점]

관찰대상	이수지	생년월일	2018. 2. 25. (남·예)
관찰일	2021. 6. 22.	관찰자	정해수

수지는 민국이와 함께 역할 놀이 영역으로 들어온다. 수지가 민국이게 "우리, 병원 놀이 할까?"라고 말하자, 민국이가 "좋아. 난 의사 할래."라고 말한다. 수지는 "나도 의사 하고 싶어. 그럼, 우리 가위, 바위, 보로 정하자."라고 말한다. 민국이가 좋다고 하여 가위바위보를 하고 수지가 이긴다. 수지는 자기가 이겼으니까 의사라고 말하며 옆에 있던 흰 가운을 입는다. 수지는 민국이에게 "너가 졌으니까 환자 해."라고 하면서 청진기를 귀에 꽂는다. 민국이는 "나도 의사하고 싶은데…."라고 아쉬운 듯 말한다. 수지가 민국이에게 "빨리 환자 해야지."라고 말하자 민국이가 "의사 선생님, 의사 선생님, 배가 아파요. 안 아프게 해 주세요."라고 말하며 배를 잡고 몹시 아픈 시늉을 한다. 수지는 "그래요? 어디 봅시다."라고 말하면서 바로 청진기를 민국이 배의 이곳저곳에 대어 본다.

1) 일화기록 작성 시 유의할 점에 비추어 볼 때 위 사례에서 부적절하게 기록된 내용 3가지를 제시하고, 각각의 이유를 설명하시오. [3점]

① 사례 : _____

　이유 : _____

② 사례 : _____

　이유 : _____

③ 사례 : _____

　이유 : _____

2) 일화기록의 ①~② 장점과 ③~④ 단점을 2가지씩 쓰시오. [2점]

① _____

② _____

③ _____

④ _____

26 다음은 유아의 놀이행동에 대한 평가방법이다. 물음에 답하시오. [5점]

관찰 유아	서동권		생년월일	2018. 1. 8		
관찰일 현재 유아의 연령			5년 3월			
관찰자	조현희	성별	남	관찰일자	2021. 3. 12	

초	사회적 놀이			비활동 놀이			메모
15초 동안	혼자 놀이	평행 놀이	집단 놀이	몰입 하지 않는 행동	쳐다 보는 행동	전환	메모
15초			V				칼싸움 놀이를 함
15초							교실을 돌아다님
15초	V						병원놀이 도구를 챙김
15초 (1분)							재민이와 함께 악기(피리)를 만지고 있음
15초					V		피리를 다른 곳으로 옮김
15초			V				경찰놀이를 하자고 친구들에게 이야기함
15초			V				친구들과 나쁜 사람을 잡는 시늉함
15초 (2분)			V				책상에 앉아서 친구들과 역할을 바꾸자고 이야기함

1) 위에 제시된 관찰 방법은 시간표집법이다. 다음은 시간표집법의 지침이다. ㉠ ~ ㉤에 적합한 용어를 쓰시오. [5점]

① 시간표집법은 평균 (㉠)분마다 한 번 나타나는 행동과 같이 자주 나타나는 행동에 대해서만 적합하다. 만약 이 점에 의심이 가면 예비 관찰을 통해서 그 행동이 자주 나타나는 것인지 아닌지를 결정하고, 행동에 영향을 미치는 개인적이거나 상황적인 요인을 규명해야 한다.

② 시간표집은 행동이 (㉡) 가능할 때만 사용한다. 이 방법은 외현 행동의 연구에 가장 적당하다. 내적 행동, 즉 정신 기능, 사고, 백일몽 등 인간의 내적 기능과 활동은 시간표집에 의해 연구될 수 없다.

③ 관찰자는 (㉢)을/를 내림으로써 다른 사람들이 모든 용어를 분명히 이해할 수 있도록 해야 한다.

④ 시간표집 연구의 구성방법을 결정하기 위해서 관찰의 (㉣)을/를 밝히는 것이 중요하다.

⑤ 기록용지의 형식을 결정한다. 기록용지는 쉽게 기록할 수 있도록 단순하게 작성하고 예기치 않게 생긴 사건이나 어떤 방해가 있을 때 이것을 기록할 수 있는 (㉤)을/를 두는 것이 좋다.

㉠ _____

㉡ _____

㉢ _____

㉣ _____

㉤ _____

27 다음은 유아 행동과 관찰 연구에 대한 내용이다. 물음에 답하시오. [5점]

> **(가)**
> **김 교사** : 저는 만 5세 전체 유아의 신장과 체중 변화를 보려고 할 때 한 유아의 키와 몸무게가 3년간 자라는 것을 기다려서 측정하려고 합니다.
> **박 교사** : 그렇군요. 저는 만 3세부터 만 5세까지의 성장하는 과정을 매년 측정하려고 합니다.
>
> **(나)** 아동발달 분야에서 가장 잘 알려진 현장연구의 하나는 집단 형성과 집단 간의 관계에 관한 셰리프(Muzafer Sherif)와 셰리프(Carolyn Sherif)의 연구가 있다. 그들은 연구대상의 선정을 통제하고 그 대상의 배경이 중요한 점에서 동질적이라고 확인할 수 있었다.
>
> **(다)** 관찰자료 수집의 방법 중 비고츠키의 근접발달영역(ZPD) 개념을 사용하여 자료를 수집하는 방식이 있다. 교사는 유아가 이미 알고 있는 학습법뿐만 아니라 더 나은 학습을 증진시켜 줄 수 있는 교육과정을 발견하고자 할 때 사용되는 방법이다.
>
> **(라)** 이 측정법은 미리 관찰하려고 선정한 행동을 정한 후 일정한 시간 간격에 따라 유아들의 기능놀이, 구성놀이, 역할놀이, 규칙이 있는 게임으로 분류하고, 관찰하였다.

1) ① (가)에서 부적절한 연구법을 사용한 교사를 제시하고, ② 그 이유를 쓰시오. [1점]

① _____

② _____

2) (가)의 박 교사가 연구한 성장연구법을 쓰시오. [1점]

_____

3) (나)에서 활용한 연구법을 쓰시오. [1점]

_____

4) (다)에서 활용한 관찰자료 수집 방법을 쓰시오. [1점]

_____

5) (라)에서 활용한 측정법을 쓰시오. [1점]

_____

28 (가)는 일화기록의 예이고, (나)는 평정척도법의 예이다. 물음에 답하시오. [5점]

(가)
- **관찰 아동**: 김영희
- **관찰일**: 2021년 11월 10일
- **관찰자**: 이지혜
- **관찰 내용**: 몇몇 유아들이 쌓기놀이 영역에서 블록을 이용하여 우주선을 만들고, 우주로 여행을 떠나기 위해 준비하고 있다. 영희는 역할놀이 영역에서 표 파는 사람처럼 행동하고 있다. 빈 종이에 아무렇게나 여러 장의 표를 만들고 옆에 있는 친구에게 자랑한다. 다음에 영희는 교사와 다른 친구들에게 가짜 돈을 받고 표를 팔았다. 그리고는 표를 한 장 들고 우주선을 타러 갔다. 우주선을 타러 가기 전에 빈 종이에 아무렇게나 써서 역할놀이 영역 밖에 붙여 놓았다. 나중에 그게 뭐냐고 묻자 '가게는 닫혔음'이라고 자랑스럽게 대답하였다.

(나)

관찰 유아 :	생년월일 :		성별 : 남·여
관찰자 :	관찰일 :		
관찰일 현재 유아의 연령 : 년 월			

지시 : 다음 각 항목의 가장 적합한 곳에 평점을 부여한다.

1. 읽기 능력
2. 수세기 능력
3. 의사 소통 능력
4. 언어 이해 능력

하위 50%	하위 20%	중간 20%	상위 20%	상위 5%

1) 일화기록 작성 방법에 비추어 (가)의 잘못된 점을 2가지를 찾아 그 이유를 쓰시오. [2점]

① _____

_____

② _____

_____

2) ① (나)의 평정척도 종류와, ② 언제 사용하는지를 쓰시오. [2점]

① _____

② _____

_____

3) (가)와 (나)의 기록 내용을 활용할 수 있는 방안을 2019 개정 누리과정에 근거하여 쓰시오. [1점]

_____

29 (가)와 (나)는 평정척도법의 예이다. 물음에 답하시오.
[5점]

> (가)
>
> ┌───┐
> │ ▶ 유아의 책읽기에 대한 흥미도는 어느 정도인가?
> │ ( ) 읽기에 전혀 관심을 보이지 않는다.
> │ ( ) 교사에게 책을 읽어달라고 가끔 요청한다.
> │ ( ) 거의 매일 도서 영역에 가서 책을 본다.
> └───┘
>
> ┌───┐
> │ ▶ 유아의 쓰기 능력은 어느 정도 발달되어 있는가?
> │ ( ) 글씨를 쓰는 것에 대해 전혀 관심이나 흥미를
> │   보이지 않는다.
> │ ( ) 긁적거리기 형태의 구불구불한 선이나 직선이
> │   나타난다.
> │ ( ) 자신이 알고 있는 쉬운 단어를 쓴다.
> │ ( ) 자기 이름과 친구의 이름을 쓴다.
> │ ( ) 짧은 문장을 쓴다.
> └───┘

(나)

관찰유아 :	생년월일 :	성별 : 남, 여
관찰자 :	관찰일 :	

관찰일 현재 유아의 연령 :	년 월

지시 : 다음 각 항목의 가장 적합한 곳에 평점을 부여한다.

1. 놀이의 형태
혼자 논다. ├──┼──┼──┼──┤ 친구와 함께 논다.

2. 놀이의 방법
단순한 기능놀이 ├──┼──┼──┤ 친구와 역할놀이
연습놀이를 한다.   를 한다.

3. 놀이 시간
한 곳에 오래 놀이 ├──┼──┼──┤ 다양한 대화나
하지 못하고 자주   놀이 방법으로
이동한다.   오랫동안 놀이를
                            지속한다.

---

1) ① (가)의 평정척도의 종류를 쓰고, ② 아래에서 부적절한 내용을 찾아 수정하시오. [2점]

> 행동의 한 차원을 연속성 있는 몇 개의 범주로 나누어 기술하고, 관찰자로 하여금 대상의 행동을 가장 잘 나타내는 진술문을 선택하는 방법으로 평정의 단계를 점수로 표시하는 대신, 간단한 문장이나 문구로 표현하고 두 가지 행동에 대해 흔히 3~5개의 기술적인 범주에 따라 평정하게 된다.

① _____

② _____

2) ① (나)의 평정척도 종류를 쓰고, ② 평정척도를 사용하기 위한 전제조건 중 가장 중요한 조건 1가지를 쓰시오. [2점]

① _____

② _____

3) (가)와 (나)의 평정척도법의 유의점에 관련하여 부적절한 내용을 찾아 기호를 쓰고, 수정하시오. [1점]

> ⓐ 평점을 매기기 전에 유아에 대한 의견을 물어보지 않는다.
> ⓑ 평점을 매기기 전에 모든 항목을 다 읽어본다.
> ⓒ 평점을 매길 때 유아에 대한 전반적인 인상이 영향을 받지 않도록 한다.
> ⓓ 평정척도도 중에 유아의 발달에 대한 요약을 간단하게 적어놓는다.

_____, _____

30 (가)~(다)는 교사 저널이다. 물음에 답하시오. [5점]

(가) 용우가 또래들과 어떻게 놀이하는지 일화기록법을 활용하여 관찰해 보았다(2021년 ○월 ○일).

관찰 대상 이름 : 김용우	생년월일 : 2018년 ○월 ○일
관찰 일자 : 2021년 ○월 ○일	관찰 장소 : 쌓기놀이 영역

내용 : 용우가 장난감 자동차들을 바구니에 담는다. 용우는 쌓기놀이 영역의 카펫 위로 가서 장난감 자동차를 한꺼번에 쏟아 한 줄로 나란히 세우기 시작한다. 다원이가 용우에게 다가가 장난감 버스를 잡으려 하자, 용우가 먼저 장난감 버스를 손으로 잡는다. 다원이가 "버스를 달라."고 하니 용우는 "싫다."고 말한다. 용우는 장난감 자동차를 다시 바구니에 담은 후 역할놀이 영역으로 간다. 역할놀이 영역에서 용우는 아무말 없이 가만히 서 있었고, 친구가 노는 것을 쳐다보고 얌전하게 서 있었다.

(나) 이번 주 자유선택활동 시간 동안 쌓기놀이 영역에서 우리 반 유아들의 사회적 상호작용을 30초 관찰, 30초 기록으로 5회씩 실시하였다. 관찰 결과 주희의 경우, 장난감 나눠 갖기가 가장 많이 나타났다. (2021년 6월 7일)

유아명	횟수 / 행동목록	1회 (30초)	2회 (30초)	3회 (30초)	4회 (30초)	5회 (30초)
이주희	장난감 나눠 갖기	V		V		V
	차례 지키기					V
	함께 놀이하기				V	
	…(하략)…					

(다) 우리 반 유아들의 사회적 관계와 상호 작용 형태를 알아보기 위해 '소풍 갈 때 버스에 같이 앉아서 가고 싶은 친구'를 조사해 보았다. 조사결과를 분석해 보니, 이를 통해 겉으로 드러나지 않았던 우리 반 유아들의 사회적 역학 관계를 알 수 있었다(2021년 ○월 ○일).

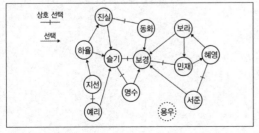

1) ① (가)의 일화기록 작성에서 부적절한 내용을 찾아 쓰고, ② 그 이유를 쓰시오. [2점]

① _____

② _____

2) ① (나)에서 교사가 사용한 관찰법의 종류 1가지를 쓰고, ② 이 기록방법을 사용할 때 가장 먼저 해야 할 점을 쓰시오. [1점]

① _____

② _____

3) ① (다)에서 인기아를 제시하고, ② 이 방법을 통해 알 수 없는 점을 쓰시오. [2점]

① _____

② _____

교원임용학원 강의만족도 1위,
해커스임용 teacher.Hackers.com

교사론 출제 경향 확인하기

* 아래 출제경향은 1997~2021학년도의 출제빈도를 나타낸 것입니다.

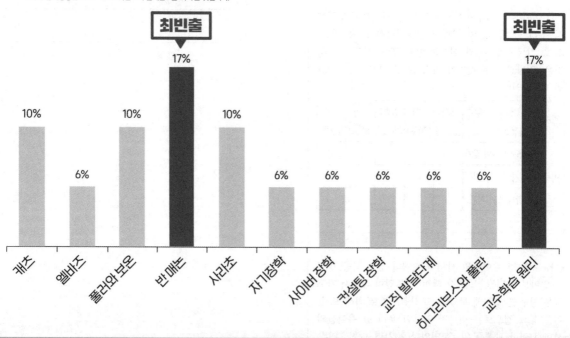

	최빈출								최빈출
10%	17%	10%							17%
6%		10%		6%	6%	6%	6%	6%	

퀴즈 / 엘바즈 / 풀러와 보운 / 반 매년 / 사라존 / 자기장학 / 사이버 장학 / 컨설팅 장학 / 교직 발달단계 / 허그리브스와 풀란 / 교수학습 원리

Chapter 06

교사론

Point 01　캐츠

Point 02　엘바즈

Point 03　풀러와 보온

Point 04　반 매논

Point 05　사라초

🔍 **개념 완성 탐구문제**

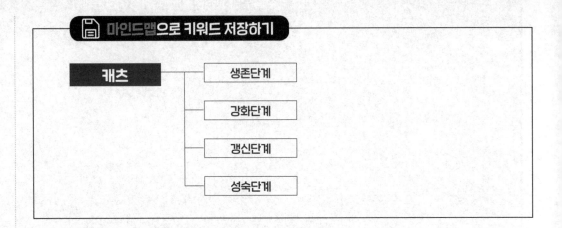

1. 캐츠(Katz)의 유아교사 발달단계

(1) 발달단계

생존단계 (survival stage)	• 교직생활 시작 후 최초 1년간의 시기 • 교육현장에서 부딪치는 여러 가지 문제를 원활하게 처리해 나갈 수 있을지에 대한 많은 관심과 우려를 나타냄 • 교사들에게는 지원, 이해, 격려, 확신, 외로움 등 심리적 안정과 교실 현장에서 즉각적으로 활용할 수 있는 통찰력이 필요함 • 교수상황을 잘 파악하고 있는 원장이나 선배교사 또는 프로그램 보조자 등으로부터의 즉각적이고 지속적인 도움이 중요함
강화단계 (consolidation stage)	• 교직경력 1년 말경부터 3년 정도의 시기 • 어느 정도 안정감과 자신감을 갖게 되며, 지금까지 배운 것들을 확고히 함 • 다른 업무나 기술을 숙달하고, 개별적인 문제 유아와 상황에 초점을 두기 시작함 • 현장에서의 즉각적인 지원과 특정 유아 및 문제 유아에 대한 정보를 제공해 줄 수 있는 풍부한 경험을 가진 동료교사나 전문가와의 정보·감정교환을 필요로 함
갱신단계 (renewal stage)	• 교직경력 약 2~5년경 되었을 시기 • 원래의 일을 반복하기보다는 새로운 것을 시도해 보려 하며, 다양한 프로그램에 관한 정보와 도움을 얻고자 함 • 다른 프로그램을 운영하는 교사와의 만남, 협회에의 참여, 자료연구, 타 학급이나 기관 방문이 필요하며, 여러 분야의 전문가와 상담하는 것이 많은 도움이 됨
성숙단계 (maturity stage)	• 교직경력 3년 내에 도달하기도 하나 보통은 5년에서 그 이상이 되었을 시기 • 교사가 교사로서의 완전한 자신감과 경험을 갖추게 되는 시기 • 교사로서 자신을 인정하고, 자아갱신을 위한 전략과 관습을 개발하며, 철학·성장 및 학습의 본질·학교와 사회의 관계·교직 등에 대해 나름의 안목과 관점을 가지게 됨 • 세미나, 단체, 학위 프로그램, 협의회, 학술지, 폭넓은 독서, 여러 분야 전문가와의 만남 등이 필요함

(2) 교사 발달에 따른 훈련의 요구

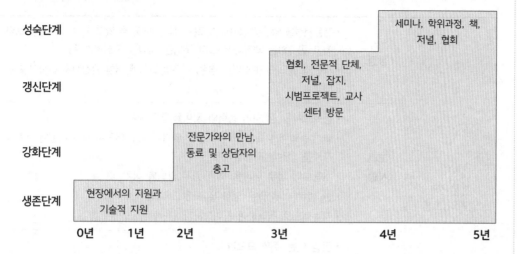

2. 휘슬러의 교직 주기

교직준비	• 교사에게 요구되는 전문적인 기술과 능력 수준을 갖추기 위해 교육을 받는 단계 • 주임 교사, 원감, 원장과 같은 새로운 역할을 맡게 되었을 때도 이를 성공적으로 수행하기 위하여 필요함
교직 입문 및 적응	조직에 사회화하는 단계 ⇨ 0~3년차
능력구축	교수 행위와 관련된 기술을 키우는 데 관심을 가짐
열중과 성장	높은 수준의 직업 만족도를 가지고 교직을 수행함
좌절	교수 행위에 대한 좌절감과 환멸감을 느낌
안정(침체)	교사에게 기대되는 역할을 적절히 수행하고 안정적인 직위를 누림
교직쇠퇴	퇴직을 준비함
교직퇴직	은퇴하거나 교직에 대한 대안을 찾음

3. 동료장학의 방법

전문서적 읽기와 토론	장점	• 전문서적을 읽는 과정에서 새로운 지식을 배울 수 있고, 다른 교사들과 토의하고 공유하는 과정에서 보다 폭넓은 지식을 구성하게 됨 • 자신의 필요에 의해 읽는 경우, 기존의 교육에 대한 관점까지 변화시킬 수 있음
	고려 사항	• 동료교사들 간 읽기 능력의 차이를 인정하기 • 읽기 능력이 부족한 교사의 경우, 읽기에 너무 어렵지 않은 적절한 수준의 자료를 선정하여 편안하게 읽기 • 처음부터 너무 어려운 책을 읽지 않도록 하기 • 한 번에 너무 많은 양을 읽지 않도록 하기 • 지속적으로 격려하여 참여교사가 편안함을 느끼게 하기
	절차	• 관심 있는 주제 모으기 • 읽어 보고 싶은 주제의 우선순위 정하기 • 읽을 교재 정하기 • 교재 읽고 내용 협의하기 ⑩ 교재에서 자신에게 의미 있었던 내용, 공유하고 싶은 내용, 책의 내용 중 의문점, 현장 적용 방안 • 다음 주제 안내하기 ⑩ 다음에 읽을 내용을 함께 정하거나 전문서적을 통해 알게 된 이론을 교실에 적용해 보고 다음 협의회에서 결과 공유
멘토링	정의	경력 있고 능숙한 교사들이 초임이나 기술이 서툰 교사들의 전문적·개인적인 발달을 지원하기 위하여 충고·격려·상담하는 방법
	멘토의 자질	• **개인적 자질**: 교직에 대한 열의, 다른 사람을 도우려는 의지, 사교적이고 융통적인 성격, 초임교사의 요구에 대한 민감한 반응, 권위적이지 않으며 수용적인 태도, 비밀 보장 등 • **전문적 자질**: 다양한 교수 방법에 대한 개방적 자세, 전문적 발달을 위한 지속적인 노력, 능숙한 의사소통 능력, 조직 기술 등
	장점	• **멘토**: 멘토링을 제공하는 과정에서 자신의 전문적 성장이 이루어질 수 있고 현장의 교사를 교사 교육자로 참여시킴 • **멘티**: 교사로서의 자신감과 전문적인 능력이 증진됨
	유의점	• 특정 교수 행위에 초점을 두고 멘토링을 제공 받는 교사(멘티)의 변화되어야 할 행위에 대해 언급해주기 • 일반적인 칭찬이나 언급은 피하고 즉각적이고 구체적인 피드백 제공하기 • 제공한 피드백을 이해하였는지 확인하기 • 멘티는 피드백을 경청하며 주어진 피드백의 유용성을 판단하고, 지적받은 내용을 반영하는 태도 취하기 • 주어진 피드백 방법에 대해 불만이 있을 경우, 바로 방어적인 태도를 취하기보다는 이를 표현하여 함께 의논하여 해결하기 [참고] 주로 경력교사와 초임교사가 각각 멘토 및 멘티의 역할을 하지만 때로는 경력교사라 하더라도 멘토링을 제공받을 수 있음

동료 간 협의	특징	• 교사가 자신의 역할을 수행하면서 문제 상황에 부딪혔을 때 도움을 받을 수 있는 방법 중 하나임 • 관심 있는 교사끼리 소집단을 구성하여 협의를 하는 형태로 진행됨
	방법	상호 신뢰할 수 있는 동료끼리 교육계획안을 함께 작성한 뒤 서로 분석해 보거나 구체적인 교수방법에 대해 협의할 수 있는 기회를 가지면서 교사의 교수법을 향상시킴
	장점	• 기관장과의 수직적 관계에서 오는 부담감이 없음 ⇨ 동료 간의 협의 과정을 통해서 많은 것을 배울 수 있음 • 상호 신뢰할 수 있는 동료끼리 교수방법에 대해 협의하는 기회는 교수법 향상에 도움이 됨 • 초임교사는 경력교사와의 협의 기회를 통해 교사 역할에 대한 구체적인 도움과 심리적 지지를 확보할 수 있음
	유의점	획일적이거나 동료 협의회로 인해 관계 형성이 악화되는 것을 지양함 ⇨ 동료 간 원만한 인간관계 형성은 소속감이나 직무 만족도를 높이는 주요 요인이기 때문
동료 코칭	특징	• 교수 과정을 되돌아보고 검토할 목적으로 실시하는 것으로, 동료 교사 간의 신뢰가 전제가 됨 • 교사들이 바라는 자기 분석, 반성, 성장을 위한 기회를 제공하는 데 유용함
	방법	• 지적할 것을 기록하지만 교수행동에 간섭하지 않도록 있는 그대로 반영하기 • 원하는 도움을 주지만 교수행동에 간섭하지 않는 협력적인 코칭하기 • 관찰자가 교사의 학습 또는 특정 기술이 향상될 수 있도록 피드백을 제공하는 전문가적인 코칭하기
반성적 저널쓰기	정의	과거나 현재에 일어나고 있는 실천적 행위에 대한 사려 깊고 분석적인 사고를 통해 미래 행위에 대한 방향을 결정하는 과정
	특징	• 반성적 사고를 촉진하는 반성적 저널쓰기는 교사들로 하여금 감춰진 신념을 드러내어 이를 검토하고 분석할 수 있는 기회를 제공함 • 저널쓰기는 자신이 무엇을 알고 있는지, 자신이 무엇을 느끼는지, 자신이 무엇을 하고 있는지, 자신이 왜 해야 하는지를 고려해보며 반성적 사고를 기르는 데 도움을 줌 • 주된 인물, 해결해야 할 문제나 갈등, 문제의 해결과 관련된 사건 등을 기본 구조로 하여 저널을 쓰는 것은 반성적 사고를 향상시키는 데 효과적임 • 반성적 저널은 유치원과 학급에서 일어나는 교수와 관련된 실천 행위를 스스로 관찰·분석·평가할 수 있는 수단이 되어 교사 자신이 자율적 의사 결정자가 되도록 도움
	유의점	• 교사 자신이 쓰는 것을 즐겨하고 기록하는 가운데 자신을 반성할 수 있는 기본적인 능력이 갖추어져 있을 때 효과적임 • 저널쓰기를 통해 반성적 사고의 변화를 이루기 위해서는 다소 긴 시간이 필요하므로 꾸준한 노력이 요구됨

교사의 이야기 쓰기	특징	• 교사가 역할을 수행하고 교사가 되는 데 영향을 준 개인의 발달과 개인의 이전 경험을 조명할 수 있게 함 • 교사로서의 갈등, 실패나 성공담, 교사가 직면하는 문제나 좌절, 수업 실제에 대한 반성, 교사의 자전적 인식을 바탕으로 한 자아인식의 과정, 교육에 대한 교사의 희망, 사회에 대한 비판 등을 포함할 수 있음 • 전형적인 이야기의 구성요소(예 배경, 등장인물, 주제, 전환점, 줄거리)가 포함되어 있지만, 이외에도 교수·학습이나 해석에 대한 반성이 포함됨
	장점	• 서로의 이야기를 듣고 자신의 이야기를 하면서 가르치는 일의 깊고 다양함을 나타낼 수 있음 • 각 개인의 삶 속에 녹아 있는 실천적 지식을 자연스럽게 표현해보고 그 중요성을 부각시킬 수 있음 • 교사 개인과 개인을 쉽게 연결해 줌 • 타인의 경험에 대한 접근을 용이하게 하여 교사의 전문성 발달을 도움
유아관찰	중요성	일반적으로 유능한 교사에게 요구되는 것으로 유아를 세밀하게 관찰하고, 이에 대해 피드백하고 분석하는 일련의 반성적 과정은 교사의 전문성 발달을 위해 중요함
	유형	• **일화기록법**: 특정 시간이나 사건에 제한 없이 관찰자에게 흥미 있다고 생각되는 것을 기록함 • **시간표집법**: 정해진 시간 내에서 행동을 표집함 • **사건표집법**: 특정 행동이 일어날 때에 그에 대한 관찰과 기록이 이루어짐 • **행동목록법과 평정척도법**: 일정한 기록 양식을 사전에 준비해 이에 따라 관찰 내용을 표기함
	제한점	• 관찰되는 사실들을 관찰자의 이전 경험이나 편견, 선입견, 기대들로 인해 잘못 해석할 가능성이 있음 • 교실 상황이 빠르게 진행되기 때문에 관찰하기에 용이하지 않음
	유의점	• 교실에서 진행되고 있는 유아들의 활동을 방해하지 않을 것 • 관찰 계획을 수립하고 계획해 둘 것 • 교사는 관찰한 내용을 반드시 그때그때 기록으로 남길 것 • 자신의 선입견이나 주관을 최대한 배제하며 유아 행동의 객관적인 관찰 기술을 높이기 위해 노력할 것
수업사례 분석	정의	자신이나 동료교사의 수업 또는 사례를 분석해보는 방법
	장점	• 교수상황에서 고립되어 다른 수업을 관찰하거나 조언을 들어볼 기회가 없는 상황에서 자신의 교수행위를 객관적으로 분석해 볼 수 있음 • 교사가 교실에서 무엇을 생각하고 실제로 무슨 일이 일어났는지에 대해 알 수 있음 • 동료교사의 피드백을 얻을 수 있기 때문에 교사의 반성적 사고를 기르는 데 도움이 됨
	절차	수업 전 협의 ⇨ 수업안 작성 ⇨ 수업안 협의 ⇨ 수업 실시 ⇨ 수업 후 협의

4. 교직원의 법적 자격(유아교육법 제22조 ①, ②항 관련 별표)

원장	• 원감 자격증 + 3년 이상의 교육경력 + 소정의 재교육 • 학식 및 덕망이 높은 자 + 대통령령이 정하는 기준에 해당한다고 교육부장관의 인정을 받은 자
원감	• 유치원 1급 정교사 자격증 + 3년 이상의 교육경력 + 소정의 재교육 • 유치원 2급 정교사 자격증 + 6년 이상의 교육경력 + 소정의 재교육
1급 정교사	• 유치원 2급 정교사 자격증 + 3년 이상의 교육 경력 + 소정의 재교육 • 유치원 2급 정교사 자격증 + 교육대학원 또는 교육부장관이 지정하는 대학원의 교육과에서 유치원 교육과정을 전공하여 석사 학위 취득 + 1년 이상 교육경력
2급 정교사	• 대학에 설치된 유아교육과 졸업자 • 대학 또는 평생교육법에 따른 학력인정 평생교육시설 졸업자 + 재학 중 소정의 보육과 교직학점 취득 • 교육대학원 또는 교육부장관이 지정한 대학원의 교육과에서 유치원 교육과정을 전공하고 석사학위 취득 • 유치원 준교사 자격증 + 2년 이상의 교육경력 + 소정의 재교육
준교사	유치원 준교사 자격검정에 합격한 자
수석교사	정교사 자격증 소지자 + 15년 이상의 교육경력 + 교수·연구에 우수한 자질과 능력 + 교육부장관이 정하는 연수 이수 결과를 바탕으로 검정·수여하는 자격증

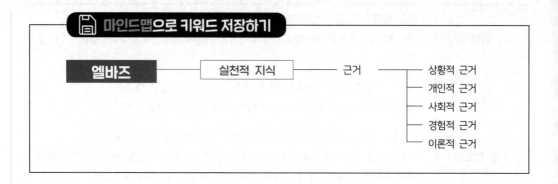

1. 실천적 지식

정의	교사 개개인이 가지고 있는 지식을 관계되어 있는 실제 상황에 맞도록 자신의 가치관이나 신념을 바탕으로 종합하고 재구성한 지식	
종류	**이론적 지식의 습득**	전문가의 지적 기초를 다질 수 있는 지식, 정보, 기술 등을 완벽하게 습득함
	문제 해결 능력	전문가는 전문직의 지적 기초를 토대로 일상의 문제에 적절히 대처함
	실천적 지식	전문직을 발전시킬 수 있는 효과적인 기술을 개발하고 수행함
	자기 성장	광범위하고 계속적으로 발전할 수 있어야 함

2. 실천적 지식을 형성하거나 효과적으로 사용할 수 있는 근거 영역

상황적 근거	교사가 자신이 처한 교실환경의 상황적 근거에 따르는 것을 의미함
개인적 근거	실천적 지식을 형성할 때 이미 가지고 있는 지식이나 이론 이외에 영향을 끼칠 수 있는 교사 자신이 가지고 있는 느낌, 목적의식, 관점 등을 의미함
사회적 근거	실천적 지식을 형성할 때 사회적으로 바람직하다고 인정되는 여러 가지 요인들이 지식 형성에 영향을 끼친 것을 의미함
경험적 근거	실천적 지식을 형성할 때 이에 영향을 끼치는 교수 경험을 의미함
이론적 근거	교사의 실천적 지식에 영향을 주는 이론이나 지식을 의미함

풀러와 보온

유아 교육과정

Ch. 06

교사론 해커스임용 백청일 유아 교직논술×교육과정 예상문제집

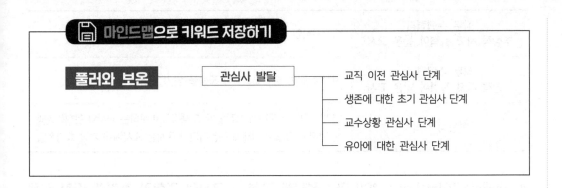

1. 관심사 발달 단계

1단계	교직 이전 관심사 단계	• 경험이 없는 예비교사들은 교사보다 학생에게 관심을 보임 • 교사에 대한 환상을 가짐
2단계	생존에 대한 초기 관심사 단계	학급 통제, 교수 내용에 대한 숙달, 장학사의 평가 등에 관심을 가짐
3단계	교수상황 관심사 단계	많은 학생 수, 과다한 수업, 과중한 업무, 시간의 부족, 교수 자료의 부족, 교사 자신의 교수 행위 등에 대해 관심을 가짐
4단계	유아에 대한 관심사 단계	유아들의 학습, 사회·정서적 요구, 유아에 대한 개인적인 관계 등에 관심을 가짐

2. 버튼(Burden, 1982) – 교사의 발달 단계에 따른 효과적 훈련 방법

구분	생존 단계 (1차년도)	조정 단계 (2~4차년도)	성숙 단계 (5차년도 이후)
장학지도 담당자의 행동	제시, 지시, 시범, 표준화, 보강	제시, 명료화, 경청, 문제해결 절충	경청, 격려, 명료화, 제시, 문제해결
장학지도 기본 방법	장학지도 담당자가 표준을 제시함	장학지도 담당자와 교사 간의 상호 협력	교사가 자기 평가를 함
장학지도 담당자의 책임	많음	보통	적음
교사의 책임	적음	보통	많음

3. 글릭먼(Glickman, 1981) – 직무 수행수준과 추상적 사고 능력에 따른 장학 방법

직무 수행력과 추상적 사고 능력이 높은 교사	비지시적인 자율적 장학 방법으로부터 도움을 받음
직무 수행력과 추상적 사고 능력이 낮은 교사	지시적 장학 방법으로부터 도움을 받기 쉬움
협동적 장학	열의는 있으나 문제에 초점을 두고 생각하지 못하는 교사와 문제해결책은 가지고 있으나 실제에 적용시키지 못하는 교사에게 가장 효과적임

4. 글래트혼(Glatthorn, 1984)의 선택적 장학 – 교사의 경험과 능력에 따라 선택

임상장학	초임교사나 경험이 있는 교사 중 특별한 문제를 겪고 있는 교사에게 유익함
동료장학	대체로 모든 교사들에게 활용할 수 있음
자기장학	경험이 있고 자기지도 및 분석에 능숙하며 혼자 일하는 것을 좋아하는 교사에게 적합

반 매논

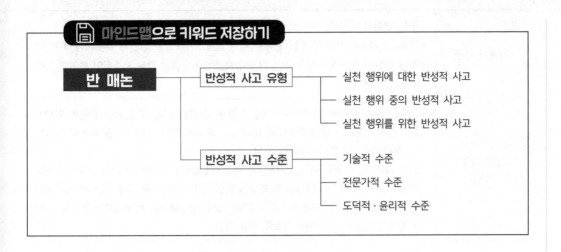

1. 세 가지 형태의 반성적 사고

실천 행위에 대한 반성적 사고	이미 일어난 상황에 대하여 나중에 반성적 사고를 하게 되는 경우
실천 행위 중의 반성적 사고	교사가 수업을 하다가 유아의 반응을 보고 판단하는 사고 ⇨ 교수 내용이나 방법을 변경할 때 일어남
실천 행위를 위한 반성적 사고	다른 두 가지 유형의 반성적 사고 결과가 바람직하게 나타나도록 사고하는 좀 더 적극적인 개념

2. 반성적 사고의 수준

기술적 수준	• **주된 관심사** : 주어진 목적을 달성하기 위해 교육적 지식을 기술적으로 적용함 • 목표 그 자체가 의문시 되는 경우는 거의 없음 ⇨ 목표는 당연히 추구해야 하는 것 • 실천 행위에 대한 반성적 사고는 단지 경제성이나 효율성 같은 기술적인 측면에 의해서만 정의함
전문가적 수준	• 교사는 문제 상황에 직면하거나 어떤 결정을 내려야 할 때, 그 문제나 상황의 기저에 깔려있는 가정이나 경향성에 대해 분석하고, 교사가 취한 행동이 미칠 교육의 장기적인 효과까지 검토한 후 행동하게 됨 • 모든 교육적인 행위는 특정한 가치관과 연결되어 있다고 보며 여러 가지 교육적 목표들 가운데 어떤 것이 더 교육적으로 추구할 만한 가치가 있는지에 대한 논의도 이루어짐 • **한계점** : 교사는 아주 기술적이고 도구적인 교수 활동에서는 벗어나지만 아직도 모든 결정이 교육학적 원리에만 기초를 두고 있음
도덕적·윤리적 수준	• 예비교사 또는 교사들은 학급에서 일어나는 여러 가지 상황과 그에 영향을 미치는 교육·사회·정치·경제적 조건들을 연관시켜 볼 수 있는 능력이 생김 • 이 단계의 논의 대상은 어떤 교육적 경험이나 활동이 공평하고 평등하며, 행복한 삶으로 이끌어줄 것인가에 초점이 맞추어지게 됨 • 교사는 유아들의 장기적인 발달에 혜택을 줄 수 있는 결정을 내릴 뿐만 아니라 자신의 학급을 넘어서서 교육 정책에도 공헌하게 됨 • 반 매논은 교사가 '어떻게 하면 교육목표를 효과적으로 달성할 수 있을까?'를 염려하는 것이 잘못된 것은 아니지만, 이러한 기술적 관점은 교사들로 하여금 사회의 불평등한 현상을 만들어 내고 유지하며, 교육이 차지하는 역할에 대한 논의에도 장애가 된다고 믿음

3. 반성적 사고의 요소

인지적 요소	• 교사가 올바른 결정을 내리기 위해 필요한 지식 • 교과 내용에 대한 지식 • 일반적인 교육학적 지식 ⇨ 각 교과를 초월하여 교사가 일반적으로 알아야 하는 교직 • 교육과정에 대한 지식 • 전공 지식 ⇨ 각 전공 영역에서만 적용되는 지식 • 학습자의 특성에 대한 지식 • 교육적인 맥락에 대한 지식 • 교육의 목표 및 가치와 그들의 철학적·역사적 배경에 대한 지식
비판적 요소	• 사회 정의에 대한 도덕적·윤리적 측면의 고려
서술적 요소	• 최근에 와서 강조되기 시작한 개념으로, 인간이란 본질적으로 이야기하기를 즐긴다는 특성에 근거를 둠 • 그것이 어떠한 형태로 이루어지든 간에 교실에서 일어나는 모든 경험을 맥락화하여, 교실에서 일어나는 일들을 훨씬 더 생생하게 이해할 수 있다는 점에 중요점이 있음 • 저널쓰기, 교육과정 이야기 만들기, 교사의 이야기를 기초로 한 사례 이용하기 등을 통해 교사 교육에 널리 적용되고 있음

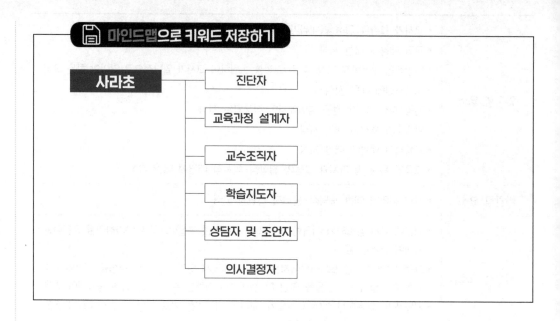

1. 교사 역할

진단자	• 유아에게 성공적인 학습 경험을 제공할 수 있는 교육내용을 적절히 계획하기 위하여 유아의 능력과 요구를 평가해야 함 • **기준항목** 　- 유아의 성숙단계 및 사전학습 정도 판단　- 다양한 평가기술 사용 　- 유아행동 진단　　　　　　　　　　- 교육과정 및 자원평가
교육과정 설계자	• 지역 사회에서 중요시하는 학습뿐만 아니라 유아교육의 이론과 실제에 기초하여 유아들의 능력에 맞는 교육과정을 개발함 • **기준항목** 　- 단원 및 주제 선정　　　　　　　　- 목표, 방법, 경험 등의 일치 　- 교육과정 균형 작성　　　　　　　　- 자원발견 　- 개인차에 맞는 내용 조절　　　　　　- 발달적으로 적합한 경험 제공 　- 다양한 학습전략 사용　　　　　　　- 유아의 흥미에 기초한 경험 제공 　- 해가 되지 않는 재료 및 시설 선정　　- 많은 지식형태의 선정 　- 장·단기목표 계획　　　　　　　　　- 지식과 이해의 통합 　- 융통성 부여　　　　　　　　　　　- 교육과정 영역과 교수실제 통합 　- 내용 및 기술 선정　　　　　　　　- 활동 및 여러 가지 교과 통합

교수조직자	• 장·단기계획의 결과를 토대로 교육목적에 도달할 수 있도록 활동을 조직하며, 유용한 자원을 탐색하고 최대한 활용함
	• **기준항목**
	  - 유아와 교사에게 영향을 미치는 교수절차 - 학습활동 계획 및 이행
	    의 결정 및 이행 - 학급활동에서 유아의 행동안내
	  - 관련 지식을 의미 있게 통합 - 일과활동 수립
	  - 자료 개발 - 주제제시
	  - 시설 운영 - 학습도구 및 학급게시판 제공
	  - 다양한 자료에 맞는 자원 발견 - 폭넓은 학습대안 제공
	  - 학급에서 다른 성인과 활동 - 전이시간 계획 및 이행
	  - 매력적인 교육환경 구성 - 청소하기

학습지도자	흥미 있고 관련된 학습경험을 유아에게 제공하고 학습환경을 만들어줌으로써 학습을 촉진시킴

상담자 및 조언자	• 끊임없이 유아와 상호작용하며, 가르치는 일뿐만 아니라 정서적으로 지지해주는 보호자의 역할을 함
	• **기준항목**
	  - 다양한 방법의 상호작용 활용 - 유아의 자아실현 도모
	  - 탐색 및 발견에 맞는 환경 구성 - 확실한 방법으로 유아의 개성 표현
	  - 유아가 결정내리도록 도움 제공 - 교사 자신의 교육관 및 교수가치 탐구
	  - 유아의 창의적인 성장도모 - 아동 칭찬

의사결정자	유아, 자료, 활동, 목표 등에 관한 의사를 결정하며, 즉각적인 결정 및 여러 대안을 계획·선택·수립하는 반영적 결정들을 내림

* 모범답안 750 ~ 752쪽

01 (가)~(다)는 교사 저널이다. 물음에 답하시오. [5점]

(가) 병설유치원 교사들이 초등학교 교사와 소통하고, 교육과정을 교류하고 행사계획을 공유하며 유치원이 초등학교 속의 한 학급과 비슷한 하나의 공동체로 가야 되지 않을까 생각합니다. 유치원 선생님과 특히 초등학교 1~2학년 선생님들 간의 연계·교류가 활발하게 되도록 원감이 그 역할을 담당해야 한다는 생각이 듭니다. 그래서 저희 원감은 교사들이 수행하는 업무에 대해 항상 새로운 관점으로 보도록 자극하고, 유치원의 미래에 대한 비전을 제시하고자 합니다.

(2021년 9월, 김 교사)

(나) 저희는 원감이 있으니깐 좀 나은 편입니다. 원감은 업무내용 중 목표에 미달하고 있는 부분에 대해서만 신경써서 관리하고 업무성과에 따른 보상을 얻기 위해서 교사들이 무엇을 해야 하는지를 알려줍니다. 규모는 작지만 제법 장학도 이루어지는 것 같아요. 예전에 있던 곳은 한 학급이라서 항상 그런 부분이 고민이었습니다. 같은 교육이라도 제가 아는 부분에는 한계가 있다 보니 항상 부족하고 미안하고 그랬지요.

(2021년 10월, 박 교사)

(다) 백 교사는 수현이의 활동에서 의미롭다고 보는 내용에 따라 수행 수준을 서술식으로 기술하고, 1점부터 4점까지로 점수화한 (㉠)을/를 제작하여 활용하였다. (㉠)은/는 유아가 정확하게 수행할 수 있는 있는지에 대한 여부만을 나타내는 체크리스트와 행동의 정도에 대한 정성적인 판단을 내리거나 행동이 일어난 상황을 분명하게 제시하지 못하는 평정척도와는 달리 학습자의 결과물을 채점한다는 수행 수준의 지침으로 수행과제를 평가하는 데 사용된다. 유아의 발달과 학습에 있어서의 진보된 상황을 관찰 평가하는 (㉠)의 장점은 학습자의 수준 높은 활동이나 수행에 대해 지침을 제공한다는 점으로 능력 수준에 맞추어 제작할 수 있다는 융통성과 쉽게 수정하고 변화시킬 수 있다는 적응성이 있기 때문에 학습자의 변화하는 요구를 충족시킬 수 있다.

누리반 백 교사는 위와 같은 내용을 참고하여 수현이의 음률활동의 수행수준을 알아보기 위해 아래와 같은 (㉠)을/를 제작하였다.

유아명	김수현	평가시기	10월 10~14일
주제	돈	활동명	음률활동

능력 수준(평가 내용 및 관점)				
내용/점수	1수준 (1점)	2수준 (2점)	3수준 (3점)	4수준 (4점)
악기 연주 (리듬 만들기)	리듬을 이해하지 못한다.	새로운 리듬을 만들어 내지는 못하나, 또래가 제시한 리듬을 한 마디 정도 연주할 수 있다.	새로운 리듬을 만들어 내지는 못하나 만들어진 리듬을 쉽게 연주할 수 있다.	새로운 리듬을 만들 수 있으며 그에 맞게 연주를 할 수 있다.

구분	내용	1	2	3	4
악기 연주 (리듬 만들기)	노래에 맞추어 간단한 리듬을 만들어 리듬악기를 연주한다.				∨
해석 및 교육계획	…(생략)… 악기 만들기에 흥미를 보이며 즐겁게 참여하였으며 만든 악기를 리듬에 맞추어 흔들어보며 연주하였다. 다양하고 창의적인 이야기가 나올 수 있도록 모둠활동시 깊이 있는 질문을 더 하도록 해야겠다.				

1) (가)에 나타난 ① 원감의 리더십을 쓰고, ② 그 의미를 쓰시오. [2점]

① _____

② _____

2) (나)에 나타난 ① 원감의 리더십을 쓰고, ② 그 의미를 쓰시오. [2점]

① _____

② _____

3) (다)의 ㉠에 들어갈 적합한 평가방법을 쓰시오. [1점]

㉠ _____

02 다음은 유아교사 발달에 대한 내용이다. 물음에 답하시오. [5점]

(가) 학교에서 이론을 배우고 유치원 실습과 지속적으로 유치원에서 봉사활동을 했었지만, 많은 일에서 아직 능숙하지 못해 실수를 많이 하게 된다. 이 실수들로 인해 원장선생님과 원감선생님, 동료들, 학부모들에게 내가 실수투성이인 사람으로 비춰질까봐 두렵다. 그리고 수업을 계획하는 것이 왜 이렇게 어렵게 느껴질까?

(나) 어느덧 입사한 지 5년이 되어 간다. 5년의 교사경력이면 수업이나 유아를 다루는 기술이 어느 정도 안정된 시기라고들 말한다. 그러나 나는 요즘 가슴이 답답하고 탁 막힌 듯하다. 교육과정이 매번 반복되는 느낌이고 또 교수법도 매번 비슷하게 진행된다. 수업이 지루하고 재미가 없다. 교사인 내가 이렇게 지루한데 유아들도 즐겁지 않고 지루할 것은 너무도 당연한 일이다. 가만히 생각해 보니 내 수업방식에 문제가 있는 것 같다. 유아들이 자유롭게 생각하고 다양한 의견을 말할 수 있도록 해야 하는데 나는 유아들에게 내가 준비한 정답만을 요구하고 수업도 교사용 지도서에 제시된 내용을 아무 문제의식 없이 그대로 답습하고 있었다. 이와 같은 나의 교수 행위는 매우 자유롭고 상상적인 사고를 하는 유아들을 구속하고 심지어 폭력이 될 수 있을 것 같다는 생각을 하니 유아교사로서의 나의 교육철학과 신념이 무엇인가에 대해 깊게 생각해보게 된다. 가능하면 교육과정을 창조적으로 해석하고 이를 교수 실제에 적용할 수 있는 교수법에 대한 연수나 교육철학 강의를 듣고 배워야겠다.

(다) 김 교사의 수업 동영상을 보면서 체계적으로 수업에 대해 함께 협의하고 있다.

홍 교사 : 어제 했던 동극 수업에 대해 선생님이 먼저 평가해 보세요.

김 교사 : 우선, 동화를 들려줄 때, 목소리 변화가 좀 적었고, 전체적으로 말이 빨랐던 것 같아요. 긴장해서 그랬는지······. 유아들 개개인의 특성 및 기본능력을 파악하는 것이 어려워요.

홍 교사 : 선생님이 잘 알고 계시네요. 제가 보기에도 동화를 들려줄 때 목소리 변화와 내용 숙지에 조금 아쉬움이 있었어요. 동극하기 전에 약속 정하기도 필요하지만 동극을 하고 난 뒤에, 동극을 한 유아들의 목소리 크기나 동작

그리고 관람자의 태도도 함께 평가해 보면 좋겠어요. 그렇게 하면 다음번엔 더 신나고 재미있는 동극을 지도할 수 있을 것 같아요. 또, 유아들 간에 싸움이 벌어졌을 경우 문제를 해결해 나갈 자신감이 생겨요.

김 교사 : 그래요. 근데 유아들 간에 싸움이 벌어졌을 때 어떻게 해야 할지를 모르겠어요.

박 교사 : 맞아요. 많이 어렵지요. 그럴 땐, 유아발달이론을 적용하여 유아들을 지도해보세요.

김 교사 : 휴, 울고 싶어요. 제가 잘하고 있는지 모르겠어요.

원 감 : 그래도 선생님은 경력에 비하면 아주 잘하는 거예요. 저도 선생님 같은 시기가 있었어요. 힘내세요. 그래서 저는 교사들을 위한 연수나 워크숍에 참여하여 선생님들의 어려움에 대하여 더욱 관심을 가지려 해요.

박 교사 : 저도 처음에는 많이 힘들었어요. ㉠ 교사 간의 갈등과 낮은 보수가 더욱 힘들게 하였지요.

1) (가)는 캐츠(Katz)의 교사발달 단계 중 어느 단계인지 쓰시오. [1점]

_____

2) (나)는 캐츠의 교사발달 단계 중 어느 단계인지 쓰시오. [1점]

_____

3) (다)에서 캐츠의 교사발달 단계 중 강화기에 해당하는 ① 교사를 제시하고, 그 근거를 ② 사례에서 찾아 쓰시오. [2점]

① _____

② _____

4) (다)의 ㉠과 같은 요인은 교사의 (①)을/를 떨어뜨리는 점이다. ①에 들어갈 적합한 용어를 쓰시오. [1점]

① _____

03 다음은 유치원 교사의 전문성에 대한 내용이다. 물음에 답하시오. [5점]

> 김 교사 : 저는 유아가 평소보다 적극적으로 활동을 하는 것은 교사의 노력 때문이라고 생각해요. 그런데 ㉠ 저는 유아가 어려움을 나타낼 때 어떻게 지도해야 할지 당황스러워요.
> 박 교사 : 그렇군요. ㉡ 저는 유치원에서 이루어지는 의사결정에 참여할 때가 가장 힘들어요. 또, 교육활동에 관심이 적은 유아들을 지도할 때 동기부여 하는 것이 힘들어요.
> 최 교사 : 이해해요. 저는 3년차가 되니 유아들이 원하는 것을 미리 파악할 수 있는 능력이 생기더라고요. 그래서 유아들의 욕구에 적절하게 대응을 하게 되었지요.
> 백 교사 : 그렇군요. ㉢ 교사는 자신의 능력에 대한 믿음이 자신의 행동과 성취수준에 영향을 미친다는 점을 깨닫게 되는군요.

1) ㉠의 내용에 대해 깁슨(Gibson)과 뎀보(Dembo)가 제시한 관련된 용어를 쓰시오. [1점]

_____

2) ㉡의 내용에 관련하여 반두라(Bandura)가 개발한 척도이름을 쓰시오. [1점]

_____

3) 최 교사는 버든(Burden)이 제시한 교사의 발달 단계 중 어떤 단계인지 쓰시오. [1점]

_____

4) ㉢과 관련하여 반두라는 2가지 요소를 제시하였다. 그 2가지 요소를 쓰시오. [2점]

① _____

② _____

04 다음은 학습공동체에서 교사들의 대화이다. 물음에 답하시오. [5점]

> 김 교사 : 인간이 사회생활 속에서 지켜야 하는 규범을 윤리라고 한다면, (㉠)(이)라 함은 교사가 교직생활 속에서 지켜야 하는 실천의 규범이며, 유아 (㉠)은/는 유아 교사들이 교직을 수행하면서 스스로 실천하기를 기대하는 규범이지요.
> 박 교사 : 맞아요. 그러기 위해서는 교사가 ㉡ 일정한 성취를 이루는 데 필요한 행위를 조직하고 수행할 수 있는 자신의 능력에 대한 믿음이 있어야 하지요.
> 최 교사 : 그렇군요. 그뿐만 아니라 ㉢ 교사 개인이 학생의 성취에 긍정적인 영향을 갖고 있다고 믿는 정도와 ㉣ 자신의 교수 행위가 학생의 성취에 긍정적인 영향을 줄 것이라고 기대하는 정도가 있어야 하겠지요.

1) 김 교사의 ㉠에 들어갈 적합한 용어를 쓰시오. [1점]

㉠ _____

2) 박 교사의 ㉡을 설명하는 적합한 용어를 쓰시오. [1점]

㉡ _____

3) 최 교사의 ㉢을 설명하는 적합한 용어를 쓰시오. [1점]

㉢ _____

4) 최 교사의 ㉣을 설명하는 적합한 용어를 쓰시오. [1점]

㉣ _____

5) 최 교사의 ㉢과 ㉣을 포함하여 설명할 수 있는 용어를 쓰시오. [1점]

_____

05 다음은 학습공동체에서 교사들의 대화이다. 물음에 답하시오. [5점]

> **홍 교사** : 최근에는 교사의 행동과 그 행동의 근거가 되는 사고과정을 연구함으로써 유능한 교사는 자신이 가지고 있는 교수에 필요한 많은 지식, 기술, 방법 등을 근거로 하여 그때그때의 생활에서 최선의 효과를 가져올 수 있는 (㉠)을/를 이끌어 내고 이를 행동으로 옮길 수 있는 능력을 가져야 한다는 주장들이 나오고 있지요. (㉠)(이)란 교사가 직면하게 되는 문제 상황을 해결하는 근거가 되는 또 다른 형태의 지식이지요.
>
> **박 교사** : 맞아요. 이를 위해 교사는 ㉡ 과거나 현재에 일어나고 있는 실천적 행위에 대한 사려 깊고 분석적인 사고를 바탕으로 미래 행위에 대한 방향을 결정하는 과정이 필요하지요.
>
> **최 교사** : 그렇군요. 그래서 교사교육에서 (㉡)의 필요한 이유는 교사의 사고과정 및 신념체계가 (㉢)에 영향을 미치기 때문이라고 볼 수 있죠.
>
> **민 교사** : 또한, 예비교사들이 교수활동의 불확실성을 극복할 수 있는 능력을 기르기 위해서는 현장 교육에 대한 경험을 재구성할 수 있는 (㉡)이/가 필요하죠. 그리고 교사들의 (㉣)인 의사결정 능력 향상과 교사 교육 프로그램의 체제 순응적 교육과정을 극복하고 (㉤) 지향적 교사가 되기 위함이죠.

1) 홍 교사의 ㉠에 들어갈 적합한 용어를 쓰시오. [1점]

㉠ _____

2) 박 교사의 밑줄 친 ㉡의 설명에 해당하고, 최 교사와 민 교사의 ㉡에 들어갈 용어를 쓰시오. [1점]

㉡ _____

3) 최 교사와 민 교사의 ㉢, ㉣, ㉤에 적합한 용어를 쓰시오. [3점]

㉢ _____

㉣ _____

㉤ _____

06 다음은 학습공동체에서 교사들의 대화이다. 물음에 답하시오. [5점]

> 백 교사 : (㉠)(이)란 수업 개선, 경영과 지도성, 인간관계, 인적자원 개발 등에 관한 복합적인 과정으로서 교사나 다른 교육자들이 학교의 교수 학습의 질을 향상시키기 위하여 협력적·동료적으로 함께 일하는 과정이며 교사의 평생 발달이 일어날 수 있게 돕는 과정이라고 볼 수 있죠.
>
> 김 교사 : 그렇죠. 장학 유형 중에는 ㉡ 교사와 장학사가 변화하는 환경 속에서 함께 상호작용하며 성장하는 과정으로서, 교사, 장학사, 환경에 따라 효과적인 장학의 기법이 달라져야 한다고 보는 측면이 있죠.
>
> 유 교사 : 그렇군요. 또 다른 장학유형 중 ㉢ 장학 교사의 능력을 믿고 교사 스스로 교수 방법 향상에 대한 요구를 가지고 있다고 보는 교사 중심의 장학으로서, 교사와 함께 구체적인 장학 대상 행동을 결정하고 이에 대한 교수 계획안을 함께 협의한 뒤 수업하고 그 후에 관찰 자료를 기초로 협의하는 일련의 과정을 통해 이루어지는 것도 있지요.
>
> 박 교사 : 맞아요. 그리고 ㉣ 동료 교사들이 자신의 성장을 위하여 서로 협동하는 동료적 과정으로, 교사의 교수 기술의 향상뿐 아니라 실제 현장에서 직면하는 문제나 어려움을 공유하고 해결해감으로써 교사의 전문성 발달을 도모하는 장학도 있지요.
>
> 엄 교사 : (㉣)의 한 방법인 (㉤)은/는 경험이나 전통적 전문성을 가진 사람이 조력이 필요한 사람에게 생각이나 아이디어, 지식, 기술을 전수해주기 위한 상호작용을 하는 방법이지요.

1) 백 교사의 ㉠에 들어갈 적합한 용어를 쓰시오.　　　[1점]

㉠ _____

2) 김 교사의 ㉡을 설명하는 적합한 용어를 쓰시오.　　[1점]

㉡ _____

3) 유 교사의 ㉢을 설명하는 적합한 용어를 쓰시오.　　[1점]

㉢ _____

4) 박 교사와 엄 교사의 ㉣을 설명하는 적합한 용어를 쓰시오.
　　　　　　　　　　　　　　　　　　　　　　[1점]

㉣ _____

5) 엄 교사의 ㉤에 들어갈 적합한 용어를 쓰시오.　　　[1점]

㉤ _____

07 다음은 학습공동체에서 교사들의 대화이다. 물음에 답하시오. [5점]

최 교사 : (㉠)(이)란 교사가 내적으로 동기 유발되어 자신을 개발하려는 자율적 장학 방법을 말하고, 이는 교사 개인이 전문적 성장의 프로그램에 따라 독립적으로 시행하고 목표지향적인 전문성 개발 프로그램을 개발하고 추구한다는 특성이 있죠.

홍 교사 : 맞아요. 이러한 장학에 도움을 줄 수 있도록 ㉡ 현직에 종사하는 교사들이 개인적 혹은 집단적으로 교사로서의 자질 함양이나 교육과정과 관련된 새로운 정보를 계속해서 제공받는 것이 필요하죠.

황 교사 : 그렇군요. 그 외에 학급의 목적과 교육목표의 실현 그리고 학급 구성원의 개인적·집단적 욕구 충족을 효율적으로 달성하기 위해 인적·물적 자원을 활용하고 계획·조직·지도·통제하는 활동을 통해서 (㉢)하는 활동도 필요하지요.

전 교사 : 맞아요. (㉠)은/는 ㉣ 교사가 흥미 영역의 이름과 놀잇감의 종류, 놀이 방법 등을 유아에게 소개하여 유아가 쉽게 놀이를 계획할 수 있도록 돕는 데도 필요하지요. 그리고 ㉤ 유아들이 스스로 활동을 잘 해나가는지, 도움이 필요한지, 놀이가 방해받고 있지는 않은지, 활동이 유아의 수준에 적합한지 등을 관찰을 통해 판단하여 활동이 진행되고 있는 동안 각 영역에서 필요한 도움을 제공할 수 있지요.

---

1) 최 교사와 전 교사의 ㉠에 들어갈 적합한 용어를 쓰시오. [1점]

㉠ _____

2) 홍 교사의 ㉡을 설명하는 용어를 쓰시오. [1점]

㉡ _____

3) 황 교사의 ㉢에 들어갈 적합한 용어를 제시하시오. [1점]

㉢ _____

4) 전 교사의 ㉣과 ㉤을 설명하는 교사의 역할을 쓰시오. [2점]

㉣ _____

㉤ _____

08 다음은 만 5세반 김 교사가 하루 일과를 끝낸 후 작성한 반성적 저널이다. 물음에 답하시오. [5점]

갑자기 눈이 펑펑 내렸고 아이들은 밖에 나가 썰매를 타고 싶어 했다. 지호가 "썰매 만들어서 타요."라고 외치자 몇몇 아이들은 벌써 도화지로 썰매를 만들기 시작했다. 나는 자유선택활동을 위해 계획했던 놀이를 취소하고 아이들의 관심과 행동을 따르기로 했다. 순주는 종이가 젖는다고 비닐로 종이 썰매를 감싸며 ㉠ "선생님, 지호는 비닐도 안 대고 만든대요. 찢어지는데……."라고 말했다. 나는 순주가 지호에게 직접 얘기해 주도록 했다. 한 쪽에서는 두어 명이 종이 상자 두 개를 이어 썰매를 만들었다. 한 아이가 썰매에 끈을 달고 그림을 그리자 다른 아이들도 끈을 달고 장식하기 시작했다.

㉡ 자유선택활동이 끝나고 대집단 모임 시간을 가진 후 아이들은 바깥으로 나가 썰매를 타기 시작했다. 얇은 종이라도 비닐을 씌운 썰매는 잘 미끄러지지만 종이 상자 썰매는 점점 젖으면서 잘 미끄러지지 않았다.

교실로 돌아온 아이들은 다시 썰매를 만들고 싶어 했다. 아이들의 이러한 관심을 연장시켜 ㉢ 놀이 속에서 과학 학습이 이루어지도록 비닐을 덧댄 썰매와 종이 상자 썰매를 비교해 보도록 하였다.

1) 김 교사는 유아교육에서 강조하는 교수·학습 원리를 실제에 적용하고 있다. 밑줄 친 ㉠, ㉡과 관련된 교수·학습 원리를 각각 쓰시오. [2점]

㉠ _____

㉡ _____

2) 사례에서 교수·학습 원리 중 융통성 원리가 적용된 사례를 찾아 쓰시오. [1점]

_____

3) 다음 ①에 들어갈 컨설팅 장학의 방법이 무엇인지 쓰시오. [1점]

(①)은/는 교사의 전문적 영역에 대한 짧고 격식 없는 제안을 의미하는 것으로 코칭을 하는 컨설턴트와 (①)을/를 받는 교사와의 관계 속에 나타나는 기술의 과정이며, (①)을/를 받는 교사가 개인적 특성과 잠재력을 가진 것과 마찬가지로 (①)을/를 하는 컨설턴트 또한 자신만의 독특한 특성을 가지고 있는데, 개인이 가지는 독특한 특성에 따라 (①)의 효과도 다른 결과를 가져올 수 있다.

① _____

4) ㉢은 숀(Schon)이 제시한 반성적 사고의 유형 중 무엇인지 쓰시오. [1점]

_____

09 (가)와 (나)는 유치원 교사들이 갖추어야 할 내용이고, (다)는 유아교육법의 내용이다. 물음에 답하시오. [5점]

(가)

기술자	(㉠)
다른 사람이 가르쳐 주는 대로 또는 지시하는 대로의 일을 잘 수행하는 사람으로 담당하는 대부분의 일은 자신이 배운 지식이나 기술을 그대로 현장에 적용하면 해결될 수 있는 일이다.	자신이 배운 지식이나 기술을 토대로 이를 응용·종합·정리하여 매 상황에 적절한 해결책을 찾아내야만 일을 할 수 있는 사람으로 유아교사가 하는 일은 교사 양성 과정에서 배운 내용을 그대로 적용해서는 해결할 수 없는 일들이다.

(나) 김 교사의 반성적 저널
일일계획안을 충실히 따르는 것이 교사의 의무라고 생각해 왔다. 오늘 승우가 매미의 허물을 가져왔고, 유아들은 개미보다 일일계획안에 포함되지 않았던 매미에 더 관심을 보였다. 하지만 나는 계획된 수업을 진행했다. 나의 수업을 평가해 보니, 유아들에게 '매미의 허물'에 대해 탐구하는 기회를 제공하지 못했다는 생각이 들어 반성하게 되었다. 오늘 잠깐의 시간을 내어 승우가 가져 온 '매미의 허물'을 소개했다면, 유아들은 개미뿐만 아니라 매미도 탐구하는 기회를 가졌을 것이다. 계획한 수업을 고집하는 것보다 유아의 관심에 귀기울이는 융통성을 발휘할 때, 유아들이 주도하는 수업이 되어 교육적 가치가 더 클 것이라는 생각이 들었다. 내일은 반드시 승우의 매미 허물을 소개하는 시간을 가져 교사의 계획과 유아의 흥미가 균형을 이루는 수업을 펼쳐나가야겠다.

(다) 제21조 (교직원의 임무)
원감은 원장을 보좌하여 원무를 관리하고 해당 유치원의 유아를 교육하며, 원장이 부득이한 사유로 직무를 수행할 수 없을 때에는 그 직무를 대행한다. 다만, 원감을 두지 아니하는 유치원은 원장이 미리 지명한 교사((㉡)을/를 포함한다)가 그 직무를 대행한다. (㉡)은/는 교사의 교수·연구 활동을 지원하며, 유아를 교육한다.

---

1) (가)의 ㉠에 들어갈 적합한 용어를 쓰고, 다음 ①에 들어갈 적합한 용어를 쓰시오. [1점]

> 엘바즈는 교사 개개인이 가지고 있는 지식을 실제 상황에 맞도록 그 자신의 가치관이나 신념을 바탕으로 종합하고 재구성한 (①) 지식을 강조하였다.

㉠ _____

① _____

2) (나)에서 숀(Schon)이 제시한 반성적 사고의 유형 중 실천 행위에 대한 반성적 사고의 사례를 찾아 쓰시오. [1점]

_____

3) (나)에 나타난 사례에서 반 매논(M. Van Manen)이 제시한 ① 반성적 사고의 수준을 쓰고, ② 그 이유를 찾아 쓰시오. [2점]

① _____

② _____

4) (다)의 ㉡에 들어갈 적합한 용어를 쓰고, ㉡은 현장경력이 ① 몇 년 이상이어야 하는지 쓰시오. [1점]

㉡ _____

① _____

10 다음은 유치원 교사의 장학에 대한 내용이다. 물음에 답하시오. [5점]

(가) 유치원 맞춤형 컨설팅 장학의 법적 근거

가. (㉠) 제17조(국가 및 지방자치단체)

　국가 및 지방자치단체는 학교 및 사회교육시설을 지도·감독한다.

나. 유아교육법 제18조(지도·감독)

　1) 국립유치원은 교육부장관의 지도·감독을 받으며, 공·사립유치원은 (㉡)의 지도·감독을 받는다.

　2) (㉡)은/는 유아교육을 충실히 하기 위하여 유치원 교육과정 운영에 대한 장학지도를 할 수 있다.

다. 유아교육법시행령 제19조(장학지도)

　(㉡)은/는 법 제18조 제2항에 따른 장학지도를 할 때에는 매 학년도 장학지도의 대상·절차·항목·방법 및 결과처리 등에 관한 세부 계획을 수립하여 장학 지도 대상 유치원에 (㉢)하여야 한다.

(나)

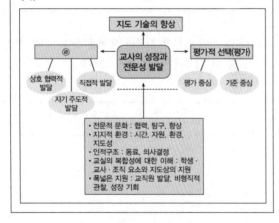

---

1) (가)의 ㉠, ㉡, ㉢에 들어갈 적합한 용어를 쓰시오. [3점]

㉠ _____

㉡ _____

㉢ _____

2) (나)의 (㉣)은/는 글래트혼(Glatthorn)이 제안한 장학 모형이다. ㉣에 들어갈 적합한 용어를 쓰고, ① 그 의미를 쓰시오. [2점]

㉣ _____

① _____

11 다음은 유치원 교사의 장학에 대한 내용이다. 물음에 답하시오. [5점]

> **(가)** (㉠) 장학의 기본 개념은 '장학'이란 교사와 장학사가 변화하는 환경 속에서 함께 상호작용하며 성장하는 과정으로서, 교사·장학사·환경에 따라 효과적인 장학의 기법이 달라져야 한다고 보는 것이다. 즉, 한 학교에 있는 교사라 할지라도 자신에게 도움이 된다고 생각하는 장학 지도에 대한 반응은 서로 다르며 같은 교사라 할지라도 부임 초기의 요구가 경력이 쌓여감에 따라 달라진다는 점을 고려해야 한다.
>
> **(나) (가)와 관련된 교사들의 대화**
> **김 교사 :** 장학사는 교사의 수업을 관찰하고 질문함으로써 교사의 추상적 수준을 파악해야지요.
> **홍 교사 :** 맞아요. 교사의 추상적 수준을 높이는 데 초점을 두고, 점진적으로 교사들에게 새로운 것을 제시해야지요.
> **최 교사 :** 그렇군요. 수업에 대한 교사의 요구를 충족하기 위해 교수 문제를 해결하고자 교사의 추상적 수준에 맞게 지시적 장학 방법, 협동적 장학 방법, 비지시적 장학 방법을 선택하여 적용하여야겠어요.
>
> **(다)**
> **박 교사 :** 아이들과 하고 싶은 활동은 많은데, 어떻게 하면 효율적으로 할 수 있을지 고민이 많아요. 어떻게 하면 수업에서 보다 효과적으로 발문을 할 수 있을지, 새로운 교수법을 활동 유형에 따라 어떻게 적절하게 적용할 수 있을지에 대해서도 관심이 많아요.
> **윤 교사 :** 그런데 저는 과다한 수업, 과중한 업무, 시간의 부족, 교수 자료의 부족, 교사 자신의 교수 행위 등에 대한 관심이 많아요.

1) (가)에서 ㉠에 들어갈 적합한 용어를 쓰시오.　　[1점]

㉠ _____

2) (나)에서 글릭먼(Glickman)이 제시한 장학의 단계 중 ① 김 교사, ② 홍 교사, ③ 최 교사에 해당하는 단계를 각각 쓰고, ④ 발달단계의 순서에 따라 교사를 나열하시오.　　[2점]

① _____

② _____

③ _____

④ _____

3) ① (다)는 풀러(F. Fuller)와 보온(O. Bown)의 교사관심사 4단계 중 어느 단계에 해당하는지를 쓰고, ② ①의 다음 관심사 단계가 무엇인지 쓰시오.
　　[2점]

① _____

② _____

12 다음은 유치원 교사의 전문성에 대한 내용이다. 물음에 답하시오. [5점]

> 김 교사 : 저는 유아의 주의를 환기시키고 호기심과 동기를 유발시킴으로써 활동에 적극적으로 참여를 유도시킬 수 있는 노력을 했어요. 유아에게 ㉠ "가을에는 어떤 과일들을 먹을 수 있니?"라고 질문하였지요.
>
> 박 교사 : 그랬군요. 저는 유아와 가족구성원의 문제로 인해 부모와 교사, 사회복지사가 함께 의견을 교환하는 의사소통을 활용해보았어요.
>
> 최 교사 : 대단해요. 의사소통을 할 때 많은 걸림돌이 있잖아요. 우리 원감선생님이 "㉡ 선생님이 어떻게 했기에 그렇게 되었어요."라고 저에게 말을 할 때 기분이 많이 나빴어요.
>
> 백 교사 : 그랬군요. 원감선생님은 교사를 격려와 인정을 해주고, 솔선수범하는 자세가 필요하지 않을까요?
>
> 홍 교사 : 맞아요. 하지만 저는 유아, 부모, 지역 사회의 독특한 요구에 따라 적절하게 진행하는 역할에 충실하려고 합니다.

1) ㉠과 같이 유아들이 사고하고 행동하는 것을 도와주는 도구로서의 질문을 무엇이라고 하는지 쓰시오. [1점]

_____

2) 박 교사가 사용한 의사소통의 유형을 쓰시오. [1점]

_____

3) 최 교사의 ㉡과 같은 의사소통의 걸림돌 유형을 쓰시오. [1점]

_____

4) 백 교사의 말에서 나타난 롭(Laub)이 제안한 서번트 리더십의 구성요소를 2가지 쓰시오. [1점]

_____

5) 홍 교사는 잘롱고(Jalongo)와 아이젠버그(Isenberg)가 제시한 유아교사의 역할 중 어떤 역할인지 쓰시오. [1점]

_____

13 다음은 유치원 교사의 자격 등에 대한 교사들의 대화 내용이다. 질문에 답하시오. [5점]

> 김 교사 : 유아교육법에서는 유치원에 교원으로 원장, 원감, 교사, 수석교사, 기간제 교사를 둘 수 있지요.
>
> 박 교사 : 그렇군요. 유치원 교사 자격의 검정은 유시험 검정으로 이루어지지요. 보육교사 자격의 검정은 무시험검정인데 말이죠.
>
> 최 교사 : 저는 처음 알았어요. 유아교육법 규정에 의한 정교사의 기준은 유치원 준교사 자격검정에서 시험을 보고 합격한 자로 알고 있었어요.
>
> 홍 교사 : 그랬군요. 그럼, 유치원 준교사는 자격검정 시험을 보고 채용이 되는군요. 정교사는 어떻게 되지요?
>
> 양 교사 : 유치원 준교사 자격증을 가진 자로서 3년 이상의 교육 경력을 가지고 소정의 재교육을 받아야 2급 정교사가 됩니다.
>
> 백 교사 : 그럼, 유치원의 ⊙ 원감이 되려면 어떤 자격 기준을 가져야 하나요?

1) 김 교사가 ① 잘못 알고 있는 점을 쓰고, ② 그 이유를 쓰시오. [1점]

① _____

② _____

2) 박 교사가 잘못 알고 있는 점을 쓰시오. [1점]

_____

3) 최 교사가 잘못 알고 있는 점을 쓰시오. [1점]

_____

4) 양 교사가 잘못 알고 있는 점을 찾아 수정하시오. [1점]

_____

5) ⊙에 대한 조건을 2가지 쓰시오. [1점]

① _____

② _____

14 다음은 유치원 교사의 권리와 의무에 대한 교사들의 대화내용이다. 질문에 답하시오. [5점]

박 교사 : 초중등교육법 제14조의 학교교육에서 교원의 전문성은 존중되며, 교원의 (㉠)은/는 우대되고 그 신분은 보장되어야 한다고 합니다.

백 교사 : 맞아요. 헌법에서도 '교육의 (㉡)'은/는 법률이 정하는 바에 의하여 보장되는 것으로 규정하고 있어요.

류 교사 : 그렇군요. 유치원에는 한 반에 최소한 (㉢)의 교사가 배치되어야 하지요.

명 교사 : 맞아요. (㉣)법에 의해 사립유치원 교원의 복무에 관여하는 사립학교의 교원에 관한 규정을 준용하여야 하지요.

채 교사 : 그리고 유치원 교원은 형의 선고, 징계처분, 권고 또는 (㉤)법이 정하는 사유에 의하지 아니하고는 그 사상에 반하여 휴직, 강임, 또는 면직 당하지 아니할 수 있지요.

황 교사 : 그렇군요. 교사는 자신의 생활보장과 근무조건 개선 및 신분보장에 대한 권리를 주장해야하는군요.

조 교사 : 맞아요. 그러한 교사의 권리에 따른 정치활동의 금지와 영리업무금지 및 비밀엄수의 의무를 지켜야 하지요.

---

1) 박 교사의 ㉠과 백 교사의 ㉡에 들어갈 용어가 무엇인지 쓰시오. [1점]

㉠ _____

㉡ _____

2) 류 교사의 ㉢과 명 교사의 ㉣에 들어갈 용어가 무엇인지 쓰시오. [1점]

㉢ _____

㉣ _____

3) 채 교사의 ㉤에 들어갈 용어가 무엇인지 쓰시오. [1점]

㉤ _____

4) 황 교사가 잘못 알고 있는 교사의 적극적 권리가 아닌 것 1가지를 찾아 쓰시오. [1점]

_____

5) 조 교사가 잘못 알고 있는 교사의 소극적 의무가 아닌 것 1가지를 찾아 쓰시오. [1점]

_____

15 다음은 교사들의 자연체험 활동에 대한 교사들의 대화 내용이다. 물음에 답하시오. [5점]

김 교사 : 다음 주에 쑥부쟁이를 만들 때 아이들과 뒷동산 견학을 미리 해서 쑥의 모습을 관찰할 계획을 세웠어요. 유아들과 쑥을 조금씩 캐보고 다음 날 쑥부쟁이 만들기 활동을 해 보는 게 좋을 것 같아요. 그래서 미리 비닐봉지를 좀 챙겨가기로 했어요. 제가 작년에 해보니까 교사만 비닐을 가지고 있고 유아는 각자 비닐봉지를 가지고 있지 않으니까 매번 선생님한테 달려오느라 쑥을 캐는 활동이 산만해지더라고요.

박 교사 : 그랬군요. 저는 어제 봄 동산을 견학하고 쑥을 캐는 활동을 즐겁게 하였어요. 그리고 미리 비닐봉지를 챙겨가서 유아들에게 나누어주면서 쑥을 캐려고 하였는데, 개인적으로 나누어 주니까 너무 산발적이고 개별적 활동으로 제한되는 것 같아 비닐봉지를 두 명에 하나씩 나누어 주었더니 유아가 서로 대화도 많이 하고 협력하는 모습을 보여 활동이 더 안정적으로 흘러가는 것을 알 수 있었어요. 미리 비닐봉지를 챙겨가야 한다는 것은 늘 생각하고 있었지만, 비닐봉지를 나누어 주는 방식 또한 작년에 해본 방법보다 훨씬 더 잘된 것 같다는 생각이 들었어요.

백 교사 : 저도 그랬던 적이 있어요. 엊그저께 쑥을 캐는 활동에서 유아들이 궁금한 것이 있어 질문을 많이 하더라고요. 한 유아는 "도대체 누가 쑥을 이렇게 많이 심은 거예요?"라는 질문을 하고 "선생님이 미리 심어놓은 거예요?"라고 하면서 서로 묻더라고요. 어떤 유아들이 "그걸 어떻게 아나?"라고 하는 등 많은 의문과 호기심을 동시에 보여 주었어요. 사실 봄 동산에 가면 알 수 없는 풀꽃들이 누가 심지 않아도 봄이 되면 자연스럽게 피어나는 것을 알 수 있는데, 유아들은 이러한 자연적 상태에 호기심을 보였어요. 평상시에 봄이 되면 자연스럽게 피어나는 풀과 잡초들은 누가 심은 것이 아니지만 그렇다고 아무런 이유 없이 스스로 피어나는 것은 아니라는 생각을 했었어요. 어릴 적부터의 오랜 경험에 의하면 작은 풀들은 스스로 씨앗을 옮기거나

벌들이 옮겨 주기도 하고, 또 미리 땅에 떨어져 있다가 봄이 되면 싹을 틔우는 생태성을 가지고 있음을 알게 되었어요. 이러한 봄의 풀꽃에 대한 지식들을 교실에 가서 유아들과 이야기해 보아야겠어요.

1) 위의 교사들의 대화에 나타난 ① 엘바즈(Elbaz)가 제시한 용어를 쓰고, ② 그 개념을 쓰시오. [2점]

① _____

② _____

_____

2) 김 교사는 어떤 개인적 경험을 봄 동산 계획을 세울 때 적용하였는지 찾아 쓰시오. [1점]

_____

_____

3) 박 교사가 스스로 경험을 통해 익힌 점이 무엇인지 쓰시오. [1점]

_____

_____

4) 백 교사처럼 개인적 지식은 교사의 일생을 통하여 계속해서 끊임없이 변화하고 발전되는데 이것은 (①)을/를 통한 실천으로부터 가능하게 한다. ①에 들어갈 적합한 용어를 쓰시오. [1점]

① _____

16 다음은 하늘 유치원의 채 교사가 '들꽃 관찰하기' 활동 후 기록한 저널의 일부이다. 물음에 답하시오. [5점]

(가) 나는 오늘 유아들이 들꽃의 특징을 알고 들꽃이 잘 자랄 수 있는 환경에 관심을 갖게 하기 위해 유아들을 데리고 유치원 근처 공원에 갔다. 유아들이 들꽃의 생김새, 색깔, 냄새 등을 탐색하던 중 한 유아가 꽃에 나비가 날아온 것을 보고 "어! 나비다! 선생님, 나비가 날아왔어요!"라고 말하자 유아들이 나비에 관심을 갖게 되었다. 나는 계획하지 않았던 상황으로 잠시 갈등하였으나, 유아들이 나비에 더 많은 관심을 보여 내가 계획했던 '들꽃 관찰하기' 활동을 잠시 중단하고 활동 내용을 나비로 변경하여 나비의 생김새와 움직임을 유아들이 자유롭게 탐색하도록 하였다. 한동안 유아들은 나비를 쫓아다니며 흥미를 보였으나 더 이상 활동이 확장되지는 않았다.

(나) 나는 활동을 계획할 때 유아가 이 활동에 관심이 있을지, 어떤 반응을 보일지 등에 대해 늘 생각하고 고민하는 편이다. 그런데 이 활동을 계획할 때는 유아가 들꽃 외에 나비 등 다른 대상에 관심을 가질 수 있는 상황이 일어날 가능성이 많은 공원이라는 장소의 특성을 미처 생각하지 못했다. 좋은 교사가 되기 위해서는 더 많은 생각과 고민이 필요한 것 같다. 오늘 유아가 보인 흥미를 반영하여 내일 제공할 나비 관련 활동을 계획할 때는 유아가 보일 수 있는 흥미나 반응을 좀 더 다양한 측면에서 고려해야겠다.

1) (가)에 적용된 ① 교수·학습 기본 원리를 쓰고, ② 적용되고 있는 사례 1가지를 찾아 쓰시오. [1점]

① _____

② _____

_____

2) (가) 사례에서 나타난 교사의 역할 2가지를 찾아 쓰고, 역할별로 그렇게 판단한 이유를 설명하시오. [2점]

① 역할 : _____

이유 : _____

② 역할 : _____

이유 : _____

3) (나)에서 채 교사의 반성적 사고를 보여주는 사례 2가지를 찾아 쓰고, 사례별로 그렇게 판단한 이유를 설명하시오. [2점]

① _____

_____

② _____

_____

17 다음은 만 4세반 최 교사가 작성한 일지이다. 물음에
   답하시오. [5점]

반 이름	토끼 반 (만 4세)	시기	2021년 8월 26일 목요일
수업일수	43/180	생활주제	동식물
주제	동물	소주제	애완동물 기르기
목표	\$\text{•}\$ 애완동물의 종류를 알아본다. \$\text{•}\$ 애완동물을 보살핀다. \$\text{•}\$ 애완동물을 사랑한다.		

일과 시간표	12:20–13:20　　점심 식사 13:20–13:50　　동화 듣기 13:50–15:00　　낮잠 15:00–15:20　　정리 정돈 및 화장실 다녀오기 15:20–15:50　　오후 간식 15:50–16:20　　㉠ 바깥놀이 16:20–17:40　　자유 선택 활동 17:40–18:00　　평가 및 귀가

…(중략)…

시간	활동 목표	활동내용	자료 및 유의 점	활동평가
10: 40 –11: 00	(생략)	㉡ 이야기 나누기 \$\text{•}\$ 활동명 : 애완동물 알아보기 – 집에서 기르는 애완동물을 데려와 관찰한다. – 독특한 생김새 혹은 움직임에 대해 이야기 나눈다. \$\text{•}\$ ○○○은 어떻게 생겼니? \$\text{•}\$ ○○○은 어떻게 움직일까?	애완 동물	㉢ 우리 반 아이들은 애완동물을 가정에서 기르는 경우가 많아 애완동물에 대해 이미 많이 알고 있었다. 따라서 유아들이 관심 있는 애완동물의 같은 점과 다른 점을 비교하고 분석하도록 지속적인 경험을 제공해야겠다.

…(중략)…

총평	㉣ 과학 영역에서 거북이를 관찰하고 기록한 관찰 기록지, 그림, 종이접기 등에 대한 여러 가지 자료를 유아들의 개인 포트폴리오에 보관하였다. 유아들이 역할놀이 영역의 동물 인형 돌보기 놀이에 많이 참여하였으므로 내일은 몇 가지 동물 인형을 더 추가해야겠다.

1) ㉠ 활동을 구성할 때 방과후 과정 오후 활동의 특성을 살리기 위해 가장 우선적으로 고려해야 할 사항 1가지를 2019 개정 누리과정 '교수·학습방법'에 근거하여 쓰시오. [1점]

_____

2) ㉡과 관련하여 ① '인식·탐색단계'와 ② '탐구·적용단계'에 적합한 교사의 발문을 쓰시오. [2점]

① _____

② _____

3) ㉢을 통하여 교사가 유아에게 길러줄 수 있는 과학적 탐구 과정을 쓰시오. [1점]

_____

4) ㉣에 나타난 킬리온(Killion)과 토드넴(Todnem)이 제시한 반성적 사고의 유형을 쓰시오. [1점]

_____

18 다음은 컨설팅 장학에 관한 내용이다. 물음에 답하시오. [5점]

(가) 2019 개정 누리과정 시행에서는 '교육과정'과 '(㉠)' 컨설팅에 중점을 두고 운영한다.

(나) 컨설팅 장학은 준비 → 진단 → (㉡) → 실행 → 종료 순으로 이루어지며 절차는 의뢰인의 요구 수준 을 고려하여 융통성 있게 조절할 수 있다.

(다)

준비	진단	대안수립	실행	종료
·경청 ·언어적 기술 ·비언어적	·Blank Chart/NGT ·인과관계 다이어그램 ·여섯 가지 사고모자 ·5 Why/Why 로직트리	·아이디어 릴레이 ·우선순위 결정 ·PMI ·투표(Multi Voting) ·5 Why/How 로직트리	·액션플랜 ·포트폴리오	·평가 및 환류

(라) 컨설팅 장학의 진단기법인 (㉢)은/는 유치원 이 추구하는 목적과 현재의 상태를 깊이 있게 조사하고 유치원 문제에 영향을 미치는 요인들을 확인하며, 문제해결을 위한 방향 설정에 필요한 정보들을 수집하는 데 활용할 수 있다.

(마) 컨설팅 장학의 진단기법인 (㉣)은/는 유치원 의 장점을 최대한 활용하면서, 새로운 기회를 포착하고, 약점을 최소화하면서, 위협요인에 대처하는 전략 을 다각적으로 모색할 수 있다.

1) (가)의 ㉠에 들어갈 적합한 용어를 쓰시오. [1점]

㉠ _____

2) (나)의 ㉡에 들어갈 적합한 용어를 쓰시오. [1점]

㉡ _____

3) (다)의 레그 레밴스(Reg Revans)가 소개한 컨설팅 장학의 진단 기법을 쓰시오. [1점]

_____

4) (라)의 ㉢에 들어갈 적합한 용어를 쓰시오. [1점]

㉢ _____

5) (마)의 ㉣에 들어갈 적합한 용어를 쓰시오. [1점]

㉣ _____

19 (가)는 컨설팅 장학에 대한 교사의 대화이고, (나)는 유치원 교사의 장학에 대한 내용이다. 물음에 답하시오. [5점]

(가)

김 교사 : 저는 유치원 운영에 어려움이 있어 컨설팅 장학의 도움을 받게 되었지요. 컨설팅 장학은 유치원 운영이 제대로 진행되고 있는지에 대한 지도·감독을 해 주어서 좋은 것 같아요.

박 교사 : 그랬군요. 저도 부모와의 갈등이 있을 때 유아교육진흥원의 유아교육 종합컨설팅지원단 주도로 많은 지원을 받아 도움이 되었어요. 하지만 그래도 모든 문제를 해결하지는 못하였지요.

최 교사 : 그래요. 컨설팅 장학이 만능 해결사는 아닌 것 같아요. 그래서 저는 학사운영 전반에 대한 점검·감독 위주의 담임장학은 폐지되어야 한다고 생각해요

홍 교사 : 그랬군요. 저도 시·도교육청 중심의 교육과정 및 수업컨설팅 장학에 중점을 두었지요. 그랬더니 많은 것이 변화되었어요. 선생님들은 어떠신지요?

백 교사 : 맞아요. 하지만 스스로 노력해야 할 부분도 많았어요. 수업컨설팅 장학과 찾아가는 컨설팅 장학을 통합하여 실시하며 단위유치원 원내 자율장학을 병행하였지요.

(나) 발달적 장학의 기본 개념은 '장학'이란 교사와 장학사가 변화하는 환경 속에서 함께 상호작용하며 성장하는 과정으로서, 교사·장학사·환경에 따라 효과적인 장학의 기법이 달라져야 한다고 보는 것이다. 즉, 한 학교에 있는 교사라 할지라도 자신에게 도움이 된다고 생각하는 장학 지도에 대한 반응은 서로 다르며 같은 교사라 할지라도 부임 초기의 요구가 경력이 쌓여감에 따라 달라진다는 점을 고려해야 한다.

---

1) (가)에서 컨설팅 장학에 대해 잘못 이해하고 있는 교사 4명을 지적하고 잘못된 내용을 수정하시오. [4점]

① _____ , _____

_____

② _____ , _____

_____

③ _____ , _____

_____

④ _____ , _____

_____

2) (나)와 관련하여 글릭먼(Glickman)은 발달적 장학의 단계를 제시하였다. ①과 ②에 들어갈 적합한 용어를 쓰시오. [1점]

진단적 단계	장학사는 교사의 수업을 관찰, 질문함으로써 교사의 (②) 수준을 파악해야 한다.
①	수업에 대한 교사의 요구 충족을 위해 교수 문제를 해결하고자 한다. 교사의 (②) 수준에 맞게 지시적 장학 방법, 협동적 장학 방법, 비지시적 장학 방법을 선택하여 적용하도록 한다.
전략적 단계	교사의 (②) 수준을 높이는 데 초점을 둔다. 즉 점진적으로 교사들에게 새로운 것을 제시한다.

① _____

② _____

20 (가)와 (나)는 유치원 교사가 가져야 할 지식에 관련된 내용이고, (다)는 유치원 교사 양성과 관련된 내용이다. 물음에 답하시오. [5점]

(가) 유치원 교사들에게는 실천적 지식 이외에도 (㉠) 지식이 필요하다. 비슷한 경력을 가진 교사가 같은 교육과정을 가지고 교수설계를 하더라도 실제 수업을 행하는 데 있어 교수방법이나 기술은 현저한 차이가 있음을 알 수 있다. 수업을 잘하는 교사는 개인이 가진 나름대로의 방법으로 교수 행위를 펼칠 수 있으며, 이때, 유아들은 선생님의 (㉠) 지식에 의해 매우 다른 질의 학습을 경험하게 된다. 또한, 교사가 가진 독특한 (㉠) 지식은 실제 말로 형식화하기가 쉽지 않다는 점에서 정해진 처방전처럼 기술되거나 나누어 줄 수도 없다.

(나) 코넬리(Connelly)와 클란디닌(Clandinin)는 명시적이거나 논리·수학적 지식이 아닌 개인적 지식이나 실천적 지식과 같은 지식을 가장 잘 표현해 줄 수 있는 방식으로 '(㉡)' 탐구를 주장하였다.

(다) 유치원 교원의 (㉢)

구분	요소
교직 성향 및 자기학습	• 반성적 성향 • 교직윤리 • 열정 • 긍정의 마음 • 창의성 • 자기계발
교육과정 이해 및 실행	• 유아발달에 대한 이해 • 교과내용 지식에 대한 이해 • 유아 교육과정에 대한 이해
대인관계 및 의사소통	• 공동체 의식 및 협력적 태도 • 관계 형성기술
정보화 소양	• 정보화 기술 이해 • 정보화 기술 활용
학급운영	• 교실문화 조성 • 문서 작성 및 관리 • 유아 및 학부모 지원

---

1) (가)의 ㉠에 들어갈 적합한 용어를 쓰고, ① 그 의미를 쓰시오. [2점]

㉠ _____

① _____

2) (나)의 ㉡에 적합한 용어를 쓰고, 다음을 완성하시오. [2점]

(㉡)와/과 관련하여 브루너(Bruner)는 주창한 이야기를 지어 수업에 활용하는 (①)을/를 제시하였다.

㉡ _____

① _____

3) (다)는 유치원 교사에게 요구되는 내용이다. ㉢에 들어갈 적합한 용어를 쓰시오. [1점]

㉢ _____

교원임용학원 강의만족도 1위,

해커스임용 teacher.Hackers.com

아동복지 출제 경향 확인하기

* 아래 출제경향은 1997~2021학년도의 출제빈도를 나타낸 것입니다.

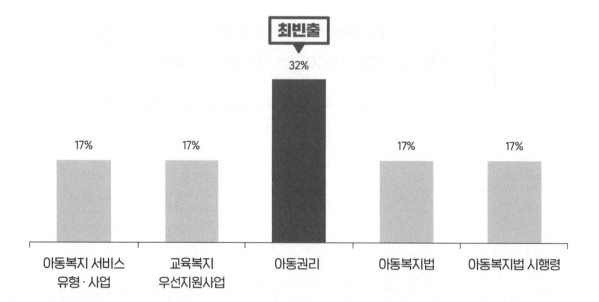

Chapter 07

아동복지

Point 01   아동복지

🔍 **개념 완성 탐구문제**

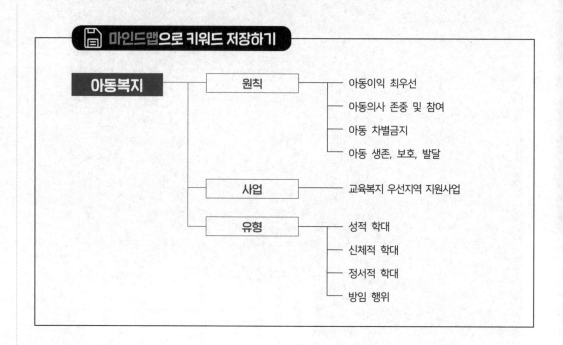

1. 아동복지

우리나라 아동 복지	• 1945년 해방, 1950년대 한국전쟁 등을 거치며 긴급 구조형태로 현대적 의미의 아동복지 서비스가 시작됨 • 1946년 '아동노동법', 1957년 '어린이헌장', 1961년 '아동복리법'이 제정됨 ⇨ 1981년 '아동복지법'으로 개정 [참고] **어린이헌장**: 무차별 원칙과 인간존엄성 존중이 선언지향적 권리로서 포함되어 있으며, 보호·교육·문화·놀이에 관한 권리 및 장애아동의 보호에 관한 권리 등이 실천지향적 원리로서 포함되어 있음
아동복지법	• **1항**: 원장은 아동복지법에 따라 아동의 안전에 대한 교육 계획을 수립하여 교육을 실시하여야 함 　- 성폭력 및 아동학대 예방　　　　- 재난 대비 안전 　- 실종·유괴의 예방과 방지　　　　- 교통안전 　- 약물의 오남용 예방 • **2항**: 아동학대를 예방하고 수시로 신고를 받을 수 있는 긴급전화를 설치할 수 있도록 규정함 ⇨ 112(전국적 단일번호로 24시간 아동학대 긴급전화를 받도록 운영) [참고] 학대아동에 대한 우리나라의 서비스 전달과정 　아동학대 행위를 목격하거나 학대가 의심되는 피학대아동 발견 ⇨ 아동학대예방센터, 경찰서 및 파출소에 신고 ⇨ 사례접수 ⇨ 현장조사 및 위기 사정 ⇨ 아동학대 판별 ⇨ 사례개입 계획 작성 ⇨ 사례개입(상담치료를 포함한 아동보호서비스 제공) ⇨ 사례평가 ⇨ 종결 및 사후관리

아동권리협약 (UN)	**내용**	• 유엔총회에서 만장일치로 채택된 국제적인 인권 조약(1989.11.20) • **4대 기본 권리** : 생존의 권리, 보호의 권리, 발달의 권리, 참여의 권리
	4대 기본권	• **생존권(Survival Rights)** : 적절한 생활수준을 누릴 권리, 안전한 주거지에서 살아갈 권리, 충분한 영양을 섭취하고 기본적인 보건서비스를 받을 권리 등 기본적인 삶을 누리는 데 필요한 권리 참고 관련조항 : 제6, 7, 8, 9, 19, 20, 21, 23, 24, 26, 27, 30, 32, 33, 34, 35, 38조 • **보호권(Protection Rights)** : 모든 형태의 학대, 방임, 차별, 폭력, 고문, 징집, 부당한 형사처벌, 과도한 노동, 약물과 성폭력 등 어린이에게 유해한 것으로부터 보호받을 권리 참고 관련조항 : 제2, 7, 10, 11, 16, 19, 20, 21, 23, 25, 32, 33, 34, 35, 36, 37, 39, 40조 • **발달권(Development Rights)** : 잠재능력을 최대한 발휘하는 데 필요한 권리로, 교육받을 권리, 여가를 즐길 권리, 문화생활을 하고 정보를 얻을 권리, 생각과 양심·종교의 자유를 누릴 권리 참고 관련조항 : 제5, 6, 9, 10, 11, 12, 13, 14, 15, 17, 24, 28, 29, 31조 • **참여권(Participation Rights)** : 자신의 나라와 지역사회 활동에 적극적으로 참가할 수 있는 권리로 자신의 의견을 표현하고, 자신의 삶에 영향을 주는 문제들에 대해 발언권을 지니며, 단체에 가입하거나 평화적인 집회에 참여할 수 있는 권리 참고 관련조항 : 제12, 13, 15, 17, 18조
	3대 원칙	• **아동에 대한 정의** : 협약 제1조에서 아동이라 함은 18세 미만의 모든 사람을 의미한다고 명시되어 있음에 따라, 흔히 아동과 청소년이라 지칭하는 연령대를 아동이라 부르도록 기본적인 원칙을 세워 합의를 봄 • **비차별의 원칙(non-discrimination)** : 성별, 종교, 사회적 신분, 인종, 국적 등 그 어떤 조건과 환경에서도 아동은 차별되어서는 안 된다는 기본 원칙을 내세우고 있음 • **아동최선의 이익의 원칙(Best Interest of the Child)** : 협약 제3조 제1항에는 "공공 또는 민간, 사회복지기관, 법원, 행정당국 또는 입법기관에 의하여 실시되는 아동에 관한 모든 활동에 있어서 아동최선의 이익이 최우선으로 고려되어야 한다."라고 명시되어 있음
	하나의 과정	• 아동권리의 실현은 우리 모두의 책임이라는 것 • 아동의 권리를 지키고 실현하는 일은 정부, 비정부, 국제기구, 가정, 학교를 포함한 우리 모두의 책임이라는 것
헤드 스타트		• 교육 • 부모참여 • 건강진단 • 사회봉사 • 교사와 부모들을 위한 진로지도

카두신의 아동복지 사업	**지지적 서비스**	• 아동의 욕구를 충족시키기 위한 부모의 능력을 지지·강화함 • 아동상담소, 가정상담소 등에서 개별상담 및 가족 치료와 같은 방법을 활용하는 것
	보완적 (보충적) 서비스	• 아동이 받는 보호를 보충해 주어야 할 때 및 부모의 보호나 양육의 질이 부적절하고 제한되어 있을 때, 이에 대한 보상으로 이루어지는 서비스 • 외부에서 가족 내부의 역할 기능이 제대로 수행될 수 있도록 도와주는 역할을 함 ⓔ 보육사업(어린이집), 소득유지 사업, 가정조성 사업, 강제보호 서비스
	대리적 서비스	• 아동의 개별적 욕구에 따라 부모 보호의 부분 또는 전체를 대리함 ⇨ 부모가 역할을 전적으로 수행할 수 없어 양육기능을 일시적 또는 영구적으로 포기하고 아동을 맡기는 경우를 의미함 • 부모가 당면한 문제를 해결할 수 없어 양육기능을 일시적 또는 영구적으로 포기하고, 아동은 자신의 가정을 떠나서 다른 가정이나 시설에서 생활하게 됨
교육복지 투자 우선지역	**의미**	• 교육복지 정책을 구체화시킨 것 • 저소득 밀집 지역의 학교를 중심으로 지역사회 연계망을 구축하고, 저소득층 영유아 및 학생에게 교육·복지·문화 서비스를 제공함으로써 기회균등을 목적으로 하는 사업
	사업 배경	• 사회취약 계층의 교육기회 불평등을 완화하고 교육적 성장을 지원할 수 있는 정책 추진이 요구되었음 • 소득 분배구조의 악화, 취약계층의 확대, 지역별·학교별 계층 분화 및 교육적 성취에 대한 계층 영향력이 증가함

2. 아동학대 유형

성적 학대	아동에게 음란한 행위를 시키거나 이를 매개하는 행위 또는 아동에게 성적 수치심을 주는 성희롱 등의 행위
신체적 학대	아동의 신체에 손상을 주거나 신체의 건강 및 발달을 해치는 행위
정서적 학대	아동의 정신건강 및 발달에 해를 끼치는 행위
방임 행위	자신의 보호·감독을 받는 아동을 유기하거나 의식주를 포함한 기본적 보호·양육·치료 및 교육을 소홀히 하는 행위

3. 아동학대의 신고

신고기관	아동보호전문기관 또는 수사기관
신고의무자	교직원, 의료인, 아동복지시설의 장 및 종사자, 가정폭력 관련 종사자, 사회복지 전담 공무원 등이 포함됨
신분보호	신고인 신분은 보호되어야 하며, 그 의사에 반하여 신원이 노출되어서는 안 됨

4. 교육기준

구분	실시 주기	총 교육시간
성폭력 및 아동학대 예방 교육	6개월에 1회 이상	연간 8시간 이상
실종·유괴의 예방·방지 교육	3개월에 1회 이상	연간 10시간 이상
약물의 오용·남용 예방 교육	3개월에 1회 이상	연간 10시간 이상
재난대비 안전 교육	6개월에 1회 이상	연간 6시간 이상
교통안전 교육	2개월에 1회 이상	연간 10시간 이상

★ 모범답안 753쪽

01 다음은 아동 권리에 관한 내용이다. 물음에 답하시오.
[5점]

(가)

비전	행복한 아동, 존중받는 아동

⇧

핵심 목표	▶ 아동 행복도 증진 ▶ 아동 (㉠)의 원칙 실현기반 조성

⇧

추진 영역	미래를 준비하는 삶	▶ 아동기 역량강화 ▶ 꿈과 끼를 살리는 교육 실천 ▶ 아동의 참여권 보장 ▶ 놀이 여가 권리 보장
	건강한 삶	▶ 생활공간 기반 건강관리체계 마련 ▶ 발달주기별 건강관리체계 내실화
	안전한 삶	▶ 생활공간 안전 확보 ▶ 사회안전 위협요인 대응체계 구축 ▶ 아동안전기반 구축
	함께하는 삶	▶ 아동보호 (㉡) 원칙 실현 ▶ 보호·지원이 필요한 아동에 대한 종합대책 마련

⇧

실행 기반	▶ 아동권리 실현기반 조성 ▶ 가정의 양육 역량 강화 ▶ 아동친화적 지역사회 조성 ▶ 민간과의 협력 강화 ▶ 아동정책 지원 인프라 강화

(나) 모든 어린이가 차별 없이 인간으로서의 존엄성을 지니고, 나라의 앞날을 이어갈 새 사람으로 존중되며, 바르고 아름답고 씩씩하게 자라도록 함을 길잡이로 삼는다.

1. 어린이는 건전하게 태어나 따뜻한 가정에서 사랑 속에 자라야 한다.

2. 어린이는 고른 영양을 취하고, 질병의 예방과 치료를 받으며, 맑고 깨끗한 환경에서 살아야 한다.

3. 어린이는 누구나 좋은 교육시설에서 개인의 능력과 소질에 따라 교육을 받아야 한다.

(다) 아동은 완전하고 조화로운 인격 발달을 위하여, 가족적 환경과 행복, 사랑 및 이해의 분위기 속에서 성장하여야 함을 인정하고, …(중략)… 아동은 신체적, 정신적 미성숙으로 인하여 출생 전후를 막론하고 적절한 법적 보호를 포함한 특별한 보호와 배려를 필요로 한다는 점에 유념하고 …(중략)… 모든 국가, 특히 개발도상국가 아동의 생활 여건을 향상시키기 위한 국제 협력의 중요성을 인정하면서, 다음과 같이 합의하였다.

(1) 일반 원칙
① 아동 (㉡)의 원칙(제2조)
② 아동 (㉠)의 원칙(제3조)
③ 아동의 생존·보호·발달의 원칙(제6조)
④ 아동의 의사 존중의 원칙(제12조)

1) (가)의 내용은 다음 ①에 바탕을 두고 있다. ①에 들어갈 적합한 용어를 쓰시오. [2점]

> 지난 2013년 우리나라 아동의 삶 만족도는 경제협력개발기구(OECD) 국가 30개국 중 최하위를 기록한 바 있어, 정부는 한국 아동의 삶 만족도를 앞으로 10년 내에 경제협력개발기구(OECD) 평균 수준으로 끌어올리기 위해 2015년 5월 13일 아동정책조정위원회의 심의·의결을 거쳐 아동정책의 기본 방향과 정책 과제를 담은 '제1차 (①) (2015~2019)'을 확정했다.

① _____

2) (가)와 (다)의 ㉠, ㉡에 들어갈 적합한 용어를 쓰시오.
[2점]

㉠ _____

㉡ _____

3) (나)의 내용이 포함된 문서의 이름을 쓰시오. [1점]

_____

02 (가)와 (나)는 아동복지에 관련된 내용이고, (다)와 (라)는 아동복지법에 관한 내용이다. 물음에 답을 하시오. [5점]

(가) 아동권리위원회는 1991년 제1차 회기에서 당사국 정부의 제 1차 보고서의 작성방법에 관한 지침을 마련하였다. 이를 보면 UN 아동권리에 관한 국제협약의 바탕을 이루는 기본 가치를 (㉠)(이)라고 하였고, 아동의 (㉡) 권리로 아동의 경제적·사회적·문화적 권리로 구분하였다.

(나) 보충적 서비스 방법 중 (㉢)은/는 어머니의 부재로 어머니 역할 기능이 불충분할 경우, 또는 어머니의 업무 과다로 역할이 부적절하게 수행될 때 어머니의 역할을 일정 기간 제공함으로써 가정생활의 정상적인 보호와 유지가 가능하도록 하는 서비스 활동이다.

(다) 「아동복지법 제 3조」
"(㉣)"란 보호자를 포함한 성인이 아동의 건강 또는 복지를 해치거나 정상적 발달을 저해할 수 있는 신체적·정신적·성적 폭력이나 가혹행위를 하는 것과 아동의 보호자가 아동을 유기하거나 방임하는 것을 말한다.

(라) 「아동복지법 제 52조」
1. 아동가정지원사업 : 지역사회아동의 건전한 발달을 위하여 아동, 가정, 지역주민에게 상담, 조언 및 정보를 제공하여 주는 사업
2. (㉤) : 부득이한 사유로 가정에서 낮 동안 보호를 받을 수 없는 아동을 대상으로 개별적인 보호와 교육을 통하여 아동의 건전한 성장을 도모하는 사업
3. 아동전문상담사업 : 학교부적응아동 등을 대상으로 올바른 인격형성을 위한 상담, 치료 및 학교폭력예방을 실시하는 사업
4. 학대아동보호사업 : 학대아동의 발견, 보호, 치료 및 아동학대의 예방 등을 전문적으로 실시하는 사업
5. 공동생활가정사업 : 보호대상아동에게 가정과 같은 주거여건과 보호를 제공하는 것을 목적으로 하는 사업
6. 방과 후 아동지도사업 : 저소득층 아동을 대상으로 방과 후 개별적인 보호와 교육을 통하여 건전한 인격형성을 목적으로 하는 사업

---

1) (가)의 ㉠과 ㉡에 들어갈 적합한 용어를 쓰시오. [2점]

㉠ _____

㉡ _____

2) (나)의 ㉢에 들어갈 적합한 용어를 쓰시오. [1점]

㉢ _____

3) (다)의 ㉣에 들어갈 적합한 용어를 쓰시오. [1점]

㉣ _____

4) (라)의 ㉤에 들어갈 적합한 용어를 쓰시오. [1점]

㉤ _____

03 (가)~(다)는 아동범죄에 관련된 내용이다. 물음에 답하시오. [5점]

(가) 아동복지법 제31조 (아동의 (㉠)에 대한 교육)
① 아동복지시설의 장, 「영유아보육법」에 따른 어린이집의 원장, 「유아교육법」에 따른 유치원의 원장 및 「초·중등교육법」에 따른 학교의 장은 교육대상 아동의 연령을 고려하여 대통령령으로 정하는 바에 따라 매년 다음 각 호의 사항에 관한 교육계획을 수립하여 교육을 실시하여야 한다.
1. 성폭력 및 아동학대 예방
2. ㉡ 실종·유괴의 예방과 방지
3. 약물의 오남용 예방
4. 재난대비 안전
5. 교통안전

(나) 아동학대의 유형

유형	주요 내용
신체적 학대	신체에 손상을 주는 학대행위
정서적 학대	정신건강 발달에 해를 끼치는 정서적 학대행위
성적 학대	성적 수치심을 주는 성희롱, 성폭행 등의 학대행위
(㉢)	자신의 보호 감독하에 있는 아동을 유기하거나 의식주를 포함한 기본적 보호, 양육 및 치료를 소홀히 하는 학대행위

(다) 아동학대의 신고

항목	주요 내용
신고기관	아동보호전문기관 또는 수사기관
(㉣)	교직원, 의료인, 아동복지시설의 장 및 종사자, 가정폭력관련종사자, 사회복지전담공무원 등
신분보호	신고인 신분은 보호되어야 하며, 그 의사에 반하여 신원이 노출되어선 안 된다.

1) (가)의 ㉠에 들어갈 말을 쓰고, ㉡과 관련하여 아래의 ①에 들어갈 숫자를 쓰시오. [2점]

아동복지법 시행령 제28조 제1항에 의거하여 유치원 원장은 연간 최소 (①)시간 이상 실종·유괴의 예방과 방지 교육을 실시하여야 한다.

㉠ _____

① _____

2) (나)의 ㉢에 들어갈 용어를 쓰시오. [1점]

㉢ _____

3) (다)의 내용은 ① 2014년 9월 29일부터 시행된 법에 명시되어 있다. ①이 무엇인지 쓰고, (다)의 ㉣에 들어갈 말을 쓰시오. [2점]

① _____

㉣ _____

04 다음은 아동 관련 문서 중 일부이다. 물음에 답하시오. [5점]

> **(가)** 모든 어린이가 차별 없이 인간으로서의 존엄성을 지니고, 나라의 앞날을 이어나갈 새 사람으로 존중되며, 바르고 아름답고 씩씩하게 자라도록 함을 길잡이로 삼는다.
> 1. 어린이는 건전하게 태어나 따뜻한 가정에서 사랑 속에 자라야 한다.
> 2. 어린이는 고른 영양을 취하고, 질병의 예방과 치료를 받으며, 맑고 깨끗한 환경에서 살아야 한다.
> 3. 어린이는 누구나 좋은 교육시설에서 개인의 능력과 소질에 따라 교육을 받아야 한다.
>
> **(나)** 아동은 완전하고 조화로운 인격 발달을 위하여, 가족적 환경과 행복, 사랑 및 이해의 분위기 속에서 성장하여야 함을 인정하고, …(중략)… 아동은 신체적, 정신적 미성숙으로 인하여 출생 전후를 막론하고 적절한 법적 보호를 포함한 특별한 보호와 배려를 필요로 한다는 점에 유념하고 …(중략)… 모든 국가, 특히 개발도상국가 아동의 생활 여건을 향상시키기 위한 국제협력의 중요성을 인정하면서, 다음과 같이 합의하였다.
> (1) 일반 원칙
>   ① 아동 차별 금지의 원칙(제2조)
>   ② (㉠)(제3조)
>   ③ 아동의 생존·보호·(㉡)의 원칙(제6조)
>   ④ 아동의 의사 존중의 원칙(제12조)

1) ① (가)의 내용이 포함된 문서 이름을 쓰고, ② ~ ③ (가)의 2~3항이 문서가 포함하고 있는 권리 2가지를 쓰시오. [3점]

① _____

② _____

③ _____

2) (나)의 내용 중 ㉠, ㉡에 들어갈 적합한 용어를 쓰시오. [2점]

㉠ _____

㉡ _____

05 유치원에서 해야 할 아동복지법에 제시한 안전교육 기준 내용이다. 질문에 답하시오. [5점]

(가) 교통안전교육 : 2개월 1회 이상(연간 (㉠)시간 이상) 실시한다.

1. 차도, 보도 및 신호등의 의미 알기
2. 안전한 도로 횡단법
3. 안전한 통학버스 이용법
4. 날씨와 보행안전
5. 어른과 손잡고 걷기

(나) 실종·유괴의 예방·방지 교육 : 3개월 1회 이상(연간 10시간 이상) 실시한다.

1. 길을 잃을 수 있는 상황 이해하기
2. 미아 및 유괴 발생 시 대처방법
3. (㉡)에 대한 개념
4. 유인·유괴 행동에 대한 이해 및 유괴 예방법

(다) 약물의 오용·남용 예방 교육 : 3개월 1회 이상(연간 10시간 이상) 실시한다.

1. 몸에 해로운 약물 위험성 알기
2. 생활 주변의 해로운 약물·화학제품 그림으로 구별하기
3. 모르면 먼저 어른에게 물어보기
4. 가정용 화학제품 만지거나 먹지 않기
5. (㉢)

(라) 재난대비 안전 교육 : 6개월 1회 이상(연간 (㉣) 시간 이상) 실시한다.

1. 화재의 원인과 예방법
2. 뜨거운 물건 이해하기
3. 옷에 불이 붙었을 때 대처법
4. 화재 시 대처법
5. 자연재난의 개념과 안전한 행동 알기

(마) 성폭력 및 아동학대 예방 교육 : (㉤)개월 1회 이상(연간 8시간 이상) 실시한다.

1. 내 몸의 소중함
2. 내 몸의 정확한 명칭
3. 좋은 느낌과 싫은 느낌
4. 성폭력 예방법과 대처법

---

1) (가)의 ㉠에 들어갈 적합한 숫자를 쓰시오. [1점]

㉠ _____

2) (나)의 ㉡에 들어갈 적합한 내용을 쓰시오. [1점]

㉡ _____

3) ㉢, ㉣, ㉤에 적합한 내용 또는 숫자를 쓰시오. [3점]

㉢ _____

㉣ _____

㉤ _____

06 (가)는 카두신(A. Kadushin)이 아동복지 사업을 분류한 유형이고, (나)는 아동복지 원칙에 대한 내용이다. 물음에 답하시오. [5점]

(가)	• (㉠) : 부모와 아동의 능력을 지원하고 강화시켜 주는 서비스 • (㉡) : 가정 내 부모 역할의 일부를 보조·보충해 주는 서비스 • (㉢) : 정상적 가정을 유지하기 어려울 때, 부모 양육을 일시적 혹은 영구적으로 대리해 주는 서비스
(나)	• (㉣)란 요구가 있는 아동 대상의 치료적 서비스를 목적으로, 사회가 책임을 지고 문제를 문제별로 분류하여 적절히 대처해 나가는 것이다. • 켄달(Kendall)은 (㉤)에 대해 '목적에서 적극성을 띠고 접근방법에서 포괄성을 가지며, 대상 인구의 각 부분에 관련돼야 하며 종전까지의 순수한 치료적 혹은 미시적 수준에서 지역사회적·국가적·거시적 수준까지의 제 복지 기능의 관여'라고 주장하고 있다.

1) 아동복지 사업의 구조에서 (가)의 ㉠, ㉡, ㉢을 제시하고, 각각의 구체적인 사업을 한 가지씩 쓰시오. [3점]

㉠ _____, _____

㉡ _____, _____

㉢ _____, _____

2) (나)에서 ㉣과 ㉤에 들어갈 적합한 용어를 쓰시오. [2점]

㉣ _____

㉤ _____

07 (가)는 유아교육법, (나)는 아동복지법, (다)장애인 등에 대한 특수교육법에 대한 내용이다. 물음에 답하시오. [5점]

(가) 유아교육법 제14조

원장은 유아의 생활지도 및 초등학교 교육과의 연계지도에 활용할 수 있도록 유아의 발달 등을 종합적으로 관찰하고 평가하여 교육부장관이 정하는 기준에 따라 (㉠)을/를 작성·관리하여야 한다.
[개정 2008.2. 29 제8852호(정부조직법), 2010.3.24, 2013.3.23 제11690호(정부조직법)]

(나) 아동복지법 제3조 (정의)

이 법에서 사용하는 용어의 뜻은 다음과 같다.
'(㉡)'(이)란 아동이 행복한 삶을 누릴 수 있는 기본적인 여건을 조성하고 조화롭게 성장·발달할 수 있도록 하기 위한 경제적·사회적·정서적 지원을 말한다.

(다) 장애인 등에 대한 특수교육법

제2조 (정의) 이 법에서 사용하는 용어의 정의는 다음과 같다. [개정 2012.3.21. 제11384호(초·중등교육법)]
                    …(중략)…
8. '(㉢)'(이)란 특수교육교원 및 특수교육 관련서비스 담당 인력이 각급학교나 의료기관, 가정 또는 복지시설(장애인복지시설, 아동복지시설 등을 말한다. 이하 같다.) 등에 있는 특수교육대상자를 직접 방문하여 실시하는 교육을 말한다.

---

1) (가)의 ㉠에 들어갈 용어를 쓰고, 다음 ①, ②에 들어갈 적합한 내용을 쓰시오. [3점]

"유치원생활기록부 작성 및 관리지침"에 의거하여 (㉠)을/를 (①)보존하고, 퇴학할 경우에는 유치원생활기록부를 퇴학일을 입력하여 (②)에 등록한다.

㉠ _____

① _____

② _____

2) (나)의 ㉡에 들어갈 적합한 용어를 쓰시오. [1점]

㉡ _____

3) (다)의 ㉢에 들어갈 적합한 용어를 쓰시오. [1점]

㉢ _____

08 (가)와 (나)는 아동 권리에 관한 내용이고, (다)는 인성 교육에 대한 내용이다. 물음에 답하시오. [5점]

(가) 모든 어린이가 차별 없이 인간으로서의 존엄성을 지니고, 나라의 앞날을 이어나갈 새 사람으로 존중되며, 바르고 아름답고 씩씩하게 자라도록 함을 길잡이로 삼는다.

1. 어린이는 건전하게 태어나 따뜻한 가정에서 사랑 속에 자라야 한다.
2. 어린이는 고른 영양을 취하고, 질병의 예방과 치료를 받으며, 맑고 깨끗한 환경에서 살아야 한다.
3. 어린이는 누구나 좋은 교육시설에서 개인의 능력과 소질에 따라 교육을 받아야 한다.

(나) 아동의 권리

- 인권으로서의 아동의 권리
- (㉠)(으)로서의 아동의 권리
- 건강한 지구에서 살 수 있는 권리
- (㉡)(으)로서의 아동의 권리
- UN의 아동권리

(다) 인성진흥교육법

제2조(정의) 이 법에서 사용하는 용어의 뜻은 다음과 같다.

1. '인성교육'이란 자신의 내면을 바르고 건전하게 가꾸고 타인·공동체·자연과 더불어 살아가는 데 필요한 인간다운 성품과 역량을 기르는 것을 목적으로 하는 교육을 말한다.
2. '(㉢)'(이)란 인성교육의 목표가 되는 것으로 예(禮), 효(孝), 정직, 책임, 존중, 배려, 소통, 협동 등의 마음가짐이나 사람됨과 관련되는 핵심적인 가치 또는 덕목을 말한다.
3. '(㉣)'(이)란 핵심 가치·덕목을 적극적이고 능동적으로 실천 또는 실행하는 데 필요한 지식과 공감·소통하는 의사소통 능력이나 갈등해결 능력 등이 통합된 능력을 말한다.

---

1) (가)의 내용이 포함된 문서의 이름을 쓰시오.   [1점]

_____

2) (나)의 ㉠, ㉡에 들어갈 적합한 용어를 쓰시오.
[2점]

㉠ _____

㉡ _____

3) (다)의 ㉢, ㉣에 들어갈 적합한 용어를 쓰시오.
[2점]

㉢ _____

㉣ _____

교원임용학원 강의만족도 1위,
해커스임용 teacher.Hackers.com

신체운동 · 건강 출제 경향 확인하기

*아래 출제경향은 1997~2021학년도의 출제빈도를 나타낸 것입니다.

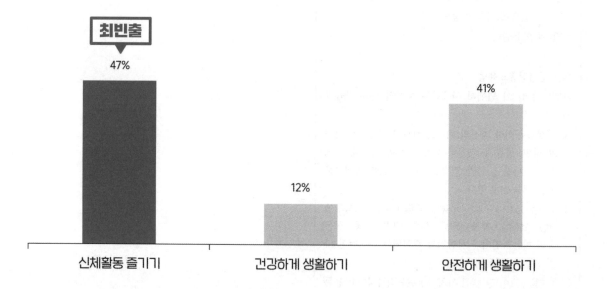

Chapter 08
신체운동 · 건강

Point 01   신체활동 즐기기
Point 02   건강하게 생활하기
Point 03   안전하게 생활하기

🔍 개념 완성 탐구문제

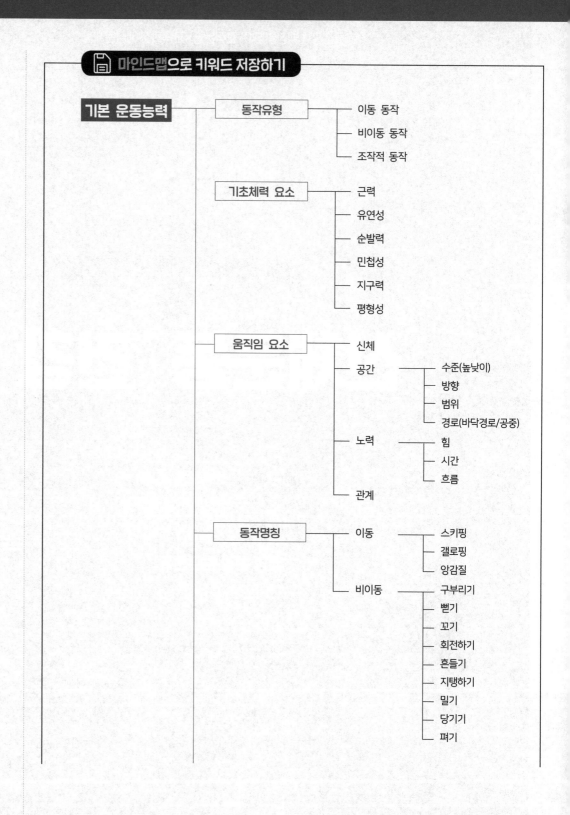

마인드맵으로 키워드 저장하기

기본 운동능력

동작유형
- 이동 동작
- 비이동 동작
- 조작적 동작

기초체력 요소
- 근력
- 유연성
- 순발력
- 민첩성
- 지구력
- 평형성

움직임 요소
- 신체
- 공간
  - 수준(높낮이)
  - 방향
  - 범위
  - 경로(바닥경로/공중)
- 노력
  - 힘
  - 시간
  - 흐름
- 관계

동작명칭
- 이동
  - 스키핑
  - 갤로핑
  - 앙감질
- 비이동
  - 구부리기
  - 뻗기
  - 꼬기
  - 회전하기
  - 흔들기
  - 지탱하기
  - 밀기
  - 당기기
  - 펴기

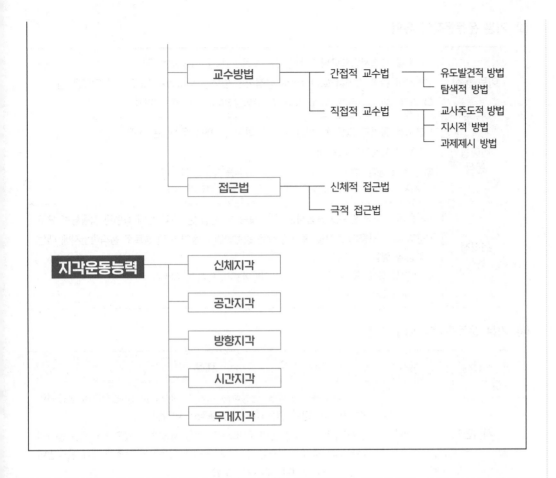

1. 기본 운동능력

(1) 의미

신체를 효율적으로 움직이는 데 필요한 운동 능력

(2) 운동능력의 발달

구분	시기	내용
반사적 운동	신생아	• 외적인 자극에 따라 무의식적으로 신체가 움직이는 것 • 주로 먹는 기능과 생리적 기능을 유지하는 데 사용됨 ⇨ 빨기 반사, 모로반사, 바빈스키 반사, 파악(잡기) 반사 등
초보적 운동	2세 이전	반사적 행동이 점차 감소되며 불완전해 보이는 기초 움직임이 나타남 ⇨ 의도적인 신체운동 시작
기본적 운동	2~7세	신체를 안정된 자세에서 굽히고, 뻗고, 흔드는 비이동 동작 기술 및 달리고, 뛰고, 기어오르는 이동 동작 기술이 가능함
전문화된 운동	7세 이후	스포츠와 관련된 동작이 가능함

(3) 기본 운동동작의 유형

이동 동작	• 위치를 변경시킴으로써 외적인 공간으로 신체를 이동하는 동작 • 인간이 환경 속에서 효과적으로 움직이는 방법을 학습하는 데 중요한 역할을 함 **예** 기기, 걷기, 달리기, 두 발 모아 뛰기, 앙감질하기, 스키핑, 말뛰기
비이동 동작	• 장소를 옮기지 않은 채 몸을 축으로 하여 선 채로 움직이는 동작 • 안정적 동작이라고도 함 **예** **중축적 동작**: 뻗기, 구부리기, 회전하기, 흔들기, 비틀기, 꼬기 　**자세**: 앉기, 구르기, 재빨리 피하기, 한 발로 균형잡기, 평균대 걷기
조작적 동작	• 사물의 조작적 활용을 포함하는 동작 활동 ⇨ 손과 발, 손과 눈의 숙련된 협응능력 요구 • 공과 같은 사물의 조작을 통한 동작을 경험하며 사물이 어떤 경로로 움직이는지에 대한 경험을 쌓음 **예** **추진적 동작**: 공 굴리기, 차기, 공 되받아치기, 던지기, 때리기 　**흡수적 동작**: 공 잡기

(4) 기본 운동동작의 발달 과정

단계	시기	내용
시작단계	2~3세	• 기본적인 운동 능력을 형성하는 시기 ⇨ 신체 감각기관끼리의 협응력이 갖추어지지 않아 협응되지 않은 동작이 나타남 • 던지기, 잡기, 차기, 높이 뛰어오르기 등을 시도할 수 있으나, 때로는 동작이 너무 과장되거나 위축될 수 있고, 동작의 율동감도 부족해 신체 움직임이 자연스럽지 않거나 능숙하지 못함
초보단계	4~5세	• 이전 단계에 비하여 신체 협응력이 다소 향상됨 • 자신의 신체 움직임을 대체로 조정할 수 있으나, 여전히 움직임이 서툴고 유연성이 결여되어 있음
성숙단계	6~7세	• 유아의 기본 운동기술이 능숙해지고 신체 협응력도 증가함 • 이 시기 이후부터 유아들의 운동 수행능력이 급속히 발달됨

(5) 기초체력 요소

요소	정의	운동의 예	측정 방법
근력	• 무게나 힘 등의 자극에 대해 최대한의 힘을 발산할 수 있는 능력 ⇨ 근육의 능력 • 강한 힘을 길러주며 균형 잡힌 체격을 만들어 줌	• 몸을 웅크렸다 펴며 점프하기 • 윗몸 일으키기 • 엎드려 팔 굽혀 펴기	• 악력 • 배근력

유연성	• 뻣뻣함이나 딱딱함 없이 관절을 자연스럽게 충분히 움직일 수 있는 능력 • 몸을 부드럽고 효율적으로 움직이는 데 필수적인 능력 • 몸의 균형을 잡거나 바른 자세를 취하고 능률적인 운동을 수행하는 데 크게 작용함	• 허리 굽혀 발끝 잡기 • 림보놀이 • 몸으로 시소 만들기	• 엎드려 윗몸 젖히기 • 윗몸 앞으로 굽히기
순발력	• 단시간에 폭발적으로 힘을 내는 능력 • 순간적으로 모든 근섬유를 폭발적으로 발휘시키는 힘을 이용하여 효과적으로 운동을 할 수 있음 • 체력 요인의 하나로 '파워'라고도 하며, 힘과 속도로 나타냄	• 온 힘을 다해 달리기 • 제자리 멀리뛰기 • 엎드려 팔 굽혀 펴기 • 높이뛰기 • 멀리뛰기 • 단거리 달리기 • 포환 던지기 • 공 던지기	• 제자리 높이뛰기 • 제자리 멀리뛰기 • 공 던지기 • 50m 달리기
민첩성	• 정해진 공간 안에서 몸의 방향을 재빨리 정확하게 전환하는 능력 • 자극에 대해 빠르게 반응하거나, 신체 위치를 재빨리 바꾸는 동작의 연속을 위해 신체의 빠른 중심 이동 및 신체의 평형 감각이 매우 중요함 ⇨ 평형성과도 관련 깊음	• 신호 따라 방향 바꾸기 • 왕복 달리기 • 공 튀기기	• 왕복 달리기 • 지그재그 달리기 • 사이드스텝 테스트
지구력	• 저항에 대해 반복하여 힘을 내거나 지속적으로 수축할 수 있는 능력 • 무게나 힘 등 자극에 대해 반복해 힘을 낼 수 있는 능력 ⇨ 저강도의 운동을 장시간 행할 때 발달되고 향상됨 • 호흡·순환 기능에 의한 산소의 섭취·운반·이용 능력을 나타냄 • 꾸준히 점진적으로 실시해야 함	• 게걸음 걷기 • 발 씨름 • 터널 지나가기 • V자 버티기	• **근지구력** : 팔굽혀 펴기, 윗몸일으키기, 턱걸이, 오래 매달리기, V자 앉기 • **심폐지구력** : 의자 오르내리기, 오래 달리기
평형성	• 움직이거나 정지한 상태에서 균형을 유지하는 능력 • 신체 안전을 유지하고 사고 및 위험을 피하는 데 중요한 역할을 함 • 평형 감각이 발달하면 바른 자세와 안정된 동작으로 운동에 참여할 수 있음	• 쟁반으로 공 나르기 • 선 따라 걷기 • 한 다리로 균형 잡기	• 눈 감고 한 발 서기 • 앞뒤로 구르기

2. 동작

(1) 개념

동작의 구성요소	신체, 공간, **노력**, 관계
라반(Laban)	신체, 공간, (시간, 힘, 흐름), 관계
길리엄(Gilliom)	신체인식, 공간, (힘, 균형, 체중 이동), (노력 : 시간, 흐름)

(2) 구성요소

신체	신체부분	신체 각 부분의 명칭과 그 부분들의 기능을 이해하는 것 ⑩ 어깨를 올려보고, 등을 구부린 모양으로 만들어 보자.
	신체형태	신체를 길게, 짧게, 넓게, 좁게, 똑바로, 곧게, 꼬이게, 둥글게, 대칭이 되게, 대칭이 안 되게 하는 것 ⇨ 직선, 곡선, 꼬임, 대칭·비대칭 ⑩ 여러 가지 방법으로 몸을 가능한 한 짧게 만들어 보자.
	신체표면	신체구역과 같은 의미로서, 앞, 뒤, 오른쪽 옆, 왼쪽 옆, 상체, 하체 등의 개념 ⑩ 몸 앞부분에 두 손을 올려보고, 다시 몸 뒷부분에 두 손을 올려보자.
	신체관계	신체 각 부분 간 관계를 의미하며, 가까이, 멀리, 대각선으로, 꼬이게 등의 개념 ⑩ 신호가 울리면 여러 가지 방법으로 손과 발을 가까이했다가 멀리 해보자.

공간	공간의 종류	• **자기공간**
		  ⑩ 신호가 울리면 한쪽 팔만 마음대로 움직여보자.
		• **일반공간**
		  ⑩ 옆 사람을 건드리지 말고 조용히 걸어가 보자. 이번에는 걷지 말고 뛰어다니되 서로 부딪치지 않게 해 보자.

	높낮이	'높게, 낮게, 조금 높게, 조금 낮게, 아주 높게, 아주 낮게'와 같은 개념 ⑩ 신호가 울리면 이리저리 걸어 다니면서 몸을 낮게, 높게, 그리고 조금 낮게, 조금 높게 바꾸어 보자.
	방향	'앞으로, 뒤로, 옆으로, 위로, 아래로, 오른쪽으로, 왼쪽으로'와 같은 개념 ⑩ 신호가 울리면 옆으로 움직이면서 걸어가 보자.
	범위 (크기)	'크게, 작게, 아주 크게, 아주 작게'와 같은 개념 ⑩ 신호가 울리면 자기 몸을 풍선처럼 둥글게 큰 모양으로 해 보고, 다음에는 직선의 좁은 모양으로 해보자.
	경로 (바닥형태)	'직선, 곡선, 지그재그, 원형, 네모형, 세모형, 마름모형'과 같은 개념 ⑩ 신호가 울리면 마룻바닥에 곡선 모양을 만들면서 걸어보자.

시간	속도	'천천히, 빨리, 적당히'와 같은 개념 ⑩ 적당한 걸음걸이로 걷다가 <u>차츰 느리게</u> 걸어보자.
	가속과 감속	동작의 속도를 점점 증가시키거나 감소시키는 것 ⑩ 신호가 울리면 <u>최대한으로 빨리 달리다가</u>, 다음에는 점차로 아주 느리게 달려 보자.
	리듬	'갑자기, 부드럽게, 똑같이, 급격히'와 같은 개념 ⑩ 신호가 울리면 몸을 둥근 모양으로 하고 있다가, 다시 신호가 울리면 <u>최대한</u> <u>갑자기</u> 손과 다리를 벌릴 수 있는 데까지 벌려 보자.
무게(힘)	힘의 강약	'강하게, 약하게'와 같은 개념 ⑩ 신호가 울리면 두 팔에 힘을 강하게 주었다가 천천히 힘을 빼 보자.
	힘의 질	'가볍게, 무겁게, 갑자기, 부드럽게'와 같은 개념 ⑩ <u>무거운 것을 들어 올리는 것처럼</u> 움직여보자.
	무게변화	신체의 어느 한 부분에 힘을 주었다가 다른 부분으로 힘을 옮기는 것 ⇨ 흔들고 구르기, 미끄러지기, 걷기 등 ⑩ 배를 마루에 대고 몸을 둥글게 하여 발을 손 가까이에 있도록 해 보자. 그리고 <u>힘을 앞으로, 뒤로 옮겨보자.</u>
흐름	단절 흐름	동작의 끝이나 동작의 일부가 끊어지는 것
	연속 흐름	다른 동작이나 동작의 부분들을 부드럽게 연결시키는 것 ⑩ 신호가 울리면 앉기, 일어서기, 세 번 걷기, 높이뛰기를 <u>연속적으로</u> 해보자.
관계		• 물체와 신체 부분 간의 관계 ⑩ 공 던지기, 잡기, 치기, 굴리기, 차기 • 신체 어느 한 부분과 다른 부분과의 관계 ⑩ 평균대 활동 • 신체 어느 부분과 물체와의 관계 ⑩ 로프활동 • 물체와의 관계인 가까이 - 멀리, 앞 - 뒤, 위 - 아래(밑), 나란히 - 비스듬히, 꼭대기 위 - 한가운데, 안 - 밖과 같은 공간 언어에 대한 학습 과정 또한 신체 움직임을 통해 얻을 수 있음

(3) 동작의 질

힘	무겁고 / 강하고 / 가볍고 / 약하고
시간	빠르고 / 느리고
공간	높이 / 방향 / 위치 / 근접
흐름	탄력 있는 동작과 유연한 동작

(4) 동작명칭

동작	**안정동작**	• 구부리기 • 뻗기 • 꼬기	• 회전하기 • 흔들거리기 • 구르기
	이동동작	• 걷기, 달리기, 뛰어넘기 • 두발 모아뛰기, 앙감질 • 스키핑, 미끄러지기, 말뛰기 • 오르기	
	조작동작	• 던지기 • 받기	• 차기 • 때리기
동작지도 지침 *출처: 유아동작교육. 방통대. 전인옥		• 이동운동 시에는 속도와 방향 등에 변화를 주어 움직여 보도록 함 　🔵예 "앞으로, 뒤로, 꽃게처럼 옆으로 걸어볼까?", "빠르게 걸어보자. 천천히 걸어보자.", 　　　"한 발로 뛰어볼까? 두 발로 모아 뛰어볼까?", "옆으로 뛰어보자. 뒤로도 뛰어보자." 　- **스키핑(skipping)**: 한 발짝 앞으로 걷고(step) 가볍고 빠르게 뛰어오르는(hop) 동 　　작이 함께 일어나는 움직임 ⇨ 홉 동작보다는 스텝 동작에 더 강조를 두며 한 발이 　　순간적으로 바닥 위로 올라가며 가볍게 미끄러지는 듯한 움직임으로 나타나고, 동시 　　에 다른 발로 바꾸어 같은 동작을 반복함 　- **말뛰기(galloping)**: 한 발은 앞으로 걷고 다른 발은 달리기를 하면서 바닥을 밟게 　　되고, 한쪽 다리를 앞으로 내밀며 앞으로 내민 다리에 다른 쪽 다리를 빨리 끌어다 　　붙이는 것 ⇨ 불규칙적인 리듬으로 일어남 　- **앙감질(hopping)**: 한 발에 무게를 주고 바닥에서 밀어올리고 나서 같은 발이 다시 　　바닥에 닿는 동작 ⇨ 한쪽 다리를 들어 올린 채 균형을 유지해야 함 • 제자리에서 몸을 움직여 보는 활동은 방향과 속도를 달리하여 시도해 봄 　- **구부리기**: 신체의 관절 부분을 접는 동작 　- **뻗기**: 신체의 여러 부위를 위·아래·옆으로 각도를 달리하여 수직·수평으로 펴는 동작 　　🔵예 "나뭇가지에 조심스럽게 앉아 있는 잠자리가 되어보자." 　- **꼬기**: 신체의 한 부분을 축으로 하여 신체의 다른 부분들을 회전시키는 동작 　　🔵예 "코끼리 코를 만들어 보자." 　- **회전하기**: 몸 전체를 수직이나 수평축으로 돌리는 동작 　　🔵예 "팽이가 되어 돌아볼까? 반대 방향으로 돌아볼까? 조금 더 빨리 돌아볼까?" 　- **흔들기**: 추의 움직임처럼 신체 한 부분을 고정하고 다른 부분을 자유롭게 흔드는 동작 　- **지탱하기**: 신체의 한 부분을 고정한 후 일정한 무게를 신체의 일부 및 전체로 지지하 　　며 주어진 시간에 멈춤 자세로 있는 동작 　- **밀기**: 신체 각 부위를 이용하여 고정 물체나 움직이는 물체를 신체 밖으로 힘껏 밀어 　　내는 동작 　- **당기기**: 손이나 팔 그리고 기구를 이용하여 자기 신체 부위로 끌어당기는 동작 • 악기나 신호에 따라 움직이기 또는 움직이다가 방향 바꾸기나 멈춰보기 등의 　활동을 해봄 • 걷고 달리기 등을 할 때 어깨가 한쪽으로 내려가거나 허리를 굽힌 상태에서 하지 　않도록 지도함 • 걷기, 달리기, 뛰기 등의 이동동작뿐만 아니라 제자리에서 몸을 움직일 때도 유아 　끼리 부딪히지 않도록 충분한 공간을 제공하여 안전사고에 유의하도록 함	

(5) 접근 및 교수방법

접근 방법	**신체적 접근방법**	• 움직임 요소를 중심으로 기본 동작을 탐색하고 실험해 보게 하는 접근법
		• **교수법**
		  - 갈라휴(Gallahue)의 개념적 동작교수법
		  - 길리옴(Gilliom)의 문제해결식 동작교수법

	리듬적 접근방법	• **교수법**
		  - 와이카트(Weikart)의 리듬 동작교수법
		  - 브라운(Brown)의 리듬중심 동작교수법
		  - 몬슈어(Monsour), 코헨(Cohen), 린들(Lindel)의 음률 동작교수법

	극적 접근방법	• 상상력을 중심으로 다양한 동작을 유도하고 창의적 동작 표현을 자극하는 것을 강조함
		• **교수법**
		  - 리츠슨(Ritson)의 창작무용의 체계적 교수법
		    [참고] 동작주제는 신체, 무게와 시간, 공간, 동작의 흐름, 짝과 소집단, 노력 행위 인식과 같은 기본요소 개념을 포함하며, 문화적 주제는 동물, 운송 기관, 날씨, 감정 등 주제 또는 단원의미를 포함함
		  - 에머슨(Emerson)과 레이(Leigh)의 상상·환상중심 극적 접근방법

	통합적 접근방법	• **교수법**
		  - 슬레이터(Slater)의 기본·응용 동작 통합교수법
		  - 캐츠(Katz)와 챠드(Chard)의 프로젝트 통합교수법

교수 방법	**지시적 교수 방법**	시범과 모방을 통한 학습방법

	비지시적 교수 방법	• 유아 스스로의 실험과 문제해결, 자기발견을 통한 학습방법
		• **종류**
		  - **유도 발견적 방법** : 수렴적으로 문제해결을 하도록 돕는 방법
		  - **탐색적 방법** : 유아 각자가 나타내고 싶은 대로 다양한 반응을 하도록 하여 발산적인 문제해결을 이끌어 주는 지도유형

*출처 : 유아를 위한 동작교육의 이론과 실제, 배인자 외, 양서원, p.116-120

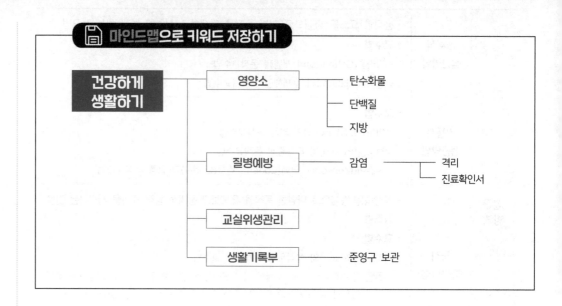

1. 6대 영양소

영양소	기능	음식류
탄수화물	• 활동에 필요한 에너지를 공급하고 체온을 유지함 • 신체조직의 소모를 막아 단백질 손실을 방지함	곡류 및 전분류
단백질	신체와 두뇌 발달을 돕고, 근육을 생성시키며 면역력을 증가시킴	고기, 생선, 계란, 콩류
지방	장기보호와 체온조절의 역할을 함	유지 및 당류
무기질	체액의 삼투압을 정상적으로 유지하고 뼈와 치아를 구성함 **예** 칼슘 : 뼈와 이를 만들고 근육의 수축·이완 및 혈액의 응고작용 등의 신체 기능을 조절(우유 및 유제품) **참고** 철분이 부족하여 나타나는 증상(빈혈, 집중력 감소) 나타날 경우 ⇨ 육류, 달걀 노른자, 조개류 섭취 필요	채소 및 과일류
비타민	체내 대사 작용에 관여함 **예** 자외선은 체내의 비타민 D를 합성하고, 비타민 D는 살균작용과 스트레스 해소의 기능을 함 **참고** 비타민 A가 부족하여 나타나는 증상(밤에 눈이 잘 보이지 않음) 나타날 경우 ⇨ 당근, 시금치, 호박, 토마토 섭취 필요	채소 및 과일류
물	신체구성 및 유지에 필수적인 요소	-

2. 전염병의 증상과 예방 대책

병명	발생상황	증상	예방 대책
수두	만 2~8세 유아가 걸림	• 미열과 동시에 발진이 가슴, 배부터 시작해서 얼굴, 팔, 다리에 나타남 • 발진은 반점이었던 것이 수포가 되고, 수포는 딱지가 됨 • 폐렴과 같은 합병증이 있음	• 유행 시 6일간 격리 ⇨ 모든 딱지가 떨어질 때까지 격리 • 예방 접종
수족구병	• 만 4세 이하의 영아 • 여아보다는 남아가 더 잘 걸림 • 여름철에 잘 발생함	• 입안이나 목에 작은 물집이 생기고 손바닥이나 발바닥에도 작은 돌기(구진)가 나며 그 끝에 물집이 맺힘 • 열은 날 수도, 안 날 수도 있음	• 우선 환자는 집단으로부터 격리시킴 • 바이러스가 원인이므로 전염력이 강함
유행성 눈병	바이러스가 원인임	눈이 쓰리거나 아픔	• 집단으로부터 환자 격리시킴 • 가정에서 치료를 받도록 권유
유행성 독감	인플루엔자 바이러스가 원인임	두통, 오한, 열, 구토, 기침	• 유행 시 환자 격리시킴 • 예방 접종 ⇨ 효과는 1년 정도 지속됨
전염성 농가진	• 포도상구균이나 연쇄상구균이 원인임 • 여름철에 잘 발생함	발진 부위에 수포나 농포를 형성하고, 이것이 터져서 누런 딱지를 형성함 ⇨ 불에 데인 것과 같은 모습	• 여름철에 특히 모기나 벌레 물린 상처를 긁지 않도록 함 • 항생제로 치료가 되고, 영아는 부스럼 딱지가 모두 떨어질 때까지 격리시킴

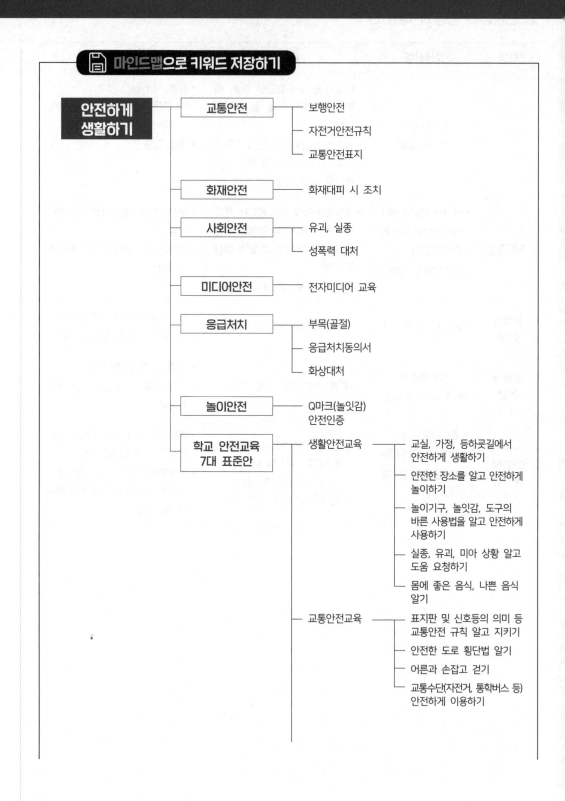

마인드맵으로 키워드 저장하기

안전하게 생활하기
- 교통안전
  - 보행안전
  - 자전거안전규칙
  - 교통안전표지
- 화재안전
  - 화재대피 시 조치
- 사회안전
  - 유괴, 실종
  - 성폭력 대처
- 미디어안전
  - 전자미디어 교육
- 응급처치
  - 부목(골절)
  - 응급처치동의서
  - 화상대처
- 놀이안전
  - Q마크(놀잇감) 안전인증
- 학교 안전교육 7대 표준안
  - 생활안전교육
    - 교실, 가정, 등하굣길에서 안전하게 생활하기
    - 안전한 장소를 알고 안전하게 놀이하기
    - 놀이기구, 놀잇감, 도구의 바른 사용법을 알고 안전하게 사용하기
    - 실종, 유괴, 미아 상황 알고 도움 요청하기
    - 몸에 좋은 음식, 나쁜 음식 알기
  - 교통안전교육
    - 표지판 및 신호등의 의미 등 교통안전 규칙 알고 지키기
    - 안전한 도로 횡단법 알기
    - 어른과 손잡고 걷기
    - 교통수단(자전거, 통학버스 등) 안전하게 이용하기

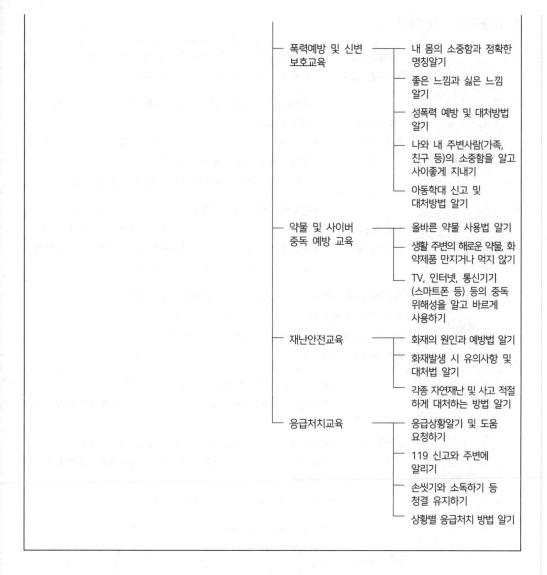

폭력예방 및 신변 보호교육
- 내 몸의 소중함과 정확한 명칭알기
- 좋은 느낌과 싫은 느낌 알기
- 성폭력 예방 및 대처방법 알기
- 나와 내 주변사람(가족, 친구 등)의 소중함을 알고 사이좋게 지내기
- 아동학대 신고 및 대처방법 알기

약물 및 사이버 중독 예방 교육
- 올바른 약물 사용법 알기
- 생활 주변의 해로운 약물, 화약제품 만지거나 먹지 않기
- TV, 인터넷, 통신기기 (스마트폰 등) 등의 중독 위해성을 알고 바르게 사용하기

재난안전교육
- 화재의 원인과 예방법 알기
- 화재발생 시 유의사항 및 대처법 알기
- 각종 자연재난 및 사고 적절하게 대처하는 방법 알기

응급처치교육
- 응급상황알기 및 도움 요청하기
- 119 신고와 주변에 알리기
- 손씻기와 소독하기 등 청결 유지하기
- 상황별 응급처치 방법 알기

1. 교통안전

(1) 보행안전 - 안전하게 횡단보도를 건너는 방법

신호등이 있는 횡단보도	• 자동차가 멈추는 곳에서 먼 화살표가 있는 도로 경계석 앞에 멈추어 서기 • 초록불이 켜지면 차가 완전히 멈추었는지 오른쪽·왼쪽 살펴보기 • 차의 움직임을 확인하며 빠른 걸음으로 건너기
신호등이 없는 횡단보도	• 자동차가 멈추는 곳에서 먼 화살표가 있는 도로 경계석 앞에 멈추어 서기 • 오고 있는 차가 없는지, 차가 완전히 멈추었는지, 오른쪽·왼쪽 살펴보기 • 차의 움직임 확인하며 빠른 걸음으로 건너기
횡단보도가 없는 도로에서의 보행안전	• 뛰거나 서두르지 말고 운전자가 잘 보이는 위치에서 서서 손을 들어 차를 멈추기 • 좌우를 살핀 후 차가 완전히 멈춘 것을 확인하고, 천천히 걷도록 하며 건넌 다음 손을 흔들어 고마움을 표시하기

(2) 교통기관 이용 안전

통학버스	**통학버스를 기다리는 경우**	• 버스가 도착하기 5분 전에 미리 도착하여 여유 있게 기다리기 • 도로에서 멀리 떨어진 곳에서 기다리기
	통학버스를 타고 내리는 경우	• 통학버스가 완전히 정차한 후, 교사가 타도 괜찮다는 신호를 보내면 승차하기 • 옷자락이나 신발 끈이 끼이지 않도록 잘 여미고, 가방이 문이나 손잡이에 걸리지 않도록 조심하기 • 계단을 오르내리는 유아에게 재촉하거나 말 걸지 않기
	통학버스에서 내린 후	• 통학버스에서 내리면 빨리 안전한 보도 위로 올라서기 • 버스 주변을 뛰어다니거나 버스 안에 있는 친구와 장난치지 않기 • 통학버스 가까이에 물건을 떨어뜨린 경우, 운전자에게 말한 후 보호자가 줍기 ⇨ 절대 유아가 줍도록 하지 않음
승용차		• 유아에게 차 내부의 여러 기기를 함부로 조작하지 않도록 하기 • 차의 문과 창문은 유아가 열고 닫지 않도록 하기 • 문 잠금장치와 창문 잠금장치를 사용하여 안전하게 문 잠그기 • 유아를 혼자 먼저 내리게 한 후, 차를 주차하거나 이동시키지 않기
지하철과 기차	**승하차 시**	• 반드시 성인과 함께 안전선 안에서 기다리기 • 지하철과 승강장 틈에 발이 빠지지 않도록 살핀 후 안전하게 타고 내리기 • 승강장에서는 밀고 당기거나 쫓는 등의 장난을 하지 않기 • 내릴 때, 반드시 유아의 손을 잡고 아이가 먼저 승강장에 발을 디디도록 하기 • 내린 후, 지하철과 멀리 떨어져서 이동하기
	객차 안에서	• 문 가까이에 서 있거나 기대지 않도록 하기 • 문이 열렸을 때 뛰어 나갔다가 다시 들어오는 장난치지 않도록 하기 • 문이 닫힐 때 손이나 옷, 가방이 끼이지 않도록 하기 • 객차와 객차 사이의 연결통로에 서 있거나 돌아다니지 않도록 하기

(3) 교통표지

규제 표지	• **기능** : 도로교통의 안전을 위한 제한·금지를 나타냄 • **의미** : 빨간색 ⇨ 주의, 위험, 금지 • **예시** 통행금지　　자동차 통행금지　　화물자동차 통행금지　　승합자동차 통행금지　　이륜자동차 및 원동기장치 자전거 통행금지　　자동차·이륜자동차 및 원동기장치 자전거 통행금지

경운기·트랙터 및 손수레 통행금지	자전거 통행금지	진입금지	직진 금지	우회전 금지	좌회전 금지
유턴 금지	앞지르기 금지	정차·주차 금지	주차금지	차중량 제한	차높이 제한
차폭 제한	차간거리 확보	최고속도 제한	최저속도 제한	서행	일시정지
양보	보행자 통행금지	위험물 적재차량 통행금지			

- **기능** : 도로 또는 부근의 위험을 알림
- **예시**

주의 표지

+자형 교차로	┳자형 교차로	Y자형 교차로	┣자형 교차로	┫자형 교차로	우선도로
우합류도로	좌합류도로	회전형 교차로	철길 건널목	우로 굽은 도로	좌로 굽은 도로
우좌로 이중 굽은 도로	좌우로 이중 굽은 도로	2방향 통행	오르막 경사	내리막 경사	도로 폭이 좁아짐
우측 차로 없어짐	좌측 차로 없어짐	우측방통행	양측방통행	중앙분리대 시작	중앙분리대 끝남

주의 표지						
	신호기	미끄러운 도로	강변도로	노면 고르지 못함	과속방지턱	낙석도로
	횡단보도	어린이보호	자전거	도로공사 중	비행기	횡풍
	터널	야생동물 보호	위험			

- **기능** : 도로의 통행방법·통행구분 등 지시를 함
- **의미** : 파랑색 ⇨ 방향, 지역
- **예시**

지시 표지						
	자동차 전용도로	자전거 전용도로	자전거 및 보행자 겸용도로	회전 교차로	직진	우회전
	좌회전	직진 및 우회전	직진 및 좌회전	좌우회전	유턴	양측방통행
	우측면통행	좌측면통행	진행방향별 통행구분	우회로	자전거 및 보행자 통행구분	자전거 전용차로
	주차장	자전거 주차장	보행자 전용도로	횡단보도	노인보호 (노인보호구역 안)	어린이보호 (어린이보호구역 안)

장애인보호	자전거 횡단도	일방통행	일방통행	일방통행	비보호 좌회전
버스 전용차로	다인승차량 전용도로	통행우선			

(4) 자전거 안전규칙 외

자전거 탈 때의 안전수칙	• 과속하지 않고 천천히 운전하기 • 자동차의 움직임에 유의하기 • 자동차의 바로 앞, 뒤, 옆에서 운전하지 않기 • 자동차 앞으로 끼어들지 않기 • 밝은 색상의 옷 입고 운전하기 • 차도나 사람의 통행이 많은 장소를 피해서 운전하기 • 되도록 자전거 전용도로를 이용해서 운전하기 • 자전거 도로가 따로 설치되지 않은 도로에서는 지나가는 자동차와 일정한 간격을 유지하고 운행하기 • 횡단보도를 건널 때에는 자전거에서 내려서 걸어서 건너기 • 추돌을 방지하기 위해 자전거 후면 또는 신체에 반사기 부착하기 • 밤에는 자전거를 타지 않기 • 머리 크기에 맞는 헬멧을 착용하기
킥보드 탈 때의 안전수칙	• 타기 전에 고장이 없는지 확인하기 ⇨ 브레이크 작동 점검하기 • 보호 장구 착용하기 • 계단을 오르내리지 않기 • 킥보드를 탄 채 묘기 부리지 않기 • 내리막길은 가속이 되어 위험하므로 내리막길 달리지 않기 • 차들이 다니지 않는 장소와 포장이 잘 된 평지에서 타기 • 주위 상황을 파악하기 어려운 시간이나 장소에서는 타지 않기 • 손에 물건을 들고 타지 않기 • 킥보드의 손잡이는 항상 양손으로 잡고 타기 • 여럿이 손을 잡고 타거나 앞사람을 잡고 타지 않기 • 트럭이나 자전거 등을 따라가며 타지 않기 • 사람이 많이 모인 곳에서는 킥보드를 타지 않기 • 모터가 달린 킥보드는 타지 않기

바퀴달린 신발 (인라인스케이트) 을 탈 때의 안전수칙	• 반드시 헬멧과 무릎·팔꿈치 보호대 착용하기 • 타기 전, 바퀴가 고장나지 않았는지 확인하기 • 차가 다니는 자동차도로나 골목길에서 타지 않기 • 주·정차된 자동차 주변에서 타지 않기 • 인라인스케이트 이용자를 위한 안전시설이 있는 곳에서 타기 • 인라인스케이트를 신고 계단을 오르내리지 않기 • 인라인스케이트를 신고 묘기를 부리거나 장난치지 않기 • 내리막길은 가속이 되어 위험하므로 내리막길로 달리지 않기 • 손에 물건을 들고 타지 않기 • 트럭이나 자전거 등을 따라가며 타지 않기 • 보호자와 함께 타기 • 함께 타는 사람과 장난하지 않기 • 주위 상황 파악이 어려운 시간이나 장소에서 타지 않기 • 비 오는 날에는 타지 않기 • 모퉁이에서는 속도를 줄이기 • 물웅덩이나 모래가 있는 곳에서는 타지 않기

2. 화재안전

(1) 화재 시의 안전상식(평소에 유아들에게 알려줄 대처방법)

① 옷에 불이 붙었을 때, 절대로 뛰지 말고 눈과 입을 손으로 가린 채 바닥에 뒹굴어 끔

② 연기가 꽉 찬 곳에서는 팔과 무릎으로 기어서 나감 ⇨ 맑은 공기는 30~60cm에 떠 있음

③ 수건이나 옷을 물에 적셔 코에 대고 숨을 쉬면 유독가스에 의한 기도의 손상을 어느 정도 예방 가능함

④ 방 밖에서 불이 난 경우 방문을 열기 전, 손잡이를 만져 보고 뜨겁지 않으면 문을 열고 나감

⑤ 건물이나 방 안에 갇힌 경우, 불길이 번져 들어오지 못하게 문을 닫고 연기가 들어오지 못하도록 문 틈새를 이불이나 옷 등으로 막으며 창문을 통해 도움을 요청함 ⇨ 밝은 색의 수건, 옷을 흔듦

⑥ 베란다가 있는 건물에서 바깥으로 대피하지 못한 경우, 베란다로 대피하고 베란다로 통하는 문을 닫아 불길이나 유독가스가 들어오지 못하게 함

(2) 화재대피 훈련

사전 준비	• 교사 회의를 통해 행사 일정을 협의함 - 화재 발생 장소, 대피 통로 및 장소, 훈련 시간 정하기 - 교사는 유아 대피, 교실 확인, 최종 인원 점검, 화재 신고, 다친 유아 치료, 소요시간 측정을 담당함 • 비상구, 소화기, 화재경보기의 작동을 점검함 ⇨ 시설 점검 • 유아들이 출구를 알아볼 수 있도록 비상문을 표시함 - 대피할 장소와 통로가 표시된 비상시 대피 경로를 눈에 잘 띄는 곳에 게시함 - 대피 경로는 반드시 두 가지로 계획하여 한 경로에 화재 발생 시 다른 경로를 이용함 • 불이 났을 경우 함께 모일 장소를 정함 • 응급 처치를 위한 간단한 구급약품과 기구를 준비함 • 화재대피 훈련 일지(날짜, 시간, 훈련과정 기록란)를 준비함

활동 방법
(대피 훈련)
	• 유아와 함께 대피 훈련을 해야 하는 이유와 대피하는 방법에 대해 이야기함
	• 비상구 표시와 대피 경로를 보며 비상시 대피하는 방법에 대해 알아봄
	• 화재 경보를 울리고 훈련 상황임을 알린 후, 유아들이 당황하지 않고 대피하게 함
	• 유아와 교사는 비상대피 경로를 따라 대피 장소로 긴급히 이동함
	  - 교사는 앞에서 유아를 대피 장소로 안내하고, 함께 나온 유아의 이름을 불러 인원 확인
	  - 보조 교사는 활동실 및 화장실, 복도에 남아 있는 유아가 있는지 반드시 점검하고, 활동실
	    문을 닫은 후 밖으로 나옴
	  - 교사가 소화기를 사용하여 불을 끄는 것을 관찰함
	• 최종 인원을 점검자에게 보고함
	• 훈련 후 반별로 평가하는 시간을 가짐
	  - 훈련 도중 다친 친구는 없는지, 화재 경보가 울린 후 얼마나 빨리 밖으로 나올 수 있었는지

유의점	• 유아에게 사전에 알려주고 실시하는 훈련과 불시에 실시하는 훈련을 병행함 ⇨ 월 1회 정도 실시 • 가정통신문을 통해 화재대피 훈련을 실시함을 사전에 부모에게 알림 • 화재대피 훈련은 정기적으로 실시하며 익숙해지면 점점 불시에 실시함 • 비상문의 위치와 비상대피 경로는 평소에 유아들과 함께 살펴보고 확인해 둠 • 비상계단은 차단해서는 안 되며 항상 대피할 수 있는 공간을 확보해 두어야 함 • 대피에 소요되는 시간을 측정하여 가능한 한 신속하게 대피할 수 있도록 함 • 대피 훈련 시 나타난 문제점을 평가하고 개선해야 함 • 대피할 때에는 소지품을 챙기려 하지 말고 몸만 재빨리 빠져 나오도록 주의시킴

3. 성폭력, 유괴, 미아실종안전

유아 발달 특성상 유아가 성폭력에 노출되기 쉬운 이유	• 유아는 힘이 약함 • 유아는 다른 사람을 잘 믿고 따름 • 유아는 모르는 사람일지라도 친절한 태도를 보여주면 착한 사람으로 여김 • 유아는 새로운 경험에 대한 호기심이 많음 • 유아는 성 개념과 관련 지식이 부족함
유아의 발달 특성을 고려하여 교사가 가르쳐야 할 교육 내용	• 기분 좋은 접촉과 기분 나쁜 접촉을 구별하게 함 • 위험한 상황에서 자신을 보호하는 방법을 알게 함 • 자신의 몸이나 타인의 몸을 소중하게 여기도록 함
사건 발생 시 교사가 대처해야 할 방안	• 평소처럼 담담하게 대함 ⇨ 성인의 과도한 반응은 유아에게 크게 잘못한 일 이라는 느낌을 갖게 할 수 있음 • 유아가 잘못한 일이 아니므로 크게 걱정할 필요가 없다고 위로하고 안심시킴 ◉ "네 잘못이 아니야." • 너무 자세히 물어보지 않음 ⇨ 유아가 겪은 일을 자세히 확인하는 것도 중요 하지만 너무 꼬치꼬치 물으면 유아는 사실이 아닌 거짓으로 대답할 수 있음

3단계 대처기술 익히기	• **1단계** : "안 돼요, 하지 마세요!"라고 큰 소리로 말하기 • **2단계** : 그 자리를 피하기 • **3단계** : 일어난 일에 대해 부모님 등 믿을 수 있는 사람에게 말하기
길을 잃었을 때 안전한 행동	• 길을 잃었을 때는 그 자리에 가만히 있어야 함 ⇨ 함께 온 사람 역시 유아가 사라지면 왔던 길을 되짚어 가게 되므로 원래 자리에 잘 있으면 함께 온 사람이 쉽게 찾을 수 있음 • 함께 온 사람은 유아를 찾는 것을 멈추거나 혼자 집에 가지 않음 • 유아에게 울지 말고 큰소리로 엄마나 아빠를 세 번 이상 부르도록 함 • 유아에게 한참 기다려도 함께 온 사람을 찾지 못하면 믿을 수 있는 사람을 찾아 도움을 요청하게 함 • 낯선 사람은 따라가지 않도록 함 　[참고] **아동안전지킴이집** : 동네의 문구점, 편의점, 약국 등을 아동안전지킴이집으로 지정하여 위험에 처한 아동을 임시보호하고 경찰에 인계하는 곳으로 유아가 위험한 상황에서 도움을 요청할 수 있음

4. 미디어 안전

(1) 전자미디어의 순기능과 역기능

순기능	• 다양한 시청각 정보를 수집할 수 있음 • 검색을 통해 일상생활의 문제를 해결할 수 있음 • 학습의 도구로 활용할 수 있음 • 개인의 정보를 축적할 수 있음 • 타인과의 관계를 형성할 수 있음
역기능	• 지속적으로 접하고자 하는 중독 현상이 생길 수 있음 • 현실과 환상의 혼동에 따른 문제 상황이 야기될 수 있음 • 사회적 관계의 단절이 발생할 수 있음 • 기초 체력의 저하와 신체적·정신적 증상이 발현될 수 있음

(2) 전자미디어 교육방법

① 전자미디어의 기능과 역할 인식하기

　⑩ 컴퓨터가 있어서 좋은 점이 무엇인지 이야기해보고 동시로 꾸며봄

② 전자미디어의 사용법 익히기

　⑩ 전자미디어와 관련된 기기를 직접 조작해 보는 경험을 반복해서 해봄

③ 전자미디어를 통해 정보 활용하기

　⑩ 개구리의 생활에 대해 궁금해 하는 유아와 함께 인터넷을 통해 알아봄, 인터넷에서 검색한 '삼색주먹밥 요리 과정'에 따라 즐거운 마음으로 요리하고 만든 음식을 먹음

④ 전자미디어에 대한 자기 조절력 형성하기

　⑩ '컴퓨터만 하고 싶은 민호'의 이야기를 듣고 컴퓨터 중독을 예방하는 방법에 대해 함께 알아봄

⑤ 전자미디어와 관련된 윤리의식 기르기

　⑩ 인터넷을 하는 사람끼리 서로 지켜야 할 약속에 대해 조사해보고 이야기 나누기를 함

(3) VDT 증후군

개념		컴퓨터 사용과 관련된 건강상의 문제들을 총칭하는 용어
원인		• 바르지 못한 자세로 컴퓨터를 사용함 • 휴식 없이 장시간 작업 시 발생함 • 컴퓨터에서 나오는 유해 전자파, 모니터 크기 및 위치, 유아에게 맞지 않는 책상·의자, 키보드 등 컴퓨터 관련 장치의 질에 의해 발생함 • 실내 채광과 공기의 흐름에 의해 발생함
증상	육체적 증상	눈이 뻑뻑해짐, 쉽게 피로해짐, 시력 저하, 두통, 손가락이나 손과 목의 통증 및 결림 등
	심리적 증상	두통, 수면장애, 집중력 저하 및 정서 장애 등

(4) 비디오 증후군

원인	만 4세 이전에 강렬한 일방적 자극을 주는 비디오와 집중적인 상호작용을 하면 뇌 발달에 치명적인 손상을 입음
문제점	유아 발달단계의 사고 특성상 현실과 상상을 잘 구분하지 못함 ⇨ 현실과 가상의 경계가 혼미해짐
증상	• 비디오를 보는 것 외에는 관심이 없고, 다른 사람의 말에 반응하지 않음 • 고집이 세지고 까닭 없이 물건을 부숨 • 학습인지 능력이 떨어지고, 주변의 아이들과 어울리지 못함 • 유난히 겁이 많아지고 불안해짐
예방법	• 비디오 시청 시간을 줄임 • 혼자 시청하게 하지 않음 ⇨ 부모와 함께 좋은 프로그램을 선택하여 봄 • 자극적·폭력적인 것을 피하고, 좋은 프로그램을 선택함 • 영재 비디오 프로그램을 맹신하지 않음

(5) 인터넷 게임 중독

원인	• 자녀가 방치되는 경우, 게임 중독의 가능성이 높아짐 • 부모의 비일관적이고 강압적인 양육태도 및 부모의 게임 문제와 같은 가정 환경
특성	충동성, 공격적 반항 등의 문제가 발생함 ⇨ 유아기에는 문제 발생 대상이 부모 및 또래에 한정됨
예방법	• 게임은 하루 30분 이내로 하고, 식사 시간이나 저녁 9시 이후로는 게임 하지 않기 • 30분 이상 바깥놀이나 실외놀이터에서 놀이하기 • 가족이나 친구와 함께 시간 보내기 • 혼자 게임 하지 않고, 게임을 하면서 음식 먹지 않기 • 일주일에 2일 이상 컴퓨터 켜지 않는 날 정하기

5. 약물안전

(1) 오용 및 남용

약물오용	의도적인 것은 아니지만 잘못 사용하여 피해를 보는 경우 예 소화불량 치료를 위해 항생제를 사용하여 오히려 증상이 악화되는 경우
약물남용	의도적으로 다른 목적을 위해 약물을 사용하는 것으로 원래의 목적이 아닌 부작용을 경험하기 위해 사용하는 것 예 접착제인 본드, 연료인 부탄가스, 치료제인 감기약을 일시적으로 기분을 좋게 하기 위해 사용하는 경우 참고 KC어린이보호포장 마크 : 5세 미만의 어린이가 5분 내에 내용물을 꺼내기 어렵게 설계·고안된 포장으로, 시중에 누른 채 돌려서 열어야 하는 안전 마개가 보편화되어 있음

(2) 유아의 진료와 관련하여 유치원과 교사가 갖추어야 할 관리 체계와 준비 사항

유치원	유치원의 부모 자원 인사를 사용하여 유아의 치료, 치과 검진 및 예방 접종을 위한 병원의 진료체계를 연계하여 운영함
교사	가정에서 가져오는 약은 투약 의뢰서에 의하여 투약하고, 투약 후에는 투약 보고서를 기록하여 부모에게 전달함

(3) 투약

투약 의뢰서 (부모)	유아명, 증상, 약의 종류와 용량, 투약시간과 의뢰자인 부모명, 투약으로 인한 책임의 소재에 대한 내용을 포함함
투약 보고서 (교사)	• 교사가 투약한 시간, 용량, 투약자, 비고란 등을 기록한 투약 보고서를 작성하여 부모에게 전달함 • 부모의 동의 없이는 유치원에 비치된 약물을 제공해서는 안 됨

6. 환경오염

오존 경보 발령 기준	• **주의보** : 오존농도 0.12ppm 이상 • **경보** : 오존농도 0.3ppm 이상 • **중대경보** : 오존농도 0.5ppm 이상 참고 오존 경보 시에는 실외활동을 하지 않는 것이 좋음

황사특보	종류	• **황사주의보**: 황사로 인해 1시간 평균 미세먼지 농도가 400 이상, 2시간 이상 지속될 것으로 예상될 때 • **황사경보**: 황사로 인해 1시간 평균 미세먼저 농도가 800 이상 2시간 이상 지속될 것으로 예상될 때
	대처방법	• 유아들의 실외활동을 금지함 ⇨ 실외학습, 운동경기, 견학 등을 연기함 • 황사가 지나간 후에는 실내외를 청소하여 먼지를 제거함 • 유아들의 건강을 살펴 감기, 안질환, 가려움증이 관찰되는지 확인함
방사능 누출 시 대처방법		• 옷으로 피부를 완전히 덮고 바람의 방향을 등진 채 반대 방향으로 이동함 • 방사능에 노출된 경우, 옷을 갈아입고 피부를 비눗물로 닦음 • 방사능에 노출된 음료수 및 음식물을 섭취하지 않음
환경오염 대비 유의점		흐르는 물이 깨끗해 보일지라도 유아들이 함부로 마시지 않도록 함

7. 응급처치

(1) 개념

교사 역할분담		• 사고를 당한 유아를 보살피고 응급처치 하는 역할 • 부모와 구조대 또는 응급실에 연락하는 역할 • 남은 유아를 돌보는 역할 • 대피를 주도하는 역할
응급처치법		• 심폐소생술, 인공호흡 등을 포함함 • 쉽게 꺼낼 수 있는 곳에 응급처치 매뉴얼을 비치함
응급 시 필요한 유아의 개인정보		• 건강기록부 • 응급처치 동의서 • 비상연락망
상비의약품 및 기구	의료용 재료	붕대, 거즈, 소독솜, 삼각붕대, 탄력붕대, 칼, 가위, 핀셋, 족집게, 면봉, 반창고, 체온계, 일회용 장갑, 일회용 밴드, 각종 부목, 얼음 주머니, 쿠션 등
	바르는 약	상처용 외용연고, 근육용 마사지 연고, 거즈, 생리 식염수, 물파스 등
	먹는 약	설사약, 멀미약, 진통제, 해열제, 소화제 등 ⇨ 야외활동 시 휴대용 구급상자와 함께 반드시 가지고 감

(2) 상황별 응급처치 방법

머리를 부딪쳤을 때	• **피가 나는 경우**: 소독한 거즈로 상처를 덮고, 상처 주변을 강하게 압박하여 지혈 • **혹이 생긴 경우**: 차가운 수건이나 냉찜질 팩으로 냉찜질
눈을 다쳤을 때	• **눈에 모래나 먼지가 들어간 경우**: 눈물을 흘리게 하여 자연적으로 빠지게 하며, 이물질이 들어간 경우 생리식염수나 깨끗한 물을 눈에 흘려 씻어냄 • **눈을 부딪친 경우**: 냉찜질 및 119에 구급차를 요청함 • **눈이 찔린 경우**: 이물질을 제거하지 않고 양쪽 눈을 종이컵이나 붕대로 도넛 모양을 만들어 가리고 119에 구급차를 요청함
코나 귀에 이물질이 들어갔을 때	• **코에 이물질이 들어간 경우**: 입과 이물질이 들어있지 않은 쪽의 콧구멍을 막아주며 코를 세게 풀어보게 함 • **귀에 작은 벌레가 들어간 경우**: 귀를 아래쪽으로 향하게 하여 이물질이 밖으로 나오게 함
코피가 나거나 치아가 다쳤을 때	• **코피가 나는 경우**: 고개를 약간 앞으로 숙이고 코뼈 바로 밑의 코 부분을 두 손가락으로 5~10분간 꼭 누름 • **이가 부러지거나 빠진 경우**: 거즈를 도톰하고 둥글게 말아서 다친 부분에 물게 하며, 이는 우유에 담가 상태를 보존함
이물질이 목에 걸렸을 때	• **의식이 있는 경우**: 복부 밀쳐 올리기를 시행함 ⇨ 하임리히법 • **의식이 없는 경우**: 119에 구급차를 요청함
독극물을 마셨을 때	**의식이 있는 경우**: 삼킨 물질을 확인 후, 119에 전화하여 전문가의 지시를 따름
팔이나 다리를 다쳤을 때	• **피가 나지 않는 경우**: 부목을 사용하여 가볍게 붕대를 감음 • **피가 나는 경우**: 상처 부위를 생리식염수나 흐르는 물로 씻어냄 • **염좌인 경우**: 다친 곳을 압박붕대로 감아줌
손가락이 잘렸을 때	• **손가락의 잘린 부분**: 손가락의 잘린 부분에 소독한 거즈를 두껍게 댄 후 절단 부위를 심장보다 높게 한 상태로 병원으로 이송함 • **잘린 손가락 보존하기**: 절단 부위를 감싼 거즈를 비닐봉지에 넣어 물이 들어가지 않도록 봉합함
피부에 상처가 났을 때	• **긁히거나 까진 경우**: 생리식염수나 흐르는 물에 비누로 상처 부위를 씻어준 후 연고를 바르고 일회용 밴드나 거즈를 붙여줌 • **멍든 경우**: 차가운 수건이나 냉찜질팩으로 냉찜질 함 • **베인 경우**: 생리식염수나 흐르는 물에 비누로 상처 부위를 씻어준 후 소독한 거즈로 덮어 지혈함
뾰족한 것에 찔렸을 때	• **이물질에 찔린 경우**: 생리식염수나 흐르는 물에 비누로 상처 부위를 씻어줌 • **가시에 찔린 경우**: 소독한 핀셋이나 족집게로 가시를 빼냄

화상을 입었을 때	• 화상 부위에 밀착된 의복은 억지로 벗기지 않음 • 흐르는 차가운 물로 화상 부위를 15분 정도 식힘 ⇨ 상처에 항생제 연고나 화상용 연고를 발라줌 ⇨ 상처 부위를 소독한 거즈를 덮어줌 • **화상의 정도**

1도 화상	피부가 빨갛게 되고 통증이 있음
2도 화상	피부가 부어 오르고 물집이 생기며 심한 통증이 있음
3도 화상	피부가 회백색이나 검은색으로 변하며, 감각과 통증이 있음

골절	환자를 가급적 움직이지 않은 상태에서 부러진 곳을 부목으로 고정함
설사	• 조용히 눕히고 따뜻하게 해줌 ⇨ 무릎을 세워 주고 위를 보게 함 • 설사 시 수분이 부족해지므로 정수한 물을 마시게 함
복통	배 근육의 긴장을 풀어 주기 위하여 유아의 무릎을 굽혀 주고, 복압을 줄이기 위하여 옷을 느슨하게 해줌
식중독	미지근한 물을 먹여 곧바로 토하게 하며, 설사약을 먹임
기침	충분히 보온을 해주고 안정되게 해줌
고열	이마를 차게 해주며, 땀으로 젖은 옷을 마른 옷으로 갈아입힘
열성 경련	담요나 옷을 벗겨 시원하게 해주고, 전신을 골고루 미지근한 물로 닦아줌

(3) 대처방법

사고 보고서	유치원에서는 사고발생 24시간 이내에 사고 보고서를 작성해야 함

사고가 발생하였을 때
조치 사항
	• 유아에게 특별한 외상이 없더라도 교사는 사고 보고서를 작성해야 함
	• 유아가 의식이 없고 호흡을 제대로 못할 경우에는 119에 먼저 연락을 한
	  후 적절한 응급처치를 해야 함
	• 사고를 목격한 유아들이 안정을 되찾아 다른 활동에 참여할 수 있도록 도움
	• 만약 유아들이 사고에 대해 계속 이야기를 하고자 할 경우에는 충분한 시간
	  을 주고 이야기를 나누어 유아들의 불안감을 해소시켜 줌
	• 유아에게 응급처치가 필요한 상황에 대비하여 병원으로 갈 때에는 동행한
	  교직원이 부모 동의서, 상해보험 등의 서류를 가지고 감
	• 유아 머리에 경미한 상처만 있고 정상적으로 잘 놀면 상처 난 부위를 소독
	  한 후, 반창고나 거즈를 붙여주고 해당 유아의 보호자에게 알림

안전사고 발생 시
대처방법
	• 당황하지 않고 신속히 사고 상황을 파악하며, 또 다른 사고의 위험 유무를
	  판단해야 함 ⇨ 만약 추가 사고의 위험이 있다면 다친 유아를 조심히 다른
	  곳으로 옮겨야 하나, 그렇지 않다면 다친 유아를 함부로 옮기지 않음
	• 다친 유아의 상태를 파악하여 적절한 조치를 취함
	• 응급처치를 하면서 동시에 119 구조대나 병원의 응급실에 도움을 요청함
	• 다친 유아의 부모에게 연락하고 남은 유아를 안심시킨 후, 사고 보고서를
	  작성함

유아를 위한 안전교육 및 안전사고 발생 시 대처방법	• 교통사고로 의식이 없을 때에는 척추 손상 등의 위험이 있을 수 있으므로 깨워 일으키지 않음 • 출혈이 심한 경우에는 지혈 등의 응급처치를 한 후 병원으로 이송함
안전사고 발생	• 상태 ⇨ 호흡확인 ⇨ 의식불명 ⇨ 입 안 이물질 제거 ⇨ 인공호흡 • 상태 ⇨ 호흡확인 ⇨ 의식 있음 ⇨ 안정 • 상태 ⇨ 외상 ⇨ 출혈 ⇨ 지혈 • 상태 ⇨ 외상 ⇨ 골절 ⇨ 부목 • 상태 ⇨ 외상 ⇨ 타박 ⇨ RICE 처치 • 상태 ⇨ 외상 ⇨ 염좌 ⇨ RICE 처치 참고 RICE 처치 : 휴식(Rest) - 냉찜질(Ice) - 압박(Compression) - 거상(Elevation)

8. 「아동학대범죄의 처벌 등에 관한 특례법」 신구조문대비표

아동학대범죄의 처벌 등에 관한 특례법 [법률 제17087호, 2020. 3. 24., 일부개정]	아동학대범죄의 처벌 등에 관한 특례법 [법률 제17906호, 2021. 1. 26., 일부개정]
제10조(아동학대범죄 신고의무와 절차) ①~③ (생략) <신설>	**제10조(아동학대범죄 신고의무와 절차)** ①~③ (현행과 같음) ④ 제2항에 따른 신고가 있는 경우 시·도, 시·군·구 또는 수사기관은 정당한 사유가 없으면 즉시 조사 또는 수사에 착수하여야 한다.
제11조(현장출동) ① (생략) ② 아동학대범죄 신고를 접수한 사법경찰관리나 아동학대전담공무원은 아동학대범죄가 행하여지고 있는 것으로 신고된 현장에 출입하여 아동 또는 아동학대행위자 등 관계인에 대하여 조사를 하거나 질문을 할 수 있다. 다만, 아동학대전담공무원은 다음 각 호를 위한 범위에서만 아동학대행위자 등 관계인에 대하여 조사 또는 질문을 할 수 있다. 1.·2. (생략) ③·④ (생략) ⑤ 누구든지 제1항부터 제3항까지의 규정에 따라 현장에 출동한 사법경찰관리, 아동학대전담공무원 또는 아동보호전문기관의 직원이 제2항 및 제3항에 따른 업무를 수행할 때에 폭행·협박이나 현장조사를 거부하는 등 그 업무 수행을 방해하는 행위를 하여서는 아니 된다.	**제11조(현장출동)** ① (현행과 같음) ② 아동학대범죄 신고를 접수한 사법경찰관리나 아동학대전담공무원은 아동학대범죄가 행하여지고 있는 것으로 신고된 현장 또는 피해아동을 보호하기 위하여 필요한 장소에 출입하여 아동 또는 아동학대행위자 등 관계인에 대하여 조사를 하거나 질문을 할 수 있다. 다만, 아동학대전담공무원은 다음 각 호를 위한 범위에서만 아동학대행위자 등 관계인에 대하여 조사 또는 질문을 할 수 있다. 1.·2. (현행과 같음) ③·④ (현행과 같음) ⑤ 제2항에 따라 조사 또는 질문을 하는 사법경찰관리 또는 아동학대전담공무원은 피해아동, 아동학대범죄신고자등, 목격자 등이 자유롭게 진술할 수 있도록 아동학대행위자로부터 분리된 곳에서 조사하는 등 필요한 조치를 하여야 한다.

	⑥ 누구든지 제1항부터 제3항까지의 규정에 따라 현장에 출동한 사법경찰관리, 아동학대전담공무원 또는 아동보호전문기관의 직원이 제2항 및 제3항에 따른 업무를 수행할 때에 폭행·협박이나 현장조사를 거부하는 등 그 업무 수행을 방해하는 행위를 하여서는 아니 된다.
<신설>	
<신설>	⑦ 제1항에 따른 현장출동이 동행하여 이루어지지 아니한 경우 수사기관의 장이나 시·도지사 또는 시장·군수·구청장은 현장출동에 따른 조사 등의 결과를 서로에게 통지하여야 한다.
제11조의2(조사) ① 아동학대전담공무원은 피해아동의 보호 및 사례관리를 위한 조사를 할 수 있으며, 필요한 경우 아동학대행위자 및 관계인에 대하여 출석·진술 및 자료제출을 요구할 수 있다. <후단 신설>	**제11조의2(조사)** ① 아동학대전담공무원은 피해아동의 보호 및 사례관리를 위한 조사를 할 수 있다. 이 경우 아동학대전담공무원은 아동학대행위자 및 관계인에 대하여 출석·진술 및 자료제출을 요구할 수 있으며, 아동학대행위자 및 관계인은 정당한 사유가 없으면 이에 따라야 한다.
② (생략)	② (현행과 같음)
제12조(피해아동 등에 대한 응급조치) ①·② (생략)	**제12조(피해아동 등에 대한 응급조치)** ①·② (현행과 같음)
③ 제1항 제2호부터 제4호까지의 규정에 따른 응급조치는 72시간을 넘을 수 없다. 다만, 검사가 제15조 제2항에 따라 임시조치를 법원에 청구한 경우에는 법원의 임시조치 결정 시까지 연장된다.	③ 제1항 제2호부터 제4호까지의 규정에 따른 응급조치는 72시간을 넘을 수 없다. 다만, 본문의 기간에 공휴일이나 토요일이 포함되는 경우로서 피해아동등의 보호를 위하여 필요하다고 인정되는 경우에는 48시간의 범위에서 그 기간을 연장할 수 있다.
④ 사법경찰관리 또는 아동학대전담공무원이 제1항에 따라 응급조치를 한 경우에는 즉시 응급조치결과보고서를 작성하여야 한다. 이 경우 사법경찰관리가 응급조치를 한 경우에는 관할 경찰관서의 장이 시·도지사 또는 시장·군수·구청장에게, 아동학대전담공무원이 응급조치를 한 경우에는 소속 시·도지사 또는 시장·군수·구청장이 관할 경찰관서의 장에게 작성된 응급조치결과보고서를 지체 없이 송부하여야 한다.	④ 제3항에도 불구하고 검사가 제15조 제2항에 따라 임시조치를 법원에 청구한 경우에는 법원의 임시조치 결정 시까지 응급조치 기간이 연장된다.

⑤ 제4항에 따른 응급조치결과보고서에는 피해사실의 요지, 응급조치가 필요한 사유, 응급조치의 내용 등을 기재하여야 한다.

⑥ 누구든지 아동학대전담공무원이나 사법경찰관리가 제1항에 따른 업무를 수행할 때에 폭행·협박이나 응급조치를 저지하는 등 그 업무 수행을 방해하는 행위를 하여서는 아니 된다.

<신설>

<신설>

⑤ 사법경찰관리 또는 아동학대전담공무원이 제1항에 따라 응급조치를 한 경우에는 즉시 응급조치결과보고서를 작성하여야 한다. 이 경우 사법경찰관리가 응급조치를 한 경우에는 관할 경찰관서의 장이 시·도지사 또는 시장·군수·구청장에게, 아동학대전담공무원이 응급조치를 한 경우에는 소속 시·도지사 또는 시장·군수·구청장이 관할 경찰관서의 장에게 작성된 응급조치결과보고서를 지체 없이 송부하여야 한다.

⑥ 제5항에 따른 응급조치결과보고서에는 피해사실의 요지, 응급조치가 필요한 사유, 응급조치의 내용 등을 기재하여야 한다.

⑦ 누구든지 아동학대전담공무원이나 사법경찰관리가 제1항에 따른 업무를 수행할 때에 폭행·협박이나 응급조치를 저지하는 등 그 업무 수행을 방해하는 행위를 하여서는 아니 된다.

⑧ 사법경찰관리는 제1항 제1호 또는 제2호의 조치를 위하여 다른 사람의 토지·건물·배 또는 차에 출입할 수 있다.

제15조(응급조치·긴급임시조치 후 임시조치의 청구) ① (생략)

② 제1항의 신청을 받은 검사는 임시조치를 청구하는 때에는 응급조치가 있었던 때부터 72시간 이내에, 긴급임시조치가 있었던 때부터 48시간 이내에 하여야 한다. 이 경우 제12조 제4항에 따라 작성된 응급조치결과보고서 및 제13조 제2항에 따라 작성된 긴급임시조치결정서를 첨부하여야 한다.

③ (생략)

제15조(응급조치·긴급임시조치 후 임시조치의 청구) ① (현행과 같음)

② 제1항의 신청을 받은 검사는 임시조치를 청구하는 때에는 응급조치가 있었던 때부터 72시간 (제12조 제3항 단서에 따라 응급조치 기간이 연장된 경우에는 그 기간을 말한다) 이내에, 긴급임시조치가 있었던 때부터 48시간 이내에 하여야 한다. 이 경우 제12조 제5항에 따라 작성된 응급조치결과보고서 및 제13조 제2항에 따라 작성된 긴급임시조치결정서를 첨부하여야 한다.

③ (현행과 같음)

<신설>

제17조의2(증인에 대한 신변안전조치) ① 검사는 아동학대범죄사건의 증인이 피고인 또는 그 밖의 사람으로부터 생명·신체에 해를 입거나 입을 염려가 있다고 인정될 때에는 관할 경찰서장에게 증인의 신변안전을 위하여 필요한 조치를 할 것을 요청하여야 한다. ② 증인은 검사에게 제1항의 조치를 하도록 청구할 수 있다. ③ 재판장은 검사에게 제1항의 조치를 하도록 요청할 수 있다. ④ 제1항의 요청을 받은 관할 경찰서장은 즉시 증인의 신변안전을 위하여 필요한 조치를 하고 그 사실을 검사에게 통보하여야 한다.

제50조(피해아동보호명령의 집행 및 취소와 변경) ①~④ (생략) <신설>	**제50조(피해아동보호명령의 집행 및 취소와 변경)** ①~④ (현행과 같음) ⑤ 법원은 제51조 제1항에 따른 피해아동보호명령의 기간이 종료된 경우 시·도지사 또는 시장·군수·구청장에게 그 사실을 통지하여야 한다.
제55조(아동학대전담공무원 등에 대한 교육) 법무부장관 등 관계 행정기관의 장은 아동학대전담공무원 및 아동보호전문기관의 종사자에게 아동학대사건의 조사와 사례관리에 필요한 전문지식, 이 법에서 정한 절차, 관련 법제도, 국제인권조약에 명시된 아동의 인권 및 피해아동 보호를 위한 조사방법 등에 관하여 교육을 실시하여야 한다.	**제55조(아동학대전담공무원 등에 대한 교육)** 법무부장관 등 관계 행정기관의 장은 아동학대전담공무원, 사법경찰관리 및 아동보호전문기관의 종사자에게 아동학대사건의 조사와 사례관리에 필요한 전문지식, 이 법에서 정한 절차, 관련 법제도, 국제인권조약에 명시된 아동의 인권 및 피해아동 보호를 위한 조사방법 등에 관하여 교육을 실시하여야 한다.
제61조(업무수행 등의 방해죄) ① 제11조 제2항·제3항, 제12조 제1항, 제19조 제1항 각 호, 제36조 제1항 각 호 또는 제47조 제1항 각 호에 따른 업무를 수행 중인 사법경찰관리, 아동학대전담공무원이나 아동보호전문기관의 직원에 대하여 폭행 또는 협박하거나 위계 또는 위력으로써 그 업무수행을 방해한 사람은 5년 이하의 징역 또는 1천500만원 이하의 벌금에 처한다. ②·③ (생략)	**제61조(업무수행 등의 방해죄)** ① 제11조 제2항·제3항, 제12조 제1항, 제19조 제1항 각 호, 제36조 제1항 각 호 또는 제47조 제1항 각 호에 따른 업무를 수행 중인 사법경찰관리, 아동학대전담공무원이나 아동보호전문기관의 직원에 대하여 폭행 또는 협박하거나 위계 또는 위력으로써 그 업무수행을 방해한 사람은 5년 이하의 징역 또는 5천만원 이하의 벌금에 처한다. ②·③ (현행과 같음)
제63조(과태료) ① 다음 각 호의 어느 하나에 해당하는 사람에게는 500만원 이하의 과태료를 부과한다. 1.·2. (생략) 3. 정당한 사유 없이 제11조 제5항을 위반하여 사법경찰관리, 아동학대전담공무원 또는 아동보호전문기관의 직원이 수행하는 현장조사를 거부한 사람 <신설> 4. ~ 6. (생략) ② (생략)	**제63조(과태료)** ① 다음 각 호의 어느 하나에 해당하는 사람에게는 1천만원 이하의 과태료를 부과한다. 1.·2. (현행과 같음) 3. 정당한 사유 없이 제11조 제6항을 위반하여 사법경찰관리, 아동학대전담공무원 또는 아동보호전문기관의 직원이 수행하는 현장조사를 거부한 사람 3의2. 정당한 사유 없이 제11조의 2제1항 후단을 위반하여 아동학대전담공무원의 출석·진술 및 자료제출 요구에 따르지 아니하거나 거짓으로 진술 또는 자료를 제출한 사람 4. ~ 6. (현행과 같음) ② (현행과 같음)

01 유아의 1일 식단 구성모형에 관한 표와 교사들의 계획에 대한 내용이다. 물음에 답하시오. [5점]

구분			1~3세		4~6세	
			단위수	대표 식품의 중량 예(g)	단위수	대표 식품의 중량 예(g)
1	곡류군		7	밥 350, 식빵 35	9	밥 490, 식빵 35
2	어육류군	저지방	0.5	생선 25	0.5	생선 25
		중지방	1	달걀 25	1	달걀 25
3	채소군	녹황색 채소	0.5	시금치 35	0.5	시금치 35
		담색 채소	1.5	무 70, 콩나물 35	1.5	무 70, 콩나물 35
4	지방군		3	식용유 5, 땅콩 10	3	식용유 5, 땅콩 10
5	우유군		1	전유 200	1	전유 200
6	과일군		1.5	사과 100	1.5	사과 100
	단순당류			설탕 5		설탕 5

―――――――― 〈 보기 〉 ――――――――

김 교사 : 같은 음식을 반복하여 주면 유아들이 쉽게 싫증을 느끼므로 열흘 단위로 식단을 준비하지요.

박 교사 : 1일 단백질량의 1/2은 양질의 동물성 단백질을 섭취하도록 하고, 우유를 매일 준비하지요.

서 교사 : 유아들이 채소를 쉽게 먹을 수 있게 조리를 하여 제공하지요.

민 교사 : 만 4~6세는 만 1~3세보다 활동량이 많아 곡류군의 단위를 더 높게 잡아 제공하지요.

엄 교사 : 비만을 예방하기 위하여 단당류는 적게 제공하지요.

1) 다음의 ①에 들어갈 적합한 영양소를 쓰고, ② 위의 표에서 ①을 포함하는 식품 2가지를 찾아 쓰시오. [1점]

> (①)은/는 생명 현상의 유지나 활동을 위해 필요한 에너지원으로 1g당 4kcal이며 성장, 체온유지, 노동의 원동력을 위한 에너지원이다.

① _____

② _____

2) 다음의 ①에 들어갈 적합한 영양소를 쓰고, ② 위의 표에서 ①이 포함된 식품 2가지를 찾아 쓰시오. [1점]

> (①)은/는 신체조직을 구성하고 신구 조직을 교환·보수하고, 질병에 대한 저항력을 강화시켜 체내에서 효소와 호르몬을 만든데 필요한 영양소이다.

① _____

② _____

3) 1일 식단 구성모형과 연결하여 보았을 때 〈보기〉에서 ① 부적절하게 이야기 한 교사를 찾아 쓰고, ② 그 이유를 설명하시오. [2점]

① _____

② _____

4) 다음이 무엇에 관한 내용인지 용어를 『어린이 식생활안전관리 특별법』에 근거하여 쓰시오. [1점]

> 유아들의 안전한 식생활 관리를 위한 특별법에서는 어린이를 위하여 식품안전 및 영양관리에 관한 정책을 수행하고 어린이 기호식품 및 단체급식 등을 제조·판매 또는 공급하는 환경을 개선하는 정도를 평가하여 도출한 수치를 제시하였다.

_____

02 다음은 청일유치원 만 5세반 김 교사가 작성한 활동 계획안의 일부이다. 물음에 답하시오. [5점]

활동명	비눗방울이 되어요.
활동목표	…(생략)…
활동자료	여러 가지 모습의 비눗방울 그림자료, 빨대, 음악테이프
활동방법	• 비눗방울의 여러 가지 모습에 대해 이야기를 나눈다. 　– 비눗방울이 점점 커지는 모습 　– 비눗방울이 둥둥 떠다니는 모습 　– 비눗방울이 서로 만나는 모습 • 준비운동을 한다. 　– 팔을 머리 위로 쭉 뻗어 보자. 　– ㉠ 좌우로 흔들어 보자. 　– 제자리에서 걸어 보자. • 창의적인 동작 표현을 해본다. 　– 비눗방울처럼 날아보자. • 줄을 바닥에 놓고 줄을 따라 걸어 본다. 　– ㉡ 줄을 따라 가볍게 걸어 보자. 　– 점점 속도를 내어 빨리 걸어 보자. 　– ㉢ 비눗방울을 머리 위에 얹어 놓고 줄을 따라 걸어 보자. 줄을 따라 걸을 때 양팔을 쭉 뻗고 걸어 보자. • 평가를 한다. 　– 비눗방울을 머리 위에 얹어 놓고 줄을 따라 걸어 보니 기분이 어땠니? 　– 힘들었던 점은 없었니?

1) 다음 ①과 ②에 들어갈 적합한 용어를 쓰시오. [2점]

> 위 사례에서 김 교사는 동작교육의 접근법 중 리츠슨(Ritson)이 제안한 창작무용의 (①) 접근법을 활용하였다. 그리고, 리츠슨(Ritson)은 동작교육 접근법에서의 동작주제와 (②) 주제라는 두 가지 주제를 내용의 기본 틀로 삼을 것을 제안하였다.

① _____

② _____

2) 유아 동작교육의 움직임 요소 중 ㉠과 ㉡에 공통으로 나타난 요소를 쓰시오. [1점]

_____

3) ㉢에 관련된 2019 개정 누리과정에 근거한 신체운동·건강의 '내용'을 쓰시오. [1점]

_____

4) 다음은 위 활동에서 교사가 지도한 사례를 교사 – 유아 상호작용 유형에 근거하여 분류한 표이다. 교사의 지도 사례에 해당하는 상호작용 유형 중 ①에 들어갈 말을 쓰시오. [1점]

교사 – 유아 상호작용 유형	교사의 지도 사례
인정하기	(생략)
모범 보이기	(생략)
촉진하기	(생략)
지지하기	(생략)
함께 구성하기	(생략)
(생략)	(생략)
①	유아들에게 "줄을 따라 걸을 때 양팔을 쭉 뻗고 걸어 보자."라고 알려준다.

① _____

03 다음의 활동을 자세히 읽고 물음에 답하시오. [5점]

<활동명> 교통표지판과 찻길 만들기

<활동 자료>

여러 가지 종류의 미니카, 작은 사람 모형, 자동차 크기에 알맞은 교통 표지판(교통 표지판, 위험 표지, 도로 방향 표지, 제한 속도 표지, 횡단보도, 터널 표지), 횡단보도 신호등, 주차장 표지판 2~3개, 세울 수 있는 사람(남·녀 교통경찰, 보행자, 운전기사 등)

<활동 방법>

1) 자료를 미니카, 표지판과 신호등, 세우는 사람으로 나누어 준비한다.
2) 여러 가지 교통 표지판이 나타내는 의미를 알아보고 모르는 것은 벽면에 게시된 자료나 그림책에서 찾아본다.
   – 이런 표지를 본 적이 있니? 어디에서 보았니? 어떻게 하라는 표시일까?
3) 준비된 표지판과 신호등에 대하여 이야기한다.
   – 여기에 무엇이 그려져 있니? 이런 표지판을 본 적이 있니?
   – 신호등이 어떤 색일 때 길을 건널 수 있을까?
4) 비탈길을 구성하며 필요한 곳에 표지판을 놓는다. 교사는 유아들 이 표지판을 이용하여 구성해 보도록 격려한다.
   – 이곳은 터널이구나. 어떤 표지판을 놓으면 될까?
   – 이 백화점의 주차장은 어디니?
5) 자동차와 사람 모형을 이용하여 놀이한다.
   – 어디로 길을 건너지요?
   – 초록불입니다. 이제 조심해서 길을 건너세요.

<활동 평가>

1) 교통 표지판과 신호등의 의미를 이해하여 찻길에 적절하게 구성할 수 있는지 평가한다.
   가) 교통 표지판과 신호등에 관심을 가지는가?
   나) 교통 표지판의 의미를 알고 표지판을 사용하여 적절한 곳에 찻길을 구성하는가?
   다) 구성된 찻길에서 자동차를 이용하여 규칙을 지키며 놀이에 즐겁게 놀이하는가?

1) 을 통하여 유아들이 횡단보도를 건널 때 (㉠) 표지에 따라 안전하게 건너게 지도한다. ㉠에 들어갈 적합한 용어를 쓰시오. [1점]

㉠ _____

2) 을 통하여 놀이를 하지 말아야 하는 곳에 대한 (㉡)표지를 알려준다. ㉡에 들어갈 적합한 용어를 쓰시오. [1점]

㉡ _____

3) 을 통하여 위험한 곳에서는 공놀이를 하지 않도록 (㉢)표지를 알려준다. ㉢에 들어갈 적합한 용어를 쓰시오. [1점]

㉢ _____

4) 을 통하여 알려 줄 수 있는 설명을 쓰시오. [1점]

_____

5) 다음은 유치원 안전 위험성을 분석한 내용이다. 이러한 분석법을 무엇이라고 하는지 쓰시오. [1점]

• 교사들의 안전교육에 대한 투철한 인식 • 안전에 대한 학부모들의 관심 증대 • 365일 유아 안전교육 철저	• 통학버스 운행으로 항상 안전 운행에 유의 필요 • 걸어서 등원하는 유아들은 기본적으로 두 번 정도 횡단보도를 건너야 함 • 위기 상황시 교직원 응급처치 능력 부족
• 경찰서가 근접해 있어 안전한 생활 도움 • 마을 공동체 안전 전문 강사를 통해 교직원 안전역량 강화 교육 실시	• 유치원 가까이 도로가 있고 주변에 주택을 공사하는 곳이 있어 곳곳에 위험요소가 있음

04 (가)는 안전사고 발생 시 의료진이 도착하기 전까지 교사가 대처해야 할 초기 응급 처치의 순서를 나타낸 것이고, (나)~(다)는 교사의 응급처치에 대한 내용이다. 물음에 답하시오. [5점]

(가)

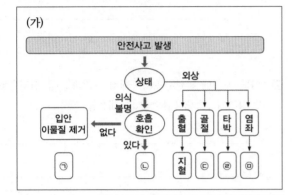

(나)

박 교사 : 추위에 오래 노출되었을 때 젖은 옷이나 신발, 양말, 장갑은 벗기고, 따뜻한 물이나 담요로 몸을 따뜻하게 해주어야 해요. 또, 피부를 살살 문질러 주고, 심각한 경우에는 병원에 가서 치료를 받도록 하게 하였지요.

(다)

최 교사 : 광수가 이가 부러졌을 때, 거즈를 도톰하고 둥글게 말아 다친 부분에 물게 하고, 차가운 수건이나 냉찜질 팩을 이용하여 냉찜질을 하였어요. 부러진 치아는 뿌리 부분을 문질러 닦고 우유에 담아 30분 이내에 병원으로 갔어요.

1) (가)의 ㉠과 ㉡에 들어갈 적합한 용어를 쓰시오.　　[1점]

　㉠ _____

　㉡ _____

2) (가)의 ㉢ ~ ㉤에 들어갈 적합한 용어를 쓰시오.　[1점]

　㉢ _____

　㉣ _____

　㉤ _____

3) (나)에서 부적절한 응급처치를 찾아 쓰시오.　　　[1점]

　_____

4) (다)에서 부적절한 응급처치를 찾아 쓰시오.　　　[1점]

　_____

5) 교육부 「7대 안전교육 표준안」에 따른 '응급처치교육'은 연간 (　①　)시간 시행해야 한다. ①에 들어갈 적합한 숫자를 쓰시오.　　　　　　　　　　　　　　　　　[1점]

　① _____

05 다음 (가)와 (나)는 초록유치원 만 3세반 김 교사와 만 5세반 박 교사가 작성한 활동계획안의 일부이다. 물음에 답하시오. [5점]

구분	(가)	(나)
활동명	내 몸 인식하기	내 몸 인식하기
활동 방법	• 여러 가지 과일을 맛보는 경험을 통해 다양한 맛이 있음을 느껴보고 각각의 과일에서 어떤 맛이 나는지를 구분해본다. • 투명 통에 곡식의 양, 종류를 달리하여 마라카스를 직접 만들어보고 곡식의 종류에 따른 소리의 차이, 곡식의 양에 따른 소리의 차이를 비교해본다 • ㉠ 신체 부분 중 '엉덩이는 어디 있나?'라고 질문하며 앞, 뒤, 옆, 위, 아래 등 다양하게 움직여본다. • 높낮이, 크기가 다른 훌라후프 터널을 통과해서 지나가 본다.	• 여러 가지 과일을 맛보며, 맛과 질감이나 씹는 느낌의 차이에 따라 구분해 본다 (예 : 신맛/단맛, 단단한 느낌/물렁한 느낌). • 눈을 감고 곡식 마라카스를 흔들며 소리의 차이에 따라 분류해보고 마라카스에 담긴 곡식과 같은 촉감판을 찾아 만져보며 곡식의 모양, 크기 등을 확인해 본다. • ㉡ 걷거나 춤을 추면서 엉덩이가 다리, 허리 등 다른 부분들과 연결되어 있음을 경험한다. • 여러 가지 크기의 훌라후프를 제시해 주고 내가 잘 돌릴 수 있는 훌라후프의 크기를 찾아본다.

1) 위의 활동계획안은 타일러(R. Tyler)의 학습경험 조직 원리를 적용한 것이다. ㉠과 ㉡에서 나타난 원리는 계열성, (①), 통합성이다. ①에 들어갈 적합한 용어를 쓰고, ② 그 의미를 설명하시오. [2점]

① _____

② _____

2) (가)와 (나)에 관련된 2019 개정 누리과정 중 신체운동·건강 영역의 ① 내용범주와 ② 내용을 쓰시오. [2점]

① _____

② _____

3) (나)의 ㉡에 나타난 움직임 요소를 쓰시오. [1점]

_____

06 (가)는 5세반 김 교사가 동작활동의 도입으로 유아들에게 들려준 동화이고, (나)는 5세반 박 교사가 작성한 활동계획안의 일부이다. 물음에 답하시오. [5점]

(가) 아기 곰돌이와 곰순이는 잠을 자려고 준비하고 있었어요. 곰순이는 금방 잠이 들었지만 곰돌이는 잠이 오지 않았어요. 그래서 곰돌이는 일어나 이런저런 행동을 했어요. ㉠ 한 발로 침대에서 문까지 콩콩 빨리 뛰기도 하고 느리게 뛰기도 하였어요. ㉡ 침대 사다리를 잡고 1층 침대에서 2층 침대로 갔어요. 그래도 잠이 오지 않아 침대에서 다시 내려왔어요. 곰돌이는 온갖 생각을 하다가 ㉢ 서서 몸을 꽈배기처럼 꼬아보기도 하고 ㉣ 앉아서 다리를 쭉 펴기도 하였어요. 곰돌이가 내는 소리에 곰순이도 잠에서 깼어요. 곰돌이와 곰순이는 ㉤ 바닥에 그려진 구불구불한 선을 따라 걷기도 하였어요. 낮에 본 ㉥ 조랑말처럼 뛰어 다니기도 하였어요. 피곤해진 아기곰들은 어느새 잠이 들었어요.

(나)

활동명	그림자 밟기 놀이
목 표	…(생략)…
활동 방법	• 맑은 날 유아들과 함께 실외에서 그림자를 관찰한다. • 그림자 밟기 게임을 한다. 　– 가위바위보를 해서 진 유아를 술래로 정한다. 　– ㉦ 이긴 유아들은 잡히지 않으려고 이리 저리 몸의 방향을 바꾸며 신속하게 도망간다. 　– 술래는 재빨리 쫓아가 친구의 그림자를 밟는다. 　– 그림자를 밟힌 유아는 술래가 된다. • 게임이 끝나면 교실로 들어간다. 　– 교사는 두 팔을 유아의 어깨 높이로 든다. 　– 유아는 차례대로 ㉧ 손을 양 허리에 둔 채 상체를 뒤로 젖히며 교사의 팔 아래로 빠져나간다.
확장 활동	바깥놀이에서 경험한 다양한 그림자 모양을 친구들과 함께 몸으로 표현해 본다.

1) (가)에서 ㉠과 ㉥에 해당하는 동작의 명칭 1가지를 쓰시오.
[1점]

　㉠ _____

　㉥ _____

2) (가)의 ㉠~㉤ 중 이동 동작에 해당하는 기호를 모두 쓰시오.
[1점]

　_____

3) (가)에서 동작의 공간 요소 중 '경로'에 해당하는 사례의 기호를 쓰시오.
[1점]

　_____

4) (가)의 활동은 2019 개정 누리과정 중 신체운동·건강 영역에 근거한 활동의 일부이다. 이에 해당하는 '내용'을 쓰시오.
[1점]

　_____

5) (나)의 ㉦과 ㉧을 통해 얻을 수 있는 기초 체력의 요소 중 가장 적합한 요소 1가지를 각각 쓰시오.
[1점]

　㉦ _____

　㉧ _____

07 만 4세반 유아들에게 '건강과 안전'의 생활 주제를 전개하는 과정에서 계획된 활동이다. 물음에 답하시오. [5점]

주제	안전한 놀이와 생활
소주제	위험한 상황 대처하기
활동명	비상대피 훈련
목표	• ㉠ 사고 발생 시 침착하고 안전하게 행동할 수 있다. • ㉡ 안전 사고가 나지 않도록 질서와 규칙을 지킬 수 있다.
활동 자료	비상구 표지판, ㉢ 소화기, 비상시 연락 구급 전화, 교통 안전 표지판
활동 방법	ㄱ. 소방대피 훈련은 사전에 유아와 가정에 알린 후 실시한다. ㄴ. 평소에도 소방대피 훈련을 실시하여 화재 발생 시 대처 요령을 유아가 숙지하도록 한다. ㄷ. 가상 화재 발생 시간 및 장소, 대피 통로 등 비상 대피 훈련의 일정과 방법을 사전에 준비한다. ㄹ. ㉣ 비상사태 발생 시 대피할 장소와 통로가 표시된 비상 대피 경로를 교실과 복도 등 눈에 잘 띄는 곳에 게시한다. ㅁ. 대피 안내, 화재 신고, 급수, 의료, 후송, 연락, 대피 훈련, 일지 기록 등의 역할을 분담하여 실시한다.
확장 활동	1) 화재 대피 훈련 및 119 구조대 놀이, 병원 놀이 등을 연간 계획에 의해 정기적으로 실시한다. 2) 비상시 사용할 긴급 전화부 및 안내판을 만들어 보도록 한다.

1) 위 활동의 목표 ㉠과 ㉡에 관련된 2019 개정 누리교육과정 중 신체운동·건강 영역의 '목표'를 쓰시오. [1점]

_____

2) ㉢을 사용할 때 가장 주의해야 점을 쓰시오. [1점]

_____

3) ㉣과 관련하여 교사가 취해야할 조치 2가지를 쓰시오. [2점]

① _____

② _____

4) 비상대피 훈련을 처음 실시할 경우 유의해야 할 점을 1가지 쓰시오. [1점]

_____

_____

08 다음은 유치원에서 유아에게 발생할 수 있는 응급상황에 대처한 교사의 예이다. 물음에 답하시오. [5점]

> 김 교사 : 철수가 왼쪽 눈이 찔렸을 때, 저는 이물질을 제거하지 않은 채 찔린 눈을 종이컵으로 도넛 모양을 만들어 보호하고, 눈을 보호하면서 이물질이 움직이지 않도록 붕대를 감고, 왼쪽 눈을 가리고, 119에 구급차를 요청하였지요.
>
> 박 교사 : 그랬군요. 저희 반에서 영희가 코피가 났을 때, 저는 유아를 의자에 앉게 하고 고개를 약간 뒤로 숙이게 하고, 코뼈 바로 위의 코 부분을 두 손가락으로 5~10분 정도 꼭 누르고, 코피가 나오는 쪽의 콧구멍에 거즈를 둥글게 말아 깊게 막아 코피가 나오지 않게 하였지요.
>
> 최 교사 : 잘했어요. 저희 반에서는 이가 부러진 경우가 있었어요. 그래서 저는 거즈를 도톰하고 둥글게 말아 다친 부분에 물게 하고, 차가운 수건이나 냉찜질 팩을 이용하여 냉찜질을 하고, 치아가 더러워져 문질러 닦아주고, 부러진 치아를 깨끗한 얼음물에 담가 병원으로 유아를 이송하였지요.

1) 김 교사의 응급처치에서 ① 부적절한 내용 1가지를 찾아 쓰고, ② 바르게 수정하시오. [1점]

① _____

② _____

2) 박 교사의 응급처치에서 부적절한 내용 3가지를 찾아 쓰고, 각각 바르게 수정하시오. [3점]

① 내용 : _____

　 수정 : _____

② 내용 : _____

　 수정 : _____

③ 내용 : _____

　 수정 : _____

3) 최 교사가 응급처치를 할 때 ① 가장 주의하지 않은 점을 쓰고, ② 드레싱을 할 때 꼭 해야 하는 점을 쓰시오. [1점]

① _____

② _____

09 다음은 2019 개정 누리과정의 신체운동·건강 영역에 관한 내용이다. 물음에 답하시오. [5점]

(가) 신체운동·건강 영역은 유아가 자신의 신체를 긍정적으로 인식하고 신체활동에 즐겁게 참여함으로써 유아기에 필요한 기본 운동능력과 (㉠)을/를 기르고, 건강하고 안전한 생활을 실천하는 능력과 태도를 중요시하고 있다.

(나)

김 교사 : 유아들에게 체력을 길러주기 위해 앉아서 윗몸 굽히기와 제자리 멀리뛰기, 왕복 달리기, V자로 앉기, 한발로 중심잡기를 지도하였어요.

박 교사 : 그랬군요. 저도 유아들에게 순발력, 유연성, 지구력 등을 활동목표로 설정하였어요.

홍 교사 : 저는 기본 운동기능을 유아기의 활동목표나 내용으로 제시하였어요.

황 교사 : 저는 유아들의 대근육활동으로 '걷기'에 관한 활동을 할 때, 도입 부분에서 걷기에 대해 유아들이 쉽게 이해하도록 말로 설명을 하였지요. 유아들이 재미있게 걷도록 할 수 있었어요.

(다) 교사는 유아가 안전에 대응할 수 있도록 미리 계획을 세우고 ㉡ 유아가 자신을 보호할 수 있도록 지도하였어요.

---

1) (가)의 ㉠에 들어갈 적합한 용어를 쓰시오. [1점]

㉠ _____

2) (나)에서 부적절하게 지도한 교사 2명을 찾아 이름을 쓰고, 각각 그 이유를 쓰시오. [2점]

① _____, _____

② _____, _____

3) (가)의 ㉠을 향상시킬 수 있는 방법을 쓰시오. [1점]

_____

4) (다)의 ㉡을 지도하는 이유를 쓰시오. [1점]

_____

10 다음은 2019 개정 누리과정의 신체운동·건강 영역에 관한 내용이다. 물음에 답하시오. [5점]

(가)

김 교사 : 유아에게 "오토바이가 시동을 걸고 있는 소리와 헬리콥터 소리예요."와 같이 서로 다른 소리를 스스로 구분하게 하였지요.

박 교사 : 그랬군요. 저는 2가지 종류의 곡식 마라카스를 눈을 가리고 소리를 들려준 후 같은 소리를 내는 마라카스를 구분하는 활동을 할 때 같은 종류의 곡식 마라카스를 찾아 분류할 수 있게 하였지요.

홍 교사 : 저는요, 찰흙을 비롯한 다양한 질감의 재료를 경험하는 것을 즐기며, 재료의 특성을 적극적으로 탐색할 수 있게 하였어요.

(나)

하 교사 : 저는 신체사진을 보며 "손에는 다섯 개의 손가락이 있다."라고 하였지요.

유 교사 : 그랬군요. 저는 몸으로 동그라미를 표현하는 활동에서 두 팔을 머리 위로 올리거나 두 손을 모으거나 전신을 동그랗게 마는 등 적극적이고 ㉠ 창의적으로 신체를 이용할 수 있게 하였지요.

(다)

최 교사 : 신호가 울리면 몸을 둥근 모양으로 하고 있다가, 다시 신호가 울리면 가능한 한 갑자기 손과 다리를 벌릴 수 있는 데까지 벌려보게 하였지요.

배 교사 : 저는 평균대에서 제자리 돌기를 해 방향을 바꾸고, 장애물을 넘게 하였지요.

---

1) (가) 활동 지도들의 공통점이 무엇인지 2019 개정 누리과정의 신체운동·건강 영역에 근거하여 설명하시오. [1점]

_____

2) (가)에서 유아들에게 필요한 능력을 2가지 쓰시오. [1점]

_____

3) (나)의 ㉠과 관련하여 와이카트(Weikart)는 다음과 같은 단계로 지도하고자 하였다. ①과 ②에 적합한 내용을 쓰시오. [2점]

단계		활동
제 1단계	한 가지 특정 동작 경험	"빠르게 또는 느리게 흔들어 보자."
제 2단계	(①)	"신체의 어느 부분을 어떻게 구부릴 수 있는지 새로운 방법을 찾아보세요."
제 3단계	(②)	"자동차가 굴러가는 모습을 신체로 표현할 때, 어느 쪽 발을 사용할까요?"

① _____

② _____

4) (다)의 최 교사는 동작의 요소 중 시간의 어떤 요소를 사용했는지 쓰시오. [1점]

_____

11 (가)는 바른 식생활과 관련된 내용이고, (나)는 만 4세 반 희망유치원에서 실시한 유아들의 건강교육과 관련된 내용이다. 물음에 답하시오. [5점]

(가)

철수: 난 시금치 안 먹을래요. 고기만 먹어도 괜찮아요.

영희: 엄마가 건강해지려면 밥, 야채, 고기, 우유, 호두 같은 음식을 골고루 먹으라고 하셨어요. 그런데 난 어떤 때 먹지 않아요.

민영: 나는 책을 좋아해. 바깥놀이를 하지 않을 거야.

(나)

김 교사: 유아가 음식에 포함된 기본적인 영양분에 관심을 가질 수 있도록 지도하였지요.

박 교사: 음식물에 포함된 영양소의 개념을 이해하기 쉽도록 영상 자료를 준비하였지요.

최 교사: 유아에게 야채나 생선, 고기, 과일, 유제품 등에 들어있는 영양소가 우리 몸의 건강에 어떤 영향을 미치는지 이해할 수 있도록 지도하였지요.

황 교사: 신체 발달에 필요한 칼슘이나 비타민, 단백질이 풍부한 우유나 멸치 등의 식품을 관찰하게 하였지요.

---

1) ① (가)에서 철수에게 부족해지는 비타민의 종류를 쓰고, ② 이 비타민 부족으로 인해 발생할 수 있는 증상을 2가지 쓰시오. [2점]

① _____

② _____

2) (가)에서 영희가 골고루 음식을 먹지 않아 다리에 상처가 났을 때 피가 잘 멈추지 않았다. 영희는 어떤 영양소가 부족한 것인지 쓰시오. [1점]

_____

3) (가)에서 민영이는 어떤 비타민 결핍 현상이 나타날 수 있는지 쓰시오. [1점]

_____

4) (나)에서 실시한 교육내용과 관련된 2019 개정 누리과정 신체운동·건강 영역의 '내용'을 쓰시오. [1점]

_____

12 다음은 유아 동작교육에 대한 내용의 일부이다. 물음에 답하시오. [5점]

(가) 유아가 스텝–홉의 활동 시 유아들에게 짧고 빠른 걸음으로 제자리에서 걷기와 앞으로 걷기, 껑충 뛰기, 걷기와 홉의 조합 등을 연습하는 동안에 유아 스스로 스텝–홉을 발견할 수 있도록 교사는 구체적인 질문을 하여 유아의 반응이 나오도록 하여야 한다.

(나) 동작교육의 교수·학습방법 중 (㉠) 방법은 유아가 어떤 동작활동을 어떤 방법으로 수행할 것인지 교사가 직접적인 시범을 통해서 수행해 나가는 방법이고, (㉡) 방법은 교사가 마음속에 구체적인 과제나 개념을 미리 설정하고 유아에게 일련의 질문을 함으로써 과제를 발견하도록 이끄는 방법이다.

(다) 유아의 창의력과 창의적 동작표현력의 발달을 촉진할 수 있는 교사의 질문기법을 아래와 같이 계획하였다.
교사 : 어떻게 하면 강을 건널 수 있을까?
유아 : 배를 타고 건너요.
교사 : ㉢ 그럼, 배가 있어야 되겠구나. 그런데, 만약에 배가 없으면 어떻게 하지?
유아 : 헤엄쳐서 건너요.

1) (가) 활동은 ① 피카(Pica)가 제시한 어떤 동작교육의 교수법인지 쓰고, ② 이 교수법에서 가장 중요한 점을 쓰시오. [2점]

① _____

② _____

2) (나)의 ㉠과 ㉡을 고려하여 Kirchner, Cunningham과 Warrell이 제시한 교수방법을 쓰시오. [1점]

_____

3) ① (다)의 질문기법이 무엇인지 쓰고, 이 질문기법의 순서의 활동과정 중 ② ㉢이 어떤 단계인지 쓰시오. [2점]

① _____

② _____

13 다음은 소망유치원 만 5세반 김 교사가 작성한 활동 계획안의 일부이다. 물음에 답하시오. [5점]

활동명	줄과 공을 이용하여 놀이하기	활동연령	만 5세
활동 목표	…(생략)…		
활동 자료	다양한 줄, 공, 콩주머니		
활동방법			

- 다양한 줄을 탐색해 본다.
  - ㉠ 줄을 만져본 느낌이 어떠니?
  - 줄의 모양이 어떠니?
- 줄과 공을 이용한 놀이 시 주의할 점에 대해 알려준다.
- 준비운동을 한다.
  - 팔을 머리 위로 쭉 뻗어 보자.
  - 좌우로 흔들어 보자.
  - 제자리에서 걸어 보자.
- 창의적인 동작 표현을 해 본다.
  - 뱀처럼 기어 보자.
- 줄을 바닥에 놓고 줄을 따라 걸어 본다.
  - 줄을 따라 가볍게 걸어 보자.
  - 점점 ㉡ 속도를 내어 빨리 걸어 보자.
  - 콩주머니를 머리 위에 얹어 놓고 줄을 따라 걸어 보자.
  - 줄을 따라 걸을 때 양팔을 쭉 뻗고 걸어 보자.
- ㉢ 공 던지기의 동작을 보여 준다.
  - ㉣ 선생님처럼 이렇게 공을 던져 보자.
- 줄을 사이에 두고 공놀이를 한다.
  - 가볍게 공을 던져 보자.
- 평가를 한다.
  - 줄을 따라 걸어 보니 기분이 어땠니?
  - 힘들었던 점은 없었니?

1) ㉡과 관련하여 다음을 완성하시오. [1점]

> 유아동작교육 접근 방법 중 (①)(이)라는 시간적 요소와 동작이라는 공간적 요소를 결합시킨 연계적이거나 패턴화된 신체동작인 (①) 동작을 위한 교수법을 (①)적 접근방법이라고 한다.

① _____

2) ㉢과 같은 동작을 조작동작이라고 한다. 와이카트(Weikart)가 분류한 신체동작의 설명이다. 다음을 완성하시오. [1점]

> (①)(이)란 신체의 상부는 안정동작으로, 신체의 하부는 이동동작으로 된 동작이다. 이러한 동작을 사용하는 활동으로는 리듬체조, 에어로빅, 춤 등이 있다.

① _____

3) 위의 활동과 밀접하게 관련된 2019 개정 누리과정 중 신체운동·건강 영역의 '내용범주'를 쓰시오. [1점]

_____

4) ㉠을 통하여 유아들이 탐색해볼 수 있는 점을 쓰시오. [1점]

_____

5) ㉣에 나타난 교사 – 유아 상호작용 유형을 쓰시오. [1점]

_____

14 다음은 만 4세반 유아들에게 '건강과 안전'의 생활 주제를 전개하는 과정에서 계획된 활동이다. 물음에 답하시오. [5점]

주제	안전한 놀이와 생활
소주제	위험한 상황 대처하기
활동명	비상 대피 훈련
목표	• 사고 발생 시 침착하고 안전하게 행동할 수 있다. • 안전 사고가 나지 않도록 질서와 규칙을 지킬 수 있다.
활동자료	비상구 표지판, ㉠ 소화기, 비상시 연락 구급 전화, 교통 안전 표지판
활동방법	(가)
확장활동	1) ㉡ 화재대피 훈련 및 119 구조대 놀이, 병원 놀이 등을 연간 계획에 의해 정기적으로 실시한다. 2) 비상시 사용할 긴급 전화부 및 안내판을 만들어 보도록 한다.

(나) 지도상 유의점

• ㉢ 화재대피 훈련을 처음 실시할 경우 사이렌 소리에 유아들이 놀라거나 당황하지 않게 한다.
• 소방대피 훈련은 사전에 유아와 가정에 알린 후 실시한다.
• 평소에도 소방대피 훈련을 실시하여 화재 발생 시 대처 요령을 유아가 숙지하도록 한다.
• 가상 화재 발생 시간 및 장소, 대피 통로 등 비상대피 훈련의 일정과 방법을 교사들과 함께 의논한다.
• 비상사태 발생 시 대피할 장소와 통로가 표시된 비상대피 경로를 교실과 복도 등 눈에 잘 띄는 곳에 게시한다.
• 비상사태 발생 시 대피할 장소와 방법은 일정하게 유지하여 대피방법을 경험하게 한다.
• 대피 안내, 화재 신고, 급수, 의료, 후송, 연락, 대피 훈련 일지 기록 등의 역할을 교사가 분담하여 실시한다.

1) ㉠과 관련하여 다음 ①과 ②에 들어갈 적합한 용어를 쓰시오. [1점]

> 유치원에서는 (①) 소화기를 설치하는 것이 바람직하며 (②) 소화기를 소화기 수량의 2분의 1 이상 설치할 수 있다.

① _____

② _____

2) ㉡과 관련하여 다음 ①과 ②에 들어갈 적합한 숫자를 쓰시오. [1점]

> 유치원에서는 화재대피훈련은 월 (①) 회 이상 실시한다. 아동복지법상 화재시 대처법을 포함한 재난대비 안전교육은 6개월에 1회 이상(연간 (②)시간 이상) 실시하도록 규정되어 있다.

① _____

② _____

3) ㉢에서 유아들을 당황하지 않게 하기 위하여 교사가 취해야 하는 방법을 쓰시오. [1점]

_____

4) (가)와 관련하여 (나)에서 부적절한 내용을 쓰시오. [1점]

_____

5) 화재대피 훈련 후 교사가 반드시 하여야 할 점을 쓰시오. [1점]

_____

15 만 5세반 최 교사가 계획한 '목욕하기' 활동계획안의 일부이다. 물음에 답하시오. [5점]

목표	활동 자료
• ㉠ 깨끗하게 몸을 유지하는 습관을 가진다. • 목욕하는 모습을 신체를 이용하여 창의적으로 표현한다.	목욕하는 순서 그림, 녹음기, 목욕하기 CD(새 교육과정 교수자료 지도서 '움직임과 춤 활동', 아이코리아)

1. 활동 방법

1) 교사의 목욕 장면 동작 수수께끼를 알아 맞혀본다.
   - 무엇을 하고 있는 모습일까?
   - 어떤 동작을 보고 목욕하는 모습이었는지 알 수 있었니?
2) ㉡ 목욕했던 경험에 대해 이야기 나누며 몸으로 표현해 본다.
   - 목욕할 때 제일 먼저 무엇을 하니?
   - 머리를 감을 때는 어떻게 움직였니?
   - 그 다음에는 몸의 어느 부분을 씻어 볼까?
   - 비누칠을 할 때에는 어떻게 움직이니?
   - 몸에 물을 뿌리는 모습은 어떻게 표현하면 좋을까?
   - 수건으로 머리와 몸을 닦는 모습은 어떻게 표현할 수 있을까?
   - 물기를 닦은 다음에는 무엇을 해야 할까?
3) 음악을 들려주고 목욕하는 모습을 표현해 본다.
   - 이 음악을 들으니 어디를(머리, 등, 얼굴 등) 씻는 것 같은 느낌이니?
   - 음악을 들으면서 몸 씻기를 해 볼까?
4) 전체 유아가 음악을 듣는다.
5) 유아 2~3명이 나와서 목욕하는 모습을 표현해 본다.
   …(생략)…

2. 활동의 유의점

1) 유아가 창의적으로 표현할 수 있도록 목욕하는 방법에 대해 충분히 이야기를 나눈다.
2) 표현하기 어려워하거나 쑥스러워 하는 유아가 있으면 부담을 느끼지 않도록 격려한다.
3) 유아가 자유롭게 움직이는 동안 서로 부딪치지 않도록 적당한 공간을 확보한다.

---

1) ㉠과 관련된 활동에 대한 교사의 지도지침이다. ⓐ~ⓓ 중 틀린 내용 1가지를 찾아 기호를 쓰고, 이를 바르게 고쳐 쓰시오. [1점]

> ⓐ 유아들이 스스로 손 씻기나 양치를 하는 것도 중요하지만 바르게 실천할 수 있도록 교사가 관찰 지도하도록 한다.
> ⓑ 유아들의 칫솔은 정기적으로 점검하여 교체가 필요한 유아는 가정통신문을 통해 일괄적으로 학부모에게 알려주어 교체하도록 한다.
> ⓒ 매일 유아들의 칫솔 마모상태를 점검하고 칫솔질이 바르지 않는 유아들의 경우에는 관심을 가지고 지도한다.
> ⓓ 유아들의 위생을 위해 수건보다는 핸드타월을 비치하고 칫솔을 깨끗이 씻어 살균소독기에 보관한다.

_____. _____

2) 유아 동작교육의 접근 방법에는 신체적 접근 방법과 (①)이/가 있다. ㉡은 ①의 접근 방법에 해당된다. ①을 제시하고, ② 그 개념을 쓰시오. [2점]

① _____

② _____

3) 다음은 ㉡과 관련된 내용이다. ①과 ②에 들어갈 적합한 용어를 쓰시오. [2점]

> 에머슨(Emerson)과 레이(Leigh)는 (①) 극적 접근법을 제안하였다. 이러한 접근법에서는 동작교육에서 다루어야 할 중요한 요소를 표현, 확장, 상상, (②)의 네 가지를 제시하였다.

① _____

② _____

16 다음은 유아를 위한 건강과 안전에 대한 내용이다. 물음에 답하시오. [5점]

(가) 제 5주기 유치원 평가	
3-4 유아의 안전한 등·하원	3-4-1. 유아의 안전한 ⊙ 등·하원을 위해 ⓒ 안전교육을 계획하며, 지속적으로 지도하고 있다.
	3-4-2. 통학버스를 이용하는 유아를 위해 유치원 통학버스를 (ⓒ)(으)로 관리하고, 안전하게 운행한다.

(나) 어린 유아들이지만 환경에 대한 안전교육으로 물, ⓔ 공기, 흙의 오염과 관련된 위험성을 인식하고 이를 개선하려는 태도뿐만 아니라 실천 능력까지 길러 주려고 노력한답니다. 우리 유치원 옆에는 하천이 흐르는데 주변에 담배 꽁초 등 쓰레기가 버려져 있고, 물이 고여 썩은 데도 있어요. 그래서 저는 깨끗한 물을 만들기 위해 유아들이 실천할 수 있는 일이 무엇일지 토의해 보게 한답니다.

(다) 화재 대피 지도상 유의점
• 화재 대피 훈련을 처음 실시할 경우 사이렌 소리에 유아들이 놀라거나 당황하지 않게 한다.
• 소방대피 훈련은 사전에 가정에 알린 후 실시한다.
• 평소에도 소방대피 훈련을 실시하여 화재 발생 시 대처 요령을 유아가 숙지하도록 한다.
• 가상 화재 발생 시간 및 장소, 대피 통로 등 비상 대피 훈련의 일정과 방법을 교사들과 함께 의논한다.
• 비상사태 발생 시 대피할 장소와 통로가 표시된 비상 대피 경로를 교실과 복도 등 눈에 잘 띄는 곳에 게시한다.
• 비상사태 발생 시 대피할 장소와 방법은 정기적으로 실시하며 가까운 곳부터 먼 곳까지 대피 장소와 방법을 변경하여 실시한다.
• 대피 안내, 화재 신고, 급수, 의료, 후송, 연락, 대피 훈련 일지 기록 등의 역할을 교사가 분담하여 실시한다.

1) (가)의 ⊙과 관련하여 교육부 「7대 안전교육 표준안」과 「아동복지법」에 따른 교통안전교육은 연간 (①)시간을 운영하게 되어있다. ①에 들어갈 적합한 숫자를 쓰고, ⓒ에 들어갈 적합한 내용을 쓰시오. [2점]

① _____

ⓒ _____

2) 교육활동 참여자는 (가)의 ⓒ을 연간 몇 회 이수하여야 하는지 쓰시오. [1점]

_____

3) (나)의 ⓔ과 관련하여 오존농도가 (①) 이상일 경우 유치원의 실외학습을 제한한다. ①에 들어갈 내용을 쓰시오. [1점]

① _____

4) (다)에서 부적절한 내용을 찾아 그 이유를 쓰시오. [1점]

_____

17 (가)는 갈라휴(D. Gallahue)의 운동 발달단계(phases of motor development)를 나타낸 그림이다. 만 3세 유아들의 별님반 김 교사는 유아들이 (가)의 ⓑ에 해당된다고 보았고, (나)는 동작교육과 여러 발달영역의 상호관계에 대한 내용이다. 물음에 답하시오. [5점]

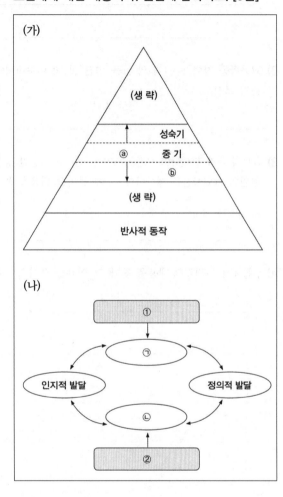

(가)

(생 략)

성숙기
ⓐ 중 기
ⓑ

(생 략)

반사적 동작

(나)

①

㉠

인지적 발달   정의적 발달

㉡

②

1) (나)의 ①과 ②와 관련해서 유아의 발달과 교육에 있어서의 동작의 역할을 강조하면서 동작 교육을 '(①)'와/과 '(②)'(으)로 나누었다. ①과 ②가 무엇인지 쓰고, 각각의 개념을 쓰시오. [1점]

① _____

② _____

2) (가)의 ⓐ가 무엇인지 쓰고, 갈라휴는 ⓐ를 (①), (②), (③)(으)로 나누었다. ①, ②, ③이 무엇인지 쓰시오. [2점]

ⓐ _____

① _____

② _____

③ _____

3) (나)의 ㉠과 ㉡에 들어갈 적합한 용어를 쓰시오. [1점]

㉠ _____

㉡ _____

4) 다음을 완성하시오. [1점]

에머슨(Emerson)과 레이(Leigh)는 환상과 상상을 확장시켜 상상력을 증진시키기 위한 무용 프로그램을 제안하였다. 무용교육의 네 단계를 제안하였다. 그 중 "저기 봐! 창수가 방바닥을 기어가고 있네. 선반에 손이 닿게 하려고 팔을 뻗치고 있어."와 같이 유아가 동작을 (①)의 도구로 사용해야 한다고 하였다.

① _____

18 다음은 소망유치원 만 5세반 김 교사가 작성한 활동 계획안의 일부이다. 물음에 답하시오. [5점]

활동명	줄과 공을 이용하여 놀이하기	활동 연령	만 5세
활동 목표	…(생략)…		
활동 자료	다양한 줄, 공, 콩주머니		
활동방법			

• 다양한 줄을 탐색해 본다.
 – 줄을 만져본 느낌이 어떠니?
 – 줄의 모양이 어떠니?
• 줄과 공을 이용한 놀이 시 주의할 점에 대해 알려준다.
• 준비운동을 한다.
 – 팔을 머리 위로 쭉 뻗어 보자.
 – 좌우로 흔들어 보자.
 – ㉠ 제자리에서 걸어 보자.
• 창의적인 동작 표현을 해 본다.
 – 뱀처럼 기어 보자.
• 줄을 바닥에 놓고 줄을 따라 걸어 본다.
 – 줄을 따라 가볍게 걸어 보자.
 – 점점 ㉡ 속도를 내어 빨리 걸어 보자.
 – 콩주머니를 머리 위에 얹어 놓고 줄을 따라 걸어 보자.
 – 줄을 따라 걸을 때 양팔을 쭉 뻗고 걸어 보자.
• ㉢ 공 던지기의 동작을 보여 준다.
 – ㉣ 선생님처럼 이렇게 공을 던져 보자.
• 줄을 사이에 두고 공놀이를 한다.
 – 가볍게 공을 던져 보자.
• 평가를 한다.
 – 줄을 따라 걸어 보니 기분이 어땠니?
 – 힘들었던 점은 없었니?

1) ㉡과 관련하여 다음을 완성하시오. [1점]

> 유아 동작교육 접근 방법 중 (①)(이)라는 시간적 요소와 동작이라는 공간적 요소를 결합시킨 연계적이기나 패턴화된 신체 동적인 (①)동작을 위한 교수법을 (①)적 접근방법이라고 한다.

① _____

2) ㉢과 같은 동작을 조작동작이라고 한다. 와이카트(Weikart)가 분류한 신체동작의 설명이다. 다음을 완성하시오. [1점]

> (①)(이)란 신체의 상부는 안정동작으로, 신체의 하부는 이동동작으로 된 동작이다. 이러한 동작을 사용하는 활동으로는 리듬체조, 에어로빅, 춤 등이 있다.

① _____

3) 와이카트는 전통무용을 지도하는 데 있어 음악적 이해 발달을 위한 학습과정을 제시하였다. 다음을 완성하시오. [1점]

> 유아들에게 무용동작을 나타내는 묘사적인 단어를 (①) 하도록 지도한다. '걷기', '뛰기', '쉬기', '왼쪽', '오른쪽' 등과 같은 말을 읊조리면서 유아들은 쉽게 리듬적인 발동작을 할 수 있다.

① _____

4) ㉠을 통하여 유아들이 탐색해볼 수 있는 점을 쓰시오. [1점]

_____

5) ㉣에 나타난 교사 – 유아 상호작용 유형을 쓰시오. [1점]

_____

19 만 5세 유아의 안전교육에 대한 내용이다. 물음에 답하시오. [5점]

활동명	안전한 세상	활동 연령	만 5세
활동 목표	• 즐겁게 노래를 부른다. • 교통 기관을 이용할 때의 규칙을 알고 지킨다.		
활동 자료	노래 '안전한 세상', 인형, 피아노 혹은 컴퓨터, 자료를 조작하기 위한 책상, 가사판, 모형 버스, 횡단보도		

활동방법

1) 자료를 사용하여 노랫말을 전달한다.
  – 유치원에 올 때 건너는 길이 있었니?
  – 어떻게 건너왔니?
  – 집에 갈 때 버스를 타고 안전하게 가려면 어떻게 해야 할까?
  – 차에서 내릴 때 어떤 점을 조심해야 할까?
  – ㉠ 밖에서 나가서 놀 때 어디서 놀이해야 안전할까?
2) 노래를 소개하고 교사가 노래를 들려준다.
  – 유치원을 오고 갈 때나 밖에서 놀 때 어떻게 하면 안전한지를 알려주는 노래야.
  – 노래를 들려줄 테니 잘 들어보자.
3) 멜로디만 들려준다.
4) 한 가지 소리로 불러본다(아, 라 등).
  – 어떤 소리로 노래를 불러 볼까?
5) 다양한 방법으로 노래를 불러 본다.
  – 어떤 방법으로 노래를 불러 보면 좋을까?
  – 후렴구 '랄라라' 부분을 '라 – 라 – 랄'로 바꾸어 불러본다.
6) 노래를 불러 본 느낌에 대해 이야기 나눈다.
  – 노래에 길을 건널 때는 어떻게 해야 한다고 했니?
  – 어떤 부분이 가장 재미있었니?
  – 부르기 어려운 부분도 있었니?

1) 다음을 완성하시오. [1점]

> 아동복지법에 따라 재난 대비 안전교육은 6개월에 1회 이상 (연간 (①)시간 이상) 이루어져야 한다.

① _____

2) ㉠과 관련하여 다음을 완성하시오. [1점]

> 매일 규칙적으로 바깥에서 신체 활동하기를 계획하고 계절, 날씨, 유아의 건강상태 등을 고려하여 진행한다. 1일 (①)시간 이상 바깥놀이(대근육 활동 포함)를 포함하여 놀이시간을 확보하도록 한다.

① _____

3) 다음을 완성하시오. [1점]

> 라반(Laban)은 동작의 (①)을/를 움직임의 계속성으로 말하며, 구속된 (①)와/과 자유로운 (①)(으)로 나누었다.

① _____

4) 다음을 완성하시오. [1점]

> 라반(Laban)은 신체의 움직임에 있어서 위치의 변화나 평형상태를 유지할 때 필요한 근육의 수축 정도를 (①)(이)라고 하였다.

① _____

5) 다음을 완성하시오. [1점]

> 대부분의 동작교육자들은 인간동작을 분석하는 기준으로 라반(Laban)의 이론을 참고하되, 다소 다른 용어를 사용하기도 하고 다른 요소를 포함시키기도 하지만, 대체로 신체, 노력, 공간, (①) 등을 '동작의 구성요소'라고 본다.

① _____

20 (가)와 (나)는 5세반 박 교사가 작성한 활동계획안의 일부이다. 물음에 답하시오. [5점]

활동명	강강술래
활동 방법	**(가) 대집단 활동** • 강강술래의 유래에 대하여 이야기를 나눈다. • 강강술래 춤 비디오를 시청한다. (강강술래 춤을 출 때 ㉠ 빨리 달리기, 균형잡기, 걷기, 당기기, 앉았다 일어나기, 다시 원으로 만들기, 앞으로 돌기 동작활동을 비디오에서 자세히 관찰하도록 한다.) …(중략)… • 자신이 생각하는 모습의 강강술래를 자유롭게 표현한다. • 학급의 인원을 두 모둠으로 나누고 한 모둠은 강강술래 춤을 추고, 다른 모둠은 다른 유아의 활동을 관찰한다. **(나) 과정** <table><tr><td>문제를 설정하기</td></tr><tr><td>↓</td></tr><tr><td>(㉡)</td></tr><tr><td>↓</td></tr><tr><td>관찰과 평가과정 가지기</td></tr><tr><td>↓</td></tr><tr><td>평가에서 알게 된 내용을 적용하여 다시 해보기</td></tr></table> **(다) 소집단 활동** • 강강술래 역할극을 하면서 극중에 강강술래 춤을 추어본다. • 강강술래 노래에 맞추어 춤을 추어본다. • 강강술래 노래의 가사를 개작하고 개작된 가사로 춤을 추어본다. **(라) 단계** <table><tr><td>도입</td><td>기본동작을 중심으로 활동에 대한 흥미와 준비운동을 겸할 수 있는 활동을 한다.</td></tr><tr><td>(㉢)</td><td>…(생략)…</td></tr><tr><td>창의적 표현</td><td>소요시간은 8~10분 내외로 한다.</td></tr></table>

평가	교사와 유아가 동작의 네 가지 기본요소인 신체, 공간, 무게, (㉣)을/를 균형 있게 동작 활동에 적용하였는가를 평가한다.

1) (가) 활동과 관련된 내용이다. 다음을 완성하시오. [1점]

> 유아 동작 교수 유형 중 (가) 활동과 관련하여 (①) 접근은 유아 각자가 나타내고 싶은 대로 다양한 반응을 하게 되는 발산적 문제해결로 이끌어 주는 유형이다.

① _____

2) (나)는 (가)와 관련된 접근법의 과정이다. (나)의 ㉡에 들어갈 적합한 내용을 쓰시오. [1점]

㉡ _____

3) (다) 활동과 관련된 동작교육의 접근법은 (①)(이)다. ①에 들어갈 동작교육의 접근법을 쓰시오. [1점]

① _____

4) (라)는 (다)와 관련된 과정이다. ㉢과 ㉣에 들어갈 적합한 용어를 쓰시오. [1점]

㉢ _____

㉣ _____

5) (가)의 ㉠에 해당하는 ① 기본동작의 유형 1가지를 쓰고, ㉠을 통해 얻을 수 있는 ② 기초 체력의 요소 중 가장 적합한 요소 1가지를 쓰시오. [1점]

① _____

② _____

21 다음은 학습공동체에서 교사의 대화이다. 물음에 답하시오. [5점]

김 교사 : 유아들에게 ㉠ 신체와 외부공간에 투영되어 나타나는 방향인식을 길러주어야 하지요.

박 교사 : 맞아요. 그러기 위해서는 ㉡ 음악리듬과 선율에 맞추거나 노랫말이 있는 노래에 적합한 동작을 만들어 노래와 함께 움직이는 동작과 ㉢ 모든 효율적인 동작의 기초로서 동작의 가장 기본적인 형태에 해당되는 동작을 골고루 할 수 있게 제시해주어야 하죠.

홍 교사 : 그렇군요. 저는 동작매체를 활용한 대근육운동의 조작을 더 중요시했어요.

한 교사 : 그랬군요. 그 동작도 중요하지만, 구부리기, 펴기, 꼬기, 제자리에서 돌기, 흔들거리는 동작 등도 중요하지요. 그래서 ㉣ 유아에게 가장 직접적이고 구체적이며 밀접한 내용부터 시작하여 간접적이고 추상적이며 멀리 떨어져 있는 내용으로 확대해 가는 방법을 제시했어요. 예를 들면, '나'를 중심으로 하여 '우리 집'과 '가족', '유치원'과 '친구'의 순서대로 확대했지요.

최 교사 : 잘하셨어요. 저는 ㉤ 유아의 동작능력과 발달속도에 따라 동작활동을 경험하도록 하는 원리를 제시했지요.

---

1) 김 교사의 ㉠을 설명하는 적합한 용어를 쓰시오. [1점]

㉠ _____

2) 박 교사의 ㉡과 ㉢을 설명하는 적합한 용어를 쓰시오. [2점]

㉡ _____

㉢ _____

3) 한 교사의 ㉣에 적합한 유아 동작교육 내용 구성의 원리를 쓰시오. [1점]

㉣ _____

4) 최 교사의 ㉤에 적합한 유아 동작교육의 교수–학습 원리를 쓰시오. [1점]

㉤ _____

22 다음은 만 4세반 담임교사들이 환경에 대한 안전 교육을 실천한 사례이다. 물음에 답하시오. [5점]

> 김 교사 : 환경오염 때문에 질병도 더 많아졌어요. 그래서 저는 유아들이 수인성 전염병이나 세균성 피부병에 걸리지 않도록 수영장에 가기 전에는 유치원에 비치된 예방약을 모든 유아들에게 먹이고, 다녀온 뒤에는 손을 씻게 한답니다.
>
> 박 교사 : 요즈음은 유아들이 바깥에서 놀이하는 시간이 너무 부족해요. 그러니까 유아들 몸 자체에서 ㉠ 비타민 형성도 덜 되고 자연을 너무 모르게 되는 거죠. 그래서 저는 유아들을 실외로 자꾸 데리고 나가서 자외선을 가능한 한 많이 쪼일 수 있도록 한답니다.
>
> 백 교사 : 어린 유아들이지만 환경에 대한 안전교육으로 물, ㉡ 공기, 흙의 오염과 관련된 위험성을 인식하고 이를 개선하려는 태도뿐만 아니라 실천 능력까지 길러 주려고 노력한답니다. 우리 유치원 옆에는 하천이 흐르는데 주변에 담배 꽁초 등 쓰레기가 버려져 있고, 물이 고여 썩은 데도 있어요. 그래서 저는 깨끗한 물을 만들기 위해 유아들이 실천할 수 있는 일이 무엇일지 토의해 보게 한답니다. 요즘은 사람들이 마시는 물에 주의를 많이 기울입니다. 그래서 저는 유아들을 데리고 산으로 자연체험을 하러 갈 때마다 산에서 흐르는 물이 깨끗해 보일지라도 유아들이 함부로 마시지 않도록 한답니다.

1) 교사들의 대화 중 부적절하게 지도한 교사의 이름과 사례 2가지를 찾아 쓰고 그 이유를 각각 쓰시오. [2점]

　① _____ , _____

　　 _____

　② _____ , _____

　　 _____

2) ㉠의 비타민 부족은 ① 어떤 비타민이 부족한지 쓰고, 이로 인하여 ② 안짱다리가 나타나는 질환을 쓰시오. [2점]

　① _____

　② _____

3) ㉡과 관련하여 오존 농도가 (①) 이상일 경우 유치원을 휴교한다. ①에 들어갈 적합한 내용을 쓰시오. [1점]

　① _____

23 다음은 최 교사가 작성한 활동계획안이다. 물음에 답하시오. [5점]

활동명	나는야, 소방안전지킴이	활동 연령	만 3세
활동 목표	• 화재를 대비해 소방대피 훈련과 관련된 법이 있음을 안다. • 소방대피 훈련의 중요성을 인식한다. • 게임을 통해 소방대피 요령을 익힌다.		
활동 자료	PPT 동화, 게임판(비상대피로 그림, 불씨 그림, 불이 난 유치원·어린이집 그림, 불이 붙은 비상대피로 그림, 유치원·어린이집 바깥모습 그림), 부직포 조끼, 벨크로가 붙은 불씨, 소방안전지킴이 이수증		

(가) 활동 방법

1. 소방대피 훈련에 대해 이야기 나눈다.
   - 유치원에서는 왜 소방대피 훈련을 꼭 해야 한다고 했니?
   - 소방대피 훈련을 할 때 어떻게 했었지?
2. 소방대피 방법에 대해 이야기 나눈다.
   - 불이 나면 가장 먼저 어떻게 해야 하니?
   - "불이야!"를 크게 외치며 뛰어 간다.
   - 다음으로 어떻게 해야 할까?
   - 몸을 구부리고 손으로 입과 코를 막고 대피해야 해.
   - 그런데 어느 쪽으로 대피해야 할까?
   - (㉠) 표시가 있는 쪽으로 가야 해.
   - 몸에 불이 붙었을 때는 어떻게 해야 하지?
   - 몸을 데굴데굴 굴러서 몸에 붙은 불을 꺼야 한단다.
3. 게임 자료를 보며 게임방법에 대해 이야기 나눈다.
   - 여기 네모 모양 안에 어떤 그림들이 그려져 있니?
   - 그래, 유치원에 불이 난 그림도 있고, 비상대피로 그림도 있고, 커다란 불씨 그림도 있고, 불이 붙은 비상대피로 그림도 있고, 유치원 바깥모습이 그려진 그림도 있어.
   - 유치원에서 불이 났을 때 저쪽 반대편 바깥까지 대피하는 게임이야.
   - 출발점에 유치원에서 불이 나는 모습이 그림이구나. 불이 나면 가장 먼저 어떻게 해야 하지?
   - 그래, 출발점에 서면 "불이야!"를 크게 외쳐야 해.
   - 그리고 어떤 그림이 그려져 있는 곳으로 대피해야 할까?
   - 비상대피로 표시를 따라 대피할 때는 어떻게 해야 할까?
   - 비상대피로에 불씨가 그려져 있는 곳에 도착하면 이곳에서

기다리던 친구가 몸에 불씨를 붙일 거야. 몸에 불이 붙으면 어떻게 해야 하지?
   - 그리고 다시 비상대피로로 표시를 따라 대피를 하고, 드디어 바깥으로 나오는 게임이야.
   - 대피하는 방법에 따라서 잘 대피하면 여기 검사 원숭이 모양 종이를 받을 수 있어.
   - 이 종이에는 '소방안전지킴이'라고 써져 있어. 그리고 아래에는 'ㅇㅇㅇ어린이는 소방대피 게임을 무사히 마쳤습니다.'라고 적혀있단다.
4. 활동을 회상하며 느낀 점을 이야기 나눈다.
   - 오늘은 무엇에 대해 알아보았니?
   - 소방대피 게임을 해보니 어땠니?
   - 유치원에서 소방대피 훈련을 왜 자주 하는 걸까?
   - 앞으로 소방대피 훈련을 할 때 어떻게 해야 할까?

(나) 오늘은 유치원(어린이집)에서 소방대피 훈련을 하는 날이에요. 곰곰이네 유치원(어린이집)에서는 한 달에 한번 갑자기 사이렌 소리가 나면 놀던 것을 모두 놔두고 밖으로 뛰어나가야 해요. 그래서 곰곰이는 소방대피 훈련이 하기 싫었어요. 오늘도 사이렌 소리가 들리자 곰곰이는 투덜대기 시작했어요.

곰곰이 : 블록 놀이를 더 하고 싶은데…. 왜 자꾸 소방대피 훈련을 하는 거지? 이젠 시시해…. 소방대피 훈련이 시작되었는데도 곰곰이는 옆 친구와 장난만 쳤어요. 이 모습을 지켜보던 바름이는 소방대피 훈련을 열심히 하지 않는 곰곰이가 걱정이 되었어요.

바름이 : 곰곰아, 장난치지 말고 어서 대피해.

곰곰이 : 이제 어떻게 해야 하는 건지 나는 다 알고 있어.

바름이 : 그래도 자꾸 자꾸 연습해야 정말 불이 났을 때 다치지 않고 안전하게 대피할 수 있어. 연습을 조금만 하면 정말로 불이 났을 때 어떻게 해야 할지 놀라서 다 잊어버리거든. 그래서 소방대피 훈련을 자꾸 자꾸 하는 거야. 그리고 유치원(어린이집)에서 소방대피 훈련을 꼭 하도록 하는 법도 있어. 그 법을 지키지 않으면 안 돼.

곰곰이 : ㉡ <u>소방대피 훈련을 꼭 하도록 하는 법이 있다고?</u>
곰곰이는 고개를 갸우뚱 거렸어요.

1) (가)와 관련된 (나)의 내용은 어떤 교수법인지 쓰시오.

[1점]

_____

2) (가)에서 ㉠에 들어갈 적합한 내용을 쓰시오.　　　[1점]

㉠ _____

3) (가)에서 부적절한 내용을 찾아 쓰시오.　　　[1점]

_____

4) (나)의 ㉡과 관련하여 다음 ①과 ②에 들어갈 적합한 내용을 쓰시오.　　　[2점]

> 유치원의 소방대피 훈련에 대해 (①)법에서 유치원의 원장은 매년 원아들에게 안전교육을 실시해야 함을 명시하고 있으며, (①)법 시행령에서는 재난 대비 안전교육을 6개월에 1회 이상(연간 (②)시간 이상) 실시하도록 하고 있다.

① _____

② _____

24 다음은 유치원에서 유아에게 발생할 수 있는 응급 상황에 대처한 교사의 예이다. 물음에 답하시오. [5점]

> **김 교사** : 철수가 눈이 찔렸을 때, 이물질을 제거하지 않고, 찔린 눈을 종이컵이나 붕대로 도넛 모양을 만들어 보호하였어요. 그리고 눈을 보호하면서 이물질이 움직이지 않도록 붕대를 감고, 찔린 눈을 가리고, 119에 구급차를 요청하였어요.
>
> **박 교사** : 영희가 코피가 났을 때, 영희를 의자에 앉게 하고 고개를 뒤로 젖히고, 코뼈 바로 밑의 코 부분을 두 손가락으로 3분간 꼭 누른 후, 코피가 나오는 쪽의 콧구멍에 거즈를 둥글게 말아 너무 깊지 않게 막고, 냉찜질을 하였어요.
>
> **최 교사** : 광수가 이가 부러졌을 때, 거즈를 도톰하고 둥글게 말아 다친 부분에 물게 하고, 차가운 수건이나 냉찜질팩을 이용하여 냉찜질을 하고, 부러진 치아는 뿌리 부분을 문질러 닦고 우유에 담아 30분 이내에 병원으로 갔어요.

1) 김 교사의 ① 부적절한 응급처치를 찾아 쓰고, ② 바르게 수정하시오. [2점]

① _____

② _____

2) 박 교수의 부적절한 응급처치 2가지를 찾고 각각 바르게 수정하시오. [2점]

① _____, _____

② _____, _____

3) 최 교사의 부적절한 응급처치를 찾아 쓰시오. [1점]

_____

교원임용학원 강의만족도 1위,

해커스임용 teacher.Hackers.com

의사소통 출제 경향 확인하기

* 아래 출제경향은 1997~2021학년도의 출제빈도를 나타낸 것입니다.

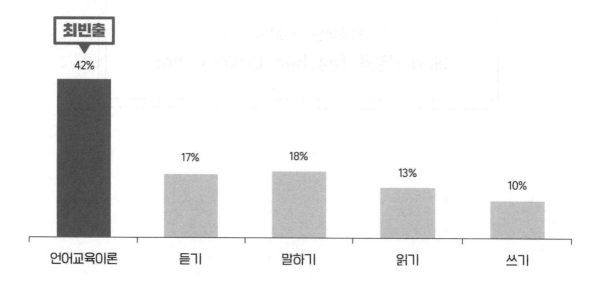

Chapter 09
의사소통

Point 01   언어교육이론
Point 02   듣기
Point 03   말하기
Point 04   읽기
Point 05   쓰기

🔍 개념 완성 탐구문제

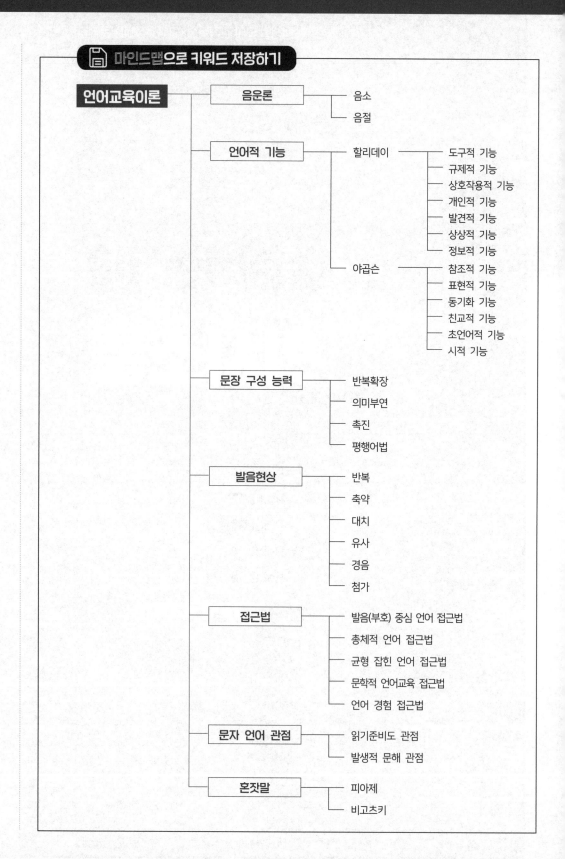

1. 음운론

(1) 언어의 구조

사회 구성원들이 합의하여 사용하는 말의 규칙, 소리와 단어의 조합, 문장을 구성하는 규칙

(2) 구성요소

자음과 모음	• **자음** : 목, 입, 혀와 같은 발음기관에 의해 구강통로가 좁아지거나 완전히 막히는 종류의 장애를 받으며 나는 소리 • **모음** : 성대의 진동을 받은 소리가 목, 입, 코를 거쳐 나오면서 장애를 받지 않고 나는 소리
음소(음운)	• 언어의 의미를 변별해 주는 음성(말소리)의 최소 단위 • 자음과 모음에 의해 표현됨 참고 음소의 축소 현상 : 출생 후 초기에 다양한 음소가 발성되나, 주변의 부모나 성인으로부터 듣지 못하는 소리는 음소 영역에서 점차적으로 제외되는 현상
음절	발음의 최소 단위
형태소	• 음소의 모임으로 의미를 가지는 최소 단위 ⇨ 문법의 최소 단위 • 크기가 가장 작고 독립된 의미를 지닌 언어 표현 • 형태소는 그 자체로서 단어가 될 수도 있고 그렇지 않을 수도 있음 **어휘적 형태소 (자유 형태소)** : 독립적이며 뚜렷한 의미를 가지는 형태의 내용어 예 명사, 동사, 형용사, 부사 등 **문법적 형태소 (의존 형태소)** : 형태소나 단어 간 문법적 관계, 의미를 명백히 해주는 기능어 예 나는 밥을 먹었다

2. 언어의 기능(Halliday)

도구적 기능	• 욕구를 만족시키기 위한 언어 표현 ⇨ '하고 싶어요.' 예 광고, 계산서, 메모지 • 학습도구로서의 기능으로 듣기, 말하기, 읽기, 쓰기로 연결됨
규제적 기능	타인의 행동 규제 ⇨ '내 말대로 해 주세요.' 예 교통 표지판, 정책 성명서, 방향 지시판
상호작용적 기능	주변 사람들과의 사회적 관계 성립 및 유지 ⇨ '나하고 너하고' 예 개인적 편지, 쪽지 등
개인적 기능	개인적 견해 포함 ⇨ '저는 이런데요.' 예 편집후기, 일기, 자서전, 일지
발견적 기능	정보를 추구하고 환경을 탐색하여 이해하기 위한 언어표현 ⇨ '왜 그러는데요.' 예 요청하거나 묻는 편지, 신청서, 등록 서류
상상적 기능	상상과 창의성 표현 ⇨ '우리 이런 척 해요.' 예 시, 연극, 동화 이야기
정보적 기능	정보 전달 및 설명 ⇨ '말할 게 있는데요.' 예 혼인 선서, 사전, 교재, 보고서, 전화번호부

3. 문장 구성 능력

반복확장	문법적으로 불완전하게 구사된 유아의 문장을 완성된 문장으로 확대하여 반응하는 것 예 유아의 "차 부서졌어."를 "자동차가 벽에 부딪쳐서 부서졌구나."로 확장
의미부연	• 문법적 확장뿐만 아니라 의미까지 확대해서 반응하는 방법 • 너무 길게 의미부연되지 않도록 유의함 예 "자동차 놀이를 못하게 되어서 속상하구나."
촉진	• 완전한 문장이 되도록 하기 위해 질문하는 것 • 어순에 맞게 말할 수 있도록 자극하는 방법 예 "자동차가 어디에 부딪쳐서 부서졌니?"
평행어법	유아가 하는 행동을 말로 모사하는 것 예 "영희가 공을 던져서 공이 데굴데굴 굴러가는구나!"

4. 발음현상

현상	의미	예시
반복현상	동일음이 반복된 소리	멍멍이, 꿀꿀이
축약현상	어려운 발음이나 1~2개 음만 발음하고 나머지는 생략함	비행기-뱅기, '아 뜨거워'-아뜨, 할아버지-하부지
대치현상	한 음을 다른 음으로 대치하여 발음	구두-두두, 안경-안덩, 학교-핵교
유사현상	유사한 발음으로 발음	쥐-지, 김치-긴치, 개미-재미
경음현상	단어를 된소리(쌍자음)로 발음	젖-찌찌, 고기-꼬꼬, 가시-까찌
첨가현상	일부 자음을 추가하여 발음	하나-한나, 밥-빠빠, 약-약꼬

5. 접근법

(1) 발음(부호) 중심 언어지도 접근법

개념	• 문식성 교육에 대한 전통적인 견해 • 유아를 문식성을 획득하기 위해 성인에게 의지해야 하는 수동적인 학습자로 가정함 • 글자를 처음 배우는 유아에게 자모체계, 자소와 음소, 철자법, 읽기 과정에서 자모체계에 대한 지식 적용하는 방법 등을 가르치는 것을 통해 발음을 강조함 • 글을 소리로 바꾸는 해독을 글의 의미 파악(이해)보다 중요시함 ⇨ 글의 의미보다 올바른 글자의 형태, 문자해독(읽기) 및 부호화(쓰기)가 목표

특징	• **위계적인 순서에 따라 지도** : 낱글자(음절) ⇨ 낱말 ⇨ 문장 ⇨ 문단 ⇨ 이야기 • '읽기' 다음 순서는 '쓰기'라는 위계에 따라 읽기와 쓰기의 기초 기술을 반복 연습시킴 • 읽기 학습을 위해 자음·모음의 발음과 자음·모음이 결합하여 글자를 이루는 원리를 가르침 ⇨ 읽기의 하위 기술부터 가르침 • 말하기와 듣기는 배우지 않아도 자연스럽게 습득되지만, 읽기와 쓰기는 형식적인 훈련이 필요하다고 봄 • **집단 구성** : 읽기·쓰기 교수는 개인별 또는 교사에 의해 능력별로 구성함

교수 방법	• 발음 지도를 강조함
	<u>참고</u> 발음 : 글자를 말소리로 바꾸는 것
	• 유아들이 글자와 말소리의 관계를 이해하고, 처음 보는 단어를 해독하려면 음운 인식이 가능해야 한다고 봄
	<u>참고</u> 음운인식
	  • 음성언어에서 사용하는 소리의 여러 단위(음소, 음절, 단어, 문장)를 인식해 조작할 수 있는 능력
	  • **행**동주의 이론에 기초함
	  • 성숙에 의해 저절로 되는 것이 아닌 환경에 의해 영향을 받는다고 여김
	  • 유아는 환경에 의해 통제되는 수동적 존재이기 때문에 읽기나 쓰기를 위해 하위 기술을 반복적으로 제공하고 연습시키는 것이 중요하다고 여김
	  • 성숙주의 이론에 읽기나 쓰기를 위한 준비가 되어 있어야 한다는 읽기·쓰기 준비도 개념이 있다면, 행동주의 이론에서는 읽기·쓰기 기능은 반복적인 훈련을 통해 준비도가 가속화될 수 있다고 주장함
	• 유아는 개별적으로 각자의 과제를 수행하고, 단순한 것에서 복잡한 것으로 나열된 일련의 분절된 읽기 기술을 유아에게 직접적으로 가르침
	• 주로 낱자나 단어 중심으로 명시적이고 체계적인 지도 방법을 강조하며 반복적 훈련을 통한 숙달을 유도함
	• **학습 자료** : 글자와 말소리의 관계를 체계적으로 가르칠 수 있는 말소리가 들어 있는 단어들을 의도적으로 선택·사용하여 문장을 만든 것을 활용함
	• **교사 역할** : 언어 형태의 모델을 직접 또는 매체를 사용하여 제공하고, 정해진 방법에 의해 반복하도록 지시함

장점	• 이론적 근거나 지도법에 대한 기초 지식이 없어도 활동의 적용이 용이하며, 교구 및 교수방법이 매우 구체적이기 때문에 교사들이 쉽게 채택할 수 있음 • 학습의 전이 효과가 높고, 문자 해독 측면에서 효과적인 방법임 • 글자를 처음 배우는 유아들이나 초등학교 저학년 중 읽기에 어려움을 느끼는 아동들에게 적합함
단점	• 유아들에게 지나치게 분석적이고 논리적인 교수법이며, 읽기·쓰기만을 강조하는 지루하고 의미 없는 학습이 될 수 있음 • 모든 유아에게 똑같은 방법으로 연습시킴 ⇨ 학습자의 경험 또는 특성 고려하지 않는 획일적 방법

(2) 총체적 언어지도 접근법

배경	• 전통적으로 해왔던 발음 중심 접근법이 유아들에게 무의미한 언어 접근법이라는 반성에서 시작됨 • 그동안 추상적·탈상황적·형식적으로 해왔던 언어교육을 구체적·상황적이며 아동에게 의미 있는 학습활동이 되게 함 • 구성주의 및 사회적 상호작용 이론 등에 이론적 근거를 둠
정의	• 언어를 음소나 낱자 중심으로 가르치는 것이 아닌 의미를 구성하는 전체적인 원문으로 보고자 하는 접근법 • 말하기·듣기·읽기·쓰기를 구별하여 독립적으로 가르치지 않고, 총체적·통합적으로 가르치고자 하는 노력을 말함 ⇨ 다른 영역과도 통합적으로 지도 참고 '총체적'의 의미 : 언어의 기본 단위를 의미로 보며, 언어교육은 네 가지 영역으로 구분하여 따로 가르치는 것이 아닌 모든 교과를 통합하여 가르친다는 것

특징	• **하향식 접근법** : 문어학습은 '전체 이야기 ⇨ 문장 ⇨ 낱말 ⇨ 낱자' 순으로 진행함
	• 보다 의미 있는 언어학습이 이루어지도록 하기 위해서는 유아에게 의미 있는 상황에서 읽기와 쓰기를 경험하게 하고 문자 언어가 학습되어야 한다고 봄
	• 사회적·문화적·역사적 맥락의 중요성을 강조하는 비고츠키 이론에 토대를 둠
	  ⇨ 유아들이 소집단을 이루어 문학적 활동에 참여하는 협동적 작업과 같은 활동 강조
	• 학습자가 배워야 내용보다 학습자가 이해할 수 있는 내용, 학습자에게 의미 있는 내용 등을 더 중요시함
	• 어린 시기부터 접하는 문자 언어 환경의 영향을 강조함
	• **문학 중심 프로그램** : 교육과정 전반에 걸친 통합적 읽기·쓰기 발달에 있어서 양질의 문학작품을 통한 문식성과 사회적 맥락 사이에서 일어나는 상호작용의 중요성을 강조
	• **in - out 접근법(아동 중심접근법)**
	  - 외부에서 교사가 개입하는 것보다 아동 스스로가 자신의 경험과 배경 지식에 따라 스스로 선택할 때 의미 있고 효과적임 ⇨ 언어교육의 출발점은 아동 자신
	  - 청자에 오류가 있더라도 의미를 파악하고 전달하여 읽기와 쓰기에 대한 동기를 북돋아주는 것을 목표로 함
	    참고 발음 중심 언어지도의 가장 큰 목표는 정확하게 읽고(해독) 쓰는 능력(부호학)
	  - 유아가 교실 환경 곳곳에서 학습의 필요성을 느끼고 적극적·자발적으로 활용하도록 하는 것이 중요함
	  - 학습자에게 자신에 관한 정보를 주기 위한 것에 평가 목적이 있음

(3) 균형적 언어지도 접근법

배경	• 총체적 언어교육법으로 교육받은 유아들의 해독이나 읽기 능력이 떨어진다는 점을 확인함 • 음운인식 능력, 자모체계, 글자와 소리의 대응관계에 관한 지식의 필요성이 대두됨 • 유아들이 유창한 읽기를 하도록 전체적 맥락에서 의미를 파악하는 방법(의미중심 접근법)과 해독에 필요한 기초능력을 병행하여 가르칠 필요성이 대두됨

정의	• **총체적 언어지도 + 발음중심 언어지도**
	  - 전통적인 방법에 구성주의적 방법을 보완함
	  - 단순히 섞어 놓은 것이 아닌 두 가지 방법의 장점만을 취합함

	- 유아의 읽기 경험은 '이야기 ⇨ 문장 ⇨ 낱말 ⇨ 낱자'의 순으로 이루어져야 한다는 총체적 언어 접근법의 틀을 지지하며, 그 틀 안에서 '낱자 ⇨ 낱말 ⇨ 문장 ⇨ 이야기' 순의 음운 중심 교수를 함께 병행함 • 유아의 학습양식, 발달 수준, 흥미, 필요에 따라 적절한 방법으로 읽기 지도를 하자는 것
특징	• 의미 있는 실제적 상황에서 읽기와 쓰기를 접하도록 하고, 유아가 흥미와 관심을 보이는 범위 내에서 음운 인식, 글자와 음소의 대응, 낱자 지식 등의 읽기 기초 기능도 교육내용에 포함함 • 유아의 사회·문화적 배경이 다르므로, 유아의 흥미와 자연스러운 쓰기 발달에 초점을 두지만, 필요한 유아에게는 단어 중심의 음운론적 지식을 직접적으로 가르치는 방법을 사용함

지도
방법
	• 유아의 특성에 따라 융통성 있게 적용함 ⇨ 개별화 교육의 지향
	  - **발음 중심 언어지도법**: 분석적·청각적 감각이 뛰어난 유아, 문해경험이 부족한 저소득층 유아, 학업능력 또는 지능이 떨어지는 유아 대상
	  - **총체적 언어지도법**: 시각적·촉각적 감각이 뛰어나고 총괄적 학습양식을 가진 유아 대상
	• 음운인식이나 기술 중심의 읽기를 지나치게 강조해서는 안 되며 의미와 함께 해독법을 병행함
	• 의미 중심 전략에서 시작하여 하위 기능을 가르침(전체 ⇨ 부분 ⇨ 전체)
	• 교사는 유아의 특성과 언어 발달 정도, 환경 등을 잘 파악해야 함
	• **세부 지도방법**
	
	_표 아래_

세부 지도방법:

읽기지도		쓰기지도	
읽어주기	소리 내어 읽어주기, 소그룹으로 읽어 주기, 1:1로 읽어주기	써 주기	교사의 쓰기 시범 보이기, 주위 환경의 글자를 이용하여 쓰기
함께 읽기	함께 읽는 경험 나누기, 노래나 시를 이용한 활동하기, 언어 경험 나누기	함께 쓰기	함께 쓰는(짓기) 경험 나누기, 큰 책 만들기, 자모음 책 이용하여 쓰기
안내된 읽기	교사와 보다 능숙한 또래의 안내에 의한 책 읽기	안내된 쓰기	교사나 보다 능숙한 또래의 안내에 의한 쓰기
혼자 읽기	정해진 시간에 유아 혼자서 책 읽기	혼자 쓰기	유아 혼자 쓰기(독립적인 쓰기)

활동 예	• 각운 및 두운이 있는 동요를 자주 읽어주기 • 발음하기 어려운 언어놀이를 함께 하기 • 재미있는 철자나 소리가 나는 단어책 또는 목록 만들기 • 유아와 함께 자음, 모음 책 만들기 • 친구들의 이름에서 소리와 패턴을 찾아보기 • 들리는 대로 소리를 적어보도록 돕기 • 글자 자석과 같은 놀잇감을 가지고 놀도록 격려하기 • 유아들 앞에서 글씨를 쓸 때 글자와 소리의 관계를 특별히 강조하면서 쓰기 • 좋아하는 시, 노래, 이야기를 자주 들려주며 두운과 각운을 포함한 음소에 관한 놀이 하기 • 함께 책을 읽으며 단어의 첫 글자만 보여주고, 다른 상황적인 힌트를 주면서 그 단어가 무엇인지 알아맞히게 하기

(4) 문학적 언어지도 접근법

정의	문학(작품에 나오는 이야기 또는 설명)을 통해 언어학습의 흥미와 동기, 언어적 자극을 제공하여 언어학습을 돕는 접근법
특징	• 그림 동화책과 같은 문해 자료를 자연스러운 방법을 통해 언어를 습득하고 이해하도록 돕는 귀중한 자원으로 생각하고 언어활동의 출발점으로 활용함 • 동화책으로 말하기, 듣기, 읽기, 쓰기의 통합적 발달을 지원함
교사 역할	• 유아들을 위한 문학작품에 대한 깊은 지식을 가지기 • 양질의 문학작품을 선택할 수 있는 능력 기르기 • 다양한 읽을거리를 적절한 공간에 배치하는 능력 기르기 • 어느 곳에서나 쉽게 책을 보고 서로 이야기를 나눌 수 있는 교실 환경 연출하기 • 최대한의 의사소통이 일어날 수 있도록 유아를 자극할 줄 아는 능력 기르기

(5) 언어 경험 접근법

특징		• 초기 읽기 지도 방법 중 하나로서 의미 중심적 읽기 지도방법 • 유아들에게 의미 있는 읽기·쓰기 활동을 제공하여 개념 및 어휘발달과 읽기·쓰기 능력을 발달시키고자 함 • 학습자의 일상적 생활 경험들을 읽기 자료로 바꾸어 사용함으로써 유아가 이미 잘 알고 있는 단어들을 중심으로 읽기·쓰기 지도를 시작한다는 것이 기본 전제임
단계		자신이 읽은 것 또는 생활 속에서 경험한 것에 대하여 이야기해 보기 ⇨ 그것을 글로 써보기 ⇨ 읽어 보기
지도 방법	계획	교사는 유아의 경험을 확장시키고 언어활동을 쉽게 할 수 있는 내용을 잘 선정해 수월하게 언어활동이 일어날 수 있도록 계획함
	경험	말과 글은 경험에서 나오는 것 ⇨ 교사는 경험을 언어로 표현할 수 있도록 계획함
	대화	• 유아들이 경험을 말로 표현하게 함 • 교사는 유아들이 주제를 벗어나지 않으면서 말을 이어 갈 수 있도록 도움
	경험의 기록	• 기록은 유아들보다 교사나 다른 성인이 하는 것이 좋음(말이 글로 옮겨질 수 있는 것을 보여주기 위해) ⇨ 유아가 사용하는 언어를 그대로 옮겨 쓰도록 해야 함 • 큰 책, 게시판, 차트, 컴퓨터를 이용하여 인쇄하기 등 다양한 방법을 사용함 • 유아의 흥미가 떨어졌을 때는 즉시 기록을 중단함
	읽기	• 자신의 발달단계에 맞는 자료를 읽게 하는 것이 중요함 • 유아들이 만든 언어경험 자료들을 잘 볼 수 있는 곳에 전시함 • 함께 읽기, 혼자 읽기, 문장 읽기, 유아들이 주도하여 다시 읽기, 안내적 읽기와 같은 다양한 유형의 읽기 활동이 골고루 일어날 수 있도록 함

(6) 발현적 언어지도 접근법

배경	• 실제적 읽기는 초등학교에 입학하여 교과서를 읽을 때부터 시작된다는 관점을 비판함 • 읽기의 준비도를 강조함
특징	• 인쇄된 글을 단순히 읽는 것이 아니라, 의미를 전달한다는 것임을 유아가 인식하게 하는 것을 중요시함 • 인습적인 읽기·쓰기의 발달을 예고하는 기술들의 습득, 지식, 태도들에서 나타남 • 읽기를 하기 전 나타나는 선행행동이 있을 때 읽기를 유도할 것을 주장함 • **선행행동의 예** 　- 구두 언어의 의미와 구조를 탐색하고, 소리를 연습해 봄으로써 구두 언어를 습득함 　- 부호, 표시, 글자에 의미가 들어있다고 생각하고 이를 만들어 보려고 시도함 　- 다른 사람의 쓰기 행동을 보고 유사한 쓰기 행동을 함 　- 모든 것이 명확하고 세련되게 다듬어질 때까지 과정을 되풀이함 　- 말을 통해서 듣는 소리를 인쇄된 형태와 연결시키기 시작함

(7) 다중지능이론에 기초한 언어지도 접근법

개념	• 언어활동은 언어지능을 구성하고 있는 핵심적인 요소에 기초하여 4가지 범주로 구성됨 • **4가지 범주**	
	이야기하기	언어의 표현적인 기능, 심미적 사용에 초점
	보고하기	사실의 기술과 설명
	시 쓰기	단어놀이에 초점
	읽기와 쓰기	문어에 초점
교사 역할	• 유아들의 언어지능 발달에 도움이 되는 활동을 고안 및 제안하기 • 활동 수행 중에 다중지능이론에서 핵심적인 언어 능력을 제시하기	

(8) 독자반응이론에 기초한 언어지도 접근법

특징	• 유아들이 읽는 것의 의미를 어떻게 창조하는지를 고려함 • 도식과 의미 형성하기에 대한 구성주의자들의 이론을 확장함 • 책을 읽을 때 작가의 의도를 파악하는 것이 아닌 자신들의 배경지식과 자신들이 읽고 있는 단어에 기초해서 의미를 조정하거나 창조함

(9) 비판적 문해이론에 기초한 언어지도

특징	• 프레이리의 비판적 교육학 이론으로부터 발전함 • 비판적 문해를 통해 유아들이 사회를 변화시킬 수 있는 힘을 길러야 한다고 주장함 • 비판적 독자가 되려면 글을 읽고 토론하게 하는 것이 중요함

6. 문자 언어 관점

읽기 준비도 관점	• 킬패트릭(Killpatrick, 1899)이 소개한 준비도(readiness)라는 개념 • 게젤(Gesell)의 신경성숙 이론에 영향을 받음 • 언어 학습에는 성숙이 전제 조건이라고 보는 성숙주의에 바탕을 둠 • 읽기·쓰기에 필요한 감각 운동이 성숙되는 6세 이후까지 문자 지도를 하지 않고 유아가 읽고 쓸 준비가 될 때까지, 즉 읽기·쓰기에 필요한 선수 기술을 갖출 때까지 언어 교육을 늦춰야 한다고 봄 • 유아기에는 듣기·말하기 중심으로 교육이 이루어져야 하고, 읽기·쓰기는 초등학교에서 가르쳐야 한다고 생각함 • 유아에게 단계별로 적절한 연습의 기회를 제공하면 충분히 성숙되지 않은 유아라 할지라도 준비도를 갖추게 되어 읽기·쓰기 학습을 할 수 있다고 봄 • 1920년대 이래로 지금까지 적용되는 개념임
발생적 문해 관점	• 문해(literacy)는 읽기와 쓰기를 모두 포괄하는 용어임 • 발생(emergent)은 형식적 교수 없이도 유아들에게 뭔가 새로운 능력이 발달된다는 의미로 무엇인가 되어가는 과정, 계속적으로 성장하고 변화하는 과정을 의미함 • 듣기, 말하기, 읽기, 쓰기가 거의 동시에 통합적으로 상호 연관되어 발달하므로 어릴 때부터 풍부한 언어환경을 마련해 주어 언어 발달이 자연스럽게 이루어지도록 해야 함 • 문어 발달은 구어 발달을 기초로 이루어진다고 여기며 생활과 관련된 의미 있는 언어 학습을 중시함 • 발달 초기의 읽기·쓰기 행동을 격려하고 지원함 • **유아의 초기 행동**<table><tr><td>**유아의 초기 읽기 행동**</td><td>책을 이리저리 만져 보기, 읽는 척하기, 띄엄띄엄 읽기, 이야기 꾸며 읽기(마음대로 지어서 읽기), 소리 내어 읽기, 대강 훑어보기</td></tr><tr><td>**유아의 초기 쓰기 행동**</td><td>낙서하기, 그리기, 따라 그리기, 받아쓰기, 자·모음이 틀린 글자 쓰기, 글자 베끼기, 키보드 치기, 창의적인 글자 쓰기, 글자 비슷한 형태 쓰기, 글자의 방향이 틀린 글자 쓰기</td></tr></table>• 유아의 언어 발달을 이해할 때 성숙의 요인을 배제하지 않고, 두 관점의 견해를 절충해 종합적·균형적으로 이해하는 것이 바람직함

듣기

마인드맵으로 키워드 저장하기

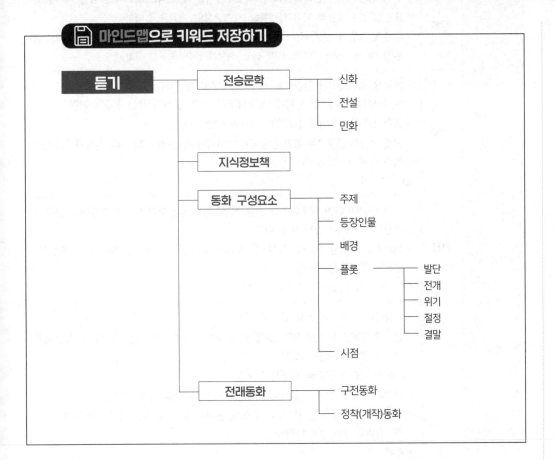

듣기
- 전승문학
  - 신화
  - 전설
  - 민화
- 지식정보책
- 동화 구성요소
  - 주제
  - 등장인물
  - 배경
  - 플롯
    - 발단
    - 전개
    - 위기
    - 절정
    - 결말
  - 시점
- 전래동화
  - 구전동화
  - 정착(개작)동화

1. 전승문학

전래동화	민담, 우화, 신화, 전설과 같은 설화의 한 형태를 동심의 수준에 맞게 개작·재화한 유아문학
특성	• 환상 위주의 이야기 ⇨ 환상성 • 등장인물 성격의 전형적인 양극성 및 권선징악, 인과응보의 교훈이 나타남 • 시작과 끝이 일정한 양식이며, 작자 미상임 • 우리 민족의 생활, 정서, 가치가 깃들어 있고, 줄거리 중심이며 사건은 단순함 • 내용이 사건에 치중되며, 성인과 남성이 많이 등장함
교육적 가치 (의의)	• **바람직한 인간 형성**: 효도, 우애, 은혜 같은 도덕적·윤리적 교훈을 담고 있음 ⇨ 교육적 성격 • 전통문화를 계승 및 발전시킴 ⇨ 민족의 고유한 정서 전달 • 서두와 결말에서 공통적인 관용적 표현을 사용함 ⇨ 흥미유발 • 이야기의 기승전결이 뚜렷, 등장인물의 활동을 시간 순서에 따라 전개시킴 ⇨ 유아의 이해 ↑ • 화자와 청자 간의 깊은 인간관계가 있음 ⇨ 구전동화 • **상상력 발달**: 현실 세계와 환상 세계를 구분하지 않고 자유롭게 드나들 수 있음

종류	**신화**	• 신과 영웅이 주인공으로 등장하며 환상, 마술, 상상력으로 가득찬 꿈을 제공함 • 초현실적인 상상적 이야기를 통해 자연현상의 기원을 설명함 • 우주의 기원과 발생, 국가의 발생, 영웅의 활약, 사랑, 기쁨, 슬픔, 절망, 두려움을 담음 예 건국신화, 그리스 로마 신화, 히브리 신화, 북유럽 신화
	우화	• 동물을 의인화시켜 인간성을 풍자하는 이야기를 다룸 ⇨ 도덕적·윤리적인 문제에 대한 태도에 영향, 문화적 유산 전승에 기여 • 명확하고 교훈적이며 설교적인 주제에 대한 내용임 • 단일 사건의 플롯으로 짧고 간결하게 이야기하며, 선명한 과정이나 갈등과 긴장감이 적어 유아의 호기심이 적음 예 이솝우화
	전설	• 실제 영웅에 대한 내용이거나 반은 실제, 반은 상상적인 요소로 이루어져 있으며, 영웅의 공적이나 전투 등을 다룸 • **신화와의 차이점** : 역사적 진실성을 지니며 초자연적인 것에 덜 의존하고, 신성성이 없으며 증거물을 제시함 예 견우와 직녀, 찔레꽃 ⇨ 어느 지방에 ~가 전해져 내려져 온다.
	민담	• 사람들이 등장하는 전통적인 이야기 • 인간이 이해할 수 없는 자연현상을 설명하려는 인간의 노력, 인간과 인간이 가진 공포나 욕망과의 관계를 표현함 • 사회의 관습과 문화적 형식을 보여줌 • 인간의 보편적 정서인 즐거움, 슬픔, 공포, 질투, 경외감이 나타남 • 전승문학 중에서 가장 친숙하며 호소력, 풍부한 줄거리와 이야기 전개의 지속, 유머, 권선징악의 정의감이 나타남 • **종류**

민담 종류 세부 표:

누적적 이야기	가장 단순한 형태의 이야기로 반복적인 사건과 행위를 표현하고, 최소한의 플롯과 리듬 및 운율을 사용함 예 아기돼지 삼형제, 커다란 순무
동물 이야기	의인화된 동물 이야기 ⇨ 인간 행동을 과장스럽게 표현 + 유머, 재미 예 장화 신은 고양이, 브레멘의 동물 음악대
익살 유머 이야기	멍청한 사람 또는 현명한 사람이 등장하여 우스꽝스럽고 엉뚱한 사건을 엮음 예 임금님 귀는 당나귀 귀
마술 이야기	도깨비, 요정, 거인 등의 마술적 인물이 등장함 ⇨ 평민들의 대변자 또는 가난하고 착한 주인공 예 신데렐라, 혹부리 영감

2. 지식정보책

특성 및 조건	• 정확한 사실과 정보를 제공함 • 정보의 실효성을 강조함 • 실효성 있는 지식은 최신 정보를 담고 있어야 함 • 책 내용이 인종, 성, 종교 등에 대한 편견이나 고정관념을 갖고 있지 않아야 함 • 지식정보의 전달방법이나 제시방법이 유아에게 적합할 것
교육적 가치	• 지식정보를 허구적인 이야기처럼 다루어 인간의 삶 자체를 경험하도록 함 • 간접 경험을 통해 지적 호기심을 충족시켜 줌 • 사실과 허구를 잘 구별할 수 있도록 도움
종류	• 역사, 자연, 예술, 문화와 인간에 대한 이해, 사물의 원리 등을 다룸 • 광범위하고 다양성을 갖춰 발달특성에 적합하게 제공함

3. 동화의 구성요소

(1) 주제(thema)

① 이야기의 밑바닥에 흐르는 작가의 생각으로 작품의 중심 사상

② 동화의 주제는 어린이에게 강력한 교육적 영향을 미치므로 교육적인 영향력을 고려해야 함

(2) 구성(construction)

① 이야기를 살아 움직이게 하는 힘

② 작가가 주제를 전개해 나가는 기술

③ 동화의 구성은 생동감이 있어야 하며, 이야기를 생동감 있게 구성하려면 인물·배경·사건 전개(이야기 구조)가 조화를 이루어야 함

④ 구성요소

등장인물 (characterization)	동화 속의 인물은 이야기를 끌어가는 힘이며 중심이 됨
배경 (setting)	• 이야기가 전개되는 시대와 장소를 의미함 • 픽션(fiction)과 논픽션(nonfiction)으로 구분됨 • 픽션은 시공을 초월하며, 논픽션은 유아의 현재의 생활 경험에 대해 다루므로 유아의 경험과 관련만 있다면 어느 시대, 어느 장소나 모두 배경으로 삼을 수 있음 • 이야기 속에서 배경이 지나치게 세밀하게 묘사될 필요는 없음 • 유아는 배경의 세밀한 묘사보다는 주제, 등장인물의 특성, 사건의 전개에 더 많은 관심을 가짐 • 대체로 전래동화는 배경 설명이 간결함

플롯 **(plot structure)**		• 동화의 인물과 배경을 기초로 동화의 골격을 갖추는 데 중요한 요소 • '줄거리 구조'라고도 하며, 하나의 이야기를 구성하는 여러 사건을 기술적으로 배열하는 것으로 방법은 다양함 • 사건의 전개를 통해 어린이는 "앞으로 어떤 일이 일어날까?", "어떻게 될까?", "이렇게 되었으면 좋겠는데.", "왜 이렇게 되었지?", "그 다음엔 어떻게 되었지?" 등 나름대로 이야기 속의 갈등에 공감하고 동일시하며 긴장감을 가지고 흥미 있어 함 • 사건은 보통 발단, 전개, 위기, 절정, 결말의 과정으로 전개됨(Holman, 1980) • **단계**
	발단	• 이야기의 첫 부분으로서 단순하고 압축된 내용으로 유아의 흥미와 호기심을 자극할 수 있어야 함 • 주인공의 성격과 행동이 드러나는 부분이므로 대화체보다는 기술체가 더 적합함
	전개	• 이야기의 내용이 점차 무르익어 가는 과정을 의미함 • 사건이 얽히기 시작하여 갈등이 나타나기 시작함 • 이 부분에서 사건의 결말을 예측할 수 있어서는 안 됨 • 등장인물의 성격, 사건 등이 필연적인 인과율에 의해 유기적 통일성을 가지고 있어야 함 • 논리적인 이야기의 전개는 작품의 예술적 가치를 떨어뜨리고, 독자의 흥미를 감소시킬 수 있음
	절정	• 이야기의 내용이 무르익는 부분으로 흥미의 절정을 이루는 부분 • 유아에게 절망이나 곤혹을 느끼게 하는 내용보다는 즐거움, 기쁨, 만족, 행복 등의 긍정적 정서를 느낄 수 있게 하는 것이 좋음 • 독자는 이 부분에서 이야기의 결말이 어떻게 될 것이라고 예측할 수 있어야 함
	결말	이야기의 종결 부분을 말함
시점 **(point of view)**		• 문학 작품 속에서 이야기를 하고 있는 사람의 관점 • 시점은 이야기의 모든 요소에 많은 영향을 미침 • 주인공이 관찰자 또는 사건의 참여자로 이야기하거나(⑩ 나는…), 제3자가 모든 것을 볼 수 있는 눈을 가진 것처럼 사건에 대해 전체적으로 등장인물의 생각을 이야기하기도 하며(⑩ ○○은…), 각 장마다 다른 시점으로 이야기하는 작품도 있음 • 자기중심적 사고를 하는 유아는 자신이 등장인물인 것처럼 상상하기도 함 ⇨ 유아기 어린이는 다른 사람의 시점을 고려할 수 있는 능력이 부족 • 1인칭이 아닌 다른 시점으로 전개되는 문학 작품은 어린이에게 자기중심적 사고에서 벗어날 수 있는 동기를 부여해 주기도 함

4. 우드의 듣기 지도 유형

반동적 듣기	• 교사가 들려준 그대로 따라 말하게 하는 방법 • 의미 구성적 처리과정이 크게 필요하지 않음 ⇨ 청자 역할은 단순히 그대로 따라하기 • 말소리, 단어, 세부 내용을 기억하는 능력을 향상시켜 줄 수 있음
집중적 듣기	• 발화의 여러 가지 요소들에 초점을 맞춤 • 음소, 단어, 억양 등 상향식 처리과정을 중요시함 • 단어나 문장을 반복해서 들려주어 아이들의 마음속에 새기게 함 • 문장이나 조금 더 긴 담화를 들려주고 특별한 요소, 억양, 강세, 대비, 문법적 구조 등을 찾아내게 하는 방법
반응적 듣기	• 유아가 교사가 하는 말을 듣고 즉각적으로 적절하게 대답하게 하는 방법 • **종류** <table><tr><td>간단하게 질문하기</td><td>안녕하세요? 어젯밤에는 무엇을 했나요?</td></tr><tr><td>간단하게 요구하기</td><td>연필과 종이를 꺼내세요.</td></tr><tr><td>명료화하기</td><td>네가 한 말이 무슨 뜻이야?</td></tr><tr><td>이해를 점검하기</td><td>그래서 불이 꺼졌을 때 엘리베이터에는 몇 사람이나 있었니?</td></tr></table>
선택적 듣기	• 한두 문장이 아닌 그 이상으로 말이 길어지면 유아들은 화자가 말하는 모든 정보들을 다 처리하지 않고 특정 정보들만 선택적으로 처리함 • 포괄적·일반적인 의미를 찾기 위한 것이 아닌 중요한 의미를 찾기 위한 방법 • 이름, 날짜, 사건, 사실, 위치, 상황, 맥락, 주요 아이디어, 결론 등을 질문하여 지도함
상호작용적 듣기	• 토의, 토론, 대화, 역할놀이, 집단 놀이 등을 통해 지도하는 방법 • 위 상황에서 능동적으로 듣고 말하게 함으로써 지도함 • 말하기 기술과 통합하여 지도할 수 있음

5. 인형극

개념	인형에 손, 줄, 막대기 등을 연결하여 만들고, 이야기의 내용에 미술, 음악, 율동 등을 통합하여 표현하는 극의 한 형태
교육적 의의	• 다양한 형태의 인형극을 감상함으로써 유아에게 폭넓은 문학적 경험을 하게 하고 바람직한 문학 감상 태도를 길러줌 • 인형극의 감상을 통해 유아의 상상력과 창의적 표현력을 길러줌 • 유아가 인형극에 집중하여 몰입하게 됨으로써 불안 및 긴장이 해소될 수 있음 • 극 중의 여러 상황을 통하여 문제해결력을 길러줌

인형 종류	막대 인형	여러 가지 그림이나 실물을 막대기에 끼워 사용할 수 있는 인형 ◉ 서류 봉투에 막대기를 끼워 붙이고 양면에 그림을 그려서 만들기, 과일을 그대로 막대기에 끼우기, 막대기의 한쪽 끝을 중심으로 찰흙 인형 만들기
	테이블 인형	• 테이블 위에 무대를 꾸며 놓고 인형을 움직이면서 이야기를 진행하는 형식 • 세울 수 있는 모든 폐품(구두 상자, 요구르트 병, 깡통, 음료수 병 등), 스티로폼 공, 탁구공, 헝겊 등을 활용할 수 있음
	손 인형	• 사람의 손 하나가 들어갈 수 있도록 만든 장갑 모양의 기본 형태를 가지고 다양하게 표현하면서 이야기를 진행해 나가는 인형 • 양말, 면장갑 등에 단추, 천 조각, 융 등을 붙이거나 꿰매어 만듦 • 유아들을 주의집중 시키거나 이야기를 전달할 때 활용할 수 있음 • 양말 인형, 봉지 인형, 장갑 인형 등이 있음
	손가락 인형	• 손가락에 끼울 수 있는 크기로 인형을 만들어 손가락에 끼운 후 단순하게 움직일 수 있는 인형 • 유아들의 기분 전환이나 주의집중 등을 위해 사용할 수 있음 • 유아 자신들의 손가락에 끼워 역할놀이에 활용할 수 있음
	그림자 인형	• 평면적인 인형으로, 가림막 뒤에서 빛을 비추고 인형을 움직이면서 진행함 • 다른 매체보다 감정적인 호소력을 가지고, 유아들의 상상력을 자극함 • 직접 그림을 그리거나, 잡지·광고물·낡은 그림책에서 오려낸 후 막대를 달아 제작할 수 있음
	줄 인형 (마리오네트)	• 인형 몸의 각 부분을 줄(헝겊, 끈, 철사 등)로 연결하여 조작하는 형태 • 줄을 연결하는 부위에 따라 동작을 정교하게 연출할 수 있음 • 인형을 만드는 것과 조작하기 어려운 것이 단점임
인형극 활동	극본 선택 및 각색	• 전래동화, 전설 등이 좋은 소재가 됨 • 유아가 흥미 있어 하는 줄거리를 중심으로 극본을 창작할 수 있음
	인형 제작	• 막대 인형, 테이블 인형, 손 인형, 손가락 인형, 그림자 인형, 줄 인형 등에서 선택하여 제작함 • **제작 시 유의점** - 움직이기 쉽고, 앞면과 뒷면의 모습이 전체적으로 보기 좋을 것 - 배역의 성격을 잘 묘사할 수 있을 것 - 이야기의 분위기에 맞게 인형을 제작하고 마무리를 잘하여 내구성 있게 할 것
	인형극 무대	• 인형의 종류에 따라 무대 없이 연출할 수도 있음 • 간단하게 교실 비품을 이용하여 무대 장치를 제작하거나 시판되는 인형극 또는 간단한 인형극을 만들어 활용함

인형극 제시 방법	• 자연스러운 자세로 인형을 자유롭게 움직여 극의 분위기를 살리기 • 기본적으로 인형극을 진행하는 동안 인형은 관객을 향하도록 하나, 인형들 간 대화가 있을 경우 말을 시작할 때와 마칠 때에만 인형들이 서로 상대를 마주보게 하기 • 말하는 인형만 움직이고 듣는 인형은 가능한 한 움직이지 않도록 하여서 어느 인형이 말을 하고 있는지 분명히 알게 하기 • 인형의 행동을 과장함으로써 절도 있게 표현하기 • 좋은 인형극을 보여주기 위해 사전 연습 많이 하기

6. 창작동화

(1) 환상동화

특징		• 구체적이고 개성이 뚜렷한 등장인물들의 성격이 드러남 • 다양한 공간적 배경 및 융통성 있는 시간적 배경을 사용함 • 사건의 섬세한 전개와 배경 묘사가 이루어짐 • 다양한 소재 및 다양한 결말이 나타남 • 독특하고 다양한 표현 방식이 나타남 • 논리와 일관성이 있고 질서가 유지되는 이야기 골격이 나타남
종류		• 의인화된 동물 및 장난감에 대해 다룬 동화 • 낯선 세계에 대한 여행과 놀라운 동식물에 대한 탐색 동화 • 초자연적인 세계에 대한 마술적인 힘을 다룬 동화
교육적 가치		• 유아에게 상상의 즐거움을 안겨줌 ⇨ 풍부한 가능성을 상상하게 하는 인지적 활동의 격려 • 현실에서 느끼는 스트레스에서 벗어나 해방감과 카타르시스를 느끼게 해줌 • 심리적 보상과 대리 만족감을 줌 ⇨ 주인공과의 동일시 과정에서 발생 • 환상과 현실의 분별력을 신장시켜 줌 • 긍정적 자아를 회복시켜 줌으로써 성장을 도움
선정기준	주제	• 가치 있는 주제를 다루고 있는가? • 새로운 통찰력과 인식을 갖게 하는가? • 상상의 즐거움을 주는가? • 억압으로부터의 일탈이나 카타르시스를 경험하게 하는가? • 심리적 보상과 대리 만족감을 주는가? • 긍정적 자아를 회복시켜 성장을 돕는가?
	등장인물	• 등장인물의 감정과 상황이 실제와 연결되어 묘사되는가? • 유아가 자신과 동일시할 수 있는 등장인물인가? • 등장인물은 일관성 있는 행동과 믿을 만한 방법으로 사건에 반응하는가?
	결말	• 환상을 깨뜨리지 않은 채로 이야기가 끝을 맺었는가? • 인간 본연의 진리를 따르는 방법으로 결말을 맺었는가?

(2) 생활동화(현실동화)

개념	등장인물과 배경이 삶의 현실을 바탕으로 펼쳐짐 ⇨ 현실적으로 납득할 만한 이야기(사건)		
특징	• 일상생활에서 경험할 수 있는 다양한 소재를 사용함 • 사회의 변화 요인을 다양하고 민감하게 반영함 • 등장인물의 성격과 행동이 섬세하고 자세하게 묘사됨 • 현실 속에서 발생되는 사건, 문제, 갈등 상황이 나타남		
종류	• 신변처리에 관한 내용 ❷ 성폭력, 유괴 등의 문제 상황 • 일상생활 훈련에 대한 내용 • 친구, 가족과의 사회적 관계에 대한 내용 • 자연, 사회현실에 대한 관찰 및 탐색을 다룬 내용 • 다양한 삶에 대한 가치와 태도를 다룬 내용		
교육적 가치	• 다양한 삶에 대한 통찰력을 기를 수 있음 ⇨ 간접 경험 • 다양한 사람에 대한 이해 및 공감 능력을 기를 수 있음 ⇨ 등장인물과의 동일시, 감정이입 • 이야기 속 문제나 갈등을 보면서 자신만 겪는 문제나 갈등이 아님을 알 수 있음 • 등장인물로부터 문제해결력을 배울 수 있음 ⇨ 현실의 문제를 해결		
선정 기준	주제	• 자신과 다른 사람에 대한 통찰을 가능하게 해주는가? • 기억될 만한 주제이거나 고무적인 가치를 표현하고 있는가? • 삶에 적용될 수 있는 주제인가? • 문화적 다양성을 존중하는 주제인가?	
	등장인물	• 등장인물에 대한 묘사가 진실한가? • 등장인물이 정형성을 피하고 있는가?	
	배경	• 실제 세계에 존재할 수 있는 장소에서 일어나는 사건인가? • 자세하지는 않아도 배경이 생생하게 묘사되어 있는가? • 눈을 감으면 장면이 떠오르는가?	
	문체	• 인물의 대화와 사고가 자연스러운가? • 생생한 은유와 직유, 유머나 서정적인 문구가 사용되었는가?	

Point 03 말하기

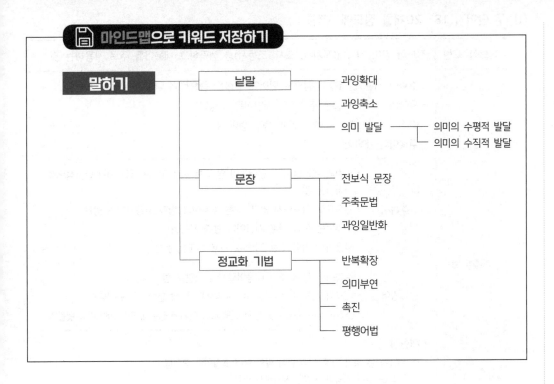

마인드맵으로 키워드 저장하기

- 말하기
  - 낱말
    - 과잉확대
    - 과잉축소
    - 의미 발달
      - 의미의 수평적 발달
      - 의미의 수직적 발달
  - 문장
    - 전보식 문장
    - 주축문법
    - 과잉일반화
  - 정교화 기법
    - 반복확장
    - 의미부연
    - 촉진
    - 평행어법

1. 낱말

과잉확대	보편적으로 성인들이 사용하는 의미의 범주보다 더 넓게 확대하여 단어를 사용하는 경우 ㉠ 개 ⇨ 모든 동물, 아빠 ⇨ 모든 남자	
과잉축소	통상적인 의미의 범위를 축소하여 특수한 경우에만 새 단어를 적용하는 경우 ⇨ 과잉 확장과는 반대로 유아가 단어의 의미를 성인보다 더 한정적으로 적용함 ㉠ 아기 ⇨ 자신의 동생에게만 적용, 물고기나 곤충은 동물이 아니라고 함	
의미 발달	의미의 수평적 발달	한 단어의 의미에 대해 범위를 넓혀 가는 것 ⇨ 새로운 속성을 덧붙임 ㉠ 호랑이 = 동물의 한 종류 + 무서운 사람
	의미의 수직적 발달	어떤 어휘 개념의 속성을 알고 난 후 계속해서 그 어휘와 관련된 단어들을 습득하게 되고 이 어휘들이 군집화 되는 것 ㉠ 호랑이를 알게 되면 유사한 속성을 가진 사자, 표범 등의 이름을 쉽게 익힐 수 있고, 그 단어들을 의미상으로 그룹짓는 것(군집화)

2. 문법

(1) 두 단어기(18~20개월 정도에 시작)

전보식 표현	전보와 같이 기능어(전치사, 조사, 조동사)를 생략하고 내용어를 주로 사용하는 것		
주축문법	• 주축이 되는 단어를 중심으로 단어에 변화를 줌으로써 다양한 문장을 표현함 • 유아의 두 단어 말은 주축어와 개방어로 구성됨 　예 "아, 추워", "아, 이뻐", "엄마, 물", "엄마, 줘" • 주축어와 개방어		
		주축어	• 일련의 제한된 수의 단어들이 앞 또는 뒤의 고정된 위치에서 반복적으로 나타나는 것 • 단독으로 사용되지 않고, 다른 주축어와 함께 사용되지도 않음 • 주축어는 항상 다른 개방어와 함께 사용됨 • 사용되는 어휘 수는 적으나, 사용 빈도는 높음
		개방어	• 주축어의 보어 또는 내용어로서의 역할을 함 • 비교적 사용 폭이 다양하나 주축어에 비해 출현 빈도는 낮음 • 근간이 되는 주축어를 먼저 선택하고, 여기에 상황에 맞는 개방어를 덧붙임
	• 제한점 　- 주축문법은 초기 단계인 두 단어 말의 단어 조합에만 국한됨 　　⇨ 모든 단어 조합의 규칙을 시사하지 않음 　- 동일한 문장도 여러 가지 의미관계를 내포할 수 있는 점을 간과하기 쉬움 　　예 유아가 엄마의 양말을 집을 때 ⇨ 엄마의 양말을 의미(소유관계) 　　　　엄마가 유아의 양말을 유아의 발에 신길 때 ⇨ "엄마가 나에게 양말을 신겨줘요." 　　　　(행위자 - 목적 관계)		
축소변형	유아의 두 단어 말은 구성성분을 삭제하는 구분 규칙에 의한 것임		

(2) 두 단어 이상의 시기(2년 6개월 이후) 및 세 단어 이상의 시기(3년 4개월 이후)

특징	• 점차 문법적으로 올바른 구성을 갖춘 문장들이 사용되는 단계 • 어휘의 급속한 증가로 언어가 정교화 되기 시작함 ⇨ 세 단어 이상 • 두 단어 이상의 시기부터 과잉규칙화 현상이 나타남 ⇨ 문법 규칙의 과잉일반화 현상 　예 조사(선생님이가, 곰이가), 동사, 단어(아저씨 ⇨ 아빠)의 과잉 적용 　참고 과잉규칙화 : 문법을 습득해 가면서 새로 알게 된 규칙을 확대 적용하는 과정으로 유아들은 성인의 언어를 무조건 모방하기보다는 스스로 언어를 창의적으로 구성한다는 것을 보여줌 • 3~4세 유아는 대명사·조사·형용사·부사를 포함하는 복합 문장을 사용하게 되고, 4~5세가 되면 문법적으로 정확한 문장을 사용하여 대부분의 기본 언어 규칙을 습득함 • 문법적 형태소(기능어)가 발달함 예 조사, 접속사 등 　참고 문법적 형태소 : 말과 말, 문장과 문장 사이에서 문법적인 기능을 가지는 말

부정문 사용의 정교화	• 우리나라의 경우, 2~3세 초반에는 불완전한 신체 조절로 인해 부정적인 언어 표현을 사용하며 부정 형태소의 위치를 잘못 배치하는 오류가 발생함 • 부정 형태소의 바른 배치와 틀린 배치를 혼합하여 사용함 　<kbd>예</kbd> 안 계란 먹어, 계란 안 먹어 • 연령이 증가함에 따라 '아니.'를 사용하는 부정문은 감소하고 '못 먹는다.'를 '먹지 못한 다.'라고 사용하는 부정문이 증가함 　<kbd>참고</kbd> '하지 못한다.'의 부정문 사용은 발달상 후반에 나타남(5세 이후)
질문 형태 습득	• 질문 유형의 산출은 이해보다 늦게 이뤄짐 　⇨ '무엇'이 포함된 질문에 대답할 수 있어야 '무엇'으로 묻는 질문을 할 수 있음 • 유아가 질문의 형태를 습득하는 방법에는 일정한 계열성이 있음 • 질문 형태 습득은 언어의 의미 관계 발달 과정과 일치되며 인지 발달을 반영하는 현상 • **발달 단계** { '무엇', '어디'에 관한 질문, '네/아니오' 대답 형식 } — '무엇', '어디'에 관한 질문은 사물·사건의 명칭과 위치에 관련되는 형태로 일찍 습득됨 　⇩ { '누구', '누구의' } — '누구'는 행위자에 대해, '누구의'는 소유에 대해 묻는 질문 으로 비교적 일찍 나타남 　⇩ { '왜', '어떻게', '언제'가 포함된 질문 } — 인과관계에 관한 '왜'와 행위의 도구나 수단에 관한 '어떻 게'는 늦게 발달되며, 특히 시간 개념에 관한 '언제'는 가장 나중에 표현되는 질문의 형태임
동사시제 발달	현재형 ⇨ 과거형 ⇨ 미래형 ⇨ 진행형 순으로 발달이 이루어짐
관계화 구문 사용	주어에 관계절이 오는 구문을 주로 사용함 　<kbd>예</kbd> 5~6세 : 내가 만난 / 그 사람이 / 사과를 / 좋아한다. 　　⇨ 나는 / 사과를 좋아하는 / 그 사람을 / 만났다.
대명사 사용	• **1인칭 단수 대명사 '나'** : 대부분의 연령대에서 사용 • **2인칭 단수 대명사 '너'** : 2~3세부터 사용 • **1인칭 복수 대명사 '우리'** : 성인과 유아가 사용

3. 말하기에 필요한 의사소통 능력

화용론적 지식	언어의 의사소통적 기능과 의사소통을 위한 언어 사용의 관례에 대해 아는 것
담화론적 지식	문장보다 더 큰 단위의 언어 사용에 대해 아는 것 　<kbd>예</kbd> 대화나 이야기의 전체적인 전개나 구조에 대한 앎
사회 언어학적 지식	상대방의 사회적 지위, 문화, 성과 같은 사회적 변인에 따라 언어가 어떻게 다르게 사용 되는지 아는 것

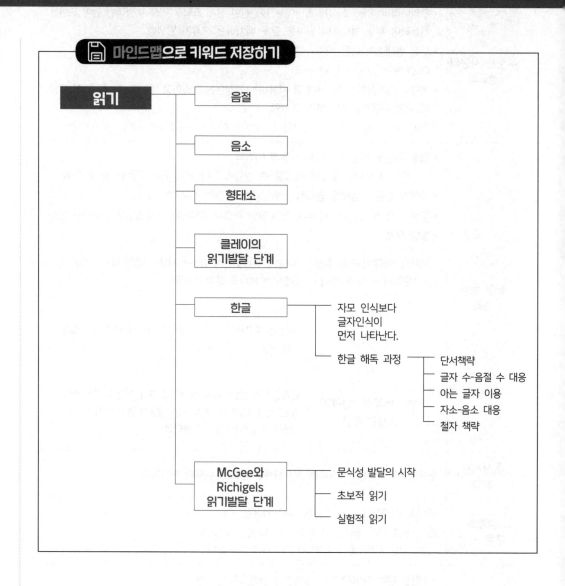

1. 이야기책을 통한 읽기 발달(클레이)

1단계	• 글자는 이야기로 전환될 수 있는 것임을 이해하는 단계 • 책의 그림을 보고 이야기를 원래 내용과 관계없이 만들어 내며, 자신이 쓴 것을 읽는 흉내만 냄
2단계	구어체에서는 잘 사용되지 않는 특별한 형태의 문어체 이야기를 만들어 내는 단계 예) "여기는 ~입니다.", "엄마가 ~라고 말했습니다."
3단계	• 그림을 보고 적절한 문장을 생각해 내는 단계 • 그림이 이야기 내용의 단서가 됨을 이해함
4단계	• 책에 쓰인 문장의 대부분을 기억하는 단계 • 자신이 기억하고 있는 이야기 내용과 그림의 도움을 받아서 책을 읽음
5단계	• 단어의 시각적 단서를 사용하여 문장을 재구성하는 단계 • 글자를 손가락으로 짚으며 읽기도 하고 특정한 단어가 어디 있는지 질문하기도 함

2. 이야기책 읽기 행동의 발달(설즈비)

1. 그림 읽기	• 이야기에 대한 인식은 없음 • 이야기가 형성되지 않은 읽기 시도, 책의 그림을 보고 명칭 붙이기, 코멘트 하기, 그림의 몸짓 따라하기, 그림의 이야기(장면)가 그 순간에 발생한 것처럼 현재 또는 현재 진행 시제를 사용하기가 나타남
2. 이야기가 형성되는 읽기	• 음성 언어적 읽기 시도 및 대화가 나타남 • 독백하듯이 이야기책을 읽음 • 등장인물에 대하여 음성을 꾸며 읽거나 청자의 요구를 인식해서 표현하기 시작하며 페이지의 이야기를 연결하는 계열성도 보이지만, 아직은 단편적인 수준임 • 읽기 억양이 아닌 이야기하기 억양으로 표현됨
3. 문자 언어식 읽기 시도	• 글자를 보지 않고 읽거나 이야기하기를 혼합하여 읽는 형태 ⇨ 글자 읽는 흉내 • 청중을 의식하며, 이야기 내용이 탈맥락화되지 않은 상태의 읽기가 나타남 • 구어와 문자 간의 전이 단계 • 문자 중심 읽기 시도로 옮겨가기 시작하는 단계 • 글자에 초점을 맞추면서 원본 이야기와 비슷하게 읽기 　　⇨ 이야기 내용을 기억하고 탈맥락화된 언어를 사용 • 글자를 인식하고 원본에 있는 글을 그대로 읽으려고 노력해서 성인에게 읽어보라는 도움을 구하기도 하며, 이야기 내용은 세분화되고 탈맥락화되어 그림을 보지 않고도 이해함 ⇨ 원본대로 읽기
4. 문자 보며 읽기 Ⅰ	• 읽기를 거절하거나, 글자를 몰라서 읽지 못한다는 반응을 보임 • 한두 개의 아는 글자나 단어에 집중해서 읽는 행동을 보임
5. 문자 보며 읽기 Ⅱ	• **총체적 읽기**: 모르는 단어는 빼고 읽거나 아는 단어로 대치시키며 예측하고 상상해서 읽는 전략인 부조화 전략을 사용하는 경향이 있음 • **혼자 읽기**: 균형된 전략을 사용하여 읽으며, 잘못 읽었을 경우 스스로 수정하여 읽음

3. 읽기 발달 원리

자연적 발달의 원리	유아들은 생활 속에서 자연스럽게 말하는 것을 배우는 것처럼 형식적·구체적인 가르침이 없어도 문자 언어가 생활 속에서 사용되는 것을 보며 자연스럽게 읽기·쓰기를 배움 ⑩ 어머니와 함께 그림책 읽기, 간접경험을 통해 가족이 읽고 쓰기를 배움
상호작용적 발달의 원리	• 교사나 부모, 친구들과 상호작용하며 배움 • 자신의 필요를 충족시키기 위한 수단으로 읽기를 사용함
기능적 발달의 원리	• 점차 읽기·쓰기를 배우기 위해서가 아닌 어떤 정보를 얻기 위한 읽기를 함 • 의미가 있는 언어의 총체적이고 실제적인 사용을 통해 배움 ⇨ 실제적인 의미
구성적 발달의 원리	• 읽기는 여러 가지 다양한 사회적 맥락을 고려해야만 이해할 수 있는 사회적인 과정임 • 쓰기는 읽을 사람에게 어떤 의미를 이해시켜야 하며, 이를 위해 의미를 구성해야 함
총체적 발달의 원리	• 발음, 어휘, 문법, 낱자의 이름, 단어 재인 등이 총체적으로 통합되는 것 • 말하기, 듣기, 읽기, 쓰기의 개별적 언어활동을 통합적으로 경험하며 언어체계를 쉽게 이해함
점진적 발달의 원리	출생 직후부터 시작하여 점진적으로 읽기·쓰기 발달이 이뤄짐

4. 한글은 음소문자이면서 음절 표기를 하는 문자이다.

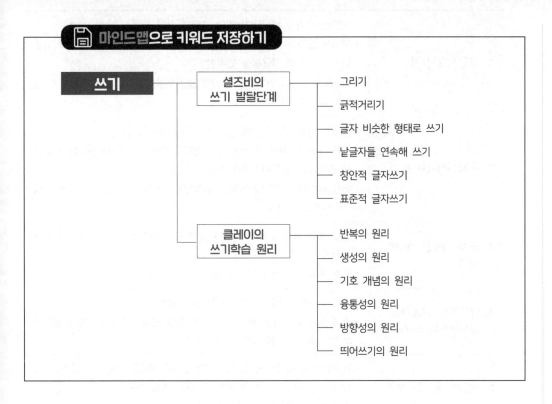

1. 쓰기 발달단계(셜즈비, 반하트 & 하인시마)

(1) 특징

① 유아가 표준 관례적 쓰기를 할 수 있기까지 일정한 순서를 거치는 것은 아니지만, 몇 가지 유형의 보편적이며 점진적인 형태가 나타난다고 봄

② 반드시 단계별로 나타나는 것이 아니라 발달적으로 나타남

③ 어느 한 단계의 쓰기가 완전히 끝나고 다음 단계의 쓰기가 나타난다는 뜻이 아니라, 한 단계의 쓰기 형태가 그 상위 또는 하위 단계의 쓰기 형태와 병행하여 나타난다는 것

(2) 단계

1. 그림으로 쓰기	• 유아는 쓰기를 나타내기 위해 그림을 그림 • 유아는 그림과 쓰기와의 관계를 알고 있으며, '그림으로 쓰기'가 의사소통의 목적으로 사용됨을 인지함 • 그림으로 쓰는 유아는 자기가 그린 것을 읽을 때, 마치 실제 글자를 쓴 것처럼 그림을 읽음
2. 긁적거리기로 쓰기	• 유아는 긁적거리기를 해 놓고 무언가를 썼다고 함 • 가끔 쓰기에 나타나는 현상이 긁적거리기에서도 나타나 왼쪽에서 오른쪽 방향으로 긁적거리기를 하기도 함 • 어른들이 하는 것처럼 연필을 움직이며 쓰는데, 쓰기 형태를 닮은 긁적거리기에도 나타남
3. 글자 비슷한 형태로 쓰기	• 얼핏 보면 유아의 쓰기 형태나 글자 모양 같기도 하지만, 자세히 보면 글자와 비슷한 형태임 • 표준 글자 형태는 아니지만 창의성이 나타남
4. 낱글자를 연속해서 늘어놓으며 쓰기	• 자신의 이름 등에서 익힌 낱글자를 사용함 • 가끔 글자의 순서를 바꾸기도 하며 긴 줄 모양으로 연결되게 낱글자를 쓰기도 함 ⇨ 뜻을 파악하기는 어려움
5. 창안적 글자로 쓰기	• 표준철자법으로 쓰기를 할 때 유아는 단어와 철자를 나름대로 만들어서 씀 • 창안적 글자는 한 단어가 전체 음절을 나타내기도 하며 단어가 겹쳐지거나 적당한 간격 없이 쓰기도 함
6. 표준 철자법으로 쓰기	어른들이 사용하는 방식으로 씀

2. 쓰기 발달 원리(클레이) - 읽기에도 적용됨

반복의 원리	작은 동그라미나 선 모양을 줄을 따라 반복적으로 그려 놓음
생성의 원리	잘 알고 있는 몇 개의 낱자(자모)들을 여러 가지로 조합해서 반복적으로 씀 ⇨ 기존의 것으로부터 새로운 것을 창조
기호 개념의 원리	그림을 그려 놓고 그 아래에 글자 모양을 그려 놓고 구두로 설명을 덧붙임 ⇨ 그림, 디자인, 기호의 차이를 인식하고 종이 위에 그 차이를 나타냄
융통성의 원리	글자의 기본 모양을 가지고 한 번도 본 적 없는 새로운 글자 만들어 내며 글자와 말소리와의 관계를 지으려고 노력함 ⇨ 이때부터 창안적 글자쓰기가 나타남
줄 맞추기와 쪽 배열의 원리 (방향성의 원리)	글을 쓸 때 줄을 맞추려고 애를 쓰며 왼쪽에서 오른쪽으로, 다 쓰고 나면 아래로 내려와서 다시 왼쪽에서 오른쪽으로 쓰기 시작함
띄어쓰기의 원리	단어와 단어 사이를 띄우고, 때론 단어와 단어 사이에 마침표를 찍기도 함 ⇨ 초기에는 실수 많음

참고 유아들이 이런 원리들을 의도적으로 적용시킨다는 것은, 쓰기가 단순히 다른 사람이 써놓은 글자를 모방하여 베끼는 것이 아니라, 나름대로 쓰기의 규칙들을 터득하고 그 규칙들을 적용시키면서 자기의 생각을 표현한다는 것임

3. 쓰기 지도의 원리(좋은 쓰기 지도법)

원하는 것을 마음껏 써볼 수 있는 기회 제공	충분한 시간과 쓰기 내용의 선택권을 제공함
개별성의 원리에 의해 지도하기	개성적인 문장 구성, 문체의 사용을 통한 창의적 표현을 도움 참고 일치성의 원리 : 모두가 알아볼 수 있는 글자와 문법에 맞는 문장을 사용할 수 있도록 문자 언어에 대한 기초적인 규칙을 지도하는 것
협동적 쓰기 지도하기	비고츠키의 또래협력 학습과 성인 - 유아의 협동적 교수 개념이 결합됨
비지시적 쓰기 지도하기	직접적 가르침이나 지시 없이 환경 속에서 스스로 활동을 전개하도록 함 ⇨ 풍부한 문식적 환경을 제공하는 것이 중요함
총체적인 쓰기 지도하기	쓰기가 과정적 활동이지만, 하위 기능들이 한꺼번에 작용하는 총체적 과정임
통합적인 쓰기 지도하기	언어는 모든 교과 학습의 도구임 참고 통합 : 모든 언어 영역들(말하기, 듣기, 읽기, 쓰기)을 통합, 유치원에서 배 우는 모든 교과(과학, 언어, 수학)를 통합, 교실 안-밖의 생활을 통합
기능적인 쓰기 지도하기	의사소통과 의미의 표현이라는 쓰기의 목적 달성을 위한 쓰기를 할 것 참고 기능적인 쓰기(유목적적 쓰기) : 이야기를 들려주고 반응을 짧게 쓴 후 친구의 반응과 비교해 보기, 질문을 쓰고 해답을 연구·찾아서 쓰기, 감사 카드 써서 보내기
사고력을 강조하는 쓰기 지도하기	쓰기는 단순한 표기활동이 아닌 사고를 표현하는 활동이기 때문임

Chapter 09 개념 완성 탐구문제

★ 모범답안 758 ~ 761쪽

01 2019 개정 누리과정의 의사소통 영역에서는 초등학교 교육과정과의 연계를 강조하고 있다. 그래서 만 5세반 김 교사는 초등학교 1학년 국어과 교육과정 (나)와의 연계성을 고려하여 활동 (가)를 계획하였고, (다)는 쓰기에 관한 내용이다. 물음에 답하시오. [5점]

(가)

목표	• 말놀이를 즐긴다. • 친숙한 글자를 읽어 본다.
교육과정 관련 요소	• **의사소통** : (㉠) – ㉡ <u>동화, 동시에서 말의 재미를 느낀다.</u> • **의사소통** : 읽기와 쓰기에 관심가지기 – (㉢)
활동 자료	'성 풀이' 동시 자료, 마커 펜, 지우개 김 서방 김 매러 가세. 배 서방 배 따러 가세. 장 서방 장 보러 가세.
활동 방법	(1) 교사가 운율을 살려 '성 풀이' 동시를 읽어 준다. (2) 교사와 유아가 동시를 한 행씩 주고 받으며 읽는다. (3) ㉣ <u>(마커 펜으로 동시 자료의 'ㄱ'에 동그라미 표시를 하고) 동시 자료에서 유아와 함께 'ㄱ'으로 시작 되는 낱말을 찾아본다. 동일한 방법으로, 'ㅂ'과 'ㅈ'으로 시작되는 낱말을 찾아본다.</u>

(나)
【영역】 문학
【성취기준】 반복적으로 나타나는 말의 재미를 느낀다.

(다)
철수 : '발'을 '바'라고 썼다.
영희 : '객'을 '책'이라고 썼다.
광수 : '비'를 '빈'으로 썼다.

1) (가) 활동의 교육과정 관련 요소 ㉠, ㉢을 2019 개정 누리과정 의사소통의 '내용범주'와 '내용'에 따라 쓰시오. [1점]

㉠ _____

㉢ _____

2) (가)의 '활동 방법' (1), (2)가 교육과정 관련 요소 ㉡을 적절하게 반영했다고 볼 수 있는 이유를 1가지씩 쓰시오. [2점]

① _____

② _____

3) (가) 활동에서 ㉣의 방법은 우리나라 유아의 음운인식 발달 측면에서 유치원의 활동으로 적절하지 않다고 볼 수 있다. ㉣이 부적절하다고 판단되는 근거로 한글의 구조적 특성을 쓰시오. [1점]

_____

4) (다)에서 ① 철수, ② 영희의 쓰기 오류 유형을 쓰시오. [1점]

① _____

② _____

02 다음 5세반에서 '공룡'을 주제로 실시한 자유선택활동의 한 장면이다. 물음에 답하시오. [5점]

언어 영역에 공룡 백과사전, 공룡사전, 공룡에 관한 그림책, 유아가 만든 공룡책 등이 비치되어 있다. 이외에도 여러 가지 필기도구와 종이, 카드 등이 제시되어 있다.

김 교사 : (승우가 쓰고 있는 글자를 가리키며) 어머, 정말 잘 썼네! 무슨 공룡을 쓰는 거야?

승 우 : 몰라요. 그냥 공룡카드 보고 베껴 쓰는 거예요.

김 교사 : ㉠ (승우가 'ㅡ'를 쓴 다음 'ㅅ'을 쓰는 것을 보고) 글자 쓰는 순서가 틀렸네. (승우가 쓴 'ㅅ' 자를 손가락으로 따라 쓰며) '시옷' 먼저 쓰고 그 다음에 'ㅡ'를 써야지.

…(중략)…

김 교사 : ㉡ (승우가 쓴 글자를 한 자 한 자 짚어가며 소리 내어 읽어준다.) 세. 이. 스. 모. 사. 우. 루. 스. 그런데 승우야. 네 이름에도 '우'가 있지 않니?

승 우 : 으음…… '우', '우', 내 이름 '우' 자하고 여기 '우' 자 하고 똑같아요.

김 교사 : ('우'를 강조하여 읽어주며) 그래. 세. 이. 스. 모. 사. 우ㅡ. 루. 스. 야.

승 우 : (고개를 갸우뚱하며) 싸우르쓴데…… 공룡은 다 싸우르쓰예요.

…(중략)…

준 수 : 선생님, 이거 보세요. 내가 공룡 백과사전 보고 찾아서 쓰고 그린 거예요. 이거는 스테고, 이거는 아파토. 다 초식공룡이에요.

김 교사 : 준수는 정말 공룡박사네!

준 수 : 여기 공룡카드도 있어요. 다음 견학갈 때 전시관 아저씨한테 줄 거예요.

김 교사 : 안내해 주신 아저씨께 드릴거야? 뭐라고 쓴 건데?

준 수 : ㉢ (공룡 그림이 그려진 감사카드의 끄적인 부분을 읽는 척하며) 아저씨께, 공룡에 대해, 알게 해주셔서, 감사합니다.

현 우 : (준수가 그린 공룡그림을 보고) 헐, 공룡 그림 짱이다!

김 교사 : ('헐', '짱'이라는 말을 고쳐주고자) 현우는 '준수가 공룡을 정말 잘 그렸다.'라고 말하고 싶구나.

---

1) ① ㉠에 나타난 언어 접근법을 쓰고, ② 이 접근법의 단점을 쓰시오. [1점]

① _____

② _____

2) ① ㉢에 나타난 언어 접근법을 쓰고, ② 이 접근법의 단점을 쓰시오. [1점]

① _____

② _____

3) ㉠과 ㉢의 언어 접근법의 장·단점을 보완할 수 있는 언어 접근법을 쓰시오. [1점]

_____

4) ㉡에서 김 교사가 강조하는 발음의 최소 단위 1가지를 쓰시오. [1점]

_____

5) 승우가 배우게 된 언어적 관계를 쓰시오. [1점]

_____

03 (가)는 읽기 활동 상황의 일부이고, (나)는 듣기에 관한 내용이다. 물음에 답하시오. [5점]

(가) 유아들에게 ㉠ <u>곤충 백과사전</u>에 있는 그림책을 제시하였다.

성진 : 아까 바깥놀이 할 때 벌 봤어. 쏘일까 봐 무서웠어.

재호 : 그래도 벌은 꿀을 만들잖아. 벌이 꽃에서 꿀을 만드나 봐.

성진 : 진짜?

재호 : 벌이 꽃에서 꽃가루도 가져온대.

성진 : (재호에게 책을 보여 주며) 벌이 이렇게 날아?

재호 : 어? 벌이 왜 그렇게 나는지 나도 궁금하다.

성진 : (재호를 바라보며) 우리 읽어 볼까?

재호 : (책의 그림을 가리키며 읽는다.) 벌이 멀리 있는 꽃밭을 보고 기뻐서 8자 모양으로 날아요. 꽃밭에 가까이 있어 꿀을 먹고 싶어 동그랗게 춤추며 날아요.

성진 : 어, 정말? (그림을 가리키며) 저기보다 여기 꽃밭이 크네.

재호 : 벌 완전 똑똑하다. 그렇지?

명호 : (옆에서 보던 책을 뺏으며) 내가, 책을 읽어 줄게. (손으로 글자를 짚으며 읽는다.) 벌의 엉덩이춤 수수께끼. 벌이 엉덩이춤을 추며 나는 비밀에 대해 알고 있나요? 벌은 서로에게 신호를 보냅니다. 벌이 '8'자로 나는 것은 꿀이 있는 꽃밭이 멀리 있다는 신호예요. 'O'자로 나는 것은 꽃밭이 가까이 있다는 신호예요.

(나) 유아를 위한 동요, 동시, ㉡ <u>동화</u>는 누군가 흥미롭게 의도적으로 구성해 놓은 이야기이다. 유아에게 문학작품들을 다양한 매체를 통해 반복하여 듣게 한다면, 유아는 이야기 내용을 더 잘 이해하게 되며 작가가 전달하고자 했던 바를 서로 교감하게 되고, 이야기를 또 다시 읽고 싶다는 동기를 갖게 된다.

---

1) 클레이(M. Clay)의 읽기 발달단계에 근거하여 ① (가)에서 나타난 재호의 읽기 발달단계의 특징을 쓰고, ② 그 사례를 (가)에서 찾아 1가지를 쓰시오. [2점]

　①　_____

　②　_____

2) 쉬케단츠(Schickendanz)의 읽기 발달 과정에 근거하여 (가)에서 나타난 명호의 읽기 발달단계의 특징을 설명하시오. [1점]

　_____

3) 유아들에게 그림책은 책 읽기에 중요한 단서를 제공한다. ㉠과 관련하여 ①에 들어갈 내용을 쓰시오. [1점]

> 지식정보책은 세상에 대한 유아의 궁금증을 해결해 주며 특별한 지식을 얻기 위해 사용되는 그림책의 종류이다. 따라서 예술적·미학적 측면보다는 (①)을/를 우선적으로 고려하여 선정해야 한다.

　①　_____

4) (나)의 ㉡과 관련하여 ①에 들어갈 내용을 쓰시오. [1점]

> (①)은/는 주인공들의 색다른 움직임이나 크기 변화를 통해 이야기의 상상력이나 즐거움을 배가시킬 수 있다.

　①　_____

04 다음은 3, 4세 혼합연령학급의 동시 활동 계획안이다. 물음에 답하시오. [5점]

활동명 : 똥개 아기	
〈목표〉 •3세 : 가족 간의 관계를 안다. 동시를 즐겨 듣는다. •4세 : 가족 간의 관계와 소중함을 안다. 동시의 의미를 알고 즐겨 듣는다.	〈누리과정 관련요소〉 •의사소통 : 듣기 – ㉠ •사회관계 : 가족을 소중히 여기기-가족과 화목하게 지내기
〈활동 방법〉 1. 할머니에 대해 이야기를 나눈다. – 할머니가 있는 친구 있니? – 할머니가 ○○을 뭐라고 부르시니? 2. 동시를 들어본다. – 할머니가 아기를 어떻게 부르는지 들어보자. 3. 동시 내용을 회상한다. – 동시에 누가 나왔니? – 할머니는 아기를 왜 그렇게 부르실까? 4. 동시를 들은 후 느낌을 이야기 나눈다. – 어느 부분이 재미있었니? 5. 유아들과 함께 여러 가지 방법으로 동시를 읊어 본다. – 아기가 '끙'하고 힘 줄 때 몸으로 표현해보자. – 동생들은 '끙'을 말해보고 형님들은 '똥개야'를 말해 보자. – '할머니' 대신 다른 가족을 넣어보자	똥개 아기 지은이 : 안도현 밥 잘 먹는 우리 아가 할머니는 '똥개야, 똥개야'하고 부르지 그래서 변기에서 아가가 끙, 하고 힘주면 변기에 똥은 똥, 하고 떨어지지

1) ㉠에 알맞은 2019 개정 누리과정 의사소통 영역의 ① '내용 범주'와 적용 가능한 ② '내용'을 쓰시오. [2점]

① _____

② _____

2) 위의 활동에 관련해 ①에 적합한 용어를 쓰고, ② 해당 이론이 강조한 점을 쓰시오. [2점]

> 로젠블랫(Rosenblatt)은 유아가 작품을 어떻게 느끼는가, 유아에게 작품이 어떤 의미가 있는가에 초점을 맞춘 (①) 이론을 제시하였다.

① _____

② _____

3) 다음 빈칸에 알맞은 용어를 쓰시오. [1점]

교수학습 단계	활동에서의 사례
반응의 형성	할머니가 ○○을 뭐라고 부르시니?
반응의 명료화	2. 똥개 아기 동시를 들려준다. 할머니는 아기를 왜 그렇게 부르실까?
반응의 (①)	3. 아기가 '끙'하고 힘 줄 때 몸으로 표현해보자. 동생들은 '끙'을 말해보고 형님들은 '똥개야'를 말해보자. '할머니' 대신 다른 가족을 넣어보자.

① _____

05 다음은 유아들의 읽기와 쓰기 발달에 대한 내용이다. 물음에 답하시오. [5점]

(가) 만 4세 유아(공동윤)가 형에게 편지를 쓴 내용으로 "형은 오이를 좋아해, 오이 공동욱이예요. 2012년, 2013년에."라는 의미로 글을 썼다. 그리고 영희는 "블록을 쌓아 둔 것을 건드리지 말 것"을 요구하는 메시지를 써서 블록 영역에 붙여둔다. 한편, 광수는 "이 게임을 어떻게 하는지 알려 줄게."라고 하며 친구에게 말한다.

(나)

• 공룡을 좋아하는 지우는 그림책에 나오는 티라노사우루스 그림 아래 쓰인 '티라노사우루스'라는 글자를 손가락으로 한 자씩 짚으면서 읽는다.

• 지우는 교사가 읽어 준 「해님 달님」을 반복적으로 보다가 그 책의 내용을 거의 외울 수 있게 되었다.

• 식당놀이에서 손님이 된 지우는 식당주인 역할을 하는 수영이에게 "이게 뭐예요?"라며 손가락으로 메뉴판의 글씨를 가리키며 묻는다. 수영이는 글자를 한 자씩 짚으면서 "된, 장, 찌, 개"라고 대답한다.

• 쓰기 영역에서 지우는 공룡 그림사전을 만들다가 교사에게 익룡을 써달라고 요청한다. 교사는 지우가 '익룡'이라고 부르는 대로 받아 써 준다.

---

1) (가)에서 클레이(Clay)가 제시한 쓰기발달의 원리 중 공동윤에서 나타난 원리를 쓰시오. [1점]

_____

2) (가)에서 마차도(Machado)가 제시한 쓰기발달의 원리 중 영희에게서 나타난 원리를 쓰시오. [1점]

_____

3) (가)에서 할리데이(M. Halliday) 이론에 근거하여 광수에게서 나타난 언어 기능의 유형 1가지를 쓰시오. [1점]

_____

4) (나)에 나타난 지우를 지도하기 위한 교수행동의 목표와 교수행동의 예를 관련 지어 다음을 완성하시오. [2점]

교수행동 목표	교수행동의 예
(①)	지우에게 익룡을 써줄 때 말소리가 글자로 옮겨지는 과정이 드러나도록 말소리와 글자를 대응시키면서 천천히 써 준다.
쓰인 글은 읽을 수 있음을 이해하도록 돕는다.	(②)
글의 기능을 이해하도록 돕는다.	(③)
(④)	친구에 대한 마음을 말해보게 하고 그것을 글로 적어 읽어 준다.

① _____

② _____

③ _____

④ _____

06 (가)는 읽기활동에 관한 사례이고, (나)는 언어와 사고의 관계에 대한 내용이다. 물음에 답하시오. [5점]

> (가) 3, 4세 혼합연령반 자유선택활동 시간이다. 교사가 성주(4세)와 유미(3세)에게 『사과』 그림책을 읽어준다. 『사과』 그림책은 엄마와 시장에 간 영희가 자신이 좋아하는 감 대신 동생이 좋아하는 사과를 골라 집으로 돌아간다는 내용이다.
>
> 잠시 후, 성주와 유미가 『사과』 그림책을 함께 읽는다. 성주는 그림을 보며 내용에 맞게 이야기를 하는 반면, 유미는 사과 그림을 보며 사과에 대한 이야기를 자기 마음대로 상상해서 말한다.

(나)

시간/ 활동명	활동 내용	자료 및 유의점
10:20~ 10:40 동시감상	**〈동시 '약속'〉** • ㉠ '약속' 동시판의 그림을 보며 동시 내용을 예측해 보도록 한다. • 동시 그림에 맞는 동시 글자 카드를 붙이고, 손으로 글을 짚으며 동시를 들려준다. • 교사가 들려주는 동시 내용에 맞춰 유아들이 동작을 표현하며 감상하도록 한다. • 유아와 함께 다양한 방법으로 동시를 읽는다.	• 동시판 • 동시 관련 글자 카드 • 소품(보자기, 머리띠 등)
10:40~ 10:50 음악	**〈동요 '봄소식'을 한 소리로 부르기〉** • 동요 '봄소식'을 들으면서 한 소리 '라'로 부른다. • ㉡ '라'를 '러', '로', '루'로 바꾸며 동요 '봄소식'을 한 소리로 부른다.	'라', '러', '로', '루' 글자 카드

10:50~ 12:20 자유선택 활동	**【언어 영역】** 자음, 모음 조합하기	자음, 모음 조합판
	【미술 영역】 • '약속' 동시 삽화 그리기	여러 종류의 종이 및 그리기 도구

1) (가)에서 클레이(M. Clay)의 읽기 발달단계에 근거하여 (가)에서 나타난 성주의 읽기 발달단계의 특징을 2019 개정 누리과정 의사소통 영역에 근거하여 쓰시오. [1점]

_____

2) (가)에서 클레이(M. Clay)의 읽기 발달 단계에 근거하여 ① (가)에서 나타난 유미의 읽기 발달 단계의 특징을 2019 개정 누리과정 의사소통 영역에 근거하여 쓰고, ② 유미에게 나타난 읽기 발달의 관점을 쓰시오. [2점]

① _____

② _____

3) ① (나)에서 ㉠에 나타난 언어 접근법을 쓰고, ② ㉡에 나타난 읽기 발달의 관점을 쓰시오. [1점]

① _____

② _____

4) (나)에서 균형 잡힌 언어지도 교수방법 중 아래 ①에 관련된 사례를 찾아 쓰시오. [1점]

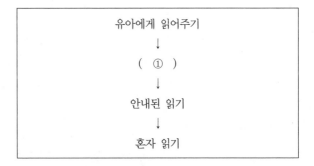

_____

07 다음은 만 3세 별님반에서 언어교육 활동의 한 장면이다. 물음에 답하시오. [5점]

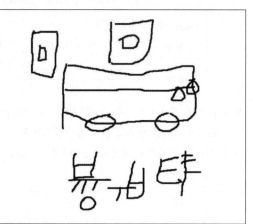

('꼬마 버스 타요' 그림책을 읽어주고 그 내용에 대한 유아의 느낌을 그림이나 글자로 표현해보는 활동을 하고 있다.)

가영 : (그림을 보여주며) 선생님 이것 보세요. 제가 그린 거예요.

교사 : 그림 아래에 글자를 적었구나. 어떤 글자를 썼는지 볼까?

교사 : 이 글자는 어떻게 읽는 거니? 가영이가 쓴 글자를 읽어보겠니?

가영 : 음… 붕붕…

1) 위 사례와 관련된 2019 개정 누리과정 의사소통 영역 중 '내용'을 쓰시오. [1점]

_____

2) ① 교사가 가영이를 지도할 때 부적절한 지도를 지적하고, ② 그 이유를 쓰시오. [2점]

① _____

② _____

3) 위 사례에서 가영이가 그림을 그린 뒤 그 아래에 글자 모양을 그려 놓고 구두로 설명을 덧붙이는 것은 클레이가 제시한 유아의 쓰기 학습 원리 중 어떤 원리에 해당되는지 쓰시오. [1점]

_____

4) 셜츠비(Sulzby)의 쓰기 발달단계에 비추어 볼 때 가영이에게 해당하는 쓰기 발달단계를 쓰시오. [1점]

_____

08 (가)는 만 4세반 김 교사가 계획한 '말 전하기 게임' 활동 방법이고, (나)는 김 교사가 작성한 일화기록이고, (다)는 영아의 단어표현에 대한 내용이다. 물음에 답하시오. [5점]

(가)

- 편 게임 대형으로 앉는다.
- 게임 방법을 소개한다.
- 게임을 진행한다.
- 교사가 맨 앞의 유아에게 귓속말로 말을 전한다 (예 : '콩콩', '쿵쿵', '㉠ 깡충깡충', '껑충껑충' 등).
- ㉡ 귓속말을 들은 유아가 다음 유아에게 들은 말을 다시 귓속말로 전한다.
- 교사가 전달한 말이 마지막 유아에게 정확하게 전달될 때까지 해당 단어를 사용하여 게임을 하였다.
- 익숙해지면 귓속말을 ㉢ 먼저 '구(예 : '아기 곰 콩콩', '아빠 곰 쿵쿵' 등)'로 그 다음에 '문장(예 : '아기 곰이 콩콩 걸어요.', '아빠 곰이 쿵쿵 걸어요.' 등)'으로 바꾸어 게임을 계속한다.
- 마지막 유아가 전해들은 말을 소리 내어 말한 후 그 말을 동작으로 표현한다.
- 게임이 끝난 후 평가한다.

(나) 경수는 언어 영역에서 『사과가 쿵』 그림책을 집어 든다. 그림책 표지의 '쿵' 글자를 손가락으로 짚으며 "쿵"이라고 읽는다. 경수는 빈 종이에 사과 그림을 그리고 '둥'이라고 쓴 후 '내가 만든 책'에 붙인다.

(다)

ⓐ 엄마, 아빠, 맘마, 까까
ⓑ 안 돼, 짝짜꿍, 빠이빠이, 곤지곤지

---

1) (가)의 ㉠을 발음해 보게 하여 유아에게 길러줄 수 음운인식의 요소를 쓰시오. [1점]

2) (가)의 ㉡에서 낱말을 말할 때, 2019 개정 누리과정 의사소통 영역에 근거하여 어떻게 하여야 하는지 쓰시오. [1점]

3) (가)의 ㉢에 나타난 언어 접근법을 쓰시오. [1점]

4) (나)에서 경수처럼 글자를 쓰게 되는 이유 1가지를 쓰시오. [1점]

5) (다)에서 ⓐ는 영아가 가장 많이 사용하는 (①)언어이다. ①에 들어갈 용어를 쓰고, ⓑ 중에서 유아에게 가장 많이 나타나는 단어를 찾아 쓰시오. [1점]

① _____

② _____

09 (가)는 유아 언어지도 계획안에 대한 내용이고, (나)는 만 5세반 자유선택활동에 대한 내용이다. 물음에 답하시오. [5점]

(가)			
생활주제	우리 동네	주제	우리 동네의 가게
활동명	장바구니	활동 유형	동화
내용	읽기 – 책 읽기에 관심가지기	연령	만 3세
활동목표	• '장바구니' 이야기책에 관심을 가진다. • 책의 그림을 보고 떠오르는 생각을 이야기할 수 있다 .		
준비물	동화 – 장바구니		
활동방법	• 동화 '장바구니' 책표지를 보며 내용을 추측해본다. 　– 어떤 그림이니? 　– 어떤 내용의 동화일까? • 동화 '장바구니'를 들려준다. • 동화 내용을 회상하여 이야기 나눈다. 　– ㉠ 너희는 시장에 가 본 경험이 있니? 　– 엄마는 스티븐에게 무엇을 사오라고 하셨니? 　– ㉡ 스티븐은 어디 어디를 지나갔었니? 　– 물건을 사서 오는 길에 누구를 만났니? 　– ㉢ 스티븐에게 편지쓰기를 해 볼까? • 언어영역에 책을 비치하여 유아들이 함께 읽어볼 수 있게 한다.		
평가	• '장바구니' 이야기책에 관심을 가졌는가? • 책의 그림을 보고 떠오르는 생각을 이야기할 수 있었는가?		
유의점	• 책표지를 보고 난 후 예측한 내용을 잘 표현 할 수 있도록 격려한다.		

(나) 친구에게 도움을 받았던 경험을 생각하며 편지를 쓰는 활동을 하고 있다.

교사 : 철수는 누구에게 편지를 쓰고 있니?

철수 : 영희에게 쓰고 있어요. 오늘 저한테 줄넘기를 양보했거든요.

교사 : ('줄넘기 양보해서 고마워' 글을 보고) '줄넘기를 양보해서 고마워'라고 적었구나. 영희도 편지를 받고 고마워할 거야.

철수 : (줄넘기 표지판 글을 보고) 아. 잘못 썼네. 'ㄹ'이 더 들어가야 되구나.

1) (가)는 모엔(Moen)이 제시한 (①) 언어교육 접근법으로 ② (나)에서 사용한 언어적 접근의 철학에 근거를 두고 제시한 것이다. ①에 들어갈 적합한 용어를 쓰고, ②의 언어적 접근법이 무엇인지 쓰시오. [2점]

① _____

② _____

2) (가)의 ㉠과 ㉡은 읽기의 성격이 다르다. ㉠과 ㉡에 해당되는 읽기의 유형을 쓰시오. [2점]

㉠ _____

㉡ _____

3) (가)의 ㉢은 모엔(Moen)이 제시한 몰입활동 전략 중 무엇인지 쓰시오. [1점]

_____

10 (가)는 '커다란 무'라는 동화의 일부이고, (나)는 누리과정에 관련된 내용이다. 물음에 답하시오. [5점]

(가) 옛날 어느 마을에 할아버지와 할머니가 살고 있었습니다. 어느 날 할아버지가 조그만 무씨 한 알을 땅에 심었습니다. 무는 커다랗고 길게 자랐습니다. 어느 날 할아버지는 무를 뽑으러 밭으로 갔습니다. "영차, 영차." 그러나 무는 뽑히질 않았습니다. 할아버지는 할머니를 불렀습니다. 할머니는 할아버지를 잡고 할아버지는 무를 잡았습니다. "영차, 영차." 두 사람은 무를 잡아당겼으나 무가 뽑히질 않았습니다. 그때 마침 어떤 아이가 지나가고 있었습니다. …(중략)… 강아지는 지나가는 고양이를 불렀습니다. …(중략)… 생쥐는 고양이를, 고양이는 강아지를, 강아지는 아이를, 아이는 할머니를 잡고, 할머니는 할아버지를 잡고, 할아버지는 무를 잡았습니다. …(중략)… "영차, 영차." 모두 함께 무를 잡아당기고, 또 잡아당기자 마침내 무가 쑥 뽑혔습니다.

(나)
거리는 사람들로 붐볐고 소란스러웠습니다. 그러나 모모는 혼자서 속삭였습니다. "나는 똑바로 걸어갈 거야, 마치 다 큰 숙녀처럼."

　　　　－우산(야시마 타로 글, 그림) 중에서－

커다란 우산을 쓰고 세상을 나섰을 때, 나는 무서울 게 없었다. 그 커다란 우산이 날 지켜줄 것만 같아서, 큰 물에도 겁 없이 첨벙첨벙 뛰어 들어갔었고, 사람이 많은 틈에도 난 우산 쥔 손에 힘을 주고 씩씩하게 걸어갔었다. 거칠 것 없이 난 용감했다. …(중략)… 그러나, 내가 쓰고 있는 우산이 그리 크지 않다는 걸 느끼면서부터, 난 점점 무서운 게 많아졌다. 조금만 센 바람이 불어도 뒤집어지곤 하는 내 작은 우산을 믿을 수가 없어서, 난 점점 움츠러 들었다. 스스로 벽을 쌓아가고 있었다. 강한 척 하지만 나약하기 그지없었고, 부드럽고 너그러운 척 하지만 내 안에는 가시 투성이 덤불이 무성하게 자라고 있었다. …(중략)… 새삼 내가 그리워하는 건, 막연히 과거가 아니라, 작은 우산 하나가 나를 세상으로부터 지켜줄 거라는, 철없는 믿음이다. 철없는 믿음…

1) (가)에 나타난 동화의 구성형식을 쓰시오. [1점]

_____

2) ① (가)에서 동화의 플롯상 '전개'에 해당하는 사례를 찾아 쓰고, 다음의 ②와 ③에 들어갈 적합한 용어를 쓰시오. [2점]

> 동화의 구성요소는 주제, 등장인물, (②), 플롯, 시점 등이다. …(중략)… 이 중 환상동화는 시공간을 초월하며 유아의 상상력을 자극한다는 점에서 전래동화와 유사한 점이 많다. 그러나 이야기 속에서 (②)이/가 지나치게 세밀하게 묘사될 필요는 없다. 어린이는 (②)의 세밀한 묘사보다는 주제, 등장인물의 특성, 사건의 전개에 더 많은 관심을 가지고 있다. 특히 환상동화는 (③)적 (②)이/가 매우 다양하다.

① _____

② _____

③ _____

3) ① (나)와 같은 동화의 종류를 쓰고, 다음의 ②에 적합한 용어를 쓰시오. [2점]

> (①)동화의 인물 묘사는 환상동화처럼 입체적 인물로서 매우 섬세하고 자세하게 주인공의 성격이 묘사된다. (②)에서 인물묘사가 비교적 단순하게 전형적으로 처리되는 평면적 인물인 것과는 대조가 된다.

① _____

② _____

11 다음은 2019 개정 누리과정의 의사소통 영역에 대한 내용이다. 물음에 답하시오. [5점]

(가)

철수 : 교사가 문, 거울, 강을 들려주고 그림카드(문/눈, 거울/겨울, 강/감, 방/밤, 콩/공, 토끼/도끼, 배추/대추 등) 중 맞는 그림카드를 선택하는 활동을 했더니, 모두 맞는 그림카드를 고른다.

영희 : 교사가 "가위와 색종이는 파란 바구니에 넣고 놀이계획표를 선생님한테 가져 오세요."라고 말했을 때 지시대로 맞게 행동한다.

광수 : 교사가 "주간계획안을 사물함에 있는 자기 가방 속에 넣고 오세요."라고 말하면 계획안을 자기 가방 속에 넣어놓고 온다.

(나)

민영 : 화재발생과 관련된 이야기를 들려주고 "어디에서 이런 일이 일어났지? 왜 이런 일이 생겼을까? 어떤 생각이 들었니?"라고 질문했을 때, 모두 적절하게 대답하고, 자발적으로 "불이 나면 어떻게 해요?", "불이 왜 나요?" 등과 같은 질문을 한다.

수영 : 간식시간에 옆에 앉은 친구가 주말에 놀러 갔던 이야기하는 것을 듣는다.

(다) 지도방법

• 비석놀이를 하면서 비석이라는 낱말을 듣는다면 그 발음의 의미를 알아들을 수 있게 한다.

• 낱말과 문장을 읽거나 쓰도록 과제를 주어, 읽기나 쓰기가 서로의 생각과 느낌을 전달하고 그 내용을 이해하는 과정임을 알고 그 과정에 흥미를 갖도록 하게 한다.

• 생일인 친구의 이름을 시작해서 끝소리를 연결하는 놀이 등을 하면 유아는 낱말의 분절된 발음에 주의를 기울이게 한다.

---

1) (가)에서 2019 개정 누리과정의 의사소통 영역 중 ① 수준이 어려운 활동과 관련된 유아를 쓰고, ② 그 이유를 쓰시오. [2점]

① _____

② _____

2) (가)에서 영희와 광수의 활동의 차이를 설명하시오. [1점]

_____

3) (나)에서 민영이의 활동 중 만 4세에게 할 수 있는 질문을 찾아 쓰시오. [1점]

_____

4) (다)에서 부적절한 지도방법을 찾아 그 이유를 쓰시오. [1점]

_____

12 (가)는 만 5세반의 생일 축하 장면이고, (나)는 초기 읽기지도 모형이다. 물음에 답하시오 [5점]

(가)

김 교사 : 오늘은 미나가 태어난 날이야. 태어난 날을 무엇이라고 할까?

유 아 들 : 생일이요.

김 교사 : 그래, 생일이라고 하지. 그러면, 어른들 태어나신 날을 무엇이라고 할까?

유 아 들 : ……

김 교사 : ㉠ 어른들이 태어나신 날은 '생신'이라고 한단다. 함께 말해볼까?

유 아 들 : 생, 신!

…(중략)…

김 교사의 옆에 있는 융판에는 맨 윗부분에 '이미나 생일'이라고 글자카드가 붙어 있다.

김 교사 : (융판 쪽을 가리키며) 여기에 무엇이라고 쓰여 있는지 읽어볼까?

윤 영 : (한 자 한 자 가리키며 큰 소리로) "이, 미, 나, 생, 일"

…(중략)…

김 교사 : (준비한 생일 카드를 유아들에게 보여주면서) 오늘은 선생님이 동그란 모양의 생일카드를 준비했어. 읽어줄게.

㉡ 김 교사가 카드를 두 손으로 들고 읽기 시작하려 할 때, 몇몇 유아가 옆 유아와 장난을 치며 깔깔 웃는다. 그러자 김 교사가 읽으려던 카드를 무릎에 놓고 유아들을 쳐다본다.

김 교사 : 애들아, 다른 사람이 말을 하거나 글을 읽어 줄 때는 어떻게 들어야 할까?

(나)

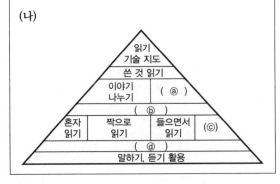

---

1) (가)의 ㉠은 호프 긴스버그(Hoff-Ginsberg)가 언급한 ① 의사소통능력의 지식 중 어떤 지식이 활용되었는지 쓰고, ② 그 의미를 쓰시오. [2점]

① _____

② _____

2) (가)의 ㉡ 활동과 관련된 지도방법을 2019 개정 누리과정의 의사소통 영역 '듣기'의 내용에 근거하여 쓰시오. [1점]

_____

3) (나)의 ⓐ ~ ⓓ에 들어갈 적합한 내용을 쓰고, ① ⓑ와 ⓓ 활동을 할 때 크게 다른 점을 쓰시오. [2점]

ⓐ _____

ⓑ _____

ⓒ _____

ⓓ _____

① _____

13 다음은 유아 언어교육에 대한 내용이다. 물음에 답하시오. [5점]

(가) 만 4세 유아가 친구와 나누는 대화이다.

영희 : 얘는 산에서만 살아. 그래서 물 속에 들어가면 죽는다.

철수 : 우리 아빠는 맨날 술만 먹는다.

영희 : 그런데 나쁜 사람이 얘를 데리고 물 속으로 들어가 버렸어.

철수 : 그래서 집에 오면 잠만 자.

(나) 만 3세 유아가 모래놀이 상자에서 불도저 장남감을 가지고 놀면서 중얼거린다.

지영 : 부릉 부릉, 모래를 실어 옮겨…. 도로를 만들어. 부르릉…. 다리를 만들어.

(다) 호프 긴스버그(Hoff-Ginsberg)는 효과적인 말하기에 필요한 의사소통 능력에는 몇 가지 중복적인 지식이 필요하다고 하였다. ㉠ 언어의 의사소통적 기능과 의사소통을 위한 언어사용의 관례에 관해 아는 것으로 누가 "우리 결혼하자."라고 말했다면 그 뒤에는 반드시 그 말에 대한 책임이 따른다. 즉, 말을 잘하려면 화자가 언제 어떤 언어적 형태를 사용하여 말을 하면 자신의 의도를 가장 효과적으로 드러낼 수 있을지 알아야한다는 것을 말한다. 또한, ㉡ 문장보다 더 큰 단위의 언어사용에 관해 아는 것이다. 예를 들어, 대화나 이야기의 전체적인 전개나 구조에 대해 아는 것이다.

---

1) ① (가)의 사례는 언어발달 유형 중 어떤 유형인지 쓰고, ② 그 의미를 설명하시오. [2점]

① _____

② _____

_____

2) (가)와 (나) 사례에서 유아들의 언어적 표현이 나타나는 이유를 설명하시오. [1점]

_____

3) (다)의 ㉠에 관련된 호프 긴스버그(Hoff-Ginsberg)의 의사소통 능력 지식을 쓰고, ㉡에 관련된 케널(Canale)과 스웨인(Swain)의 말하기 능력을 쓰시오. [2점]

㉠ _____

㉡ _____

14 다음은 유아들의 언어활동 지도에 관한 내용이다. 물음에 답하시오. [5점]

> 동화책 '누가 웃었니?'를 읽고 난 후 동시짓기를 하며 이야기를 나누고 있다.
>
> **(가)**
> 교사 : '히히히, 누가 웃었냐? 누가 웃은 거야?', '깔깔깔, 누가 웃었어요? 누가 웃은 거예요?'
> 　　　　　　　…(중략)…
> 　　　　'히히히, 누가 웃었냐? 누가 웃은 거야?'는 누가 한 말인 것 같나요?
> 선미 : 음… 우리 엄마가요.
> 교사 : 엄마가 누구에게 물어본 것일까요?
> 선미 : 엄마가 나한테 물어보는 거예요.
> 교사 : '깔깔깔, 누가 웃었어요? 누가 웃은 거예요?'는 누가 누구에게 한 말일까요?
> 세진 : 선미가 나한테 물어 본 거예요.
> 선미 : ㉠ 야! 내가 왜 너한테 '누가 웃은 거예요?' 이렇게 하냐? '누가 웃었어?' 이렇게 하지. 친구끼리는 안 하는 거야. 그렇죠, 선생님?
> 　　　　　　　…(중략)…
> 교사 : 웃음 소리를 흉내 낸 말들을 찾아볼까요?
> 세진 : '히히히'랑 '깔깔깔'이예요.
> 교사 : 다른 웃음 소리로 어떻게 바꿀 수 있을까?
> 선미 : '히히히'를 '호호호'로 바꿔요.
> 세진 : ㉡ 히히히, 호호호, 하하하, 후후후, 와~ 재미있다.
>
> **(나)** 교사는 유아들과 활동한 후 동시를 언어영역에 게시하였다. 유아들과 바꿔 본 다양한 웃음 소리를 카드로 만들고 동시판에 바꾸어 붙여 보기도 하였다. 새로운 웃음 소리가 생각난 유아에게 생각해낸 웃음소리를 소리내어보고 글자카드를 직접 제작 할 수 있도록 유도하였다. 쓰기가 서툰 유아에게는 흉내내는 웃음소리를 교사가 그대로 적어 웃음소리 카드를 만들어 보게 하였다.

1) (가)의 ㉠은 호프 긴스버그(Hoff-Ginsberg)가 언급한 의사소통 능력의 지식 중 어떤 지식이 활용되었는지 쓰시오 [1점]

_____

2) (가)의 ㉡에서 ① 마찰음과 ② 파찰음을 1가지씩 찾아 쓰시오. [2점]

① _____

② _____

3) (가)에서 경음을 찾아 쓰시오. [1점]

_____

4) (나)의 활동과 관련하여 다음을 완성하시오. [1점]

> 교사가 기대하는 (①) 능력은 언어 그 자체를 사고의 대상으로 다루며 언어의 구조적 특징을 사고하고 조작하는 능력이나, 언어의 내용과 형태를 분리할 수 있는 능력이라고 정의할 수 있다.

① _____

15 다음은 유아 언어교육에 대한 내용이다. 물음에 답하시오. [5점]

(가)

철수 : ㉠ 동생이가 나 몰래 사탕을 먹었다.

영미 : ㉡ 영희가 이야기책을 읽었다.

(나)

교사 : 지수가 바꿔 준, '도닥도닥' 소리는 '뚜닥뚜닥'와 어떻게 다르지?

미진 : '닥'을 할 때는 같아요.

(다) 교사는 자석글자를 만들어, 유아들에게 '아', '가', '마' 사이에, 그리고 '가'와 '기' 사이에 어떻게 소리가 달라지는지 각각 비교하는 놀이를 하였다.

(라) 1970년 미국에서 발견된 '지니'는 20개월부터 13세가 넘을 때까지 작은 구석방에 격리된 채 살아왔다. 아무도 지니에게 말을 걸지 않았고, 소리를 내면 매를 맞았다. 구조 당시 지니는 똑바로 서지 못하고 말도 하지 못했다. 그 후 지니는 오랜 기간에 걸쳐 집중적인 언어훈련을 받았지만, 결국 약 3세 수준의 언어 능력을 넘어서지 못하였다. 연구자들은 지니가 정신지체일 가능성에는 동의하지 않았다.

---

1) (가)의 ㉠은 유아기에 자주 보이는 초기 문법 발달의 특징을 보여준다. 이를 설명하는 용어 1가지를 쓰시오. [1점]

_____

2) (가)의 ㉡은 블룸(Bloom)과 라헤이(Lahey)가 제시한 ① 언어의 구성요소 중 무엇인지 쓰고, ② 그 의미를 설명하시오. [2점]

① _____

② _____

3) (나)와 (다)를 통하여 스탈(Stahl)이 제안한 발음중심 교수법의 목표를 쓰시오. [1점]

_____

4) (라)에 나타난 언어 발달에 대한 이론적 관점을 쓰시오. [1점]

_____

16 다음은 언어교육 이론에 대한 내용이다. 물음에 답하시오. [5점]

(가)
철수 : 이모는 왜 결혼 안 해? 아빠 소개시켜 줄까?

(나)
영희 : 엄마, 과자 주세요.
광숙 : ㉠ 나와 놀지 않을래?
명명 : 소는 어떤 동물이지?
말숙 : ㉡ 난 지금 달리고 있어.

(다) 교사와 3명의 유아들이 이야기를 꾸며 가고 있는 상황이다.
민수 : (사자 인형을 들고) 사자는 너무 심심해서 하품을 하다가….
주학 : (민수의 말이 끝나기도 전에 소리치며) 토끼 잡으러 간다고?
민수 : 야, 나 아직 말 안 끝났어!
윤영 : 그래, 순서대로 해야지. 민수 끝난 다음에 주학이….
교사 : 좋은 생각이구나. 순서를 정해서 차례대로 말하면 좋겠네. 민수, 주학이, 윤영이 순서로 하자. 민수가 말할 차례였으니까 계속 해 보렴.
민수 : 하품을 하다가 맛인 까자를 먹기로 했어요.
교사 : 사자가 심심해서 하품을 하다가 맛있는 과자를 먹기로 했구나.
민수 : (웃으며) 근데 우리 할머니께서는 이 아프다고 과자를 안 드세요.
교사 : 그렇구나! 다시 사자 이야기 지어 보는 것을 해 볼까?
주학 : 아, 내 차례다. 사자는 탬버린 흔들며 춤을 춰 봤어요.
윤영 : 그래도 계속 심심해서 삘릴리 삘릴리 신나게 피리를 불어 봤어요.
교사 : 사자가 피리를 삘릴리 삘릴리 신나게 불었다고 하니까 더 재미있게 들리는구나. 탬버린도 흔들고 피리도 불고, 사자는 악기가 2개나 있구나.

---

1) (가)에 나타난 사례는 ① 언어의 구성요소 중 어떤 요소인지 쓰고, ② 그 기능을 쓰시오. [2점]

① _____

② _____

2) (나)는 할리데이(Halliday)의 유아 언어기능의 유형이 제시된 것이다. ㉠과 ㉡은 유아 언어기능 중 어떤 유형인지 쓰시오. [2점]

㉠ _____

㉡ _____

3) (나)의 이야기 나누기를 유아에게 지도하고자 할 때 2019 개정 누리과정의 의사소통 영역에 근거하여 그 이유를 쓰시오. [1점]

_____

17 (가)는 유아들의 읽기 발달에 대한 내용이고, (나)는 '떼굴떼굴 도토리가 어디서 왔나'라는 동요에 관한 내용이고, (다)는 유아들에게 동화를 들려줄 때 지도방법이다. 물음에 답하시오. [5점]

(가)

철수 : 그림이 이야기 내용의 단서가 됨을 이해한다.

영희 : "여기는 ~입니다.", "엄마가 ~라고 말했습니다."라고 한다.

광수 : 자신이 기억한 이야기 내용과 그림의 도움을 받아서 책을 읽는다.

훈제 : 책의 그림을 보고 이야기를 원래 내용과 관계없이 만들어 내며 자신이 쓴 것도 정확히 읽지 못하고 읽는 흉내만 낸다.

민영 : 글자를 손가락으로 짚으며 읽기도 하고 특정한 단어가 어디 있는지 질문하기도 한다.

(나)

떼굴떼굴 도토리가 어디서 왔나

단풍잎 곱게 물든 산골짝에서 왔지

떼굴떼굴 도토리가 어디서 왔나

깊은 산골 종소리 듣고 있다가 왔지

떼굴떼굴 도토리가 어디서 왔나

다람쥐 한 눈 팔 때 졸고 있다가 왔지

(다)

• 읽는 동화를 듣는 동화가 될 수 있도록 한다.

• 동화를 들려주기 전에 동기유발을 한다.

• 말의 운율이나 흥미로운 구절의 반복하여 들려준다.

• 동화의 이야기를 처음부터 끝까지 읽어준다.

---

1) (가)에서 클레이가 제시한 초보적 읽기 단계에 따라 영희가 나타내는 특징을 설명하시오. [1점]

_____

2) (가)에서 클레이가 제시한 읽기 단계에 따라 유아의 이름을 순서대로 쓰시오. [1점]

_____

3) (나)와 관련하여 다음을 완성하시오. [1점]

만 5세 유아가 이야기에 직접 참여하여 사건 전개를 눈과 손으로 경험해 볼 수 있는 테이블 동화, 손가락 인형 동화 등은 주인공들끼리 서로 나누는 대화에 직접 참여하여 말하게 되고, 등장인물들의 움직임이나 거리감을 직접 눈으로 볼 수 있어 이야기 이해에 도움이 된다. (①) 동화는 주인공들의 색다른 움직임이나 크기 변화를 통해 이야기의 상상력이나 즐거움을 배가시킬 수 있다. '떼굴떼굴 도토리가 어디서 왔나'라는 동요 가사와 관련해 벽을 타고 떼굴떼굴 굴러 떨어지는 도토리와 도토리를 담는 통 아래에 (②)을/를 붙여준다.

① _____

② _____

4) (다)에서 ① 유아에게 동화를 읽어 줄 때 지도방법 중 부적절한 내용을 지적하고, ② 올바르게 수정하시오. [2점]

① _____

② _____

18 다음은 수성유치원 만 3세반 교사가 학기 초에 유아들과 대화하는 내용이다. 물음에 답하시오. [5점]

선아는 언어 영역에서 쿠션에 기대 앉아 그림책을 보고 있다.

선아 : (그림책의 딸기 그림을 손가락으로 집어 입에 넣는 시늉을 하면서) 맛있다, 냠냠냠.

소미 : (선아 곁에 와 앉으며 선아가 보고 있는 그림책을 보면서) ㉠ 소미 딸기 좋아.

선아 : 나도 딸기를 좋아해.

　　　　　　　…(중략)…

교사 : 얘들아, 뭐 하니?

소미 : ㉡ 소미 안 딸기 먹어요.

선아 : ㉢ 선아도 딸기 안 먹어요.

교사 : 그건 무슨 책이니?

선아 : 딸기책이요.

교사 : 재미있어 보이네.

소미 : (맞은편에 있는 선생님이 볼 수 있게 돌려 잡아야 한다는 것을 깨닫지 못하고 그림책을 자신의 얼굴 쪽으로 가져가며) 선생님!

선아 : 선생님이 읽어 주세요.

교사 : 선생님하고 같이 볼까?

교사는 유아들과 나란히 앉아서 그림책을 본다.

　　　　　　　…(중략)…

선아 : ㉣ 난 강아지를 알아. 근데 강아지는 검정 강아지, 얼룩 강아지, 하양 강아지도 있어.

교사 : 그렇구나.

　　　　　　　…(중략)…

소미 : 엄마 바지.

교사 : ㉤ '엄마 바지주세요.'라고 하는 것이지.

---

1) ㉡과 ㉢에 나타난 ① 소미와 선아의 부정어 사용의 발달 중 더 발달된 모습을 보이는 유아 이름을 쓰고, ② 그 이유를 쓰시오. [2점]

① _____

② _____

2) 소미의 ㉠에서 내용어를 모두 찾아 쓰시오. [1점]

_____

3) 선아의 ㉣에 나타난 ① 언어발달의 현상을 쓰고, ② ㉤과 같은 분석을 무엇이라고 하는지 쓰시오. [2점]

① _____

② _____

19 (가)와 (나)는 언어와 사고의 관계에 대한 내용이고, (다)는 언어발달의 관한 내용이다. 물음에 답하시오. [5점]

(가) 언어와 사고의 관계는 언어와 사고를 분리될 수 없는 것으로 보는 입장과 서로 독립된 것이라고 보는 입장으로 대별된다. (㉠)은/는 언어와 사고는 분리될 수 없을 정도로 밀접하게 연결되어 있는 공생관계에 있다고 보았고, (㉡)은/는 사고의 발달을 깊이 뿌리박힌 개인적이고 자폐적인 심리상태로부터의 점진적 사회화 과정으로 보았다. 반면에 (㉢)은/는 아동의 초기 말은 근본적으로 사회적이고 그 후 (㉣)적이 되며 다시 내적 언어로 발달한다는 것이다.

(나) 언어와 사고의 관계를 구체적으로 살펴보는 개념화 과정에서 ㉤ 유아는 음식을 먹여주고 옷도 입혀 주고 잘 보살펴 주는 여자를 엄마로 생각한다.

(다) 언어 습득에 대한 더 현대적인 관점이 피아제와 비고츠키의 연구로부터 출현하여 언어발달을 연구한 브라운(Brown)과 할리데이(Halliady) 등에 의해 기술되고 지지된 (㉥)적 관점이다. (㉥)자들은 유아들을 생래적인 규칙체계나 근본적인 개념을 토대로 언어를 창안하는 자로 보았다. 유아들은 언어를 활발한 사회적 과정으로 묘사한다. 유아는 실수를 하면서 언어를 구성하는데, 실수는 언어가 어떻게 기능하는가를 배우는 필수적인 것이다. 그래서 성인들은 유아가 언어를 사용하면서 만드는 실수를 수용해야 한다.
　(㉥) 이론은 조기 문식발달에 시사하는 바가 크다. 일반적인 언어발달에서 특정 발달단계에 평균 도달점을 보여주지만 8개월에 첫 단어를 말하지 않거나 2.5세에 첫 문장을 말하지 못해도 훈련시키지 않는다.

1) (가)의 ㉠ ~ ㉣에 들어갈 적합한 말을 쓰시오. [2점]

㉠ _____

㉡ _____

㉢ _____

㉣ _____

2) (나)의 ① ㉤을 무엇이라고 하는지 쓰고, ② 그 의미를 설명하시오. [2점]

① _____

② _____

3) (다)의 ㉥에 들어갈 적합한 용어를 쓰시오. [1점]

㉥ _____

20 푸름반 만 5세 유아들이 텃밭 작물을 수확한 후에 장터를 열기로 하였다. 다음은 이를 안내하는 광고지를 만들기 위한 토의 활동 일부와 유아들이 교사와 함께 만들고 있는 광고지이다. 물음에 답하시오. [5점]

교사 : 광고지를 만들면서 그 안에 꼭 써야 될 것이 무엇인지 생각해 보자.

윤희 : 얼마인가 알려 줘요.

교사 : (소쿠리에 담겨진 배추, 무, 당근 중에서 당근을 들어 올리며) 이 당근은 얼마에 팔면 좋을까?

성빈 : 그거 당근 아니에요.

교사 : 그런데 성빈이는 왜 이걸 당근이 아니라고 생각하니?

성빈 : ㉠ 엄마랑 같이 산 당근은 이파리 없어요. 이건 이파리가 달렸잖아요. 그러니까 이건 당근 아니예요.

…(중략)…

교사 : 그렇다면 이 광고지에서 빠진 것이 무엇일까?

용준 : 예쁘게…. 색칠해야 해요.

…(중략)…

현우 : 어디에서 파는지…. 장터가…. 어디 있는지…. 써야….

교사 : (　　　　　㉡　　　　　)

현우 : 장터 오려면…. 채소 사고 싶을 때 어디로 가서….

교사 : ㉢ 그래, 이 광고지를 보고 사람들이 채소를 사고 싶을 때 장터가 어디에서 열리는지 알아야 찾아올 수 있겠구나. 현우가 아주 중요한 말을 해 주었어요.

…(하략)…

푸름반 장터로 오세요.

물건값

배추 – ㉣ 이천언

무 　 – 천언

당금 – 백 오십원

언재 – 2018년 10월 12일 10시

---

1) ㉠은 단어 사용은 ① 어떤 현상인지 쓰고, ② 그 의미를 설명하시오. [2점]

① _____

② _____

2) 유아에게 글의 메시지 전달 기능을 의식할 수 있도록 촉발시키는 ㉡에 들어갈 발문을 쓰시오. [1점]

㉡ _____

3) ㉢과 같이 교사가 유아의 불완전한 문장 표현을 자연스럽게 수정하여 완성시켜 주어야 하는 이유를 쓰시오. [1점]

_____

_____

4) ㉣과 같은 유아의 쓰기 전략을 쉬케단츠(Schickedanz)가 제시한 용어로 쓰시오. [1점]

_____

21 (가)는 아이가 엄마와 함께 '차례 맞추기' 과제를 수행하고 있는 예이고, (나)는 비고츠키(L. S. Vygotsky) 이론에 대한 설명이다. 물음에 답하시오. [5점]

(가)

아이 : (그림들을 이리저리 놓아보며) 나 이거 못 맞추겠어!

엄마 : (그림들을 가리키며) 라면을 끓일 때 무엇부터 해야 할지 생각해 보자.

아이 : (그림들 중에서 자꾸 틀린 것을 찾으며) 이거 아니야?

엄마 : (그림들을 다시 가리키며) 글쎄, 너는 그렇게 생각하니?

아이 : (물을 끓이는 그림을 집으면서) 이거 아냐?

엄마 : ㉠ 찾았네! 이제 다음 그림을 함께 찾아볼까?

아이 : (혼잣말로) 물을 끓인 다음 무얼 하지?

(엄마의 도움으로 나머지 그림들의 차례를 완성한다.)

(나) 비고츠키는 유아는 어려운 과제일수록 ㉡ <u>혼잣말을 더 많이 한다</u>고 하였고, (㉢)은/는 유아 스스로의 힘으로 문제를 해결할 수 있는 수준을 말한다. (㉣)은/는 사회적 중재(social mediation)를 의미하며, 문제를 해결할 수 있도록 적절한 도움을 제공하는 것을 말한다.

---

1) (가)의 ㉠에 나타난 비고츠키의 비계설정의 구성요소를 쓰시오. [1점]

_____

2) (나)의 ㉡이 나타나는 이유에 대하여 쓰시오. [1점]

_____

3) (나)의 ㉢에 들어갈 내용을 제시하고, ① ㉢을 형성하게 되는 이유를 쓰시오. [2점]

㉢ _____

① _____

4) (나)의 ㉣에 들어갈 적합한 용어를 쓰시오. [1점]

㉣ _____

22 (가)는 유아의 문장구성 능력을 길러주도록 교사들의 언어적 반응이고, (나)는 유아가 보이는 언어적 특성이다. 물음에 답하시오. [5점]

(가)

영　철 : 이 차 부서졌어요!

김 교사 : 자동차가 벽에 부딪쳐서 부서졌구나!

최 교사 : 자동차 놀이를 못하게 되어서 속상하구나!

박 교사 : 자동차가 어디에 부딪쳐서 부서졌니?

(나)

준수 : "선생님이가 이야기하였어."라고 말한다.

다은 : '저는요 블록놀이을 햇어요 그리고 책을 일것어요.'라고 썼다.

---

1) (가)의 김 교사처럼 유아의 문장구성 능력을 길러주도록 언어적 반응을 해 주어야 한다. 이러한 교사의 언어적 반응을 무엇이라고 하는지 쓰시오.
[1점]

_____

2) (가)의 최 교사처럼 유아의 문장구성 능력을 길러주도록 언어적 반응을 해 주어야 한다. 이러한 교사의 언어적 반응을 무엇이라고 하는지 쓰시오.
[1점]

_____

3) (가)의 박 교사처럼 유아의 문장구성 능력을 길러주도록 언어적 반응을 해 주어야 한다. 이러한 교사의 언어적 반응을 무엇이라고 하는지 쓰시오.
[1점]

_____

4) (나)의 준수와 같은 유아의 언어적 특성이 무엇인지 쓰시오.
[1점]

_____

5) (나)의 다은이와 같은 쓰기를 리드(Read)가 제시한 용어로 쓰시오.
[1점]

_____

23 (가) ~ (다)는 유아의 쓰기지도에 관한 내용이고, (라)는 쓰기학습의 원리에 대한 내용이고, (마)는 쓰기 발달의 원리에 대한 내용이다. 물음에 답하시오. [5점]

(가)

김 교사 : 틀려도 괜찮아. 쓰고 싶은 것을 마음대로 써 봐.

박 교사 : 오늘 다하지 못했으면 내일해도 괜찮아.

(나)

최 교사 : 엄마와 무엇을 할 때 가장 즐거웠니? 엄마에게 고마웠던 적도 있었니?

백 교사 : 지금 이야기해 준 것을 글로 써 보자. 엄마가 편지를 보고 정말 좋아하실 거야.

(다)

민 교사 : 이 그림은 어떤 것을 그린 것이니? 네가 말해주면 선생님이 받아 적어 줄게.

차 교사 : 선생님이 다른 종이에 네가 쓰고 싶은 것을 써 줄게. 보고 쓸 수 있어.

(라) 알고 있는 글자나 잘 쓸 수 있는 몇 개의 낱자들을 여러 가지로 조합해서 반복적으로 쓴다.

(마) 블록을 쌓아 둔 것을 건드리지 말 것을 요구하는 메시지를 써서 블록 영역에 붙여 둔다.

---

1) (가)와 같은 쓰기지도를 무엇이라고 하는지 쓰시오.
[1점]

_____

2) (나)와 같은 쓰기지도를 무엇이라고 하는지 쓰시오. [1점]

_____

3) (다)와 같은 쓰기지도를 무엇이라고 하는지 쓰시오. [1점]

_____

4) (라)는 클레이(Clay)가 제시한 유아의 쓰기 학습 원리 중 어떤 원리인지 쓰시오.
[1점]

_____

5) (마)는 유아의 쓰기 발달의 원리 중 어떤 원리인지 쓰시오.
[1점]

_____

24 다음은 유아의 언어발달 이론에 대한 내용이다. 물음에 답하시오. [5점]

> (㉠) 이론에서는 언어를 화자와 청자의 상호작용에서 일어나는 관찰되고 생산됨을 말로 정의하였다.
> (㉡) 이론에서 유아의 첫 단어는 그들 행동에 입각한 자아중심적인 것으로서 자신에 대한 이야기와 스스로 한 행동에 대해 이야기하는 것으로 나타난다.
> (㉢) 이론에서 유아들을 생래적인 규칙체계나 근본적인 개념을 토대로 언어를 창안하는 자로 보았다. (㉢) 이론은 조기 문식발달에 시사하는 바가 크다. 일반적인 언어발달에서 특정 발달 단계에 평균 도달점을 보여 주지만 8개월에 첫 단어를 말하지 않거나 2.5세에 첫 문장을 말하지 못해도 훈련시키지 않는다. 가끔 유아들의 실수를 귀엽게 바라보고, 개인적 차이를 존중하며 자신의 속도로 성장할 권리를 보장한다.
> (㉣) 이론에서 언어가 처음 나타날 때는 사고의 기제로서아 아니라 대화의 수단으로 사용된다.

1) ㉠에 들어갈 적합한 용어를 쓰시오. [1점]

㉠ _____

2) 다음 ①에 들어갈 적합한 용어를 쓰시오. [1점]

> 스키너는 언어학습의 반응유형 중 우연한 기회에 부모나 어른의 음성을 모방했을 때 칭찬의 보상을 받으면 그것이 강화의 역할을 하는 (①) 반응을 제시하였다.

① _____

3) ㉡과 ㉢에 들어갈 적합한 용어를 쓰시오. [1점]

㉡ _____

㉢ _____

4) ㉣에 들어갈 적합한 용어를 쓰시오. [1점]

㉣ _____

5) 다음 ①에 들어갈 적합한 용어를 쓰시오. [1점]

> 피아제는 유아들은 크게 말하고 다른 유아들이 있지만 말하는 것에 귀를 기울이지 않는 것을 (①)(이)라고 한다.

① _____

교원임용학원 강의만족도 1위,
해커스임용 teacher.Hackers.com

사회관계 출제 경향 확인하기

* 아래 출제경향은 1997~2021학년도의 출제빈도를 나타낸 것입니다.

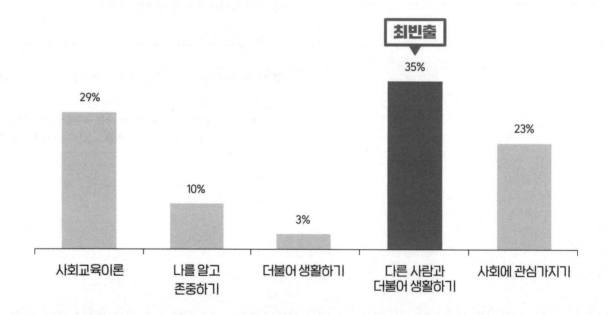

최빈출

사회교육이론	나를 알고 존중하기	더불어 생활하기	다른 사람과 더불어 생활하기	사회에 관심가지기
29%	10%	3%	35%	23%

Chapter 10
사회관계

Point 01   사회교육이론
Point 02   나를 알고 존중하기
Point 03   더불어 생활하기
Point 04   다른 사람과 더불어 생활하기
Point 05   사회에 관심가지기
🔍 개념 완성 탐구문제

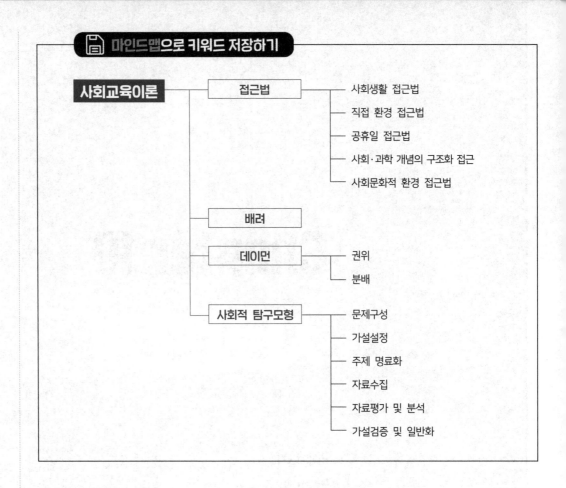

1. 사회교육의 접근법

동심원적 접근	• 먼저 유아의 생활주변 세계에 대해 다루고, 유아가 연령적으로 성장한 후에 시간·공간적으로 유아와 원거리에 있는 내용을 다룸 • **사회교육의 전개**: 유아 자신과 가족 중심 ⇨ 이웃, 지역사회, 국가, 세계 여러 나라 • 유아의 제한된 경험과 자기중심성으로 인해 직접 접하고 있는 환경을 먼저 이해한 뒤 점차 주변 세계로 확대되어야 한다는 생각에서 나온 접근방법 • **피아제**: 인간의 지적 발달은 구체적인 것의 이해로부터 점진적으로 추상적·형식적인 것의 이해로 발달함 ⇨ 동심원 접근은 어린이의 발달과정에 적합
나선형적 접근	• 브루너의 나선형 접근방법에 영향을 받음 • 학습해야 할 중요한 기본적인 개념들을 여러 차례 반복하면서 학습하도록 하는 교육방법 • 기본적인 주제들을 반복해서 다루지만, 학년이 올라갈수록 같은 주제에 대한 내용의 폭을 넓혀감 • **사회화 개념에 대한 접근**: 유치원 - 규칙을 따르는 것, 초등학교 1학년 - 집단이 주는 영향, 2학년 - 문화는 학습하는 것

교과중심 접근	• 교과(국어, 산수, 사회 등)를 중심으로 유아교육을 하는 것 • 교과의 지식을 교육하는 것이 배경으로 주지주의적 교육임 ⇨ 유아에게 부적합
경험중심 접근	유아의 생활 자체에서 오는 경험을 중심으로 교육하는 것 ⇨ 생활중심교육
학문중심 접근	• 각 교과에서 가장 기본이 되는 개념과 일반화 등 지식의 구조를 중심으로 교육과정을 구성하고 학습해 가는 방법 • 지식의 구조를 중시함 ⇨ 구조적 접근 • **브루너의 주장**: 나선형 접근법은 학문중심 접근법의 일부임 • 교사는 유아가 이해할 수 있는 중심 개념을 찾아 학습 내용을 효과적으로 전달함
교사중심 접근	• 교사의 입장에서 중요하다고 생각하는 것을 중심으로 조직하여 교육을 실시하는 것 • 전통적으로 내려오는 관습, 교과적인 지식의 체계, 어른에 대한 예의 등에 대해 교육 • **단점**: 유아의 욕구나 필요가 존중되지 않음
아동중심 접근	• 1920년 홀의 질문지법, 게젤의 표준행동목록 등의 발달적 관점이 대두된 이래 듀이와 프로이드로부터 많은 영향을 받음 ⇨ 사회적 상호작용을 중시 • 내용의 선택보다 유아의 흥미와 요구를 중시함 ⇨ 유아 문제행동의 원인을 살펴봄 • 내용이 뚜렷하게 구별되어 있지 않은 반면 유아들로 하여금 여러 가지 활동을 통해 유아 자신과 타인의 감정을 이해하고 역할을 알게 함

민주시민 기초 교육으로서의 접근방법 (Seefeldt)	사회생활 접근법	• 1920~1930년대 힐이 제안한 유아 사회교육 접근방식 • **목표**: 민주시민 형성 ⇨ 이를 위해 기본적인 생활습관을 형성하고 사회적 기술을 발달시킬 것 • **이론적 배경**: 아동발달 이론(정신분석학적 이론)의 영향 받음 [참고] 정신분석학적 이론: 심리·사회적 생활을 강조하였으며, 유아는 학교 상황에서 자신의 감정을 표현하고 사회·정서적 지지를 받을 수 있어야 건강하게 사회생활을 할 수 있음
	직접 환경 접근법	• 1934년 미첼에 의해 개발된 접근 방식 ⇨ 여기 - 지금에 기초한 교육과정 • 유아가 주변 환경을 직접 경험함으로써 학습이 이루어질 수 있음 • 유아가 현재 서 있는 곳에서 직접적으로 경험하면서 세계를 발견하는 것이 중요함 • 유아가 경험하게 되는 사실이나 현상 간에는 어떤 관계성이 형성되어 있으며, 이들 간의 상호의존적인 망을 감각적으로 느끼고 생각하는 것이 중요함 ⑩ 집 주변 거리를 돌아다녀 보면서 다양한 사람들, 그들이 사는 집과 가게, 간판, 도로, 도로의 여러 가지 차들, 날아다니는 새, 가로수들을 경험 ⇨ 이들이 별개의 것으로 보이다가도 사실은 서로 연결되어 동네를 이루는 것을 느끼게 함 • 유아는 관계적인 사고를 하고, 이제까지의 경험을 일반화하며 동네를 돌아본 경험을 극놀이로 표상하면서 지적능력을 개발함 • **이론적 배경**: 듀이의 진보주의 교육 운동과 아동 발달 이론 • **단점**: 자칫 가족, 지역 사회기관 등으로 주제를 단순화하여 사실적 지식만을 무의미하게 전달하는 수준에 그칠 우려가 있음

	공휴일 접근법	• 1930년대 이후, 유아교육 현장에서 교사들이 즐겨 사용했던 사회교육 접근방식 • 공휴일은 정규적인 학교생활에서 기분을 즐겁게 전환시키며 유아와 교사 모두에게 흥미로움 ⇨ 사회교육을 실시하는 데 좋은 자원 • 공휴일은 자체로 기념할 만한 의미를 가짐 ⇨ 축하하거나 기념하는 다양한 형태의 행사, 전시, 공연이 이루어짐 ∴ 유아들이 이러한 행사에 직접 참여하도록 하거나 관람하게 할 수 있으며 공휴일을 주제로 다양한 표상활동(⑩ 이야기 나누기, 조사활동, 극활동)을 통해 관련 지식·기술·태도를 형성하도록 도움 • **장점**: 다른 나라의 문화나 지역의 문화를 이해하는 데 도움이 됨 • **단점**: 매년 같은 유형의 공휴일 관련 활동이 반복될 가능성과 관광 위주의 형태로 단편적인 사실들을 전달하는 데 그칠 우려가 있음
	사회·과학 개념의 구조화 접근법	• 1980년대 브루너가 주장한 지식의 구조화론에 기초하여 접근 ⇨ 타바, 마시알라스 등 • 탐구과정으로서의 '문제의식 ⇨ 가설검증 ⇨ 결론 도출'의 단계를 거칠 것을 주장 ⇨ 이 과정을 통해 사회·과학적 개념에 도달 • **장점**: 유아가 사회·과학적 개념들을 명료하게 형성하는 것을 도움 • **단점**: 지식중심 교육으로 흐를 수 있음
	사회문화적 환경 접근법	• 1950~1960년대 미국에서 교육 기회의 불평등 문제 제기 및 헌트와 블룸의 지능 이론 대두 ⇨ 교육의 중요성 강조 • 헤드스타트 프로그램의 성공적 실시, 피아제의 연구 및 이론의 영향(세계, 시간, 공간에 대한 유아들의 개념과 능력 연구), 비고츠키의 사회문화적 영향론(유아 발달에 사회문화적 환경 강조), 브론펜브레너의 사회문화적 환경 체계론의 영향을 받음

2. 관계적 윤리로서의 배려 윤리

기본 관점	• **관계존재론**: 개인은 하나의 개체로서가 아닌 자아가 놓여 있는 관계에 의해서 실제로 정의됨 참고 전통적 윤리학에서의 인간 행위는 보편적인 도덕적 원리에 의해 판단되지만, 관계 윤리에서는 진정한 타인에 대한 감응과 우리가 놓여 있는 관계를 통해 검증됨 • **자연적 배려에 근거한 윤리**: 도덕 원리에 일치하려는 의무감이 아닌, 사랑과 자연적 성향에서 나온 행위이며 실천할 때 우리가 느끼는 기쁨이 배려를 유지하게 해주고 배려에 헌신하게 해 줌 • 자아와 타자는 상호의존적인 관계이며, 폭력은 결국 모두에게 파괴적이며, 보살핌의 활동이 관련된 모두를 고양시키고, 자기충실성과 보살핌이 연결될 때 친밀성과 진실성은 융합됨

특징	반응성	타인에게 관심 집중함, 타인의 존재와 가치를 인정하는 수단으로 타인에게 반응함, 타인의 행동이 무엇을 의미하는지 분간하기 위해 조심스럽게 듣고 관찰함
	민감성	타인의 필요·요구·관점을 확인하고, 주의를 기울이고, 근본적으로 타인을 인정함
	수용성	사람들이 자신의 느낌·필요·요구·신념을 표현할 때 심리적으로 안전함을 느끼도록 함

발달 단계	1단계 : 개인적 생존	자신의 생존을 확보하기 위해 자신만을 보살피려는 성향이 강함
	1 - A : 이기심에서 책임감으로	첫 단계를 비판적으로 반성하는 과도기 ⇨ 자신의 생존 위주의 판단을 이기적이라고 스스로 비판함
	2단계 : 자기희생과 사회적 동조	• 다른 사람들에 대한 책임을 강조함 • 자신에게 의존하는 사람이나 자신보다 열등한 사람을 보살피고자 하는 모성적 도덕을 선택함 • 무조건적인 보살핌과 순응을 행위의 원리로서 채택하고 자기희생을 도덕적 이상으로 간주함 • 자신은 보살핌의 대상에서 제외되므로 다른 사람들과의 관계에서 불평형을 야기하여 혼돈에 빠짐
	2 - A : 선함에서 진리로	2단계에서 채택된 관점을 재고찰함
	3단계 : 비폭력의 도덕성	• 자기 자신도 보살핌의 대상이 되어야 함을 깨달음 • 다른 사람뿐만 아니라 자기 자신에 대해서도 부당한 착취와 가해를 막아야 하는 비폭력과 자신에 대해 책임을 느끼고 보살펴야 한다는 원리를 보편적 도덕판단의 원리로 스스로 채택함

교육적 적용	• **배려 윤리의 교육 방법** - **모델링** : 교사는 배려하는 사람으로서 모범을 보여야 함 - **대화** : 자기 이해를 돕는 열린 대화 - **배려의 실행** : 협동 작업이나 지역사회 봉사활동 같은 배려의 실행을 통해 더 잘 배울 수 있음 - **인정** : 다른 사람을 인정해줌으로써 최선을 다하게 할 수 있음 참고 배려를 고양시키고 유지하여 학교를 배려의 공동체로 만드는 것이 가장 효과적인 교육 방법이며 교육목적은 배려의 발달을 유도하여 학교는 '제2의 집'이 되어야 함 • **배려 윤리에 기초한 도덕과 수업 모형**

	1단계	도덕적 문제를 상호 관계의 측면에서 파악하기 예 이야기 나누기	제시된 도덕적 문제 사태 속에 관계된 사람들에 초점을 맞추고 그들의 입장을 구체적으로 생생하게 구성하기
	2단계	자신의 감정을 살피고, 상대방의 감정 공감하기 예 역할극	곤경에 처해있는 사람의 입장이 되어 느낌을 상상하고 공감해보기
	3단계	상대방의 요구에 몰두하고, 보다 넓은 배려 관계 속에서 고려하기 예 집단토의	다른 사람들과의 관계 속에서 그 입장을 고려해 보기
	4단계	상대방을 위해 자신이 할 수 있는 일 찾아보기 예 유치원 및 가정에서의 실행	배려자가 되어 배려 받는 사람을 위해 자신이 할 수 있는 일 찾아 실천해보기

3. 사회적 태도와 가치

태도와 가치형성 이론	**모방이론**	• 어린 유아에게 부모는 유일한 중요한 인물이기 때문에 부모의 가치나 태도를 모방함 • 유아는 TV나 영화 속 스타, 사회에서 인정받는 사람들의 태도나 가치도 모방함 • **교사의 태도** : 민주주의 사회에 부합되는 태도와 가치의 모델이 되도록 노력해야 함 **예** 각 유아의 존엄성 인정하기, 규칙설정에 모두 참여시키기, 감정 표현의 기회 제공하기, 유아의 권리를 강화해 주기, 책임을 수용하도록 하기
	강화이론	• 행동주의에 근간을 둠 ⇨ 강화를 통해 태도를 배운다고 주장 • 교사는 유아가 민주주의적 태도나 가치를 보일 경우 강화해 줌
	인지이론	• 인지성장과 발달의 원리를 제시함 ⇨ 인지구조는 유아의 태도형성에 영향을 줌 • 피아제의 도덕성 발달단계(타율적 ⇨ 자율적) • 유아가 옳고 그름에 대해 확고한 인식을 갖게 하기 위해서는 유아에게 반드시 선택할 수 있는 기회가 제공될 것 **예** 딜레마 상황
태도와 가치형성의 접근방법	**주입식 접근**	• 강화이론을 사용함 • 추상적 개념이나 많은 사실들을 암기하게 함으로써 민주주의적 가치를 주입함
	가치명료화 (래스와 동료들)	• 개인의 가치는 선택되며 가치에 따라 행동한다고 주장함 • **가치명료화의 7단계** | 1단계	자유롭게 선택하기 | | 2단계 | 대안 중에서 자유롭게 선택하기 | | 3단계 | 각 대안의 결과를 신중하게 고려한 뒤 선택하기 | | 4단계 | 높이 평가하고 소중하게 여기기 | | 5단계 | 확인하기 | | 6단계 | 가치에 근거하여 행동하기 | | 7단계 | 반복하기 |

가치분석		• 가치분석을 통해서 교사는 도덕이나 가치에 대한 의문점을 합리적인 과정을 사용해 가르치고, 아동이 합리적·논리적으로 도덕적 판단을 옹호할 수 있는 능력을 발달시킬 수 있도록 함 • **가치분석의 단계**
	가치의 확인	주어진 상황에서 유아에게 사람들이 갖고 있는 가치를 찾아내도록 함
	가치의 비교와 대조	유아들은 사람들이 선택한 가치의 차이점과 유사점을 알 수 있음
	감정의 탐색	유아가 자신의 가치와 다른 사람의 가치를 구성하고 있는 강한 정서적 요소에 대해 이해할 수 있게 도와줌
	가치판단의 분석	유아에게 특정 가치판단을 지지하거나 반박할 수 있는 증거를 제시하도록 함
	가치갈등의 분석	최상의 결과를 얻기 위한 대안을 선택하게 하고, 그에 대한 이유를 설명하게 함
	자신의 가치 검증	검증의 4단계 ⇨ ① 역할 바꾸기, ② 보편적 결과, ③ 새로운 사례, ④ 포섭

4. 친사회적 행동

정의		• 다른 사람과 함께 서로 돕고 나누는 사회적 행동 • **유형** : 나누어 갖기, **협**동하기, 돕기, **감**정 이입, 우정 나누기, 바르게 행동하기 등 • 근간이 되는 기본 요소는 '감정이입'과 '역할담당'으로 설명할 수 있음 • 관련된 입장들은 생물학적·진화론적 접근, 발달·학습론적 관점으로 설명할 수 있음 [참고] 생물학적·진화론적 접근은 유전 및 진화론적 동기에 의해, 발달·학습론적 관점은 발달과 학습을 통한 사회화에 의해 친사회적 행동이 발달한다고 봄
관련 이론	기질론적 입장	• 개인의 행동이 그 개인의 성격과 지속적 관계가 있다고 봄 • 이타주의가 어떻게 지속적인 개인차를 보이는가를 측정하는 데 관심을 가짐
	생물학적 입장	• 생물의 생존과 관련한 입장 • 고대사회에서 사냥하고 농사짓고 의사를 전달하는 등의 생존을 위해서는 협력이나 신뢰, 정직, 권위 등에 대한 존중이 필요함
	정신분석학적 입장	• 친사회적 행동이 발달하려면, 타인의 감정과 요구에 대해 충분한 고려가 요구되어야 한다고 밝힘 ⇨ 초자아의 발달로 설명 • 유아는 초자아가 발달하면서부터 부모의 태도, 가치, 행동 등을 내면화하려는 과정에서 사회적·도덕적 가치를 따르게 되며, 친사회적 행동을 하게 됨

	학습이론적 입장	인간의 모든 행동 습득과 같이 친사회적 행동도 자극에 대한 반응의 결과로 봄
	인지발달 이론	타인의 관점이나 감정을 지각하거나 이해하는 역할수용과 감정이입을 친사회적 행동의 조정자로 여김
친사회적 행동 증진 방안		• 교육활동 속에 자연스럽게 삽입되어 친사회적 행동을 증진하기 위한 활동도 생활 속에서 유아들이 익히고 실행하는 체험을 하도록 진행할 것 • 교사는 친사회적 행동의 모범을 보이며 친사회적 성향을 유아기부터 형식적·비형식적 교육활동을 통해 체질화·습관화하도록 도와주어야 함

5. 사회적 기술

의사소통 하기	듣기와 말하기	• **듣기** : 타인과의 의사소통 기술을 학습하는 데 필수적이며 모든 학습에 결정적임 • **책** : 유아에게 하는 즐거운 듣기와 말하기 경험은 책을 읽고 이야기를 나누는 것
	읽기와 쓰기	• **읽기** : 글자를 읽을 수 있는 것에 한정되는 것이 아니라 정보를 제공하는 다양한 자료들을 읽고 그 내용을 파악하는 것을 포함함 • **쓰기** : 유아가 자신의 생각을 표현하고 정리하는 데 필요한 수단

공유하기		• **공유해야 할 대상**
		  - 자신의 생각, 감정, 시간을 다른 사람들과 함께 나누기
		  - 자신이 가지고 있는 물건, 특기, 장점 등과 같은 자원을 나누기
		  - 부모나 교사의 관심을 독점하려 하지 않고 형제, 친구들과 나눌 수 있기
		• **공유하기가 잘 이루어지기 위해 필요한 요소**
		
		| 안정감
			어린 유아의 비율이 적은 소집단의 경우 공유능력을 촉진함

교사	유아와의 상호작용 증진, 증가된 인정, 사회적 적절감, 집단맥락의 고려
모델	공유행동을 보이는 모델을 관찰한 유아는 공유를 더 잘할 수 있음
직접적인 가르침	유아의 놀이나 사회적 상호작용과 관련하여 공유행동을 직접 가르칠 수 있음	

협력하기 (협동하기)		• 자기 중심성이 강한 유아기에는 협력이 어렵고도 중요한 사회화 과정임
		• **유아의 협동 능력에 작용하는 요소들**
		  - **강화**
		  - **집단의 크기** : 집단의 구성원이 적을수록 자발적 협력이 잘 일어남
		  - **경쟁** : 경쟁주의는 협력하더라도 우리 편의 이익만을 위하는 배타적 협력을 유발함

친구 사귀기		친구를 갖는다는 것과 또래들에게 수용된다는 것은 긍정적 자아개념의 발달임 ⇨ 친사회적 기술의 발달에 영향
문제 해결하기		• 타인과 어울려 살아가는 사회에서 갈등 발생 시, 다양한 사회적 기술과 사고능력이 요구됨 • 문제의 핵심을 직시하고 다양한 대안을 모색하기 위해 비판적·분석적·창의적 사고가 필요함 • 양보하기, 제안하기, 상상하기, 추론하기 등의 기술도 필요함

6. 공정성

(1) 개념

① 아동이 성장함에 따라 자신의 이기적 욕구를 만족시키고 싶은 충동과 부모와 타인이 강요하는 요구상에서 부단한 갈등을 경험하게 되고, 이러한 경험을 통해 자신이 속한 사회에서 받아들여지는 규칙들을 알게 됨

② 아동이 사회의 구성원과 상호작용을 하면서 빈번하게 직면하는 문제 중 하나가 '분배'에 관련된 것으로, 인간은 분배 상황에서 자신의 이익에 근거하여 분배를 하지만, 이 방법이 타인에게 사용되지 않을 때는 불공정성을 느끼게 되고 갈등을 일으킴 ⇨ 이러한 갈등을 해결하는 사회적 기본 논리가 '공정성'

③ 자원과 부의 분배에 대한 공정성은 한 사회의 도덕적 건강을 결정하는 중요한 지표임

> 참고 ┃ 피아제는 또래관계란 상호호혜성에 의해 특정 지어지는 상호적 관계이며, 유아들이 또래와의 상호작용을 하면서 점차 탈중심화를 하게 되며 균등을 가장 결정적인 공정성의 요소라고 생각하게 된다고 주장함

(2) 공정성 발달단계(분배 정의에 대한 이해 수준의 발달단계)

수준 0 - A (4세 이하)	• 공정성에 대한 객관적 인식이나 설명 없이 자신의 **욕구**에 따른 판단에 지배되는 단계 • 분배 정의의 선택은 행동을 하게 되는 개인의 소망으로부터 유도됨 • 행동의 합리화를 시도하기보다 단순히 선택을 주장함 예 내가 원하니까 많이 가져야 해.
수준 0 - B (4~5세)	• 선택은 여전히 욕구를 반영하지만 키·성별과 같은 **외적** 특성을 기준으로 제시함 • 기준은 욕구에 따라 가변적인 특징이 있음 예 키가 제일 큰 아이가 제일 많이 가져야 돼. 우리는 남자니까 많이 가져야 해.
수준 1 - A (5~7세)	• 절대적인 공평성을 주장하는 단계 ⇨ 선택은 단순한 평등의 개념으로부터 나옴 • 기준은 욕구에 따라 가변적인 특징이 있음 예 모든 아이들이 똑같이 가져야 해.
수준 1 - B (6~9세)	• 상호호혜적인 행동 개념으로 발전됨 • 많이 기여한 사람이 많이 받아야 한다는 행위의 개념이 싹틈 ⇨ 보상 개념 시작 • 공정성과 관련되는 여러 변인들을 동시에 고려하는 능력은 아직 결여됨 ⇨ 합리성, 융통성 부족 예 그림을 많이 그린 아이들이 많이 가져야 돼.
수준 2 - A (8~10세)	• 각자 나름대로 타당할 수 있다는 도덕적 상대성에 대한 이해가 시작됨 ⇨ 각기 다른 사람들이 각기 다른 근거를 가질 수 있음을 이해함 • 특별한 결핍이나 필요가 있는 사람들의 요구에 더욱 비중을 두게 됨 • 공정성이 보충 또는 보완의 개념과 혼동되어 있음 예 아이들의 이야기를 들어보아야 돼. 가난한 아이가 더 가져야 돼.
수준 2 - B (10세 이상)	• 사람들의 각자 독특한 욕구와 특수한 상황을 고르게 고려할 수 있는 공평성과 상보성을 통합하는 능력이 발달함 ⇨ 평등성과 상호호혜성을 함께 고려함 • 확고하고 분명한 공정성의 개념이 확립되며 모든 사람이 각자 적합한 보상을 받아야 한다는 인식이 강화됨 ⇨ 다양한 개인의 욕구와 구체적인 상황의 요인을 모두 고려

7. 권위(데이먼)

(1) 개념
① 우정은 또래들 간의 주된 사회적 관계임
② 권위는 아동과 성인의 사회적 관계 속에서 형성되는 개념이며, 아동과 성인과의 관계는 성인이 신체적·지적·사회적 힘에서 더 크고 강하다는 점에서 권위의 관계가 되는 것임

(2) 발달단계

수준 0 - A	권위자의 지위와 자신의 희망이 분리되어 있지 않은 상태 ⇨ 권위자와의 갈등 거의 없음
수준 0 - B	• 권위자의 요구가 자신의 요구와는 다른 것임을 알게 되며 이를 자신과 반대되는 특성의 힘으로 인지함 • 권위자의 요구와 자신의 소망 간의 잠재된 갈등을 인지하고 실용적인 측면에서 복종을 생각하므로, 권위를 자신의 소망을 방해하는 것 중 하나라고 생각함
수준 1 - A	• 권위는 권위자의 신체적인 힘, 물리적인 힘, 사회적인 능력 등에 의해 결정됨 • 복종은 권위자의 사회적·신체적 위력에 대한 존경을 바탕으로 하게 됨
수준 1 - B	• 유아가 보기에 권위자가 우수한 사람으로 보여지는 요소를 특수한 재능이나 능력 등에 의해 결정하며, 이때 복종은 상호호혜적인 교환을 바탕으로 함 • 상호호혜적인 관계를 이해하기는 하나, 동등한 관계가 아닌 권위자를 자신보다 위에 두는 열등적 관계임
수준 2 - A	• 권위는 정당성과 복종에 대한 것을 적용하는 지도력이며, 이 특별한 지도력에 대한 대상의 존경에 근본을 둠 • 복종은 이러한 지도력에 대한 인정을 바탕으로 이루어지며, 이 단계의 유아들은 벌을 피하기 위한 복종과 자발적·협동적인 복종을 구별하게 됨
수준 2 - B	• 권위는 특별한 상황의 요인들과 더불어 특징의 다양성에 대한 조화에 의해 정당화됨 • 권위는 나누어지고 집단들 사이에서 합의에 의해 성립됨 • 복종은 특정 사람에 대한 일반화된 반응이라기보다는 구체적인 상황에 따라서 다른 협동적인 노력으로서 간주됨

(3) 리더십 발달단계

0단계	힘이 더 세고 타인에게 무엇을 하라고 지시하는 사람을 리더로 생각함 ⇨ 신체적·행동적 개념
1단계	지식이나 기능이 제일 뛰어난 사람을 리더로 인식함
2단계	리더를 쌍방적인 개념에서 독재자가 아니라 권위자로 인식함
3단계	자신의 이익보다는 집단의 이익을 반영하고, 집단을 구조화하는 매개자를 리더로 인식함

8. 셀만의 사회적 역할수용 능력 발달

(1) 개념

① 역할수용 능력은 다른 사람의 능력, 특성, 기대, 감정, 동기, 잠재적 반응과 사회적 판단을 포함하는 사회적 존재에 대한 이해의 발달로 정의됨

② 역할수용 능력의 발달을 도덕적 추론에 대한 피아제의 인지발달 단계와 연관시켜 단계별로 분류함

③ 유아의 도덕적 갈등에 대한 대답은 역할수용 능력의 단계에 따라 변화함

예 홀리는 나무에 올라가지 않겠다고 아버지와 약속을 한 8세 소년이다. 그런데 고양이가 나무 위에 걸려서 고양이를 구하기 위해 나무에 올라갈 것인가 아니면 아버지와의 약속을 지켜야 할 것인가 사이에서 고민하고 있다.

(2) 역할수용 능력 발달단계

0단계(4~6세):
자기 중심적인
역할수용
	• 자신이 상황을 보는 방법만이 유일한 방법이라고 여김
	  ⇨ 타인에 대한 이해 부족
	• 특정 상황에서 누군가가 어떻게 느낄지 물으면 유아는 자신이 어떻게 느끼는가로 대답함
	예 그 분은 기뻐하실 거예요. 그는 고양이를 좋아하니까요.
	  왜 홀리의 아버지가 기뻐할까? ⇨ 나는 고양이를 좋아하니까요.

1단계(6~8세): 사회 정보적 역할수용	• 타인들이 서로 다른 사회적 조망을 가질 수 있다는 것을 인식함 • 타인의 관점이 다른 이유를 잘 이해하지 못하며 유아는 타인들이 동일한 정보를 갖고 있다면 그들은 자신이 느끼는 것과 똑같이 느낄 것이라고 여김 예 만약 홀리가 왜 나무에 올라갔는지 홀리의 아버지가 몰랐더라면 화를 내었을 거예요. 그러나 홀리가 왜 그렇게 했는지 안다면 홀리에게 정당한 이유가 있었음을 알 거예요.
2단계(8~10세): 자기 반성적인 역할수용	• 사춘기 이전의 아이들은 타인의 개별적인 조망을 수용함(상호적인 인식) • 타인의 입장에 대한 추론을 할 수 있고, 자신의 행동과 동기를 타인의 관점에서 생각할 수 있음 예 홀리가 아버지께서 어떻게 느낄 것인가에 대해 고려할 것이라는 것을 알아요. 홀리는 아버지가 그것이 옳은 행위라고 생각할 것을 알아요. 그래서 홀리가 나무에 올라간 것이 괜찮아요.
3단계(10~12세): 상호적인 역할수용	아동들은 자신의 조망, 상대방의 조망, 중립적인 제3자의 조망을 취할 수 있음 예 홀리는 고양이를 좋아하기 때문에 고양이를 내려주기를 원하지만, 나무에 올라가지 말아야 한다는 것도 알고 있어요. 홀리의 아버지는 홀리가 나무에 올라가지 않겠다고 말한 것을 알고 있지만 고양이에 대해서는 모를 거예요.
4단계(12세 이후): 사회적·인습적 체제의 역할수용	• 서로의 관점을 취하는 것이 항상 완전한 이해를 의미하는 것은 아니라는 것을 깨달음 • 자신의 반응을 다른 사람에게 전달할 수 있고 다른 사람들의 행동을 이해할 수 있기 위해 사회적 관습이 필요함을 인식함 예 홀리가 나무에 오른 것에 대해 벌을 받아야 하는가? ⇨ 아니요, 동물에 대한 인간적인 행동가치는 홀리의 행동을 정당화하고, 대부분의 아버지는 이 점을 인식할 거예요.

9. 튜리엘(Turiel)의 영역구분 모형(도덕성)

(1) 개념

배경	콜버그(Kohlberg)가 단계적으로 발달한다고 가정한 인습 이전, 인습, 인습 이후 수준의 도덕성을 각기 독립적인 '개인적 영역', '사회·인습적 영역', '도덕적 영역'으로 구분함으로써 도덕성과 인습을 구분하는 영역구분 모형을 제시함

등장 이유	• 콜버그의 도덕성 발달이론의 한계점 극복을 위해서 등장함
	• **콜버그 이론의 한계**
	  - 문화적 편견은 모든 문화권에서 보편적인 현상이 아님
	  - 높은 수준의 도덕적 사고 ≠ 그에 따른 도덕적 행위

	콜버그	**튜리엘**
이론 비교	도덕적 사고와 인습적 사고는 혼합되어 발달하다가 점차 연령이 증가함에 따라 분리됨	발달 초기 단계부터 도덕적 사고와 인습적 사고는 구별됨

특징	• 도덕성은 서로 다른 세 가지 영역의 도덕적 규범들로 이뤄진다고 생각함 • 도덕 발달의 세 영역은 별개이며, 각기 다른 발달 경로를 거침 • 보편적인 도덕적 영역과 특수한 사회·인습적 영역을 구분함으로써 문화적 편견을 극복할 수 있음 • 동일한 사태를 어떻게 규정하느냐에 따라 그 행위를 정당화할 수 있으므로 도덕적 판단과 그 행위 간의 불일치를 극복할 수 있음 • 도덕적 영역과 사회·인습적 영역구분은 4~5세경부터 가능하다고 주장함

문제점	• **영역 혼재 현상**: 동일한 사태가 여러 영역의 특성을 공유함으로써 영역구분을 어렵게 만듦
	  ⑩ 낙태는 도덕적 영역에서의 인간의 생명존중 사상, 사회·인습적 영역에서의 낙태를 합법적으로 인정하는 사회, 개인적 영역에서의 개인이 선택해야 할 문제가 혼재됨
	• **이차적 현상**: 처음에는 사회·인습적 성격인 것이 도덕적 성격의 결과를 낳게 됨
	  ⑩ 질서 규칙, 식사예절 등은 사회·인습적 성격을 갖고 있지만, 이를 위반했을 경우 타인의 권리와 감정을 상하게 하므로 도덕적 문제를 야기함
	• 영역구분의 문화권 간 차이가 발생함
	  ⑩ 서구 아동은 인사하기를 정해져 있으니 따라야 하는 사회·인습적 영역으로 지각하지만, 우리나라 아동은 본질적으로 지켜야 할 예의범절인 도덕적 영역으로 지각함
	• 이러한 문제점으로 인해 영역구분 이론은 그 설정 근거를 상실함

(2) 영역

도덕적 영역	생명의 가치, 정의, 공정성과 같이 어느 시대나 사회를 막론하고 보편적으로 준수해야 하는 보다 근원적인 가치 규범 ⇨ **문화적 보편성** : 모든 시대와 문화권에서 동일하게 통용됨 ⑩ 타인에게 해를 입히는 것을 금지하는 것, 어려움에 처한 사람을 돕는 것, 분배의 공정성
사회·인습적 영역	• 특정 사회적 체계에 함께 참여하는 집단 내 개인의 행동을 통합해 사회적 상호작용을 조화시켜주기 위한 것으로 그 성원들의 일종의 상호 합의에 의해 규정된 행동규범 ⇨ 도덕적인 성격을 띰 • 도덕적 영역에 비해 임의적이고 상대적·가변적임 ⇨ **문화적 특수성** : 상황적 맥락에 따라 달라짐 ⑩ 음식, 의복, 인사, 관혼상제 등의 예법, 학교의 규칙, 성역할 관습
개인적 영역	• 보편적 도덕 원리나 인습적 규범과는 비교적 무관하게 개인이 선택할 수 있는 개인 특유의 행동이나 사태 • 개인적 영역은 사회·인습적 규범과 갈등을 일으킬 가능성이 있음 ⑩ 개인의 건강, 안전, 취향(일요일에 하는 일, 친구에게 줄 선물을 선택하거나 결정하는 일 등)

10. 마음이론

개념	• 다른 사람의 마음에 대한 체계적 추론능력 ⇨ 추론능력을 토대로 어떻게 행동할 것인지 예측 • 경험, 내재적 상태 및 행동 간의 관계를 이해하는 아동의 사고체계를 의미함 • 타인의 마음이 행동을 매개하는 일련의 과정에 대해 아동이 생각하고 판단하며 이해하는 양상 • 마음이론은 아동이 타인의 생각, 욕구, 감정 등을 정확하게 추론하는 능력과 이러한 추론을 바탕으로 특정 상황에서 타인의 행동을 정확하게 예언하는 능력의 발달과정을 보여줌

구성
요소
	• 타인의 내재적 상태를 정확하게 이해하는 능력
	⑩ 딸기는 실제로 냉장고에 있지만, 찬장에 있는 것을 보았기 때문에 마음속으로 찬장에 있다고 생각하고 있는 사실을 이해하는 능력 ⇨ 타인의 신념을 자신의 신념과 구별하여 정확하게 표상하는 능력
	• 아동이 형성하는 타인의 신념에 대한 표상을 근거로 타인의 행동을 예언하는 능력
	⑩ 철수가 딸기는 찬장에 있다고 믿고 있다는 사실을 정확하게 표상하고 있는 아동도, 실제로 철수는 딸기를 냉장고에서 찾을 것이라고 반응하는 경우 ⇨ 잘못된 예언
	  - 철수의 행동을 철수의 신념이 아니라 냉장고에 딸기가 있다는 실재나 냉장고에 딸기가 있는 것을 알고 있는 자신의 신념으로 판단하는 데서 기인함
	  - 딸기가 있는 곳에서 딸기를 꺼내야 먹을 수 있다는 지나친 욕구로 인한 행동추론이 타인의 신념에 의한 행동추론을 방해함
	[참고] 정확한 행동예언 능력 = 사람은 신념이 실재와 다르더라도 자신이 옳다고 생각하는 신념에 따라 행동한다는 사실을 이해하고 욕구와 신념이 갈등을 일으키는 경우
	  ⇨ 욕구가 아닌 신념이 행동을 주도한다는 사실 이해를 통해 타인의 행동에 대한 올바른 행동 예언이 가능함

발달 과정	2~3세	• '아가 추워' 등과 같이 타인의 욕구나 내재적 상태를 언급하기 시작함 • 타인의 욕구에 근거한 행동이나 정서를 예측할 수는 있어도, 타인의 **생각**이나 **신념**을 표상하고 이에 근거한 행동을 예측하는 것은 불가능함
	3~4세	• 타인의 생각·신념 등 내재적 상태를 자신의 신념과 구분하여 표상하는 능력을 가짐 • **내재적** 상태와 **실재**를 구분함 • 타인의 생각이나 신념을 이해할 수는 있지만, 이를 바탕으로 타인의 행동을 예측하는 데는 한계가 있음 예 철수는 딸기를 어디서 찾겠니? : 냉장고에서 찾는다. ⇨ 신념이 실재와 다르더라도 사람들은 실재가 아니라 자신이 맞다고 생각하는 신념에 따라 행동한다는 사실을 이해하지 못하거나, 냉장고에서 꺼내야 딸기를 먹을 수 있다는 아동 자신의 욕구가 신념보다 강하게 작용함
	4~5세	• 초보적인 마음이론이 완성되는 시기 • 실재가 아니라 신념이 행동을 주도한다는 사실을 이해함 • 자신의 욕구와 타인의 신념을 구분함 • 타인의 행동은 타인의 지각적 경험에 근거한 신념이나 지식에 의해 결정된다는 것을 이해하며, 이를 자신의 신념과 구분하는 탈중심화된 마음의 이해능력을 지니게 됨
시사점		• 마음이론에 관한 연구에서 유아는 피아제의 주장보다 훨씬 일찍 탈중심화된 조망수용 능력을 갖기 시작함을 보여줌 ⇨ 즉 4세경부터 마음이론이 발달한다는 것은 피아제의 주장보다 아동의 사회인지 발달이 훨씬 빨리 이루어지고 있음을 입증 • 국내 연구에서도 4~5세경에 실재와 내재적 상태를 구별하며 타인의 내재적 상태에 대한 표상능력이 발달된다는 것이 입증됨 ⇨ 특히 아동이 타인의 마음을 바르게 표상하면서도 행동을 제대로 예측하지 못하는 것은 자신의 욕구에 지배적인 판단을 하기 때문이라고 함

11. 자기주도적 학습

배경	• 개인적 경험과 자기주도적 학습에 중점을 두었던 듀이의 진보주의 경향 • 자아실현이나 개인의 성장과 자주성을 강조한 매슬로우와 로저스의 인본주의적 배경 • 사회적 학습이론으로서 학습자가 자기주도적으로 성공적인 학습을 할 수 있도록 하고, 자기관리를 돕는 데 영향을 주는 반두라의 행동주의적 경향 • 사회적·지적 시스템의 가치와 구조를 적대적인 눈으로 비판하고 개인에게 강압적인 구조나 역할이 강요되는 것에 대해 이의를 제기했던 일리치, 막스, 프레이리와 같은 비판주의자들의 입장
특성	• 학습자가 수업의 주도권을 가짐 • 학습목표, 학습방법, 학습평가의 기준 등이 처음부터 학습자에 의해 결정되며, 그 결정의 기초는 학습자 개인의 가치, 욕구, 선호 등에 둠 • 학습자의 개인차를 중시하여 자신의 능력에 따라 학습속도를 조절함 • 학습자의 선행경험이 중요한 학습자원이 되며, 학습결과에 대한 책임이 학습자에게 부여됨 • 자신의 일을 계획·실천·평가해 보는 경험할 수 있음 　- 유아 자신의 삶을 효율적으로 영위해 볼 수 있는 기능 발달 　- 사회적 임무를 충실히 이행할 수 있는 기초능력 발달 참고 **책임감** : 맡아서 해야 할 임무나 의무를 중히 여기는 마음으로 유아기부터 자기 맡은바 책임을 다하는 성실한 태도를 길러야 함

12. 자아 개념

(1) 개념

정의		• 개인 행동의 결정인자로 작용되는 심리적 과정으로서의 자신 ⇨ 주체로서의 자신 • 자신의 특성(외모, 성별, 행동 경향, 정서 능력, 흥미 등)에 대해 느끼고 있는 생각, 관념 태도, 신념 ⇨ 자신의 전체에 대해 갖게 되는 상세하고 개인적인 평가
자아 개념 요소	**자아 인식**	자아 개념의 가장 기초적인 수준 ⇨ 자신과 타인이 별개의 존재임을 알고 서로 구분할 수 있는 능력
	자아에 대한 정의	유아가 성장하면서 자신을 연령, 신체적 크기, 성별, 특정한 기술이나 능력에 따라 설명하는 것
	자아존중감	• 정서적 측면을 더욱 강조한 개념 • 유아가 자신의 이미지에 대한 사회의 일반적인 평가를 기초로 자신이 가지고 있는 가치에 대해 스스로 내리는 평가 ⇨ 자신의 가치에 대한 개인적 판단 • **자아존중감 발달의 주요 요인(기준)**

중요도	자기가 중요하다고 생각하는 사람에 의해 사랑받으며 인정받고 있다고 느끼는 정도
능력	자신이 중요하다고 여기는 작업을 수행함에 있어 성취의욕을 만족시킬 수 있는 실력의 정도
미덕	도덕과 윤리적인 규범을 달성한 정도
힘	다른 사람에게 영향을 미치고 통제할 수 있는 능력의 정도

• **자아 존중에 영향을 미치는 요인**
- 부모 ⇨ 유아의 행동을 위한 일차적 모델, 유아의 행동에 대한 피드백 제공자 유아 행동에 대한 일차적인 평가자
- 아동 자신의 능력에 대한 신념
- 사회적 신념
- 호기심
- 신체 매력도
• **유아 전기** : 독립심과 자율성이 발달함에 따라 자신의 신체적인 능력이나 한계를 확인해 보고 싶어함
• **유아 후기** : 주변의 일을 주도하고 시도하면서 자신감으로 연결되고 활발한 상상력과 탐구력이 동반되어 성취감으로 발전함

발달단계		
영아기 실재적 자아 →	**유아기** 범주적 자아 →	**아동 초기** 학교와 친구 관계 → **아동 후기** 자녀가 지각하는 부모와의 관계

(2) 자아 개념의 발달

영아기		영아의 실존적 자기 인식의 단계
유아기	유아 전기 (3~4세)	• 신체적 자아 개념 형성 • 기본적인 범주적 자아 발달 　[참고] 범주적 자아 　　• 신체적 특성, 자신의 능력 등을 관찰 가능하고 구체적인 특성으로 　　　자신을 표현하는 것 　　• 자신의 연령이나 성을 범주로 기술하는 것 • 소유개념 발달 ⓔ 물건
	유아 후기 (4~5세)	• 주도성, 자신감, 성취감과 관련한 자아 발달 • 범주적 자아가 복잡해짐 • 집단에 대한 동조성의 발달로 집단에 대한 소속감이 증진됨
학령기		• 자신을 일련의 전체적인 차원에서 기술할 수 있으며, 같은 차원에 의지하여 자신을 다른 아동과 비교할 수 있음 • 아동의 자아 개념이 더 복잡하고 정교화되며 외적 특성보다 내적 특성에 더 집중함

13. 자아 발달에 관한 상징적 상호작용론의 관점

자아 발달의 특징		• 자아 개념은 상징을 사용하는 사회적 상호작용으로부터 발달하며 일생을 거치며 많은 변화를 겪게 됨 • **쿨리의 거울 속 자아** : 한 사람의 자아 개념은 사회적 거울(타인의 반응)에 비춰진 상이며 이런 사람들의 반응을 근거로 사회적 자아를 형성하게 됨 • **미드의 이중적 자아** : 주관적 자아와 객관적 자아의 이중 구조를 발달시키고, 조화와 갈등의 분열과정을 거치면서 통합된 전체적인 자아로 발달해 감 　- **주체적 자아(I)** : 다른 사람의 관점에 대하여 반응하는 자기 전개적 측면으로, 불안정하고 동요하며 변화하고, 창조적·자극적인 성격을 띄며, 환경을 변화시키는 주체임 　- **목적격(객관적) 자아(Me)** : 자기 성찰적 측면으로 타인의 조직화된 태도나 일반된 태도가 내면화된 것으로 사회 통제적인 힘을 가짐 • 사회집단의 가치관, 규범, 관습, 제도가 자아로 통합된 측면이며 주관적 자아에 비해 안정적·확정적이며 강하고 전체적임
자아의 발달단계	준비 단계	자아가 미발달된 단계로 자신을 객관화시키지 못함 ⇨ 타인의 얼굴 표정이나 몸짓을 그대로 모방
	놀이 단계	• 자아가 발달하기 시작하며 타인과의 관계에서 의미 있는 타자(ⓔ 부모)의 역할을 그대로 재생함 • 그러나 역할재생에 제한된 능력을 가지며, 현실 세계에서 가까운 사람들이 보여 주었던 행동을 놀이 속에서 재현함
	게임 단계	일반화된 타자가 내면화되는 시기로, 타인의 판단을 스스로 지각해서 자신의 태도나 행동을 주체적으로 결정하고 가족 간의 기대를 일반화된 타자로서 내면화시킴

14. 애착

개념		영아가 엄마와 형성하는 정서적 유대관계로 시간이나 공간을 초월하여 서로를 연결하는 것
애착행동	신호행동	우는 행동, 미소, 소리내기
	지향행동	쳐다보는 것, 따라가는 것, 접근하는 것
	신체접촉행동	기어오르거나 매달리거나 포옹하는 행동
애착 설명이론	정신분석이론	수유 시 구강적 자극에 대한 만족감이라는 본능적 요구를 충족시키기 때문에 형성됨
	학습이론	엄마가 먹여주고, 부드러운 접촉을 제공해 주는 등 조건화된 강화자 또는 2차 강화자가 되어 형성됨
	동물행동이론 (비교행동이론)	애착은 인간의 생존에 기여할 수 있도록 진화해 온 행동 체계임 ⇨ 로렌츠(**각**인)
	인지이론	인지발달에 따른 도식의 형성으로 인해 발생함
애착형성 단계(보울비)	1단계 : 애착형성 이전 단계 (0~3개월)	• 양육자와 접촉을 시도하지만, 아직 한 사람의 양육자에 대해 일관적인 선호를 보이지 않음 • 사람에 대해 다양한 반응(반응은 비선택적) 예 미소, 옹알이, 울음, 반사(입으로 더듬거나 빨기 등)
	2단계 : 애착형성 단계 (3~6개월)	• 영아의 사회적 반응은 몇 사람의 친숙한 성인에게 한정되어 있음 ⇨ 한 명의 특정 개인에 대한 완전한 애착이 형성된 것은 아님 • 차츰 낯익은 사람을 보고서야 미소 짓기를 보이고 낯선 사람은 단순히 응시함 • 아는 사람이 있을 때만 옹알이를 하거나 신체의 일부분을 만지고 붙잡기 시작함
	3단계 : 분명한 애착 단계 (6개월~3세)	• 애착행동이 일차적으로 한 사람을 향함 ⇨ 능동적 접근을 추구 • 7~8개월경 낯가림이 절정에 달함 ⇨ 낯선 사람에 대한 두려움, 경계, 울음 • 애착인물이 있고 없음에 깊은 관심을 보임
	4단계 : 다양한 인물에 대한 애착 (3세 이후)	• 2~3세 이전 아기들은 오로지 돌보는 이와 가까이 있으려는 데만 관심을 기울임 • 2세경 형제, 할머니, 할아버지, 정규적인 양육자 등에게 애착이 확장됨 • 양친이 떠나는 것을 보다 기꺼이 허용함 • 아동은 동반자와 같은 관계로 행동하기 시작

애착 유형	**안전 - 애착집단** **(B 집단의 유아)**	• **행동특성** : 접근·접촉행동의 고조를 보임 ⇨ 엄마의 존재가 안전의 기반이 된 집단 • **부모의 양육태도** : 자녀에게 민감하고, 수용적이며 접근 가능성이 큼
	불안 - 저항집단 **(C 집단의 유아)**	• **행동특성** : 이율배반적 행동을 보임 ⇨ 안정성이 결여된 집단 • **부모의 양육태도** : 접근 가능성이 적고, 자녀에 대해 민감하지 않고, 거부적임
	불안 - 회피집단 **(A 집단의 유아)**	• **행동특성** : 접근이나 접촉시도 없음 ⇨ 안정감이 결여된 집단 • **부모의 양육태도** : 자녀에 대해 민감하거나 거부적이지 않고, 간섭 하지 않음
유아 관계		• **인지발달과의 관계** : 안전 기반 위에 적극적 탐색은 인지발달을 도움 ⇨ 효율적 문제해결자 • **사회성발달과의 관계** : 영아기의 안정된 관계는 후의 안정성, 자신감, 신뢰감, 협동 등 의 태도를 발달시킴
불안반응	**낯가림**	• **정의** : 낯선 이에 대한 불안 반응 ⇨ 자연스러운 상태 • **형성 시기** : 6 ~ 7개월경에 형성되어 8 ~ 10개월에 가장 심하며, 10개월 이후에는 점차 감소함 • **또래에 대한 낯가림** : 12개월 전후로 나타남 ⇨ 놀기를 멈추고, 엄마에 게 접근하거나 매달리면서 낯선 아기를 쳐다봄 • **낯가림의 이유** - **정신분석이론, 사회학습이론** : 자신이 애착이 된 사람으로부터 격리되거나 또는 그를 잃어버리면 어쩌나 하는 두려움을 나타내는 것 - **비교행동이론** : 친숙하지 않은 자극에 대한 사전 프로그램화된 반응 참고 출현시기가 6 ~ 7개월경인 이유 : 이전에는 유아의 인지능력이 미숙 하여 친숙한 것과 친숙하지 않은 것을 구별하지 못하기 때문 참고 한 돌이 넘으면 불안반응이 감소하는 이유 : 유아가 애착대상을 안 전의 기반으로 사용해 주위를 탐색하기 때문 - **인지발달이론(카간)** : 유아가 6 ~ 8개월이 되면 친숙한 이의 얼굴에 대한 도식을 갖게 되는데, 이에 따라 낯선 이의 얼굴은 유아 자신이 갖고 있는 얼굴 도식과 다르므로 두려움을 유발하는 자극이 됨
	격리불안	• 유아가 엄마와 격리되었을 때 나타나는 불안 ⇨ 부적응 행동 • 생후 1년째 후반부터 나타나기 시작하여 14 ~ 20개월 사이에 가장 심함 • **격리불안의 이유** - **정신분석이론, 사회학습이론** : 주 보호자들이 없었을 때, 특별히 자주 또는 강하게 불편함이 발생해서 주 보호자에 대한 격리불안을 배운 것 - **비교행동이론** : 낯설거나 불확실한 상황에 대한 두려움이 생물학적으로 사전 프로그램화된 것 - **인지이론** : 친숙한 사람의 얼굴뿐 아니라, 친숙한 사람이 있는 상황에 대 한 도식을 형성하기 때문임

15. 교수-학습 모형

① 토의학습 모형

② 문제해결학습 모형

③ 개념습득 모형

④ 사회적 탐구모형

　[참고] **탐구모형 전략 순서** : 안내 ⇨ 가설설정 ⇨ 정의 ⇨ 탐색 ⇨ 증거 ⇨ 일반화

⑤ 인지발달 모형

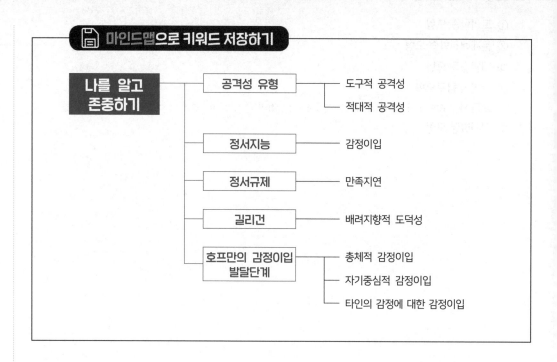

1. 공격성

(1) 개념

정의		일반적으로 생명체에 대해 의도적으로 해를 가하려는 사회적으로 바람직하지 않은 행동
분류	객관적으로 관찰 가능한 공격성	타인이나 사물을 해치거나 해칠 잠재성을 가지고 있는 행동 예 신체적 공격, 언어적 공격, 다른 사람의 물건을 빼앗는 행동
	의도적인 공격성	타인이나 사물을 해치려는 의도를 가진 행동
관점	정신분석이론	• 공격 본능의 발산 및 욕구의 좌절로 인해 발생함 • **지도법** : 좌절된 욕구를 찾아 해소시켜주기
	동물 행동학 이론	종족 보호와 종족번식 본능으로 인해 발생함
	사회적 학습이론	• 관찰 학습, 보상 • **지도법** : 상황에 노출되는 것 막기, 공격행동이 보상 받는 것을 보여주지 않음
	인지발달이론	• 자기중심성으로 인해 발생함 • **지도법** : 다른 사람의 행동에 대한 추론능력 길러주기

유아기 공격성 특징	2~3세	때리고 밀치는 물리적인 공격성
	3~6세	• 대체로 수단적·도구적인 공격성 • 물리적 공격성이 놀리고, 흉보고, 욕하는 등의 언어적 공격성으로 바뀌는 경향이 나타남
	6세 이후	• 6세를 전후하여 급격하게 적대적 공격성으로 변화함 • 6~7세 이후, 자기중심성이 감소하고 협동능력이 발달하면서 공격성이 감소함
공격성 감소 기법		• 공격행동의 원인을 파악하여 적절하게 대처 ⇨ 장기적 지도 측면 • **정화** : 공격본능을 감소시킬 수 있는 표현 활동을 제공함 • **공격행동에 대한 보상의 제거** : 행동을 즉각 멈추게 하고 공격당한 유아를 수용함 • **상반행동 강화** : 한 개인 내에서 공격행동과는 양립할 수 없는 긍정적 행동을 강화 • **공격 모델에 대한 접촉의 감소** : 격리 ⇨ 가능한 한 사용하지 않음 • **비공격적인 환경의 마련** : 넓은 장소, 충분한 놀잇감, 공격적 장난감을 제공하지 않음 • 자기중심성을 감소시키기 위해 감정이입 능력, 공감할 수 있는 능력을 증진 　⇨ 역할놀이를 통한 역할 이행과 감정이입의 기회 제공

(2) 유형(종류)

우연적 공격성		• 유아들의 활동에서 유아에게 우연히 해를 가하는 상태를 의미함 • 이때 유아들은 우연적 공격성 행동과 의도적 공격성 행동을 잘 구별하지 못함 　⇨ 우연히 자신에게 해를 끼친 유아에게 복수하는 경우가 많음
의도적 공격성	도구적 공격성	• 어떤 목표를 성취하기 위해서 공격하는 행동 • 유아들 사이에서 일어나는 공격의 대부분은 도구적인 공격이며 어떤 물건을 두고 일어나는 공격이 많음 ⑩ 서로 장난감을 가지려 하며 자기가 가지고 놀고 싶어 하는 물건을 다른 유아가 가지지 못하게 밀치거나, 다른 유아가 자기 장난감을 빼앗지 못하도록 방어하는 것
	적대적 공격성	• 고의적으로 누군가를 해치려는 공격 ⇨ 타인을 해치려는 의도를 가짐 • 상대에게 고통을 주려는 의도적인 공격성
방어적 공격성		위협이나 좌절에 대처하기 위한 반응

2. 정서지능

정서 인식	• 다양한 정서의 인식과 정서를 일으키는 상황을 인식하는 것 ⇨ 정서의 효과적인 표현방법 • **지도방법** : 감정을 표현할 수 있는 다양한 기회를 제공함
정서 조절	• 자신의 감정을 정확히 인식하고 그 감정이 타인에게 끼친 영향을 고려하여 자신이 속한 사회가 기대하는 정서 상태로 조절하는 능력 • 정서 조절의 근본적 기제 ⇨ 문제해결 사고(정서적 문제해결 사고) • **지도방법** 　- 유아에게 감정을 표현할 수 있는 다양한 흥미 거리를 제공함 　- 가상놀이, 조작놀이, 창의적 미술활동, 신체활동 등에 스스로 선택하고 참여하여 다양한 감정을 경험하고 억눌린 감정을 표현하도록 함 　- 유아와의 긴밀한 상호작용을 통해 감정 조절의 중요성을 인식시킴 　- 유아가 속한 생활문화권에서 기대하는 언어와 태도를 일상생활 속에서 익히도록 함 　- 유아가 자신의 감정을 조절하고 다른 친구의 감정에 적합하게 반응할 수 있도록 이끄는 긍정적 교실 분위기 마련
자기 동기화	• 어려움을 참아내고 자신의 성취를 위해 노력할 수 있는 능력 • 만족지연과 정서통제력이 필요함 • **지도방법** 　- 정서적 안정감이 있는 환경을 조성함 ⇨ 일관된 규칙성 유지(환경 구성, 일과 구성) 　- 수용적인 태도와 반응적인 분위기를 제공함(모델링 제공) 　　⑩ 유아의 이야기에 귀 기울이기, 함께 즐거워하기, 의견 존중하기, 적절한 도움의 제공 　- 유아가 스스로 행동을 통제할 수 있는 기회를 많이 주며, 선택의 기회를 제공하고 있는 그대로의 유아를 존중해주며 격려함 　- 결과 예측 사고 활동하기 　- 유아가 흥미를 가지고 도전해 볼 수 있는 환경을 제공함 　　⑩ 벽면구성, 흥미영역 활동, 다양한 교육 자료 제공
감정이입	• 다른 사람의 정서 상태를 공유하고 다른 사람의 정서 상태나 정서적 상황에 어울리는 정서적 반응을 나타내는 것 　[참고] 유아의 감정이입 반응은 인지적 성장 및 조망수용 능력과 함께 증진됨 • **호프만의 감정이입 발달단계** ● **지도방법** : 공동으로 협력할 수 있는 경험의 기회를 많이 제공함 　⑩ 역할놀이, 이야기 나누기, 요리, 과학실험, 합창, 릴레이 이야기 짓기, 그룹 게임 등

총체적 감정이입	주위에 있는 타인의 강한 감정 표현에 자신의 감정을 맞춰 나타내는 일종의 무조건 반사반응 ⑩ 신생아실 ⇨ 한 명 울면 따라 울기
자기중심적 감정이입	다른 사람의 감정에 이입할 수 있으나, 자신에게 위안이 되었던 수단으로 반응
타인의 감정에 대한 감정이입	타인의 감정에 주목하여 이입하며, 탈자기중심으로 반응
타인의 일반적 곤경에 대한 감정이입	즉각적·일시적인 상황보다 타인의 만성적이고 일반적인 상황이 비극적인 것에 대해 더 고통을 느낄 수 있는 단계(아동기 후기)

대인관계
기술
	• 다른 사람과 어울려 더불어 지내는 데 필요한 기술
	• **지도방법**
	  - 사회적으로 바람직한 행동은 강화하고 부적절한 행동은 무시함
	  - 사회적 기술의 모델을 보여 줌
	    🅔 미소짓기, 나누어주기, 칭찬해주기, 도와주기, 상황에 적절한 인사말 하기
	  - 유아의 생활 주변에서 흔히 일어날 수 있는 대인 간 갈등 거리를 소재로 대인 문제해결 사고의
	    경험을 제공함
	  - 사회적 기술이 부족한 유아에게는 사회적 기술을 직접적으로 지도함
	  - 역할놀이를 권장함
	  - 정서적 경험에 대해 자주 이야기를 나누고 친사회적 행동을 격려함
	  - 효율적인 의사소통 기술을 증진시키도록 도움
	• **정서적 문제 해결** : 문제에 대한 감지(감수성) ⇨ 문제원인 규명(원인적 사고) ⇨ 해결대안
	  모색 ⇨ 결과 예측 사고 ⇨ 해결안 결정

3. 정서규제(만족지연) - 미쉘(Mischel)과 에브슨(Ebbesen)의 마시멜로 실험

실험 배경	• 1960~1970년대에 스탠퍼드 대학교의 심리학자 월터 미셸이 실시한 마시멜로 실험 • 취학 전 어린이들을 작은 책상, 책상 위에 놓여있는 마시멜로 두 개, 종이 준비된 방 안에 초대하였음
실험 내용	• 연구자는 어린이들에게 연구자가 잠시 자리를 비우는 동안, 마시멜로가 먹고 싶다면 종을 울리고 하나만 먹으라고 말함 • 두 개를 다 먹기 위해서는 연구자가 돌아올 때까지 기다려야 한다고 안내함

실험 과정	• 어떤 어린이들은 1분 만에 종을 울리고 마시멜로 한 개를 먹었으나, 어떤 어린이들은
	  유혹을 이겨내기 위해 눈을 가리고 노래를 부르거나 책상을 걸어차면서 딴청을 부리거
	  나 낮잠을 잠
	• 실험 참가자 중 1/3의 어린이는 참지 못하고 마시멜로를 먹었고, 나머지 2/3는 끝까
	  지 참았음

실험 결과	• 10년 후, 2차 연구를 실시함 • 당시에 유혹을 이겨낸 어린이는 그렇지 않은 어린이보다 사회 적응을 잘하였고, SAT (미국 대입평가고사)에서 훨씬 높은 점수를 받은 것으로 밝혀짐

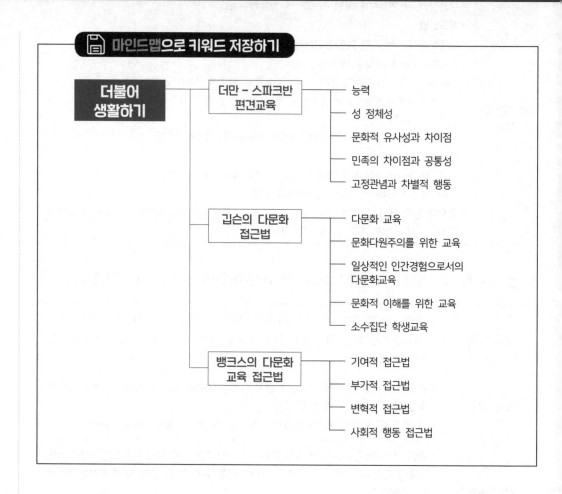

1. 현대 사회의 다양한 가족 형태

확대가족	**의미**	전통적인 가족 형태, 직계의 부자중심 가족 ⇨ 부모님, 결혼한 자녀 및 그의 자녀들로 구성되어 있는 가족 형태

	특징	• 부모 이외에 조부모가 양육의 보조자·상담자이며 대리 부모의 역할
		• 전통 윤리와 관습, 생활 태도를 전달할 뿐만 아니라, 인성발달에도 여러 가지 영향을 미침
		• 가족의 역할 구조가 복잡함
		  ⇨ 다면적인 인간관계 가운데서 다양한 상호작용이 훈련됨
		• **단점**: 다양한 성인이 육아에 영향
		  ⇨ 일관된 가치체계 형성이 어려우며 의존성이 높아질 수 있음

	확대 가족에서 자란 유아의 특성	• 의존적일 수 있으나, 가족구성원들의 상보적 역할에 의해 균형잡힌 성격과 정서적 안정감을 형성할 수 있음 • 사회생활에서 필요한 종적·횡적인 인간관계 모두를 자연스럽게 습득할 수 있음 • 성인의 가치 기준을 일찍 배워 조숙하며 사회성이 발달되고 폭 넓은 지적 성장과 발달 가능성이 높음
핵가족	**의미**	부부와 혈연관계로 맺어진 미혼 자녀로 구성된 가족 ⇨ 부부 가족
	특징	• 부모의 역할 수행에 어려움을 겪으나, 일관성 있는 태도로 자녀를 양육할 수 있음 • 부모와 자녀의 관계가 수평적임 ⇨ 확대가족은 수직적
	핵가족에서 자란 유아의 특성	• 이기적·충동적이 되기 쉬우며 공경심과 예의 부족, 친족 간 유대감 형성이 어려움 • 애정적이며 일관성 있는 교육 　　⇨ 욕구 불만이 적고, 심리적 안정감과 자율성을 형성함
한부모 가족	**의미**	양친 중의 한쪽과 그 자녀로 이루어진 가족 ⇨ 부 또는 모의 사망, 이혼, 별거, 유실 및 유기 등으로 인함
	한부모 가족이 겪는 어려움	• **경제적 문제** : 보육비 지원이 필요함 • **사회적 인식의 문제** : 결손 가족, 불완전한 가족이라는 인식의 전환이 필요함 • **역할 과부하의 문제** : 사회적인 지원망 및 적절한 보육시설 제공이 필요함
혼합(재구성) 가족	**의미**	자녀의 유무에 관계없이 한쪽 배우자가 재혼인 경우 형성되는 가족 ⇨ 부부 가운데 어느 쪽이든 전혼 자녀가 최소한 한 명 이상 있는 경우
	혼합 가족이 겪는 어려움	• 서로 상이한 가족구성원 간의 화합을 이루는 것이 어려움(적응의 문제) • 전혼의 영향, 역할의 모호함, 사회적 편견 등의 어려움
맞벌이 가족	**의미**	부부가 모두 직업을 가지고 가정을 위한 경제 활동에 참여하는 가족 ⇨ **유형** : 생계 유지형, 내조형, 자아 실현형, 여가 활용형
	특징	• 독립적이고 융통성 있고, 폭넓은 역할 모델을 가질 수 있음 • **자녀에게 미치는 취업모의 영향** : 일에 대한 어머니의 태도, 상호작용의 질
	맞벌이 가족이 겪는 어려움	제도적·정책적 뒷받침의 부족 ⇨ 육아문제, 부부 간의 가사와 육아에 대한 역할 분담

2. 부모의 양육방식과 자녀의 행동양식(바움린드)

민주적인 (권위 있는) 양육방식	• 자녀에게 요구적임과 동시에 온정적·합리적임 • 자녀와의 의사소통에 수용적, 훈육을 중시, 자녀에게 자신감을 주고 독특성을 강조함 • **유아의 특성** : 자신감 ↑, 자기 자신을 잘 통제하며, 주변 환경이나 주어진 과제에 탐색적이고 자신과 주변 환경에 대해 만족스러워 함 ⇨ 영향 있는 아동
권위주의적인 (독재적) 양육방식	• 자녀를 엄격히 통제하며, 자녀의 행동 및 태도를 절대적 기준에 의해 평가하고 복종을 요구하고, 권위에 대한 존중과 전통가치를 부여함 • **유아의 특성** : 늘 불만족함, 위축, 빈약한 자기 주장, 자신과 타인 불신 　⇨ 위축된 아동
허용적인 양육방식	• 비통제적·비요구적이며 자녀의 충동을 수용하고 벌은 사용하지 않음 • **유아의 특성** : 미성숙, 높은 의존성, 자기 통제에 결함, 책임감과 독립심 ↓, 자신에 대한 확신이 없음 ⇨ 미숙한 아동

3. 부모의 양육태도와 유아의 성격 특성과의 관계(쉐퍼)

구분	부모의 양육태도	유아의 성격 특성
애정적 - 자율적 (민주적)	• 가장 이상적인 부모의 양육태도 • 자녀와 애정적·민주적 관계 유지 • 자녀를 인격적인 존재로 인정	• 활동적, 능동적, 독립적, 사회적응 ↑ • 자신과 타인에 대해 적대감 없음 • 간혹 약간의 공격성, 고집을 보일 때 있음
애정적 - 통제적 (과보호적)	• 사랑과 애정 보이는 동시에 행동의 제약 　(엄격) • 의존성 조장, 과보호, 소유적 태도를 보임	• 의존적, 사교성과 창의성 ↓ • 상상적인 적대감을 가짐
거부적 - 자율적 (방임적)	• 자녀를 수용하지 못함 • 자녀 마음대로 행동하게 놔둠	• 공격적·반항적 행동을 보임 • 불안정한 정서 + 사회 부적응적 행동
거부적 - 통제적 (전제적)	• 애정적이거나 따뜻하게 용납하지 않음 • 자녀 행동을 체벌, 심리적 통제로 규제	• 불순정적, 반항적, 사회적응 ↓ • 자주성·자발성·독창성 ↓ ⇨ 주체성 결여 • 자기방어의 수단으로 거짓말 사용

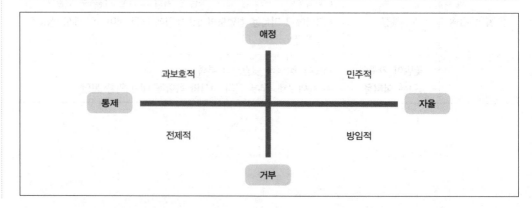

4. 다문화 교육

개념	• 반편견, 다민족, 국제 이해, 세계 이해 교육 등으로 불림 • 유아들이 직면하게 되는 인종, 민족, 성, 사회계층, 성 정체성, 장애 등의 문화적 다양성에 대해 이해하고 수용하며, 비판적으로 사고할 수 있도록 가르칠 뿐만 아니라 민주적 의사결정과 사회적 행동, 힘을 길러주는 기술을 가르치는 교육 　[참고] 다문화 **가정** : 서로 다른 민족·문화적 배경을 가진 사람들로 구성된 가정
목표	자신과 타인을 존중하는 태도를 가짐 ⇨ 나와 다른 외모, 문화, 생각, 생활 방식을 가진 사람을 이해하고 수용하여 더불어 살 수 있는 기반 형성
필요성	• **21세기 사회의 측면** : 세계화 흐름 ⇨ 개방적·반편견적인 이해와 태도 요구 • **한국 사회 변화 측면** : 다인종·다문화 사회로 급속히 진전함 ⇨ 다문화 가정의 자녀 증가 • **다문화 가정 유아의 교육권 보장** : 다문화 가정 유아의 어려움, 유아교육의 기회 소외 • **다문화 가정 유아들이 겪는 문제점** 　- **정체성 문제** : 두 나라의 문화가 혼재된 가정교육 및 한국의 학교 교육의 동시 경험(주변인) 　- **언어 능력 부족** : 심각한 학습 부진(독해와 어휘력, 쓰기, 작문 능력) 　- **집단 따돌림** : 부정적 자아개념, 편견 　- **경제적 부담, 유아 기관에 대한 불신** : 유아교육 및 보육의 기회 소외 　[참고] 유아기 발달 특성 : 문화의 유사점과 차이점에 대한 유아들의 이해가 만 2세부터 나타나기 시작하여 만 2세경 자아정체성 형성, 만 3~5세는 이질적인 문화에 대한 편견, 성고정적 행동, 장애에 대한 두려움이 내면화되는 경향임

내용	**문화 이해 및 수용**	문화에 대한 유사점과 차이점을 이해하고 존중하며 수용하기
	관계 형성	타인과 다른 집단에 대해 관심 가지고 참여하고 상호작용하며 협력하기
	정체성 형성	자신에 대한 긍정적 자아 개념 및 자신감, 집단의 정체감 형성하기
	공평성	인종, 성적 취향, 계층, 장애 등에 대한 편견 탈피 및 긍정적 태도 형성하기
	다양성	민족, 가족 구조, 직업, 나이 등 다양한 문화에 대한 민감성 형성하기

교육방법	• **능동성·구체성·과정중심의 통합적 방법** 　- 요리 활동을 통한 다문화 교육을 통합적으로 운영하는 방법 　　⑩ 가정의 문화, 요리형태, 요리재료, 절기 등을 중심으로 한 다문화 교육 　- 반편견 이야기 나누기 　- 문학을 활용한 반편견 교육 활동 ⑩ 사촌동생 쿠야 • **교사 역할** 　- 서로 다른 문화를 가진 유아 개개인을 가치로운 존재로 인식하고 유아가 이를 학습할 수 있도록 교육내용을 구성함 　- 또래 집단 속에서 서로 다른 문화 가치를 인식할 수 있는 하나의 지대를 창출하고, 이를 유아가 인식할 수 있도록 노력함

효과	유아들이 세계화의 흐름 속에서 다른 나라, 다른 민족, 다른 문화에 대하여 보다 개방적이고 반편견적인 이해와 태도를 지니게 됨	
다문화 개념의 발달	0~6개월	피부색의 차이에 주목함
	6개월~2세	신체적 특징, 의복, 언어, 정치적 성향에 기초하여 사람들 사이의 차이점과 유사점을 인식하기 시작함
	2~3세	성이나 신체적 장애, 인종적인 측면에서의 초보적인 편견이 나타나기 시작함
	3~5세	성 역할 고정화와 인종적인 편견, 자신과 다른 사람들에 대한 두려움이 나타나기 시작함
법적 근거	• **교육기본법 제4조 [교육의 기회 균등]** - 모든 국민은 성별, 종교, 신념, 인정, 사회적 신분, 경제적 지위 또는 신체적 조건 등을 이유로 교육에서 차별을 받지 아니한다. - 국가와 지방자치단체는 학습자가 평등하게 교육을 받을 수 있도록 지역 간의 교원 수급 등 교육 여건 격차를 최소화하는 시책을 마련하여 시행하여야 한다.	

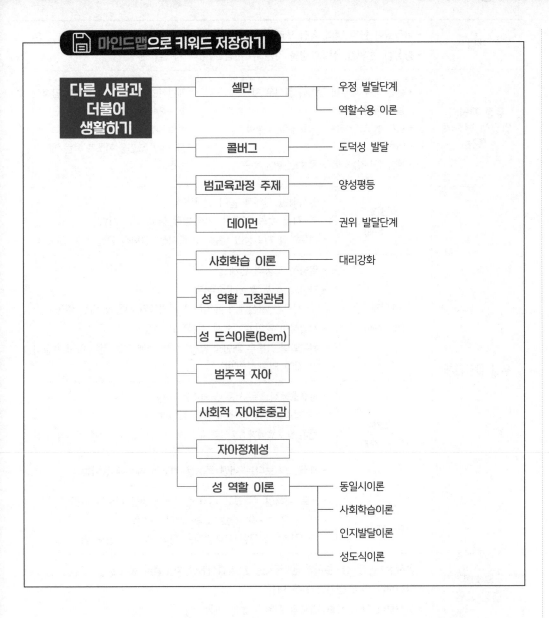

1. 우정

개념		• 아동들이 한두 명의 특정 또래와 서로 만족감을 느끼는 관계 • 충성심, 친밀감, 상호애정을 갖는 두 사람 사이의 지속적 관계	
우정 개념의 발달적 변화의 특징		• 물건 등을 나누어 갖거나 즐거운 활동을 함께 함 • 함께 놀고 나누는 것으로부터 우정이 이뤄짐 • 물질적인 것을 바탕으로 하는 이해 수준　⇒	• 개인적인 생각과 상호 관심의 감정을 나누는 수준 • 서로에게 도움을 주는 형태 • 심리적인 요인을 기초로 하는 이해 수준
우정 발달단계	0단계 (3~5세)	• 일시적인 신체적 놀이 친구(짝) 　⇨ 지금 바로 여기서 나와 함께 놀고 있는 사람 • 친구와의 지속성이 없음 ⇨ 즉시성, 신체적 근접성	
	1단계 (5~7세)	• 일방적 도움의 단계 • 자신의 소망 충족과 연관됨 　⇨ 친구는 자신에게 유익하고 즐거움의 자원이 되는 아동 • 지속성이 약함 ⇨ 쉽게 이뤄지고 깨짐 • 친구와의 갈등은 개인적 감정이나 애정에 의한 것이 아닌 물질적인 것에 의해 발생함	
	2단계 (8~12세)	• 상호호혜적으로 서로 도와주는 사람 　⇨ 협력활동을 통해 우정을 경험함 　참고 상호호혜적 : 우정을 주고 받는 것으로 생각함과 동시에 여전히 우정을 각자의 흥미를 충족시켜주는 것으로 생각 • 자주 보기보다는 어떤 특성을 가졌기 때문에 좋아함	
	3단계 (9~15세)	• 서로 이해할 수 있고 내적 생각과 느낌을 나누는 사람 • 지속성을 가지며 상호 교류관계의 친밀함 　⇨ 특별히 친근한 유대관계를 형성하며 배타성도 띰	
우정의 결정 요인		• 유사성 : 연령·성·흥미와 좋아하는 것·학업성취나 학구열의 유사성 • 자신보다 다소 인기가 높은 아동 • 자신보다 다소 사회·경제적 지위가 높은 아동	
사회성 능력	개념	대인과의 상호작용 능력 ⇨ 우정을 형성하고 유지하며 또래 집단에 수용되는 데 필요한 기술	
	측정방법	• 또래 지명법 : 얼마나 많은 친구를 가지고 있는지를 알 수 있음 • 또래 평정법 : 아동에 대한 선호도를 3점 또는 5점 척도로 평가하는 것 • 추인법	
	인기도의 결정 요인	• 간접적 요인 : 출생순위, 지적 능력, 신체적 매력 등 • 직접적 요인 : 다른 아동과의 상호작용 시도 기술, 상호작용 유지 기술, 대인관계 문제해결 기술	

또래 관계에서의 문제	사회성 평정척도에 따른 또래관계 유형	• **인기 있는 아동** : 문제에 대한 이의 제기에 있어 일반적 규칙에 대한 근거 또는 상대방이 수용 가능한 대안을 제공함 • **거부된 아동** : 소수의 또래들로부터 지명을 받기는 하나, 대다수 또래로부터 부정적 지명을 받음 ⇨ 또래들이 싫어하는 행동을 함 • **소외된 아동** : 긍정·부정의 지명을 거의 받지 못하는 아동 ⇨ 아동들의 관심의 대상이 되지 않음
	또래관계 문제의 결정 요인	• **거부된 아동의 행동 특성** : 공격성이 높음 ⇨ 집단에 참여하고자 하는 시도 기술이 서투르며 집단에 무리하게 끼어들려 함 • **소외된 아동의 특성** : 수줍음이 많고 일반 아동보다 말이 적고 사회적으로 활동이 적음 ⇨ 집단에 들어가거나 새로운 친구를 만들려는 시도가 적고 주저함
	또래의 반응	일단 또래에게서 부정적 평판을 받으면 영속적이어서 또래에게 수용을 받는 것이 어려움

2. 콜버그의 도덕성 발달이론(인지발달이론)

(1) 개념

① 시대와 사회를 막론하고 인간에게는 반드시 지켜야 할 보편적인 정의의 원리와 도덕률이 있다고 여김
② 인간이 개인적인 욕구 중심의 단계로부터 원리적 도덕성으로 이행해 가는 과정을 도덕성 발달이론의 근간으로 함
③ 피아제처럼 유아의 인지능력이 발달함에 따라 도덕발달 수준도 단계적 순서대로 발달한다고 생각함

(2) 도덕성 발달단계

전인습적 수준		• 행위의 결과가 가져다주는 보상이나 처벌에 의해 옳고 그름을 판단하거나 규칙을 정하는 사람들의 물리적인 권위에 따라 도덕성을 판단함 • 단계
	처벌과 복종 지향	• 물리적 결과에 의해 옳고 그름을 판단함 • 처벌을 피하기 위해 권위의 명령에 복종함 참고 진정한 의미의 규칙에 대한 개념은 없으며, 위반 행위의 중대성은 그 결과의 크기(처벌의 양, 객관적인 손상의 양) 등에 의해 결정함
	도구적 상대주의 지향	• 자신에게 당장 이익이 있을 때 규칙을 따름 ⇨ 욕구를 도구적으로 충족시켜 주는 것이 옳은 행위 • 즐거운 결과를 가져오는 것이 선 ⇨ 평등한 교환, 거래, 협약 등 공정한 것이 정의 예 "만약 네가 나를 도와준다면 나도 너를 도와줄 것이다." 참고 위반 행위의 중대성은 부분적으로 행위자의 의도에 의해 판단됨

		• 가족·사회·국가의 기대를 유지하는 것 자체가 그 결과와는 무관하게 가치로움
인습적 수준		• 단계
	대인 간 조화 (착한 소년 - 소녀)	• 자신에게 가까운 사람들의 역할기대에 따라 행동하는 것이 도덕적인 행위 • 선한 동기를 가지고 타인에 대한 관심을 보이는 것이 선 • 신뢰, 충성, 존경, 감사, 상호 관계 유지 등을 존중
	법과 질서 지향	• 스스로 동의한 현실적 의무를 준수하는 것이 선 • 확고한 사회적 의무와 갈등을 일으키는 극단적인 경우를 제외하고는 법은 준수되어야 함 • 사회, 집단, 제도에 공헌하는 것 역시 선으로 여김
후인습적 수준		• 도덕적 기준이 내면화되며, 자신의 것이 되며, 집단의 권위나 권리를 행사하는 사람들과는 무관하게 도덕적 가치와 원리를 규정하려는 노력을 보임 • 단계
	사회적 계약과 합법적 지향	• 계약, 개인적 권리, 민주적으로 인정된 법률의 도덕성 • 사회 질서를 유지하기 위해 법과 규칙은 준수되어야 하지만, 그 법과 규칙은 바뀔 수 있음 ⇨ 사회적 약속은 대다수 성원들의 보다 나은 이익을 위해 변화 가능(도덕적 융통성) • 생명, 자유와 같은 비상대적인 가치는 어떤 사회에서도 또 다수의 의견과 상관없이 지켜져야 함
	보편적인 윤리적 원리 지향	• 스스로 선택한 윤리적 원칙을 따르고 그 원칙에 의해 정의를 판단 • 법과 자신의 원리가 충돌할 때에는 자신의 원리에 따라 행동함 • 보편적인 원리 즉, 인권 평등과 인격체로서 인간의 존엄성을 존중

(3) 이론의 한계

① 후인습적 도덕성, 특히 6단계 도덕성의 적합성 여부 및 도덕적 판단과 도덕적 행위 간의 불일치 문제
⇨ 도덕 판단이 행위로 이행되지 못하는 것은 도덕적 사고가 단순히 옳고 그름을 구별하는 1차적이고 의무적인 판단 수준에 정체되어, 판단에 따라 행동해야 한다는 2차적인 책임 판단 수준으로 심화되지 못했기 때문이라고 설명함

② 문화적 편향성 ⇨ 주로 미국 중상류 백인들의 도덕적 가치를 반영

③ 도덕선 본질에 관한 문제

[참고] 도덕적 발달 : 도덕적 갈등 상황에 대한 사고 유형이 시간이 경과할수록 질적으로 발달한다는 것을 의미하며, 개인적 도덕적 판단능력의 질은 어떤 선택을 하는가가 아니라 그 선택을 정당화하는 사고 유형이 결정함

3. 도덕성 발달이론 - 사회화 이론

(1) 개념

① 외적인 사회적 규범을 내적인 신념으로 내면화하는 과정을 통해 도덕성을 획득함

② 모든 사회는 그 사회의 구성원들이 지켜주기를 기대하는 가치와 행위의 규범체계를 가지고 있음

③ 유아들은 성장하면서 이들 가치와 행위의 규범체계를 부모나 어른들의 가르침과 통제에 의해 자신의 것으로 내면화함

(2) 이론

프로이드	• 도덕성 발달을 초자아의 형성과정으로 설명함(초자아는 자아 이상과 양심으로 구성됨) 　- **자아 이상** : 아동이 스스로 도달하고자 지향하는 가치체계 　　⇨ 부모와 어른들의 행위를 닮도록 행동하는 동일시에 의해 획득됨 　- **양심** : 옳고 그름을 판단하는 양심 ⇨ 옳은 행동은 보상하며, 잘못된 행동은 처벌함으로써 　　수치와 죄의식을 느끼도록 하는 부모들의 통제에 의해 형성됨 • 초자아는 주로 3~6세 사이에 형성됨
사회학습 이론	• 도덕성 발달도 모방이나 강화에 의해 학습되는 행동으로 생각함 • 유아들은 주변의 어른들을 모델로 하여 이들의 도덕적 행동을 보고 배우는 모델학습을 통해 도덕성을 획득함 ⇨ 스스로 도덕적으로 옳은 행동을 했을 때는 보상을 받음 • 부적절한 행동을 했을 때는 처벌받음으로써 억압되는 강화의 원리가 작용함 • 대리 강화도 도덕성의 학습 기제가 됨
한계점	• 도덕성이 외적인 통제에 의해 학습된다고 주장함 • 유아 스스로 도덕적으로 사고하고 판단하며 행동하고자 하는 주관적·내재적인 성향을 인정하지 않음 • 외적인 통제가 없어지면 도덕적 가치 체계나 행위도 함께 무너질 위험이 있음

4. 피아제의 도덕성 발달이론(인지발달이론)

개념		• 도덕발달을 전반적인 인지발달의 한 양식으로 설명함 • 도덕성은 도덕적 특성이 관여되는 사태에서 옳고 그름을 판단할 수 있는 인지적 능력 • 유아가 인지적 판단능력을 가지고 있을 때 비로소 도덕적 행동이 가능하다고 봄
도덕성 발달단계	전 도덕 단계 (2~4세)	규칙이나 질서에 대한 도덕적 인식이 거의 없음 ⑩ 아무런 규칙 없이 놀이나 게임에 몰두
	타율적 도덕성 단계 (5~7세)	• **도덕적 실재론** : 규칙에 대한 일방적인 존중을 나타냄 　⇨ 규칙은 절대적이고 고정된 것으로, 바뀔 수 없다고 생각 • 타율적 도덕성에 의해 지배되어 의도보다는 결과에 의해 도덕성 을 판단하는 객관적 책임의 특성을 나타냄 • **내재적 정의** : 규칙을 어기면 반드시 처벌이 뒤따른다고 생각함 • 처벌에 대해 속죄의 벌을 공정한 것으로 생각함 • 성인에 대한 거짓말은 나쁘다고 생각하며 아동 상호 간의 거짓말 은 그다지 나쁘지 않다고 생각함 • 공정성에 대한 개념이 없으며 권위의 명령에 복종하는 것 　⇨ 평등 단계로 발달

	자율적 도덕성 단계 (8~11세)	• **도덕적 상대론** : 사회적 규칙은 임의적인 약속이며, 사람들의 동의에 의해 변화될 수 있는 것을 앎 • 결과보다 의도를 고려하여 도덕 판단을 하는 주관적 책임의 특성을 나타냄 • 처벌에 대한 객관적인 관점을 가짐 • 거짓말은 성인에 대한 것이든 아동에 대한 것이든 나쁘다고 생각 • 평등을 가장 우선으로 생각 ⇨ 각 개인이 처한 상황 고려(형평성 중기)
	사회 및 정치적 차원의 단계 (11세 이후)	• 새로운 규칙 생성 및 가설적 상황을 통제할 수 있는 규칙을 미리 설정할 수 있음 • 도덕적 추론은 개인적 차원을 넘어 전쟁·환경·공해 문제 등으로 확대됨
주장		• 2단계 유아가 타율적이며 절대론적인 비판적 사고에 묶여 있는 것은 이 시기의 인지발달수준이 주관적 경험과 실재를 구별하지 못하는 자기중심적이며 실재론적인 사고단계에 있기 때문이라고 주장함
비판점		• 유아의 도덕적 판단에 있어서 행위의 동기나 의도를 추론하는 능력은 피아제가 생각한 것보다 일찍 나타난다는 연구 결과가 있음 • 유아의 도덕적 추론능력을 과소평가했다는 의견이 있음

5. 유아기 사회·정서발달 : 사회인지 및 도덕성

사회인지	• 타인과의 상호작용 행동 및 견해를 이해하는 것과 관련한 인지 ⇨ 타인의 감정, 생각, 의도 및 사회적 행동 등을 이해하는 능력 • 사회인지는 모든 인간관계의 기본으로 다른 사람과 원만한 관계를 유지하고 그들을 이해하는 데 필수적임 • 아동의 사회인지 발달은 인지발달은 물론이고 특히 역할수용 능력의 발달과 관련됨 • 일반적으로 타인에 대한 실제적인 이해를 통해, 그들의 사고와 감정을 추론할 수 있게 되고 대인 관계를 유지하게 되며, 자신의 개인적 특성을 타인과 비교함으로써 자신의 상대적인 장단점을 평가하기도 함

도덕적 사고와 도덕적 판단	• 도덕성 발달과정에서 인지적 요소, 특히 추론능력과 합리적 사고과정을 중요시함
	  - 하지만 콜버그도 도덕적 판단을 순전히 논리적 사고능력이나 과정을 도덕적 영역에 그대로 적용시키는 것으로 보고 있지 않음
	  - 도덕적 판단이나 도덕적 개념들은 순수하게 논리적인 것과는 다른 그 영역 고유의 구조적 특성을 가지고 있다고 봄
	  - 각 발달단계에서의 도덕적 판단능력은 그때의 인지구조의 발달과 병행하여 영향 받음
	• 인지발달은 개인의 도덕적 판단능력의 수준과 범위에 영향을 주며, 이것은 도덕적 판단능력의 발달에 필수적인 것이나 충분한 조건이 되지는 못하는 것으로 간주함
	  참고 사고능력 ⇩ = 도덕성 ⇩ / 사고능력 ⇧ ≠ 도덕성 ⇧

	• **사회조망 능력 및 역할이행 능력의 개념**
	- 사회조망 능력은 사회적 상황이나 도덕성에 관한 논리적인 사고능력으로서 간주됨
	- 피아제의 논리적 사고 단계, 셀만의 사회조망 능력 단계, 콜버그의 도덕적 판단의 발달
	  단계에서 대부분의 경우 논리적 사고의 발달을 사회조망 능력 발달을 위해 선행 및 평행
	  적인 관계로 봄
	• 도덕적 판단능력은 인지 요인들과 밀접한 관련이 있으나, 일반적인 인지능력과 언어적
	  능력으로만 설명되기는 어려움	

도덕성 발달과 정의적 요인	• **도덕성 발달과 관련하여 주로 언급되어 온 정의적 요인** : 감정이입을 포함한 다양한 정 서 상태, 동기, 죄의식, 양심, 가치 및 태도, 자아개념, 성격적 특성 등 • **학자별 주장**	

	피아제	• 가치화나 감정의 유형들도 계속적인 심리적 평형화를 반영하는 일반적
		  ·구조적 특성을 가진 체제로 간주함
		• 도덕성 발달에는 동기와 감정, 즉 정의적 요인들이 포함되어 있으며, 이
		  런 동기화나 감정들은 사고 구조의 변화에 의해 크게 영향을 받음
		• 사고 구조의 변화는 감정과 동기의 발생은 다시 행동으로 연결됨

	호프만	• 도덕적 가치와 관련한 죄의식 개념은 인지적 특성을 바탕으로 하는 타
		  이론들과는 다른 형태임
		• 죄의식이나 감정이입과 같은 정의적인 측면의 반응이 일어나기 위해
		  인지구조의 작용이 선행되어야 한다고 생각하지 않음
		• 정의적 요인과 인지적 특성과의 상호작용은 어느 정도 인정하면서도
		  정의적 반응의 독립성을 보다 강조함
		• 이러한 정의적 반응이 도덕적 상황의 이해와 도덕적 행동에 영향을 미
		  친다고 봄

	프로이드	• 내면화된 죄의식, 자아 비판의 경향 등
		  ⇨ 감정의 내면화를 통해 도덕성의 발달을 설명함
		• 사고와 감정은 서로의 상호작용을 제한하거나 확산시키는 보다 복합적
		  이고 쌍방적인 관계로서 이해되어야 함

사고와 행동	• 인지적 특성을 바탕으로 하는 도덕발달이론에서는 도덕적 판단이나 사고와 행동과의
	  관계가 중요한 문제로 부각됨 ⇨ 도덕성 발달의 수준이 도덕적 행동과 일관성이 없다
	  면 그 설명력이 매우 약화되기 때문
	  [참고] 인지발달이론의 입장 : 도덕적 판단능력이 행동의 결정에 가장 깊게 영향을 주는 것
	        으로 간주함
	• **콜버그** : 비교적 높은 도덕성 발달단계에 속한 사람들은 낮은 단계의 사람들보다 행동
	  과 판단에서 일관성 있는 경향을 보이고 있다고 생각함
	  ⇨ 높은 도덕성 발달단계의 경우는 객관적인 원리에 기초한 사고에 의해 행동
	• 사회·도덕적 상황을 다루는 인지구조와 사고능력의 발달이 기본적으로 사회적 행동에
	  작용함을 부정하지는 않으나, 사회·문화적 환경요인의 역할을 강조하기도 함
	  ⇨ 경쟁적인 상황과 비경쟁적인 상황에서의 도덕적 판단과 행동이 달라지는 사례	

6. 양성평등

(1) 개념

개념	• 남녀가 동등한 인권을 가진 인간이라는 것을 인지하는 과정 • 타고난 성별에 관계없이 자신의 능력을 충분히 개발할 수 있도록 도와줌으로써 교육의 과정이나 결과에 성별 간 격차가 없도록 하는 것 • 남성과 여성과의 관계에서 여성이 더 이상 취약집단이지 않도록 남성과 여성과의 관계를 변화시키려는 시도 ⇨ '성인지 훈련'이라고도 함
목표	• 개성과 능력의 발휘를 통하여 자아실현 이루기 • 자립적·자주적 정신과 태도 기르기 • 타인의 특성과 개성을 존중하는 평등의식 함양하기 • 사회·국가적으로 잠재되어 있는 인력 개발하기
성 유형화	한 사회에서 성역할에 대해 특정한 행동을 기대 받는 과정

(2) 성 역할 학습이론

관련 이론	동일시이론	• 프로이드의 정신분석이론에 기초하여 부모를 동일시하는 과정에서 성 역할을 학습함(모델링 통해 무의식중에 모방하는 과정) • **한계**: 부모 이외의 다른 환경적 요소는 고려하지 못함
	사회학습이론	• 부모, 또래, 지역 사회, 매스미디어 등 다양한 요소들의 영향력에 주목함 • 사회적 환경을 통해 남성은 남성, 여성은 여성으로 행동하도록 관찰학습과 모방학습이 이루어지고 이에 상응하는 보상에 의해 성 역할이 강화된다고 봄 • **한계**: 유아의 내적 사고과정에 관심을 기울이지 않으며 유아를 수동적 존재로 여김
	인지발달이론	• 성 역할 개념은 단순히 동일시나 사회적 훈련의 결과가 아닌 인지발달과 병행하며, 외부의 환경적 자극을 인지과정을 통해 스스로 구조화함으로써 구성한다고 봄 ⇨ 유아의 적극적 역할 강조 • **한계**: 개인차가 나타나는 이유 설명하지 못함
	도식이론	• 성 역할 학습과정에서 유아 각각의 개별적인 도식을 강조함 　참고 도식: 개인의 지각을 이끌고 조직해주는 연합망으로 구성된 인지 구조 ⇨ 이를 통해 개인은 정보를 찾거나 받아들임 • 인지발달이론이 인지적 과정의 능동적 존재로서의 유아를 강조했다면, 도식이론은 각각의 유아가 정보를 처리하는 모형을 강조하여 개별 도식에 따른 개인차를 설명하고자 하였음

성 역할 발달과정	**성 정체성 (2~4세)**	• **의미** : 자신이 남녀 중 한쪽의 성에 속해 있음을 아는 것 • **3세** : 정확한 성 명칭 사용, 성 유형화를 통해 성에 따라 선호하 는 놀잇감 달라짐, 머리 모양 또는 옷차림 등으로 남녀 구별 • **4세** : 사회 규범에 따른 남녀의 성역할 행동·기대와 자아 중심적 성향이 혼재 • 외형이 바뀌어도 성이 바뀌지 않는다는 사실은 인식하지 못함
	성 안정성 (5~6세)	• **의미** : 자신의 성이 성인이 되어서도 일정 기간 유지될 것임을 깨 닫는 것 • **5세** : 성에 대한 선호도가 부각됨 ⇨ 긍정적인 것은 동성으로, 부 정적인 것은 다른 성으로 분류 • **6~7세** : 사회적 성역할 범주 체제의 습득, 사회적 규범에 순응하 는 성역할 행동 및 태도
	성 항상성 (7~8세)	• **의미** : 자신의 성이 평생 불변으로 지속되며, 환경의 변화와 무관 하다는 사실을 깨달음 • **7세경** : 외양이 달라져도 자신의 성이 언제나 동일하며, 성 유형 화에 대한 지식이 성인 수준으로 증가 • 성 역할 고정관념이 확고해지며 성 역할에 대한 유연성이 증가하 기도 함
성 역할 형성에 영향을 미치는 요인	**생물학적 요인**	생식기 차이에 의한 신체적 특성인 생물학적 요인이 성 역할의 차 이를 야기할 수는 있어도 차별을 합리화할 수 없다는 사실 인식
	인적 요인	유아를 둘러싼 부모, 형제, 또래, 교사 등
	환경적 요인	대중매체를 비롯한 사회·문화적 환경, 남아 선호사상 등의 사회적 관념들, 직업에 대한 성차별적 인식

(3) 유아 양성평등 교육

전략	**물리적 환경**	• 양성평등한 교육환경을 구성하기 위한 적극적 노력이 요구됨 • **소품** : 역할놀이 영역(⑩ 소꿉놀이)과 쌓기놀이 영역(⑩ 공룡 소 품)은 남아와 여아의 놀이 선호도를 다르게 만드는 결과로 이어짐 • **색 선호** : 이름표 또는 작품 게시 시 여아는 분홍색, 남아는 파란 색을 선호함
	교수학습 매체	교수학습 매체는 해당 활동의 교육목표만을 고려하여 제작된 경우 가 많아 성편견 요소의 내재 가능성이 큼 ⑩ 그림책의 주인공은 남자이고 독립적이며 문제해결력이 뛰어난 반 면, 여자는 부드럽고 상냥하고 소극적인 인물로 묘사됨

	교육과정(활동)	• 교육활동의 목표, 내용, 방법에 이르기까지 전통적 성 고정관념에 의거한 불평등적 요소를 포함함 • 극놀이에서 왕자님이나 사자는 남아, 공주님이나 토끼는 여아가 맡음 • 남녀 모두 정적인 놀이와 동적인 놀이에 참가하게 하고, 감정 표현을 충분히 할 수 있도록 도와주며, 남녀 모두 다양한 일을 할 수 있는 내용을 전달함
	교사	• 교육활동, 교사 자신의 행동·신념·가치관 등의 잠재적 교육과정과 상호작용을 점검함 • 교사 자신의 성 역할 신념 및 가치관 반성적 태도로 점검
	부모	부모는 유아 성 역할 학습에 가장 큰 영향을 미치기 때문에 가정 연계는 필수적임
내용 및 활동지도	남녀의 신체특성 알기 및 다른 성에 대해 동등한 가치를 인식하기	• 바른 성교육을 통해 자신의 몸을 소중히 여기기 • 남녀의 신체 특징 및 차이점 알기 • 자신의 성과 다른 사람의 성도 존중하기
	직업에서의 평등 의식	• 직업은 자신의 흥미와 적성에 맞는 것을 선택하기 • 미래에 원하는 직업에 대해 알아보기 • 직업에 올바른 호칭을 붙임으로써 양성평등한 직업의식을 갖기
	가정에서의 평등한 성 역할	• 동등하고 민주적인 분위기에서 가족회의 하기 • 집안일은 가족 모두가 함께 하는 것임을 알기 • 자녀를 양육하는 것은 부모 모두의 책임임을 알기
	평등한 놀이 장려	• 자녀의 성격과 기질을 고려하여 놀이 활동을 선택하기 • 성별과 관계없이 다양한 놀이경험을 제공하기 • 다양한 놀이경험을 통해 양성성을 가질 수 있도록 하기
	성차별에 대한 비판 및 대응능력	• 자녀에게 격려, 칭찬, 꾸지람을 할 때 성별에 관계없이 동등하게 하기 • 성 고정관념이나 편견을 드러내기 쉬운 말은 사용하지 않기 • 친숙한 동화 속에 성차별에 대한 편견이 있는지 함께 찾아보기

7. 범교육과정

종류	민주시민 교육 · 인성 교육 · 환경 교육 · 경제 교육 · 에너지 교육 · 근로정신 함양 교육 · 보건 교육 · 안전 교육 · 성교육 · 소비자 교육 · 진로 교육 · 통일 교육 · 한국 문화 정체성 교육 · 국제 이해 교육 · 해양 교육 · 정보화 및 정보 윤리 교육 · 청렴 교육	물 보호 교육 · **양**성평등 교육 · 장애인 이해 교육 · 인권 교육 · 안전·재해 대비 교육 · 저출산·고령화 사회 대비 교육 · 여가 활동 교육 · 호국·보훈 교육 · 효도·경로·전통 윤리 교육 · 아동·청소년 보호 교육 · **다**문화 교육 · 문화·예술 교육 · 농업·농촌 이해 교육 · 지적 재산권 교육 · 미디어 교육 · 의사소통·토론중심 교육

8. 반두라의 사회학습이론

대리강화 (vacarious reinforcement)	• 대리적 강화를 통해서도 모방은 강화됨 • '간접적 강화' 또는 '2차적 강화'라고도 함 • 관찰자는 자신의 행동에 대해서 직접적인 강화를 받지 않더라도 모델이 보상이나 벌을 받는 것을 관찰함으로써 마치 자신이 강화를 받은 것처럼 행동함
자기강화 (self - reinforcement)	다른 사람의 행동과는 관계없이 개인이 일정한 자기의 표준에 도달할 때 모방은 증가함 ⑩ 숙제를 정해진 기간에 제출한 학생이 칭찬받는 것을 관찰한 학생은 본인도 정해진 기간에 내도록 강화를 받음, 여고생이 유명 연예인의 신상명세를 잘 아는 것은 교사로부터 칭찬을 받기 위해서가 아니라 그 자신을 즐겁게 하는 지식이기 때문

9. 질서

활동 예	• 줄을 설 수 있어요. • 안전은 중요해요. • 슈퍼마켓에 가요. • 아무도 안 본다고	• 찻길에서 지켜야 할 규칙 • 우리 반 규칙 표지판 만들기 • 게임 규칙 만들기 • 지진이 일어났어요.
교육방법	• 학기 초 유아들의 일상생활에서 혼잡함을 경험한 내용을 토대로 질서의 필요성에 대해 느끼고 실천해 보는 기초 질서에 대한 활동 계획 • 법 질서를 경험하고 실천할 수 있도록 교통질서를 알아보고 교통 표지판을 활용해 우리 반 규칙을 정해보는 활동 계획 • 사회질서에 대한 활동으로 환경·이웃과의 생활에서 지켜야 할 규칙과 역할을 알아보고 실천할 수 있는 활동 계획 • 학기 말에는 유아들이 직접 규칙을 정해보고 놀이를 통해 질서와 규칙의 필요성을 친숙하게 느낄 수 있는 활동 계획	

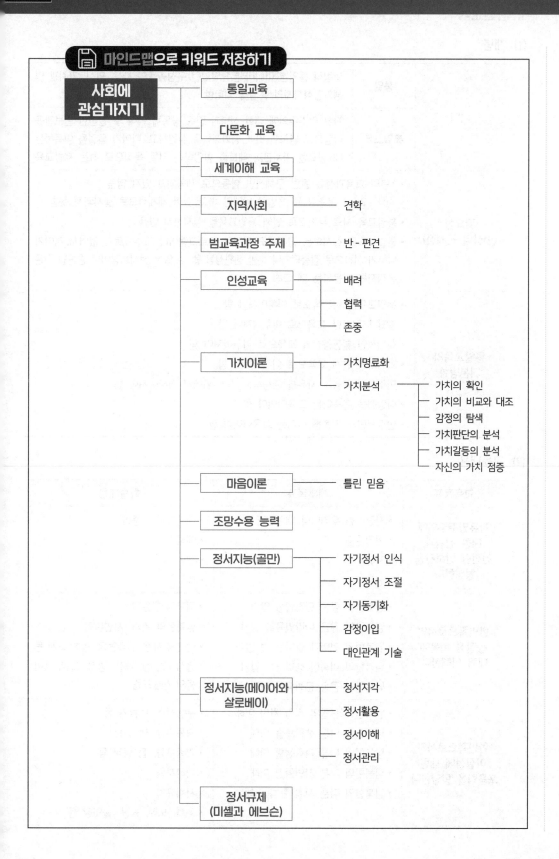

1. 통일교육

(1) 개념

의미	통일	외형적 통일뿐 아니라 분단되었던 구성원들의 사상, 의식, 가치관 및 생활양식까지의 통일을 의미함
	통일교육	자유 민주주의에 대한 신념과 민족 공동체 의식 및 건전한 안보관을 바탕으로 남북한 간에 평화정착을 실현하고, 나아가 통일을 이룩하는 데 필요한 가치관과 태도를 함양하는 것을 목적으로 하는 제반교육
필요성 (현장의 문제점)		• 1년의 교육과정을 통한 구체적인 활동으로 제공되고 있지 않음 ⇨ 6·25나 현충일 등 특별한 날에만 하고 있어 체계적으로 실시되지 못함 • 통일교육 자료 부족으로 인해 통일교육을 실시하지 않음 • 통일교육을 실시하는 경우에도 적절한 프로그램이나 교수자료가 없어서 이야기 나누기 시간으로 집중되거나 북한 생활상을 볼 수 있는 전시회장이나 충혼탑 같은 유적지를 방문하는 데 그침
통일교육의 기본방향		• 통일교육은 총체적으로 이루어져야 함 • 발달에 적합한 교육으로 이루어져야 함 • 실제적인 활동중심의 교육으로 이루어져야 함 • 가정과의 연계 교육으로 이루어져야 함 • 민주시민 교육과 자유를 존중하는 기초 위에서 이루어져야 함 • 다양성을 존중하는 교육이어야 함 • 민주시민의 기초를 다지는 교육이어야 함

(2) 교육내용

교육목표	세부목표	학습내용
자유민주주의에 대한 신념과 건전한 안보관을 형성한다.	• 자랑스런 우리나라 대한민국 • 인권존중 • 자유 • 평등	• 태극기의 소중함 • 애국가 • 책임 • 의무
한민족으로서의 동질성 회복에 대해 이해한다.	• 남북한이 같은 민족임을 알기 • 남북한이 같은 나라였음을 알기 • 남북한의 언어가 같다는 것 알기 • 남북한의 비슷한 생활모습 알기 • 남북한의 공동 문화유산 알기	• 외모의 공통점 • 남북한의 위치, 자연환경 • 단군의 자손, 전래동요, 동화 소개 등 • 음식, 옷, 집, 계절, 명절, 그림, 놀이 등의 생활모습
한민족으로서의 이질성에 대한 포용력을 함양한다.	• 남북한 사람들의 직업 차이 이해 • 남북한의 다른 생활모습 이해 • 남북한의 다른 가족생활 이해 • 남북한의 다른 자연환경 이해 • 남북한의 다른 사회 규칙 이해	• 운동선수, 예술가 등 • 교통수단, 언어 등 • 가족구성, 집 형태 등 • 지하자원 • 사회규칙 • 동화, 노래, 율동, 놀잇감 등

평화공존과 남북 화해협력의 필요성을 깨닫는다.	• 분단과 폐해와 고통 이해 • 평화의 소중함 인식 • 전쟁이 주는 교훈 • 평화 공존 • 남북화해 협력 • 남북한이 함께 할 수 있는 것	• 전쟁, 이산가족, 고통 등 • 평화, 기쁨, 번영, 안정 • 곡물, 의약품, 공산품, 지하자원 등 교환 • 금강산 관광, 자연환경, 예술 활동, 운동 등
통일된 나라에 대한 상상력과 민주시민으로서의 자질을 함양한다.	• 통일의 개념 알기 • 통일 이후의 모습 상상하고 이해하기 • 기본 생활습관 • 개인의 생각과 행동 조절 • 집단생활 • 사회현상과 환경에 대한 관심	• 통일된 나라에 대한 상상과 하나됨 이해하기 • 통일을 위한 노력 • 예절 바르게 생활하기, 질서를 지켜 생활하기 • 자기 일을 계획하고 완수하기 • 상황에 맞게 감정·행동 조절하기 • 다른 사람과의 관계 알기 • 더불어 사이좋게 지내기 • 집단 생활에 적극적으로 참여하기 • 협동하여 문제 해결하기 • 주변지역에 관심 가지기 • 주변 환경 보전하기

2. 한국문화 정체성 교육(세대 간)

(1) 개념

개념	**전통**	어떤 집단에서 지난 시대에 형성되어 계통을 이루어 전해 내려오는 사상이나 관습·행동 등의 양식
	문화 정체성	자기 자신이 속한 문화의 이념과 특징, 장단점을 알고, 긍지를 가지면서 더욱 발전시키려고 하는 의식
	한국문화 정체성	전통과 타 문화와의 접촉 및 반응을 통해 나타나는 변화를 모두 포함하는 것 ⇨ 한국문화의 본래 모습
필요성		• 유아기는 한국문화 정체성 교육을 하기에 적절한 시기임 • 우리 전통문화에 대한 올바른 이해를 바탕으로 한국인으로서의 자긍심을 갖게 됨 • 세계화·국제화 시대에 다른 나라의 문화를 이해하는 능력과 존중하는 태도를 길러줄 수 있음 • 다른 나라의 문화를 이해하는 능력과 존중하는 태도를 길러주어 세계화 시대에 자랑스러운 한국인으로 성장하도록 도울 수 있음

교육의 방향	• **생활과의 접근성** : 직접 체험해보는 등 전통의 일상화를 교육과정 전반에 반영함으로써 이루어질 수 있음 ◉ 유아교육기관의 건축양식, 우리말과 글, 우리의 음악과 미술, 예절, 음식, 놀이, 의복 등 • **접근기회의 확대** : 1회성 행사가 아닌 일반적인 유치원 교육과정 내에서 다루어져야 함 • **판단기준의 설정** : 우리 문화에 대한 미적 기준 또는 가치 기준을 마련해 적절한 판단 기준을 제시
전통문화에 기초한 유아교육	• 유아의 창의성을 계발함 • 한국인으로서의 자긍심 고취시킴 • 세계화·국제화 시대에 대비하는 교육의 성과를 유도함 • 전통문화에 대한 관심과 이해를 바탕으로 전통윤리와 규범 및 미풍양속을 체험하고 습관화함 • 우수한 정신문화를 계승하고 세대 간 정서적 유대감을 조성함
교육 프로그램의 목표	• 우리나라 전통문화에 친밀감 갖기 • 우리나라 전통문화를 존중하는 태도 갖기 • 우리나라 전통문화의 훌륭한 점을 알고 자긍심 갖기

(2) **교육내용**

우리 유산	• 민속화 • 기와집 • 옷과 장신구 • 박물관	• 우리나라 그릇 • 우리나라 종이 • 우리나라 정원
우리 놀이	• 자연물 놀이 • 윷놀이 • 강강술래 • 공기놀이	• 고누놀이 • 연날리기 • 팽이치기 • 줄다리기
우리 음식	• 산나물, 들나물 • 비오는 날 부침개 • 매실장아찌 • 손으로 만든 수제비 • 감잎차	• 말려서 먹어요. • 따끈따끈 오곡밥 • 도토리묵 만들기 • 청국장 만들기 • 동지팥죽

3. 세계 이해 교육

교육의 종류	**다민족 교육**	다양한 종족이나 민족 등의 고유한 문화 또는 특성에 대하여 서로 이해하고 존중하는 과정을 배우는 민족적 내용에 초점을 맞추는 교육
	다문화 교육	문화적 다양성을 가치 있는 자원으로서 지원·확장하려는 교육
	반편견 교육	편견 없이 인간을 존중할 수 있는 개방성과 감수성을 높여 주는 교육
	국제 이해 교육	자민족 중심주의를 극복하고, 보다 넓은 시야에서 세계를 포용할 수 있도록 하는 교육
	평화 교육	평화와 협력을 이끌어 내는 태도·행동·사고방식·가치관을 길러주는 교육
	세계 이해 교육	상호의존적 세계에서 효과적으로 살아가기 위해서 요구되는 지식·기술·태도를 기르는 교육
세계 이해 교육의 목표		• 자기존중감과 함께 인종, 성, 신체조건 등에 따른 다양성 이해하고 존중하는 태도 기르기 • 다른 나라 사람이라도 인간은 평등하며 모두 지구촌 가족이라는 우호의식 기르기 • 우리나라의 문화유산에 대한 자긍심을 가지며, 이와 함께 여러 나라의 문화는 다양하고 서로 존중해야 한다는 의식 기르기 • 우리나라와 다른 나라는 서로 필요한 물자·정보·문화 등을 교류하며, 이를 통하여 서로 도움을 주고받는 관계에 있음을 인식하기 • 하나뿐인 지구에 대한 인식을 기초로 환경을 보호하고 자원을 아껴 쓰는 태도와 습관 기르기 • 인류애를 통한 교류와 협력에 관심 가지기
목표 영역	**지식**	타국 이해, 세계 문화 인식, 세계 체제 인식
	기술	정보처리 기술, 의사소통 기술, 고등사고력
	태도	타문화 수용, 세계 문제에 관한 관심, 세계 문제에의 참여 의식
교육내용	**이념**	협력, 체제, 평화, 인권, 인류 공영
	문제	인구, 환경, 질병, 난민, 무력, 자원, 의사소통, 외교
	문화	역사, 언어, 문학, 예술, 종교, 관습, 풍속
공통된 부분		• 문화적 보편성과 세계적 관점을 교육내용에서 모두 강조하고 있음 • 국제주의 또는 세계주의를 전제로 교육내용을 구성하지만 그 배경에는 자국에 대한 정체성이 반드시 포함되어야 함 • 우리의 눈을 세계로 확대하는 것뿐만 아니라 우리 자신을 세계적인 시각에서 볼 수 있는 안목을 길러줄 수 있도록 구성하여야 함 • 세계 여러 나라들이 긴밀하게 연결되어 세계를 하나의 의존 체제로 인식하도록 함 • 세계 상황을 개선하는 데 인간의 노력은 좋은 결과를 거둘 수 있다는 신념과 도덕적 감정을 발달시킬 수 있는 교육내용을 포함하도록 함
세계 이해 교육의 방법		• 전조작기 단계의 유아의 발달단계를 고려함 ⑩ 자신의 인종, 민족에 대한 일치감 ⇨ 다른 집단에 대한 감정 이입과 관심 ⇨ 인간의 존엄성과 정의와 같은 이상적인 균형감을 발달 • 과정중심 교육과정과 통합적인 방법을 이용함 • 신문을 통한 교육 및 컴퓨터를 통한 교육을 활용함

4. 세계 시민 교육

정의	세계 시민으로서 전 세계인에 대해 공동체적인 시각을 갖고, 세계인으로 함께 살아가는 삶을 살아가는 데 필요한 지식·기술·태도를 키우는 것	
자료 개발 필요성	• **현대 사회의 변화**: 지구촌 사회로의 변화, 인류 생존과 관련된 전 지구적 차원의 문제 증가 　⇨ 세계 시민으로서의 자질 요구 • **유치원 종일반 운영**: 부모들의 특별활동 요구로 인한 유치원의 학원화 및 유치원 교육의 질적 약화에 대비하기 위한 종일반 특성화 프로그램의 하나로 개발함 • **전문 인력 활용**: 구체적인 모델을 통한 사회적 학습의 기회를 제공하고 노블리스 오블리제 구현을 기반으로 함	
개념	**다문화 교육**	• 한 국가 내에서 존재하는 다양한 문화적 차이나 갈등을 줄이기 위함 • 다양한 문화권을 존중하는 교육을 통해 국가 내에서 더불어 잘 사는 것을 목적으로 함
	국제 이해 교육	국가 간 경계 인정, 인류평화 위한 오해와 갈등을 줄이기 위한 이해 중시
	세계 시민 교육	공동체적 시각을 가지고, 세계인으로 함께 살아가는 삶을 살도록 돕는 교육
목표	**인권**	인간은 누구나 소중하며 존중하는 태도를 갖기
	세계의 상호의존성	나는 세계의 한 구성원임을 알고 세계의 번영을 위해 노력하기
	문화적 다양성	문화적 차이를 이해하고 존중하는 태도를 갖기
	갈등의 평화적 해결	갈등을 평화적으로 해결하고 평화를 실현하기 위해서 노력하기
	지구촌 환경문제	세계 시민으로서 지구 환경을 가꾸기 위해 노력하기
교육내용	**소중한 인권**	인간(나와 타인) 존중, 자유 평등, 더불어 사는 세상
	세계는 하나	가까운 세계, 서로 협력하는 세계, 세계 속의 나
	다양한 문화	자랑스러운 우리 문화, 다양한 문화의 공통점과 차이점, 다양한 문화에 대한 이해와 존중
	평화로운 세계	평화로운 우리, 평화를 위한 노력, 전쟁과 평화
	함께 가꾸는 지구 환경	우리 생활과 환경, 자연의 보전과 보호, 지구를 살리기 위한 노력

5. 역사교육

(1) 목적

① 역사의 흐름을 통하여 인식의 폭을 넓히고 세상을 바로 보는 능력과 역사의식을 키워주어야 함

② 유아 역사교육의 바람직한 방향을 제시하고. 유아를 대상으로 하는 역사교육의 개념과 접근 방법에 대한 지침을 마련하고자 함

③ 유아교육 현장에서 역사교육을 전개할 때 사용할 수 있는 다양한 역사교육 활동과 교수 자료를 개발·보급하여 유아에게 적합하고 의미 있는 방식으로 역사교육이 이루어지도록 지원함

(2) 개념

주요 개념	구체적 내용	하위 내용
시간	현재와 가까운 시간이나 먼 시간에 일어난 사건을 순서에 따라 배열해봄으로써 과거와 현재의 흐름을 알고, 그에 따른 결과를 이해할 수 있음	• 과거, 현재, 미래 구분하기 • 시간의 흐름에 대해 이해하기 • 과거와 현재의 연계과정 이해하기
변화	• 역사교육의 가장 기본이 되는 개념 • 변화는 삶의 일부이며, 변화를 받아들이고 적응하는 것은 삶을 풍요롭게 사는 데 결정적인 역할을 함 • 유아 자신과 가족, 이웃의 변화 등을 통하여 유아는 변화의 불가피성을 수용하고 변화에 적응하는 방법을 배움	• 주변의 변화 탐색하기 • 변화의 계속성 이해하기 • 변화의 결과와 영향 알기
인과관계	• 사실이나 사건에는 원인이 있고 이러한 원인의 영향을 받아 현재의 상황에 이르게 됨 • 과거의 사실이 발생하게 된 원인과 현재에 이르기까지의 과정 및 영향에 대한 유아의 이해를 돕는 역사개념	• 사건의 원인과 결과 탐색하기 • 과거의 사건이 현재에 미치는 영향 이해하기 • 현재의 사건이 미래에 미칠 영향 예측하기
생활의 연속성	여러 기록물을 통해 사람들이 자신의 뿌리와 근원을 알도록 하며, 과거와 현재 생활의 연속적인 관계에 대한 이해를 도움	• 과거의 생활과 현재의 생활 비교하기 • 각 세대의 삶을 통해 생활의 연속성 이해하기
리더십	인간은 역사의 주인공임을 알게 하고, 유아들은 자신과 관계있는 사람이나 역사적 인물·영웅들에 대해 많은 관심을 가지며 이들에 대한 동일시를 통해 바람직한 가치관을 형성하도록 함	• 역사적 인물의 배경과 존재 이해하기 • 개인의 지도력이 역사에 미치는 영향 이해하기

(3) 교육

유아 역사교육의 목표	인지적 측면	• 시간의 흐름에 따른 변화와 관계성을 이해함 • 과거의 역사적 사실을 알고 과거와 현재, 현재와 미래의 관계를 추론함 • 과거의 기록·문화유산·가족사 등을 통해 옛 선인들의 생활사를 파악하고 현재 생활과의 연계성을 이해함 • 과거의 사실이나 사건, 생활 등에 대해 탐구하는 경험을 통해 문제해결 능력을 기름
	정의적 측면	• 과거의 역사적 사건이나 사실, 역사적 인물에 공감해봄으로써 역사에 대한 흥미와 깊은 의미를 발견함 • 시간에 따른 변화 및 가정·지역사회·국가·세계 속에서 자신의 존재를 인식함으로써 정체감을 형성함

	기능적 측면	역사적 사실을 탐구하기 위해 기록 찾아보기, 유적지나 박물관 방문하기, 역사적 사건 및 인물에 대한 신문기사 활용하기 등의 방법을 활용하는 능력을 기름
교육내용의 선정 기준		• 유아의 흥미와 호기심을 불러일으킬 수 있는 것으로부터 출발하여 기존의 교육과정에 통합하여 전개할 수 있는 것으로 선정함 • 유아의 사전 경험과 배경을 고려하여 친근감을 느낄 수 있는 주제를 선정함 • 역사적 시간에 대해서 다룰 때 일반적 시간으로의 시·분·초 개념으로 접근하는 것보다는 현재·과거·아주 오래된 과거로 구분 • 유아들이 직접 만져보거나 눈으로 볼 수 있는 역사적 자료를 활용함 • 역사적 인물의 삶과 연관지어 역사적 내용을 전개함
유아 역사교육의 접근방법		• 역사 이야기를 통한 접근 • 역사가의 탐구적 접근 • 멀티미디어를 통한 접근 • 역사 관련 확장활동을 통한 통합적 접근

6. 지리교육

(1) 개념

정의	• '공간과 장소의 과학'을 의미함 • 지리교육은 공간에 대한 감각을 발달시키고 장소의 물리적 요소와 인적 요소를 포함해 이들 요소가 어떻게 상호작용하며 장소의 특성에 어떤 영향을 미치는가에 대해 가르치는 교육 • 유아가 주변 환경을 탐색하기 시작하고 사물을 구별·인식하고 경험하게 됨으로써 자신의 머릿속에 장소·공간·사물·환경에 대한 개념을 형성하게 되고, 이에 대한 사람들의 대처방식 및 상호작용에 대해서도 이해할 수 있도록 가르치는 교육
필요성	• 유아들은 어린 연령의 영아기부터 자신을 다른 사람이나 사물로부터 구별하며 자신을 둘러싸고 있는 주변에 대해 인지하고, 점차 성장하면서 적극적으로 자신의 주변 환경에 대해 탐색하게 되며 지리에 대해 학습하게 됨 • 유아들은 일상생활 속에서 여러 사람들 및 장소를 직접적으로 접하게 되며, 이는 유아의 지리개념을 형성하는 중요한 요소로 작용함 • 유아들이 생활에 필요한 정보를 얻고 환경에 대한 개인적 조절 감각을 획득할 수 있음 • 사물과 장소에 대한 인식과 감각을 발달시키고 환경에 대한 책임감을 증진시킬 수 있음 • 세상의 아름다움에 경외감을 갖고 지역 수준을 넘어 세계 수준에서 다양한 문제를 해결하기 위한 소양을 갖추기 위해서 필요함
내용	• **방향과 위치**: 위, 아래, 앞, 뒤, 옆, 오른쪽, 왼쪽 등 방향과 위치를 나타내는 용어 알기 • **지도**: 위치나 장소를 나타내기 위해 지도 사용하기 • **우리가 살고 있는 지역**: 우리가 사는 지역의 자연적·물리적인 특성에 대해 인식하기 　📵 땅(딱딱한 땅, 모래, 진흙 등), 물로 덮인 부분(강, 호수, 바다 등), 평평한 곳, 언덕과 같이 솟아오른 부분이 있음

	• **지리적 환경과 사람들의 대처 양식** : 기후와 환경에 따라 사람들의 생활 방식이 다름에 대해 알기 　⓪ 사람들은 편리한 생활을 위해 산을 깎아 만드는 도로를 만들거나 댐이나 저수지를 만들어 지형을 변화시킴 • **다른 지역에 사는 사람들 간의 상호작용** 　⓪ 멀리 떨어져 사는 사람들은 교통수단(자동차, 기차, 비행기, 배 등)을 사용하여 왕래하거나 통신수단(편지, 전화, 컴퓨터 등)을 사용하여 연락함
교수·학습 방법 및 유아 활동	• **유아에게 적합한 지리교육 자료의 준비 및 제공** 　⓪ 친숙하거나 낯선 장소에 대한 사진·그림, 다양한 블록들, 사람·동물·교통기관의 사진, 동서남북의 기본적인 표시, 다양한 측정도구, 땅파기 도구, 컴퍼스, 돋보기 등의 도구, 지도와 지구본(학교, 시, 지방, 국가, 세계 등 표시), 폴라로이드 카메라, 지도 만들기 재료(그리기 도구, 크레용, 점토), 참고자료(도해서, 로드맵 북, 정보를 주는 도서) • **문학책 활용** : 지리교육 개념별로 동화책 목록을 구성하여 활용하기 • **지리교육을 촉진하기 위한 교실 환경 준비** : 다양한 공간과 형태를 갖춘 교실로 설계하기, 주기적으로 공간을 변화시키기, 여러 가지 놀잇감·동식물·재질을 포함시키기, 교실 지도 개발하기 • **현장 견학** : 유아들의 흥미, 지역사회 자원, 소요시간, 운송방법, 유아와 교사 및 자원봉사자 수, 안전, 견학의 목적 및 특성, 방법(관찰, 질문, 비교 등)에 대해 고려하기 • **지도 사용 및 제작** : 지도의 5가지 요소(원근법, 축척, 위치와 방향, 기호, 내용과 목적)에 기초하여 지도를 소개하고, 다양한 도구와 재료를 이용하여 지도 만들어 보기 • **지구본 사용** : 가족들이 태어난 장소의 위치 찾아보기, 이야기 또는 현재 사건이 일어난 장소 찾아보기, 거리 재어보기, 특정적인 지형 찾아보고 표기하기

(2) 교육 활동

유아 활동의 예시	**이야기 나누기**	• 우리 동네를 돌아보기 전·후에 이야기 나누기 • 우리 동네 자랑거리 찾기 • 자연적인 힘에 대한 개인적 경험이나 뉴스 나누기 등
	언어활동	• 유치원 오는 길 책 만들기 • 우리 동네 안내서 만들기 등
	동화	곰 사냥을 떠나자, 달사람, 로지의 선택 등
	견학	우리 동네 돌아보기, 고구마 캐기, 갯벌 탐색 등
	과학활동	• 그림자 놀이 • 비온 뒤 땅 표면 관찰하기 • 날씨 조사표 • 흙·벌레 사는 곳 관찰하기 • 지구본 관찰하기 등

	실외놀이	모래놀이, 땅 파기 활동, 보물찾기 등
	동작활동	신체적 탐색과 이동 탐색하기 등
	사회극 놀이	• 사람·사물의 공간 이동 패턴을 알아보는 극 놀이하기 • 여행사 놀이 등

지리적
개념 발달
	출생~1세	• 개인적 공간
		  - 태어나자마자 자신의 몸을 만지고, 당기고, 움켜잡는 등 자신의 몸을 탐색함
		  - 요람 안, 방 등을 기어서 이동하면서 주변의 물리적 특성을 온갖 방법으로 탐색함

	걸음마기	• 개인적·지역적 공간 - 신체적 운동능력의 발달과 함께 가까운 주변 환경, 친구·이웃집, 놀이터 등의 공간적으로 가까운·먼 곳으로 이동하여 탐색함

	유아기
	(4~5세)
		• 개인적·지역적·국가적 공간
		  - 실내·외의 주변공간에서 걷고, 뛰고, 높이 올라가고, 터널을 통과할 때 몸을 웅크리는 등 공간을 탐색함
		  - 자신이 속해있는 지리적 환경, 즉 기본적인 방향을 학습함
		  - 지리적 특성에 따른 사람들의 삶의 변화에 관심을 가짐

	초등 연령	• 국가적·세계적 공간 - 계속해서 개인적 경험을 정교화하기, 매체, 학교 경험, 친구, 성인의 경험(개인적·지역적)을 통해 지역적·국가적·세계적인 공간에 대해 개념으로 확장해 나감
기타		• 지도는 '나'는 알고 있지만 그것을 모르는 다른 사람에게 안내하기 위한 것임 ⇨ 지도나 안내서는 그것을 보는 사람의 입장에서 그려야 지리정보를 성공적으로 전달할 수 있음 • 지도를 그리는 것은 추상과 표상을 이해하는 능력을 요구하기 때문에 유아는 물론 성인들도 어려워 할 수 있으므로, 먼저 친숙한 장소를 선택하고 구체적인 사물을 이용하여 위치를 명확하게 한 후에 지도 그리기 활동이 이루어질 수 있도록 함 • **지도 그리기의 확장 활동**: 재활용품을 활용하여 교실 모형을 만들어 보기 참고 지역을 소개하는 안내서에 포함될 내용(Maxi, 2004) 　• 지역의 특징을 간략히 드러내는 표지 　• 지역의 관심거리, 기후, 지리적 특징, 주요 생산물 등에 대해 안내를 하는 도입부 　• 지역에 살았던 중요한 인물뿐만 아니라 중요한 날짜와 사건을 내용으로 하는 역사관 　• 축제, 제전, 계절별로 눈길을 끄는 것을 강조한 행사달력 　• 박물관, 공원, 동물원, 여가활동, 역사유적, 사업 등의 설명이 담긴 가볼 만한 곳 　• 호텔, 레스토랑, 캠프장에 대한 정보와 비용을 제공하는 음식과 숙소

7. 범교육과정적 주제의 운영(민주시민·한국문화 정체성·국제이해·인권·다문화· 미디어 교육 등)

토의활동	• 갈등 발생 시 서로 의견을 나누고 의견들 사이에 유사점과 차이점을 찾아보고, 궁극적으로 문제를 해결하는 것
	• **토의를 통해 배우는 점**
	  - 협상하고 협력하는 방법
	  - 자신의 느낌이나 생각을 언어로 표현하는 방법
	  - 다른 사람의 느낌과 생각을 수용하는 방법
	  - 자신과 다른 사람의 권리가 모두 존중되어야 함을 알게 됨

협동학습	• 지구촌 이슈 및 관심거리를 다룰 때 사회적 지식 전달에 그치지 않도록 협동학습 활용 • 소그룹으로 의견을 나누고 문제해결을 하는 협동학습을 통해 책임감을 형성할 수 있음
견학	• 주제에 대한 흥미를 유발시키고, 교실에서 배운 것들을 강화·확장시켜줌 • 직접 관찰, 필요한 자료 수집, 수집한 자료에 기초하여 추론 및 결론 내리기를 함
극화 놀이	교실에서 현실을 재창조하는 기회를 제공함
도서	• 간접 경험의 풍부화 • 다른 사람의 생활·경험·느낌을 공감하고 도덕적 판단 기준을 갖게 됨
다양한 매체 활용하기	• 다양한 매체를 통해 수많은 정보를 생생하게 접할 수 있음 • 세계화와 관련되어 넓은 시각과 최신 정보를 얻을 수 있음
전문 인력 및 시설 활용하기	• 전문 분야의 인사들을 교실에 초청함 • 궁금한 것을 미리 생각해보거나 전문 인력에 대해 조사하는 것 등의 사전 활동이 중요함

8. 반 – 편견교육

'3~5세 누리과정'의 '편성' 내용을 근거로 유아가 성별, 종교, 신체적 특성, 가족 및 민족 배경 등에 관계없이 모든 사람을 존중하고 수용하도록 **반** - 편견교육을 범교육과정적 주제로 운영함

* 모범답안 762 ~ 765쪽

01 (가)는 만 5세반 별님반에서 '친구의 감정을 느껴요'라는 주제로 김 교사가 작성한 활동계획안의 일부이고, (나)는 (가) 활동 이후 별님반에서 일어난 상황이고, (다)는 「인성교육진흥법」(시행 2015. 7. 21.) (법률 제3004호, 2015.1.20., 제정)의 일부이다. 물음에 답하시오. [5점]

	목표	누리과정 관련 요소
(가)	• ㉠ 상황에 따라 친구가 느끼는 여러 가지 감정을 이해한다. • 이야기를 듣고 자신이 느낀 여러 가지 감정을 말로 표현한다.	• 사회관계 : (생략) – (생략) • 의사소통 : 말하기 – 느낌, 생각, 경험 말하기

〈창의·인성 관련〉
• 창의성 : 성향적 요소 – 개방성
• 인성 : (㉡) – 친구에 대한 (㉢)

〈활동방법〉
• 자유선택활동 시간에 있었던 감정에 대해 이야기 나눈다.
  – 자유선택활동 시간에 기분이 좋지 않았던 친구가 있었니?
• '감정을 느껴요' 그림 자료를 보면서 다양한 감정에 대해 알아본다.
  – 그림 속 친구들은 어떤 감정을 느끼고 있었을까?
• 다양한 감정이 일어나는 상황에 대하여 이야기 나눈다.
  ㉣ – 친구가 블록을 갖고 놀고 있는데 내가 무너뜨렸어. 친구의 마음이 어떨까?
  – 내가 친구의 발을 밟았어. 밟힌 친구의 마음이 어떨까?
  – 내가 장난감을 치우지 않으려고 하면, 친구의 마음이 어떨까?
  – 내가 친구를 놀리면, 놀림당한 친구의 마음이 어떨까?

(나)
자유선택활동 시간에 수현이가 조형영역에서 색종이 오리기를 하고 있다.
수현 : 노란색 색종이가 필요해.
수현이가 쓰고 있던 가위를 잠시 자신의 앞에 내려놓고, 노란색 색종이를 꺼낸다. 이때, 송이가 수현이가 쓰고 있던 가위를 가지고 가서 맞은편에 앉는다.
수현 : ㉤ (들고 있던 노란색 색종이를 송이에게 던지며) 야! 그건 내가 쓰고 있던 거야. 빨리 줘!
송이 : 나도 오릴 거야.
수현 : 그래도 내가 먼저 쓰고 있었어! (울먹이며) 선생님, 송이가 제가 쓰고 있던 가위를 그냥 가져가버렸어요!
교사 : 송이야, 수현이가 쓰고 있던 가위를 네가 아무 말 없이 가져가서 정말 속상하대. 만약, (㉥)?

(다)
제2조(정의) 이 법에서 사용하는 용어의 뜻은 다음과 같다.

…(중략)…

2. "(㉦)"(이)란 인성교육의 목표가 되는 것으로 예(禮), 효(孝), 정직, 책임, 존중, (㉧), 소통, 협동 등의 마음가짐이나 사람됨과 관련되는 핵심적인 가치 또는 덕목을 말한다.

1) 2019 개정 누리과정의 사회관계 영역인 (가)의 ㉠, ㉢과 관련된 골만의 '정서발달'의 용어를 쓰시오. [1점]

_____

2) ① 2019 개정 누리과정의 사회관계 영역에서 ㉠, ㉢과 관련된 '내용'을 쓰고, (나)의 상황에서 ㉥에 들어갈 교사의 적절한 발문을 쓰시오. [2점]

① _____

㉥ _____

3) ㉦과 ㉧에 들어갈 정확한 용어를 쓰고, 다음의 ①에 들어갈 말을 쓰시오. [2점]

(나)에서 ㉤과 같은 행동을 볼 때, 골만의 5가지 구성요소 중 (①)능력이 부족하다고 판단된다.

㉦ _____

㉧ _____

① _____

02 다음은 각 놀이 상황에서 나타난 유아 간의 상호작용의 사례이다. 물음에 답하시오. [5점]

(가) 쌓기 영역에서 순호가 자동차 길을 만들고 있을 때 진서가 와서 함께 놀고 싶어 한다. 순호는 ㉠ "안 돼. 내 거야, 넌 다른 거 가지고 놀아."라고 소리친다. 진서는 선생님을 쳐다본다. 순호는 "안 돼요."라고 다시 소리친다.

(나) 경호와 태희는 수수께끼 놀이를 하고 있다. 경호가 문제를 내자 태희는 힌트를 달라고 요구하고 그 힌트를 들은 태희는 문제를 맞힌다. 다음 차례인 경호가 힌트를 달라고 하자 태희는 "안 돼. 내가 이겨야 해."라며 힌트를 주지 않는다. 다시 자기 차례가 되자 경호는 ㉡ "너도 힌트 주지 않았잖아. 나만 힌트 주는 건 불공평해."라고 하였고 둘 사이에 긴장감이 맴돈다. 태희는 경호에게 힌트를 달라고 하는 대신 교사에게 가서 답을 알려 달라고 했고 결국 게임은 제대로 이루어지지 않는다.

(다) 모래 영역에서 효진이와 은미는 서로 다른 방향에서 모래터널을 짓고 있다가 두 터널이 마주치게 된다. ㉢ 효진이가 은미의 터널을 무너뜨리자 은미는 효진이를 밀어 넘어뜨렸고 둘 다 울음을 터뜨린다.

---

1) (가) ~ (다)는 셀만(R. Selman)에 의한 대인 간 이해의 협상전략 수준을 보여준다. ㉠ ~ ㉢에서 유아들이 보이는 협상전략 수준이 무엇인지 쓰시오.　　　　　[1.5점]

㉠ _____

㉡ _____

㉢ _____

2) 다음을 읽고 ① ~ ③이 무엇인지 쓰고, ②와 ③의 의미를 각각 쓰시오.　　　　　[2.5점]

셀만(R. Selman)의 역할수용 단계에서 두드러진 특징은 (①)와/과 일방적 수준에서 (②)(으)로 그리고 더 높은 단계인 (③)(으)로 진보한다는 점이다.

---

① _____

② _____, _____

_____

③ _____, _____

3) ㉠, ㉡, ㉢을 발달 순서대로 나열하시오.　　　　　[1점]

_____

03 (가)는 다문화 가정 유아 3명이 포함된 만 4세 유아들을 위한 이야기 나누기 활동 계획안의 일부이고, (나)는 다문화 교육에 관한 교사들의 대화 내용이다. 물음에 답하시오. [5점]

(가)

활동명	누구일까요?
활동 목표	• 다른 나라 사람들에 대해 관심을 갖는다. • 사람들에게는 같은 점과 다른 점이 있다는 것을 안다. • 사람들의 서로 다른 점을 존중하며 사이 좋게 지낸다.
교육과정 관련 요소	• 사회 관계 : 다른 사람과 더불어 생활하기 – (㉠) • 사회 관계 : (㉡) – 세계와 여러 문화에 관심 가지기
활동 자료	세계 여러 나라 유아의 모습이 담긴 그림 카드
활동 방법	1) 그림 카드에 나타난 세계 여러 나라 유아들의 특징을 알아본다. 2) 세계 여러 나라 유아들의 공통점과 서로 다른 점에 대해 이야기 나눈다. 3) 우리 반 친구들의 공통점과 서로 다른 점에 대해 이야기 나눈다. 4) 사람들은 모두 다르지만 서로 다른 점을 존중해야 한다는 것에 대해 이야기 나눈다.

(나) 4세반 교사들의 대화

김 교사 : 저는 유아들에게 다문화 교육을 하기 위해 각 나라의 축제를 열어 다른 나라의 문화를 접하게 하려고 해요.

최 교사 : 좋은 생각이에요. ㉢ '세계 여러 나라' 생활주제를 다룰 때 교육과정의 목표나 내용을 변화시켜 새로운 관점에서 다문화교육을 해보는 것은 어떨까요?

백 교사 : 그렇죠. 다문화에 관련된 관심사를 유아들이 직접 토의하고 의사결정에 참여하여 생활에 실천하도록 하는 것도 좋지 않을까요?

1) ⓐ ~ ⓔ 중 (가) 활동에 대한 설명으로 부적절한 내용의 기호를 쓰시오. [1점]

> ⓐ 다문화 가정 유아들의 다양한 언어를 익히는 기회를 제공하는 활동이다.
> ⓑ 유아들에게 공동체적 삶의 태도를 형성할 수 있도록 돕는 기초 활동이다.
> ⓒ 가소성 높은 시기의 유아들이 생김새가 다른 친구들에 대해 편견 없이 대할 수 있도록 돕는 활동이다.
> ⓓ 다른 나라 사람들의 특징을 알아보면서 다른 나라 사람들에 대해 관심을 가질 수 있는 기회를 제공하는 활동이다.
> ⓔ 유아가 자신과 타인의 유사점과 차이점을 인식함으로써 상호 존중하는 사회적 관계를 형성할 수 있도록 돕는 활동이다.

_____

2) (가)의 활동 목표와 연관된 2019 개정 누리과정 사회관계 영역 중 ㉠에 적합한 '내용'을 쓰고, ㉡에 적합한 '내용범주'를 쓰시오. [2점]

㉠ _____

㉡ _____

3) (나)에서 ① 뱅크스(J. Banks)의 다문화 교육이론에 근거하여 ㉢에 해당하는 단계를 쓰고, ② 뱅크스(J. Banks)의 다문화 교육이론의 네 가지 단계 중 제시되지 않은 단계를 쓰시오. [2점]

① _____

② _____

04 (가)는 하늘유치원 만 5세반 박 교사가 자유선택활동 시간에 관찰한 내용의 일부이고, (나)는 박 교사와 학부모와의 대화 내용이고, (다)는 교사가 접근한 사회교육 방법의 내용이다. 물음에 답하시오. [5점]

(가) 자유선택활동 시간에 역할놀이 영역에서 남아인 지훈이와 여아인 다빈이가 같이 놀이를 하고 있다.

…(중략)…

지훈이가 놀잇감 속에서 여성용 머플러와 가발, 여성용 구두를 꺼내 든다. 그리고 가발과 머플러를 머리 위에 뒤집어 쓰고 구두를 신고는 거울 앞에 선다. 지훈이가 거울에 비친 자기의 모습을 바라보더니 요리하는 엄마 흉내를 낸다. 이것을 본 다빈이가 "야, 넌 왜 남자가 엄마처럼 하고 있냐? ㉠ 가발 쓰고 구두 신는다고 엄마가 되냐? 그리고 밥은 여자만 하는 거야."라고 말한다. 그러자 옆에 있던 지원이가 ㉡ "우리는 어른이 돼도 남자야."라고 한다. 그러자 지훈이는 재빨리 가발과 머플러, 구두를 바구니에 던져 놓고는 쌓기 영역으로 가서 다른 남아들과 집짓기 놀이를 한다. 집짓기 놀이 중 지훈이가 무거운 블록을 들고와 집을 짓자 남아들이 "야, 지훈이는 아빠 같이 힘이 세고 집도 잘 짓네."라고 하며 좋아한다. 그 말을 듣고 지훈이는 블록을 많이 들고 와서 더 열심히 집짓기에 참여한다. 집을 다 지은 후, 남아들이 "집은 우리 남자들만 짓는 거야."라는 말을 한다.

(나)

아 버 지 : 선생님! 철수가 인형을 가지고 자주 놉니까?

박 교 사 : 철수가 인형 놀이를 아주 좋아합니다.

아 버 지 : 저는 철수가 인형 놀이를 하는 것을 원하지 않습니다.

박 교 사 : 자유선택활동 시간에는 원하는 놀이를 자유롭게 하는 것이라서…….

아 버 지 : 아니 선생님! 우리 철수는 5대 독자랍니다. 우리 아이는 남자답게 강하게 씩씩하게 키우고 싶습니다. 세상 살기가 얼마나 힘든데 저런 인형 놀이나 하고 있어서야…….

박 교 사 : 네, 아버님 알겠습니다. 다음부터는 철수가 남자 아이들과 함께 쌓기놀이나 목공놀이를 하도록 지도하겠습니다.

(다)

장 교 사 : 위와 같은 활동을 위해서는 유아들이 먼저 가정에서 자신이 누구이며, 구성원으로서 어떻게 행동해야 할지를 배우고, 다음에 유치원에서 사회생활에 필요한 사회적 기술들을 발달시켜야 하지요. 그래서 저는 자유로운 블록쌓기 놀이와 감정 이야기하기, 나누어 쓰기, 협동하기, 규칙 지키기 등을 주요 내용으로 지도하고 있어요.

1) 반두라의 사회학습이론에서는 모델이 보이는 행동을 관찰하고 모델의 행동을 따라하는 모방과 정적강화가 인간의 사회성 발달에 있어 필수적이라고 본다. (가)에서 ① 정적강화의 예를 1가지 찾아 쓰고, ② 의미를 설명하시오. [1점]

① _____

② _____

2) 성 역할 개념 발달에 대한 콜버그의 견해에 비추어 볼 때, (가)에서 다빈이와 지원이가 보인 ㉠과 ㉡ 같은 반응은 ① 다빈이와 ② 지원이가 어떤 단계에 이르렀는지 쓰고, 각각 의미를 설명하시오. [2점]

① 단계 : _____

의미 : _____

② 단계 : _____

의미 : _____

3) 다음을 읽고 ①에 들어갈 적합한 용어를 쓰시오. [1점]

(나)에서 박 교사는 (①) 교육 관점에서 부적절한 교사의 인식과 태도를 보여주고 있다.

① _____

4) (다)에 적용된 씨펠트(C. Seefeldt)의 유아 사회교육 접근 방식을 쓰시오. [1점]

_____

05 다음은 유아들의 사회관계에 관련된 사례들이다. 물음에 답하시오. [5점]

(가) 에스키모 소년들은 어른들이 사냥하고 눈집 짓는 것을 주의 깊게 지켜보다가 그 행동을 기억하게 되고, 기억한 행동을 떠올리면서 시도해 보게 된다. 사냥하고 ㉠ <u>눈집 짓는 일은 에스키모인에게 있어서는 통상적으로 남자들의 일</u>이라, 소년들이 그런 행동을 하면 어른들은 격려하고 칭찬한다. 그러면 ㉡ <u>소년들은 사냥하고 눈집 짓는 일을 계속 하게 되고 그 행동을 학습</u>하게 된다. 그에 비해 에스키모 소녀들은 그런 행동을 해 볼 기회가 상대적으로 적어 소년들만큼 그 일을 숙련되게 하지 못한다.

(나) 철수는 동네에서 나무타기를 가장 잘한다. 어느 날 나무에 올라갔다가 떨어졌으나 다치지는 않았다. 마침 아빠는 철수가 떨어지는 것을 보시고 화를 내시며 앞으로 나무에 올라가지 말라고 하셨고 철수도 올라가지 않겠다고 약속했다. 그 후 철수는 친구를 우연히 만났는데 그 친구의 새끼 고양이가 나무에 걸려서 내려오지도 못하고 자칫 잘못하다간 떨어질 지경이었다. 고양이를 나무에서 데리고 내려올 수 있는 사람은 철수뿐이었으나 철수는 아빠와의 약속 때문에 주저하며 머뭇거렸다. 이때 철수는 나무에 올라가 고양이를 데리고 내려온다. 그리고 "고양이가 다칠지도 몰라서 철수가 나무에 올라가게 된 것을 아빠는 이해하실 거예요. 그래도 아빠는 철수가 다칠까봐 걱정이 되어 야단치실 거예요."라고 말하였다.

1) (가)의 ㉠에 관련하여 다음을 완성하시오. [1점]

아동이 성장함에 따라 점차 자신의 성에 대해 인식하고 자기가 속한 문화에서 자신의 성에 적합하다고 여겨지는 행동양식을 획득하게 되는 것을 (①)(이)라고 말한다.

① _____

2) (가)의 ㉠에 해당하는 성 역할 개념을 쓰시오. [1점]

_____

3) 다음을 읽고 ①이 무엇인지 쓰시오. [1점]

(가)와 관련하여 반두라(A. Bandura)의 사회학습이론에서는 관찰학습을 강조하고 있다. 관찰학습의 유형 중 한 가지인 ㉡은 모델의 일반적인 행동 스타일을 학습하는 것으로 (①)(이)라고 한다.

① _____

4) (나)의 사례에서 철수가 아빠의 감정의 이해하기 위하여 타인에 대한 직관적·논리적 표상으로 다른 사람의 내적·심리적 경험에 대해 유아가 가지는 사고와 추리의 과정을 무엇이라고 하는지 쓰시오. [1점]

_____

5) (나)의 사례에 나타난 셀만(R. I. Selman)이 제시한 사회적 조망수용 능력 발달단계를 쓰시오. [1점]

_____

06 (가)와 (나)는 별빛유치원 만 3세반 이 교사와 만 5세반 박 교사가 작성한 활동 계획안의 일부이고, (다)는 하늘반에서 다문화 가족인 태경이와 주영이가 이야기한 내용이다. 물음에 답하시오. [5점]

	(가)	(나)
활동명	우리 동네 다문화 가족	우리 동네 다문화 가족
활동 목표	• ㉠ 우리 동네에는 여러 나라 사람이 함께 살고 있음을 안다. • 우리 동네에 살고 있는 다른 나라 사람을 배려하는 마음을 갖는다.	• ㉡ 우리 동네에 살고 있는 다문화 가족과 친구에 대해 관심을 갖는다. • 다문화 가족 지원센터에서 하는 일을 이해한다.
활동 방법	• ㉢ 우리 동네에서 볼 수 있는 다른 나라 사람 사진을 보며 이야기 나눈다. • 다른 나라에 갔을 때의 경험에 대해 이야기 나눈다. • 다른 나라 사람을 만났을 때 배려하는 다양한 방법에 대해 이야기 나눈다. • 다른 나라 사람들을 위한 우리 동네 기관과 하는 일에 대해 이야기 나눈다.	• 다른 나라 사람의 사진을 보며 이야기 나눈다. • 다른 나라에 갔을 때의 경험에 대해 이야기 나눈다. • 다문화 가족들을 만났을 때 배려하는 다양한 방법에 대해 이야기 나눈다. • 다문화 가족 지원센터 사진을 보며 이야기 나눈다. • 다문화 친구들의 생활 모습 동영상을 보고 우리 동네 다문화 가족 친구들과 잘 지내기 위해 내가 할 수 있는 일에 대해 이야기 나눈다.

(다) 베트남에서 온 다문화 가족 친구인 태경이와 주영이가 언어 영역에서 이름 쓰기를 하고 있다.

태경 : 나도 내 이름 잘 쓰고 싶다.

교사 : 태경이가 이름을 쓰고 싶은데 어려운가 보구나? 주영이는 친구들 이름을 쓰고 있네.
(태경이가 주영이가 글자를 쓰고 있는 모습을 부러운 듯이 쳐다보고 있다.)

주영 : ('태경이가 내 도움이 필요한 것 같으니까 내가 도와줘야지!') 내가 너 이름 쓰는 거 도와줄게.
(태경이는 다문화 가족 유아로 학기 초에 적응하기 힘들어 하여 다른 친구들의 도움으로 모든 일을 해결했던 경험이 있었고 그 일로 아빠한테 혼이 난 적이 있다. 태경이는 무슨 일이든 친구의 도움 없이 스스로 하기로 아빠와 약속했다.)

태경 : 음… 아니야. 나 혼자 할래. 친구가 해 주면 혼나니까 내가 써야 돼.

교사 : 태경이 이름쓰기를 주영이와 함께 하면 더 재미있지 않을까?

1) (가)의 ㉠과 (나)의 ㉡에 나타난 교육과정 내용 조직의 원리를 브루너(J. Bruner)가 제시한 용어로 쓰시오. [1점]

_____

2) (가)의 ㉢과 관련하여 2019 개정 누리과정 사회관계 영역의 '내용'을 쓰시오. [1점]

_____

3) (나)의 활동방법에 나타난 인성교육의 덕목 2가지를 쓰시오. [1점]

① _____

② _____

4) (다)의 다문화 교육에서 교사가 갖추어야 할 능력 2가지에 대해 모리슨(Morrison)이 제시한 용어를 쓰시오. [2점]

① _____

② _____

07 다음 (가)와 (나)는 화성유치원 만 3세와 4~5세반 강 교사가 작성한 활동 계획안의 일부이다. 물음에 답하시오. [5점]

	(가)	(나)
활동명	나를 알기	나를 알기
활동 방법	• 유아 자신의 이름, 나이, 성별이나 신체 구조와 특징, 내가 사는 곳, 나의 부모와 형제에 대해 이야기 나눈다. • 자신의 모습을 다양한 방법으로 표현해 보고 나와 친구들의 표현하는 방법을 비교해 본다. • 자신을 긍정적으로 인식할 수 있도록 부모나 다른 사람으로부터 칭찬받은 경험에 대해 이야기해 본다. • 놀잇감을 정리하는 시간에 자신이 가지고 놀았던 놀잇감을 제자리에 정리하거나 다른 유아의 정리를 돕는다.	• 성 개념을 다룬 동화나 ㉠ 성 역할과 관련된 다양한 극놀이를 통해 자신의 성에 대한 인식을 표현할 수 있는 기회를 제공한다. • ㉡ 아프리카에서 온 친구의 얼굴 그리기로 확장하여 친구의 모습을 자세히 살펴보고 그림으로 표현해 본다. • 자신의 소중함을 느낄 수 있도록 탄생 과정, 태몽, 태교에 관한 이야기 등을 조사하고 소개하는 활동을 해본다. • 유아는 놀았던 놀잇감뿐 아니라 유아용 빗자루, 스펀지 등을 사용하여 자신의 주변을 깨끗이 정리한다.

1) (가)의 활동방법에서 만 3세반에 적절하지 않은 방법 2가지를 찾아 쓰고, 그 이유를 각각 쓰시오. [2점]

① 방법 : ＿＿＿＿＿＿＿＿＿＿＿＿＿＿＿＿＿

　　이유 : ＿＿＿＿＿＿＿＿＿＿＿＿＿＿＿＿＿

② 방법 : ＿＿＿＿＿＿＿＿＿＿＿＿＿＿＿＿＿

　　이유 : ＿＿＿＿＿＿＿＿＿＿＿＿＿＿＿＿＿

2) (나)의 활동방법에서 ① 만 4세반에 적절한 것 1가지를 찾아 쓰고, ② 그 이유를 쓰시오. [1점]

① ＿＿＿＿＿＿＿＿＿＿＿＿＿＿＿＿＿

② ＿＿＿＿＿＿＿＿＿＿＿＿＿＿＿＿＿

3) (나)의 ㉠과 관련하여 아래 사례는 성 역할 개념 습득 중 어떤 이론인지 쓰시오. [1점]

> 남아인 철수는 아침에 아빠가 넥타이 매는 모습을 보고, 유치원에서 친구들과 가족놀이를 할 때 아빠처럼 넥타이를 매며 아빠 역할을 하였다.

＿＿＿＿＿＿＿＿＿＿＿＿＿＿＿＿＿＿＿＿

4) (나)의 ㉡ 활동과 관련된 2019 개정 누리과정 사회관계 영역의 '나를 알고 존중하기'의 '내용'을 쓰시오. [1점]

＿＿＿＿＿＿＿＿＿＿＿＿＿＿＿＿＿＿＿＿

08 다음은 (가)~(다)는 각 놀이 상황에서 나타난 유아의 친사회적 행동의 사례이고, (라)는 미켄바움 (Meichenbaum)의 자아통제 과정의 내용이다. 물음에 답하시오. [5점]

> **(가)** 교사로부터 친구에게 장난감을 빌려주면 간식시간에 먹고 싶은 과자를 더 많이 주겠다는 이야기를 듣고 난 후 영희는 친구에게 자기의 장난감을 빌려준다고 하였다.
>
> **(나)** "한 개 남은 이 빵을 내가 먹지 않고 동생에게 주면 엄마가 시장에 가서 내가 원하는 로봇을 사주실 거야."라고 철수는 말하였다.
>
> **(다)** 어린 동생이 놀던 장난감을 치워주라는 엄마의 말에 광수는 "㉠ 엄마 말대로 동생이 어질러 놓은 장난감을 내가 치워주지 않으면 엄마에게 꾸중 들을지 몰라."라고 하였다.
>
> **(라)** "좋아, 내가 해야 하는 것이 뭐지? 여러 개의 선으로 이루어진 그림을 그대로 따라 그리라는 말이지. 천천히 조심해서 해야만 해. 자. 선을 밑으로 긋는 거야, 됐어. 이젠 오른쪽으로 긋고 그렇지. 이젠 조금 밑으로 가서 왼쪽으로 좋아. 지금까지 잘하고 있어. 다시 위로 올라가야지. 아냐, 밑으로 가야만 해, 됐어. 선을 조심스럽게 치우고…. 좋아, 비록 실수를 한다고 해도 난 천천히 조심스럽게 할 수 있어. 좋아, 다시 밑으로 가야만 해. 끝냈다. 난 해냈어"

1) 위 사례는 콜버그(Kohlberg)에 의한 도덕적 추론 능력을 토대로 친사회적 행동의 동기의 수준을 보여 준다. (가)~(다)의 유아들이 보이는 친사회적 수준 단계가 무엇인지 쓰시오. [1점]

(가) _____

(나) _____

(다) _____

2) (나)와 관련하여 콜버그는 '돕는 행동'을 다음과 같이 설명하였다. ①과 ②에 들어갈 적합한 용어를 쓰시오. [1점]

> '돕는 행동'은 2가지 차원을 근거로 발달한다고 하였다. 제1차원은 (①)-(②)의 차원으로 남을 돕는 행동과 관련된 것이고, 제2차원은 남을 돕는 행동을 함으로써 유아가 기대할 수 있는 보상의 종류가 물리적인 것인가, 심리적 또는 사회적인 것인가와 관련된 것이라고 하였다.

① _____

② _____

3) (다)와 관련된 2019 개정 누리과정의 사회관계 영역의 '내용'을 쓰시오. [1점]

_____

4) 다음은 (라)와 관련하여 비고츠키(Vygotsky)의 주장이다. 다음 문장을 완성하시오. [2점]

> 사회적 규칙이 내적인 자기 기준으로 내면화되기 전, 유아의 행동통제는 성인의 언어적 명령이나 지시 등과 같은 (①)지시적 언어 통제에 의해 이루어진다. 그러나 유아의 언어가 발달하고 성인과의 언어적 상호작용이 활발해지면서 성인의 외적인 통제를 모방한 (②)지시적 언어가 유아에게 나타난다. (②)지시적 언어는 사적인 언어에서 시작되어 (③)인 언어로 발달한다. (④)은 사적인 언어의 예라 할 수 있고, 두뇌의 정신 활동은 (③)인 언어의 한 예라 할 수 있다.

① _____

② _____

③ _____

④ _____

09 (가)는 만 3세반, (나)는 만 4세반에서 관찰된 사례이고, (다)는 미카앨리스(Michaelis)의 5단계 과정에 대한 설명이다. 물음에 답하시오. [5점]

> **(가)** 달님반에서는 어제 자전거를 처음으로 구입하였다. 바깥놀이 시간에 유아들은 미끄럼도 타고 모래 놀이도 하며 놀고 있다. 자전거를 발견한 영수와 진석이와 희진이는 서로 자전거를 타려고 한다. 영수는 "나 자전거 좋아해. 자전거 타고 싶어."라고 말하고, 진석이는 "나도 자전거 좋아해. 타고 싶어."라고 말하고, 희진이는 "싫어. 나도 타고 싶어."하며 울먹인다.
>
> **(나)** 자전거를 발견한 민수와 현석이와 희선이는 서로 번갈아 가며 자전거를 타려고 한다. 영수는 ㉠ "우리 무조건 똑같이 끝에서 끝까지 한 번씩 타자"라고 말한다. 진석이는 ㉡ "아니야. 내가 더 키가 크니까 내가 제일 많이 탈거야!"라고 말한다. 희진이는 ㉢ "싫어, 나 자전거 좋아해. 내가 제일 많이 탈거야."라고 말한다.

(다) 미카앨리스(Michaelis)의 5단계 과정

상황에 관심 갖기	• 지금 무슨 일이 생겼니?
상황의 문제가 무엇인지 구별하기	• 그래서 문제가 무엇이었니? • 자전거를 서로 타려고 하는데 자전거가 한 대 밖에 없어요.
무엇을 할 수 있는지 있었는지 토론하기	• 자전거가 한 대 밖에 없는데 서로 타려고 하면 어떻게 해야 할까? • 다른 놀이를 해요. • 자전거를 가지고 같이 할 수 있는 놀이를 알아봐요. • 순서를 정해서 차례대로 타요.
할 수 있는 일의 결과로서 어떤 일이 발생했을지 토론하기	• 다른 놀이를 하려면? • 자전거를 가지고 같이 할 수 있는 놀이를 이야기 해보자. • 순서를 정해서 차례대로 탈 때 순서는 어떻게 정하면 좋을까? • '가위, 바위, 보'로 정해요.
(㉣)	• 그러면 자전거가 한 대 밖에 없는데 서로 타려고 하면 어떻게 하는 방법이 가장 좋을까?

1) (가)에서 ① 영수, 진석, 희진이의 가치가 충돌하는 것을 해결하기 위하여 필요한 전략을 (다)의 내용에 근거하여 미카앨리스의 용어를 쓰고 ② 그 의미를 쓰시오.
[2점]

① _____

② _____

_____

2) 데이몬(W. Damon)의 분배 정의의 발달단계에 비추어 볼 때, ① (나)의 ㉠~㉢에서 나타나는 분배 정의 발달의 경향을 발달 순서대로 쓰고, ② (나)의 진석이의 발달단계 특징을 설명하시오. [2점]

① _____

② _____

3) (다)의 ㉣에 들어갈 적합한 용어를 쓰시오. [1점]

㉣ _____

10 (가)와 (나)는 도덕성에 관한 설명이고, (다)는 매슬로우(Maslow)의 욕구설에 대한 내용이고, (라)는 2019 개정 누리과정 중 사회관계 영역의 세부내용이다. 물음에 답하시오. [5점]

(가) (㉠)은/는 콜버그의 도덕성 발달이론이 주로 남성을 대상으로 함으로써 도덕성의 합리적인 측면만을 다룬 제한적 이론이라고 비판하면서 '(㉡) 도덕성'을 주장하였다. 콜버그의 도덕발달에 의거하여 보았을 때 도덕적으로 미성숙하다는 것이 '(㉡)'을/를 중심으로 살펴보았을 때 도덕적으로 성숙한 것으로 나타날 수 있다는 것이다.

(나)

개인적 생존	자신의 생존을 확보하기 위해 자신만을 보살피려는 성향이 강하다. 이 수준의 주된 특징은 자기중심성과 자기 이익 지향성이다.
이기심에서 책임감으로	…(생략)…
㉢	다른 사람들에 대한 책임을 강조하면서 자신에게 의존하는 사람이나 자기보다 열등한 사람을 보살피고자 하는 모성적 도덕을 선택한다.
선함에서 진리로	…(생략)…
비폭력의 도덕성	다른 사람과 동시에 자기 자신에 대해서도 부당한 착취와 가해를 막아야 하는 비폭력과 자신에 대해 책임을 느끼고 보살펴야 한다는 원리를 스스로 채택한다.

(다) 매슬로우가 제시한 욕구위계론에 근거한 5단계를 시각화한 그림이다.

(라) '친구와 사이좋게 지내기'
영희 : 친구와 함께 놀이해요.
철수 : 친구와 싸우지 않고 놀이해요.

1) (가)의 ㉠, ㉡에 들어갈 적합한 용어를 쓰시오. [1점]

㉠ _____

㉡ _____

2) (나)는 (가)의 ㉠이 제시한 도덕성 발달 단계이다. (나)의 ㉢에 들어갈 적합한 내용을 쓰시오. [1점]

㉢ _____

3) (다)의 4단계와 관련하여 '자신이 사랑받을 만한 가치가 있는 소중한 존재이고 어떤 성과를 이루어낼 만한 유능한 사람이라고 믿는 마음'이라는 뜻을 지닌 용어가 무엇인지 쓰시오. [1점]

_____

4) (라)에서 ① 2019 개정 누리과정 사회관계 영역과 관련된 '내용' 2가지를 쓰고, ② 사회관계 영역의 '목표'를 쓰시오. [2점]

① _____

② _____

11 다음은 유아들의 사회관계에 관련된 사례들이다. 물음에 답하시오. [5점]

(가) 에스키모 소년들은 어른들이 사냥하고 눈집 짓는 것을 주의 깊게 지켜보다가 그 행동을 기억하게 되고, 기억한 행동을 떠올리면서 시도해 보게 된다. 사냥하고 ㉠ <u>눈집 짓는 일은 에스키모인에게 있어서는 통상적으로 남자들의 일이라,</u> 소년들이 그런 행동을 하면 어른들은 격려하고 칭찬한다. 그러면 ㉡ <u>소년들은 사냥하고 눈집 짓는 일을 계속 하게 되고 그 행동을 학습하게 된다.</u> ㉢ <u>그에 비해 에스키모 소녀들은 그런 행동을 해 볼 기회가 상대적으로 적어 소년들만큼 그 일을 숙련되게 하지 못한다.</u>

(나) 철수는 동네에서 나무타기를 가장 잘한다. 어느 날 나무에 올라갔다가 떨어졌으나 다치지는 않았다. 마침 아빠는 철수가 떨어지는 것을 보시고 화를 내시며 앞으로 나무에 올라가지 말라고 하셨고 철수도 올라가지 않겠다고 약속했다. 그 후 철수는 친구를 우연히 만났는데 그 친구의 새끼 고양이가 나무에 걸려서 내려오지도 못하고 자칫 잘못하다간 떨어질 지경이었다. 고양이를 나무에서 데리고 내려올 수 있는 사람은 철수뿐이었으나 철수는 아빠와의 약속 때문에 주저하며 머뭇거렸다. 이때 철수는 나무에 올라가 고양이를 데리고 내려온다. 그리고 ㉣ <u>고양이가 다칠지도 몰라서 철수가 나무에 올라가게 된 것을 "아빠는 이해하실 거예요. 그래도 아빠는 철수가 다칠까봐 걱정이 되어 야단치실 거예요."</u>라고 말하였다.

1) (가)의 ㉠에 해당하는 성 역할 개념을 쓰시오. [1점]

_____

2) 다음을 읽고 ①에 들어갈 적합한 용어를 쓰시오. [1점]

> (가)와 관련하여 반두라(A. Bandura)의 사회학습이론에서는 관찰학습을 강조하고 있다. ㉡과 관련하여 사회학습이론에서는 유아의 성 역할 개념 발달에서 (①)의 중요성을 강조한다. 유아의 남자다운(여자다운) 생각과 행동에 따르는 사회적 인정 및 수용이 유아가 성 역할을 동일시하게 되는 동기로 작용하게 된다는 것이다.

① _____

3) (가)의 사례에서 ㉢의 문제를 해결하기 위하여 벰(Bem)이 제시한 성 역할의 개념을 쓰시오. [1점]

_____

4) ① (나)의 ㉣에 나타난 유아는 어떤 능력이 발달되었기 때문인지 미드(Mead)가 제시한 용어를 쓰고, ② 그 의미를 설명하시오. [2점]

① _____

② _____

12 다음은 각 놀이 상황에서 나타난 유아 간의 상호작용과 교사 개입의 사례이다. 물음에 답하시오. [5점]

(가) 쌓기 영역에서 순호가 자동차 길을 만들고 있을 때 진서가 와서 함께 놀고 싶어 한다. 순호는 ⊙ "안 돼. 내 거야. 넌 다른 거 가지고 놀아."라고 소리친다. 진서는 선생님을 쳐다 본다. 순호는 "안 돼요."라고 다시 소리친다. ⓐ 교사는 교실의 물건은 함께 써야 한다는 규칙을 정해준다.

(나) 경호와 태희는 수수께끼 놀이를 하고 있다. 경호가 문제를 내자 태희는 힌트를 달라고 요구하고 그 힌트를 들은 태희는 맞힌다. 다음 차례인 경호가 힌트를 달라고 하자 태희는 "안 돼. 내가 이겨야 해."라며 힌트를 주지 않는다. 다시 자기 차례가 되자 경호는 ⓛ "너도 힌트 주지 않았잖아. 나만 힌트 주는 건 불공평해."라고 하였고 둘 사이에 긴장감이 맴돈다. 태희는 경호에게 힌트를 달라고 하는 대신 교사에게 가서 답을 알려 달라고 했고 결국 게임은 제대로 이루어지지 않는다. ⓑ 교사는 태희에게 "경호는 힌트를 줬는데 넌 주지 않았잖아. 경호 기분이 어땠을까?"라고 묻는다.

(다) 모래 영역에서 효진이와 은미는 서로 다른 방향에서 모래터널을 짓고 있다가 두 터널이 마주치게 된다. 효진이가 은미의 터널을 무너뜨리자 은미는 효진이를 밀어 넘어뜨렸고 둘 다 울음을 터뜨린다. ⓒ 교사는 "무슨 일이니?"라고 물으며 효진이와 은미의 기분을 들어주고 각자의 생각을 말로 전할 수 있도록 돕는다.

1) ① (가)의 ⊙, (나)의 ⓛ에서는 유아들의 어떤 능력이 필요한지 쓰고, ② 그 의미를 설명하시오. [2점]

① _____

② _____

2) (다)는 셀만(R. Selman)에 의한 협상 전략 수준을 보여 준다. ① (다)에 유아들이 보이는 협상전략 수준이 무엇인지 쓰고, ② 사례에 근거하여 설명하시오. [2점]

① _____

② _____

3) (가) ~ (다)에서 도덕성 발달에 적합하지 않은 교사 개입을 ⓐ ~ ⓒ 중에서 1가지 찾아 기호를 쓰시오. [1점]

_____

13 (가)는 유아는 사회교육 접근법에 대한 유치원 교사들의 대화이고, (나)는 4세반의 가게 놀이 상황이다. 물음에 답하시오. [5점]

(가)

최 교사 : 유아들에게 무엇보다도 정직, 존중, 예의, 공공규칙 지키기와 같은 사회적 태도와 기술을 가르칠 수 있도록 사회교육이 이루어져야 한다고 생각해요. 이러한 태도와 기술은 남들과 어울려 사는 데 정말 필요한 것이기 때문이죠.

박 교사 : 생활과 연계한 태도나 기술도 중요하지만 듀이의 진보주의 교육 운동을 기초로 경험을 통해 유아 스스로 학습하도록 하는 것도 중요한 것 같아요. 사회교육은 현재 생활에서 아동의 직접적인 경험을 통하여 세상에 대한 발견에 바탕을 두어 유아의 모든 경험은 현재생활에서 직접 나와야 하는 것이죠.

홍 교사 : 맞아요. 그래서 저는 매년 돌아오는 한글날에 유아들에게 한글의 소중함을 지도하여 우리가 쓰고 있는 한글의 중요성을 알려주려고 노력하고 있어요.

(나) 4세반 가게 놀이

(유아들이 색종이로 만든 돈을 가지고 가게 놀이를 시작한다.)

민호 : (연수와 가희를 향해) 어서 오세요, 손님.

연수 : (가희에게) 나 오늘 공책이랑 연필 살 거야.

가희 : (연수에게) 나는 더 구경하고 살래.

연수 : (공책과 연필을 보여주며) 이거 귀엽지?

가희 : 응. 공책이랑 연필 사고 싶다. 그리고 저 인형도 사고 싶어. 하지만 돈이 2장뿐이야.

연수 : (혼잣말로) 가게 놀이는 사고 싶은 거 다 살 수 있는 건데.

…(중략)…

가희 : 공책 못 사서 아쉽지만, 이번엔 연필이랑 인형 사야지.

(가희와 연수는 자신이 고른 물건을 민호에게 건넨다.)

민호 : (물건을 돌려주며) 손님, 여기 있어요.

연수 : 고맙습니다. ㉠ (다른 영역으로 이동하며) 재미있다. 또 사러오자.

민호 : 어, 그냥 가면 안 되는데.

---

1) (가)의 교사들 중 ① 씨펠트(C. Seefeldt)의 유아 사회교육 접근 방식과 관련된 교사이름을 쓰고, ② 그 접근방식을 쓰시오. [2점]

① _____

② _____

2) (가)에서 ① 홍 교사가 사용한 접근법은 씨펠트의 유아 사회교육 접근 방식 중 어떤 방식인지 쓰고, ② 이 접근 방식의 문제점을 람세이(Ramsey)가 지적한 교육과정 관점에서 쓰시오. [2점]

① _____

② _____

3) (나)의 ㉠에 나타난 유아 경제교육의 개념 요소를 쓰시오. [1점]

_____

14 (가)는 유아의 근로정신 함양 교육에 관한 내용이고, (나)와 (다)는 유아 녹색성장 교육에 대한 내용이다. 물음에 답하시오. [5점]

> **(가)** 유아 근로정신 함양 교육을 위하여 유아의 연령별 수준과 생활경험 및 흥미를 고려하여 연령이 증가함에 따라 단순한 활동에서 복잡한 활동으로, 단일 활동에서 연속적인 활동으로 확장될 수 있는 (㉠) 접근방식으로 지도하였다. 이러한 지도 방법 중 (㉡)은/는 사회적 인간관계와 생활에 관심을 가지고 직·간접으로 다양한 직업세계를 탐구하며 자신의 흥미와 장점을 토대로 하고 싶은 일, 할 수 있는 일의 개념 및 가치에 대해 탐색하는 과정에서 다양한 스마트 기기의 인프라와 스마트한 교육방식으로 해당 직업인과 현실감을 느끼며 자기주도적으로 학습할 수 있도록 돕는 상호 소통적이며 유아 중심적인 교수법이다.
>
> **(나)** 에너지와 자원을 절약하고 효율적으로 사용하여 기후 변화와 환경 훼손을 줄이고 새로운 성장 동력과 새로운 일자리를 창출해 나가는 경제와 환경이 조화를 이루는 성장을 '녹색성장'이라고 한다. 그리고 녹색성장 추진을 위한 법적 근거로 2010년 1월 13일에 제정 공포한 법을 (㉢)(이)라고 한다.
>
> **(다)** 녹색성장 교육의 비중 방향은 유치원 쪽으로 갈수록 (㉣)을/를 중심으로, 학년이 높아질수록 녹색성장 교육을 강화하는 방향으로 진행되어야 한다. 이러한 방침은 (㉤) 선포에 따른 선진 여러 나라들의 노력과 맥을 같이 하는 것이다.

1) (가)의 ㉠과 ㉡에 들어갈 적합한 용어를 쓰시오. [2점]

㉠ _____

㉡ _____

2) (나)의 ㉢에 들어갈 적합한 용어를 쓰시오. [1점]

㉢ _____

3) (다)의 ㉣과 ㉤에 들어갈 적합한 말을 쓰시오. [2점]

㉣ _____

㉤ _____

15 다음은 만 4세 유아와 관련된 내용이다. 물음에 답하시오. [5점]

활동명	오늘은 새 종이 안 쓰는 날	활동연령	만 4세
활동 목표	• (⊙) • 노랫말의 뜻을 이해하고 노래를 즐겁게 부른다.		
활동 자료	필기도구(연필, 사인펜, 크레파스 등), 종이류(종이가방, 복사지, 신문지, 색종이 등), '오늘은 새 종이 안 쓰는 날'음원, '오늘은 새 종이 안 쓰는 날' 노랫말, '오늘은 새 종이 안 쓰는 날' 악보		

◇ **창의성** : 인지적 요소 - 문제해결력 - 문제해결
◇ **인성** : (ⓒ) - 생명과 환경에 대한 (ⓒ)

활동방법

1) 우리가 글을 쓰거나 그림을 그릴 때 필요한 종이를 무엇으로 만드는지에 대해 이야기 나눈다.
  – 우리가 글을 쓰거나 그림을 그릴 때 필요한 것이 무엇일까?
  – 종이는 무엇으로 만들어지는지 알고 있니?
  – 종이는 나무로 만들어진다. 종이를 만들려면 나무를 베어야 한다.
2) 종이를 아껴 쓰려면 어떻게 해야 하는지 이야기 나눈다.
  – 종이를 만들려면 나무를 계속 베어내야 해. 그러면 어떻게 될까?
  – ⓒ <u>나무가 줄어드는 것을 막으려면 우리는 무엇을 할 수 있을까?</u>
  – 종이를 아껴 쓸 수 있어. 종이를 아껴 쓰는 방법에는 어떤 것들이 있을까?
  – 앞면과 뒷면을 모두 사용하자. 재생 종이를 사용하자.
3) 새 종이를 절약하는 방법에 대해 이야기 나누고 ⓔ <u>'새 종이 안 쓰는 날'을 정해본다.</u>
  – 새 종이를 아끼는 방법에는 어떤 것이 있을까?
  – 앞면만 쓴 종이를 다시 쓸 수 있어. 우리 반의 '새 종이 안 쓰는 날'을 정해 볼까?
4) '오늘은 새 종이 안 쓰는 날' 노래를 다양한 방법으로 불러본다.

1) ⊙의 목표를 활동내용에 적합하도록 메이거(Mager)에 근거하여 쓰시오. [2점]

⊙ _____

2) ⓒ에 들어갈 알맞은 인성의 요소를 쓰시오. [1점]

ⓒ _____

3) ⓒ을 통하여 유아에게 길러줄 수 있는 경제개념 중 가장 핵심이 되는 개념을 쓰시오. [1점]

_____

4) ⓔ의 내용을 토대로 2019 개정 누리과정 자연탐구 영역에 관련된 '내용'을 쓰시오. [1점]

_____

16 다음은 유아 사회교육에 대한 내용이다. 물음에 답하시오. [5점]

> 어느 날 자유선택활동 시간에 효진이는 바구니에 갖고 놀고 싶은 유니트 블록들과 곰인형으로 넣어서 옮기고 있다. 승범이는 무거운 바구니를 혼자 낑낑거리며 가고 있는 효진이를 보게 되었다. 승범이는 어떻게 해야 좋을지를 모르는 그림이 제시되었다.

(가) 그림을 보고 유아들이 갈등 상황을 분석한 사례

(1) 상황에 관심 갖기

  교사 : 이 그림에 무엇이 있니?

  유리 : 사람 2명, 유니트, 블록 장난감 통, 곰인형이 있어요.

(2) 문제 구별하기

  교사 : 이 여자 친구는 문제가 무엇이니?

  지훈 : 힘들어서요.

  강인 : 장난감이 많이 있어서요.

(3) 무엇을 할 수 있는지 토론하기

  교사 : 이 남자 친구는 어떻게 할 수 있을까?

  재석 : 도와줘요.

  소희 : 안 도와줘요.

  성광 : 친구 한 명을 데리고 와서 같이 들어요.

  윤아 : 다른 친구들을 불러와서 들어줘요.

(4) 할 수 있는 일의 결과로서 어떤 일이 발생했는지 토론하기

  교사 : 승범이가 효진이를 도와주면 여자 친구는 기분이 어땠을까?

  유리 : 기분이 좋아져요.

  지훈 : 고맙다는 생각을 할거에요.

  교사 : 효진이가 힘들게 들고 가는데 승범이가 그냥 가면 효진이의 기분은 어떨까?

  강인 : 같이 안 놀아요.

  재석 : 승범이가 미워져요.

  교사 : 친구를 한 명 더 데리고 와서 같이 들어주면 어떨까?

  소희 : 더 빨리 옮길 수 있어요.

  성광 : 그 친구들이 좋아져요.

  교사 : 너무 무거워서 다른 친구들을 더 불러 와서 같이 들어주면 어떻게 될까?

  윤아 : 가벼워져요.

  재석 : 친구들이 많으니까 손으로 몇 개씩 들고 갈 수 있어요.

(5) 생각들을 함께 나누고 자신과 다른 사람들에 대한 이해를 증진시키기

(나) (가)의 사례를 통한 가치분석 단계

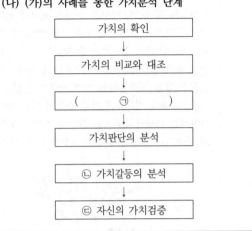

1) 다음을 읽고 ①에 들어갈 적합한 용어를 쓰시오. [1점]

> (가)와 같이 래스(Rath)는 유아들에게 태도와 가치를 가르치기 위하여 강화이론을 사용한 주입식 방법보다는 유아가 자신의 행동에 대한 결과를 반영해 보거나 자신의 감정과 행동 간의 일관성을 탐색하면서 태도와 가치의 (①)하도록 가르쳐야 한다고 주장하였다.

  ① _____

2) (나)의 ㉠을 쓰고, ① 그 사례를 (가)에서 찾아 쓰시오. [2점]

  ㉠ _____

  ① _____

3) (나)의 ㉡과 관련된 사례를 찾아 쓰시오. [1점]

  _____

4) (나)의 ㉢과 관련하여 검증 4단계 중 2번째 단계를 쓰시오. [1점]

  _____

17 다음은 부적절한 행동을 보이는 영진이의 사례이다. 물음에 답하시오. [5점]

영진이는 유치원에서 친구들의 장난감을 뺏고 자신이 좋아하는 장난감은 아무도 만지지 못하게 한다. 다른 친구가 가지고 있는 장난감을 보면 한 손에 장난감을 쥐고 있으면서도 친구의 것을 빼앗는다. ㉠ 친구가 꼭 쥐고 놓아주지 않으면 친구의 손을 물어버린다. ㉡ 사인펜과 같은 공동물건도 함께 사용하지 않고 혼자만 독차지하려다 친구들과 자주 싸움이 나곤 한다. 수업 시간에는 선생님의 관심을 끌려고 소리를 지르기도 하고 자동차를 앞뒤로 밀면서 교실을 돌아다닌다.

1) 다음을 읽고 ①이 무엇인지 쓰시오. [1점]

스키너(B. F. Skinner) 이론에 기초한 행동수정(behavior modification)의 원리 중 영진이의 행동과 반대되는 바람직한 행동을 찾아 강화하는 방법을 (①)(이)라고 한다.

① _____

2) ㉠과 같은 상황에서 교사가 지도를 하고자 할 때 ① 2019 개정 누리과정 사회관계 영역의 세부내용에 근거한 지도방법을 쓰고, ② 적절한 활동을 쓰시오. [2점]

① _____

② _____

3) 다음을 읽고 ①이 무엇인지 쓰시오. [1점]

㉡과 관련하여 내 소유물이 중요하듯이 타인의 소유물도 중요하다는 것을 알고 타인에게 미리 허락을 구한 후에 만지거나 빌려올 수 있으며, 사용 후에는 돌려주어야 함을 알도록 지도한다. 이는 타인과의 관계에서 기초가 되는 (①)에 도움을 줄 수 있다.

① _____

4) 영진의 문제행동이 나타나는 질적 특성을 알고자 할 때 사용할 수 있는 적절한 평가 방법을 쓰시오. [1점]

_____

18 다음은 튜리엘의 도덕성 발달이론에 관한 것이다. 물음에 답하시오. [5점]

> 광수 : ㉠ 유아가 친구에게 줄 선물을 고른다.
> 영희 : ㉡ 역할놀이에 필요한 옷을 고른다.
> 재민 : ㉢ 운동장에 있는 꽃을 소중히 여긴다.

1) ㉠ ~ ㉢의 영역을 쓰시오. [3점]

㉠ _____

㉡ _____

㉢ _____

2) 튜리엘과 콜버그 이론의 차이를 설명하시오. [2점]

_____

19 다음은 다문화 가정의 자녀에 대한 발달상황을 연구한 결과이다. 물음에 답하시오. [5점]

구분	신체발달	언어발달		인지발달			사회정서발달				구분
		표현언어	수용언어	순차처리	동시처리	인지처리	사회정서	친사회성	내재적문제	외현적문제	
군집 1	하	하	하	하	하	하	하	하	하	하	발달부진형
군집 2	중	상	상	상	상	상	중	상	중	상	언어인지우수형
군집 3	상	중	중	중	중	중	상	중	상	중	신체·사회정서우수형

※ 조사 대상 다문화 가족 자녀의 발달수준 유형은 과반에 해당하는 55%의 영유아가 '언어인지 우수형', 19%는 '신체·사회정서 우수형', 26%는 '발달부진형'으로 분류됨

1) 위의 표를 보았을 때 다문화 가족 자녀의 발달에서 가장 중요한 요인 2가지를 제시하시오. [1점]

① _____

② _____

2) 다문화 가정의 자녀가 가지는 어려움을 3가지 제시하시오. [3점]

① _____

② _____

③ _____

3) 다음을 읽고 ①이 무엇인지 쓰시오. [1점]

> 다문화 교육은 유아가 다양한 가족에 대한 이해를 넓힘으로써 (①) 관점을 기르는데 도움이 된다.

① _____

20 (가)와 (나) 유아들의 문제행동에 대한 내용이다. 물음에 답하시오. [5점]

(가) 승미는 친구들을 때리거나 떼를 쓰는 행동을 자주 보여 같은 반 친구들이 놀아주지 않았다. 그러자 승미는 친구들이 놀아주지 않는다고 자꾸 선생님에게 일렀다. 김 교사는 먼저 승미에게 친구들과 함께 노는 법을 조금씩 칭찬을 통하여 알려주어 승미는 친구들이 싫어하는 행동을 조금씩 덜 하게 되었다. 승미의 행동이 나아짐에 따라 김 교사는 점차적으로 도움의 정도를 줄여갔고 승미는 이제 교사의 도움 없이 친구들과 잘 지내게 되었다.

(나) 김 교사는 '따돌림'에 대해 유아들과 이야기 나누기를 하였다. 처음에 유아들은 각자 자신의 입장에서만 이야기를 하였다.

···(중략)···

┌─ 교사 : 그런데, 동민이가 너의 말을 안들면 속상해 하지 않을까?
⊙─ 지호 : (잠깐 머뭇거리다가) 아니요.
├─ 교사 : 그럼, 네가 동민이라면 기분이 어떨까?
└─ 지호 : ……

점차 유아들은 서로의 관점이 어떻게 다른지를 알게 되었고 이야기 나누기가 끝날 무렵 서로의 입장을 이해하고 서로가 싫어하는 행동을 하지 않아야겠다고 생각하게 되었다.

---

1) (가)에 적용된 행동수정 기법을 쓰시오. [1점]

_____

2) 다음을 읽고 ①이 무엇인지 쓰시오. [1점]

(나)의 비고츠키의 이론에 근거한 이야기 나누기에서 나타난 상호작용 과정을 설명하는 것을 (①)(이)라고 한다.

① _____

3) ①에 해당하는 용어를 쓰시오. [1점]

- (나)에서 김 교사는 ⊙을 근거로 지호가 (①)와/과 같은 능력이 부족하다고 생각하였다.
- (①)은/는 타인의 감정이나 기분을 마치 자신의 것처럼 느끼는 것이다.
- (①)은/는 다른 사람의 감정 상태를 대리적으로 경험하는 것이다.

① _____

4) 다음은 (가)와 (나)의 상황에서 유아들에게 사회인지 능력을 길러주기 위한 내용이다. 빈칸을 완성하시오. [2점]

(①)은/는 다른 사람의 입장을 이해하고 그의 관점을 추리하는 능력이다. 즉, 자신과 다른 사람의 관점 간의 관계에 대한 이해라고 할 수 있다. 이것은 피아제의 '(②)' 개념과 반대되는 개념이다.

① _____

② _____

21 (가)는 비고츠키(Vygotsky) 이론의 기본개념에 대한 내용이고, (나)는 반두라(Bandura)의 도식에 대한 내용이다. 물음에 답하시오. [5점]

(가)

- 비계설정은 아동이 궁극적으로 그들 스스로의 힘으로 문제를 해결할 수 있도록 하는 견고한 이해를 확립하는 동안에 제공되는 조력 및 도움의 양을 변화시키는 것을 말한다.
- (㉠)은/는 아동이 가진 장점에 기초하여 발산을 증진시키는 것을 말한다.
- 내면화는 사회적 현상을 심리적 현상으로 변형시키는 과정이며, 외적인 활동을 내적 수준에서 독자적으로 실행하는 과정이다.
- (㉡)은/는 일상적인 경험에 대한 아동의 숙고로부터 일어나는 구성과정 속에서 자연적으로 발달하는 것을 말한다.
- (㉢)은/는 문화적으로 합의를 이룬 공식화된 개념이다.

(나)

개인 → 행동 → 결과

㉣ ㉤

1) (가)의 ㉠에 들어갈 적합한 용어를 쓰시오. [1점]

㉠ _____

2) (가)의 ㉡에 들어갈 적합한 용어를 쓰시오. [1점]

㉡ _____

3) (가)의 ㉢에 들어갈 적합한 용어를 쓰시오. [1점]

㉢ _____

4) (나)의 ㉣에 들어갈 적합한 용어를 쓰시오. [1점]

㉣ _____

5) (나)의 ㉤에 들어갈 적합한 용어를 쓰시오. [1점]

㉤ _____

22 (가)는 유아들의 자아통제 발달이론에 관한 내용이고, (나)는 미켄바움(Meichenbaum)의 자아통제 과정의 내용이다. 물음에 답하시오. [5점]

> **(가)** 프로이드는 동성 부모를 동일시하는 과정에서 형성되는 (㉠)의 발달로 자아통제가 이루어진다고 하였다. 또한, 사회학습이론은 외적인 사회규범이 내적인 자기 행동 기준으로 (㉡)하는 과정을 통해 자아통제가 획득된다고 보았다. 한편, 피아제와 콜버그 등은 자아통제가 옳고 그름에 대한 (㉢)에 기초해 이루어진다고 보았다. 비고츠키는 (㉣)이/가 행동을 통제하는 중요한 문화적 수단이라고 보았다.
>
> **(나)** "좋아, 내가 해야 하는 것이 뭐지? 여러 개의 선으로 이루어진 그림을 그대로 따라 그리라는 말이지. 천천히 조심해서 해야만 해. 자, 선을 밑으로 긋는 거야, 됐어. 이젠 오른쪽으로 긋고 그렇지. 이젠 조금 밑으로 가서 왼쪽으로 좋아. 지금까지 잘하고 있어. 다시 위로 올라가야지. 아냐, 밑으로 가야만 해. 됐어. 선을 조심스럽게 치우고…. 좋아, 비록 실수를 한다고 해도 난 천천히 조심스럽게 할 수 있어. 좋아, 다시 밑으로 가야만 해. 끝냈다. 난 해냈어"

1) (가)와 관련하여 ㉠ ~ ㉣에 들어갈 적합한 용어를 쓰시오. [2점]

㉠ _____

㉡ _____

㉢ _____

㉣ _____

2) (나)와 관련하여 다음 문장을 완성하시오. [2점]

> 사회적 규칙이 내적인 자기 기준으로 내면화되기 전, 유아의 행동통제는 성인의 언어적 명령이나 지시 등과 같은 (①)지시적 언어 통제에 의해 이루어진다. 그러나 유아의 언어가 발달하고 성인과의 언어적 상호작용이 활발해지면서 성인의 외적인 통제를 모방한 (②)지시적 언어가 유아에게 나타난다. (②)지시적 언어는 사적인 언어에서 시작되어 (③)인 언어로 발달한다. (④)은/는 사적인 언어의 예라 할 수 있고, 두뇌의 정신 활동은 (③)인 언어의 한 예라 할 수 있다.

① _____

② _____

③ _____

④ _____

3) (나)와 관련하여 미켄바움은 비고츠키와 루리아의 이론을 기초로 과잉행동을 보이는 유아와 충동적인 유아를 치료하기 위한 단계를 제시하였다. ①에 들어갈 적합한 용어를 쓰시오. [1점]

> (나)의 사례에서는 유아는 수행을 이끌어 나가는 데 (①)을/를 사용하였다.

① _____

23 다음은 희망유치원 만 5세반 김 교사가 작성한 활동 계획안의 일부이다. 물음에 답하시오. [5점]

활동명	응급환자를 옮겨라.
활동 목표	• (⊙) • 구급대원의 역할을 경험한다. • 규칙을 지켜 게임에 참여한다 • 인성 : (⊙) – 긍정적인 상호의존성
활동 자료	들것 2개, 사람인형 2개, 병원 표시와 모형침대 2개, 장애물로 사용할 기둥 각 팀에 4개씩, 구조대원 조끼와 모자, 환자 이동 사진

활동
방법
	1. 응급환자에 대한 이야기를 나눈다.
	   – 응급환자가 생기면 어떻게 해야 할까?
	   – 누가 도와 줘야 할까?
	2. 게임하기에 적절한 대형으로 앉아 인원수가 같은지 확인한다.
	3. 게임에 필요한 자료를 탐색한다.
	   – 이것이 무엇인지 아니?
	   – (⊙)
	4. 게임 방법을 알아본다.
	   – 여기에 있는 것들로 어떤 게임을 해 볼 수 있을까?
	   – 병원표시판은 어디에 두면 좋을까?
	5. 팀 이름과 응원구호를 정해본다.
	   – 각 팀의 이름을 정해보자.
	   – <u>⊜ 팀의 이름을 정했으면 응원구호도 함께 의논하여 정해보자.</u>
	6. 게임에 필요한 규칙과 약속을 정한다.
	   – <u>⊕ 게임을 할 때 지켜야 할 규칙은 어떤 것이 있을까?</u>
	   – 점수는 어떤 친구들에게 주면 좋을까?
	7. 시범을 보인다.
	8. 게임을 한다.
	9. 게임 후 평가를 한다.
	                …(하략)…

활동의 유의점	• 실제 유아를 들것에 태우지 않도록 한다. • 환자를 옮기는 속도보다 안전이 중요한 요인이라는 것을 강조한다.
활동 평가	구급대원이 하는 일을 알고 감사하는 마음을 가질 수 있었는지 평가한다. 협동과 규칙에 대하여 평가한다. 1) (⊕) 2) (⊕)
확장 활동	역할놀이 영역에서 병원 놀이로 확장할 수 있다.

1) ⊙에 들어갈 목표를 아래의 세부내용과 활동 내용과 연계되도록 태도 측면으로 쓰시오.   [1점]

> **사회관계** : 사회에 관심 갖기
> – 지역사회에 관심 갖고 이해하기
> – 다양한 직업에 관심을 갖는다.

⊙ _____

2) ⊙에 들어갈 인성의 요소를 쓰고, ⊙에 들어갈 발문을 내용과 연계되도록 쓰시오.   [1점]

⊙ _____

⊙ _____

3) ⊜의 놀이 형태를 파튼의 놀이 분류에 근거하여 쓰고, ① 만 3세 활동으로 적합하지 않은 이유를 2019 개정 누리과정의 사회관계 영역의 세부내용에 근거하여 쓰시오. [1점]

⊜ _____

① _____

4) ⊕은 2019 개정 누리과정의 사회관계 영역에 근거하여 계획한 내용이다. 해당되는 '내용'을 쓰시오.   [1점]

_____

5) ⊕의 빈칸에 ① 협력과 ② 규칙을 평가할 수 있는 발문을 적절하게 쓰시오.   [1점]

① _____

② _____

24 2019 개정 누리과정에서 교육활동 운영의 기본 방향 중 하나는 교육과정의 통합적인 운영이다. 물음에 답하시오. [5점]

학급명 : ○○반	유아연령 : 혼합연령		지도교사 : ○○	일시 : ○○년 ○○월
생활주제 : 우리동네			소주제 : 우체국	
구분 \ 요일		금	월	화
자유 선택 활동	쌓기놀이	우체국 놀이하기		우체국 견학 (만 5세)
	역할놀이			
	언어영역	우체국 그림동화 읽기		
	수·조작 놀이	우표 사러 가기 (판게임)		
	과학영역	㉠ 소포 무게 재어보기		
	조형영역	우표 전시회 포스터 꾸미기		
	음률영역	만든 노래 '㉡ 집배원 아줌마'와 막대 자료 이용하여 노래하기		
	컴퓨터 영역	카드 픽스를 이용하여 우표 만들기		
실외활동		이젤 그림 그리기		
점심/조용한 활동		페그보드 끼우기, 고무줄로 모양 만들기		
대·소집단활동		지난 주 견학한 옹기 박물관에 편지 보내기	이야기 나누기 : ㉢ 우체국은 어떤 곳인가?	노래 부르기 : '집배원 아줌마'
기타		가정통신문 : ㉣ 우체국 견학과 우체국 놀이에 대한 안내문 보내기		

1) ㉠의 활동과 관련하여 교사가 지도 시 유의해야 할 점을 쓰시오. [1점]

_____

2) ㉡과 관련하여 유아 근로정신 교육의 ① 목적과 ② 목표를 1가지씩 쓰시오. [1점]

① _____

② _____

3) ㉢과 관련된 2019 개정 누리과정의 사회관계의 '내용'을 쓰시오. [1점]

_____

4) ㉣과 관련하여 우체국 견학의 사전답사에서 점검해야 할 사항 2가지를 쓰시오. [1점]

① _____

② _____

5) 다음을 읽고 ①이 무엇인지 쓰시오. [1점]

> 우체국 놀이에서 유아 행동의 새로운 변화가 있을 때 부모에게 (①)을/를 보내 유아의 발달 상황을 객관적으로 파악하게 한다.

① _____

교원임용학원 강의만족도 1위,

해커스임용 teacher.Hackers.com

교원임용학원 강의만족도 1위,
해커스임용 teacher.Hackers.com

예술경험 출제 경향 확인하기

* 아래 출제경향은 1997~2021학년도의 출제빈도를 나타낸 것입니다.

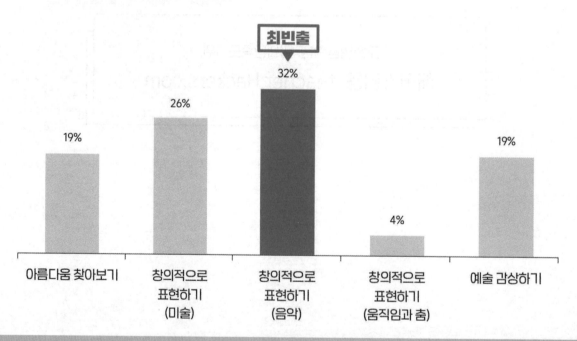

최빈출

| 19% | 26% | 32% | 4% | 19% |
| 아름다움 찾아보기 | 창의적으로 표현하기 (미술) | 창의적으로 표현하기 (음악) | 창의적으로 표현하기 (움직임과 춤) | 예술 감상하기 |

Chapter 11

예술경험

Point 01   아름다움 찾아보기

Point 02   창의적으로 표현하기(미술)

Point 03   창의적으로 표현하기(음악)

Point 04   창의적으로 표현하기(움직임과 춤)

Point 05   예술 감상하기

🔍 **개념 완성 탐구문제**

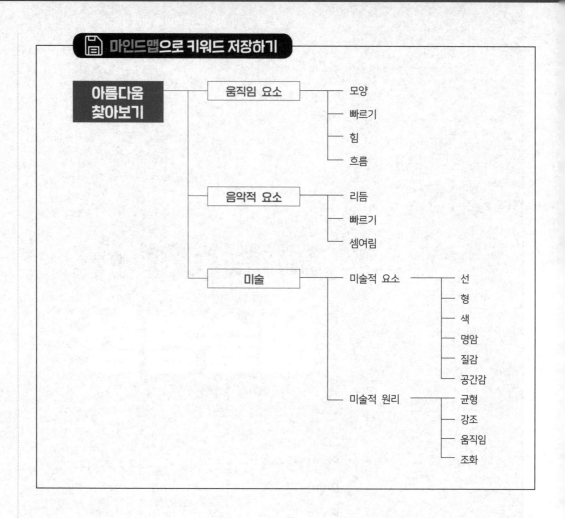

1. 움직임의 요소

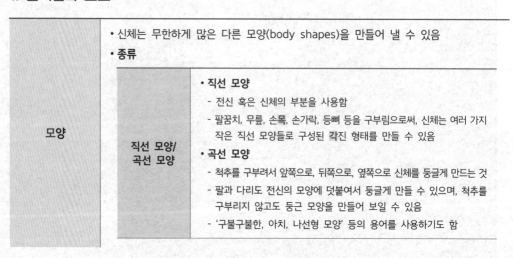

모양		• 신체는 무한하게 많은 다른 모양(body shapes)을 만들어 낼 수 있음 • 종류
	직선 모양/ 곡선 모양	• **직선 모양** - 전신 혹은 신체의 부분을 사용함 - 팔꿈치, 무릎, 손목, 손가락, 등뼈 등을 구부림으로써, 신체는 여러 가지 작은 직선 모양들로 구성된 **각진 형태**를 만들 수 있음 • **곡선 모양** - 척추를 구부려서 앞쪽으로, 뒤쪽으로, 옆쪽으로 신체를 둥글게 만드는 것 - 팔과 다리도 전신의 모양에 덧붙여서 둥글게 만들 수 있으며, 척추를 구부리지 않고도 둥근 모양을 만들어 보일 수 있음 - '구불구불한, 아치, 나선형 모양' 등의 용어를 사용하기도 함

	꼬인 모양/ 대칭(비대칭) 모양	• **꼬인 모양** - 신체가 동시에 각각 반대되는 방향으로 회전하는 형태 - 대부분의 꼬인 모양은 허리를 중심으로 다리와 엉덩이가 한쪽 방향으로 향하고, 상체는 그 반대 방향을 향하게 됨 - 상체로부터 팔을 멀리 떨어뜨려서 꼬거나, 다리를 함께 꼬아서 형태를 만들 수 있음 • **대칭(비대칭) 모양** - 양쪽 측면이 정확하게 같은(서로 다른) 모양을 취하는 것 - 정적인 상태와 동적인 상태를 모두 만들 수 있음 - 직선의 대칭 모양이 점프와 결합되거나, 곡선 모양이 스킵과 결합되어 움직임을 표현할 수 있음
시간 (빠르기)	**종류** : 속도, 가속과 감속, 리듬 [참고] 속도 : 지속적인 동작과 갑작스런 동작	
힘	**종류** : 힘의 강약, 힘의 질, 무게의 변화 [참고] 힘 또는 무게 : 위치의 변화나 평형 상태를 유지할 때 필요한 근육의 수축 정도	
흐름	• **종류** : 단절흐름, 연속흐름 ⇨ 움직임의 계속성을 의미함	
	구속된 흐름	어느 순간에라도 쉽게 멈출 수 있거나 그 상태를 유지할 수 있는 움직임
	자유로운 흐름	갑자기 멈추기 어려운 동작 또는 유연한 흐름

2. 음악적 요소

리듬 (rhythm)	정의	• 음의 장단과 강약에 의해 음악적 소리들을 조직화하는 것 • 시간을 분할하는 개념
	관련 개념	• **박(beats)** : 시간을 일정한 간격으로 분할하는 것 • **박자(meter)** : 박에 일정한 간격으로 강약을 주는 것 • **리듬(rhythm)** : 박자를 토대로 다양하게 시간을 나누는 것
	개념 발달을 위한 활동	• 노래 부르기, 악기 연주하기, 음악 감상하기, 동작으로 표현하기, 음악 창작하기와 같은 음악활동 속에서 리듬을 경험할 기회를 제공함 • 처음 리듬을 가르치고자 할 때에는 먼저 유아들의 리듬에 맞추기 위해 악기를 사용하는 것이 좋음
선율 (melody)	정의	음의 높고 낮음(고저)과 길고 짧음(장단)이 시간적으로 의미 있게 조직되어 서로 다른 음높이의 흐름을 나타내는 것
	개념 발달을 위한 활동	• 다양한 악기 소리를 통해 소리의 높낮이를 경험하게 하고 노래를 부르면서 음높이에 따라 신체를 움직여 보는 경험을 제공함 • 음의 높낮이에 따라 스카프를 움직여 보는 활동을 통해 선율의 변화를 경험시킬 수 있음

화음 **(harmony)**	정의	둘 또는 그 이상의 다른 음이 동시에 소리가 나는 것 ◉ 예 공명 실로폰을 사용하여 화음을 실험해 봄
	개념 발달을 위한 활동	• 계단 벨과 공명 실로폰, 목금, 철금과 같은 악기를 주고 화음을 실험해 볼 수 있는 기회를 제공함 • 멜로디만으로 연주하는 경우와 반주를 붙여서 연주하는 경우를 비교 하게 하여 악곡의 표현이 어떻게 달라지는지에 대해 이야기를 나눔
음색 **(timber)**	정의	물체의 독특한 재료, 구조, 크기에 따라 구별되어 나는 소리의 차이
	개념 발달을 위한 활동	• 유아 자신의 목소리나 주위 환경에서 나는 소리를 녹음하여 들려주고 일상의 물건과 다양한 악기들을 가지고 소리를 자유롭게 탐색할 기회 를 제공함 • 그림책 「사물놀이 이야기」(곽영권 그림, 김동원 글)를 함께 읽고 각 악기 의 소리 및 음색에 대해 이야기를 나눔
속도 **(tempo)**	정의	• 악곡의 성격을 뚜렷이 드러내 주는 표현적 요소 • 속도는 절대적인 개념이 아닌 상대적으로 파악되는 개념임
	지도할 때 사용할 수 있는 곡의 예	• **느리게** : 파헬벨의 '캐논', 베토벤의 '월광소나타 1악장', 쇼팽의 '녹턴' • **빠르게** : 림스키 코르샤코프의 '땅벌의 비행', 모차르트의 '피가로의 결혼', 롯시니의 '윌리엄텔 서곡'
	개념 발달을 위한 활동	• 빠르기가 완전히 다른 곡을 선택하여, 박자를 비교해서 들려주고, 음악 에 맞추어 빠르게 또는 느리게 움직여 보도록 할 수 있음 • 더 복잡한 개념인 아첼레란도(점점 빠르게)나 점차적으로 속도가 느려 지는 리타르단도(점점 느리게)와 같은 용어를 도입함
셈여림 **(dynamics)**	정의	• 음의 셈과 여림의 정도를 나타내는 것 • 음의 소리 크기가 크게 또는 부드럽게 진행되거나 변화되는 것
	개념 발달을 위한 활동	계단 벨과 공명 실로폰, 목금, 철금과 같은 악기를 주고 소리의 크기를 크게 또는 작게 화음을 실험해 볼 수 있는 기회를 제공함
작은 악절 **(phrase)**	정의	• 4~8개의 소절로 된 악절(passage)로 이루어져 있으며, 음악적 사고 나 아이디어를 표현함 • 하나의 악절은 하나의 문장과 유사한 개념임
	개념 발달을 위한 활동	• 가장 좋은 방법은 음악을 많이 듣게 하고, 친숙한 노래를 부르면서, 작은 악절과 작은 악절 사이에서 잠깐 쉬면서 개념을 인식하도록 함 • 음악을 들으며 작은 악절이 변화되는 곳에서 동작을 바꾸어 봄

형식 (form)	정의	음악을 구성하고 있는 악구들의 전체적인 설계로 리듬, 선율, 셈여림 등의 음악 개념들이 조직되는 것
	특징	• 악구가 모여서 어떤 의미형상을 만들면 언어의 글에 해당하는 악절이 성립함 • 순수 반복(A~A), 변화한 반복(A~A'), 대비(A~B)가 있음 　⑩ '반짝반짝 작은 별'은 마지막 구절이 반복되므로 ABA 형식이라고 할 수 있음 • 멜로디와 리듬, 화성, 음색 등의 발달에 의존하기 때문에 비교적 늦게 발달함
	개념 발달을 위한 활동	반복적인 소절에서는 동작을 반복하고, 대조적 형식의 악구에서는 대조적 동작을 해보도록 할 수 있음 ⑩ 강하고 가볍고, 작고 크고

3. 미술적 요소와 원리

(1) 미술적 요소

선	개념	• **정의** : 수많은 점들이 줄줄이 이어진 것 • **기능**

		방향	수직, 수평, 대각선 등의 직선
		수직선	힘이나 성장 등의 감정
		수평선	안정, 균형, 고요함
		대각선	에너지, 불균형, 긴장

		• **곡선과 대각선** : 클래의 '전원곡과 명상', 몬드리안 작품의 수직선과 수평선
	활동	• 빨리(천천히) 움직이는 선을 찾아보자. • 부드러운 느낌의 선을 찾아보자. • 만일 여기에 있는 부드러운 선이 거친 선으로 바뀐다면 어떤 느낌일까? • 가는(굵은) 선은 어디 있니?
	예시	

군마도	파적도	두 아이와 물고기와 게

형 (모양)	**개념**	• **2차원적인 것** : 높이, 폭 예 피카소의 '세 음악가' • **3차원적인 것** : 높이, 폭, 깊이 예 에셔의 '풍경화와 동판화'
	활동	• 이 작품에서 가장 많이 보이는 모양은 무엇이니? • 모서리가 날카로운 모양은 어디 있니? • 네모·세모·동그라미를 이용해서 만든 것을 찾아보자.

예시		
분청사기조화어문편병	문자도	가야금관

색	**개념**	• **무채색** : 흰색, 회색, 검정 • **유채색** : 일차색, 이차색 예 몬드리안의 '빨강, 노랑, 파랑의 구성', 마티스의 '잉꼬와 인어', 고갱의 '타히티의 풍경'
	활동	• 어떤 색이 가장 눈에 잘 띄니? • 배경(뒤)에는 어떤 색들이 있지? • 이 작품은 주로 어떤 색을 많이 사용하였니? • 작가는 왜 그런 색으로 그림을 그렸을까? • 따뜻한(차가운) 느낌을 주는 색을 찾아보자.

예시		
붉은색 교차의 구성	분청사기조화어문편병	아아오리나 마리아

명암	**개념**	• 밝음과 어두움의 정도 ⇨ 하양~검정 • 대조와 균형을 제공할 수 있음
	활동	• 가장 어두운 부분은 어디일까? • 가장 눈에 띄는 부분은 어디일까? • 왜 어느 곳은 어둡게, 어느 곳은 밝게 그렸을까?

	개념	작품의 표면을 만졌을 때의 느낌에 대해 시각적 인상을 제공해 주는 것
질감	활동	• 무엇으로 만든 것 같니? ⇨ 돌, 쇠 • 만지면 어떤 느낌이 들까? ⇨ 차가워요, 딱딱해요 등 • 매끄러운 느낌과 거친 느낌이 드는 것을 찾아보자.
	예시	 가족 ／ 가야금관
공간감	개념	원근 요소를 사용하여 만든 삼차원적 착시현상 🔴 세잔느의 '정물화'
	활동	• 그림을 보면 하늘과 땅이 어딘지 알 수 있니? • 땅은 어디일까? 어떻게 알았지? ⇨ 흙 같은 것이 있고, 식물이 살고 있고, 쥐나 벌레가 기어 다녀요. • 하늘이 멀리 보이니? ⇨ 나비, 곤충이 날아다니죠, 하늘이에요.
	예시	 수박과 들쥐

(2) 미술적 원리

균형	개념	• 작품 전체가 안정감 또는 균형감 있게 보이거나 느껴질 수 있도록 미술의 요소들이 배열된 것 • **균형의 세 가지 유형** | 대칭	작품의 양쪽이 서로 똑같거나 거의 같을 때
비대칭	작품이 정확한 대칭이 아니지만 균형을 이룬 것
방사적 균형	단일한 중심을 갖고 있는 원형 디자인	

	활동	• 만약 오른쪽에 있는 물고기 3개가 없다면 왼쪽에 매달린 것들은 어떻게 될까?
		  ⇨ 내려가요. 아래로 떨어져요.
		  ⇨ 그래, 물고기들이 양쪽에 잘 매달려 있으려면 한쪽으로 기울어지지 않아야겠지? 이를 어려운 말로 '균형'이라고 한다.

	예시		
		바다 풍경	자동차가 있는 풍경
강조	개념	어떤 물체나 요소를 작품 속의 다른 어느 것보다 중요하게 만드는 것	
	활동	• 작품에서 가장 눈에 띄는 부분은 어디일까? • 작품에서 이상하게 보이는 점은 무엇일까? • 왜 이상한 모습으로 그렸을까?	
움직임	개념	흉내낸 활동감의 표현	
	활동	• 작품 속의 사람들은 각각 어떤 모습을 하고 있니? • 작품에서 보이는 사물이 움직인다고 생각되니? • 어떤 음악이 어울릴까? • 동작을 직접 몸으로 나타내 볼까?	
	예시	 파적도	

조화	개념	• 미술의 요소들이 리듬을 이루거나 반복된 결과 • **조화의 두 유형**		
		반복	같거나 비슷한 것들이 되풀이된 것	
		리듬	같거나 비슷한 것들이 순서대로 패턴에 따라 되풀이된 것	
	활동	• 그림 속에 무엇이 보이니? • 그림 속의 물체가 서로 잘 어울리게 그려졌다고 생각하니? • 왜 그렇게 생각했니?		

창의적으로 표현하기(미술)

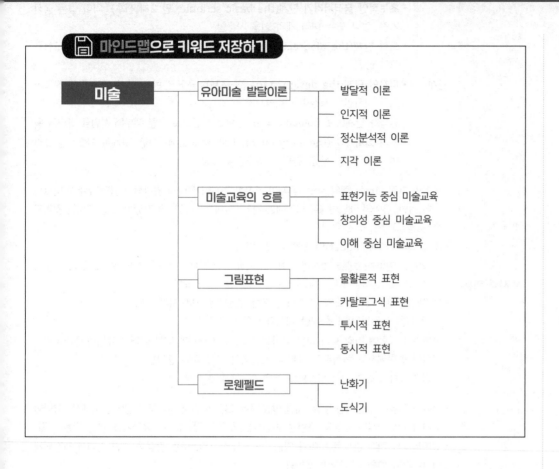

마인드맵으로 키워드 저장하기

- 미술
  - 유아미술 발달이론
    - 발달적 이론
    - 인지적 이론
    - 정신분석적 이론
    - 지각 이론
  - 미술교육의 흐름
    - 표현기능 중심 미술교육
    - 창의성 중심 미술교육
    - 이해 중심 미술교육
  - 그림표현
    - 물활론적 표현
    - 카탈로그식 표현
    - 투시적 표현
    - 동시적 표현
  - 로웬펠드
    - 난화기
    - 도식기

1. 미술발달 이론

발달적 이론	개념	• 발달적 단계에 따라 유아의 미술은 단계적으로 발달함(유아 미술 발달의 가장 보편적 이론) ⇨ 유아는 반드시 각 단계를 거쳐야 하며, 한 단계를 완성한 후에야 다음 단계로 발전 가능
		• **교사**: 유아의 발달적인 요구와 수준에 적합한 미술 활동과 자료를 준비 및 제공
		• **관련 학자**
		
		    | 로웬펠드 | 미술의 활동과정에서 유아의 경험은 자신의 발달 단계를 나타내는 것 |
		    | 켈로그 | 자신이 그리고 싶은 것을 그리면서 자신의 경험을 통합적으로 발달시킴 |

	특징	• 1960년대까지 널리 받아들여짐 • 1960년대 이후에는 비판받음 - 인지이론을 강조하는 경향으로 인해 정상적이고 예정된 패턴에 따라 발달하기를 기다리는 소극적 교육관을 더 이상 받아들이지 않음 - 1970년대 로웬펠드는 미술교육의 방향을 개인과 사회적인 목표에 보다 큰 관심을 두는 방향으로 이론을 수정함 ⇨ 지나친 인지적 목표와 학문중심적 측면에서 떨어져 나와야 한다고 봄

	단계	• **초보적인 긁적거리기 단계(the basic scribble, 만 2세 전후)**: 의미 없는 긁적거림, 하나 또는 여러 개의 선을 사용함 • **도형 단계(the diagram stage, 2~3세)**: 점차 시각적인 통제를 통한 도형을 그리게 됨 • **디자인 단계(the design stage, 3~4세)**: 균형 잡힌 선의 구성에 의해 정교화되고 디자인의 특성이 나타남 • **인물화 단계(the humans, 4세)**: 원형을 복선으로 그릴 때부터 사람을 그리게 됨 • **초기 회화 단계(the early pictorialism stage, 4~5세)**: 물체를 기호처럼 그리며 주로 동물, 식물, 건물, 교통기관을 그림
인지적 이론		• 유아의 그림 그리는 행위는 발달론자가 주장한 것처럼 유아의 일반적인 발달 수준에 따르는 것이 아닌, 유아의 개념형성을 나타내는 것 ⇨ 유아는 자신이 알고 있는 것을 그리는 것이지 본 것을 그리는 것은 아님 • **주장 학자**: 뤼케(Luquet)의 지적 사실주의 예 임신한 엄마의 모습을 그리면서 엄마의 치마 속에 작은 아기를 그리는 투시화적 표현, 눈에 보이지 않는 책상의 네 다리를 모두 그리는 전개도식 표현 • 왜곡된 형태와 크기, 모양, 부정확한 표현, 혼란스런 이미지가 나타남 ⇨ 자신을 둘러싼 세계에 대한 지식과 이해의 부족 • 유아가 성장함에 따라 보다 많은 경험을 하고, 주변 세계에 대한 이해와 개념이 증가하면서 그림이 정확해지고 복잡하고 세부적·사실적인 묘사 등이 증가함 참고 유아의 그림은 지적 성숙도를 결정하는 데 유용한 자료가 됨
정신분석적 이론		• 유아의 작품은 일반적인 발달, 개념 발달 또는 그들이 가진 지식의 반영이라기보다는 유아의 정서와 무의식적인 감정의 표현을 반영하는 것으로 간주함 ⇨ 유아가 느끼는 것을 그림 • 유아는 자신에게 중요한 의미가 있는 사건, 사물, 사람 또는 감정을 그림 속에서 과장되게 나타내거나 변형·왜곡하여 표현함 ⇨ 유아의 미술은 유아 내부의 감정에 영향을 받으며 정서가 구체화된 것 • 유아가 성장함에 따라 의식적인 사고가 무의식의 영향력을 억제하고 보다 사실적으로 표현함 • 미술교육에 많은 영향을 줌 ⇨ 손가락 그림, 점토, 이젤 물감 그림 등 • 모양뿐 아니라 색의 선택, 선의 형태에도 감정이 표현됨 ⇨ 유아용 검사와 치료법에 영향 • 유아 미술교육은 자유로운 감정 표현과 정서적 해소에 중점을 둠 ⇨ 유아의 미술 작품은 정서와 개성의 표현으로 보아야 하며 평가할 수 없음
지각 이론 (아른하임)		• 자신이 알거나(인지) 느낀 것(접신)을 그린다기보다는 그들이 지각하여 본 것을 그린다고 여김 • 유아는 자신이 사물을 보는 방법대로 그린다는 관점으로, 그림에서 그들이 지각하는 방법을 볼 수 있다고 함 • 지각 이론은 유아나 성인이 모두 사물을 지각된 관점에서 구조적으로 표현하며, 현실을 그대로 옮겨 놓은 것이 아니기 때문에 미술을 하려고 노력한다고 주장함 • 게슈탈트 학파의 영향을 받음 ⇨ 지각이란 지각 구별력을 통해 전체로부터 부분으로 발달 • 지각은 신경생리학적 구조, 인성, 사전 학습에 의해서 영향을 받으며, 학습될 수 있고, 시각적 변별력 훈련을 통해 증진될 수 있다고 봄 • 처음에는 세분화되지 않은 전체로서 대상을 지각하다가 점차적으로 세부적인 부분들을 지각함 예 두족화

2. 유아 표현활동 – 입체 발달

(1) 유아 입체 표현의 특징

입체	• **정의** : 입체표현이란 평면인 2차원이 아닌 3차원의 형태로 표현되는 것을 말함
	• **특징**
	  - 실제의 세계와 가장 가까운 3차원임
	  - 주변의 재료가 모두 입체표현의 재료가 될 수 있음
	  - 작품 속에 조형적 공간을 가지고 있어 형태가 강조됨	

입체 활동 종류	**조소**	입체적인 조형물을 나무나 돌, 찰흙 등의 재료로 빚어 만드는 것 📌 조각, 소조
	꾸미기와 만들기	다양한 재료와 소재를 중심으로 한 구성하기, 인형과 가면 만들기, 염색하기 등과 같이 입체적인 구성을 할 수 있는 모든 작업
	구성하기	빈 상자나 빈 갑들을 공작 놀이로 도입시키는 것
입체 표현의 발달 과정	• 평면 표현보다 늦게 발달함 • 평면 표현 재료는 쉽게 접근하고 묘사할 수 있지만, 입체 재료는 접할 기회가 별로 없고 구체적인 형상을 만드는 것도 쉽지 않음 • 입체의 개념은 빨리 받아들이나 표현방식에서는 늦게 나타남	

	탐색적 유희기 (0~4세)	• 입체 자료를 가지고 즐기면서 평면적으로 구체적 형상을 탐색하는 단계
		• 무의도적 유희기 ⇨ 반복하는 유희기 ⇨ 이름 붙이는 유희기 순으로 발달함
		• **초기 인물 형태의 탐색**
		  - 가장 먼저 구체성을 띠는 것을 탐색함
		  - 얼굴 표현만으로 전체 표현을 대신함
		  - 각 부분을 평면적으로 배치함
		  - 초기 인물 표현의 부족한 부분을 주로 언어로 보충함

	평면적 상징기 (4~8세)	• 입체 자료를 평면적으로 표현하면서 모든 대상을 상징적으로 나타내는 단계 • 평면적이고 상징적인 표현 ⇨ 입체자료를 평면적으로 표현하면서 대상을 마치 그림을 그리듯이 상징적·도식적으로 표현함 • 두족류의 입체 표현이 나타남 📌 머리, 팔다리, 몸통, 목으로 발달함 • 극단적인 입체 표현이 나타남 📌 찰흙으로 그림을 그리듯이 표현함 • 사람의 머리와 다리 이외의 입체 표현이 나타남

(2) 점토 활동

점토 특성	• **3차원성** : 있는 그대로의 현실세계를 표현하게 해줌 • **유연성** : 여러 가지 시도와 수정이 가능함 ⇨ 활동의 과정에서 좌절감을 적게 경험 • **감각운동적 자극의 제공** : 손을 이용하며 부담을 주지 않고 자유롭게 재료를 다루는 가운데 촉감적·감각운동적 만족감을 주고, 부정적 정서를 순화하게 해줌	
점토 발달단계	1단계	아무런 목적이나 의도 없이 찰흙을 주무르고 두드리면서 찰흙이라는 자료를 탐색하는 시기
	2단계	둥근 공 모양을 만들고 점차 여기에 점토를 덧붙이거나 손가락으로 구멍을 내어서 복잡한 형태로 만들어 가는 단계
	3단계	대체로 6세 이후가 되면 주제를 정하고 표현을 할 수 있게 되며, 평면적인 표현과 입체적인 표현이 동시에 나타남
점토 만들기	전통적인 밀가루 점토	밀가루 2컵, 소금 1컵, 식용유 2t, 식용 색소를 탄 물 1컵
	부드러운 밀가루 점토	밀가루 1컵, 소금 1/2컵, 식용유 1t, 식용 색소를 탄 따뜻한 물 1컵

3. 유아 표현활동 - 평면 활동

(1) 유아 그림의 특징

구도	• **기본적인 표현의 구도** : 화지를 2등분하여 하늘과 땅으로 가름 • **본인의 특정 사항을 중심으로 한 구도** : 주인공을 중심으로 그림을 그림 • **원근이 무시된 구도** : 일반적으로 화면의 윗부분은 먼 곳, 아래는 가까운 곳으로 그림 • **옆으로 넓은 면적의 구도**	
특징적 표현	지적 도식 표현	자신이 그리기 쉬운 방법으로 알고 있는 것을 모두 표현하는 것
	기저선 표현	종이 밑부분에 가로선을 긋고 그것을 기준으로 하늘과 땅을 구분하는 것
	직각성의 표현	중력을 무시하고 물체를 기저선에 수직으로 그리는 것
	전개도식 표현	유아들이 대상을 한눈에 볼 수 있는 안목이 부족하기 때문에 한쪽을 그리고 난 다음에 다른 쪽은 화지를 돌려가며 그림을 그리는 것 예 식탁을 그릴 때 사방으로 다리가 그려져 있는 것(3차원 세계의 2차원 표현)
	투시적 표현	X-Ray 표현, 조감도식 표현 ⇨ 시각적으로 표현하기 어려운 부분일지라도 자신의 경험적 지식을 토대로 투시하여 그리는 것
	과장과 생략 표현	• 자의적 변형 법칙에 의한 표현 • 유아들의 내면적인 상태나 심리가 잘 드러난 표현으로, 그들이 중요하다고 생각하는 것은 크게, 그렇지 않은 것은 작게 표현하는 것

영역 불침범의 법칙에 의한 표현	사물을 구성하고 있는 요소들이 서로 침범하지 않도록 영역을 설정하는 것
공존화	유아들은 시각적 제한이 없기 때문에 여러 시점 또는 모든 시점에서 볼 수 있는 것을 함께 그림 ⇨ 공간의 동시성
반복적 표현	상징기에서부터 전도식기에 많이 나타나며 남아보다 여아에게 많이 나타남 ⇨ 똑같은 것을 나열식·병렬식 패턴으로 그리는 것
의인화 표현	꽃이나 동물 등 모든 사물에게 생명을 부여하여 사람처럼 표현하는 것 예 태양, 꽃, 나무, 구름에 눈, 코, 입을 그리거나 동물에 옷을 입히고 신발을 신기는 것
연속성의 표현	시간의 흐름(과거, 현재, 미래)을 한 장의 화지 위에 나타내려고 하는 것
적립 원근 표현	성인들과 같이 원근법을 활용하여 공간 구성을 하는 것이 아니라 화지의 아래쪽은 가깝게, 위쪽은 멀리 나타나는 방식으로 공간을 구성하는 것
열거식 표현	기호나 부호처럼 늘어놓는 것 ⇨ 유아기의 표현은 사물 간 관계 판단이 부족하기 때문에 화면 전체의 통일성보다는 관심 가는 것이나 자기 경험을 생각나는 대로 하나하나 그려가며 그것으로 만족함
시점 이동의 표현	둥근 연못과 물고기의 옆면을 모두 정면에 표현 ⇨ 방위의 동존화
대칭적 표현	화면을 수직 이등분선(+)으로 구분하거나 물체를 상하·좌우로 배열하는 대칭적 표현 ⇨ 공간에 대한 중압감 등으로 표현에 자신감이 없는 경우나 심리적 안정감을 찾기 위해 사용함
인물화 표현	최초의 원 ⇨ 두족인 표현
색채의 표현	유아 색채의 선택은 생리적 조건, 심리적 감정과 정서를 표출·반영하는 것임

(2) 활동

평면 활동 종류	• 그림 그리기 • 재미있는 표현기법 예 데칼코마니, 콜라주, 마블링, 스크래치, 모자이크 등 • 판화 • 무늬 찍기
물감 그림 발달	무질서한 그림물감 칠하기 ⇨ 조절된 그림물감 칠하기 ⇨ 무의도적 그림에 이름 붙이기 ⇨ 계획된 표상적 그림에 물감 칠하기

(3) 유아 그림의 유형별 분류

① **구디너프의 유형 분류**
- 행동에 이상이 있는 어린이를 대상으로 한 어린이의 인물화 검사 결과를 구분하여 그림마다의 특성을 발견함
- 다언형, 개인적 반응형, 비약형, 불균형형으로 구분함

② **감정의 분류**

개념		• 구디너프의 연구를 참고하여 우리나라 실정에 맞게 7단계로 세분화하여 회화적 성격으로 확대시킴 • 심리나 성격과는 관계없이 단지 그림 스타일과 조형적 측면이 강조된 형태의 구분임	
분류	대담형·소극형	대담형	• 표현할 수 있는 재료는 다 그릴 수 있고 아무 대상이나 크게 그림 • 화지에 어떤 대상을 막론하고 한 개 또는 두 개 정도로 크게 메워놓음
		소극형	• 시원치 않은 듯 꾸물대며 그림을 그림 • 그림을 그리기 싫다기보다는 표현 버릇이며 나름대로 그림 그리는 것을 즐김 • 그림의 내용은 보통 조그맣게 화지 한쪽 귀퉁이에 그려 놓음
	개인형·비약형	개인형	• 본인 이외의 사람은 잘 이해되지 않는 객관성이 무시된 그림 • 어른들의 추상화와 유사함
		비약형	• 사물의 특성을 보면 바로 그것과 관련된 것으로 연결하는 경향이 있음 • 관련된 것들이 연결되다보니 화면에 상당히 많은 양의 소재가 들어가 있음 • 복잡하지만 나름대로 이야기가 전부 연결됨
	불균형형·성급형	불균형형	• 처음에는 잘 되어가는 듯하다가 곧 시들어 버리는 듯한 그림 • 전체적으로 균형이 잘 안 맞고 기형적인 인물로 표현하는 경향이 있음 • 정신연령이 낮은 유아에게서 볼 수 있음
		성급형	• 그림을 급하게 완성해 버림 ⇨ 화지를 받은지 3~4분만에 완성 • 대담형과 비슷하나, 대담형은 성급형에 비해 그림의 완성도와 지구력이 나타남
	표준형		• 유아의 그림에서 가장 많이 볼 수 있는 유형으로 크게 치우치지 않고 보편타당한 그림 ⇨ 조사결과 77%가 표준형에 해당 • 유아의 수준에 맞는 그림

4. 미술발달 - 켈로그 & 시릴버트

(1) 켈로그

개념		• 아동화의 발달단계를 연령과 특별히 구분 짓지 않고 백만 점 이상의 유아 초기 그림들을 전 세계 각 지역으로부터 20년에 걸쳐 수집하여 연구함 • 2~4세 유아들의 초기 그림들을 분류하여 20종의 기본 패턴을 추출함 • 유아들에게는 일반적·보편적인 전개가 공통적으로 나타나는 것을 발견

발달
단계
	초보적인
	낙서형태를
	형성(난화)
	(1~2세)
		• 아이들은 대략 20가지의 표(Mark)를 통해 자신을 표현함
		• 근육 운동의 발달로 팔의 다양한 단순동작에 의한 난화를 그림
		  ⇨ 시각적 통제 없음
		• **난화의 배치** : 눈과 손의 협응이 이루어져야 시도될 수 있음
		  ⇨ 시각적 통제가 필요함

	단순도형 단계 (2~3세)	• 단순(기초)도형이 출현하는 단계 • 3세가 되면서 선이 단순화되고 기본적인 기하학적인 형태(원, 삼각형)에 다른 기하학적인 모양을 붙여 새로운 모양을 구성함 • 종이에 표현할 때 그림을 종이의 어느 위치에 배치하여 그리는가에 따른 유형을 17가지로 나누어 그리게 됨

	디자인 단계
	(3~4세)
		• 도형 2개가 결합하여 조합(연합, 결합)을 이루거나, 셋 이상이 결합하여 집합을 이루면서 디자인을 하기 시작함
		  - **연합(결합)** : 두 개의 형태를 연합시켜 모양을 표현
		  - **집합** : 세 가지 이상의 형태가 합해져 표현
		• 선의 의도적인 사용과 기억력의 점차적인 향상을 의미함
		• 근육에 의한 선의 변화를 체험하는 시기는 3~5세경에 이루어짐
		• 이러한 모양이 복합적으로 이루어져서 패턴화된 형태가 출현함
		• **형태**
		
		{tbl}

	인물화 시기 (4세)	초기의 인물화는 유아가 주위의 인간을 관찰해서 시각적으로 얻은 결과라기보다는 과거의 반복되어진 도형들에서 얻어내는 형태임
	초기 회화 시기 (4~5세)	4세 이후부터 사람, 동물, 집, 건물, 그 밖의 다른 사물을 사실적으로 그리게 되는 초보 단계가 나타남

형태:

만다라형	사각형으로 둘러 싸여진 원 또는 집중된 원, 사각의 형태가 포함됨
태양형	어린이와 어른 그림을 연결시켜주는 형태로 미술의 역사에서 고대인이 그려 놓은 그림 속에서도 종종 발견됨
방사선형	초기의 난화 형태가 발전하면서 리드미컬한 운동적인 요소가 발전된 형태로 인물과 팔 다리를 연결시켜 표현할 수 있는 기초를 마련하는 선의 표현
인물	어린이 그림에서 인물의 표현 과정을 살펴보면 얼굴의 집합체와 만다라형의 몸통 부분을 합한 형태를 취함

(2) 시릴버트

낙서기 (2~5세)	목적 없는 선 긋기 ⇨ 목적 있는 선 긋기 ⇨ 흉내 내는 선 긋기 ⇨ 제한된 낙서
선화기 (4세)	머리와 다리를 표현함
서술적 상징기 (5~6세)	상징적 표현 및 동일한 패턴 사용
서술적 사실기 (7~8세)	• 지각에 의지하기보다 개념적임 • 보고 있는 것을 그리는 것이 아닌 알고 있는 것을 그림
시각적 사실기 (9~10세)	2차원의 단계에서 3차원의 단계로 나아감
시각적 억압기 (11~14세)	그리고자 하는 사물을 의도껏 표현하기 힘들기 때문에 좌절과 실망을 느낌
예술적 부흥기 (초기 청년기)	예술적 재능이 꽃피게 됨

5. 로웬펠드

난화기 (긁적거리기) (2~4세)		• 아무렇게 그리거나 휘갈겨 그리는 단계 ⇨ 자아표현 및 자기표현이 시작됨 • 근육운동의 흔적으로 근육운동 자체의 움직임에서 즐거움을 느낌 • **환경적 배려** : 적절한 자료 제공과 격려가 필요함 • **단계**

난화기 (긁적거리기) (2~4세)	무의도적 긁적거리기 (무질서한 난화기)	• 우연하게 생긴 선 ⇨ 특정한 목적 없이 손의 움직임에 따른 결과 • 시각적 통제가 없으며, 도구통제 능력이 낮음
	조절된 긁적거리기 (통제된 난화기)	• 자신의 선 긋기 동작과 종이 위에 나타나는 흔적과의 관계를 깨닫기 시작함 • 자신의 동작에 대한 통제가 가능함 • 둥근 선 그리기 등 반복적 표현이 나타남 • 3세경에 ○은 그릴 수 있으나, □은 불가능함 • 과정에 대한 간섭 시 유아가 위축될 수 있음
	의도적 긁적거리기 (이름 붙이는 난화기)	• 자기의 그림을 말로 설명할 수 있음 ⇨ 의사소통의 수단으로 그림 사용 • 그림에 이름을 붙이기 시작함 • 그림 자체는 크게 달라지지 않음 • 그림에 사실성을 요구하거나 이름 붙이기를 강조하면 혼돈, 당혹감을 느낌 • 새로운 사고를 하게 된 것에 대해 격려해주는 것이 필요함

전도식기
(4~7세)
	• 보통 3세와 4세 사이에 나타나기 시작함
	• 시각적 대상과 관련되는 묘사적 표현이 시작되는 단계(초기 표상단계)
	  ⇨ 4~5세경이 되면 보다 사실적인 표현의 시도에 열중
	• 유아는 자신의 표현에서 대상과의 관계를 발견하게 된 사실에 큰 만족감을 가짐
	• 유아는 자신의 그림에 부여하는 의미를 상황에 따라 매번 변화시키지 않음
	• 묘사적 표현의 첫 상징은 두족인으로 나타남
	• 반복을 통해 한정된 개념을 발달시키며 모든 대상을 자기중심적으로 표현함
	• 감정적으로 좋아하는 색채를 택하며 대상에서 볼 수 있는 색채와는 거의 관계가 없음
	• 색의 차이보다 형태의 차이를 먼저 인식함
	  참고 4세 : 형태 출현, 5세 : 사람·집·나무 등, 6세 : 확실한 윤곽 및 카탈로그식 그림
	• **보편성과 개인차** : 그림은 모두 다르게 보이는 개인차가 있으며 발달과정은 공통적·일반적 특성으로 나타남
	• **융통성** : 고정관념 없이 사고의 융통성을 지닌 시기 ⇨ 창의성 발달 증대

도식기 (7~9세)	• 명확한 형태개념이 성취되는 시기 • **도식** : 의도적인 경험으로 변화시키지 못할 정도로 계속 반복해서 이루어진 개념 표현 • **인물도식** : 유아마다 다른 형태로 나타남 • **공간도식** : 자신을 중심으로 주위의 것들이 둘러싸고 있다고 생각하지 않으며 기저선을 그려 하늘과 땅을 구분함 ⇨ 시공간을 동시에 표현 • **투영적 표현** : X-ray 그림
여명기 (도당) (9~11세)	• 사실적 표현이 시작되는 시기 • 또래 집단의 의사를 존중하고 고정된 도식으로부터 벗어나기 시작하며, 사물의 표현이 객관적이게 됨 • 미술훈련을 받지 않은 성인의 묘사와 놀랄 만큼 흡사함 • 자아와 주변의 자연에 대한 인식이 확대됨 • 사실적 표현의 경향이 나타나지만 객관적 자연주의적 관점이 아닌 여전히 사실적 개념으로 대상을 상징화하여 표현함
의사사실기 (추리) (11~13세)	• 창작활동을 상실하는 위기로 좌절감을 느낌 • 사물을 사실적으로 표현하려고 애쓰며 비판적인 인식을 가지게 됨 • 배경과 원근감, 비례 등 대상의 세부표현이 증가하고 미적 표현에 있어서도 정교함이 증가함 • 자아의식이 싹트고 협동과정의 작품에서 사회성을 발휘하며 발달함
결정기 (사춘기) (13~16세)	• 표현이 더욱 복잡하고 정교해짐 • 환경을 창의적으로 받아들임 • 성인으로의 입문과정이며 자신의 행동이나 자신의 창조적 작품에 대하여 지각하게 되며, 창조적인 작품에 대한 감각적인 활동이 주를 이룸 • 아동에 따라 그림 그리기를 계속 하지 않거나, 그림 그리는 활동을 지지 받지 못한 경우 이 단계에 도달하지 못함

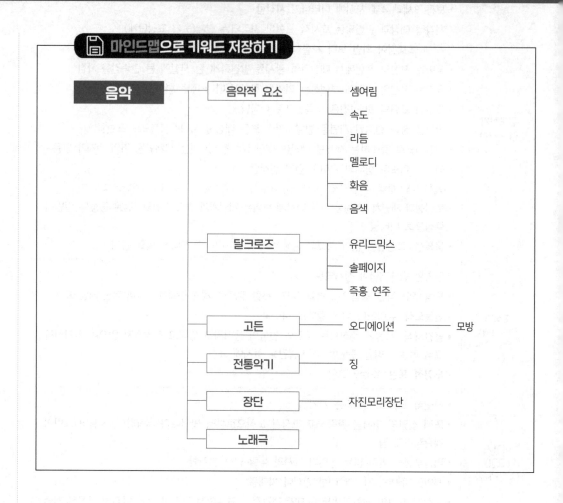

1. 악기 연주하기

악기연주 능력의 발달	• 유아의 악기연주 능력은 신체발달과 깊은 관련성이 있음 • 유아는 리듬에 대한 감각을 먼저 습득하고, 눈과 손의 협응력이 발달하면서부터 악기를 연주할 수 있음 • 약 7세가 되어야 악기를 제대로 연주할 수 있을 정도의 눈과 손의 협응력이 발달됨
유아에게 제공 가능한 악기	• **리듬 악기** : 리듬 막대, 손가락 심벌즈, 핸드벨, 마라카스, 캐스터네츠, 작은 북, 트라이앵글, 봉고 • **국악기** : 장구, 북, 소고, **징**, 꽹과리 등 • **소리를 만들 수 있는 것** : 냄비, 씨앗을 넣은 그릇, 깡통 속에 다양한 물체를 넣은 것, 돌멩이들, 숟가락, 열쇠, 부엌가구 등 • **하모니 악기** : 아코디언, 벤조, 만돌린, 우쿨렐레 등 참고 악기 선정 원리 ▷ 발달의 적합성의 원리 ▷ 다양성의 원리 순으로 적용

지도방법	• **누리과정에 따른 지도방법**
	  - 다른 나라의 전통 악기 소리와 우리나라 국악기가 내는 소리의 차이를 비교하기
	  - 이들을 함께 사용하여 새로운 소리를 만들어 보도록 격려하기
	  - 박자와 리듬을 다르게 하면서 소리를 만들어 볼 기회 제공하기
	  - 자신의 생각과 느낌, 사물의 특징에 따라서도 소리의 세기나 리듬 등을 변형시켜 가면서 소리를 만들어 보도록 하기
	  - 유아들이 만드는 소리를 주의 깊게 만들어보고, 함께 소리를 연합하여 만들어 보는 경험 제공하기
	• 유아가 만지고, 보고, 연주해 볼 수 있도록 실제 악기와 음악영역을 마련함
	• 유아가 스스로 악기를 만들어 보는 경험을 제공함
	• 유아가 자신의 이름, 동요, 동시를 사용하면서 손뼉을 치거나 몸을 가볍게 흔들면서 곡조에 리듬을 붙여보게 함 ⇨ 신체 악기
	• 한 노래 내에서도 악기의 교체에 의한 음색의 변화를 시도함
	• 유아들이 수집한 소리 나는 도구 중에서 서로 다른 소리가 어떻게 연결되어 잘 어울리는지 결정하여 들어보고 평가함
	• 어떤 악기든지 탐색의 기회를 제공함
	• 아직 합주는 어려우나 각자 리듬 악기를 가지고 노래에 리듬을 맞춰 보게 함
	• 악기의 이름, 생김새 및 연주방법을 알려주며 악기를 소개하게 함
	  ⇨ 충분한 시간 동안 직접 각 악기의 음색을 탐색할 기회 제공
	• 전문 악기 상점을 방문하여 다양한 악기를 직접 볼 수 있거나 민속 악기를 관람할 수 있는 기회를 제공함
	• 초·중·고등학교의 밴드부나 특별활동부에서 하는 악기 연습 장면을 견학시킴
	• 부모 중 악기를 다루는 분을 초청해 작은 악기 연주회를 계획함

2. 노래 부르기

유아의 음역		• **유아들이 좋아하는 음역** : 내림 나~라(다장조 레~라)
		• **적절한 음역**
		  - 3~4세 : 2~3도 정도
		  - 5세 : 5~6도 정도(도~라)

곡 선정기준	**음역**	다장조 '레~라' ⇨ 유아들이 쉽게 따라 부를 수 있는 음역의 노래 (음정이 한정적이고 기억하기 쉬운 것)
	형식	길이가 짧은 곡(짧은 8마디 정도), 리듬 형식이 반복적인 곡
	소재	• 친구, 가족, 자연이나 계절 등 유아가 좋아하는 소재 • 유아의 흥미를 유발시키고 이름을 넣어 부를 수 있는 노래 • 문답식 노래, 신체 각 부분에 관련된 노래
	가사	사전 경험이 있는 소재의 노랫말, 기억하기 쉽고 재미있는 이야기가 담긴 노랫말
	음악성	정보를 제공하거나 교훈적인 것보다는 멜로디가 아름답고 음악성이 있는 곡

**새 노래
지도방법**
	활동	• 친숙한 노래를 부르며 유아의 주의를 집중시킴
		• 유아와 마주보고 앉아 자료를 사용해 가사를 이야기처럼 들려줌
		  ⇨ 간식·휴식·자유선택활동 시간에 미리 들려주기
		• 교사가 자연스럽게 분위기를 살려 노래를 들려줌
		• 피아노를 이용하여 노래의 멜로디를 음만 들려줌
		• 처음 배우는 가사는 부담스러우므로 한 가지 소리로 여러 번 부름
		• 유아와 교사가 가사를 나누어 부름
		• 전체를 다함께 부름
		• 가사를 몸으로 표현해 보거나, 강세를 바꾸거나, 가사를 바꾸는
		  등 다양한 방법으로 불러봄
		[참고] 즐거운 활동을 통해 곡의 분위기 느끼기가 중점임

	유의점	• 새로운 노래를 들려줄 때 교사는 손을 위 또는 아래로 움직이며 노래의 음의 높고 낮음을 표시해줌 • 새로운 노래를 소개할 때는 한 단어·한 줄씩 가르치지 않음 • 새 노래의 도입과 끝에는 친근한 노래를 부름
	다양한 노래 교육 방법	• 기회를 통한 노래교육 ⇨ 노랫말과 연관되는 기회 • 그림을 통한 노래교육 ⇨ 그림 그리기, 그림카드 • 그림 악보를 통한 노래교육 ⇨ 그림으로 음의 높낮이와 길이를 나타내어 지도 • 동작을 통한 노래교육 ⇨ 음률동작, 창의적 신체표현을 통한 방법 등
노래 부르기 발달단계 (마빈 그린버그)	**초기 발성기 (출생~3개월)**	영아는 울음, 쿠잉 등을 통해 높낮이, 음색, 리듬 형식, 크기의 정도 를 조절함
	목소리 실험과 소리 모방하기 (3개월 ~1년 6개월)	• **3~4개월**: 언어적인 옹알이에서 다양한 높낮이로 말소리를 내는 음악적 옹알이로 나아감 • **12~15개월**: 재잘거리는 말투로 노래를 부르게 됨 • **1년 6개월**: 노래할 준비를 하게 됨
	대략적으로 노래 부르기 (1년 6개월 ~3년)	• 유아의 가창능력 발달에 매우 중요한 시기 • 자발적으로 더듬더듬했던 노래들이 제법 정확한 리듬을 갖게 됨 • 때때로 정확한 음높이로 노래를 따라 함 • 약 2~3세에 이르면 자신의 경험과 어른들의 도움을 받아 주위 에서 들을 수 있는 노래들을 배우기 시작함

	**한정된 범위
	내에서 정확하게
	노래 부르기
	(3~4세)**
		• 비교적 제한된 음역에서 몇 개의 다른 음 높이를 가지고 노래나
		  멜로디 패턴의 노래를 부를 수 있음
		• 3년 6개월~4년 6개월 시기에 정확하게 노래 부르기, 정확한
		  음높이, 반복되는 리듬과 선율 유형으로 자발적인 노래가 발달함
		• 유아적인 라임과 챈트를 만들어 냄
		[참고] 챈트: 즉각적으로 나오는 무의미한 음절들로 이루어져 있으며
		        내용은 주로 반복적이며, 곡조는 독창적일 수도 있고 익숙한
		        곡조를 모방한 경우도 있음

좀 더 넓은 범위 내에서 정확하게 노래 부르기 (4세 이후)	• 말과 노래하는 목소리의 차이를 구별함 • 두 옥타브에 걸쳐서 자발적인 노래 부르기가 나타남 • '레~라'의 범위 안에서는 쉽게 노래 부를 수 있음 • 노래의 음악적인 측면을 표현하기 시작하며 노래의 강약과 속도에 주의해가며 노래를 부름 • 만 5세가 되면 자신을 음악적으로 표현하는 데 일차적인 수단으로서 목소리를 사용하는 것에 익숙해져야 함

3. 음악 듣기능력의 발달

개념		• 유아의 음악능력 발달에 있어서 듣기능력의 발달은 가장 기본이 됨
		  ⇨ 음악을 이해하는 과정이 음을 직접 듣는 경험을 통해 이루어지기 때문
		• 유아의 청감각은 일찍부터 발달하지만 유아의 음악 듣기능력은 서서히 발달함
		  ⇨ 듣기능력 중 유아기에 가장 뚜렷하게 발달되는 것은 음색 변별력과 음높이 변별력
		• **음색 변별력** : 악기나 물체 소리를 변별할 정도로 일찍 발달됨
		• **음높이 변별력** : 음정의 폭이 클 경우에만 잘 변별하며 미세한 차이나 제자리 반복음은 잘 변별하지 못함 [참고] 유아들은 음높이, 크기, 빠르기에 대해 혼동하는 경향이 있음
		• 음악 듣기능력의 발달을 위해서는 리듬, 박자, 멜로디에 대한 기본적 듣기능력의 발달이 선행되어야 함

능력	리듬 듣기능력	• 리듬은 음악에 순서와 질서를 주고 음악의 기본 요소가 됨 • 안정적이고 규칙적으로 반복되는 박에 대한 감각이 발달함 • 리듬에 따라 간단한 율동을 할 수 있음 • 규칙적인 리듬형을 표현할 수 있는 율동과 리듬치기 능력이 발달함 • 유아는 느린 속도보다 빠른 속도의 리듬이나 부점 리듬, 당김음 같은 변화 있는 리듬형에 잘 반응 [참고] 부점 리듬 : 점8분음표 뒤에 16분음표가 오는 형태
	박자 듣기능력	• 소리를 음악적으로 의미 있는 방식으로 특정 유형으로 나눠서 듣는 것 • 박자 듣기능력은 6세 이후에야 안정된 음악성으로 발달할 수 있음 • 박자 개념을 직접 가르치기보다는 박자와 관련된 다양한 음악활동을 통해 음악적 경험을 제공함
	멜로디 듣기능력	• 멜로디 듣기능력의 발달 위해선 먼저 음의 높낮이를 정확히 알아야 함 • 3~5세 유아 간에서는 음의 높낮이를 변별하는 능력 발달의 차이가 큼
발달단계	3세	비교적 짧은 듣기 경험을 즐김 ⇨ 10분 이상 지속되지 않음 **예** 주변 환경 소리 탐구, 구별, 집중 훈련
	4세	대집단의 듣기 경험이 좋음 ⇨ 15분 이상 지속되지 않음
	5세	노래, 피아노 발췌곡, 녹음기에 귀 기울임, 간단한 타악기 연주 가능 ⇨ 듣고 감상하는 경험은 유아 음악교육에서 가장 기본적이고 기초가 되는 활동

다양한 종류의 듣기 놀이	• **일반적 듣기 놀이** : 유아들이 주변의 모든 소리에 주의를 기울여서 재밌게 듣게 하고 각 소리의 음색을 변별하게 함 • **현상적 듣기 놀이** : 자연의 소리와 생활 속에서 들려오는 많은 소리를 섬세하고 정확하게 듣게 하여 청감각을 발달시키는 것 • **상징적 듣기 놀이** : 음악을 듣고 상대의 생각과 심리상태를 느끼는 듣기 놀이 • **음악 감상하기**
감상곡 선정 원리	• 다양한 음악적 소재의 곡 ➪ 다양한 장르 및 다양한 방법으로 연주된 곡 • 리듬감 있는 곡 • 음악적 선율이 유아의 상상력을 자극하는 곡
지도방법	• 일과 중 수시로 여러 가지 다양한 소리를 들을 수 있는 기회를 제공함 　➪ 지역 인사·가족 초청의 간단한 음악회 또는 노래극 • 주의 깊게 듣고, 들은 소리를 식별해 보게 하고, 그 소리를 만들어 보고, 악기로 모방해 보도록 함 • CD를 최대한 활용하고, 녹음기를 활용하여 자신이 말하는 음성 또는 노래하는 음성을 들을 수 있는 기회를 제공함 • 악기를 연주할 수 있는 어른이나 전문가를 교실로 초대함 • 높고 낮은 음, 거칠고 부드러운 음, 길고 짧은 음을 이해하도록 시청각 교재와 다양한 악기 자료를 사용함 • 높은 음과 낮은 음을 연주할 때 손이나 팔로 각 음을 나타내 보게 함 • 유아에게 음악의 유용성에 대해 이야기해 줌
유의점	• **교사의 모델링** : 교사는 유아들에게 음악을 진지하게 듣는 모습을 보여줄 것 • 음악을 듣고 싶다는 동기가 유아로부터 유발되도록 할 것 • 다양한 음악적 소재를 지속적으로 연구할 것 • 유아들이 선곡된 음악을 끝까지 들을 수 있는 방법을 연구할 것

4. 유아 음악교육

음악능력 발달의 중요성 (고든)	• **보편성** : 평범한 사람이라면 누구나 음악적 자질을 가지고 태어남 • **개별성** : 타고 나는 음악적 자질은 사람마다 각기 다름 • 음악적 자질은 타고나는 것 이상으로 환경적 요소의 영향을 많이 받음 　➪ 어릴수록 음악적 자질에 미치는 환경적 요소의 영향을 크게 받음 • 9세 이전에 음악적 자질이 모두 형성됨
유아 음악교육의 중요성	• 음악은 자기 자신의 생각과 느낌, 감정과 정서를 표현하는 하나의 도구적 역할을 함 　➪ 유아의 생각과 느낌을 반영하고 표현할 수 있는 하나의 매개체가 됨 • 다양한 음악적 활동은 유아의 창의적인 사고를 촉진하며 상상력을 발달시킴 • 음악을 통해 가정, 생각을 표현함으로써 정서적 안정을 얻음 • 풍부한 심미적 감각을 소유함

유아 음악교육의 목표		• 언어능력 발달을 도와줌 • 인지능력을 향상시킴 • 정서와 사회성 발달을 도움 • 창의력과 표현력의 신장을 도움 • 신체와 동작능력의 발달을 도움 • 긍정적인 자아 개념의 형성을 도움
음악교육의 영역		음악 듣고 감상하기, 노래 부르기, 악기 연주하기, 음률 동작과 신체 표현하기, 음악 창작하기 ⇨ 각 영역은 서로 통합적으로 상호작용함
음악교육 내용 선정의 원리	발달 적합성의 원리	유아의 음악성, 신체·정서·인지 발달에 적합한 음악교육의 내용을 구성하여 조직하는 것
	생활 중심의 원리	• **동심원의 원리** - 유아의 일상생활 주변에서 들려오는 다양한 도구 소리, 새소리, 바람 소리, 물소리 등의 자연·환경의 소리와 목소리, 손뼉치고 발 구르는 소리 등의 신체 소리를 활용하도록 하는 것 - **동심원적 접근** : 직접적, 구체적, 밀접한 내용에서부터 간접적, 추상적, 멀리 떨어져 있는 내용으로 접근함
	학습 계열화의 원리	• **나선형의 원리** - 교육내용이 계열화되어 반복적으로 제시됨 ⇨ 반복학습의 원리 - 각 동작활동을 통해 반복적으로 학습하게 하되, 동작활동의 시 간 길이는 유아의 주의집중 시간에 적합하도록 10~15분을 넘지 않게 계획함
	다양성과 통합의 원리	• **균형과 조화의 원리, 순환의 원리** - 영역 간 균형과 조화가 잘 이루어지도록 음악 활동의 주제별 ·발달영역별 내용 체계를 골고루 통합하는 것 - 음악 활동 내용구성에서 의미하는 통합성의 원리는 다양성과 통합성이 함께 고려되어야 하며 각 영역 사이에 순환적 상호 작용이 활성화되어야 하는 것을 의미함
교수 - 학습 원리	놀이 학습의 원리	놀이를 중심으로 음악활동을 구성하는 것 ⑩ 기차가 내는 기적 소리를 가지고 신체와 리듬막대를 이용하여 듣기놀이를 하는 것 ⇨ 칙칙폭폭
	개별화의 원리	유아의 연령과 발달수준에 따른 개인차를 고려하는 것
	탐구 학습의 원리	유아 자신이 능동적으로 음악활동에 참여하고 스스로 탐색하는 것
	다감각·다상징적 표현활동의 원리	음악활동을 그림, 신체표현, 극놀이 등의 표현활동 중심의 통합 적 음악 교육방법을 사용하는 것

5. 고든

기본 철학	• 언어를 배우는 과정과 음악을 배우는 과정 간에는 인지론적 공통점이 있음 　⇨ 음악도 언어처럼 듣고 배움 • 음악을 배우는 과정은 언어를 배우는 과정처럼 순서적으로 계열화된 학습과정이 중요함 • 언어처럼 어릴 때 시작하는 것이 좋고, 빠르면 빠를수록 좋음 ⇨ 조기 교육 강조 • 음악의 점진적인 학습과정을 특정 단계가 아닌 연속된 과정으로 보아, 여덟 개의 과정으로 이어지는 음악 학습과정을 중시함 • **오디(audi)** : 말을 듣고 의미를 이해하는 과정 • **오디에이션(audiation)** : 마음으로 음악을 듣고 이해하는 능력 • **단계** : 듣기 ⇨ 읽기 ⇨ 쓰기 ⇨ 회상하기와 연주하기 ⇨ 회상하기와 쓰기 ⇨ 창작하기와 즉흥 연주 ⇨ 창작, 즉흥 연주곡의 읽기 ⇨ 창작하기와 즉흥 연주곡의 쓰기 • **음악 청취력(뮤직 오디에이션)** : 실제로 들리지 않는 음악을 상상하여 마음속으로 듣고 이해하는 능력 ⇨ 여러 가지 음악활동을 하고 나서 이미 배운 음악을 기억하고 추론하여 소리가 실제로 없을 경우에도 마음속으로 음악을 듣고 이해할 수 있는 능력
대상	유아
목적	음악을 이해하고 즐기기 위한 능력의 발달 및 그 발달을 위해 음악 청취력을 기르는 것
교육방법	• 유아의 청취력(오디에이션)을 개발하기 위해 음악의 기본 단어인 패턴을 가르쳐야 함 　- **기본패턴** : 음감패턴, 리듬패턴 　- 패턴은 음정과 리듬을 분리해서 가르치는 것이 효과적임 • 음악을 가르치는 순서와 계열화된 음악 학습과정을 매우 중시함 　- 악보가 아닌 소리를 통해 배울 것 ⇨ 청취력을 기르는 데 중점 　- 소리를 통해서 어느 수준까지 가르친 후에야 악보를 가르칠 수 있다고 믿음 　　⇨ **학습과정** : 여덟 과정이 계속되는 계열화된 학습과정으로 구성됨 　- **변별학습 영역** : 듣기와 모방하여 따라 소리내기, 듣기와 부르기 과정을 언어와 연합하기, 부분적인 통합과정, 악보를 읽고 쓰는 과정, 전체적인 통합과정 　- **추론학습 영역** : 일반화 과정, 창작과 즉흥 연주 과정, 이론적 이해 과정 • **점프라이트인(음악 놀이)** : 놀이를 통한 포괄적인 음악교육 • 노래의 선율과 리듬의 구조를 느끼고 즐기도록 하는 '가사 없는 노래'와 '교사의 육성 노래'를 활용함 • 음악적 내용을 조성·박자·표현으로 나누어 유아가 다양한 경험을 할 수 있게 함 • 자유 연속동작을 통한 프레이즈, 강약, 빠르기, 박자, 호흡 등을 가르침 • 독보는 학습자가 음악적 기호를 보고 오디에이트하며, 기보는 소리를 오디에이트하고 그 소리를 기호와 발달시킴

장점	• 음악을 이해하고 즐기기 위한 오디에이션 능력을 발달시킴 • 교사 - 유아의 상호작용이 활성화됨 • 음악의 기본인 패턴요소를 가르치는 것을 통해 유아가 음악을 쉽게 인지하고 재구성하여 표현할 수 있음	
한계점	• 오디에이션에 능숙한 교사의 음악적 자질이 요구됨 • 노랫말 없는 노래 부르기가 자칫 유아들로 하여금 쉽게 흥미를 잃게 할 수 있음 • 교사 주도의 수업으로 흐를 가능성이 있음	
음악성 발달단계	유동적 단계 (0~9세)	• 한 아이의 음악성은 선천적 또는 조기 음악환경에 의해 영향을 받음 • 음악성의 수준은 출생 시 최고치로 태어나지만 음악적 환경이 적합하지 않으면 그 수준이 감소하게 됨 • 음악적 환경이 적합했을 때 음악성은 높아지나 출생 시의 수준 이상으로는 향상되지 않음
	고정적 단계 (9세 이후)	• 선천적인 요인과 음악적 환경에 의하여 가변적이었던 음악성은 만 9세가 되면 안정됨 • 이 단계 이후에는 어떠한 음악적 환경일지라도 음악성 발달에 끼치는 영향이 적으므로 음악성의 잠재력은 평생 9세 수준으로 유지됨

6. 스즈키

기본 철학	• 유아들이 모국어를 유창하게 배우는 것에 착안하여 모국어 개념에 기초를 두고 적절한 음악적 환경을 제시하면, 음악적 능력도 자연스럽게 발달될 것이라고 생각함
	• 유아의 음악적 능력은 부모와 유아 간의 끊임없는 소리의 반복을 통해 기능을 습득하고 매일의 연습에 의해 자연스럽게 발전한다고 봄
	• 2~3년간의 음악 악보에 대한 기계적 학습을 포함하고 있음
	• **재능 교육**
	  - 음악적 재능이란 선천적이라기보다 생후의 교육방법에 따라 신장될 수 있는 것으로 봄
	  - 유아에게 한 가지를 택하게 하여 뛰어난 능력이 육성될 때까지 교육하도록 함
	  - 사람은 재능을 가지고 태어나는 것이 아니라 능력소질을 갖고 태어나며 능력소질은 자극과 반복훈련에 의해 키워질 수 있음
	  - 좋은 환경과 훌륭한 지도자 밑에서 반복해서 훈련을 쌓으면 다른 방면에서도 뛰어난 능력을 발휘하게 됨
	  - 좋은 환경은 교육을 담당하는 교사와 가정에서의 어머니의 조력 간 상호조화가 중요함
	• **음악교육을 통한 영적 교육** : 높은 예술·음악적 감각을 얻기 위해 순수한 마음이 필수불가결하기 때문에 음악적 훈련을 통해 마음과 정신이 빛나는 고귀한 인간을 길러야한다고 봄
	• 취학 전의 예술 교육을 강조함

교육방법	**동기 유발**	• 음악적 동기 유발은 빠르면 빠를수록 좋음 ⇨ 조기 음악교육의 필요성 • 악기를 배우고 싶은 마음인 학습동기를 유발시키는 것이 첫 단계임
	집단 학습	• 집단 학습을 통해, 먼저 온 사람이 수업을 받는 동안 다른 사람들을 관찰하며 집단에게 하는 비평의 말 중 자신에게 해당되는 것을 찾음 • 모델링을 통해 자신의 연주에 대한 단서를 알 수 있기 때문에 더 즐겁고 효과적인 형태라고 주장함
	반복교육	• 악기 연주에 있어서 반복훈련에 의한 지속적·단계적 교육을 주장함 • 언어습득과 마찬가지로 음악적 감각, 연주기술, 기억력을 학습시킨 후에 독보지도를 실시함 • 반복 훈련에 의한 기억학습을 강조함 ⇨ 처음에는 짧은 곡에서 시작하여 점차적으로 긴 곡을 기억 • 이전 시간의 내용을 복습하며 연주능력을 향상시킴
스즈키 음악 교수법의 적용	**단계**	• 스즈키 방법에서의 각 세부 항목은 '단계'라 부름 • 단계는 음악 학습과정에서 유아가 파악할 수 있는 가장 작은 단위로, 이는 기술적인 정확성을 가지고 음악을 완성하는 데 도움이 됨 • 한 단계를 완성하면(그 부분을 쉽게 연주할 수 있게 되면) 다음 단계를 첨가함
	중지 - 준비	• 교사는 단계를 구성하고 있는 요소와 그것을 구분하는 방법을 이해할 때 '중지 - 준비'라는 테크닉을 사용하여 유아가 그 단계를 정통하게 할 수 있음 • 이미 정통한 첫 단계를 연주할 때 육체적으로는 중지하고, 정신적으로는 준비하는 것
한계점		음악교육 방법인 '귀 훈련시키기 ⇨ 기계적인 모방에 의한 연주 ⇨ 자신의 기능적 연주기술 습득'은 창의성이 결여 되었다는 비판을 받음

7. 오르프(독일)

기본 철학	• 비음악적인 어린이는 없으며 음악은 모든 어린이들을 위한 것 • 음악적 체험은 직접적인 경험과 적극적인 참여에서 이루어짐 • 리듬과 멜로디를 음악의 출발점으로 봄 ⇨ 언어·신체·음악리듬의 단계적 리듬교육 • 음악은 놀이와 대화, 노래, 신체표현, 악기연주 등이 통합되어 이루어짐 - 유아들이 언어와 율동의 자연스러운 리듬에 기초한 활동에 근거하여 음악은 율동, 춤, 언어와 연결되어야 한다고 주장함(음악의 요소 : 음악, 언어, 동작) • 리듬은 음악에서 가장 중요함 • 음악은 기초적인 것이어야 함 • 음악적 창의성과 음악적 실험을 강조함 ⑩ 즉흥 연주 • 음악적 능력은 점진적·지속적으로 발달함

대상	유아~성인
목적	기초음악 개념에 근거한 음악, 언어, 동작의 통합적 음악경험을 통한 음악성 계발

교육방법	• 언어리듬, 신체리듬, 음악리듬의 단계적 리듬 교육 ⇨ 리듬을 음악의 출발점으로 보며 유아 생활 주변의 활동을 소재로 리듬감을 지도
	• 『**오르프 슐베르크**』: 오르프 음악교육에 관한 저서로 5권의 다양한 수준으로 체계화된 선율교육에 대한 것
	• 독특하게 창안된 오르프 악기 ⇨ 원시적 매력을 지닌 세계 각국의 타악기를 포함
	• 창의성 계발을 위한 즉흥창작 활동 ⇨ 작품을 다루는 과정은 즉흥적이고 실험적이며 창조적이어야 함
	• '오스티나토'와 '보르둔' 반주에 의한 집단(앙상블) 음악활동과 화성교육을 강조함
	  - 앙상블 음악활동을 통한 음악교육
	  - **오스티나토** : 어떤 일정한 악곡 전체 또는 악절을 같은 성부와 같은 음높이로 끊임없이 되풀이하는 것 ⇨ 단순하면서도 반복적인 리듬, 멜로디, 화성의 흐름을 반복함으로써 화성을 이루게 하는 방법
	  - **보르둔** : 지속되는 저음으로 계속되면서 화성에 리듬변화를 주는 것
	• 모방 ⇨ 탐색 ⇨ 악보 읽기 ⇨ 즉흥 창작의 단계로 진행함

음악 교육방법의 특징	• 자발적인 자유표현 시간 동안에 시작함 • 단3도에서 노래를 시작함 • 유아의 즉흥 연주 기술은 시와 율동, 악기를 혼합함으로써 발달함 • 행동과 율동을 강조함 ⇨ 음악적인 기본법과 정확한 기술에 대한 지적인 학습과정은 준비도가 성취될 때까지 기다려야 함
지도방법	**말하기** 손뼉치기, 무릎치기 등을 이용하여 리듬을 표현하고 이후에 악기로 연주 **노래 부르기** 리듬을 붙인 말로 노래 만들어 부르기 **신체 동작** 리듬 학습, 빠르기, 셈여림 등이 학습에 활용됨 **즉흥 연주** 음악을 창조적으로 생각해내는 과정을 체험시키는 것
장점	• 총체적 음악경험이 가능함 • 놀이식 음악경험을 통해 누구나 즐겁고 능동적인 참여 동기를 부여할 수 있음 • 리듬감을 향상시킬 수 있음 • 다양한 악기연주를 통해 연주가와 작곡가의 경험을 할 수 있음
한계점	• 유치원에 오르프 악기를 구비하기 위한 비용이 부담스러움 • 음악적 자질 및 한국적 교육 소재의 발굴과 적용이 요구됨 • 대집단 활동 시 신체 표현을 많이 하기 때문에 공간 부족 현상이 야기될 수 있음

8. 코다이(헝가리)

기본철학	• 음악은 모든 어린이의 것으로 모든 유아가 음악을 읽고 쓸 수 있도록 배워야 한다고 주장함
	• 유아의 음악교육은 유치원 시기보다 더 일찍 시작해야 한다고 주장함(태내부터 시작)
	  ⇨ 조기 음악교육 강조
	• 음악교육의 발달에 가장 중요한 시기는 유아기로, 바르게 음악교육을 받은 교사에게 교육받아야 함
	• 헝가리 민족음악 교육을 체계화하는 데 노력해야 하며 음악적 언어는 모국어를 배우듯이 익혀야 한다고 여김
	• 민족 문화의 유산인 민요를 음악교육에 사용해야 함
	  ⇨ 민요는 어린이에게 하나의 예술적 형태의 가치와 문화적 동일성을 심어줌
	• 가장 가치 있는 예술적인 악곡만이 교재가 되어야 함
	• 음악은 매일의 일과로서 경험될 것
	• 『5음계의 음악』, 『333개의 기초 연습곡』 작곡 ⇨ 어린 시기에 리드믹한 경험 제공

대상	유아~성인 전 국민
목적	'음악적 문해 능력'을 통한 체계적인 음악 학습
음악 교육방법	• 코다이 리듬기호로 음가를 표시함 ⇨ 음표 이름을 수리적인 분할 방식으로 부르는 것이 아닌 박과 리듬을 느낄 수 있도록 기존의 리듬기호에 음가를 표시하였음 표 아래 참조 • '코다이의 손 기호'로 시각적 음정감을 개발함 - **코다이 손 기호**: 손의 위치나 모양으로 음의 고저나 선율의 윤곽 및 흐름을 표현하는 것 - 음계의 음을 상징화하기 위해 손의 신호를 사용함 - 음을 시각적인 표현으로 전달하는 손 기호는 유아들이 초보적인 악보읽기를 하는 데 매우 효과적임 - 손 기호 외에 손뼉치기, 두드리기, 리듬치기, 오선 악보 나타내기 등을 제시함 • 5음계 사용을 강조함 - 음악적 개념을 체계적으로 조직하되, 유아들의 신체적·음악적 발달단계의 적절한 시기에 체험해야 함 ⇨ 학문 내용상의 논리적 체계보다 성장단계에 따른 내용체계가 우선해야 한다는 것 - 5음 음계의 선율지도를 유아의 발달단계에 따라 체계화함 - 하행 단 3도의 음역에서 노래를 시작 ⇨ 세 음 ⇨ 네 음 ⇨ 5음 음계에 의한 선율 순서로 가르칠 것 ⓔ 솔 - 미 ⇨ 솔 - 미 - 라 ⇨ 라 - 솔 - 미 - 도 ⇨ 솔 - 미 - 레 - 도 ⇨ 라 - 솔 - 미 - 레 - 도

기존의 리듬기호(표기)	코다이 리듬기호(읽기)	코다이 리듬기호(표기)
4분음표	타	음표 머리 없이 리듬 기둥만으로 이루어진 리듬기호
2개의 8분음표	티티	
2분음표	타아	
4개의 16분음표	티리티리	

	• **이동 도(Do)법에 의한 계명창** 　- 손 기호, 5음 음계의 선율지도와 함께 독보력 향상을 위해 창안된 것 　- 조가 바뀌더라도 각 계명 사이의 음정은 일정하기 때문에 정확한 음정으로 노래를 부를 수 있음 　- '도'의 위치만을 알려줘서 유아가 상대적인 음 관계를 익히고 여러 조에서 노래할 수 있는 능력을 발달시킴 • 노래 부르기 및 손 유희를 강조함 • 1학년에게 일찍부터 음악 기보법에 대한 시도를 함 • **리듬 지도** : 찬팅, 손뼉치기, 걷기 등을 통한 박자 지도 • **선율 지도** : 반주 없이 교사의 육성을 통한 지도 • 유아의 성장단계에 따라 음악내용을 체계화하고 학습순서를 계열화함
코다이 리듬기호 6단계	• **1단계** : 리듬 말을 통한 리듬 의식 • **2단계** : 막대기로 책상 등에 리듬 치기 • **3단계** : 악센트를 넣은 리듬 치기 • **4단계** : 응답놀이를 통한 리듬 치기 • **5단계** : 캐논 형식에 따른 리듬 치기 • **6단계** : 빠르기 변화를 통한 리듬감의 인식
장점	• 유아 누구나 지니고 있는 목소리를 이용함 • 예술성이 뛰어난 음악적 재료를 사용하여 미적 감수성을 키워줌 • 내청능력 향상을 위한 무반주 노래 부르기와 리듬기호 및 손 기호 사용
한계점	• 신체 움직임이 적고 노래 부르기에만 치중함 • 교사의 음감 및 음악적 자질이 필요함

9. 달크로즈(스위스)

기본 철학	• 예술의 기초는 감정이라고 여김 　- 음악은 지적인 것이 아니라 감각적인 것 　- 신체 모든 부분은 감각기관이기 때문에 신체를 통한 음악을 감각으로 느끼는 것이 중요함 　- 음악적 생각이나 느낌은 바로 신체를 통해 표현해야 함 • 동작을 통해서 유아의 내재된 감정을 음악으로 전환하는 것을 중요하게 생각함 　- 가장 먼저 훈련해야 할 악기는 인간의 몸 　- 리듬의 중요성을 강조함 ⇨ 모든 예술에서 리듬은 기초적인 추진력(생활 그 자체가 리듬) 　- 리듬의 조화를 위해 반주로서 피아노나 북 같은 악기를 활용해 즉흥 연주 　[참고] 개인성과 독창성은 매우 중시되어야 함 ⇨ 획일적인 움직임·패턴을 모방하지 않고 비담화적 교재 사용을 지양함 • 청음교육을 절대적으로 중시함 ⇨ 듣기 훈련은 모든 음악학습에서 선행되어야 함 　- 리듬 경험과 함께 청각 훈련 이후에 악기 연주를 배워야 함 　- 유리드믹스를 창안함 ⇨ 음악을 듣고 동작으로 표현 • 유아의 눈과 손의 협응력에 도움을 주며 대근육 율동을 장려하고 유아가 소리와 상징을 연관 짓는 것을 학습하게 도와줌

대상	유아~성인		
목적	• 좋은 리듬 개발을 위해 신체적 표현을 통한 어린이의 잠재되어 있는 음악성 계발(창의력 신장) • 음악을 듣고 몸으로 자유롭게 표현하는 체험을 통한 체화교육		
교육 방법	유리드믹스	• 음악의 리듬에서 느껴지는 이미지를 리듬으로 표현하는 것(리드믹한 활동) • 들리는 소리를 보이는 소리로 바꾸는 과정으로 몸을 하나의 악기로 보고, 유아로 하여금 신체동작을 통해서 음악표현을 하고, 음악적 개념을 형성하도록 유도함 • 10가지 음악적 개념	
		음악의 빠르기	예 동물, 교통기관 움직임 연상하며 모양 모방해보기
		음의 강약	예 일상에서 찾아볼 수 있는 자연현상의 변화 활용 ⇨ 폭풍우 상황을 가정하고 표현해보기
		음의 고저 (높낮이)	예 서 있는 상태에서 키를 높이 세워 높은 동작, 허리를 낮춰 낮은 음 표현, 상승음계는 전진, 하행음계는 후진하는 동작
		음의 길이	예 ♩단위로 신체표현 - 곰 세 마리의 걸음걸이 ⇨ 아빠 ♩, 엄마 ♩, 아기곰 ♪
		액센트	예 손뼉치기, 발구르기, 껑충뛰기, 무릎치기 등
		리듬패턴	음악적인 능력의 근본으로 강조 예 팔로 박자를 저으며 리듬형태로 걷기, 리듬 패턴을 손뼉치며 한 박자씩 걷기 등
		프레이즈	리듬패턴이 모여 한 개의 프레이즈를 구성하는 것을 이해시키기
		리듬 캐논	리듬악기나 선율악기 사용 가능
		당김음	같은 음의 강약의 여린 부분과 센 부분이 결합되어 여린 부분이 센 부분으로 되고, 센 부분이 여린 부분으로 되어 셈여림의 위치가 바뀌는 것
		리듬 적기	보통 신체표현을 할 때 선을 그리는 것으로 나타남
	솔페이지	계명으로 노래 부르는 활동(음절이 있는 멜로디를 노래하기) ⇨ 리듬 공부에 이상적인 악기 내청능력을 길러주기 위해 악전, 시창, 청음교육을 통합시킨 것	
	즉흥 연주	모든 음악적 요소들을 창의적으로 결합하여 표현하는 능력을 기르는 것 ⇨ 다양한 악기 소리, 목소리, 신체로 즉흥적으로 표현	
장점	• 음악활동에 신체표현을 강조함으로써 유아 누구나 즐겁게 참여할 수 있도록 동기를 유발함 • 일상적인 동작 속에서 접근할 수 있는 방법을 제시하며 다소 소극적인 유아의 적극적 참여를 이끌어 낼 수 있음 • 피아노를 이용한 음악적 요소 및 개념의 경험을 통한 음악 표현에 대한 인식과 적응성 함양 • 리듬, 멜로디, 화성, 기보 · 독보력의 총체적 음악성 향상에 효과적으로 작용함		
한계점	• 대그룹 활동 시 신체표현을 많이 하므로 공간의 부족 현상이 발생할 수 있음 • 교사의 음악적 자질 향상을 위한 보완이 필요함		

10. 서양의 음악 교수법 비교

구분	기본철학	교육방법
달크로즈	• 음악 예술의 기초는 감정임 • 음악적 생각이나 느낌은 신체를 통해 표현되어야 함 • 리듬 경험과 청각 훈련 이후에 악기 연주를 배워야 함 • 음악의 기본 요소에 대한 학습과 표현은 신체를 통해 이루어져야 함	• **유리드믹스** : 음악의 리듬에서 느껴지는 이미지를 리듬으로 표현하는 것 • **솔페이지** : 계명으로 노래 부르는 활동 • **즉흥 연주** : 모든 음악적 요소들을 창의적으로 결합하여 표현하는 능력을 기르는 것
코다이	• 음악은 모든 유아의 것 • 음악적 언어는 모국어를 배우듯이 익혀야 함 • 민족 문화의 유산인 민요를 음악교육에 사용해야 함 • 바르게 음악교육을 받은 사람이 가르쳐야 함 • 가장 가치있는 예술적인 악곡만이 교재가 되어야 함 • 음악은 매일의 일과로서 경험되어야 함	• **이동 도(Do)법에 의한 계명창** : 코다이 계이름과 코다이 두문자 • **손 기호를 사용한 지도** : 코다이 손 기호와 자세 • **리듬지도** : 찬팅, 손뼉치기, 걷기 등을 통한 박자 지도 • **선율지도** : 반주 없이 교사의 육성을 통한 지도

오르프	• 리듬은 음악에서 가장 중요한 요소
	• 음악적 능력은 점진적·지속적으로 발달함
	• 음악교육은 모든 유아를 대상으로 이루어져야 함
	• 음악은 기초적인 것이어야 함
	  - **음악의 요소** : 음악, 언어, 동작
	• **슐베르크 개발** : 음악의 학습 자료
		• 작품을 다루는 과정은 즉흥적이고 실험적이며 창조적이어야 함
		• 유아 생활 주변의 활동을 소재로 리듬감 지도
		• **지도방법**
		  - **말하기** : 손뼉치기, 무릎치기 등을 이용하여 리듬을 표현하고 이후에 악기로 연주함
		  - **노래 부르기** : 리듬을 붙인 말로 노래 만들어 부르기
		  - **신체 동작** : 리듬학습, 빠르기, 셈여림 등의 학습에 활용
		  - **즉흥 연주** : 음악을 창조적으로 생각해내는 과정을 체험시키는 것
		• **오르프 악기** : 원시적 매력을 지닌 세계 각국의 타악기 포함

스즈키	• **재능 교육** : 음악적 재능이란 선천적이라기보다 생후의 교육방법에 따라 신장될 수 있음 • **음악을 통한 영적 교육** : 높은 예술·음악적 감각을 얻기 위해서는 순수한 마음이 필수임 ⇨ 음악적 훈련을 통해 마음과 정신이 빛나는 고귀한 인간을 길러야 함 • 취학 전 예술교육을 강조함 • **동기 유발** : 음악적 동기 유발은 빠르면 빠를수록 좋으며, 악기를 배우고 싶은 마음이 들도록 학습동기를 유발시키는 것이 첫 단계임 • 집단학습, 반복 훈련에 의한 지속적이고 단계적인 교육, 청음 교육, 어머니의 조력 강조	

고든	• **오디** : 말을 듣고 의미를 이해하는 과정 • 인간이 언어를 배우는 과정과 음악을 배우는 과정 간에는 인지론적 공통점이 있음 • 음악교육은 유아가 음악을 이해하고 즐기는 능력을 기르는 것 ⇨ 이를 위해 음악을 오디에이션 할 수 있어야 함 • 음악을 배우는 과정은 언어를 배우는 과정처럼 순서적으로 계열화된 학습 과정이 중요함 • 음악 교육은 어릴 때 시작하는 것이 좋고 빠르면 빠를수록 좋음 • 패턴을 중시함 • 악보가 아닌 소리를 통해 배울 것 • **오디에이션** : 듣기 ⇨ 읽기 ⇨ 쓰기 ⇨ 회상하기와 연주하기 ⇨ 회상하기와 쓰기 ⇨ 창작하기와 즉흥 연주 ⇨ 창작, 즉흥 연주곡의 읽기 ⇨ 창작하기와 즉흥 연주곡의 쓰기 • **점프라이트인(음악 놀이)** : 놀이를 통한 포괄적인 음악교육

11. 전래동요, 민요, 국악동요

(1) 전래동요

개념		• 노래의 발생과 전승의 주체는 유아 • 과거부터 오늘날까지 여러 지역에서 구비전승되어 온 노래 • 노래를 부를 때 일정한 곡조의 제약을 받지 않고, 흥얼거리는 소리로 구연되며, 경우에 따라 변모 또는 개작됨 • 고운 꿈과 동심을 담은 민중 사회 어린이 노래 • 해, 달, 별, 나무, 꽃, 새, 짐승, 곤충 등 다양한 소재를 통해 희·노·애·락을 표현함 • 직선적인 표현, 솔직한 비유, 순진한 감정이 그대로 표현되어 있으며 비판적인 의식은 없음
종류	**놀이요**	• 어떤 대상이나 장면을 설정하여 놀이 ⇨ 그에 대한 개념 체득 • 동료 집단과 접촉하며 사회화의 과정을 거침 ⑩ 대문놀이, 두꺼비 집 짓기 놀이, 소꿉 놀이, 담 넘기 노래, 외따기 노래, 강강술래, 술래잡기, 청어 엮기
	자연을 노래한 것	자연을 친구처럼 여겨 자연에 대한 아름다움과 상상력을 재치있게 표현한 노래 ⑩ 달아달아 밝은 달아, 해야 해야, 별아 별아 쨍쨍, 더위 노래, 비야 비야 오지마라
	동식물을 노래한 것	⑩ 거미야 거미야, 새야 새야, 방아깨비, 솔개가 병아리 챌 때
	남을 놀리는 노래	• 친구나 남의 잘못한 점, 이상한 행동을 놀릴 때 부르는 노래 • 남을 놀리는 행위가 친구를 소외시킨다는 역기능적인 면도 있으나 그 이면에는 상호관계에서 순기능으로 작용하기도 함 ⑩ 등짐 장수 놀리는 노래, 앞니 빠진 갈가지, 앞에 가는 양반
	글자, 숫자 노래	글자나 숫자에 말을 만들어 부르는 소리와 글자를 읽거나 숫자를 읽는 소리 ⑩ 천자문 읽는 소리, 하나하면 손뼉치기, 가갸 뒷풀이

	감정, 정서, 가족에 관한 노래	여러 가지 감정이나 정서를 노래로 표현하거나, 가족 구성원에 대해 노래한 것 ⇨ 특히 엄마를 그리워하는 노래 예 엄마엄마 우리 엄마, 타박네
특징		• 교육의 자료, 놀이의 수단, 놀이를 더 놀이답게 만드는 촉진제 역할을 함 • 놀이가 노래의 중심 내용이 됨 • 고장에 따라 다르고 시대에 따라 없어지거나 생기기도 하며, 개작할 수도 있음 • 옛 어린이의 솔직한 삶의 모습이 반영됨 • 민중사회 어린이의 꿈과 의식이 반영됨 • 노래를 부르는 주체에 남성, 여성의 구별이 없음 • 청유, 명령, 놀림을 주제로 한 노래가 다수임 • 짧은 형식과 중얼거리는 노래의 성격이 짙음 • 비인격 대상을 의인화한 경우가 많음

장점 및 가치		• 음역이 넓지 않으며 단순한 음계로 이루어져 있어 유아가 쉽게 부를 수 있음
		 • 노래의 길이가 짧으며 단순한 리듬 및 선율로 되어 있음
		 • **즐거움 제공** : 반복적 리듬과 운율이 있어 쉽고 재밌게 노래를 부르며 부정적 정서를 순화함
		 • **언어 발달**
		   - 가사를 반복하며 정확한 발음 연습이 가능하며 다양한 어휘력이 발달함
		   - 자신의 생각·감정을 다양하게 표현하는 능력이 발달함
		   - 모국어에 대한 아름다움을 발견하고 모국어 습득에 용이함
		 • **간접 경험의 폭을 넓힘** : 다양한 소재를 가진 전래동요는 생활체험의 범위가 좁은 유아들에게 경험의 폭을 넓혀줌 예 가족애, 우정, 효도, 형제애
		 • **사회성 발달** : 놀이를 하며 부르는 전래동요는 집단놀이를 증진시킴
		 • **음악적 경험 제공** : 전래동요의 박자와 리듬감은 유아에게 음악적 경험을 제공하며 함축된 시어를 사용함
		 • 전래동요 속에는 민족 고유의 정서가 내포되어 있어 문화적 정체성을 갖게 해줌
		 참고 전래동요는 오랜 세월 동안 불려오며 인간의 보편적인 가치와 문화를 공유함

선정 기준		• 우리말의 재미와 맛이 살아있는가? • 우리 민족의 정신문화와 정서가 담겨있는가? • 우리 민족의 음악적 특징이 담겨있는가?

(2) 민요

① 우리 민족의 노래, 민족의 정서를 담고 있는 노래

② 닫힌 형식이 아닌 열린 형식의 노래 ⇨ 한 번 부르고 끝나는 노래가 아니라 돌아가면서 부르는 노래

③ 정해진 가사뿐 아니라 즉흥적인 가사 붙이기를 즐김

(3) 국악동요

개념	음악적인 면에서는 민족적인 선율과 전통리듬이 담긴 전래동요와 민요를 토대로 하고 노랫말은 현 세대 유아의 심리에 맞게 새롭게 창작된 음악 ⇨ 우리의 언어 리듬에서 시작해서 우리 음악을 리듬화·장단화한 것
국악의 기본 장단	• **장단** : 서양 음악의 리듬과 비슷한 것으로 일정한 시간 동안 규칙적으로 움직이는 운동의 질서와 박자를 통틀어 일컫는 말 • **특징** : 1박자를 3등분한 3박자 계통의 장단으로 강한 박으로 시작해서 여린 박으로 끝남 • **종류** : 굿거리장단, 세마치장단, 자진모리장단, 휘모리장단
교육방법	• **국악장단과 춤 동작** : 국악에서 어린이의 춤 동작은 흥겨운 신체의 리듬을 느낄 수 있는 보법(발동작)과 동작(팔동작), 어깨와 엉덩이를 이용한 여러 신체 동작이 있음 • 환경구성 시 꽹과리와 같이 실내에서 다른 영역과 함께 운영하기에 방해가 되는 악기들은 실외영역에 음률영역을 따로 설치해 줄 것 • **국악교육을 위한 교사 역할** : 활동의 제시자, 관찰자, 촉진자, 환경 조직자, 교사 자신에 대한 학습자, 우리 문화를 전달하는 문화전달자가 됨

12. 전통 예술 교육 - 우리 소리

우리 소리	• **전통음악** : 궁정음악(아악), 선비음악(정악), 민속음악(향토음악), 종교음악(불교음악, 무속음악) • **창작음악** • **최근 경향**	
	아악	아악, 당악, 향악을 모두 포함한 궁중음악 ⇨ 정악
	민요	우리 민족의 노래 ⇨ 대중음악
	판소리	굿판, 춤판, 씨름판 등에서 하는 소리
	잡가	긴 설의 가사를 선율에 맞춰 전문적인 소리꾼들이 불렀던 노래
	산조	연주자가 장구나 북 반주에 맞춰 혼자서 연주하는 기악 독주곡
	풍물	음악, 춤, 연극의 형태가 어우러져 있는 민속 종합예술
	무악	무당이 굿을 할 때 쓰는 무속음악
	범패	절에서 제를 올릴 때 부르는 의식 노래로 부처님의 공덕을 기리는 불교음악
우리 소리의 특징	• 화성이 없는 단선율의 수평적 음악 • 5음계 또는 3음(4음)계로 이루어진 음악 • 국악은 곡선의 음악미를 가지고 있음 • 국악은 요성과 농현이 표현의 주된 요소임 • 장단이 중요한 역할을 함	

	• 강박으로 시작하여 약박으로 끝남 • 국악의 속도는 숨을 기준으로 함 • 12율명의 고유한 음이름과 정간보 등의 독특한 기보법을 가지고 있음 참고 국악동요의 선정 원칙 : 일반적인 노래 선정 원칙과 동일함

우리 소리
감상하기
	• 음악 감상활동은 모든 음악적 능력 발달의 기초를 제공함
	• 유아기는 아직 특정 음악에 대한 고정관념이 생기기 이전이므로 모국어를 배우듯이
	  전통음악을 듣고 익숙해지도록 한다면 성장해서도 우리 소리의 진가를 알고 선호할 수
	  있는 기초가 될 것임
	• **교육내용 선정기준**

<table>
<tr><td>만 3세</td><td>• 곡의 길이는 1분 내외로 주요 부분(테마)만 편집하여 듣도록 함
• 만 3세는 밝고 빠른 곡을 선호하므로 경쾌하고 빠른 곡을 선정함
• 리듬이 선명하며 반복적인 곡을 선정함</td></tr>
<tr><td>만 4세</td><td>• 곡의 길이는 1~2분 내외로 주요 부분(테마)만 편집하여 듣도록 함
• 만 4세는 경쾌한 곡을 선호하므로 빠르고 선명한 곡을 선정함
• 리듬이 선명하며 반복적인 곡을 선정함</td></tr>
<tr><td>만 5세</td><td>• 곡의 길이는 2~3분 내외로 주요 부분(테마)만 편집하여 듣도록 함
• 만 5세는 빠른 곡과 조금 느린 곡을 다 경험해 보도록 다양한 곡을 선정함
• 리듬이 선명하며 반복적인 곡을 선정함</td></tr>
</table>

• **교수 - 학습 방법**

<table>
<tr><td>만 3세</td><td>• 연관활동으로 흥미롭게 주의를 집중하기
• 감상 곡 듣기 ⇨ 너무 큰 소리는 피함
• 들은 느낌에 대해 이야기를 나누기 ⇨ 언어적, 비언어적 표현을 모두 포함
• 다시 들어보기 ⇨ 1~2회</td></tr>
<tr><td>만 4세</td><td>• 연관활동으로 흥미롭게 주의를 집중하기
• 감상 곡 듣기 ⇨ 너무 큰 소리는 피함
• 들은 느낌에 대해 이야기를 나누기 ⇨ 언어적, 비언어적 표현을 모두 포함
• 다시 들어보기 ⇨ 1~2회
• 배경음악으로 듣거나 다시 듣기를 원하는 유아는 듣기 영역에서 다시 들
  어볼 수 있도록 음반, 영상자료를 제공하기</td></tr>
<tr><td>만 5세</td><td>• 연관활동으로 흥미롭게 주의를 집중하기
• 감상 곡을 듣기
• 들은 느낌에 대해 이야기를 나누기 ⇨ 언어적, 비언어적 표현을 모두 포함
• 다시 들어보기 ⇨ 1~2회
• 다양한 확장활동으로 유아들의 생각을 표현해보도록 하기</td></tr>
</table>

우리 소리 노래 부르기	\- 교육내용 선정기준	
	만 3세	• 곡의 길이는 1도막형식(8마디 = 2작은악절) 이내가 바람직함 • 속도가 빠른 곡(자진모리장단, 휘모리장단)을 선정함 • 리듬과 가사가 반복적인 노래를 선정함 • 가사 내용은 만 3세 유아의 경험을 토대로 하고, 단순하며 문화적 가치가 있는 노래를 선정함
	만 4세	• 곡의 길이는 1도막형식(1~3작은악절) 내외로 선정함 • 속도는 빠른 곡(자진모리장단, 휘모리장단)을 선정함 • 리듬과 가사가 반복적인 노래를 선정함 • 가사내용은 만 4세 유아의 경험을 토대로 하고, 단순하며 문학적 가치가 있는 노래를 선정함
	만 5세	• 곡의 길이는 2도막형식(4작은악절) 이내가 바람직함 • 다양한 속도의 곡(궁중모리, 자진모리장단, 휘모리장단)을 선정함 • 리듬과 가사가 반복적인 노래를 선정함 • 가사 내용은 만 5세 유아의 경험을 토대로 하고, 단순하며 문학적 가치가 있는 노래를 선정함
	\- 교수 - 학습 방법	
	만 3세	• 배경음악으로 등하원 시간, 실내외 자유선택활동 시간, 간식 시간에 듣기 • 교사가 노래를 여러 번 직접 불러서 자주 유아가 듣도록 하기 • 빠른 곡의 노래를 부를 때 처음에는 천천히 부르다가 익숙해지면 점차적 으로 빠르게 부르기 • 3세 유아는 메기고 받기가 어려우므로 노래는 처음부터 끝까지 다 같이 부르도록 함
	만 4세	• 배경음악으로 등하원 시간, 실내외 자유선택활동 시간, 간식 시간에 듣기 • 노래를 듣기 • 노래 속에 어떤 이야기가 있었는지 이야기해보기 • 노랫말을 실물, 사진, 그림 자료 등을 통해 정확하게 알아보기 • 메기고 받으며 부분으로 불러보고, 익숙해지면 전체를 부르기 • 확장활동(리듬손뼉치기, 동작으로 표현하기 등)으로 노래를 즐겨 부르기
	만 5세	• 배경음악으로 등하원 시간, 실내외 자유선택활동 시간, 간식 시간에 들은 곡은 노래를 정확하게 듣고, 노랫말을 알아본 다음 나누어서 부르다가 전체 를 다 같이 부르기 • 처음 듣는 노래는 먼저 노랫말을 동화식으로 듣기 • 노래를 듣기 • 노랫말을 실물, 사진, 그림 자료 등으로 다시 정확하게 알아보기 • 곡의 멜로디만 들어보기 • 한 가지 소리(라, 아, 우 등)로 2~3회 불러서 멜로디를 익히기 • 다양한 확장활동(노랫말 바꾸기 등)으로 노래를 즐겨 부르기

우리 소리 우리 악기 다루기	• 교육내용 선정기준	
	만 3세	빠르고 단순한 리듬패턴의 장단을 선정함
	만 4세	단순하거나 반복적인 리듬패턴의 장단을 선정함
	만 5세	인사장단, 휘모리장단, 자진모리장단, 세마치장단, 굿거리장단의 기본 장단을 선정함

• **교수 - 학습 방법**

만 3세	• 소리 만들기 활동은 생활악기(⑩ 국 공기, 바가지, 양동이 등과 막대), 북, 소고로 유아가 자유롭게 소리를 만들기 • 악기소리 탐색은 교사의 주의집중용 악기나 신호악기 등으로 다양한 우리 악기의 소리를 듣기 • 장단(리듬)치기는 노래를 부르면서 손뼉이나 무릎 등을 치기 • 리듬악기 다루기는 두드리는 악기로 노래를 하며 장단(박자)안에서 자유롭게 두드리기
만 4세	• 소리 만들기 활동은 생활악기(⑩ 비비고, 두드리고, 긁어서 소리 나는 물건), 북, 소고로 유아가 자유롭게 소리를 만들기 • 악기소리 탐색은 교사의 주의집중용 악기나 신호악기 등으로 다양한 우리 악기의 소리를 탐색하기 • 장단(리듬)치기는 노래를 부르면서 손뼉이나 무릎 등을 치거나 북을 치기 • 리듬악기 다루기는 다양한 악기로 노래를 하며 장단(박자) 안에서 자유롭게 하다가, 장단이 익숙해지면 장단에 맞춰서 연주해 봄
만 5세	• 소리 만들기 활동은 생활악기(⑩ 긁거나 비비거나 흔들어서 소리 나는 물건), 장구, 북, 소고로 유아가 자유롭게 소리를 만들기 • 악기소리 탐색은 유아가 직접 악기를 치면서 소리의 차이점을 알아보기 • 장단(리듬)치기는 노래를 부르면서 손 장단을 치거나 다양한 리듬악기로 장단을 침 • 리듬악기 다루기는 다양한 리듬악기로 노래를 하며 기본 장단을 연주하기

유아기 전통악기 교육의 효과	• 국악적 감각을 형성하고 정체성을 확보하며 세계의 다양한 음악문화를 공유할 수 있는 열린 사고를 형성할 수 있음 • 양손을 다른 기능으로 활용하는 악기는 두뇌발달에 도움이 되고, 연주자에 따라 다양한 곡 해석과 연주법을 활용하는 것은 창의력과 집중력을 향상시킴 • 합주를 하는 동안 서로의 호흡, 눈빛, 추임새 등을 맞추며 협동심, 단결력, 어울림의 미학을 경험할 수 있음 • **전통악기 종류**

관악기	당피리, 세피리, 대금, 소금, 태평소, 생황, 나발, 나각	
현악기	가야금, 거문고, 금, 슬, 해금, 아쟁, 양금	
타악기	**유용 타악기(6종)**	편종, 방향, 운라, 특종, 편경, 특경
	무용 타악기(26종)	꽹과리, 징, 북, 장구, 소고, 자바라, 박, 부, 축, 어 등

13. 국악 장단

구분	악보(기본)	정간보 입 장단
굿거리 장단		덩 / 기덕 쿵 더러러러 / 쿵 / 기덕 쿵 더러러러
세마치 장단		덩 / 덩 / 덕 쿵 덕
자진모리 장단		덩 / 덩 / 덩 / 덕 쿵
휘모리 (단모리) 장단		덩 / 덕 덕 쿵 덕 쿵

*출처 : 한국민족대백과사전, 국립국악원

14. 노래극

이야기를 듣고 노래 부르는 일반적 표현이 점차적으로 발달하여 극화된 것으로 동극을 하면서 노래를 부르는 것

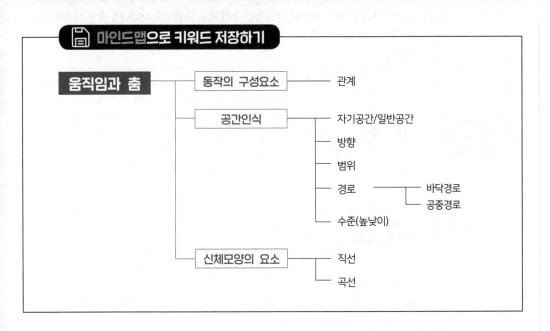

1. 동작교육

동작을 위한 교육	• 움직임을 위한 학습 ➡ 움직임 자체를 목적으로 함 • 기초체력 요소는 기본 동작운동과 같은 기능적인 측면을 강조한 활동임 • 유아들이 일상생활이나 운동 경기에서 자신의 몸을 효율적으로 움직일 수 있도록 하는 것
동작을 통한 교육	• 움직임을 통한 학습 및 표현적인 것을 강조함 • 몸으로 주변의 여러 가지 모양과 움직임을 창의적으로 표현해 보는 것 • 움직임 자체가 목적이 아니라 유아의 주변 세계를 알아가기 위하여 사용하는 수단으로 움직임을 활용하는 것

2. 동작교육 접근법

길리옴(Gilliom)의 주제(동작) 중심 접근 방법	• 라반이 제시한 동작의 기본 요소를 기초로, 발견학습을 통한 문제해결식 접근방법에 네 가지의 동작의 기본 요소를 주제로 선정하여 세 가지 영역(지식, 기술, 태도)에서의 학습목표를 성취하고자 함
	• **세 가지 영역**
	  - **지식** : 동작의 속도에서 가장 빠르거나 가장 느린 것 또는 동작의 무게, 신체와 공간과의 관계 등을 이해하는 것
	  - **기술** : 유아가 실제로 움직여 보는 것 ➡ 다양한 곡으로 리듬패턴에 따라 자신의 동작을 통제할 수 있는 동작능력
	  - **태도** : 문제가 무엇인지 관심을 기울이는 태도, 문제에 대해 기꺼이 생각하려는 태도, 보다 기술적인 방법을 증가시키려고 탐색하고 사고하고 동작을 통해 해결하려는 태도

리츠슨(Ritson)의 동작 주제와 문화적 주제		• 창의적인 무용에는 다양한 동작경험과 동작표현의 두 측면이 모두 포함되어야 하며, 동작 주제와 문화적 주제 중 어느 것을 주된 활동 내용으로 하느냐에 따라 신체적 접근 방법과 극적 접근 방법으로 나뉨 • **접근법**
	신체적 접근 (동작 주제)	• 나라나 민족과 관계없이 세계적으로 거의 공통된 내용으로 이루어짐 • 동작의 질에 관련된 기본 요소(시간, 공간, 무게, 흐름)를 주제로 하여, 느리게 - 빠르게, 앞으로 - 뒤로, 위로 - 아래로, 왼쪽으로 - 오른쪽으로 등의 동작 요소를 각각 대조적인 방법으로 탐색해 보도록 하는 방법 예 "네 몸을 아주 작게 만들고 옆으로 움직여 보자.", "달려가다가 신호 소리가 나면 다른 방향으로 달려 볼 수 있겠니?"
	극적 접근 (문화적 주제)	• 각각의 시대와 사회 및 환경에 따라 다르게 나타남 • 유아의 창의적 표현을 필요로 하는 동작활동으로 창의적인 사고와 표현을 장려함 예 동물, 서커스에서의 하루, 만화 주인공, 장난감, 성장하는 것, 운송기관, 괴물, 음악기구, 스포츠와 관련된 활동, 날씨와 자연환경 등
통합적 접근 방법		• **배경**: 분리된 내용 영역보다는 통합된 전체 경험으로 활동이 제시될 때 유아들의 학습이 보다 효과적으로 이루어짐 • 동작교육의 내용에 동작의 기초영역과 동작의 응용영역을 통합하는 것 • 동작활동의 내용은 동작의 기본 요소와 생활주제를 중심으로 구성하되 생활주제는 활동 시 유아 교육기관의 단원을 중심으로 구성하는 것이 효과적임 • 교수방법은 교사와 유아가 상호주도적인 역할을 수행함 • **통합적 교수방법의 절차**
	도입	• 이동 동작을 중심으로 활동에 대한 흥미 유발과 준비 운동을 겸하는 단계 • 3~5분 정도 소요됨
	움직임 익히기	• 선택한 동작의 기본 요소를 중심으로 전개하는 단계 • 10~15분 정도 소요됨
	창의적 표현	• 움직임 익히기 단계에서 경험한 활동들을 표현으로 적극 활용해 보는 단계 • 단순한 움직임이 아닌 상대방에게 감정이나 어떤 내용을 전달하는 내용을 포함함 • 다양한 소품들이 제시되어야 함 • 8~10분 정도 소요됨
	평가	• 창의적 표현을 중심으로 이루어짐 • 동작을 얼마나 잘 표현하였는가와 동작주제를 표현에 얼마나 적용하고 이해하였는지를 파악하는 과정 • 3~5분 정도 소요됨

3. 동작의 기본(구성) 요소

신체 인식	• 신체는 동작활동의 도구 ⇨ 신체활동, 신체 부분, 흐름, 신체 형태 등 • 이동, 비이동, 조작 동작으로 구성됨 ⇨ 무엇을 움직일 수 있는가?
공간	• 개인 공간, 일반 공간으로 나뉨 ⇨ 어디로 움직일 수 있는가? • 수준(높낮이), 경로, 방향(위, 아래, 좌, 우, 앞, 뒤), 범위(공간의 크기)로 구성됨
노력	• 공간, 시간, 힘, 흐름으로 구성됨 ⇨ 어떻게 움직일 수 있는가? • 움직이는 사람의 태도에 따라 동작이 구성될 수 있음
관계	• 신체의 어느 한 부분과 다른 부분과의 관계 ⇨ 누구와? 무엇과? • 사물과의 관계 및 사람과 사람과의 관계를 의미함

4. 동작교육 영역

동작의 기초영역	지각 운동	• **신체 지각** : 유아가 자신의 신체 부위를 정확하게 구분할 수 있는 능력 • **공간 지각** : 신체가 움직이는 공간의 구조와 공간 안에서 신체가 차지한 범위 및 움직임을 아는 인식 • **방향 지각** : 신체가 외부 공간에 투영되어 나타나는 방향 인식 능력으로 유아의 방향 인식은 오른쪽 - 왼쪽, 위 - 아래, 앞 - 뒤 등의 개념으로 이루어짐 • **시간 지각** : 유아의 내적 시간 구조의 발달에 의해 형성되며, 시간지각이 발달하면서 눈과 손, 발, 전신의 동시성과 협응동작이 가능해짐
	기본 동작	• **안정 동작** : 신체를 축으로 해서 장소를 이동하지 않고 한 자리에 서서 움직임 • **이동 동작** : 공간에서 신체의 위치를 변화시키면서 움직임 • **조작 동작** : 손이나 발을 이용하여 공과 같은 물체에 힘을 주거나, 힘을 흡수하는 것
동작의 응용영역	리듬 동작 (음악리듬 + 신체리듬)	• **리듬놀이(손 유희)** : 주로 좁은 공간에서 많은 유아들의 주의집중을 위해 노랫말에 맞춰 간단한 손동작을 하는 것 • **리듬체조** : 동작매체 없이 주로 신체를 활용하거나 공, 리본과 같은 동작 매체를 활용하여 기능적인 체조를 하는 것 • **리듬 운동(율동)** : 음악 리듬에 맞추거나 노랫말이 있는 노래에 적합한 동작을 만들어서 움직이는 것
	표현 동작	• **개념** : 주로 노랫말이 없는 표제음악, 동작의 특징을 잘 나타내 주는 묘사음악에 맞춰 표현하는 것 • **창의적 신체표현** : 동화를 활용하여 문학 속의 동작적 요소와 극적 요소를 잘 표현하는 것 • **동극** : 유아의 창의적 사고와 생활경험을 반영하는 것 • **무용(전통무용, 창작무용)** : 전통음악의 리듬에 맞춰 춤추기 및 음악의 특성에 맞춰 창의적으로 표현하기

5. 전통 예술 교육 - 우리 춤

개념		• 우리 춤의 원조적인 시작은 상고시대의 제천의식임
		• **우리 춤의 두 가지 분류법**
		  - **신분과 춤을 추는 장소에 따른 분류**: 궁중무용, 민간무용
		  - **춤의 유형적 형태에 의한 분류**: 궁중무용, 민속무용, 의식무용, 신무용

종류	**궁중무용**	조종의 공덕을 칭송하고 군왕의 장수와 국가의 안태를 기원하는 내용으로 하여 의상이 현란하고, 무태에 있어서는 정중하고 느리며 깊이 있게 구사함 예 향악무, 당악무, 춘앵무, 처용무 등
	민속무용	원시 민간신앙인 천신, 지신, 일월신, 부락제 등 각종 제사와 행사 또는 서민 대중의 세시풍속 중에서 자연발생적으로 싹튼 무용 예 승무, 살풀이, 강강술래, 농악, 탈춤 등
	의식무용	불교의 제의식이나 종묘의 제사, 굿 등에 쓰이던 음악 예 나비춤, 바라춤, 법고춤, 문무, 별신굿 등
	신무용	신문물과 함께 외국에서 유입된 서구 무용 등을 가리키는 말로, 그 뒤 국내에서 창작된 것까지 포함함 예 화관무, 부채춤, 장구춤 등
특징		• 손, 어깨, 팔 등을 사용하는 상체 중심의 춤 • 우리의 춤판은 무대 없이 평면 공간인 뜰이나 마당에서 관객과 함께 어우러져 행해 왔음 • 우리의 춤사위는 움직이는 듯하면서도 동작이 멈추어 있고, 멈춘 듯하면서 그 안에 움직임이 살아 있는 동중정 및 정중동의 높은 경지에 이르러 있음 • 춤의 동작, 즉 춤사위의 시작이 그 끝이 되고, 그 끝이 다시 품의 시작이 되는 무한 연속의 반복적인 특징이 있음 • 춤의 구성이나 동작이 시종일관 자유롭고 자연스런 표현으로 이루어짐

우리 춤 감상하기		• **교육내용 선정기준**
	만 3세	• 감상할 춤의 길이는 1분 내외로 주요 부분(테마)만 편집하여 듣도록 함 • 유아들이 흥미를 느낄만한 소재나 도구를 포함한 것으로 선정함 • 개별적으로 할 수 있는 활동을 선정함
	만 4세	• 감상할 춤의 길이는 1~2분 내외로 주요 부분(테마)만 편집하여 듣도록 함 • 유아들이 흥미를 느낄 만한 소재나 도구를 포함한 것으로 선정함
	만 5세	• 감상할 춤의 길이는 2~3분 내외로 주요 부분(테마)만 편집하여 듣도록 함 • 유아들이 흥미를 느낄 만한 소재나 도구를 포함한 것으로 선정함

	• 교수 - 학습 방법	
	만 3세	• 유아의 경험과 흥미가 반영된 연계활동으로 주의집중 및 도입을 함 • 우리 춤을 감상함 • 우리 춤을 감상한 느낌에 대해 이야기 나눔(언어적, 비언어적 표현 모두 포함)
	만 4세	• 유아의 경험과 흥미가 반영된 연계활동으로 주의집중 및 도입을 함 • 우리 춤을 감상함 • 우리 춤을 감상한 느낌에 대해 이야기 나눔(언어적, 비언어적 표현 모두 포함)
	만 5세	• 유아의 경험과 흥미가 반영된 연계활동으로 주의집중 및 도입을 함 • 우리 춤을 감상함 • 우리 춤을 감상한 느낌에 대해 이야기 나눔(언어적, 비언어적 표현 모두 포함)
우리 춤 표현하기	**• 교육내용 선정기준**	
	만 3세	• 신체활동에 참여하며 다양하게 몸을 움직일 수 있는 표현활동을 선정함 • 안전하게 신체활동에 참여할 수 있는 표현활동을 선정함 • 개별적으로 할 수 있는 활동을 선정함
	만 4세	• 움직임과 춤의 크기나 빠르기 등 동작의 요소를 인식할 수 있는 표현활동을 선정함 • 새로운 신체활동과 기술을 시도할 수 있는 표현활동을 선정함 • 개별적으로 또는 짝과 함께 할 수 있는 활동을 선정함
	만 5세	• 움직임과 춤의 크기나 빠르기 등 동작의 요소를 활용하여 움직일 수 있는 표현활동을 선정함 • 새로운 신체활동과 기술을 시도할 수 있는 표현활동을 선정함 • 음악, 미술, 움직임과 춤, 극놀이 등 통합적인 표현활동을 이끌어 낼 수 있는 활동을 선정함 • 짝이나 소집단과 함께 할 수 있는 활동을 선정함
	• 교수 - 학습 방법	
	만 3세	• 우리 춤의 소도구들을 탐색해봄 • 비구조적인 움직임과 춤으로 표현해봄 • 개별적으로 표현해봄
	만 4세	• 우리 춤의 소도구들을 탐색해봄 • 전문가에게 궁금한 점을 질문함 • 비구조적·구조적인 움직임과 춤으로 표현해봄 • 개별적으로 또는 두 사람이 짝을 지어 표현해봄
	만 5세	• 우리 춤의 소도구들을 탐색해봄 • 전문가에 궁금한 점을 질문함 • 비구조적·구조적인 움직임과 춤으로 표현해봄 • 개별적으로 또는 2~4명 유아가 함께 짝을 지어 표현해봄

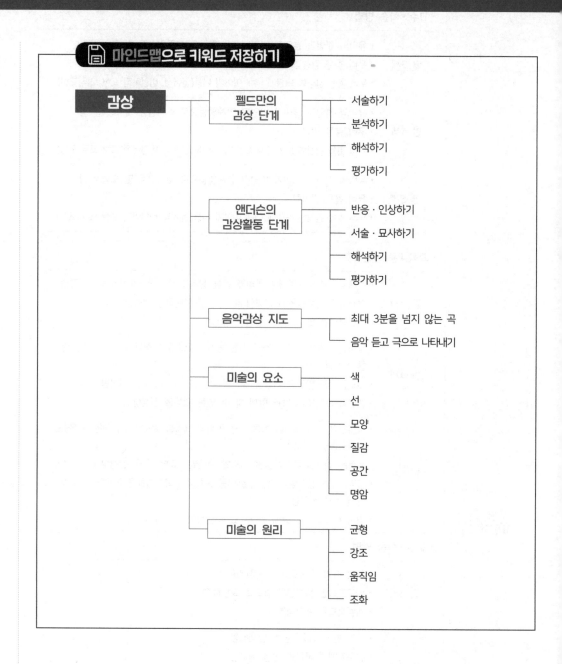

1. 펠드만(Feldman)의 감상활동 진행 과정

구분	특징	활동 예
자세히 관찰하고 느낌 이야기하기 (기술하기)	• 작품을 자세히 본 후, 작품 속에서 본 것들을 그대로 모두 나열하는 과정 • 작품을 보고 느껴지는 바를 경험과 관련시켜 언어로 표현하게 하며 정확한 언어를 사용하게 하는 것이 중요함	• 그림 속에서 본 것을 모두 이야기해 보자. 처음에는 잘 안 보였지만 자세히 보니까 어떤 것들이 보이니? • 그림을 1분간 보고 얼마나 많이 기억했는가 보자. 다시 그림을 보고 그림 속에 그 물건이 있는지 이야기 해볼까? • 선생님에게 전화로 이야기하는 것처럼 말해보자. • 선생님이 알 수 있도록 그림 속에 있는 물건들의 이름을 말해볼까?
미술의 요소 및 원리에 대해 이야기하기 (분석하기)	• 미술 작품 속에 나타난 특징들 사이의 관계를 생각해보도록 하는 과정 • 미적 대상의 형식을 나름대로 분석하는 단계로서 조형언어를 구사할 수 있는지 발견할 수 있음	• 제일 위에 있는 것은 무슨 색이니? 도와주는 사람은 어떤 모양이니? • 색깔이 얼마나 잘 어울리니? 서로 잘 어울리는 색을 찾아보자. • 비슷한 색은 어떤 것이니? • 선을 발견하고 눈으로 쫓아가 보자. • 손을 이용하여 그것이 어떻게 움직이는지 보여주렴. • 빨간색 모양을 볼 때마다 박수를 쳐보렴. 리듬이 만들어지니?
작품 내용에 대해 이야기하기 (해석하기)	• 기술·분석 단계 이후 이루어지는 단계 • 작품이 주는 메시지 또는 느낌·인상을 이야기함 • 작품의 의미를 생각하는 단계로 개방형 질문이 적절함	• 이 남자는 어떤 사람인 것 같니? 만약 네가 이 남자 옆에 있다면 너에게 뭐라고 할 것 같니? • 이 풍경 안으로 들어갈 수 있다고 생각해 보자. 모퉁이 근처에서는 무엇을 볼 수 있겠니? 무슨 소리를 들을 수 있을까? • 이 장면 바로 전이나 바로 후에는 어떤 일이 일어났을까? 등장인물들과 같이 자세를 취해보고 행동을 계속 진행해보렴. • 그림을 보니까 어떤 느낌이 드니?
내면화와 애호하기 (평가하기)	• 이전 단계에서 논의한 사실들에 입각해 결론을 유도하는 단계 • 느끼고 분석·해석·평가한 것을 정의적인 면과 연결시킴	• 집에 이 명화를 걸고 싶니? 어떤 방에 제일 잘 어울릴 것 같니? • 누구에게 선물하며 좋을 것 같니? • 왜 이렇게 색칠하고 싶어 할까? • 이 그림은 어떤 점에서 좋으니? • 어떤 것이 제일 좋으니?

2. 루친스의 감상능력 발달단계

제1기 : 준비기	4~5세	• 그리는 것보다 보는 것에 흥미가 있음 • 가치있는 그림책 보여주기 ⇨ 감상력의 기초 형성
제2기 : 태동기	6~10세	• 보는 것보다 그리는 것에 흥미가 있음 • 풍부한 상상력에 의한 자기 표현에 흥미를 가짐 ⇨ 예술적 감상 시기
제3기 : 성숙기	11~15세	• 묘사력보다 극작력이 발달함 • 자기 표현력의 자각과 평가 능력이 발달함 • 감상교육을 실시할 수 있음 ⇨ 비평 중심
제4기	16세 이후	• 미적 평가력의 진보가 나타남 • 참된 의미의 감상기

3. 가드너의 감상능력 발달단계

지각 단계	0~2세	• 사물을 직접 지각함 • 사물의 공간적 형태만을 구별함
상징 인식 단계	2~7세	• 사물과 기호·상징화된 사물과의 관계를 인식함 • 대상을 개념적으로 감상하는 시기 • 사물에 대한 인식이 감정적이고 심리적인 충동에 따르게 되는 경향
사실적 단계	7~9세	• 묘사적 규칙과 전통적 개념을 중시함 • 사실지향적 지각을 함 • 사진과 같은 사실적인 작품을 매우 선호하고 존중함
탈사실적 단계	9~13세	• 다양한 미적 특성과 표현 양식에 관심을 가짐 • 타인의 개성적 표현을 존중함
예술적 위기 단계	청소년기	• 미술에 대한 관심이 적어짐 • 감성적 특성이 두드러지는 촉각형 학생들은 개성적인 예술에 몰입함 • 자신의 표현에 자신이 없어지고 다른 친구의 작품을 비판함

4. 명화 감상 활동방법

관찰을 통한 명화 감상	**분석법**	작품을 여러 관점에서 분석해 보며 창의적이고 능동적인 탐구 태도를 기름 ⑩ 작품을 다양한 각도에서 분석하기
	비교법	같은 종류의 작품을 다양한 방법으로 제시하는 것 ⑩ 수묵화와 종이 찰흙 비교하기
	분류법	회화, 디자인 등의 여러 작품을 보고, 공통점을 발견하여 유사한 것끼리 분류하는 것 ⑩ 비슷한 특성을 가진 명화 분류하기
토론을 통한 명화 감상	**개념**	• 작품의 표현 특징이나 조형 요소, 미적 가치 등을 살펴보고 발표하는 등 토론을 통해 명화를 감상하는 것 • 지도 내용이나 감상의 주제에 따라 대집단, 소집단, 대담 형식 토론 등으로 실행함
	토론 형식	• **대집단 토론** : 학급 유아 전체가 참여하여 명화의 내용, 특징, 느낌 등을 발표하고 자신과 타인의 생각의 차이를 발견하는 방법 • **소집단 토론** : 소집단에서 사회자를 뽑고, 사회자의 안내를 통해 작품을 감상하고 토의한 후에 그 결과를 정리하여 발표함 　참고 소집단 내의 모든 유아의 참여를 유도하는 것이 중요함 • **대담 형식 토론** 　- 유아 두 명이 짝을 지어 감상한 작품에 대해 서로 묻고 대답하는 대화형식 　- **장점** : 자신의 관점과 느낌에 대한 분명한 의사표현을 할 수 있음 　- **단점** : 학급 크기가 클 경우, 시간의 어려움이 있으며 어린 유아에게 적용하기 어려움
조형 활동을 통한 명화 감상		• 표현학습의 유형에 속하는 적극적인 감상 유형 • 유아가 명화를 보고 특징적 부분을 소재로 하여 제작해 보는 것 • 유아 자신의 개성을 살리면서도 화가의 의도에 최대한 가깝게 접근하도록 하는 것이 효과적임
전시에 의한 명화 감상		• 유아가 제작한 작품을 전시하고 감상하는 방법 ⇨ 모의 미술관법 • 작품에 대한 자부심, 긍정적인 태도, 미술 표현에 대한 자신감을 갖도록 도와줌 ⑩ 레지오 에밀리아의 전시
셀프가이드에 의한 명화 감상	**개념**	자기 감상용 교재 또는 도구를 의미함
	목적	• 미술작품을 친근감과 흥미를 갖고 보게 하여 작품이 지닌 성격이나 의미를 전체적으로 생각하게 하는 의도를 지님 • 감상하려는 명화의 특징이나 양식 등을 분석적으로 밝혀보게 하는 의도로 작성된 것 • 작가의 표현의도를 찾아 들어가게 하는 것 　참고 위 세 가지 의도를 포괄적으로 취급하여 자기 감상을 돕도록 함

* 모범답안 766 ~ 769쪽

01 강 교사는 다음의 '누구일까' 노래를 들려준 후 따라 부르기 활동을 하였다. 물음에 답하시오. [5점]

1) 위의 노래가 만 3세 유아들이 부르기에 적절한 이유 2가지를 쓰시오. [1점]

　　① _____

　　② _____

2) 위의 노래 듣고 따라 부르기를 만 4, 5세로 확장한 활동의 예를 2가지 쓰시오. [1점]

　　① _____

　　② _____

3) 강 교사가 실시한 노래 듣고 따라 부르기 활동을 음악교육의 다른 영역으로 확장하고자 한다. 음악교육의 영역을 쓰고, 영역별로 적절한 활동의 예를 1가지씩 쓰시오. [2점]

	음악교육의 영역	활동의 예
예)	감상하기	'동물의 사육제' 감상하기
①		
②		
③		

4) 위 악보를 바탕으로 적용할 수 있는 국악장단을 쓰시오. [1점]

_____

02 다음은 유아의 신체 활동이다. 물음에 답하시오.
[5점]

> **(가)**
> **박 교사** : 스카프를 흔들어 보자. 위로 높이 던졌다 떨어뜨려보자. 8자 모양을 만들어 보자.
> **강 교사** : 후프 속에 들어가 비눗방울이 되어 공중을 둥둥 날아 다녀보자.
>
> **(나)**
> **백 교사** : 스카프를 이용하여 유아 스스로 속도, 흐름, 형태 등에 자연스럽게 변화를 주며 비행기의 움직임을 창의적으로 표현해 보자.

1) (가)의 사례와 관련된 2019 개정 누리과정 예술경험 영역의 ① '내용범주'와 ② '내용'을 쓰시오. [1점]

① _____

② _____

2) (가)의 사례처럼 유아의 움직임을 사실적으로 묘사해 주거나 다른 방법을 제안함으로써 독창적인 표현을 찾아내도록 도와줄 수 있는 발문을 1가지 쓰시오. [0.5점]

_____

3) (나)의 사례가 만 3세에게 적합하지 않은 이유를 2019 개정 누리과정의 '예술적 표현하기'의 내용에 근거하여 설명하시오. [0.5점]

_____

4) 유아 신체활동의 유의점이다. 다음을 완성하시오. [3점]

> 유아가 마음껏 움직이도록 하기 위해서는 충분한 공간이 확보되어야 하며, 유아로 하여금 자신만 사용하는 (①)와/과 함께 사용하는 (②)에 대한 개념을 확실히 이해하도록 한다. 또한 교사의 시야에 들어오는 공간 내에서 움직이는 것을 분명히 이야기해 주고 유아가 사용할 공간의 범위를 알 수 있도록 바닥에 마스킹 테이프나 매트를 깔아주어 (③)을/를 표시한다.

① _____

② _____

③ _____

03
유아의 안전교육에 대한 내용이다. 물음에 답하시오.
[5점]

활동명	안전한 세상	활동 연령	만 3, 4, 5세
활동 목표	• 즐겁게 노래를 부른다. • 교통 기관을 이용할 때의 규칙을 알고 지킨다.		
활동 자료	노래 '안전한 세상', 인형, 피아노 혹은 컴퓨터, 자료를 조작하기 위한 책상, 가사판, 모형 버스, 횡단보도		
활동방법			

1) 자료를 사용하여 노랫말을 전달한다.
   – 유치원에 올 때 건너는 길이 있었니?
   – 어떻게 건너왔니?
   – 집에 갈 때 버스를 타고 안전하게 가려면 어떻게 해야 할까?
   – 차에서 내릴 때 어떤 점을 조심해야 할까?
   – 밖에서 나가서 놀 때 어디서 놀이해야 안전할까?
2) ㉠ 노래를 소개하고 교사가 노래를 들려준다.
   – 유치원을 오고 갈 때나 밖에서 놀 때 어떻게 하면 안전한지를 알려주는 노래야.
   – 노래를 들려줄 테니 잘 들어보자.
3) 멜로디만 들려준다.
4) 한 가지 소리로 불러본다(아, 라 등).
   – 어떤 소리로 노래를 불러 볼까?
5) 다양한 방법으로 노래를 불러 본다.
   – 어떤 방법으로 노래를 불러 보면 좋을까?
   – ㉡ 후렴구 '랄라라' 부분을 '라–라–랄'로 바꾸어 불러 본다.
6) 노래를 불러 본 느낌에 대해 이야기 나눈다.
   – 노래에 길을 건널 때는 어떻게 해야 한다고 했니?
   – 어떤 부분이 가장 재미있었니?
   – 부르기 어려운 부분도 있었니?

1) ㉠과 관련하여 만 3세에게 소개할 수 있는 노래의 선정기준을 3가지로 쓰시오.   [3점]

① _____

② _____

③ _____

2) 다음에 공통으로 들어가는 용어를 완성하시오.   [1점]

> • 노랫말에 나타난 감정을 느껴보고 노래와 어울리는 움직임을 표현하며 곡의 분위기를 느낀 후, 셈여림, (①), 높낮이, 박자 등의 음악적 요소에 변화를 주어 생각과 느낌을 표현해본다.
> • '강강술래'의 (①), 가락, 가사에 변화를 주거나 전래동요에 맞춰 춤추기 등의 다양한 방법을 활용하여 흥겨운 분위기와 흐름을 느끼며 전래동요를 불러본다.

① _____

3) ㉡과 관련하여 다음을 완성하시오.   [1점]

> 칼 오르프는 즉흥 연주의 단계를 모방의 단계 → (①) → 읽기 단계 → 즉흥 창작의 단계로 나누었다.

① _____

04 다음은 김 교사가 만 4세반 유아들과 함께 '낙엽'을 주제로 한 만 5세 동작 활동의 일부이다. 물음에 답하시오. [5점]

> (교사가 몸을 작게 하고 구르는 모습을 보여준다.)
> "낙엽이 바람에 날리는 것처럼 몸을 표현할 수 있는 또 다른 방법은 없을까?"
> …(중략)…
> "선생님이 음악(고엽)을 들려 줄 테니 음악에 맞추어 낙엽이 움직이는 모습을 표현해보자."
> …(중략)…
> ㉠ 바닥에 ∿ 모양으로 테이프를 붙여 놓고, ∿ 모양을 따라 나뭇잎이 구르는 모습을 표현한다. ∿ 모양을 따라 구르는 모습을 잘 표현하면 테이프를 떼어 내고 굴러 보도록 한다. "선생님은 바람이야. 너희들은 바람이 부는 대로 움직이는 나뭇잎이 되어보자." (낙엽이 구르는 모습을 표현하는 유아에게) "몸을 작게 하고 옆으로 구르니까 정말 낙엽이 굴러가는 것 같구나!" ㉡ (옆으로 구르기가 잘 되지 않는 유아의 옆에 누워서 구르기를 직접 보여주며) "선생님처럼 이렇게 누워서 팔을 위로 쭉 뻗고 굴러 보자."

1) 위의 활동의 근거가 되는 2019 개정 누리과정 예술경험 영역의 '움직임과 춤으로 표현하기'에 제시되어 있는 '내용' 1가지를 쓰시오.　　　　　　　　　　　　　[1점]

_____

2) 위 사례에서 김 교사는 동작교육의 접근법 중 상상력을 중심으로 다양한 동작을 유도하고 창의적 동작표현을 자극하는 것을 강조하는 '(　①　) 접근법'을 활용하였다. ①에 들어갈 알맞은 말을 쓰시오.　　　　　　　[1점]

① _____

3) ㉠, ㉡에 해당되는 교수 행동을 쓰시오.　　[2점]

㉠ _____

㉡ _____

4) 교사의 ㉠과 ㉡ 교수 행동의 차이점을 설명하시오.　[1점]

_____

05 다음을 읽고 물음에 답하시오. [5점]

활동 자료	민화(까치와 호랑이)

교　사 : 아주 귀중한 보물을 소개할까 해. 무엇일 것 같
　　　　니? (미술 작품을 가리고 있던 보자기를 걷는다.)

유아들 : 우와~ 호랑이다.

교　사 : ㉠ 이 그림에서 가장 눈에 띄는 것은 무엇일까?

유아들 : 호랑이요. 까치요. 나무요.

교　사 : ㉡ 호랑이 등을 만져보면 어떤 느낌일까?

유아들 : 부드러울 것 같아요.

교　사 : ㉢ 까치는 어디에 있니?

유아들 : 호랑이 머리 위에 있어요. 나뭇가지에 앉아 있
　　　　어요.

교　사 : 호랑이 표정이 어떤 것 같니?

유아들 : 화난 것 같아요.

교　사 : 정말! 호랑이가 화난 것처럼 보이는구나! 호랑
　　　　이와 까치가 무엇을 하고 있기에 호랑이가 화가
　　　　났을까?

유아들 : 까치가 나무에 올라와 보라고 호랑이를 놀리고
　　　　있어요.

교　사 : 그렇구나! 그럼 만약 까치가 없다면 어떨지 상
　　　　상해 보자!

〈확장활동〉
호랑이, 까치 등 동물을 보러 동물원에 견학을 간다.

1) ㉠~㉢에서 나타나는 조형의 요소를 쓰시오.　　　[3점]

　㉠ _____

　㉡ _____

　㉢ _____

2) 확장활동으로 동물원으로 견학을 가려고 한다. 교사가 견학
　사전답사 시 알아두어야 할 사항에 대하여 2가지 쓰시오.
　　　　　　　　　　　　　　　　　　　　　　[1점]

　① _____

　② _____

3) 이러한 명화를 감상하는 활동과 관련 있는 2019 개정 누리
　과정 예술경험 영역의 '내용'을 쓰시오.　　　　[1점]

　_____

06 다음은 교사들이 나눈 대화의 일부이다. 물음에 답하시오. [8점]

김 교사 : 고든은 유아의 청취력, 곧 오디에이션 능력을 개발하려면 음악의 기본단어라고 할 수 있는 패턴을 가르쳐야 한다고 하였어요. 그리고 패턴을 가르치되 음고와 리듬을 분리해서 가르치는 것이 효과적이라고 하였어요. 고든의 이론을 적용해 볼 수 있을 것 같은데…. 낙엽이 움직이는 모습을 몸으로 표현할 때 저희 반은 만 4세에 맞게 스카프를 이용하여 제가 어깨 위 – 어깨 아래 – 어깨 위 – 어깨 아래 스카프를 흔들면 유아들도 그대로 따라서 해보도록 하려 해요. 고든이 가장 기본적인 패턴으로 여긴 것은 음정패턴과 (㉠)(이)거든요.

이 교사 : 좋은 생각이네요. 달크로즈는 (㉠)을/를 음악적인 능력의 근본이라 했어요. ⓐ 팔로 박자를 저으면서 걷는다거나 손뼉을 치면서 한 박자씩 걷게 하는 간단한 신체 표현도 가능하지요. 그래서 아이들이 손뼉을 치면서 전래동요를 부르며 걷는 활동을 계획하고 있어요. 처음에는 느리게 걸으며 천천히 손뼉을 치다가 점점 빠르게 걸으며 손뼉도 빠르게 치며 걷는 활동도 하려해요.
(㉠)이/가 모여서 한 개의 (㉡)을/를 구성하는 것을 이해시키면서 유아가 리듬감을 체득하도록 하려 해요. 또한, 청음능력 개발을 위해서는 몸과 마찬가지로 귀 역시 리듬을 공부하기 위한 가장 이상적 계이름 부르기(㉢)을/를 하려 해요. 그리고 휘모리 장단보다는 느리지만 (㉣)은/는 유아들이 음악적 요소를 보다 쉽게 익힐 수 있을 것 같아요.

①		①		丨		丨
덩		덩		덕	쿵	덕

* ①는 손뼉 한 번 치며 걷기기, 丨는 멈추기, ○는 제자리에서 무릎 한 번 치기

박 교사 : 저는 코다이 손 기호를 이용하여 ⓑ ①은 솔, 丨은 라, ○은 미로 바꾸어 표현하려 해요. (㉤) 도법은 손기호나 5음음계의 선율지도와 함께 효과적인 교육방법으로 창안되었어요.

홍 교사 : 저는 이번 수업에서 몸(손, 발, 입, 손가락 등)으로 다양한 소리를 표현해본 뒤 리듬막대를 이용하여 다양한 음악적 요소를 표현하였어요. 유아들과 ⓒ 그림악보를 보며 아리랑 후렴구에 맞춰 리듬막대로 연주해 보았어요.

1) 김 교사와 이 교사의 ㉠ ~ ㉡에 들어갈 용어를 쓰시오. [1점]

㉠ _____

㉡ _____

2) 이 교사의 ㉢에 들어갈 용어 1가지를 쓰시오. [1점]

㉢ _____

3) 위 정간보에 해당하는 ㉣에 들어갈 장단의 이름 1가지를 쓰시오. [1점]

㉣ _____

4) 박 교사의 ㉤에 들어갈 용어를 쓰시오. [1점]

㉤ _____

5) 위 세 교사의 ⓐ~ⓒ 활동에 적용된 브루너의 표상양식을 쓰고, ① ⓐ~ⓒ의 표상 발달단계를 순서대로 기호를 나열하시오. [1점]

ⓐ _____

ⓑ _____

ⓒ _____

① _____

07 다음은 만 5세 유아에게 명화를 통한 미술교육을 하고 자 하는 교사들의 생각이다. 물음에 답하시오. [5점]

〈신사임당의 '수박과 들쥐'〉

김 교사 : ㉠ 우리 문화에 대한 자부심과 존중하는 마음 을 기를 수 있어 진행되고 있는 주제와 관련지 어 지속적으로 이루어지게 한다.

박 교사 : 명화 감상 시 "하늘이 멀리 보이니?", "그림을 보면 하늘과 땅이 어딘지 알 수 있니?"라고 발 문을 하여 유아에게 (㉡)을/를 길러준다.

최 교사 : 유아의 미적 감각을 길러 주기 위하여 미술관 에 방문하여 그림에 대한 설명과 ㉢ 감상활동 을 지도한다.

후 교사 : 모든 유아에게 명화를 충분히 관찰하게 한 후 토론하고 싶은 세부 사항을 지적하도록 하고, 수줍어하는 유아도 토론에 참여시킨다.

명 교사 : "이 색깔은 슬퍼 보여."라는 식으로 말한다.

1) ㉠과 관련된 2019 개정 누리과정의 예술경험의 '내용'을 쓰 시오.   [0.5점]

_____

2) ㉡에 들어갈 적합한 용어를 '2019 개정 누리과정'에 근거하 여 쓰시오.   [0.5점]

㉡ _____

3) ㉢과 관련하여 최 교사는 명화를 감상할 때 펠드만의 감상 4단계에 기초하여 다음과 같이 발문하였다. 아래 각 단계에 해당하는 용어를 쓰시오.   [4점]

단계	최 교사의 발문의 예
①	화가는 어떤 마음으로 이 그림을 그렸을까?
②	직선과 곡선을 찾아보세요.
③	그림에서 어느 부분이 가장 마음에 드니?
④	움직이는 것처럼 보이는 선은 어떤 선인가요?

① _____

② _____

③ _____

④ _____

08 (가)는 오르프의 교육환경에 대한 내용이고, (나)는 달 크로즈 음악교수법에 관한 내용이고, (다)는 코다이의 리듬기호에 대한 내용이다. 물음에 답을 하시오. [5점]

> **(가)** 화성 지도를 위한 여러 가지 음악활동 중에서도 (㉠)와/과 (㉡)은/는 유아들이 화성과 즉흥창작에 흥미롭게 접근해 갈 수 있는 가장 효과적인 음악활동이다.
>
> (㉠)(이)란 어떤 일정한 악곡 전체를 또는 악절을 같은 성부로 같은 음높이로 끊임없이 되풀이하는 것이다. 즉, 단순하면서도 반복적인 리듬, 멜로디, 화성의 흐름 반복함으로써 화성을 이루게 하는 방법이다.
>
> (㉡)(이)란 지속되는 저음으로 계속되면서 화성에 리듬변화를 주는 것으로 형식은 베이스 반주의 하나로 많이 사용되는 형식이다.
>
> **(나)** (㉢)(이)란 음악은 인간의 감정을 표현하는 것으로 그 감정이 몸 전체 구석구석의 감각을 통해서 표현되기 때문에 몸의 훈련을 통해 음악교육에 접근하는 기본방법으로 음악에 맞는 리듬동작이다. (㉣) (이)란 악보를 보고 부르며 청음 훈련을 하는 것이다.
>
>
>
> **(다)** 동요 '잠꾸러기'
>
>

1) (가)의 ㉠, ㉡에 들어갈 적합한 용어를 쓰시오.   [2점]

㉠ _____

㉡ _____

2) (나)의 ㉢, ㉣에 들어갈 적합한 용어를 쓰고, ① (나)의 악보를 달크로즈의 음악교수법에 따른 계이름으로 쓰시오.   [2점]

㉢ _____

㉣ _____

① _____

3) (다)의 앞 악절의 셋째 마디를 코다이 리듬기호(읽기)로 쓰시오.   [1점]

_____

09 다음은 만 5세 반 홍 교사의 음악 활동 계획안이다. 물음에 답하시오. [5점]

활동명	꿩꿩 장서방
활동 목표	• 장단에 관심을 갖는다. • 장단에 따른 신체표현을 익힌다.
활동 방법	**(가)** 1. 노래와 멜로디를 들어보고 가락을 표현해본다. 2. 장단 느끼기 − 교사의 장구 장단을 들으며, 몸을 좌우로 움직인다. − 장구 소리를 들으며, 교사의 구음을 따라한다. **(나)** 3. 교사와 유아가 역할을 나누어 불러본다. − 반복되는 리듬(꿩꿩 장 서방)을 반복해서 불러본다. (예) 교사 : 꿩꿩 장서방 유아 : 꿩꿩 장서방 **꿩꿩 장 서방**　전래 동요 꿩 꿩 장 서 방 꿩 꿩 장 서 방 4. 장구 장단에 맞추어 불러본다. − 이번에는 선생님이 치는 장구 장단에 맞춰 처음부터 끝까지 노래를 불러보자. − ㉠ "꿩 꿩 장서방"을 부를 때 "꿩꿩"을 큰 목소리로 "장 서방"을 작은 목소리로 불러보자. 　　…(생략)… **(다)** 5. 유아가 장구를 이용하여 장단을 맞추어 연주해본다. − 유아가 노래에 맞추어 장구를 쳐본다. 〈관련 활동〉 − "우리 몸의 어떤 부분으로 시계소리를 만들 수 있을까?" − "트라이앵글과 우드블록의 소리는 어떻게 다르니?" − "요들송에 맞춰 손뼉을 치려면 어떤 빠르기로 칠 수 있을까?"

1) (가)에서 ① 부적절한 활동을 찾아 쓰고, ② 그 이유를 쓰시오.　[1점]

① _____

② _____

2) 위 활동방법의 근거가 되는 2019 개정 누리과정 예술경험 영역 '예술 감상하기'의 '내용' 1가지를 쓰시오.　[1점]

_____

3) 다음은 (나)와 (다)의 활동을 정리한 것이다. ⓐ~ⓔ 중 틀린 내용 2가지를 찾아 기호를 쓰고, 이를 바르게 고쳐 쓰시오.　[2점]

> ⓐ 즐겁게 놀이를 하면서 노래 부를 수 있다.
> ⓑ 세마치장단에 맞춰 연주할 수 있다.
> ⓒ 두드려서 소리나는 다양한 리듬악기로 장단을 치며 노래 한다.
> ⓓ 음악적으로 매우 소박하며 조상들의 생활상을 엿볼 수 있다.
> ⓔ 2분박 4박 장단으로 연주한다.

① _____, _____

② _____, _____

4) (나)에서 '2019 개정 누리과정' 예술경험 영역에 제시되어 있는 음악적 요소 중 ㉠에 해당하는 음악적 요소 1가지를 쓰시오.　[1점]

_____

10 다음은 (가)는 ○○유치원 만 5세 유아 대상 명화를 통한 미술교육을 위한 활동계획안의 일부이고, (나)는 활동계확안에 따른 지도내용이다. 물음에 답하시오. [5점]

(가)

활동명	신사임당의 수박과 들쥐
목표	…(생략)…
활동 자료	여러 종류의 물감
활동 방법	1. 그림을 살펴본다. – ㉠ 그림 속 나비는 어디에 있니? – ㉡ 수박을 만지면 딱딱하게 느껴질까? 2. 각자 그리고 싶은 곤충과 동물에 대해 이야기 나눈다. 3. ㉢ 처음으로 모두의 작품을 모아 10명씩 조를 짜서 함께 벽화를 구성해 보도록 하였다. 완성된 공동 벽화를 보며 이야기 나눈다. 4. 완성된 공동 벽화를 보며 이야기 나눈다.
확장 활동	• 쥐 소리 흉내 내기 • 나비 동시 짓기 • 수박 관찰하기

(나)

김 교사 : 우리 문화에 대한 자부심과 존중하는 마음을 기를 수 있어 진행되고 있는 주제와 관련지어 지속적으로 이루어지게 한다.

박 교사 : '하늘이 멀리 보이니?', '그림을 보면 하늘과 땅이 어딘지 알 수 있니?'의 명화 감상 시 발문을 유아에게 한다.

최 교사 : 유아의 미적 감각을 길러 주기 위하여 먼저 미술관에 방문하여 그림에 대한 설명과 감상활동을 지도한다.

후 교사 : 모든 유아에게 명화를 충분히 관찰하게 한 후 토론하고 싶은 세부 사항을 지적하도록 하고, 수줍어하는 유아도 토론에 참여시킨다.

명 교사 : "이 색깔은 슬퍼 보여."라는 식으로 말한다.

1) (가)의 ㉠과 ㉡은 어떤 미술적 요소를 학습하기 위한 것인지 쓰시오. [1점]

㉠ _____

㉡ _____

2) (가)의 그림은 '민화'를 나타낸다. 관련하여 다음 ①에 적합한 용어를 쓰시오. [1점]

> '민화' 감상을 통하여 만 5세는 (　①　)이/가 만들어내는 아름다움을 탐색할 수 있다.

① _____

3) (가)의 ㉢에서 ① 교사의 적절하지 않은 지도방법을 쓰고, ② 개선방안을 쓰시오. [1점]

① _____

② _____

4) (나)에서 부적절하게 지도한 교사를 모두 제시하시오. [1점]

_____

5) 2019 개정 누리과정에 근거하여 5개 영역 중 (가)의 '확장 활동'에 통합된 영역을 모두 쓰시오. [1점]

_____

11 다음은 청일유치원 만 5세반에서 전래동요와 전래동화의 지도방법에 대해 교사들이 나눈 대화의 일부이다. 물음에 답하시오. [5점]

> 최 교사 : 전래동요는 음역이 넓지 않고 음계가 단순해서 오르프(C. Orff)의 이론을 적용해 볼 수 있을 것 같은데……. 유아들에게 익숙한 전래동요의 ㉠ 노랫말을 같은 음높이로 끊임없이 되풀이하는 것도 가능하지 않을까요?
>
> 윤 교사 : 좋은 생각이네요. 저는 전래동화의 내용 속에는 교훈이 담겨 있어 동화 내용 일부를 노래로 표현하는 (㉡)을/를 시도해 보고 싶어요. 우리 반 아이들이 가능한지는 모르겠어요.
>
> 민 교사 : 그렇다면, 여러 가지 방법으로 전래동요를 익힌 다음, ㉢ 즉흥적으로 노랫말을 바꾸어서 불러보는 활동을 해 보면 어떨까요? 아이들은 자신이 지은 노랫말로 노래 부르는 것을 좋아하잖아요.
>
> 권 교사 : 저는 아이들이 손으로 무릎장단을 치면서 전래동요를 불러보는 활동을 계획하고 있어요. ㉣ 휘모리보다는 느리지만 잦은 박으로 빠르게 치는 경쾌한 장단에 맞추어 활동하면, 유아들이 음악적 요소를 보다 쉽게 익힐 수 있을 것 같아요.
>
> 강 교사 : 우리나라 악기를 탐색한 후에 악기를 연주하면서 전래동요를 불러보는 활동도 흥미로울 것 같은데요. 사물놀이에 쓰이는 악기 중에 (㉤)을/를 사용해 농악에서 으뜸가는 주도적 역할을 하는 경험을 해 보면 어떨까요?

1) 최 교사의 ㉠이 설명하고 있는 용어를 오르프의 이론에 근거하여 1가지를 쓰고, 윤 교사의 ㉡에 들어갈 용어 1가지를 쓰시오. [2점]

㉠ _____

㉡ _____

2) 민 교사의 ㉢과 관련된 '2019 개정 누리과정' 예술경험 영역의 '내용범주'를 쓰시오. [1점]

_____

3) 다음은 권 교사의 ㉣을 사용한 전래동요의 정간보 일부이다. ① ㉣에 해당하는 장단의 이름 1가지와 ② 이 장단의 속도를 쓰고, 강 교사의 ㉤에 들어갈 악기 1가지를 쓰시오. [2점]

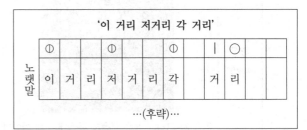

① _____

② _____

㉤ _____

12 다음은 청일유치원에서 만 5세반 악기연주 음악활동 계획안의 일부이다. 물음에 답하시오. [5점]

활동명	수박껍질과 깡통
목표	…(생략)…
활동 자료	탬버린, 북, 심벌즈, 트라이앵글, 캐스터네츠, 리듬막대, 피아노
활동 방법	1. 몇 가지 리듬악기를 이용하여 소리를 내어 본다. 2. 교사가 리듬악기를 이용하여 의성어, 의태어 부분을 소리로 만들어 가며 〈수박껍질과 깡통〉 동화를 들려준다. 〈수박껍질과 깡통〉 모자처럼 생긴 수박껍질이 ㉠"터 덩 터 덩 텅텅텅텅"하면서 언덕에서 굴러 떨어졌어요. "도와줘, 나 혼자서는 멈출 수가 없어. 도와줘!" 수박껍질은 점점 더 빠르게 언덕 아래로 굴러갔어요. "으아, 자꾸만 굴러간다! ㉡으아……어 어……퍽!" 수박껍질은 그만 깡통과 부딪히고 말았어요. "아얏! 이게 뭐야? 시커먼 줄무늬에 못생긴 수박껍질이잖아?" 깡통이 소리를 질렀어요. 깡통과 수박이 이야기하고 있을 때 갑자기 커다란 삽 하나가 나타나서 "사각 사각 사각" 하고 소리를 내며 땅을 파더니, 수박껍질과 깡통을 쑤욱 집어 넣고 흙으로 덮어 버렸어요. "아이고, 여기가 어디야?" "난 좀 무섭다." 하면서 깡통과 수박껍질이 땅 속을 둘러보고 있는데, "랄라 랄라 랄라" 하면서 어디선가 아주 작고 예쁜 소리가 들려왔어요. 3. 교사가 들려주는 동화에 맞추어 유아들이 악기를 이용하여 의성어, 의태어 부분을 소리로 만들어 보게 한다. …(하략)…
국악 악기	장구, 북, 소고, 징, 꽹과리

1) 활동방법에서 ㉠과 ㉡에 가장 적합한 악기를 활동자료에서 찾아 각각 쓰고, 그에 따른 연주방법을 쓰시오. [2점]

㉠ _____, _____

㉡ _____, _____

2) 악기동화 음악활동에서는 교사와 유아가 동화에서 나오는 의성어, 의태어 부분을 다양한 악기소리로 만들어 보는 창작활동이 포함된다. 이러한 음악 창작활동을 통하여 가장 발달될 수 있는 음악적 개념을 쓰시오. [1점]

_____

3) 느리고 부드러운 음악, 가벼운 악센트, 시계소리와 종소리의 특별효과를 낼 때 적합한 리듬악기를 활동자료에서 찾아 1가지를 쓰시오. [1점]

_____

4) 음악에서 오래 지속되는 음의 묘사나 진동과 같은 특별한 효과를 위해 사용하거나 클라이맥스에 연주되는 국악기를 '국악 악기'에서 찾아 1가지를 쓰시오. [1점]

_____

13 다음 (가)와 (나)는 청일유치원 만 3세반 송 교사와 만 5세반 백 교사가 작성한 활동계획안의 일부이다. 물음에 답하시오. [5점]

	(가)	(나)
활동명	후프놀이	후프놀이
활동 목표	• 신체활동에 즐겁게 참여한다. • 훌라후프를 활용하여 다양하게 움직인다.	• 신체활동에 즐겁게 참여한다. • 훌라후프를 활용하여 창의적으로 움직인다.
활동 방법	• 훌라후프의 모양을 탐색한다. • 몸을 훌라후프처럼 자유롭게 만들어본다. • 훌라후프를 들고 나의 위, 아래로 움직인다. • 훌라후프로 연속적으로 움직이는 바퀴영상을 보고 그 움직임을 자유롭게 표현한다. • 활동을 마친 후 다 같이 앉아서 활동한 것을 평가한다.	• 훌라후프를 탐색하며 후프와 비슷한 것을 찾아본다. • 몸을 훌라후프처럼 만들어본다. (작게, 크게) • 훌라후프를 들고 오른쪽, 왼쪽으로 움직인다. • ㉠ 훌라후프로 내리막길과 비탈길에서 연속적으로 움직이는 바퀴의 움직임을 창의적으로 표현한다. • 활동을 마친 후 다 같이 앉아서 활동한 것을 평가한다.

1) (가)의 활동방법에서 ① 만 3세반에서 적절하지 않은 것 1가지를 찾아 쓰고, ② 그 이유를 쓰시오. [2점]

① _____

② _____

2) 다음의 ①과 ②가 무엇인지 쓰시오. [1점]

> 유아가 마음껏 움직이도록 하기 위해서는 충분한 공간이 확보되어야 한다. 유아로 하여금 자신만 사용하는 (①)와/과 함께 사용하는 (②)에 대한 개념을 확실히 이해하도록 하여야 한다.

① _____

② _____

3) 교사가 활동과정에서 유아를 칭찬하는 교사 – 유아 상호작용을 활용하였다. 해당하는 ① 교사 – 유아 상호작용 유형과 ② ㉠에서 교사가 할 수 있는 적절한 칭찬 내용을 제시하시오. [1점]

① _____

② _____

4) 송 교사가 같은 연령을 맡고 있는 교사와 훌라후프로 할 수 있는 활동에 대한 계획안을 함께 작성한 뒤 서로 분석해보고, 교수방법에 대해 협의하였다. 송 교사가 활용한 동료장학 방법을 쓰시오. [1점]

_____

14 (가)는 ○○ 유치원에서 만 5세의 명화감상 활동이고, (나)는 김 교사가 만 5세 유아를 대상으로 한 신체 표현 활동 수업을 간략하게 제시한 것이다. 물음에 답하시오. [5점]

(가)

(나) 김 교사는 김홍도의 '무동'을 유아들과 함께 감상하며 "그림 속의 사람들은 무엇을 하고 있니? 어떻게 움직이고 있니? 동작을 몸으로 나타내볼까?"와 같이 상호작용하면서 그림 속에 나타난 무동과 악사의 움직임을 신체 활동과 연결하여 표현해보도록 하였다.

김 교사는 유아들에게 무동과 악사의 움직임을 시범 보이면서 "무동처럼 손의 모양을 동그랗게 만들어보자. 이렇게 춤을 춰보자. 장구를 힘차게 두드리듯이 움직여보자, 팔을 물 흐르듯 부드럽게 움직여보자."라고 하며 활동을 전개하였다. 유아들이 움직임에 대해 김 교사는 "윤아가 음악에 맞춰 나비처럼 춤을 추고 있네. 지훈이는 ⊙ "몸 앞부분에 두 손을 올려보고, 몸 뒷부분에 두 손을 올리고 있구나."라고 언어적으로 반응해주면서 활동을 격려해주었다.

1) (가)의 자료는 미술의 어떤 원리를 학습하기 위한 것인지 쓰시오. [1점]

_____

2) 2019 개정 누리과정 예술경험 영역의 '예술적 표현하기'에서 강조하는 다양한 예술 활동의 통합적 표현이 위 사례에 적용되었다고 판단되는 예시를 2가지 제시하고, 그 판단의 이유를 각각 쓰시오. [2점]

① 예시 : _____

이유 : _____

② 예시 : _____

이유 : _____

3) (가)에서 유아의 신체 표현을 촉진하기 위한 2019 개정 누리과정 예술경험 영역 '아름다움 찾아보기'의 만 5세에 적용된 세부 내용에 제시된 움직임의 요소 중 사례에 나타난 요소를 모두 쓰시오. [1점]

_____

4) ⊙은 동작 요소의 신체요소 중 무엇을 제시한 것인지 쓰시오. [1점]

_____

15 다음은 유아 미술교육에 대한 내용이다. 물음에 답하시오. [5점]

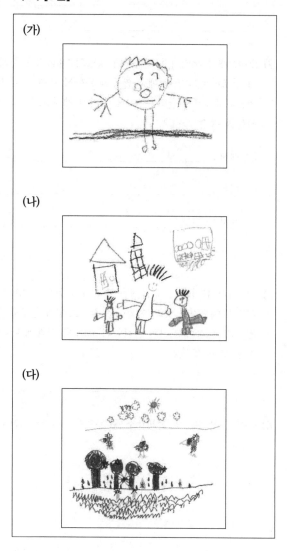

(가)

(나)

(다)

1) ① (가)의 그림 특성은 어떤 이론에 근거하여 설명할 수 있는지 쓰고, ② 그 이론을 설명하시오. [2점]

① _____

② _____

2) (나)의 그림표현의 특징을 나타내는 ① 로웬펠드(Lowenfeld)의 단계를 쓰고, ② 그 이유를 쓰시오. [2점]

① _____

② _____

3) (다)에 나타난 기저선의 종류를 쓰시오. [1점]

_____

16 (가)는 소망유치원 만 5세반 김 교사가 작성한 활동계획안의 일부이고, (나)는 창의적 동작활동의 유형에 관한 설명이다. 물음에 답하시오. [5점]

(가)

활동명	비행기야 날아라
활동 목표	신체와 도구를 사용하여 비행기의 움직임을 창의적으로 표현한다.
활동 자료	비행기 사진, 비행기가 날아가는 동영상(에어쇼, 공군비행 훈련 등), 스카프
활동 방법	• 비행기가 날아가는 동영상을 본 후 이야기 나눈다. 　– 비행기가 어떤 모습으로 날아갔니? 　– 여러 대의 비행기가 날아갈 때 어떻게 움직였니? 　– 비행기가 내려갈 때 날개가 어떻게 되었니? • 신체를 이용하여 비행기의 다양한 움직임을 탐색한다. 　– 내 몸으로 비행기를 만들어 보자. 　– 몸의 어떤 부분으로 날개를 표현할 수 있을까? 　– 비행기가 날아가는 것을 표현하기 위해서 어떻게 움직일 수 있을까? 　– 비행기는 어떤 속도로 올라갈까? 　– 바람이 세게 불 때 비행기는 어떻게 움직일까? 　– 선생님과 함께 에어쇼를 하는 비행기가 되어 움직여보자. • 스카프를 활용한 동작을 보여준다. 　– 선생님처럼 스카프를 잡아보자. • 스카프를 이용하여 비행기의 다양한 모습을 표현해본다. 　– 비행기를 표현하기 위해 스카프를 어떻게 이용하면 좋을까? • 비행기가 되어 움직여 본 느낌에 대해 이야기 나눈다.

(나) 유아에게 적합한 창의적 동작활동은 (㉠)활동과 (㉡)활동으로 나눌 수 있다. (㉠)활동이란 여러 가지 생물이나 무생물을 모방해서 표현해보는

활동을 뜻하며, 대상물의 모양과 움직임을 관찰하고, 이를 사실적으로 나타내어 관찰력과 표현력을 기르는 것이다. 이러한 활동을 위해서는 특정 대상물의 모양이나 움직임을 나타내기 위해 자신의 몸을 어떻게 조정할 것인지를 알아야한다.

(㉡)활동이란 대상물에 대한 느낌, 자신의 생각, 경험했거나 제시된 사건을 동작으로 나타내보는 것을 말한다. 이는 (㉠)활동을 한층 발전시킨 형태로 특정 대상물의 모양이나 움직임을 표현하는 것에서 그치지 않고, 그에 대한 느낌이나 사건의 전개 상황에 대한 자기 자신의 생각을 표현하는 활동이다.

1) 다음은 위 활동에서 교사가 지도한 사례를 교사 – 유아 상호작용 유형에 근거하여 분류한 표이다. ① 교사의 지도 사례에 해당하는 상호작용 유형과 ②에 해당하는 사례를 찾아 쓰시오. [2점]

교사 – 유아 상호작용 유형	교사의 지도 사례
①	"선생님과 함께 에어쇼를 하는 비행기가 되어 움직여보자."
시범 보이기	②
(생략)	(생략)

① _____

② _____

2) (나)는 창의적 동작활동의 유형에 관한 설명이다. ㉠, ㉡에 들어갈 적합한 용어를 쓰시오. [2점]

㉠ _____

㉡ _____

3) (가)에 나타난 움직임의 요소 중 시간에 관련된 사례를 찾아 쓰시오. [1점]

_____

17 다음은 만 4세 미술활동 계획안의 일부이다. 물음에 답하시오. [5점]

(가)

활동명	동물을 꾸며보아요	연령	만 4세
활동 자료	크레파스, 색종이, 나뭇가지, 나뭇잎, 비닐 종이, 유성 펜, 풀, 가위, 단추, 털실, 물감, 붓, 도화지, 솜 등		

활동
방법
	• 사전에 활동한 「동물원에 다녀와요」 현장
	학습을 회상한다.
	  – 어제 우리가 어디에 다녀왔죠?
	• 동물원에서 보았던 동물을 떠올리며 생김
	새, 특징 등에 대해 이야기 나눈다.
	  – 어떤 동물이 기억에 남았나요?
	  – 얼룩말은 어떻게 생겼나요?
	• 다양한 재료와 도구를 사용하여 동물을
	표현한다.
	  – 어떤 동물을 그리고 싶니?
	  – 사자/양은 어떻게 생겼지?
	  – 사자/양은 멋진 털을 가지고 있구나. 털
	    은 무슨 색깔이지?
	  – 어떤 재료와 도구로 멋진 털을 꾸며주고
	    싶니?
	  – 솜으로 양의 보송한 털을 나타냈구나. 털실
	    을 이용해서 사자의 털을 표현하였구나.
	  – 사자 털의 느낌이 부드럽구나.
	• ㉠ 작품을 감상하며 작품에 대한 느낌을 이
	야기 나눈다.		

(나)

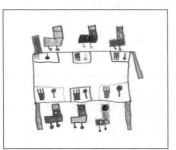

수민이가 이모집에 갔던 기억을 토대로 그린 그림이다.

1) 활동방법에서 ① 로즈그란트와 브레드캠프의 교사의 교수행동 연속체의 유형 중 하나를 쓰고, ② 그 사례를 찾아 쓰시오. [2점]

① _____

② _____

2) (나)에 나타난 ① 유아 그림 표현의 특징을 쓰고, ② 그 이유를 쓰시오. [2점]

① _____

② _____

3) 김 교사는 ㉠ 활동에서 유아들과 함께 수빈이의 그림을 감상할 때 펠드만(E. B. Feldman)의 감상 4단계에 기초하여 다음과 같이 발문하였다. ①, ②에 해당하는 용어를 쓰시오. [1점]

단계	김 교사의 발문 예
①	수빈이의 그림에서 무엇이 보이니? 모두 이야기해 볼까?
②	그림에서 다른 색깔에 비해 가장 많이 보이는 색깔 (혹은 모양)은 무엇이니? 가장 밝은 곳과 어두운 곳 은 어느 부분이니?
해석 하기	그림에서 어느 부분이 가장 마음에 드니? 어떤 느낌 이 드니?
평가 하기	수빈이는 왜 이 그림을 그렸을까? 그림에서 어떤 소 리가 들리는 것 같니? 왜 그렇게 생각하니?

① _____

② _____

18 김 교사가 만 5세반 유아들과 함께 '나는 숲속 예술가' 라는 활동을 진행한 사례이다. 물음에 답하시오. [5점]

(가) 숲에 도착한 후, 김 교사는 유아들에게 숲에서 볼 수 있는 여러 가지 자연물을 탐색할 기회를 제공하였다. 세영이가 "선생님, 여기 도토리 좀 보세요. ㉠ <u>도토리 머리는 까칠까칠한데 몸통은 매끈매끈해요.</u>"라고 말했다. 다민이는 "우와! 나뭇잎이 빨갛게 변했어요." 라고 하였고, 진호는 "이야~ 다람쥐다. ㉡ <u>다람쥐가 나무 위로 쪼르르 올라가더니 다시 아래로 내려오고 있어요.</u> 도토리를 찾고 있나봐요."라고 하였다. 유아들은 자유롭게 숲속 여러 가지 자연물을 탐색하였다.

(나) 유아들은 숲속 여기저기에서 발견한 다양한 자연물을 활용하여 동굴 꾸미기, 나뭇잎 방석 만들기, 열매 탈 꾸미기, 숲 그리기 등 흥미에 따라 여러 가지 미술 활동을 하였다. 숲 그리기에 참여한 ㉢ <u>다민이는 크레파스를 이용하여 나무를 그렸고, 나무 주변에는 여러 가지 색깔의 물감을 활용하여 집, 하늘, 구름을 그려 마무리하였다.</u>

(다)

(라)

"아빠랑 낮에 차 타고 공원에 갔어요. 그리고 밤에 집에 왔어요."

1) (가)에서 2019 개정 누리과정 예술경험 영역의 '아름다움 찾아보기'에 근거하여 ㉠과 ㉡의 미술적 요소를 쓰시오.
[1점]

㉠ _____

㉡ _____

2) (나)에 나타난 ㉢ 다민이의 그림에 대한 설명을 읽고, 로웬 펠드(V. Lowenfeld)의 그림 발달단계 중 어디에 해당하는지 쓰시오.
[1점]

_____

3) ① (다) 그림의 특징을 쓰고, ② 이러한 그림이 나타나는 이유를 쓰시오.
[2점]

① _____

② _____

4) (라)에 나타난 유아기 미술 표현의 특징 2가지와 그 예를 그림에서 찾아 각각 쓰시오.
[1점]

① _____, _____

② _____, _____

19 다음은 만 4세 반 박 교사가 이중섭의 '물고기와 노는 세 아이' 작품을 활용하여 계획한 통합적 예술 활동 내용의 일부이다. 물음에 답하시오. [5점]

활동 내용
(가) 그림 감상하기

- 그림을 보며 자신의 생각과 느낌을 자유롭게 이야기 나눈다.
- 그림에 나타난 아이들과 물고기의 미술적 요소와 원리 등을 탐색하며 이야기 나눈다.

(나) 움직임 표현하기

- 그림 속의 아이들처럼 몸을 길게 늘이거나 웅크리면서 움직임의 (㉠)에 변화를 주어 표현한다.
- 다양한 소품(예 : 물고기 인형, 낚싯대 등)을 활용하여 움직임을 몸으로 표현한다.
- 유아들이 표현하는 다양한 동작에 대해 ㉡ <u>언어적 반응</u>을 하면서 격려해 준다.

(다) 조형 활동으로 표현하기

- 그리기와 꾸미기를 위한 다양한 재료를 탐색한다.
- 유아가 선택한 재료를 이용하여 그림을 그리거나 꾸미기를 한다.

…(후략)…

(라)

- 다양한 미술활동에 참여하며 자신의 생각과 느낌을 표현하고 자신의 미술표현에 만족감과 성취감을 느낀다. "내가 만든 카메라예요. 결혼식 때 친구들을 멋지게 찍어줄 거예요."라며 뿌듯해 한다.
- 또래와 함께 의견을 모아, 동극활동에 필요한 배경그림을 완성하는 것을 즐긴다. "선생님, 봄 동산이에요. ○○는 나비를 그렸고요, 저는 커다란 튤립 꽃을 그렸어요!"

- 또래와 함께 큰 종이에 한 명을 눕히고 몸의 본을 뜬후, 종이 본의 몸을 즐겁게 꾸며본다. "난 여기 빨간색 수수깡으로 머리카락을 만들 거야." 꾸미기에 적합한 재료를 찾아 즐거운 분위기에서 함께 활동한다.

1) 위 내용과 관련된 2019 개정 누리과정의 예술경험 영역의 '목표'를 1가지로 쓰시오. [1점]

_____

2) (가)에서 박 교사가 유아들에게 미술적 원리를 경험시키고자 한다. 미술의 원리 1가지를 쓰시오. [1점]

_____

3) (나)에서 박 교사가 유아들에게 예술적 요소를 경험시키기 위해 제시할 수 있는 요소인 ㉠이 무엇인지 쓰고, ㉡에 해당하는 유아의 동작에 대한 언어적 반응의 적절한 예를 쓰시오. [2점]

㉠ _____

㉡ _____

4) (라)에서 만 4세 유아들의 활동으로 부적절한 활동을 찾아 그 이유를 쓰시오. [1점]

_____

20 다음은 만 5세 유아와 관련된 내용이다. 물음에 답하시오. [5점]

활동명	후프야, 이렇게 움직여봐!	활동연령	만 5세
활동 목표	• 후프를 이용한 다양한 신체 활동을 경험한다. • 신체 활동에 즐겁게 참여한다.		
교육과정 관련요소	• **신체운동·건강** : (생략) • **자연탐구** : (생략) • **예술경험** : 예술적 표현하기 – 움직임과 춤으로 표현하기 – (㉠)		
	◇ **창의성** : 동기적 요소 – (생략) ◇ **인 성** : 질서 – (생략)		
활동 자료	㉡ <u>유아용 후프, 유아들이 좋아하는 음악, 카세트</u>		

활동방법

1. 후프의 모양을 탐색해 본 후 '후프야, 이렇게 움직여봐!'를 한 경험에 대해 이야기 나눈다.
   – 후프와 비슷한 것을 찾아 볼 수 있겠니?
   – 우리 몸을 후프처럼 만들어 볼 수 있겠니?
   – 후프 놀이를 해 본 경험이 있니?
   – 누구랑 후프 놀이를 해 보았니?
   – 후프로 할 수 있는 놀이는 무엇이 있을까?
2. 후프 들고 위, 아래, 오른쪽, 왼쪽 등으로 움직이며 방향을 인식하여 움직여 본다.
   – 후프를 두 손으로 들고 어깨 위로 팔을 뻗어보자.
   – 이번에는 가슴 밑으로 후프를 돌려보자.
   – 오른쪽(왼쪽, 앞, 뒤, 반대 방향)으로 후프를 움직여보자.
   – 교사 또는 친구와 함께 '후프야, 이렇게 움직여봐' 놀이를 한다.
   (예) "후프야, 왼쪽으로 움직여봐!", "후프야, 반대로 돌아봐!"
3. 다양한 방법으로 자유롭게 후프를 움직여 본다.
   – 후프의 양 옆을 잡고 팔을 앞으로 쭉 뻗는다.
   – 상체를 좌, 우로 굽히며 몸을 든다.
   – 다리는 구부리지 않고 편다.
4. 후프를 돌린다.
   – 후프를 허리 높이에 들어 올린다.
   – 두 발을 어깨 넓이로 벌리고 후프를 한쪽 방향으로 돌린다.
   – 왼쪽, 오른쪽 방향으로 골고루 돌린다.
5. 후프를 이용하여 창의적인 신체표현을 한다.
   – 굴러가는 바퀴의 움직임을 표현해 보자.
   – ㉢ <u>후프를 여러 개 바닥에 놓은 후 연속적으로 나비처럼 움직이다가 세 사람만 후프 안에 들어가 보자.</u>
   – 오른쪽 발만 후프에 넣어보자.
   – 두 발은 후프 안으로 상체는 밖으로 할 수 있을까?

1) 2019 개정 누리과정의 예술경험 영역 중 ㉠에 들어갈 적합한 '내용'을 쓰시오.   [1점]

㉠ _____

2) ㉡과 관련하여 다음에 들어갈 적합한 용어를 쓰시오.   [3점]

> 놀이자료는 유아가 놀이에 사용할 수 있는 놀잇감, 매체, 재료와 도구 등을 포함한다. 유아에게 놀이자료는 자신의 감정과 생각, 상상 등을 (①) 표현하는 수단이자 세상에 대한 이해를 넓혀 나가는 데 중요한 역할을 하는 매개물이다. 교사는 유아에게 일상의 평범한 사물, 자연물, 악기, 미술재료, 그림책, (②) 등을 적절히 제공할 수 있으며 계절이나 행사, 국경일과 관련된 자료는 시기에 맞게 제공할 필요가 있다. 또한 비구조적인 (③)을/를 풍부하게 제공하여 유아가 자신만의 방식으로 활용할 수 있도록 지원하며 유아가 찾아낸 새로운 놀이자료나 창의적인 놀이 방식을 인정하고 존중해야 한다. 놀이자료를 제공할 때는 유아가 자유롭게 탐색할 수 있도록 자료의 사용 방법이나 놀이 방식을 지나치게 제한하지 않도록 유의한다.

① _____

② _____

③ _____

3) ㉢에 관련된 2019 개정 누리과정의 예술경험 영역의 '움직임과 춤 요소 탐색하기'의 요소를 쓰시오.   [1점]

_____

21 다음은 유아들에게 예술경험을 지도하는 교사들이 나눈 대화의 일부이다. 물음에 답하시오. [5점]

> 박 교사 : 고든은 유아의 청취력 곧 오디에이션 능력을 개발하려면 음악의 기본단어라고 할 수 있는 패턴을 가르쳐야 한다고 하였어요. 그리고 패턴을 가르치되 음과 리듬을 분리해서 가르치는 것이 효과적이라고 하였어요. 고든의 이론을 적용해 볼 수 있을 것 같은데… 낙엽이 움직이는 모습을 몸으로 표현할 때 저희 반은 만 4세에 맞게 스카프를 이용하여 제가 ⓐ <u>어깨 위–어깨 아래–어깨 위–어깨 아래 스카프를 흔들면 유아들도 그대로 따라서 해보도록</u> 하려 해요. 고든이 가장 기본적인 패턴으로 여긴 것은 음정패턴과 (㉠)(이)거든요.
>
> 명 교사 : 좋은 생각이네요. 달크로즈는 (㉠)을/를 음악적인 능력의 근본이라 했어요. 팔로 박자를 저으면서 걷는다거나 손뼉을 치면서 한 박자씩 걷게 하는 간단한 신체 표현도 가능하지요. 그래서 아이들이 손뼉을 치면서 전래동요를 부르며 걷는 활동을 계획하고 있어요. ㉡ <u>처음에는 손을 무릎에서 어깨까지 올려보며 걷는 활동도 하려해요.</u> (㉠)이/가 모여서 한 개의 (㉢)을/를 구성하는 것을 이해시키면서 유아가 리듬감을 체득하도록 하려해요. 그리고 휘모리보다는 느리지만 (㉣)은/는 유아들이 음악적 요소를 보다 쉽게 익힐 수 있을 것 같아요.

①			①		┃	○	┃
덩			덩		덕	쿵	덕

* ①는 손뼉 한번 치며 걷기기, ┃는 멈추기, ○ 제자리에서 무릎 한 번 치기

1) 박 교사와 명 교사의 ㉠에 들어갈 용어 1가지를 쓰시오. [1점]

㉠ _____

2) 명 교사의 ㉡과 관련된 공간의 요소를 쓰시오. [1점]

㉡ _____

3) 명 교사의 ㉢에 들어갈 용어 1가지를 쓰시오. [1점]

㉢ _____

4) 위 정간보에 해당하는 명 교사의 ㉣에 들어갈 장단의 이름 1가지를 쓰시오. [1점]

㉣ _____

5) 박 교사의 ⓐ와 관련하여 2019 개정 누리과정 예술경험 영역의 '내용'을 쓰시오. [1점]

_____

22 다음은 유아에게 '창의적 표현하기' 활동을 지도하는 내용이다. 물음에 답하시오. [5점]

(가)
- "전화기가 따르릉 울리고 있구나. 누구인지 통화해 보겠니?"
- "선생님은 엄마 역할을 할게. 맛있는 도시락을 함께 만들어서 동물원으로 소풍을 가보자."
- "○○가 울고 있네. 배가 고픈가보다. 우유를 먹여볼까?"

(나)
- "'커다란 무' 동화에 누가 등장하였니?"
- "할아버지가 무를 뽑으러 갔는데 어떤 일이 벌어졌니?"
- "은행 놀이에 어떤 의상과 소품을 준비하면 좋을까?"
- "은행 놀이를 할 때 어떤 역할이 필요하니?"

(다)
- "거북선은 무엇으로 표현할 수 있을까?"
- "어떤 소품이 필요하니?"
- "유관순이 만세를 부를 때 어떤 표정과 몸짓을 했을까?"

(라)
- "마녀가 된다면 어떤 분장을 하고 싶니?"
- "교실에 있는 소품 중 무엇을 이용하면 좋을까?"
- "'커다란 무' 동극을 하려면 (㉠)은/는 어떻게 만들어야 할까?"
- "'커다란 무'가 뽑힐 때, 어떤 소리가 날까?"

---

1) ① (가)에 나타난 놀이지도 방법을 쓰고, ② 장점을 1가지 쓰시오. [1점]

① _____

② _____

2) (나)와 관련하여 극놀이를 위한 동화 선정기준을 2가지로 쓰시오. [1점]

_____

_____

3) (다)와 관련하여 다음을 완성하시오. [1점]

> 유아는 흥미나 주제에 따라 (①) 사실에 근거한 극놀이도 계획할 수 있으며, 놀이 전개를 위해 (②)적인 질문과 역할 소품 등을 제공하여 극놀이를 확장한다.

① _____

② _____

4) (라)와 관련하여, ㉠과 다음에 공통으로 들어갈 내용을 완성하시오. [1점]

> 이야기의 (㉠)이/가 되는 장면과 음향을 만들고 극놀이 공연을 위한 무대도 만들어보는 경험을 제공한다.

㉠ _____

5) 창의적 표현과 관련하여 다음을 완성하시오. [1점]

> 집단 활동으로 극놀이 활동을 할 경우에는 배우와 관객의 입장을 모두 경험할 수 있도록 하고, 배역 맡기를 꺼리는 역할은 교사가 맡아 수행하는 (①)을/를 보여준다.

① _____

23 다음은 만 5세반 김 교사가 작성한 활동계획안의 일부이다. 물음에 답하시오. [5점]

활동명	얼쑤! 탈춤을 추세
활동 목표	• 탈춤의 표현방법에 관심을 갖는다. • 한삼에 관심을 가지고 탐색해본다. • 한삼을 끼고 장단에 맞춰 신나게 표현해 본다.
활동 자료	탈춤 동영상, 한삼, 장구
활동 방법	1) 유아들과 탈춤에 관한 경험을 이야기 나눈다. 2) 한삼을 비밀상자에 넣고, 유아가 촉감을 통해 맞춰 보게 한다. 3) 한삼에 대해 이야기를 나눈다. 4) ㉠ 탈춤 동영상을 유아들과 함께 감상한다. 　– 탈춤을 보니 어떤 느낌이 드니? 　– 어떤 동작들이 있었는지 기억나니? 5) 탈춤을 춰본다. 　– 탈춤 동작을 따라 해본다. 　– 음악에 맞춰 표현해본다. 　– 유아들이 표현하고 싶은 동작을 마음껏 해본다. 6) ㉡ 한삼을 끼고 탈춤을 춰본다. 7) 탈춤을 춰 본 느낌을 나누어본다.
활동 평가	1) 탈춤의 동작에 관심을 갖고 이해하여 표현하는지 평가한다. 2) 탈춤을 즐겁게 표현하며 활동하는지 관찰하여 평가한다. 　가) 탈춤 활동에 즐겁게 참여하는가? 　나) 제시된 조건에 따라 몸을 적절히 움직이는가?

1) 2019 개정 누리과정 예술경험 영역 중에서 ① ㉠에 해당하는 '내용'을 쓰고, ② 이를 통하여 얻을 수 있는 교육적 효과를 쓰시오. 　　　　　　　　　　　[2점]

① _____

② _____

2) 2019 개정 누리과정 예술경험 영역 중에서 ① ㉡에 해당하는 '내용'을 쓰고, ② ㉡을 지도할 때 유아들에게 서로 부딪치지 않게 하기 위해서 가르칠 수 있는 공간의 개념을 쓰시오. 　　　　　　　　　　　[2점]

① _____

② _____

3) 우리 춤은 춤의 유형적 형태에 의한 분류로 다음과 같이 나뉘며, 탈춤은 ①에 속한다. ①에 해당하는 용어를 쓰시오. 　　　　　　　　　　　[1점]

구분	정의	예
궁중무용	조종의 공덕을 칭송하고 군왕의 송수와 국가의 안태를 기원하는 내용	향악무, 당악무
(①)	원시 민간신앙인 천신, 지신, 일월신, 부락제 등 각종 제사와 행사 또는 서민 대중의 세시풍속 중에서 자연 발생적으로 싹튼 무용	(생략)

① _____

24 다음의 (가)는 활동 결과물과 이에 대한 최 교사의 기술 내용이고 (나)는 유아의 그림에 대한 교사의 해석이다. 물음에 답하시오. [5점]

(가) 주영이는 가족의 모습을 그렸다. 주영이가 그린 그림의 특징은 ㉠ 둥근 원에서 직접 다리와 팔이 나오는 두족인이 가장 큰 표현의 특징을 이루었다. 다른 유아들도 마찬가지로 머리에서 직접 수족이 나와 있었고, 자기중심적 특성 때문에 전체 화면에 질서 없이 산재하였다. 이 시기로 보아 로웬펠드의 (㉡)의 특징을 잘 나타내고 있다.

(나) 지민이는 동물원 견학 시 팬더와 눈이 마주쳤다며 기뻐하였다. 오늘 사전경험에 대해 이야기 나눌 때도 팬더의 얼굴이 제일 기억에 남는다고 하였다. 지민이의 그림에서도 ㉢ 중요한 팬더의 얼굴은 크게, 중요하지 않다고 생각하는 것은 작게 표현하는 것을 볼 수 있었다.

1) (가)의 ㉠에 나타난 그림 표현의 특징을 설명하는 내용이다. ①, ②에 들어갈 적합한 용어를 쓰시오. [2점]

> (가)의 그림이 나타나는 것에 대해 (①) 이론은 아동이 사물을 본 그대로 그린다고 생각하는 관점이다. 아동의 그림은 그들이 시각적 세계를 (①)하는 방법을 그대로 묘사하므로 아동의 작품을 통해서 그들이 어떻게 시각적 세계를 (①)하는지 구체적으로 알 수 있다는 것이다. 이 주장은 (②) 이론과 비교해 볼 때 대비되는 관점이다. 예를 들면 아동이 그린 나무 그림에서 나무를 둥근 원형과 긴 사각형 형태로 표현한 경우 (②) 이론에 의하면 아동이 가지고 있는 나무에 대한 개념이 구체적이지 않아서 이와 같이 추상화된 형태로 그렸다고 해석한다.

① _____

② _____

2) 로웬펠드의 그림 발달단계 중 (가)의 그림이 해당하는 단계를 ㉡에 들어갈 적합한 용어로 쓰시오. [1점]

㉡ _____

3) (가)에 근거가 되는 2019 개정 누리과정의 '창의적으로 표현하기'에 제시되어 있는 '내용' 1가지를 쓰시오. [1점]

_____

4) (나)의 ㉢에 나타난 유아 그림 표현의 특징을 1가지 쓰시오. [1점]

_____

교원임용학원 강의만족도 1위,
해커스임용 teacher.Hackers.com

자연탐구 출제 경향 확인하기

* 아래 출제경향은 1997~2021학년도의 출제빈도를 나타낸 것입니다.

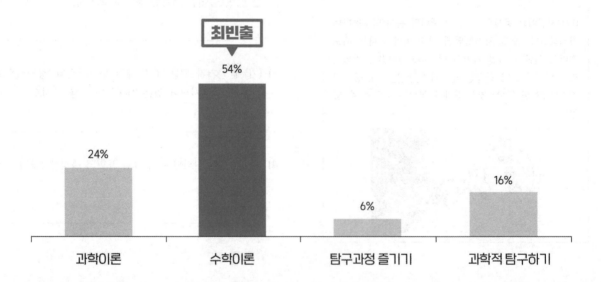

Chapter 12

자연탐구

Point 01   과학이론

Point 02   수학이론

Point 03   탐구과정 즐기기

Point 04   과학적 탐구하기

🔍 개념 완성 탐구문제

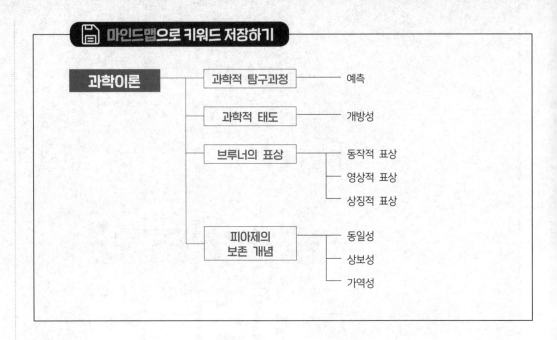

1. 과학적 탐구 과정 기술 (관분의 측이 예실에 간다.)

관찰하기	• 주의집중을 하여 세밀하게 보는 활동으로 단순히 지각적 자료를 수집·정리하기 위해 사물의 여러 측면을 세밀하게 보는 활동 • 관찰력이 증가함에 따라 사물의 특성은 물론 물체끼리 어떻게 상호작용하는지도 알게 됨 • 시각, 청각, 후각, 미각, 촉각을 모두 사용하여 관찰하면 더 많은 사실을 알게 됨
분류하기	• 자연현상이나 사물을 어느 계통 또는 계절에 따라 쉽게 이해할 수 있도록 하기 위해 고안해 낸 수단 ⇨ 사물의 유사점이나 상호 관계를 알 수 있도록 하는 과학적 활동 • 분류는 과학에 국한되는 것만이 아니라 생활에도 적용됨 　　**예** 슈퍼마켓의 생선·야채·과일·과자·음료·고기류 등의 분류, 상점의 종류에 따른 분류
의사소통하기	• 자신이 알고 있는 어떤 일이나 사물 또는 생각을 언어, 그림, 몸짓 등으로 나타내어 상대방의 생각이나 지식과 서로 교환하고 교류하는 것 • 자신의 생각과 지식을 정당화시키고, 추상적 지식을 구체화하거나 구체적 경험을 추상적 사실로 일반화하는 과정 ⇨ 새로운 지식을 구축하고 확장하는 데 매우 중요한 과정
예측하기	• 이미 알고 있는 지식을 이용하여 앞으로 일어날 일을 예상하는 것 • 관찰이 시지각을 통해서 얻는 자극이라면, 예측은 관찰하여 습득한 지식에서 유발되는 사고 활동의 결과라고 할 수 있음
토의하기	• 토론을 하거나 질문을 하는 것 ⇨ 과학적 개념 습득에 유용 • 교사의 사려 깊은 적절한 질문은 학습에 대한 동기를 자극할 수 있음

실험하기	• 예측하고 설정한 가설이 실제로 맞는지 물리적인 세계에서 검증하는 과정 • 전조작기의 유아들은 사물에 대한 호기심을 만족시키기 위해 끊임없이 질문을 하고, 자기 나름대로 실험을 함
창안하기	• 상상력과 창의력을 전개하여 새로운 것을 만들어 내는 활동 • 창안하기의 일반적 방법으로는 새로운 아이디어 내기, 문제 해결하기, 구상하기, 만들기 등을 들 수 있음

2. 과학적 태도

<table>
<tr><td rowspan="4">호기심</td><td>의미</td><td>어떤 것에 대해 알거나 학습하고자 하는 바람</td></tr>
<tr><td>유형</td><td>• 새로운 대상에 관심 기울이기
• 문제가 있을 때 원인을 찾고자 노력하기
• 과학 주제나 내용에 대한 질문하기</td></tr>
<tr><td>기능</td><td>• 일을 추진하는 에너지
• 환경을 탐색하는 데 필요한 선행 요인 ⇨ 학습이나 문제 해결의 동기
• 직접적인 탐구를 통해 자연스럽게 일어나며, 지속되면 흥미로 발전됨</td></tr>
<tr><td>지도 방법</td><td>• 흥미진진한 분위기에서 지속적으로 탐구할 수 있는 활동을 제공함
• 스스로 문제를 제기하고 해결하도록 격려함</td></tr>
<tr><td rowspan="3">적극성</td><td>의미</td><td>실험이나 문제해결에 자진해서 참여하고 적극적으로 활동하려는 태도</td></tr>
<tr><td>유형</td><td>• 새로운 실험이나 활동에 스스로 참여하기
• 문제 해결에 적극적으로 임하기
• 주어진 과제 이외의 문제점도 해결하려고 시도하기
• 과학과 관련된 책이나 비디오를 열심히 보기
• 의문이 드는 점을 해결하려고 시도하기</td></tr>
<tr><td>기능</td><td>유아가 적극적으로 문제를 해결하게 하며 주어진 문제 이외의 문제에도 자진
해서 임하도록 함</td></tr>
<tr><td rowspan="3">솔직성</td><td>의미</td><td>자신이 예상한 점이나 관찰한 점, 어려운 점에 대해 솔직하게 말로 표현하는 태도</td></tr>
<tr><td>유형</td><td>• 자신이 예상한 점이나 관찰한 점을 그대로 표현하기
• 어려운 점이나 잘 안되는 점을 그대로 표현하기
• 활동 결과를 그대로 나타내기</td></tr>
<tr><td>기능</td><td>• 관찰·실험 결과를 왜곡하거나 선택적으로 취하지 않음
• 관찰 사실을 진실되고 양심적으로 보고함</td></tr>
<tr><td></td><td>지도방법</td><td>• 자신의 생각이 옳든 그르든 관계없이 표현하는 기회를 제공
• 유아가 잘못된 절차나 의견을 내놓았을 때 비난하지 않음</td></tr>
</table>

객관성	의미	주관적 생각이나 가설에 치우치지 않고 상반된 증거도 수집하며, 가능한 한 많은 자료를 수집하여 객관적인 결론을 내리려는 태도
	유형	• 실험 결과를 근거로 결론 내리기 • 문제해결 시 몇 가지 가능한 해결책을 고려하기 • 사물을 자기가 본 그대로 표현하기
개방성	의미	문제를 해결할 때 가능한 한 긍정적 측면과 부정적 측면을 모두 고려하고, 자신이 발견한 사실을 편견 없이 다른 사람에게 알려주는 성향
	유형	• 자기 주장에 대한 비판을 수용하기 • 실패한 실험 결과를 인정하기 • 여러 사람의 의견을 듣고 수용하기
	기능	자신의 예측을 뒤엎는 새로운 결과를 경험할 수 있음
	지도 방법	스스로 가설을 설정하고 검증해서 새로운 문제해결 방법을 찾아보도록 함
비판성	의미	다른 사람의 결론이나 설명에 대해 증거를 요구하여 단순히 결과적인 지식만을 얻으려 하지 않고, 지식의 근원과 신뢰성을 밝히려는 태도
	유형	• 다른 사람의 의견에 대해 증거를 요구하고 토론하기 • 신중하게 결론 내리기 • 어떤 주장에 대한 대안을 제시하기
	지도 방법	유아의 질문에 대해 직접적인 설명을 해주기보다 각자의 근거에 의해 입장을 정리해볼 수 있는 기회를 제공함
판단 유보	의미	성급한 판단이나 결론을 내리지 않고 확실한 증거에 의해 지지될 때까지 사실로 받아들이지 않는 태도
	유형	• 결론을 내리기 전에 많은 자료를 찾아보기 • 신중하게 결론 내리기 • 확실한 증거에 의해 지지되지 않는 것은 다시 한번 생각해 보기
	지도 방법	최종 판단을 내리는 데 도움이 될 보충 증거를 계속 수집하도록 지도함
협동성	의미	두 명 이상이 요구되는 활동을 할 때 협력하는 태도로서, 개인보다 집단의 이익을 먼저 생각하고 행동하며 이견이 있을 때 서로 협의하는 성향
	유형	• 집단 과학 활동 시 나타나는 이견을 서로 협의하기 • 실험 도구를 나누어 사용하기 • 집단 전체의 생각을 따르기 • 과학 활동에서 역할 분담하기 • 실험 후 함께 정리정돈하기
	기능	새로운 아이디어를 창출하고 문제해결을 하며, 서로로부터 효과적으로 배우게 함
	지도 방법	팀을 구성하여 문제를 해결하는 기회를 제공함

끈기성	의미	• 어려운 문제를 쉽게 포기하지 않고 끝까지 해결하려고 노력하는 태도 • '올인' 성향, 악착, 집요함, 참을성, 불굴의 노력 등으로 구성됨
	유형	• 실험에 실패하더라도 결과를 얻기 위해 계속 시도하기 • 해결되지 않은 문제를 계속 해결하려고 노력하기 • 한 문제가 해결되면 또 다른 문제를 해결하려고 노력하기
	기능	• 실험 도중 실패했더라도 그 실험을 반복해서 결과를 얻으려고 노력함 • 친구가 실험을 끝냈어도 실험을 계속해서 완결하게 해줌

3. 브루너(Bruner)의 탐구학습 이론과 과학교육

(1) 개념

기본 관점	• 유아는 기본적으로 문제해결 능력을 지니고 있음 ⇨ **발견학습**이 중요 • 발견학습을 위해 표상방법의 조직이 중요함
학습 내용의 조직	**지적 성장** : 경험이나 지식을 표상할 때 발달 단계에 따라 동작적 표상, 영상적 표상, 상징적 표상, 논리적 사고를 사용함
학습 이론	• **교과의 구조화** : 아동이 기본적 구조를 이해했을 때, 더 쉽게 내용을 이해할 수 있음 • **나선형 교육과정** : 이미 알고 있는 개념을 점점 나선적으로 되풀이하면서 확대시켜 줌 • **발견학습** : 교과 기본구조의 효과적인 전달방법은 학습자 자신이 교과의 구조를 발견해 볼 수 있도록 생생한 계열로 교재를 제공하는 것 • **발견학습의 실제 적용 과정**

탐색 및 문제 파악	학습 자료 분배 및 자료의 탐색 및 문제를 파악하는 단계
자료 제시 및 관찰 탐색	• 자유로운 탐색활동을 하는 단계 • 관찰을 통해 탐구 기능을 발달시키는 기회 제공
자료 추가 제시 및 관찰 탐색	• 귀납적인 추론을 자극하는 단계 • 더 많은 관찰을 통해 추리되는 규칙성을 인식
규칙성 발견 및 개념 정리	관찰된 규칙성으로부터 개념의 일반화를 하는 단계
적용 및 응용	학습한 추상적인 개념을 확장시키거나 응용하는 단계

(2) 표상

행동적 표상	• 지식이 행동을 통해 표현됨 • 전조작기에 속하며 유아의 행위에 의해서 사물을 인지해 가는 초보적인 단계
영상적 표상	• 시각 및 다른 감각 조직에 의해 그의 주변 세계에 대한 사고 체제를 구비함 • 유아로 하여금 물리적으로 존재하지 않는 사건이나 사물을 생각하게 하는 데 도움을 줌
상징적 표상	• 언어·수학적 상징과 같은 상징체계를 사용하여 자기 세계를 나타냄 • 언어·수학적 상징은 인지능력의 확대에 중요한 역할을 함

4. 피아제(Piaget)

(1) 보존 개념

동일성	같은 양에서 길이, 무게의 외양만의 변화임을 아는 것
보상성	높이, 길이, 면적의 상호 보상 관계를 아는 것
가역성	역으로 조작하면 원래 상태로 갈 수 있음을 아는 것

(2) 인지적 구성주의와 과학교육

인지활동의 본질		• 인간의 인지활동은 주위 환경과 인간의 인지구조 간의 상호작용 • 인간은 본질적·능동적으로 활동하는 존재이고, 개인 내부의 인지적 불균형을 맞추려는 원동력을 지님 • **주위 환경**: 인간이 이해하고자 하는 모든 외적인 자극을 의미함 • **인지구조**: 보존 개념, 비례 논리 등을 포함함 • **동화**: 외부로부터 오는 정보가 지적인 구조에 의해서 흡수되는 현상 • **조절**: 외부로부터 오는 정보에 기존의 지적 구조를 적응시키는 과정
피아제 관점에서 본 발달의 개념	성숙	• 신체적 성숙 환경에 대해 반응하는 가능성의 조건 ⇨ 환경으로부터 얻은 새로운 정보를 동화하고 구조화하는 잠재력 • 인지발달에 영향을 주며, 유전에 의해 결정됨
	경험	물리적 경험과 논리·수학적 경험
	사회적 경험	• 자신의 관점에서 사물에 접근하고 사고를 구성하도록 자극함 • 사회적 지식이라고 부르는 관습이나 사회적 정보, 사물의 이름 등과 같은 지식을 구성하는 중요한 원천이 됨
	평형화	• **생물학적 평형화**: 환경에 맞게 생물학적 구조변화가 일어나는 것 • **인지적 평형화**: 동화와 조절을 통해 내적인 행동을 스스로 규제해 가는 역동적인 과정
인지적 평형과 비평형	지적인 평형상태	• 동화와 조절 작용이 아무 무리 없이 진행되는 상태 • 주어진 문제를 충분히 이해할 수 있을 뿐만 아니라 어떤 문제에도 자기의 인지구조를 효과적으로 적응·조절시킬 수 있음을 뜻함
	지적인 비평형상태 (인지적 불일치)	• 자신의 인지구조를 외부 조건에 조절시킬 수 없는 상태 • 비평형 상태가 해소되기 위해서는 인지구조에 변화를 가져와야 함

과학교육에 주는 시사점	• 과학교육의 목적을 어디에 두는가? ➡ 과학 활동의 내용보다 과정을 중시하고 개별 　유아의 사고 구조의 발달에 초점을 둘 것 • 개개인이 지식을 구성할 때 나타나는 행위의 중요성을 강조함 • 인지발달의 단계별 진보는 보편적이며 예측 가능하므로 과학 내용의 기준은 유아의 　발달단계에 적합할 것 ➡ 사전 경험, 과학적 맥락, 개인적인 흥미도 그들이 배울 수 　있고 배워야 할 것을 결정하는 인지적 수준보다 우위에 둘 수 없음 • 지식은 유아 스스로에 의해 구성됨 ➡ 교사는 언어적 개입보다는 지지적 입장에서 　유아 스스로 활동할 수 있도록 유아의 반응을 관찰하여 사고를 촉진해 주는 역할

(3) 피아제 이론에 기초한 세 가지 지식의 유형

	근원	물체
물리적 지식	형성 과정	관찰
	내용	• 물리적 경험에서의 사고 작용이란 단순 또는 경험적 추상 • 사물 자체에 대한 지식은 외부에 있음 • 사물의 본질에 관한 지식 ➡ 외관상으로 나타난 물체에 대한 지식 • 색, 모양, 크기 같은 물체의 속성이나 자연 현상에 대한 원인과 결과를 구 　체적 상황 속에서 관찰함으로써 획득됨 • 사물과의 상호작용을 통한 직접적인 경험적 추상에 의해 구성됨 　❶ 진흙을 뭉치고 밀어보는 경험적 추상을 통해 진흙의 접착성, 변형성 등이 　　구성됨
	근원	외부 세계
사회적 지식	형성 과정	사회적 전달
	내용	• 사람들 간의 협약에 의해 만들어진 지식 • 사회적 전달에 의존하여 구성됨 ➡ 문화 속에서 전개되고 집단마다 상이함 • 사회적 지식을 구성하기 위해서는 주변의 성인과 상호작용하는 경험이 　풍부하게 제공될 것 • 사회 규칙, 법률, 도덕, 가치, 윤리, 언어 체계, 사물의 이름 등 　❶ 비슷한 성질의 점토이지만 밀가루 점토와는 달리 '진흙'이라고 불러야 함
	근원	유아(주체자)
논리· 수학적 지식	형성 과정	관계 짓기(내성적 추상작용)
	내용	• 논리·수학적 경험에서의 사고 작용은 반성적 추상임 • 근원은 알고 있는 사람 자신임 • 물체 자체의 특성과는 관계없이 물체 간의 관계성을 내적 추상에 의해 구 　성하는 것 ➡ 사물과 사물의 관계를 유아가 머릿속에서 스스로 구성 • 유아는 구체적 상황에서 물체 간의 특성을 스스로 비교해보며 관계를 　스스로 조정하여 이해함 ➡ '관계성의 이해'에 의해 발달됨 　❶ 진흙을 가지고 놀며 둥그렇게 뭉치거나 길게 만들어보는 경험을 통해 형태 　　의 변화에도 불구하고 그 양에는 변화가 없음을 이해하는 것(분류, 서열화, 　　수량, 시간 - 공간 관계 등)

(4) 추상

경험적 추상	사물의 속성을 추상하는 것
반성적 추상	• 관계에 대해 추상하는 것으로 사물과 사물 사이에서 관계를 만들어내는 사람의 머릿속에만 있는 것 • 머릿속에서만 구성되는 것이므로 구성적 추상이라고 할 수 있음

5. 비고츠키의 사회적 구성주의와 과학교육

(1) 개념

| 자발적 개념과 과학적 개념 | • 비고츠키는 개념의 형성과 발달에 대한 연구를 통해 자발적 개념과 과학적 개념을 분리하여 설명함
• **개념의 분류**

| 자발적 개념 | 일상생활의 경험을 통해 스스로 생각함으로써 자연스럽게 터득하게 되는 것 |
과학적 개념	학교에서 가르치는 보다 형식적이고 논리적으로 제한된 개념으로서 문화적으로 합의된 것으로 구조화된 교실 환경 속에 근원을 둠 | • 자발적 개념과 과학적 개념은 변증법적 관계임 • 유아의 개념 변화는 교사나 또래 친구들과 계속적인 협동을 통해 이루어짐 • 이 두 개념은 한 번에 발달하는 것이 아닌 시간을 두고 유아의 사고 속에서 지그재그 형태로 오가면서 하나의 체계로 발달됨 • **교사 역할**: 일상생활의 과학적 경험을 통해 유아의 개념이 보다 정교해지고 확장될 수 있도록 유아의 이해 수준에 따라 능동적으로 함께 상호작용함
언어와 사고의 상호 의존성	• 언어는 정신 과정을 형성하는 결정적인 역할을 하며, 정신 과정의 재조직은 언어의 영향하에서 일어남 • 사고가 언어에 우선한다거나, 언어가 사고에 우선한다는 두 관점을 모두 거부함 ⇨ 둘 간의 상호 의존성에 대한 본질적 이해가 중요하다고 여김
근접발달지대 (ZPD)	• 평가는 다른 사람의 도움을 받아 할 수 있는 잠재적인 능력을 대상으로 할 것 • ZPD에서 표현되는 기술과 행동은 역동적이며 끊임없이 변화함 ⇨ '오늘은 도움받아 할 수 있는 것을 내일은 독립적으로 수행할 수 있을 것이다.'
스캐폴딩 (단계별 지지)	• 유아들이 독립적으로 문제를 해결하기 위해서는 과업 수행의 과정에서 보다 능력 있는 또래나 교사의 방향 제시나 모델링 같은 도움이 필요함 • 교사가 유아의 학습을 위해 제공할 수 있는 인지적인 지지의 특성과 종류를 나타내는 단계별 지지는 교사와 유아 간의 공동의 문제 해결을 이해하고 상호 간의 따뜻하고 즐거운 협동을 의미함

효율적인 단계별 지지를 위해 유의할 점	• 교사의 단계별 지지는 과학 주제 활동과 통합될 때 더욱 효과적이며 교사는 유아 　가 ZPD 안에서 도움을 필요로 할 때 유아의 능력에 따라 도움을 조절해 제공함 • 교사는 협력자로서 유아의 과학적 능력이 구성되도록 안내해주면서 모델의 역할 　이 되어야 함 • 교사는 파트너의 역할로서 실제 주제 상황에 알맞은 교수 활동을 통해 지원하고 　유아의 수준에 맞추어 계속적으로 재계획할 것 • 교사는 유아가 어려움에 처했을 때 지시를 할 수 있지만 유아가 잘할 때는 지시를 　줄일 것
과학교육에 대한 시사점	• 유아의 일상생활 경험을 중심으로 과학적 개념을 이해시켜야 한다고 하였음 • 유아가 관심을 가지는 세부 영역의 지식을 중요시함 　⇨ 유아들이 관심 분야의 세부 지식을 축적해 가면 그 부분의 학습을 쉽게 할 수 　　있고, 이것이 학습의 구속력으로 작용하게 됨 • 교사는 ZPD 내에서 단계별 지지를 통하여 과학학습을 이끌어 나가도록 함 • 또래 간 상호작용을 통한 협동 활동을 중시함 • 유아의 사회·문화적 환경을 활용하는 과학시설 견학 등을 통하여 과학 개념을 　촉진해 줄 필요가 있다고 봄

(2) 발달에 대한 개념

① **발달** : 다양한 구속 능력 하에서 지식을 구성해 가는 평생의 과정

② **구속 능력에 대한 4가지 설명 및 비교**

구분	인지적 구성주의	사회·문화적 구성주의
타고난 초기의 인지적 구속 능력	지식은 유아가 환경과의 상호작용을 통하여 점진적으로 구성되어 감 ⇨ 초기의 지식을 과소평가	피아제에 비해 유아를 능력 있는 존재로 인정함
습득된 특정 영역의 지식이 갖는 인지적 구속능력	피아제는 지식을 인정하지 않음	'인지구조'뿐만 아니라 특정 영역의 세부적인 지식도 추론에 도움을 줌 ⇨ 경험이 많은 부분에 대해서는 더 　잘 추론할 수 있음
문화적 구속 능력의 영향	사회·문화적 구성주의 학자들은 피아제가 지식 습득의 근원으로서 외적인 사회·문화적 구속 능력을 무시하였다고 비판함	**문화적 구속 능력** : 특정 집단의 구 성원들이 공유하는 것들의 총체로 서 학습과 발달에 도움이 되는 것 ⑩ 물리적 사실, 사회단체, 상징, 신념
사회적 구속 능력 (사회적 상호작용)	• 지식 구성과정에서 인지적 갈등을 　일으킬 때 또래와의 상호작용이 　중요하다고 함 • 갈등을 일으키지 않을 경우에는 또 　래의 효과성을 강조하지 않으며 또 　래와의 상호작용을 이끌어가기 위 　한 성인의 역할을 강조하지 않음	유아 혼자보다는 성인의 지도나 능력 있는 또래와의 협동 과정을 통해 지식의 습득이 보다 효율적으로 이루어진다고 주장함

(3) 인지적 구성주의와 사회적 구성주의의 비교

구분	인지적 구성주의(피아제)	사회·문화적 구성주의(비고츠키)
내용	• 과학의 내용보다 과정을 중시함 • 개별 유아의 사고 구조의 발달에 초점 • 과학교육의 내용은 반드시 유아의 발달 단계와 일치될 것 ⇨ 그 수준 이상의 것은 의미가 없음 • 인지발달의 단계는 보편적이며 예측 가능함	• 과학의 내용을 중시(과학의 과정을 배제하는 것은 아님) ⇨ 논리·수학적인 구조만을 강조하지 않고 특정 영역의 세부지식도 중시함 • 유아 개인의 타고난 구속 능력이 강하게 작용하는 부분, 즉 일상적 개념이 작용하는 부분에 대해서는 일찍부터 과학교육이 가능 ⇨ 이를 교육내용으로 선정
학습	학습은 일차적으로 능동적인 인지적 재조직의 과정	학습은 실제로 지역사회에 적응하는 문화적인 과정
지식의 구성과정	특정 부분에 관계없이 보편적인 구속 능력이나 사고 구조가 있음을 강조함	지식의 구성과정은 다양한 구속 능력(내적인 인지적 구속 능력이나 외적인 사회·문화적 구속 능력)에 의해 촉진됨
지식구성	• 유아 개개인의 경험을 통해 자신만의 방법으로 구성함 • 탐구, 실험, 토의를 통해 스스로 의미를 구성함	• 문화적 맥락 속의 실제적인 경험이 중대한 영향을 미침 ⇨ 관심 분야의 세부 지식을 축적하면 그 부분의 학습을 쉽게 할 수 있고, 그것이 학습의 구속 능력으로 작용 • 문제해결 과정이나 절차만을 중요시할 것이 아니라, 습득한 세부적인 지식을 토대로 융통성 있게 문제를 풀어갈 수 있도록 하는 것에 초점을 둠
강조점	개인의 인지적 구성 과정에 초점	학습에 미치는 사회문화적 영향력 중시
정신(사고)	정신(사고)이 개인의 머릿속에 있음	정신(사고)이 개인의 사회적 행위 속에 있음
교수방법	• 유아가 직접 사물을 조작하는 것을 중시함 • 교사가 언어적으로 개입하기보다는 유아 스스로 활동할 수 있는 지지적인 분위기를 조성해주고 관찰자와 촉진자의 역할을 하는 것이 좋음	인지적 구성주의에 비해 성인의 보다 적극적인 역할을 중요시함

과학교육에 주는 시사점	• 인간 사고 발달의 원동력이 개체 자체 내에 있음을 강조함
	  ⇨ 유아 스스로 과학적 지식을 구성해 가도록 하는 데 초점을 둠
	• 유아에게 직접 만져볼 수 있는 활동을 주는 것이 필수적임
	  ⇨ 행위 자체가 아닌 행위가 사고와 연결되어 확장될 것
	• 교사는 유아가 인지적 갈등을 일으키도록 끊임없이 개입해야 함
	• 교사는 유아의 과학적 지식이 끊임없이 심화·확장되도록 도와주어야 함
	  ⇨ 다양한 주제의 섭렵보다 한 가지 주제에서 활동이 의미 있게 심화되도록 함	

참고	• 사회·문화적 구성주의는 기본적으로 지식이 인간의 내부에서 끊임없이 구성되어 간다는 피아제를 중심으로 하는 인지적 구성주의 관점을 지지하였으나 피아제의 단계이론에 대해서는 비판함 - **영역** : 상호 연관된 지식체, 위계적으로 조직되어 있음 - **구속 능력** : 지식 습득이나 문제해결 과정을 촉진시키거나 제한시키는 상황을 의미함 • 피아제는 한 개인의 문제해결이나 지식습득 능력은 자신의 사고 능력에 따라 이루어지는 것이라 함 ⇨ 특정 영역에 관계없이 그가 속한 인지발달 단계에 의해 지배됨 • 사회·문화적 구성주의 학자들은 영역에 따라 능력이 달라질 수 있다는 관점을 가짐 ⇨ 이미 습득된 세부 영역의 지식이 문제해결의 구속 능력으로 작용한다는 것

6. 유아 과학교육

(1) 과학의 3요소

태도	개념	• 사람, 사물, 대상, 사건 등에 대한 정신적 성향 • 인간이 갖고 있는 가치, 신념, 견해
	유형 (= 창의적 사고 경향)	• **자발성** : 활동에 자진해서 적극적으로 참여하려는 태도 • **호기심** : 신기한 것을 탐구하려고 하는 태도 • **집착성** : 해결되지 않는 문제를 포기하지 않고 지속적으로 해결하려고 노력하는 태도 • **개방성** : 새로 밝혀진 근거에 따라 자신의 주장을 변경하거나 다른 의견도 기꺼이 수용하고 새로운 아이디어 및 방법을 추구하려는 태도
과정	개념	과학을 배우는 데 필요한 사고기술, 과학하는 방법의 의도와 의미를 이해하는 것과 그 방법들을 생산적으로 사용할 수 있도록 하는 것
	유형 (= 과학의 과정 기술)	• 관찰하기 • 분류하기 • 의사소통하기 • 예측하기 • 측정하기 • 토의하기 • 자료 수집 및 해석하기
결과	개념	과학 정보와 아이디어
	유형	• **사실** : 정보가 확인되는 조각으로 관찰과 측정으로 획득함 • **개념** : 추상적인 생각 ⇨ 사실과 특별한 경험에서 일반화될 수 있는 것 • **원리** : 개념과 관련된 더욱 복잡한 생각 • **이론** : 현상을 설명하기 위해 제공하는 광범위하게 관련된 원리들

(2) **교수 - 학습**

유아 과학교육 내용 선정의 기본 방향	• 단순히 과학적 사실을 주입하는 것이 아니라, 유아가 직접적인 활동을 통하여 지식을 구성할 수 있어야 함 • 일회성 경험이나 조작이 아니라 과학적 사고의 변화를 이끌어 낼 수 있어야 함 • 지속적으로 유아의 인지갈등을 일으켜 과학적 사고가 심화·확장될 수 있어야 함 • 유아가 주체가 되어 끊임없이 탐구해 가도록 흥미를 유발할 수 있어야 함 • 과학적으로 우수한 유아뿐 아니라 모든 유아의 과학적 소양을 함양할 수 있도록 수월성과 보편성을 함께 고려해야 함 • 과학의 과정과 개념을 분리시키기보다는 함께 통합될 수 있어야 함 • 생활 주제나 다른 교과 영역의 내용과 통합적으로 전개될 수 있어야 함
과학 교수의 기본적 원리	• 유아가 과학의 과정활동에 직접 참여해야 함 • 과학 활동은 유아가 주도적으로 진행해야 함 • 또래 간 협동적인 소집단 활동을 중심으로 이루어져야 함 • 유아의 지적 갈등을 유도할 수 있는 활동을 선정하고, 활동 자료는 풍부하고 다양하게 제공해야 함 • 다른 영역과의 통합 활동으로 확장해야 함
교수 - 학습 방법	• **과학활동 방법**: 대화, 과학영역, 생물 기르기, 관찰, 실험, 자원 인사 활용, 요리하기, 견학 등 • **교사의 질문**: 유아로 하여금 생각하고 설명하고, 유아가 다시 질문하도록 안내하는 강력한 도구 • **프로젝트를 통한 과학 활동**: 어떤 주제에 대해 심도 있는 탐색을 하는 활동 　참고 구성주의에서의 실험: 바람직한 교수 – 학습 • 협동학습 방법 • 문학을 통한 방법 • 대집단이 아닌 소집단 실험으로 이끌기 • 결과보다 과정을 중요시하는 실험 • 실험은 유아의 발달 수준을 넘지 않을 것 • 유아의 질문에 과학적인 대답을 할 것 • '왜'라는 질문의 효과를 과대평가하지 않기
과학활동을 위한 교사 역할	• 동기 부여자로서의 교사 • 진단자로서의 교사 • 안내자로서의 교사 ⇨ 상호작용자 • 개혁자로서의 교사 ⇨ 자료제공, 자료 찾는 방법을 통해 과학자의 생각을 받아들이도록 도와주는 방법 개발 • 실험자로서의 교사 • 연구자로서의 역할 　참고 구성주의에서의 교사 역할: 활동의 제시자, 유아에 대한 관찰자, 질문자, 활동의 촉진자, 환경의 조직자, 끊임없는 학습자

7. 과학의 과정과 기술

(1) 과학의 과정

구분	개념	예	격려하는 교사의 언어
관찰하기	가능한 한 오감각을 모두 사용하여 물체의 변화와 사건의 발생을 탐색하고 기술하는 활동	• 이것은 빨간색이다. • 이것은 부드럽다. • 이것은 녹는다. • 이 구멍은 더 깊다.	• ~에 대해 말해줄 수 있니? • 이것은 무슨 색이니? • 여기에서 무엇을 보았니? • 어떤 일이 일어났니?
분류하기	여러 가지 사물을 구체적인 특정 기준에 따라 동일성과 차이점에 따라 나누거나 다양한 정보를 배열하는 과정	• 이들은 네 발 달린 짐승이다. • 나는 빨간색을 가지고 싶다. 너는 파란색을 가질 수 있다. • 이것이 바로 바위이다. • 여기가 동물원이다.	• 이것은 어느 곳에 놓아둘 수 있을까? • 이 주머니에 똑같은 종류의 것을 모두 넣을 수 있겠니? • 부드러운 것들을 나에게 주겠니? • 물에 뜨는 것은 어떤 것이고, 가라앉는 것은 어떤 것일까?
의사소통하기	언어적·비언어적 전달방법을 통해 정확한 정보를 다른 사람에게 인식시키는 활동	• 과학활동 도중 일어난 어떤 일에 대해 교사나 친구에게 몇 마디 말이나 문장으로 말한다. • 유아가 해 본 경험 차트 만들기에 참여한다. • 유아가 잡지에서 사진을 오려 사건을 기록한다. • 유아가 씨앗이 싹트는 것을 신체 동작으로 표현한다.	• 어떤 일이 일어났는지 말해 줄 수 있겠니? • 그것에 관해서 더 이야기할 게 있니? • 우리가 본 것을 그림으로 그려보자.
실험하기	자료나 환경을 직접 조작함으로써 과학적 개념, 사실, 원리를 알아보는 활동 [참고] 유아 단계에서는 만져보기, 열을 가해보기, 재료를 섞어보기, 물리적 힘을 가하기와 같은 활동을 할 수 있음	• 물감을 섞어본다. • 물 위에 띄워 본다. • 냄새를 맡아 본다. • 멀리서 물체를 던진다. • 양을 재본다.	• 만약 ~라면 어떤 일이 생길까? • 네가 ~를 한다면 무슨 일이 일어날 거라고 생각하니? • 네가 ~를 할 수 있니? • ~를 가지고 어떤 일을 할 수 있을까? • 어떻게 하면 ~가 될까? • 어떻게 되는지 끓여보자. • 더 맛있게 만들어 먹자. • 아주 멋진 모양으로 만들어 보자.

(2) 과학의 과정 기술

관찰하기	**개념**	유아가 오감각 기관 중 한 가지 이상의 감각기관이나 도구를 사용하면서 주의를 집중해 물체의 특징과 변화를 주의 깊게 살펴보는 과정
	방법	• 사물을 주의 집중하여 파악하기 • 하나 이상의 감각 사용하기 • 모든 적절한 감각 이용하기 • 특성을 정확하게 묘사하기 • 도구 사용하기 등이 포함됨
분류하기	**개념**	유아가 관찰하고 수집한 다양한 자료들을 물체의 색, 모양, 크기 등과 같은 보편적인 속성이나 기능에 의해 정리하고 조직하는 과정
	방법	• 분류할 수 있는 사물의 주요 특징 추출하기 • 사물들의 유사점 추출하기 • 준거에 의해 두 집단으로 정확하게 분류하기 • 다양한 방법으로 정확하게 분류하기 • 분류준거 설명하기 등이 포함됨
측정하기	**개념**	주어진 물체의 길이, 들이, 무게, 온도, 시간 등을 오감을 활용하거나 도구를 사용하여 정량적으로 살펴보는 것
	방법	• 적절한 측정 유형 선택하기 • 적절한 측정 단위 선택하기 • 적합한 측정 도구 사용하기 • 측정 기술 적절하게 적용하기
예측하기	**개념**	자료를 가지고 탐색하거나 실험할 때 이미 알고 있는 지식을 이용하여 앞으로 일어날 일을 예상하는 사고과정
	방법	• 알고 있는 지식에 기초하여 예측하기 • 새로 얻은 지식에 기초하여 예측하기
토의하기	**개념**	과학활동을 하는 과정에서 유아와 유아 간, 유아와 교사 간에 서로 생각을 주고받거나 질문하는 과정
	방법	• 사물을 정확하게 묘사하기 • 생각을 주고받기 • 타인에게 사물 설명하기 • 정보 교환하기, 질문하기, 조사 완료 후 자료 해석하기 • 결과를 타인이 이해할 수 있도록 하기 등이 포함

자료 수집 및 해석하기	개념	자신이 의도하는 과학활동을 하기 위해 수집해야 할 자료와 자료를 수집할 방법을 결정하고 이렇게 수집한 자료를 근거로 타당한 결론을 내리기 위해 자료를 어떻게 조직하고 분석할 것인가를 결정하는 과정
	방법	• 표로 만들기 • 그래프로 그리기 • 그림으로 그리기 등을 활용

8. 과학 창의

(1) 과학 창의성

개념	일반 창의성을 바탕으로 과학이라는 특수 상황에 적합하게 재정의된 것 ⇨ 과학영역에서 새롭고 유용한 무엇을 산출하는 능력

구성요소	• 창의성의 구성요소는 창의성을 어떻게 개념 정의하느냐에 따라 다소 다른 관점이 존재함
	• 요소
	  - 과학 내용 지식
	  - 과학적 탐구기능(=과학의 과정 기술)
	  - 창의적 사고 기능(=창의적 사고력)
	  - 창의적 사고 성향
	    참고 창의적 사고 성향은 과학 관련 태도의 정의적 측면인 과학적 태도와 유사한 특성으로 볼 수 있으며, 창의적인 사람이 일반적으로 지니고 있는 공통된 특성이나 경향을 의미함

(2) 창의적 사고 기능

유창성	특정한 문제 상황에서 가능한 한 많은 아이디어나 반응을 생각해 내는 능력
융통성	고정적인 사고방식이나 관점을 변화시켜 다양한 해결책을 찾아내는 능력
독창성	기존의 것에서 벗어나 새롭고 독특한 아이디어를 새로운 차원에서 창출하는 능력
정교성	기존의 다듬어지지 않은 아이디어에 유용한 세부사항을 추가하여 보다 가치로운 것으로 발전시키는 능력
민감성	오감을 통해 들어오는 다양한 정보에 대해 관심을 보이고 이를 통해 새로운 영역을 탐색해 가는 능력

(3) 창의적 사고 성향

자발성	**개념**	• 활동에 자진해서 적극적으로 참여하려는 태도 • 유아가 문제해결에 적극적이게 하여 주어진 과제 이외의 문제에도 자진해서 임하도록 함
	행동	• 활동에 스스로 참여하기 • 문제해결에 적극적으로 임하기 • 의문나는 점을 해결하려고 시도하기
호기심	**개념**	신기한 것을 탐구하려고 하는 태도
	행동	• 질문 자주하기 • 새로운 대상에 관심 기울이기 • 문제가 있을 때 원인 찾으려 노력하기
집착성	**개념**	해결되지 않은 문제를 포기하기 않고 지속적으로 해결하려고 노력하는 태도
	행동	• 실험 도중 실패했을 때 반복하여 실험결과를 찾으려 노력하기 • 해결되지 않은 문제는 계속해서 해결하려 노력하기 • 한 문제가 해결되면 또 다른 문제를 해결하려 노력하기
개방성	**개념**	• 새로 밝혀진 근거에 따라 자신의 주장을 변경하거나 다른 의견도 기꺼이 수용하고 새로운 아이디어, 방법을 추구하려는 태도 • 유아 자신들이 예측했던 것을 뒤엎는 새로운 결과를 경험할 수 있게 하며 문제를 해결할 때 가능한 한 긍정적인 면과 부정적인 면을 모두 고려하게 함
	행동	• 자기 주장에 대한 비판을 수용하기 • 실패한 것에 대해 기꺼이 수용하기 • 한 가지 문제에 대해 여러 가지 의견 듣기

9. 놀이를 통한 과학교육 활동

교육적 가치 (중요성)	• 유아는 놀이를 통해 인지, 사회정서, 언어 및 의사소통, 감각·운동적 신체 발달 등과 같은 전인발달을 이룸 • 유아의 놀이는 즐거움을 추구하는 능동적인 참여를 유발하는 학습의 최적 조건을 제공함으로써 유아 스스로 주변 사물과 현상에 대한 과학적 지식을 자연스럽게 구성하도록 촉진함 • 유아는 놀이를 통하여 자신의 사전개념과 오개념을 적용하면서, 과학적 기본 개념을 자연스럽게 습득하게 됨 • 유아의 놀이는 내적 동기가 유발되는 과정 지향의 행동이므로, 과학적 문제해결 과정에 중요한 과학의 과정 기술(관찰하기, 분류하기, 의사소통하기, 측정하기, 예측하기, 실험하기)을 증진시킬 수 있는 유용한 기회를 제공함 • 유아의 놀이는 자유선택에 의하여 긍정적 정서를 유발하는 자발성과 주도성에 기초한 행동으로, 과학적 태도(호기심, 적극적 참여, 솔직성, 객관성, 비판성, 끈기성, 협동성)를 형성하도록 지원할 수 있음
교수 - 학습 원리	• 과학교육의 학습주기와 놀이 활동은 상호 연계되어 진행될 것 • 교사는 놀이를 통한 학습주기에 적합한 질문과 안내를 할 것 • 개별 탐색에서 시작하여 또래 협동으로 발전하는 놀이 활동으로 진행 • 유아의 전인적 발달과 흥미영역 간 실내외 활동 영역을 통합하는 놀이 활동으로 진행 • 구체적·직접적 물리적 조작을 통하여 정신적 조작을 촉진할 수 있는 과학놀이 활동으로 진행

10. 학습주기

학습 주기	놀이활동	교사 발문	교사 발문의 기준
인식 및 탐색의 단계	발견적 탐색놀이	• 우리를 비춰주는 물건에는 어떤 것이 있을까? • 몸을 움직이면 거울에는 어떤 모습이 보일까?	• 흥미를 유도함 • 주제에 대한 관심이 증대되는 질문과 격려를 함
탐구의 단계	탐구적 구성놀이	• 거울에 빛이 닿으면 어떻게 될까? • 거울을 연결하여 반쪽 그림 자료를 비추면 어떻게 보일까?	• 사고의 확산과 놀이의 확장을 위한 질문과 자료를 제공함 • 개별적 탐색놀이가 탐구적 구성 놀이로 확장되도록 안내함
적용의 단계	확장적 통합놀이	• 미술영역의 데칼코마니 활동을 제안하기 • 거울을 이용하여 반쪽 그림을 그려볼까?	• 다른 견해와 사고를 유발하는 질문·상황을 제안함 • 알게 된 개념을 생활에 적용할 수 있는 질문·상황을 제안함

11. 과학적 기본 개념

체계 (system)	서로 영향을 주고받는 사물이나 어떤 구조의 전체적인 틀 ⑩ **우주탐험 놀이** : 지구가 우주와 상호 영향을 주고받는 우주 체계의 한 부분이라는 것을 자연스럽게 이해하게 되면서 체계에 대한 개념을 형성함
모형 (model)	실제 사물과 현상을 이해하도록 모형으로 고안된 것 ⑩ **동물 마리오네트 놀이** : 유아들이 실제 동물을 가지고 놀이할 수 없기 때문에 동물에 대한 모형을 이용하여 놀이하는 과정에서 유아들은 모형의 개념을 이해함
항상성과 변화	모든 것은 계속적으로 변화한다는 것 ⑩ **그림자 놀이** : 그림자의 크기나 모양, 움직임이 계속적으로 변화한다는 것을 이해하게 되고 궁극적으로 항상성과 변화의 개념을 습득함
측정	속도, 크기, 거리 등에 있어서 양 및 양적인 변화를 재는 것 ⑩ **밀가루 놀이** : 유아들이 다양한 측정 기구들을 이용하고, 밀가루를 반죽하여 점토를 만드는 놀이 과정에서 자연스럽게 측정의 개념을 이해함
조직과 순서화	방대한 양의 정보를 여러 가지 방식으로 조작하고, 이러한 일반적인 조직에 내포된 순서가 있다는 것 ⑩ **소리 놀이** : 놀이에 대한 다양한 정보를 이해하고 점차 소리의 발생, 소리의 전달, 소리의 수신에 대한 정보를 순서적으로 조직함
인과관계	어떤 현상에는 원인과 결과가 있음 ⑩ **도르래 놀이** : 유아가 한쪽 줄을 잡아당기면 그 결과 다른 줄의 길이가 짧게 변화되는 인과관계의 개념을 자연스럽게 습득함
구조와 기능	인간이 행동을 하면서 오감으로 느끼는 과정에서 생명체와 자연현상에는 서로 관계가 있음 ⑩ **해초와 조개 놀이** : 바닷가에서 해초와 조개를 수집하고, 느끼고, 요리를 통해 맛을 보면서 구조와 기능의 개념을 조금씩 습득함
변화	⑩ **비눗방울 놀이** : 주변에서 자주 보는 비누를 가지고 비눗방울 놀이를 하면서 고체인 비누가 액체인 비눗물로 변화되고 다시 비누거품과 비눗방울로 변화되어 공기 중으로 사라지는 변화의 개념을 이해함
다양성	우리가 사는 자연세계에는 여러 형태의 다양한 사물과 유기체가 있음 ⑩ **염색 놀이** : 다양한 식물의 색을 추출하여 염색 놀이를 하면서 다양성의 개념을 자연스럽게 다룸

1. 수학적 탐구과정

문제해결 하기	일상생활 중에 문제 상황이 발생하거나 문제가 주어졌을 때 자기 나름대로 문제를 정의하고 이해하여 자신의 기존 지식을 총동원하여 문제의 답을 찾아내는 행위
추론하기	영유아가 주어진 문제를 해결하려고 할 때 자신이 가지고 있는 모든 정보와 지식을 활용하여 두 사물·정보 간의 관계성이나 규칙성을 찾아내고 이를 자신의 문제해결에 응용하고 활용하는 사고 과정
의사소통하기	수학적 문제 상황이 발생했을 경우 영유아가 자신의 생각을 명확하게 설명하고, 교사나 또래 친구들과 생각을 교류하는 것
연계하기	• **수학적인 지식으로 연계하기** : 영유아가 자연스럽게 일상생활에서 경험하는 모든 것을 수학적 지식으로 연계하는 것 • **수학 내용적 지식 간의 연계** : 한 가지 수학적 개념을 획득할 때 다른 수학적 개념도 함께 경험할 수 있는 기회를 제공하는 것
표상하기	수학적 개념과 관계를 파악하기 위해서 다양한 매개물로 자신의 내적 사고를 나타내는 수학적 과정

유아 교육과정 **Ch. 12** **자연탐구** 해커스임용 백청일 유아 교직논술×교육과정 예상문제집

2. 수 세기(수 단어 획득)

(1) 개념

정의		• 다른 수 기능을 획득하는 데 절대적으로 필요한 기능 • 3세경까지는 10까지, 4세경까지는 30 정도까지, 5세경에는 100까지 셀 수 있음 (미국 기준) • '말로 세기'는 유아들이 자발적으로 즐겨 세기도 하지만, 일상생활에서 수 단어를 세는 기회를 주는 환경적 요인으로서 중요한 기여를 하게 됨
수 세기 능력의 발달단계	**1단계 (기계적 세기)**	• 수의 이름을 거침없이 말할 수 있으나, 손에 들고 있는 물건의 수가 몇 개냐고 질문하면 어림잡아 말함(즉지) • 동요 부르기, 손동작과 책 세기 등을 통해 강화할 수 있음
	2단계 (합리적 세기)	• 한 집합 안의 사물과 수 이름을 정확하게 1:1로 대응시켜 세는 것 • 한 집합 안의 사물에 대해 수의 이름을 붙여 셀 수 있음 ⇨ 1:1 관계로 짝짓기 가능
	3단계 (동등성 이해의 세기)	• 합리적 세기와 같이 더 이상 지각에 의존하지 않고, 수의 불변 논리를 이해하고 세는 것 • 물체의 배열에 상관없이 수를 세고, 1:1 관계를 성립시킬 수 있음
물체 세기의 원리 (Gelman)	**1:1 원리 (일대일 대응)**	• 하나의 물체에 한 개의 수 단어(수 이름)를 부여하여야 한다는 의미 ⇨ 분할하기 과정과 수 이름 부여하기 과정의 협응이 요구됨 • **분할하기**: 이미 센 부분과 세어야 하는 부분을 정신적·물리적으로 구분하는 능력 • **수 단어 부여**: 각 물체에서 한 번에 하나의 수 단어를 회상하고 부여하는 과정 • **협응 과정을 돕는 전략**: 손가락으로 가리키며 지적하기 (pointing) • **1:1 원리에 의한 수 세기 오류**: 물체의 항목을 빠뜨리고 세거나 이미 센 것을 다시 셈
	안정된 순서의 원리	• 배열된 물체에 대응하기 위해 사용되는 수 단어들은 반복 가능하고 안정된 순서로 사용되어야 함 • 관습적으로 사용되는 수 단어의 배열 순서를 안정되게 나열할 수 있어야 함 • **지도방법**: 유아와 함께 수를 세며 '하나' 다음에 '둘, 셋, 넷, 다섯'과 같이 수 이름을 관습적인 방법으로 일관성 있게 세도록 지도
	기수의 원리	• 물체의 집합을 세는데 마지막 항목에 적용된 수 단어가 그 집합의 물체 수량을 나타낸다는 것 • **지도방법**: 수의 수량적 의미를 수 세기와 연결하여 추론하도록 상황을 제시하거나 질문을 제공하여 물체의 수를 셀 때 마지막 항목에 적용된 수 단어는 그 물체 집합의 전체 수량을 나타내는 것임을 이해하도록 함

	추상화의 원리	• 구체적으로 지각 가능한 물건뿐만 아니라 자신이 경험한 것이나 사건 등 정신적 실체도 수 세기가 가능함을 이해하는 것 [참고] 위 3가지 원리(일대일 대응, 안정된 순서, 기수의 원리)는 수 세기의 방법에 관련된 원리이며, 추상화의 원리는 헤아릴 내용을 다룬 원리임 • **지도방법**: 유아들의 경험이나 사건 등이 포함된 상황을 제시하여 구체물이 아닌 것도 수 세기를 할 수 있음을 알도록 지도
	순서 무관의 원리	• 배열된 항목을 세는 순서는 수량과는 무관하다는 의미 • 수량을 세는 데 있어 어떤 항목에 어느 수 단어를 대응시켜야 한 다거나, 어디서부터 수 세기를 시작하여야 한다와 같은 순서는 상관없음 • **지도방법**: 한 집합의 물체를 셀 때 여러 방향으로 세어보도록 요구하여 어느 쪽부터 세어도 세는 순서와 수량과는 무관한 것임을 알도록 지도

(2) 전략

	개념	조작 가능한 물체가 있는지의 여부, 다루는 수의 크기, 문제의 난이 도 등에 따라 영향을 받으며, 더하기 빼기 문제에 대한 수 세기 전략의 사용은 문화권에 따라 차이를 보임
수 세기 전략	**덧셈 상황**	• **물체를 세기** - 전부 세기 - 손가락 세기 • **정신적 수 세기** - 더하여지는 수(피가수)를 첫째 수의 다음부터 세는 '계속 세기' - 두 수 중 큰 수 다음부터 세는 '계속 세기' - 정신적 수 세기 전략을 사용할 때는 더하여지는 수의 양을 기억해 야 하는 것이 요구됨
	뺄셈 상황	• **물체를 덜어내기**: 구체적 물체를 사용하여 덜어내고 나머지를 세 기 • **정신적 수 세기** - 빼는 수(감수)로부터 빼어지는 수(피감수)까지 세어 가는 전략 [예] '5 - 3 = 2'에서 5는 피감수, 3은 감수 - 피감수부터 감수까지 거꾸로 세어 가는 전략 - 수 단어 나열 순서를 거꾸로 짚어 가야 하는 어려움과 세는 수 단어의 수를 기억해야 하는 어려움이 있기 때문에 뺄셈이 힘든 과제가 됨

수의 더하기와 빼기	* 덧셈과 뺄셈이 유아기의 주요 과제는 아니나 점차 이러한 학습과 관련된 의미 있는 경험의 제공은 중요함 * 유아들은 세기 전략을 사용하여 변화 유형의 더하기와 빼기의 문제는 해결할 수 있으나, 모든 유형의 문제를 해결하기는 어려움 * 문제가 포함하고 있는 언어적 요인에 따라 유아의 문제해결의 성공 여부가 달라짐 ⇨ 이러한 다양한 문제 상황을 포함하는 자연적인 경험의 제공이 유아기에 필요함 * 덧셈과 뺄셈을 위해서는 부분과 전체의 논리적 관계를 하는 것이 중요하므로, 부분들이 합해져 전체가 되고, 전체는 여러 개의 부분으로 나눌 수 있는 활동이 우선되어야 함 ⇨ 경험은 추후 더하기, 빼기, 곱하기, 나누기, 분수 등의 학습에 기초가 되므로 중요 * 더하기와 빼기의 활동보다는 부분-전체의 관계에 대한 기초적 이해를 도울 수 있도록 수를 부분으로 나누어 보고 합하여 보는 활동에 초점을 둘 것 * **연령별 능력**	

3세	5 이하의 더하기와 빼기를 부분적으로 해결하는 능력
4세	5 이하의 더하기와 빼기 능력
5세	10 이하의 더하기와 빼기 능력

동일 양으로 묶기와 세기	동일 양으로 묶어 세기	* 유아들이 많은 수량을 다양한 상황에서 다루기 위해서는 일정 양을 단위로 묶어서 다루는 기제가 필요함 * 수 세기가 익숙한 유아들은 둘 또는 다섯씩 묶어 세기를 할 수 있고, 이 같은 방식이 효율적인 세기 전략임을 이해함 * 둘씩, 셋씩, 다섯씩 묶어 세기는 곱셈 학습의 기초가 되며 10씩 묶어 세기는 자릿값의 이해에 기초가 됨
	동일한 양으로 나누기	* 같은 양으로 나누는 경우에도 작은 양이라면 3세경의 유아들도 동등하게 나눌 수 있음 * 4~5세 유아들은 1:1 대응의 전략을 사용하여 큰 수도 나눌 수 있음 * 이러한 동등한 양으로 나누는 관계에 대한 이해는 측정, 나누기, 분수 등의 학습에 기초가 됨 * 유아의 일상적 경험을 통해 동등한 양으로 묶거나 나누는 관계를 탐색하고 이와 관련된 비형식적 지식의 구성을 기회가 제공되어야 함
	연령별 전략	* **2~3세** : 덤핑 전략(아무렇게나 내키는 대로) * **3~4세** : 중복 전략(한 개 한 개 주고 또 다시) ⇨ 일정 양을 반복적으로 덜어내는 전략 * **4~5세** : 작은 수(2, 3, 4)로 나눌 경우에는 12나 24까지 동등한 양으로 나눌 수 있음
수 개념 표상 능력의 발달		* **3세** : 그림, 언어, 숫자 표상 등 모든 유형에서 수량적 관계 표상이 어려움 * **4세** : 그림 표상은 가능하기 시작하나 숫자나 언어 표상은 매우 미약함 * **5세** : 숫자와 언어 표상 가능 참고 표상의 발달 순서 : 그림 표상 ⇨ 언어 표상 ⇨ 숫자나 기호 표상

3. 일대일 대응

대응할 물체의 지각적 속성	대응할 물체의 개수

대응할 물체의 개수의 일치 여부	대응할 물체들의 연결 여부

4. 수 세기의 종류

(1) 말로 수 세기 및 물체 수 세기

말로 수 세기 (기계적 수 세기)	개념	기억에 의해 수의 이름을 순서대로 암송하는 것으로, 언어 영역의 학습으로 간주되기도 함 ⑩ 손가락으로 7번째 사탕을 집으면서 입으로는 9까지 다 센 경우, 말로 수 세기에 일대일 대응 개념이 더해지면서 물체 수 세기로 발전
	지도 방법	• 노래(⑩ 열 꼬마 인디언), 손 유희 및 율동을 활용함 • 손뼉을 치면서 세면 더 효과적임 • 차례대로 셀 뿐 아니라 거꾸로도 세도록 함 • 고유 수와 한자 수를 혼동하지 않도록 지도함 • '일은 랄랄라 하나이고요, 이는 랄랄라 둘이고요' 노래를 활용함
물체 수 세기	개념	• 각 숫자의 이름을 물체와 순서대로 짝지을 수 있는 것으로, 말로 수 세기보다 어렵고 오랜 시간이 걸림 • 수의 구조를 머릿속에 구성하고 눈, 손, 말하기와 기억을 협응해야 하기 때문
	수 개념의 학습 내용	• 일대일의 원리　　　　　• 추상화의 원리 • 안정된 순서의 원리　　　• 순서 무관의 원리 • 기수의 원리
	지도 방법	• 일상의 구체적인 상황의 기회를 제공 　⑩ 흥미 영역의 인원수를 파악하기 • 수 세기 상황을 용이하게 제공 　- 만지거나 이동시킬 수 있는 물체를 이용하기 　- 물체를 규칙적으로 나란히 배열하기 　- 구분을 쉽게 하도록 센 것은 따로 모아두기

(2) 고유 수 세기와 한자 수 세기

개념	고유 수	규칙성이 없어 기계적 암기가 필요함 ⑩ 열, 스물, 서른									
	한자 수	수 이름 생성 규칙을 찾아내기 쉬움 ⑩ 십, 이십, 삼십									

			만 3세			만 4세			만 5세		
이중 명명 체계	구분		최소	평균	최대	최소	평균	최대	최소	평균	최대
	말로 수 세기	고유 수 이름	1	13	100	7	24	100	15	45	109
		한자 수 이름	1	18	250	9	50	113	19	112	999
	물체 수 세기 (한자 수 이름)		1	15	102	3	41	112	12	93	999

(3) 큰 수 세기

개념	• 일상적으로 경험하는 큰 수를 다양한 방법으로 탐색하는 것 　**예** 100이 돈으로는 얼마만큼의 가치를 갖고 있는지, 연필 100자루는 얼마나 많은 건지, 100세 된 할아버지는 얼마나 오래 사신 건지 등 • 작은 수에서 경험한 이해가 큰 수에 자동적으로 전이되지는 않음 • 수의 배열이나 구성 체계에 대한 이해가 필요함 　**예** '삼십일'을 소리 나는 대로 '301'로 쓰는 것

교육과정별 비교	구분	제6차 유치원 교육과정	2019 개정 누리과정
	수준 1	5	10
	수준 2	10	큰 수 세기 경험을 포함

지도 방법	• 십진법의 기본 단위인 10씩 묶어 세어보기 • 주판을 이용해 자릿값 경험하기 • 얼마까지 세었나 잊지 않기 위해 세기표(正, ////)로 기록하기 • 구체물을 일정한 개수로 묶어서 세어가기 • 2 또는 5씩 묶어서 세어 곱셈(2단 또는 5단)의 기초를 경험하기 • 구체물을 이용하여 큰 수를 다양한 방법으로 배열해 보기 • 같은 양으로 나누는 경험하기 ⇨ 나누기나 분수 학습의 기초

(4) 수 세기의 종류

구분	예시
집합 수	**은별** : 빵집 안에 사람들이 있어요. **교사** : 어, 그러네. 모두 몇 사람이 있니? **은별** : (하나, 둘, 셋, 넷) 모두 네 명이에요. **교사** : 아, 모두 네 명이 있구나.
이름 수	**나눔** : 소방서요. 소방차도 보여요. **은별** : 와! 소방차다. 119야, 119. **경표** : 나도 119 알아요.
순서 수	내가 첫 번째로 들어왔어!

5. 숫자 인식

개념	숫자 인식	• 숫자의 모양이 서로 다름을 알고 숫자를 구별하는 것 • 숫자의 모양·이름을 안다고 그 수가 지칭하는 양을 아는 것은 아님 • 숫자 읽기와 숫자 쓰기의 형태로 나타남
	숫자 읽기	숫자에 대한 정신적 이미지가 필요함
	숫자 쓰기	• 숫자 읽기보다 어려움 • 정신적 이미지 외에 운동적 계획도 필요함 • 운동적 계획이 불완전하면 숫자를 보고도 쓰기를 어려워함
숫자 쓰기의 오류		• 거꾸로 쓰기 • 획순을 틀리게 쓰기 • 다른 숫자로 바꿔 쓰기
지도 방법	숫자에 대해 이미지를 구성하도록 돕기	• **청각**: 노래 '하나 하면 할머니가'를 활용한 지도 방법 - 하나 하면 할머니가 지팡이를 짚는다고 잘잘잘~ - 둘 하면 두부장수 두부를 판다고 잘잘잘~ - 셋 하면 새색시가 거울을 본다고 잘잘잘~ - 넷 하면 냇가에서 빨래를 한다고 잘잘잘~ - 다섯 하면 다람쥐가 알밤을 깐다고 잘잘잘~ - 여섯 하면 여학생이 공부를 한다고 잘잘잘~ - 일곱 하면 일꾼들이 나무를 팬다고 잘잘잘~ - 여덟 하면 엿장수가 엿을 판다고 잘잘잘~ - 아홉 하면 아버지가 신문을 본다고 잘잘잘~ - 열 하면 열무장수 열무를 판다고 잘잘잘~ • **시각**: 7은 기린, 8은 문어, 9는 달팽이 모양
	다양한 감각을 통한 숫자 쓰기를 경험하게 하기	• 감각적인 자료 이용하기 • 모래에 쓰기 • 지오보드에 숫자를 만들기 • 찰흙으로 숫자 빚기 • 끈으로 숫자 만들기 • 공중에 숫자를 써보기 • 신체로 숫자 표현하기

6. 더하기와 빼기

개념	더하기	물체를 합했을 때 몇 개가 되는지를 이해하는 것
	빼기	물체를 뺐을 때 몇 개가 남았는지를 이해하는 것
유의점		• 숫자와 기호를 사용한 덧셈·뺄셈은 초등학교에서 다룰 내용임 • 유아기에는 사물의 수량을 더해 보고 빼보는 구체적 경험을 해보는 것이 적절함
지도 방법		• 일상생활 속의 문제 상황을 해결하기 • 학습지보다는 움직이는 구체물을 이용하여 문제를 제시하기 • 답이 너무 큰 수가 되지 않도록 제한하기 ⇨ 5 또는 10 이하 • 더하기와 빼기 전략을 사용하기

7. 부분과 전체

개념	• 전체는 여러 부분으로 나누어지고 이 부분들이 합치면 다시 전체가 됨을 이해하는 것 • 사칙 연산, 분수, 비율 등 고차원적 수 개념 학습과도 밀접한 관계가 있음
지도 방법	• 일과를 통해 실제 물체로 문제해결을 하는 경험 제공하기 　⑩ 간식 시간에 부족한 간식을 나누기 • 일상 대화에서 전체와 부분과 관련된 용어 사용하기 　⑩ 전체, 부분, 반, 약간 • 전체를 부분으로 나누고 다시 전체로 합쳐 보는 경험 제공하기 　⑩ 퍼즐, 조립용 장난감, 찰흙 덩어리 • 물체를 여러 가지 방법으로 나누어 보기 　- 여러 개의 물체를 같은 개수로 나누기 ⇨ 곱하기·나누기의 기초 　- 여러 개의 물체를 다른 개수로 나누기 ⇨ 더하기·빼기의 기초 　- 하나의 물체를 부분으로 나누기 ⇨ 분수의 기초 　　같은 개수로 나누기　　　다른 개수로 나누기　　　한 물체를 　　　　　　　　　　　　　　　　　　　　　　　부분으로 나누기 • **난이도 조절하기** 　- 한 자리 수를 2개로 나누기 ⑩ 5 ⇨ 1, 4 　- 자릿수 조절하기 ⑩ 16 ⇨ 7, 9 　- 나누는 수의 개수 늘리기 ⑩ 5 ⇨ 2, 1, 2

8. 기하

(1) 개념

정의	공간에 대한 이해와 공간 안의 물체·동작들의 관계에 관한 분야
역사	• 수학의 역사는 유클리드기하에서 위상기하로 발전했고, 유아의 경우 위상기하가 먼저 발달한 후 유클리드기하가 발달함 • **기하의 분류** <table><tr><td>위상기하</td><td>위치, 방향, 거리 등의 공간</td></tr><tr><td>유클리드기하</td><td>평면도형이나 입체도형</td></tr></table>
교육적 특징	• 프뢰벨과 몬테소리는 기하를 중요한 내용으로 다룸 • 20세기 초에는 기하를 사회성 발달에 대한 강조로서 퍼즐 활동이나 쌓기 놀이만 수용하였고, 도형 학습은 기본 도형의 인식과 이름을 익히는 정도만 다룸 • 최근에는 기하가 유아의 흥미·발달에 적합하다는 인식으로 인해 중요 교육내용으로 부각되고 있음

(2) 공간

① **개념** : 주변 세계를 이해하고 일상생활을 살아가는 데 필수적인 것으로 수학뿐 아니라 미술·과학·사회·운동 등 타 교과 학습에도 필요함

예 사회 ⇨ 지도를 읽고 만드는 데 공간적 사고 필요

② **분류**

	눈과 운동 협응	시각적인 관찰과 신체의 움직임을 결합 예 선 따라 그리기, 그림·도형 안에 색칠하기
델 그란드의 공간 능력의 7가지 하위 요인	도형 - 바탕 지각	복잡한 배경 속에서 형상을 찾아 인식하는 것으로, 이 능력이 부족하면 집중력 저하와 주의 산만을 일으킴 예 숨은 그림 찾기, 부분 그림 완성하기
	지각적 항상성	위치·각도에 따라 물체의 모양·크기가 달라 보여도 실제는 동일함을 인식하는 것 예 크기에 따라 물체를 순서 짓기
	공간 내 위치 지각	자신과 한 대상과의 관계 또는 한 대상과 다른 대상과의 관계를 인식하는 것 예 거울의 상 만들기, 도형의 회전
	공간관계 지각	둘 또는 둘 이상의 대상을 자신과 관련시키거나 대상끼리 관련지어 보는 것으로 과제에 따라서는 공간 내 위치 지각과 유사함 예 목적지로 가는 최단거리 찾기, 주어진 그림에 따라 블록 쌓기

	시각적 변별	물체들 간의 차이점과 유사점을 인식하는 것으로서 분류하기에 필수적인 능력 📵 동일한 한 쌍의 물체를 확인하기, 같은 것 찾기
	시각적 기억	시야에서 벗어난 경우에도 대상을 정확하게 회상하는 것 📵 주어진 그림에 있는 물체 기억하기, 교사가 만든 지오보드 모양 을 기억해서 그대로 만들어 보기
일반적인 분류	공간적 방향화	위치를 파악하고 목적지까지 갈 수 있는 능력을 말하는 것으로, 공간에서 위치 간의 관계를 이해하고 조작할 수 있는 능력
	공간적 시각화	• 이미지를 생성하고 조작할 수 있는 능력으로 2차원 및 3차원 대상의 가상적인 움직임을 이해하고 실행하는 것 • 주어진 대상이나 공간 정보를 마음속으로 조작하여 대상을 회전, 재배열 또는 조합하여 머릿속에 가시화할 수 있는 표상 능력

③ 공간 능력의 발달

자기 중심 표상	자신이 중심에 있는 것처럼 공간을 인식하는 것 ⇨ 상대방 입장에서 생각하지 못함 📵 마주 보는 선생님이 오른손을 들었는데, 왼손을 들었다고 생각하는 것
지표물 중심 표상	주변 환경에 있는 어떤 물체를 지표로 삼아 공간을 인식하는 것 📵 새로운 곳에 갈 때 특징적인 건물 등을 지표로 위치를 기억하는 것
객관적 표상	목표물을 객관적인 참조 체계와 관련 지어 나타내는 능력으로, 모든 물체들의 관계 를 나타내야 하며 추상적인 참조 체계를 포함해야 함 ⇨ 언어로 표현하기 어려움 📵 지도

④ 위상기하의 특징

개념	수축이나 확장 등의 변형에 의해 변화하지 않음		
비교	유클리드기하	모양	변함(▲ ⇨ ●)
		크기	작아짐
	위상기하	풍선 표면	그대로임
		풍선 가운데 부분	그대로임

⑤ 교수 - 학습 방법

근접성	의미	물체의 위치에 관한 인식 ⑩ 앞·뒤, 원·근, 빙빙 돌아서·관통해서, 위·가운데·아래로, 위로·아래로, 좌·우

	지도
	방법
		• 일상생활 상황에서 경험하기
		  - 정확한 공간 용어 사용하기
		  - 사물·사람의 명칭보다 공간 용어를 사용하기
		    ⑩ '정미'보다는 '문 옆의 친구'라고 말함
		• 놀이나 게임을 통해 근접성 개념을 경험하기
		  - 실외 놀이터에서 신체 놀이하기
		    ⑩ 정글짐
		  - 판게임
		    ⑩ 윷놀이, 오목
		  - 미술놀이
		    ⑩ 친구가 공간용어(옆·위)를 사용하여 설명하는 대로 그림을 따라 그리기
		• 다양한 공간적 관점에서 사물을 관찰·표현할 기회를 제공하기
		  - 다양한 위치에서 사물을 관찰하기
		    ⑩ 그네
		  - 다양한 자세로 사물을 관찰하기
		    ⑩ 뱀처럼 기어서
		  - 다양한 공간적 관점의 그림을 게시·비교하기
		    ⑩ 같은 물체를 앞·뒤·위·옆에서 보기

(3) 도형

① 개념과 발달 단계

개념		유클리드기하에서의 도형은 뒤집기·옮기기·돌리기 등의 변환에도 위치는 변해도 모양이나 크기, 각도 등 고정된 형태, 크기, 변의 수 및 모서리의 수는 변하지 않는 것

발달
단계
	1단계
	(2세 6개월
	~4세)
		• 친숙한 물체를 인식함
		  ⑩ 숟가락
		• 유클리드기하보다 위상기하학적으로 형태를 인식함
		  ⑩ 원과 사각형은 폐곡선일 뿐 서로 구분이 되지 않음
		• 3세경 모양을 잡기 시작하나 변의 수나 길이, 각도, 크기 등은 무시함

	2단계 (4~6세)	• 4세경에는 원과 사각형을 대충 구별할 수 있음 • 5세경에는 정사각형과 직사각형 또는 원과 타원을 구별하나 복잡한 도형의 표상은 어려움
	3단계 (6~7세)	복잡한 형태도 구별할 수 있음

② 교수 - 학습 방법

인식과 명명	의미	• **입체도형** : 구, 원기둥, 원뿔, 정육면체, 직육면체 • **평면도형** : 원, 삼각형, 정사각형, 직사각형, 평행사변형, 타원형
	유아의 인식	• 유아는 '원 ⇨ 사각형 ⇨ 직사각형 ⇨ 삼각형'의 순서로 인식함 • 처음부터 여러 도형을 소개하기보다는 한 가지씩 소개하는 것이 좋음 • 형식적 명칭을 강조하기보다 친근한 이름으로 이해시키는 것이 좋음 　⑩ '삼각형' 보다는 '세모' • 평면도형보다 입체도형을 먼저 소개하는 것이 좋음
	지도 방법	• 일과를 통해 도형에 대한 인식 능력을 길러주기 　⑩ 지시적 용어(저기)보다 구체적인 용어(네모 책상)를 사용하기 • 주변 환경에서 여러 가지 모양을 찾아보기 • 물체뿐 아니라 물체의 형태적 특성을 생각하기 　⑩ 수수께끼 ⇨ 유아가 문제를 만들면 더욱 효과적임 • 다양한 모양을 자유롭게 만들어 보기 　⑩ 찰흙으로 모양 빚기, 핑거페인팅을 이용한 모양 만들기, 모양 오리기·찍기 • 모양의 변별 및 분류 활동을 제공하기 　⑩ 같은 모양끼리 짝짓기 또는 분류하기, 도형 도미노 카드를 연결하기, 도형 　　모양의 종이 안에 그 도형과 같은 모양의 물건을 올려놓기
변환과 대칭	의미	• **변환** : 옮기기 ⇨ 뒤집기 ⇨ 돌리기 순으로 발달함 　- **옮기기** : 수평·수직 이동 또는 대각선 방향으로 위치를 전환하는 것 　- **뒤집기** : 도형의 앞면과 뒷면을 바꾸는 것 　- **돌리기** : 장소의 이동 없이 도형 자체를 회전(0도에서 360도까지) • **대칭** : 어떤 모양을 반으로 접었을 때 완전히 겹쳐지는 것으로서, 형태에 균형을 부여하고 인간에게 심미감을 제공 　- **수직 대칭** : 좌우가 동일한 것 ⑩ A, M 　- **수평 대칭** : 상하가 동일한 것 ⑩ 3, B, D 　- **수직·수평 대칭** : 좌우/상하가 동일한 것 ⑩ 8, H, O 　 참고 유아는 비대칭보다 대칭적 모양을 더 잘 기억하며, 변별·선호하며, 　　　수직 대칭(4~12개월)에서 수평 대칭으로 발달함
	지도 방법	• 일상생활 속에서 도형의 변환 및 대칭을 발견하기 　⑩ 신체 회전이나 회전 물체 타보기(돌리기에 대한 이해), 주변 자연물이나 　　교실에서 대칭인 것 찾아보기 • **유아의 이해 수준에 맞추어 난이도 조절하기** 	구분	옮기기	뒤집기	돌리기 | 　　|---|---|---|---| 	단면 퍼즐	○	×	○ | 	양면 퍼즐	○	○	○ | • 절반의 모양으로 전체 모양을 추측하기 　⑩ ◖를 보고 전체는 어떤 도형인지 말하기 ⇨ '동그라미' 　　◖를 보고 나머지 반쪽을 채워 그리기 ⇨ ● • 미술 활동을 통한 대칭의 원리와 미 체험하기 　⑩ 데칼코마니, 색종이 접기, 대칭인 미술 작품 감상하기

합성과 분할	의미	• 도형을 모으거나 나누는 활동 • 도형 결합, 도형 조합, 도형 분해라고도 함 • 가역성 개념과 관련이 있음
	특징	• 도형의 합성과 분할에는 여러 가지 방법이 있음 예 평행사변형 • 패턴블록 이용 시 도형의 색깔보다 이름을 지칭하는 것이 좋음 예 "노란색 좀 줘."보다는 "원"이라고 말함
	지도 방법	• 일과를 통한 경험하기 예 피자를 자를 때 조각 모양이나 개수에 관심 갖기, 큰 책상이 없으면 작은 책상을 두 개 연결하기 • 유아의 이해 수준에 맞추어 난이도 조절하기 예 (a) 도형의 윤곽선 모두 제시하기 (b) 도형의 윤곽선 부분적으로 제시하기 (c) 도형의 윤곽선 없이 전체적인 모양만 제시하기 (d) 실물 사진을 보고 합성하기 • 도형의 합성과 분할 시 수 개념을 적용하기 예 ~을 만들기 위해 필요한 도형의 수 예측하기, ~을 채우기 위해 사용한 도형의 수 세기 • 도형의 종류별로 사용한 수 비교하기

9. 측정

(1) 개념

의미	• 어떤 속성에 대해 비교할 수 있도록 물체에 숫자를 부여하는 것 • **종류** <table><tr><td>분류하기</td><td>사물의 공통된 속성을 알아내는 과정</td></tr><tr><td>비교·순서 짓기</td><td>한 가지 속성에 따른 차이점을 인식하거나 차이의 정도를 변별하여 배열하는 과정 [참고] 비교하기와 순서 짓기는 유사한 과정이지만 대상의 수에 차이가 있음</td></tr></table>
측정 시 고려할 점	• 물체의 속성(길이, 넓이, 부피, 무게) 중 무엇을 측정할 것인가? • 적절한 단위는 무엇인가? • 어떤 측정 기술을 사용할 것인가?

측정이 어려운
이유
	• 단위 개념의 부족 ⇨ 1kg은 1,000g임을 이해하기 힘듦
	• 측정은 **연속적인** 과정임
	  - 사탕 1개는 3g이나 4g이 아니라 3.542g
	  - 수 세기는 불연속적인 과정 ⇨ 사탕은 몇 개?

(2) 비교하기

의미	어떤 속성에 따라 두 개의 물체를 관계 짓는 것으로서 순서 짓기보다 먼저 발달함

특징	• 비교하기 전에 먼저 비교할 속성을 인지해야 함
	  예 누가 더 빠른가? ⇨ 속력
	• 보존 개념이 없는 유아는 주로 지각에 의존하여 비교하기를 함
	  예 연필의 길이를 비교할 때 연필 한쪽 끝만 보고 판단함

지도 방법	• 일과를 통한 경험하기
	  - 정확한 비교 용어 사용하기 예 누구 연필 개수가 더 적을까?(작을까?)
	  - 반대되는 비교 용어 함께 사용하기 예 어제는 일찍 왔는데 오늘은 늦었네.
	• 사물의 '같다' 개념과 '다르다' 개념을 경험하기
	  - 여러 가지 물체 중 비슷한 물체를 고르고, 무엇이 비슷한지 말하기
	  - 여러 물체들 중 다른 한 물체를 고르고, 어떻게 다른지 말하기
	• 여러 물체들을 서로 반대되는 속성에 따라 분류하기
	  예 뜨거운 음식과 차가운 음식
	• 차이가 뚜렷하지 않은 물체들을 비교할 때 도와주기
	  - **길이** : 두 물체를 나란히 두기
	  - **무게** : 보조 도구 사용하기 예 저울

(3) 순서 짓기

의미		• 세 개 이상의 물체를 어떤 속성에 따라 순서대로 배열하는 것으로서 단순서열, 복합서열, 이중서열 등이 있으며 시작과 방향이 있고, 일관된 규칙이 필요함 • 어느 쪽(⑩ 좌 또는 우, 상 또는 하)에서 시작해도 좋지만 중간에 진행 방향을 바꾸면 안 됨
발달 단계	3~4세	두세 개만 순서 짓고 이후에는 지속적으로 순서 짓지 못함
	5~6세	• 시행착오를 거쳐서 순서 지음 • 중간에 하나를 빠뜨리고 배열한 경우 처음부터 다시 배열함
	6~7세	• 순서 짓기 할 때 막대의 양쪽 끝을 다 고려함 • A > B, B > C이면, A > C임을 추론하여 먼저 계획하고 체계적으로 배열함 • 순서 짓기를 양방향으로 함 　⑩ 작은 것 ⇨ 큰 것, 큰 것 ⇨ 작은 것
구분	단순서열	• 세 개 이상의 물체를 한 가지 속성에 따라 배열하는 것 • 순서 짓기 중 가장 기본적인 것 • 순서 짓기 위해 여러 차례 판단해야 하기 때문에 비교하기보다 어려움 　⑩ 몬테소리 교구
	이중서열	• 1:1 대응을 사용해서 두 집단의 사물들을 순서적으로 배열하는 것 • 두 집단을 짝을 지어 순서 짓는 것 • 두 집단을 서로 반대 방향으로 배열하는 것도 가능함 　⑩ 아빠 곰, 엄마 곰, 아기 곰의 그릇 크기 배열하기 ⇨ 아빠 곰 : 다이어트 때문에 작은 그릇, 엄마 곰 : 중간 그릇, 아기 곰 : 배가 고파서 큰 그릇
	복합서열	• 세 개 이상의 물체를 2가지 속성에 따라 순서 짓는 것 • 2가지 속성을 동시에 고려해야 하므로 단순서열보다 훨씬 더 어려움 　⑩ 원기둥의 높이와 둘레에 따른 복합서열 • **지도 방법** 　- 일과를 통한 경험 제공하기 　　⑩ 장난감 정리 시 순서대로 보관하기, 일과 활동의 사진을 게시판에 순서대로 붙이기 　- 물체 간의 차이를 발견하도록 장려하기 　　⑩ 이 연필들은 어떤 점이 다를까?, 가장 긴 것은 어느 것이니?, 가장 짧은 것은? 　- 유아의 발달에 따라 순서 짓기 활동의 난이도를 조절하기 　　⑩ 먼저 두 개를 비교한 뒤 세 개를 순서 짓고 점차 수를 늘려가기, 세 개를 순서 짓기 어려우면 가장 긴 것을 고른 후 나머지 두 개를 대보기 　- 순서 짓기라는 말을 이해하지 못하는 경우 도움을 제공하기 　　⑩ 시범 보여주기, 처음 몇 개는 배열해 주고 나머지는 유아가 놓도록 하기

(4) 측정하기

① **의미** : 어떤 속성에 대해 비교할 수 있도록 물체에 숫자를 부여하는 것

② **발달 특징** : 3~4세는 첫 번째와 두 번째 단계로 발달, 5세는 두 번째 단계에서 세 번째 단계로 발달함

놀이와 모방	• 출생 후 전조작기까지 나타남 • 타인을 모방하여 숟가락을 가지고 측정하는 시늉을 하면서 놀이함 • 모래나 물을 다른 그릇에 옮겨 부으면서 부피의 속성을 탐색함
비교	• 주로 전조작기에 나타남 • 무거운 것과 가벼운 것, 긴 것과 짧은 것, 뜨거운 것과 차가운 것 등의 비교를 좋아함 • 보존 개념이 형성되지 않아 지각에 의존하여 측정함 • 두 개의 막대기를 비교할 때 막대기의 한쪽 끝만 보고 판단함
임의적 단위 사용	• 전조작기 말과 구체적 조작기 초에 나타남 • 임의적 단위를 사용하는 것을 학습함 _예 "엄지손가락 9개 넓이의 종이를 주세요." • 임의적 단위 사용을 통해 표준적 단위의 필요성을 학습함
표준 단위의 필요성 인식	• 구체적 조작기에 나타남 • 타인이 이해할 수 있는 방법으로 의사소통해야 함을 인식함 • 타인이 쓰는 것과 같은 단위를 사용해야 함을 발견함 _예 "20cm 폭의 종이를 주세요."

표준적 단위 사용	• cm, m, ℓ, g 등의 표준적 측정 단위를 사용하고 이해하기 시작함
	• **유아에게 표준 단위보다 비표준 단위의 사용을 권장하는 이유**
	
	  - 표준 단위보다 비표준 단위가 유아에게 친숙함
	    _예 '자'보다 '연필'을 주변에서 흔히 접함
	  - 단위의 크기 면에서 비표준 단위가 유아가 느끼기에 적합함
	    _예 눈으로 측정하기에 10g은 너무 가볍고, 3m는 너무 길기 때문에 지우개 또는 연필이 무게·길이 측정에 있어 실제적으로 의미를 전달할 수 있음
	  - 비표준 단위는 인지적 갈등 상황을 유발할 수 있음
	    _예 책상 길이는 유아의 뼘으로 10배, 교사의 뼘으로 7배 ⇨ 동일인이 재도 손을 짝 폈을 때와 대충 폈을 때의 결과가 다름
	  - **표준 단위와 비표준 단위**

구분	표준 단위	비표준 단위
길이	cm, m, km	클립, 깎지 않은 연필, 이쑤시개, 발, 눈금 없는 자, 끈
넓이	cm², m²	타일, 디스켓, 색종이, 책, 일정한 크기로 자른 종이
부피	cm³, cc, mℓ, ℓ	종이컵, 컵, 우유팩, 페트병, 주전자, 양동이, 상자
무게	g, kg	양팔저울, 동전, 바둑알

  - 표준 측정 도구의 사용법이나 단위들 간의 관계는 초등학교에서 다룰 내용임

③ 교수-학습 방법

길이	**의미**	두 지점 간의 거리로 정해지는 속성
	유아의 특징	• 높이, 길이, 폭, 둘레, 거리, 깊이 등 이러한 용어들의 차이를 정확히 이해하지 못하는 경우가 많음 　예 '높다'고 해야 할 때 '길다'라고 말하는 경향 　⇨ 막대기를 벽에 세워놓고 '높이'와 연결하여 재고, 바닥에 뉘어놓고 '길이'와 연결하여 측정하여 구별하게 함 • 직선보다 곡선의 길이를 재는 것이 훨씬 어려움 　예 '높이'보다 '둘레'를 재는 것이 어려움
	지도 방법	• **일과를 통한 경험하기** 　- 길이와 관련된 다양한 용어를 상황에 맞게 정확히 사용하기 　- 우리 반 친구들의 키 그래프를 만들기 　- 교실의 친숙한 물체들의 길이를 재어보기　예 책상 • **'~보다 길다'와 같은 용어를 사용하면서 비교·순서 짓기로 시작하기** 　- 물체를 나란히 놓고 직접 비교하기 　- 멀리 있는 두 물체는 제3의 물체로 간접 비교하기 　　예 교실 의자, 실외의 의자를 끈으로 비교하기 • **비표준 단위로 물체를 측정하는 방법을 생각해 보기** 　- 동일한 단위를 연결하여 측정하기 　　예 클립을 4개 연결하여 재기 　- 한 개의 단위를 반복하여 측정하기 　　예 이쑤시개로 4번 측정하기 　- 더 큰 단위로 측정하기 　　예 나무젓가락에 분필과 크레용 길이를 각각 표시하기 　- 한 대상을 각각 다른 단위로 측정하기 　　예 책상은 지우개로 12배이나 연필로는 3배임을 알아보기 • 측정과 관련하여 인지적 갈등을 경험하기 　- 같은 대상을 여러 가지 다른 단위로 측정하기 　- 이쑤시개로 10배였는데 연필로는 왜 3배인지 생각해보기 　- 긴 블록이 없으면 작은 블록 2개를 합치면 됨을 보여주기

	특징	넓이가 같아도 모양은 다를 수 있음
	길이와의 비교	• 길이는 1차원적 측정이지만, 넓이는 가로와 세로를 모두 고려해야 하는 2차원적 측정임 • 넓이의 측정은 길이의 측정보다 더 어려움 • 넓이의 보존 개념은 길이의 보존 개념보다 더 늦게 발달함 • 길이와 넓이의 측정 과정 자체는 매우 유사하므로 지도 방법은 크게 다르지 않음
넓이	지도 방법	• 일과를 통한 경험하기 - 주변 환경을 탐색하면서 넓이의 측정을 경험하기 - 생활 속의 문제 해결에 활용하기 예 더러워진 책상 커버를 만들기 • 비표준 단위로 두 물체의 넓이를 비교하기 - 일정한 크기의 종이로 물체를 덮어 측정하기 예 1cm×1cm 종이 - 종이가 몇 조각 필요할지 추정한 후 실제 측정 결과와 비교하기 - 종이가 서로 겹쳐지거나 틈이 생겨나지 않도록 주의하기 - 물체를 바둑판 모양의 종이 위에 올려놓고 측정하기 - 종이 위에 물체의 윤곽을 그린 후 내부를 색칠하고 몇 칸인지 세기 - 바둑판 모양을 그린 투명 필름을 측정 대상 위에 올려놓기 예 OHP 필름 - 물체를 덮고 있는 칸의 개수를 세기 • 측정 전략을 사용하기
	비교 전략	(아래 표 참조)

구분	겹쳐놓기	한 변 맞대어 놓기	나란히 놓기
모양 조절	유사 모양으로 조절하여 겹쳐서 놓기	유사 모양으로 조절하여 한 변 맞대어 놓기	유사 모양으로 조절하여 나란히 놓기
변 조절	한 변만 조절하여 겹쳐서 놓기	한 변만 조절하여 맞대어 놓기	한 변만 조절하여 나란히 놓기
조절 없음	무작위로 겹쳐서 놓기	비틀어 맞추기	무작위로 나란히 놓기

부피	**의미**	입체가 차지하는 공간의 크기	
	특징	• 부피의 측정은 높이·길이·폭 등 3차원의 협응이 필요하므로 유아에게 매우 어려운 개념임 • 액체의 경우 용량이라고 함	

부피	cm^3	물체가 공간을 얼마나 차지하는지 측정
용량	cc, ㎖, ℓ	어떤 용기가 담을 수 있는 양을 측정

부피	**지도 방법**	• 일과를 통한 경험하기
		  - 요리하기, 물놀이 및 모래놀이 하기
		  - 친구들이 다 마시려면 주스가 얼마나 필요한지 측정하기
		• 부피·용량이 같아도 형태는 다를 수 있음을 발견하기
		  - 같은 수의 블록으로 입체물을 만든 후 친구의 것과 비교하기
		  - 용량이 같지만 모양이 다른 용기에 액체를 부어 옮겨보기
		• 용량의 변화를 쉽게 관찰할 수 있도록 돕기
		  - 페트병 등 용기에 눈금을 그려놓기
		  - 용량의 차이를 뚜렷이 보도록 물감 섞은 물을 사용하기

무게	**의미**	• 만류인력의 법칙의 결과(중력의 크기)로 지구상의 모든 물체는 무게를 가짐 • 무게는 신체의 감각을 통해서도 측정되는데, 물체를 들기 위해서는 근육을 사용해야 하므로 무게를 느끼게 됨
	유아의 특징	• 유아는 무게와 부피를 동일시하는 경향이 있음 • 유아는 부피가 큰 물체는 무겁고 부피가 작은 물체는 가볍다고 생각하는데, 이는 밀도 개념을 이해하지 못하기 때문임 예 풍선은 크고 가벼움(밀도 낮음), 쇠구슬은 작고 무거움(밀도 높음) • 물체를 보는 것만으로는 물체의 무게를 판단할 수 없기 때문에 손으로 무게를 느껴보게 하는 것이 좋음

	지도 방법	• 일과를 통한 경험하기
		  - 무거운 물체를 들려면 몇 명이 함께 들어야 할지 추정하기
		• 신체를 이용해 측정하기
		  - 양쪽 손바닥에 물체를 올려놓고 비교하기
		  - 양쪽 손에 물체를 들고 비교하기
		  - 차례로 친구 업어보기
		• 유아가 직접 양팔저울을 이용하여 측정하기
		  - 저울 양쪽에 물체를 하나씩 올려놓기 ➪ 어떤 쪽이 기울어졌는지 관찰
		  - 저울 한쪽에 물체를 차례로 올려놓고, 반대쪽에는 추를 올려놓기
		    ➪ 평형이 이루어졌을 때의 추의 개수를 비교
		• 무게의 개념과 관련하여 인지적 갈등 유발하기
		  - 부피가 비슷하지만 무게가 다른 물체를 비교하기 예 골프공과 뿅뿅이
		  - 작고 무거운 물체(예 동전)와 크고 가벼운 물체(예 스티로폼)를 물에 띄우기
		  - 필름 통에 각기 다른 물체(예 솜, 쌀, 콩)를 넣고 무거운 순서대로 배열하기

시간	**의미**		• 과거로부터 현재를 통해 미래로 움직이는 비(非)공간적인 연속체 • 길이·넓이·부피·무게와 달리 눈으로 보거나 손으로 잡을 수는 없지만 시계, 주, 월, 계절과 같은 단위로 측정이 가능함
	분류		• **순차적 시간** : 사건의 순서로서 시간 간격보다 먼저 발달함 　📖 일어나기 ⇨ 밥 먹기 ⇨ 옷 입기 • **시간 간격** : 시간이 얼마나 오래 걸렸는가로서, 초·분·월·년으로 나타냄 　📖 10시간 동안 잠을 잤다.
	시간 학습이 어려운 이유		• **추상성** : 유아에게 '옛날'은 4년 전일 수도 있고 400년 전일 수도 있음 • **주관성** : 무엇을 하느냐에 따라 시간의 길이가 다르게 느껴짐 　📖 즐거운 일은 짧게, 괴로운 일은 길게 느껴진다. • **유동성** : '내일'이 되면, '내일'이었던 것이 '오늘'이 됨 • **연령별 차이** : 연령에 따라 시간 개념은 변화함 　📖 나이가 들수록 시간이 빨리 지난다고 느낀다. • **문화적 차이** : 휴식과 여가 시간을 많이 갖는 가족이 있는 반면, 바쁘게 사는 가족도 있음 • **함축** : 시간에 대한 이해는 단지 몇 시인지 말할 수 있는 것 이상을 의미함 　📖 닭 울음소리는 새벽, 함박눈은 겨울의 의미를 함축함
	발달 단계	**1단계 (0~2세)**	전·후의 사건 관계를 경험함으로써 시간의 흐름을 인식함 📖 배고파 울면 엄마가 오고, 곧 우유를 먹는다는 것을 알게 됨으로써 사건이 차례로 일어난다는 것을 학습
		2단계 (2~7세)	• 사건의 순서와 시간 간격을 이해하기 시작함 • 시간을 비연속적이며 멈출 수 있는 것으로 생각함 • 나이는 누구나 똑같이 증가한다거나 시간이 흐르면 엄마도 할머니처럼 된다는 것을 이해하지 못함 • 연대 개념이 부족함 ⇨ 최근의 두 사건의 전후 관계는 순서 짓지만 60일 전의 것들은 9세에 가능함 • 속도 개념이 부족함 　⇨ 시간을 재려는 사람이나 물건이 빠르면 시계 바늘이 빨리 움직이고, 사람·물건이 느리게 움직이면 시계 바늘도 느리게 움직인다고 생각함
		3단계 (8세 이후)	• 일련의 사건을 연속적으로 배열하고 서로 관련지을 수 있음 • 시계의 동시성을 파악함 • 사람·물체가 빨리 움직이든 느리게 움직이든 시계 바늘의 속도는 일정하다고 생각함

시간	시간의 유형 (찰스워스)	• **개인적 경험 시간** : 유아 자신만의 과거, 현재, 미래에 관한 시간으로, 자신이 태어나기 전이나 부모님도 어릴 때가 있었음을 잘 이해하지 못함 　예 과거는 '어젯밤', '내가 아기였을 때' 등으로 표현하고, 미래는 '내가 크면', '낮잠 잔 후에' 등으로 표현 • **사회적 활동 시간** 　- 일과의 순서에 관한 시간 　　예 유치원 도착 ⇨ 사물함 정리 ⇨ 선생님께 인사 ⇨ 자유선택활동 　- 유아에게 큰 의미가 있고 학습하기도 쉬움 　- 유아에게 예측 가능한 사건의 순서를 제공함 　- 규칙적인 스케줄을 편안해 하며, 스케줄이 변경되면 당황해 함 • **문화적 시간** : 시계와 달력에 의해 고정된 시간으로 시간 용어(예 초)와 시간과 관련된 기구(예 시계)의 이름은 학습할 수 있지만 문화적 시간을 완전히 이해하기는 어려움
	시각 읽기가 어려운 이유	• 시계가 12진법으로 제작되어 있음 • 시계 바늘이 가리키는 숫자와 시각이 불일치함
	지도 방법	• 일과를 통한 경험하기 　- 개인적 경험 시간으로 시작해서 사회적 활동 시간인 일과를 순서대로 생각 　- 그림과 글로 된 일과표 게시하기 　⇨ 일과가 규칙적이고 예측 가능할 때 시간의 순서나 간격의 이해가 쉬움 　- 시간과 관련된 어휘를 사용하는 모델 되기 • 순차적 시간 개념을 느낄 수 있는 기회 제공하기 　- 사건의 순서를 회상, 표상, 설명하기 　　예 요리 활동 후 요리 장면의 그림을 순서대로 배열하기 　- 같은 장소에서 봄, 여름, 가을, 겨울에 찍은 사진을 게시하기 　- 같은 사물을 아침, 점심, 저녁 등 다른 시점에서 그리기 　　예 모네의 루앙 대성당의 아침, 정오, 오후의 모습 • 시간 간격을 경험할 수 있는 기회를 제공하기 　- 작업 시 모래시계나 요리용 타이머를 사용하기 　- 눈을 감은 뒤 일정 시간(예 1분)이 지났다고 생각되면 눈뜨기 　- 어떤 일을 하려면 얼마나 시간이 걸릴지 추정하기 　　예 "색칠을 다 하려면 얼마나 걸릴까?" • 달력이나 시계에 관심을 갖고 기초 개념을 형성하기 　- 달력을 관찰하여 1년은 12개월이며, 12월이 지나면 새해임을 이해하게 하기 　- 소풍 등 행사 달력에 표시하고, 매일 하나씩 날짜를 지워가기 　- 시계의 원리를 가르치기보다는 시계에 관심을 갖게 하는 데 초점을 두기 　　예 "간식 시간인데, 짧은 바늘은 10에 있고 긴 바늘은 6에 있네." 　- 이중 시계판을 사용하여 시각 읽기를 익숙하게 하기

10. 규칙성

(1) 개념

의미	어떠한 기본 단위가 일정한 순서로 반복되는 것 참고 과거 유치원 교육과정에서는 '분류하기와 순서 짓기'에 포함되었으나 2007년 유치원 교육과정에서부터 독립된 내용으로 제시되었음
효과	• 현상에 대한 통찰력을 제공함 예 기후 변화의 규칙성 ⇨ 다가올 계절이나 날씨 변화를 예측함 • 정보를 분류·조직하는 능력이 향상됨 • 수의 체계에 대한 이해와 수학의 아름다움을 느끼게 해줌 ⇨ '수'는 규칙성이 있는 대표적인 예

(2) 유형 분류

표상 양식에 따른 분류	운동적 패턴	
	청각적 패턴	 "따단~다딴따"
	시각적 패턴	
대상에 따른 분류	실물 패턴	구체적인 물체로 나타내기
	신체 패턴	유아 자신을 활용하여 표현하기
	상징 패턴	기호나 글자로 나타내기

생성 방식에 따른 분류	반복 패턴	기본 단위가 계속 반복됨 예 246 - 246 - 246
	증가 패턴	기본 단위가 다음 패턴의 일부분으로 사용됨 예 XY - XYY - XYYY
	관계 패턴	두 개의 조합 간에 연관성이 만들어짐 예 1-8, 2-16, 3-24
	대칭 패턴	기본 단위가 대칭을 이룸 예 ◁ ▷ ◁ ▷ ◁ ▷
	회전 패턴	기본 단위가 회전하면서 규칙성이 나타남 예 ⇩ ⇧ ⇩ ⇧ ⇩ ⇧
규칙의 변화에 따른 분류 (간단 ⇨ 복잡)	기본 규칙	
	물체의 개수를 동일하게 늘이기	
	물체의 개수를 서로 다르게 변화시키기	
	물체의 종류를 늘리기	
	물체의 위치만을 바꾸기	
규칙성 발달에 대한 입장		• **카미**: 수 세기 기술 습득 전에 단순한 지각 작용으로 형성됨 • **겔만**: 수 세기 기술 습득을 토대로 발달함

(3) 패턴활동

개념	유아	실물·신체·패턴 카드 등을 이용한 활동
	초등	수를 이용한 패턴 활동
유형	패턴 인식· 표현하기	• 패턴의 규칙을 발견하고 설명함 　🔴 일상생활, 미술 작품 또는 전통문양 • 비교적 쉬운 유형
	패턴 따라 만들기	• 주어진 패턴을 보고, 이와 동일한 패턴을 모방하여 배열함 • 패턴 과제를 말로 설명하기 어려움 • 처음에는 교사가 만드는 패턴을 그대로 따라해 보도록 함
	패턴 이어나가기	제시된 패턴을 보고 순서대로 연장하는 것 　🔴 사과 - 오렌지 - 사과 - 오렌지 -사과 - 오렌지 - ?
	패턴 끼워 넣기	패턴의 중간에 일부분이 비었을 때 알맞은 것을 찾아 넣는 것 　🔴 사과 - 오렌지 - ? - 오렌지 - 사과 - 오렌지 - 사과
	패턴 창조하기	• 유아가 스스로 규칙을 만들어서 패턴을 구성하는 것 • 이 활동을 하기 위해서는 이전 패턴 활동들의 충분한 경험이 필요함

(4) 지도 방법

일과를 통한 경험하기	• 일상의 사건에서 패턴을 수집하고 기록하기 • 패턴을 이용하여 일과를 구성하기 　🔴 간식 메뉴를 규칙적으로 바꾸기
유아의 발달 수준에 따라 패턴 활동의 유형 결정하기	• **실물 패턴** : 점진적으로 수를 포함하는 패턴으로 변형하기 • **패턴 인식·표현하기** : 패턴 이어가기나 창조하기
패턴과 문화 연결하기	• 패턴은 문화를 반영하고 있음을 이해하기 • 미술관, 박물관을 방문하여 작품 속에서 패턴을 찾아보기

11. 자료 분석

(1) 개념

의미	각 자료를 일정한 준거에 따라 수집·분류하고, 이를 그래프 등으로 조직하여 제시하고 설명하는 것	
통계학에 대한 관점	과거	• 응용 수학의 한 분야 • 하나의 기법이나 도구
	현재	실질적 문제를 해결하는 데 필요한 실용적 학문

(2) 분류하기

의미		사물을 유목이나 범주로 나누거나 모으는 과정으로서, 여러 속성 중 다른 속성은 무시하고 물체들 간의 공통성만 추론하여 그 준거를 다른 물체에도 적용함
필요성		• 인간의 생존과 생활에 필수적임 　예 합리적인 소비를 위해 꼭 필요한 물건과 그렇지 않은 물건을 구별함, 결혼에 앞서 여러 단계 (성별, 연령, 외모, 성격 등)의 분류하기 과정을 거침 • 수 개념의 기초가 됨 • 환경을 이해하고 대처하는 데 필요함
발달 단계	2~3세경	물체의 유사성에 따라 분류 　예 "이것들은 비슷해 보이니까 함께 놓아야 해."
	4~6세경	• 속성에 따라 분류하기보다 어떤 형태를 완성하려고 물체를 배열함 • 분류 기준이 물체의 유사성뿐 아니라 공간적 형태의 영향을 받음 • 분류 기준을 중간에 바꾸는 등 일관성 없이 분류함 　예 형태에 따라 분류하다가 나중에는 색깔에 따라 분류
	7~8세경	• 2가지 기준에 따라 분류하고, 그 이유를 말할 수 있음 • 대상(예 노란 블록, 초록 블록)이 존재할 경우 유목 포함 과제를 해결함
	8~9세	더욱 세련되게 분류할 수 있음 　예 • "어떤 꽃다발이 더 크니? 장미꽃이니? 빨간 장미니?" 　• "정원에서 꽃을 모두 꺾었다면, 장미가 남아 있을까?" 　• "장미를 모두 꺼내면, 꽃이 남아 있을까?"

(3) 교수 - 학습 방법

짝 짓기	**개념**	• 같은 것 또는 관련 있는 것끼리 연결하는 것 • 분류하기의 가장 초보적인 단계로서 일대일 대응의 개념과도 관계됨 • 유아는 차이점보다 공통점을 먼저 인식하기 때문에 일찍 발달함
	지도 방법	• **일과를 통한 경험하기** 　- 양쪽 신발을 나란히 신발장에 정리하기 　- 악기의 그림자 모양 위에 해당 악기를 보관하기 • **사물들 간의 공통된 속성을 탐색하는 경험을 제공하기** 　- 자연적인 짝끼리 짝 짓기 　　📖 젓가락, 우리 몸에서 짝인 것 찾기 　- 유사한 것끼리 짝 짓기 　　📖 동물과 그 새끼를 연결하기(어미 닭 - 병아리) 　- 함께 작업하는 것끼리 짝 짓기 　　📖 우유 - 컵, 구두 - 발, 실 - 바늘 　- 어울리는 것끼리 짝 짓기 　　📖 아기 - 유모차, 유아 - 세발자전거, 조종사 - 비행기

단순 분류	**개념**	• 물체들 간의 공통된 속성 한 가지에 따라 집합을 만들어 보는 활동 • 한 유목에 속하는 다양한 사례들을 다루어 봄 　📖 개 ⇨ 진돗개, 요크셔테리어, 달마시안

구분	진돗개	요크셔테리어	달마시안
특성			
공통적 특성			

• 그 유목에 속하지 않는 다양한 사례들을 모두 다루어 봐야 함
　📖 원숭이, 소

구분	원숭이	소
원숭이·소의 특성 중 개에는 없는 특성		
개의 특성 중 원숭이·소가 갖고 있지 않은 특성		

	단계	• 제시된 준거에 따라 분류하기 • 스스로 준거를 만들어 분류하기 • 이미 분류된 결과를 보고 유추하기

단순 분류	**지도 방법**	• 일과를 통한 경험 제공하기
		  - 놀잇감을 갖고 논 다음 정리하기
		  - 게임에서 팀을 나눌 때 분류하기를 활용하기
		• 사물의 유사점과 차이점을 인식하기
		  - 서로 비슷한 물건과 다른 물건을 탐색하기
		  - '비슷한', '똑같은', '같지 않은', '전혀 다른' 등의 개념을 이해하기
		• 분류 준거에 대한 생각을 돕기
		  - 유아가 분류 준거를 생각해 내지 못하는 경우 힌트 주기
		    ⑩ "어떤 색 단추가 좋니?"라고 색이라는 준거를 간접적으로 암시하기
		  - 서로 다른 준거로 분류할 수 있고 옳고 그른 준거는 없음을 이해하기
		  - 논리적인 준거가 아니더라도 나름대로의 이유를 대면 수용하기
		    ⑩ "내가 좋아하는 색깔이라서요."
		• 독립된 집합으로 된 사물 분류하기
		• 교집합이 있는 사물 분류하기
		• 2가지 유목에 따라 복합 분류하기
		• 포함관계로 분류하기(유목 포함)

복합 분류	**의미**	• 사물을 한꺼번에 둘 또는 둘 이상의 속성을 고려하여 분류하는 것 • 단순 분류 능력과 한 물체가 여러 유목에 속한다는 인식이 필요함 • 단순 분류보다 훨씬 어려우므로 체계적인 지도가 필요함

	지도 방법	• 일과를 통한 경험하기
		  - 2가지 속성의 용어를 동시에 사용하여 상호작용하기
		    ⑩ "색깔이 푸르면서 크기가 작은 가위를 쓰자."
		  - 2가지 속성에 따라 라벨을 붙여 교재·교구를 정리하기
		    ⑩ □ ■ ○ ● 단추로 분류
		• 분류의 준거는 한 가지가 아님을 인식시키기
		  - 한 가지 준거로 분류한 뒤 다른 준거로 재분류 해보기
		    ⑩ 단추 크기에 따라 분류한 뒤 모양에 따라 재분류
		  - 자신이 선택한 분류 준거를 친구의 분류 준거와 비교하게 하기
		    ⑩ "나는 크기에 따라 분류했는데, 쟤는 모양에 따라 분류했어요."
		• 분류의 준거는 한 가지가 아님을 인식시키기
		  - 어떤 면에서는 같고 어떤 면에서는 다른 물체 제공하기
		  - 벤다이어그램 만들기
		  - 소집단의 경우 바닥에 전지를 깔고 훌라후프 2개를 겹쳐 사용

유목 포함	의미	• 사물들 간의 위계적 관계 • 한 유목에 속하는 물체는 다시 상위 유목에 포함될 수 있음 　　⑩ 하위 개념(진돗개) < 기본 개념(개) < 상위 개념(동물)
	특징	• 개념 획득에 중요한 역할을 함 • 짝 짓기, 단순·복합 분류보다 고차원적임 • 자연적 상황에서 습득이 어려움 • 말로 설명하거나 시각 자료로 반복해서 가르쳐도 이해하기 어려움 • 전조작기 유아가 이해하기 어려움
	지도 방법	• 일과를 통한 경험하기 　- 전체와 부분 용어를 함께 사용하기 　　⑩ "친구들이 모두 탈 수 있을까? 아니면 몇 명만 탈 수 있을까?" 　- '~이 아닌'이라는 용어로 보충 유목 개념을 경험하기 　　⑩ "하얀색 공은 여기 넣고, 하얀색이 아닌 공은 저기에 넣자." • 전체와 부분관계 경험 제공하기 • 전체와 부분 관계를 떠올릴 수 있는 질문하기 　⑩ "장미가 모두 몇 송이지?(10송이)", "노란 장미는 몇 송이지?(7송이)", "빨간 장미는?(3송이)", "노란 장미가 많니? 빨간 장미가 많니?"라고 질문한다.

(4) 그래프

의미	통계는 정보를 수집·분류·표현·분석·해석하는 것으로서 현상을 기술하거나 예측하는 실생활에 유용함
특징	• 정보를 수집하여 체계적으로 조직함 ⇨ 전체적인 경향 파악 및 문제해결 도구로 사용 • 분류하기·순서 짓기·수 개념·부분과 전체 등을 내포하는 종합적인 수학 과정 • 다른 수학 개념들보다 어려움 ⇨ Ⅱ수준 • 그림그래프, 막대그래프, 원그래프, 꺾은선 그래프 등의 형태로 표현함 • 그림그래프와 막대그래프가 가장 쉬움 • 원그래프는 초등학교 단계에서도 어려움
발달	• 눈금 종이를 사용함 　- 눈금 네모 칸 안에 색깔을 칠하여 그래프 만들기 　- 앞의 단계를 충분히 경험한 이후에만 가능함 • 꺾은 선 그래프를 사용함 　- 기온이나 강우량의 변화를 보여주는 데 유용함 　- X축과 Y축이 만나는 지점에 표시한 후 이전의 점과 다음의 점을 연결하기

유형	**실물그래프**	• 사물을 그래프 판 위에 직접 놓아서 만드는 3차원적 그래프 • 영유아 자신이 그래프가 될 수도 있음 • 그림그래프나 상징그래프 활동의 기초가 됨 • 구체적인 경험을 제공하므로 가장 중요한 유형의 그래프임
	그림그래프	• 실물 대신 실물의 그림을 이용함 　 예 물체의 그림에 색칠하기, 물체의 사진이나 스티커를 붙이기 • 실물그래프와 상징그래프 간의 중간 성격을 가짐 • **실물그래프의 사용이 불가능하고 그림그래프를 사용해야 하는 경우** 　- 실물을 교실에 가지고 올 수 없는 경우 예 이용해 본 교통기관(비행기 등) 　- 실물이 한 자리에 가만히 있지 못하는 경우 예 집에 있는 애완동물 　- 영구적으로 보존하기 어려운 경우 예 좋아하는 과자
	상징그래프	• 어떤 물체를 표상하기 위해 추상적 매체를 사용함 예 ////, 正 • 해당 칸을 채운 차트를 책상 위나 벽에 붙임 • 블록을 쌓아 올리거나 종이클립 또는 색종이 고리를 연결함
지도 방법		• 일과를 통한 경험하기 　- 학급 일과의 일부분으로 만들기 　　 예 출석 그래프, 생일이 있는 달 　- 학급 내의 의사 결정에 활용하기 　　 예 견학 가고 싶은 장소, 어머니 초대 날에 사용할 간식 결정하기 　- 학습에 활용하기 　　 예 양파의 성장, 날씨 비교 또는 기온 변화 • 기술적 측면뿐 아니라 그래프의 목적 이해와 태도 형성에 초점두기 • 개인적 선호에 관한 동조 현상에 유의하기(특히, 인기아를 따라가거나 다수의 편에 서려는 경향 있음) ⇨ 비밀투표, 1인의 의견도 소중한 것임을 이해하도록 지도함
단계별 지침		• 영유아의 관심 흥미·이해 수준에 적절한 주제를 선택함 　 예 개인별 조사 활동 • 비교할 집단의 개수와 그래프의 유형을 결정함 　- 두 집단 비교 ⇨ 점차 집단 수를 늘림 　- 구체적 그래프 ⇨ 추상적 그래프 • **그래프 제작** : 그래프 판에 동일한 크기의 칸(바둑판 모양)을 만듦 • 그래프 완성 후 언어적 상호작용을 함 　 예 • 어떤 것이 더 많니(기니)? 어떤 것이 더 적니(짧니)? 　　　• 제일 많은(긴) 것은 무엇이니? 제일 적은(짧은) 것은 무엇이니? 　　　• 개수가 같은 것은 어떤 것들이니? 　　　• ~에는 몇 개가 있니? 　　　• ~보다 ~가 몇 개 더 많니?/적니?

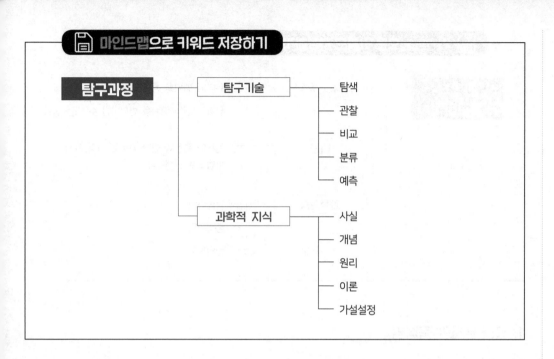

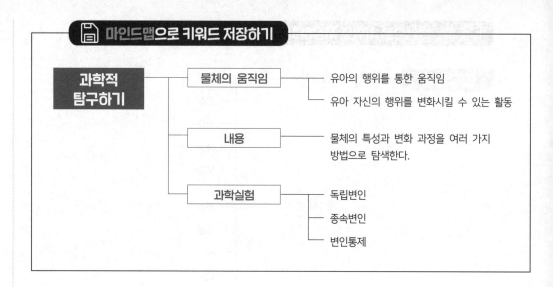

1. 물리(물체의 움직임)

(1) 개념

정의	• 물리적 세계를 이해하는 가장 쉽고 즉각적인 방법 • 물리적 지식과 논리·수학적 지식의 구성에 도움됨
기본적인 행위	유아의 일상적인 활동과 관련 예 밀기, 미끄러뜨리기, 구르기, 기울기, 던지기, 떨어뜨리기, 불기, 빨기, 흔들기, 당기기, 균형 잡기, 차기 등

(2) 지도 방법 - 4가지 원리에 따라 물리 활동을 계획

유아의 행위를 통해 물체의 움직임을 일으킬 수 있는 활동	• 유아의 행위와 물체의 반응 간에는 직접적인 관계가 있어야 함 • **유아의 행위와 물체의 움직임 간의 관계의 예**  관계없음　　간접적 관계　　직접적 관계
유아가 자신의 행위를 변화시킬 수 있는 활동	• 물체에 가하는 자신의 행위를 조절하여 실험할 수 있으면, 독립변인과 종속 변인의 관계를 이해할 수 있음 참고 독립변인과 종속변인 간의 함수 관계 <table><tr><td>정비례</td><td>바닥에 공을 세게 던질수록 높이 튄다.</td></tr><tr><td>반비례</td><td>바닥에 찰흙을 세게 던질수록 낮게 튄다.</td></tr></table> • **여러 가지 독립변인**

여러 가지 독립변인

경사면의 기울기	10°	30°	50°
경사면의 매끄러움			
공의 무게			
굴리는 힘			
굴리는 방법			

• 여러 독립변인을 한꺼번에 다루게 하는 것은 좋지 않음

　예 가파른 경사에서 가벼운 공과 완만한 경사에서 무거운 공을 굴리는 활동은 실험 결과가 공 때문인지 경사 때문에 의한 것인지 알 수 없기 때문에 한 번에 한 가지 독립변인만을 변화시키는 것이 바람직함

물체의 반응이 관찰 가능한 활동		• 관찰이 불가능하면 자신의 행위와 물체의 반응 간의 관계를 구성하지 못함 • 불투명한 용기보다는 투명한 용기를 사용함 • **움직임의 표상을 촉진하는 방법**
	움직임을 고정시키기	모래진자, 추(종이컵)가 흔들릴 때마다 추의 구멍에서 모래가 떨어져 나와서 종이 위에 궤적을 남김
		진흙 길에서 자전거 타기: 자전거가 지나간 길을 따라 바퀴 자국이 진흙 위에 남아 있음
		바퀴에 물감 칠하기: 바퀴에 물감을 칠한 미니카를 큰 종이 위에 굴리면 미니카가 지나간 경로에 물감 자국이 남음
		물체에 리본 달기: 공중에 물체를 던지는 경우에는 움직임이 입체적 형태로 일어나므로 긴 끈을 사용하는 것이 효과적임
	움직임을 단위로 나누기	**경사면에 턱 만들기**: 물체가 덜컹거리면서 천천히 움직이게 하지만 움직임 자체를 멈추게 하지는 않음 ⇨ 연속적인 행위를 부분으로 분절하는 것

물체의 반응이 즉각적으로 일어나는 활동		• 반응 시간이 지연되면 자신의 행위와 물체의 반응 간의 관련성을 구성하기 어려우며, 다른 요인을 원인으로 생각할 수 있음 • 분류
	마찰	• 물체가 표면 위에서 움직이는 것을 방해하는 힘을 말함 • 두 개의 물체를 서로 문지르면 마찰이 생김 • 표면의 성질은 마찰의 양에 영향을 미침
	진자	• 진자의 줄이 길수록 진자가 움직이는 경로는 커짐 • 세게 밀수록 진자가 빨리 움직임 • 힘을 계속 주지 않으면 진자가 움직이는 경로는 점차 작아짐 • 진자가 정지하지 않으려면 진자를 계속 밀어주어야 함
	빛	• 빛은 곧게 나아가는 성질이 있음 • 빛을 통과하는 물체(예 공기, 유리)와 통과하지 않는 물체(예 나무, 돌)가 있음 • 물체가 빛에서 멀어질수록 그림자는 점점 작아짐 • 빛은 물 속에서 굴절함
	소리	• 소리는 여러 가지가 있음 • 소리는 공기의 진동에 의해 생김 • 소리는 물체를 통해 전달됨
	전기	• 물체에는 전기가 통하는 것과 통하지 않는 것이 있음 • 정전기는 마찰에 의해 일어남 • 정전기는 작은 물체를 끌어당기는 힘이 있음
	중력	• 모든 물체는 아래로 떨어짐 • 경사도가 높을수록 빨리 굴러감
	저항	• 공기에는 힘(저항력)이 있음 • 낙하산은 물체를 천천히 떨어지게 함 • 낙하산에 단 물건이 가벼울수록 천천히 떨어짐 • 낙하산이 넓을수록 천천히 떨어짐
	자석	• 자석에는 N극과 S극이 있음 • 자석은 같은 극끼리는 서로 밀어내고 다른 극끼리는 서로 끌어당김 • 물체에는 자석에 붙는 것과 붙지 않는 것이 있음 • 자석의 힘은 물체(예 종이, 유리, 모래, 물)를 통과함

* 모범답안 770 ~ 773쪽

01 (가)는 4, 5세 혼합연령반 활동계획안의 일부이고, (나)는 수학적 활동에 대한 상황이고, (다)는 과학적 활동에 대한 상황이다. 물음에 답하시오. [5점]

(가)

활동명	떡을 만들어요.
활동목표	…(생략)…
활동방법	(A) • 떡 만들기에 필요한 재료를 탐색해본다. • 떡 만들기에 사용되는 도구의 사용법을 알아본다. • 요리표를 보며 요리 방법을 알아본다. • 다양한 색의 쌀가루 반죽을 만들며, 변화된 반죽의 색을 탐색해본다. (B) • 쌀가루 반죽을 다양한 모양과 크기의 찍기 도구로 찍어본다. • 찍어 놓은 반죽의 공통점과 차이점을 살펴본 후, 하트 모양을 모아본다. • 찍어놓은 초록색 반죽을 모은 후, 그 중에서 별 모양을 모아본다. • 쌀가루 반죽을 쪄서 익힌 후, 먹어본다.
확장활동	…(생략)…

(나)

철수 : 간식 시간에 친구들에게 똑같은 양으로 간식을 나누어 주어야지.

영희 : 네가 가지고 있는 5개의 구슬과 철수의 구슬 7개를 합했을 때 모두 몇 개일까?

(다)

교사 : 얼음이 녹으면 무엇이 될까?

영희 : 물이 되어요.

상욱 : ㉠ 봄이 와요.

1) (가)의 (A)의 활동에 관련된 2019 개정 누리과정 자연탐구 영역의 '내용'을 모두 쓰시오. [1점]

_____

2) (가) 활동에서 ① 만 4세에게 어려운 활동을 찾아 쓰고, ② 그 이유를 쓰시오. [2점]

① _____

② _____

3) (나)에서 하버트(Hiebert)와 린퀴스트(Lindquist)가 설명한 지식이 나타나고 있다. ① 철수와 ② 영희에 나타난 지식의 유형을 쓰시오. [1점]

① _____

② _____

4) (다)에서 ㉠은 에드워드 드 보노(Edward de Bono)가 제시한 개념이다. 창의적 사고와 관련된 이러한 개념이 무엇인지를 쓰시오. [1점]

_____

02 (가)는 만 5세 민수와 혜주의 패턴 블록놀이 활동을 관찰한 내용이고, (나)는 만 5세 유아들의 블록놀이를 관찰한 후에 가진 교사협의회 장면이다. 물음에 답하시오. [5점]

(가) 자유선택활동 시간에 민수와 혜주는 수·조작 놀이 영역에서 패턴 블록을 가지고 배를 만드는 놀이를 하고 있다.

혜주 : 어, 여기에 네모가 필요한데 동그라미, 세모 밖에 없어. 어떡하지? (타원형 모양을 몇 번 맞춰 본다.) 안 되네. 못하겠다.

민수 : 왜 안 되는데? 내가 한번 해볼까? (혜주가 넣은 타원형 모양을 뺀다.) ㉠ <u>봐봐, 이거는 뾰족한 데가 없잖아. 네모는 이것처럼 뾰족한 데가 있어야 해.</u> ㉡ <u>이 삼각형을 옮기거나 뒤집어보자. 어떻게 될까?</u>

(나)

김 교사 : 유아들이 블록을 가지고 집과 다리 만들기 놀이를 하는 걸 보았는데 이런 일상적 놀이 경험을 수·과학적 지식으로 확장시켜주면 좋겠어요.

박 교사 : 좋아요. 유아들의 블록놀이에 대한 확장활동을 어떻게 계획하면 좋을까요?

김 교사 : 먼저 유아들이 만든 집이나 다리를 그림으로 그려 보게 하면 어떨까요?

박 교사 : 좋은 생각이에요. 또 다른 활동은 없을까요?

김 교사 : 그럼, 유아들이 만든 집이나 다리를 다양한 위치에서 보고 서로 비교해 보는 활동도 재미있어 할 것 같아요.

박 교사 : 좋아요. 그리고 여러 가지 블록을 모양별로 분류해본 후에 색깔별로 재분류해보는 것도 좋겠어요.

---

1) (가) 활동에서 혜주에게 필요한 과학적 태도 2가지를 쓰시오. [1점]

① _____

② _____

2) (가)의 ㉠과 관련된 2019 개정 누리과정 자연탐구 영역의 '내용'을 쓰시오. [1점]

_____

3) (가)의 ㉡을 통해 향상될 수 있는 민수의 공간 능력 1가지를 쓰시오. [1점]

_____

4) (나)에서 김 교사가 제안한 활동 중 유아들이 공간추론을 하는 활동을 찾아 그 이유를 쓰시오. [1점]

_____

5) 다음 ①에 들어갈 적합한 용어를 쓰시오. [1점]

(나)에서 박 교사가 제안한 활동은 수집한 자료의 분류와 재분류로 어떤 (①)와/과 속성에 따라 자료를 분류하고 조직하는 것이 적절한지를 결정하는 것이다.

① _____

03 (가)와 (나)는 만 5세 땅콩반의 '분류하기' 활동 장면이고, (다)는 누리반 포트폴리오 평가에 관한 내용이다. 물음에 답하시오. [5점]

(가) 교사는 모양과 크기가 다른 그림 카드를 제공하였다.

교사 : (그림카드를 보여주면서) 여기에 있는 그림을 잘 보세요.

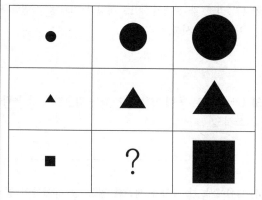

(물음표를 지적하면서) 여기에 어떤 그림이 와야 할지 아래에서 찾아보세요.

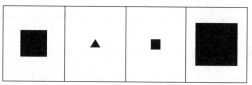

(나) 교사는 곤충과 곤충이 아닌 그림을 제공하였다.

교사 : (그림카드를 보여주면서) 여기에 있는 그림을 잘 보세요. (물음표를 지적하면서) 여기에 어떤 그림이 와야 할지 아래에서 찾아보세요.

(다)

1) (가)의 활동은 (①)와/과 (②)의 두 가지 속성을 동시에 고려하는 (③)분류하기 활동이다. ①, ②, ③에 들어갈 적합한 용어를 쓰시오. [3점]

① _____

② _____

③ _____

2) (나)의 활동에서 이루어진 분류하기 활동의 종류를 쓰시오. [1점]

_____

3) (다)의 ① 유아 그림에 나타난 그림 표현을 쓰고, ② 이 표현기능의 과정이 유아에게 어떤 도움을 주는지 쓰시오. [1점]

① _____

② _____

04 다음은 유아기 사고의 특성을 보여 주는 예이다. 물음에 답하시오. [5점]

(가)

철수 : 어제 대단했어.(자신이 본 비행시범이 대단했음을 뜻함)

영희 : 파란 것이 있었어. 많이 있었는데 전부 한 줄로 갔어. (자신이 본 비행기가 편대임을 뜻함)

철수 : 나는 어제 자동차를 타고 갔어. 차에서 보니 빈 차들이 많이 지나갔어. (비행기 편대에 의해 연상된 것임)

영희 : 나는 그걸 그리고 싶어.(비행기를 그리고 싶다는 뜻)

(나) 철수에게 여러 형태와 색깔의 동그라미, 네모, 세모꼴의 도형을 제시하고 서로 같은 것끼리 모아보라고 하였다.

(다) 꿈에 거인을 본 만 4세 유아가 "정말로 거기 있었어요. 하지만 내가 깼을 때 사라져버렸어요. 마루 위에서 발자국을 보았어요."라고 말한다.

(라) 피아제(Pigaet)는 전조작기 유아에게는 원인과 결과 간의 관계에 대한 정확한 논리적 추론능력이 결여되어 있으므로 이 시기에 매우 독특한 인과적 사고가 나타난다고 주장하였다.

---

1) (가)에 나타난 유아들의 대화를 피아제(Piaget)는 무엇이라고 했는지 쓰시오. [1점]

_____

2) 다음 ①과 ②에 들어갈 적합한 용어를 쓰시오. [2점]

> (나)는 철수에게 (①)개념을 습득하도록 하는 방법이다. ①과 관련하여 피아제(Piaget)는 전조작기 유아는 아직 사물들의 유사성에 따른 공통적 속성을 이해하는 (②)이/가 부족하다고 하였다.

① _____

② _____

3) (다)에서 나타난 ① 유아의 인과적 사고를 쓰고, ② (라)의 내용은 어떤 개념을 설명하는지 쓰시오. [2점]

① _____

② _____

05 (가)는 ○○유치원 5세반 유아들이 실외 놀이터에서 비눗방울 놀이를 하는 상황이고, (나)는 수학적 활동에 대한 상황이다. 물음에 답하시오. [5점]

(가)

동주 : 우리 비눗방울 놀이하자.

진서 : 좋아.

동주 : 그런데 여기 틀 모양이 여러 가지야. 넌 어떤 것으로 할 거야?

진서 : 나는 세모 모양 비눗방울을 만들 거니까 세모로 해야지.

동주 : 야, 세모 모양 비눗방울을 어떻게 만들어?

진서 : 만들 수 있어.

동주 : 비눗방울은 다 동그래.

진서 : 아니야, 세모 모양 비눗방울 있어.

동주 : 내가 하는 거 잘 봐. (동주는 사각형 틀로 비눗방울을 만든다.)

동주 : 봤지? 동그랗지?

진서 : 어, 이상하다.

동주 : 너도 해 봐.

진서 : (진서는 삼각형 틀로 비눗방울을 만든다.)

동주 : 봐, 네가 한 거랑 내가 한 거랑 ㉠ 둘 다 동그랗잖아.

진서 : 그러네, 진짜 동그랗다.

동주 : 우리 다른 틀로도 해 볼까?

㉡ (동주와 진서는 구름, 하트, 강아지, 토끼 모양의 틀로 비눗방울을 만든다.)

(나)

철수 : 간식 시간에 친구들에게 똑같은 양으로 간식을 나누어 주어야지. (개념적 지식)

영희 : 네가 가지고 있는 5개의 구슬과 철수의 구슬 7개를 합했을 때 모두 몇 개일까? (절차적 지식)

---

1) (가)와 관련하여 ①과 ②에 들어갈 적합한 용어를 쓰시오. [2점]

> 구성주의(constructivism) 관점에서는 과학활동의 (①)보다 (②)을/를 중시하여 개별 유아의 사고 구조의 발달에 초점을 두고 있다.

① _____

② _____

2) 동주의 ㉠에서 사용된 탐구기술 1가지를 쓰시오. [1점]

_____

3) ㉡에 제시된 종속변인을 쓰시오. [1점]

_____

4) (나)에서 철수의 활동과 관련하여 긴스버그(Ginsburg)가 설명한 지식이 나타나고 있다. ① 철수에게 나타난 지식의 종류를 쓰고, ② 그 지식의 의미를 쓰시오. [1점]

① _____

② _____

06 (가)~(다)는 교사들이 2019 개정 누리과정 자연탐구 영역을 지도한 내용이고, (라)는 교사들의 대화이다. 물음에 답하시오. [5점]

(가)

박 교사 : 저는 주변에서 익숙하게 볼 수 있는 자석이나 구슬과 같은 물체나 밀가루 반죽과 같은 물질 등을 가지고 놀이하면서 물체나 물질이 가지고 있는 기본적인 특성을 알아보게 하였지요.

홍 교사 : 그랬군요. 저는 출생 시의 몸무게와 키를 현재 자신의 신체 조건과 비교해 보고, 친구들의 신체조건 및 성장 과정과도 비교해 보는 활동을 하게 하였지요.

김 교사 : 유아들이 토끼에 대해 궁금해 하여 다음 활동에서 토끼에 대한 생김새, 습성, 사는 곳 등의 특성에 대해 토끼의 눈은 빨갛고, 귀는 길쭉하며, 달리기와 뛰기를 잘하는 등의 구체적인 지식을 제공해주어 유아의 지식을 확장시켜 주었지요.

최 교사 : 유아들이 동생의 출생에 대해 관심을 갖자 출생해서 성장하는 과정에 대한 동영상 자료를 통해 출생과 성장에 대한 관심을 확장시켜 주었지요.

(나) 자유선택활동이 끝나고 대집단 모임 시간을 가진 후 아이들은 바깥으로 나가 썰매를 타기 시작했다. 얇은 종이라도 비닐을 씌운 썰매는 잘 미끄러지지만 종이 상자 썰매는 점점 젖으면서 잘 미끄러지지 않았다. 교실로 돌아온 아이들은 다시 썰매를 만들고 싶어 했다. 마침 내일도 눈이 온다는 예보가 있다. 아이들의 이러한 관심을 연장시켜 ㉠ 내일은 놀이 속에서 과학 학습이 이루어지도록 비닐을 덧댄 썰매와 종이 상자 썰매를 비교해 보는 발문에 신경을 써야겠다.

(다)

2019 개정 누리과정	2015 개정 초등학교 교육과정
수 감각 기르기	수와 연산
공간 및 도형에 대해 알아보기	도형
…(생략)…	측정
규칙성 이해하기	(㉡)
…(생략)…	(㉢)

(라)

김 교사 : 선생님, 여름 주제와 관련된 동극 수업안을 작성하셨네요?

박 교사 : 네, 동극으로 표현활동을 해보려고요.

홍 교사 : 수업의 전체적인 흐름은 괜찮네요. 그런데 마지막 평가에서 목표가 달성되었는지를 한 번 더 확인해 보는 질문을 해야 하는 게 아닐까요?

박 교사 : 그래요? 전 좀 생각이 다른데요. 아이들이 활동을 통해 알게 될 텐데 마지막에 정리해주는 것은 너무 지식을 전달하려는 것처럼 느껴져요.

홍 교사 : 아, 그렇군요.

최 교사 : 시간의 문제가 좀 있을 것 같은데요. 40분 안에 다 하기 어려울 수도 있겠어요.

김 교사 : 그러네요. 이 부분은 전날 미리 정하는 것이 좋겠네요.

채 교사 : 계획안에는 장소가 나타나지 않았는데 넓은 유희실에서 하는 것이 어떨까요?

박 교사 : 그게 좋겠어요. 여러 선생님들의 의견을 들으니 도움이 많이 되겠네요. 그럼 이번엔 채 선생님의 계획안을 보도록 하죠.

---

1) (가) 활동에서 ① 유아의 발달 수준에 부적절한 활동을 한 교사를 제시하고, ② 그 이유를 쓰시오. [2점]

① _____

② _____

2) (나)의 ㉠에 나타난 반성적 사고의 유형을 쓰시오. [1점]

_____

3) (다)의 ㉡ ~ ㉢에 적합한 용어를 쓰시오. [1점]

㉡ _____

㉢ _____

4) (라)에 나타난 장학의 방법을 쓰시오. [1점]

_____

07 다음 (가)는 유아 과학과 수학교육에 대한 교사들의 대화이고, (나)는 자연탐구 영역의 지도방법이다. 물음에 답하시오. [5점]

(가)

김 교사: 21세기 다원주의 사회가 도래함에 따라 절대적인 가치를 추구하기보다는 상대적인 가치를 추구하는 경향이 높으며, 이는 유아 과학교육과 수학교육에서도 예외는 아니죠. 특히 (㉠)은/는 유아의 지식 구성에 대한 철학으로, 현재 유아 과학교육과 수학교육에 현저하게 영향을 미치고 있는 패러다임입니다.

박 교사: 맞아요. 과학과 수학은 그 기원 자체가 인간이 자연과 더불어 살아가면서 생활 속의 문제를 해결하려고 합리적으로 의사결정하며, 삶의 수준을 향상하고자 시작되었지요. 이런 점을 감안할 때 생활과 유리된 자연과 환경을 고려하지 않은 학문중심적 과학 및 수학교육은 과학과 수학을 우리들의 삶과 거리가 먼 추상적 존재로 남게 할 뿐이죠. 이에 최근의 과학과 수학교육은 자연과의 조화를 기반으로 하면서 생활과 사회와의 연관성을 중점을 두고 경험적 맥락에서 실시될 것을 강조하고 있죠. 대표적으로 (㉡) 접근은 일상생활 및 사회의 경험과 관련 있는 문제를 중심으로 과학을 가르치고 문제해결력을 향상시키는 데 중점을 두고 있지요.

백 교사: 그렇군요. (㉢) 능력은 논리적이며 합리적인 문제해결 능력의 기초가 되면, 지식 정보화 사회에서 개인 및 국가의 경쟁력 강화를 위한 필수적인 능력이지요. (㉢) 능력은 직관이나 구체적인 경험을 통한 통찰로부터 시작하여 추상적으로 발달되지요.

(나) 자연탐구 영역의 지도방법

ⓐ 생활 속에서의 구체적인 사실과 경험에 근거하여 수학에 대한 직관적 감각 기르기를 강조한다.

ⓑ 유아의 물활론적 사고와 평형화를 촉진하기 위해 인지적 갈등을 유발할 수 있는 자료를 제시한다.

ⓒ 유아가 자연물의 상태와 변화를 탐색하도록 하며 이를 자연스럽게 자연현상에 대한 이해와 연결시키도록 지도한다.

ⓓ 유아가 자신에게 의미 있는 수학적 상황을 해결하기 위해 이미 알고 있는 지식을 적용하여 타당한 결론을 이끌어내도록 지도한다.

1) (가)의 ㉠에 들어갈 적합한 용어를 쓰시오. [1점]

㉠ _____

2) 박 교사가 말하고 있는 Yager와 Tami가 강조한 개념으로, ㉡에 들어갈 적합한 용어를 쓰시오. [1점]

㉡ _____

3) 백 교사가 말하고 있는 ㉢에 들어갈 적합한 용어를 쓰시오. [1점]

㉢ _____

4) (나)에서 ① 부적절한 지도방법의 기호를 쓰고, ② 그 이유를 설명하시오. [2점]

① _____

② _____

08 (가), (나)는 피아제의 이론에 대한 내용이고, (다)는 비고츠키의 이론에 대한 내용이다. 물음에 답하시오. [5점]

> **(가)**
>
> **영진** : 새는 날개가 있고 뾰족한 입이 있고 하늘을 날지! (하늘에 나는 비행기를 보고) 저기 새가 날아가네.
>
> **진명** : 이상하다? 비행기는 새가 아닌데? 선생님, 하늘에 나는 저건 무엇인가요?
>
> **교사** : 비행기이죠.
>
> **(나)**
>
> **철수** : 엄마의 생일 선물로 자신이 좋아하는 인형을 선물하면 좋아할 것이라고 생각하고, 가면을 쓸 때 그림이 있는 쪽을 자신에게 향하도록 쓰면서 다른 사람이 볼 수 있다고 생각한다.
>
> **영희** : 인형을 때리면 인형이 아파한다고 생각하고, 의자에 부딪혀 넘어졌을 때 의자가 일부러 자기를 넘어뜨렸다고 생각해서 "때찌"라고 말하면서 의자를 때린다.
>
> **광수** : 광수에게 똑같은 수의 구슬을 하나는 길게, 하나는 짧게 늘어놓고 어느 것이 많으냐고 물어보면 광수는 길게 늘어놓은 구슬이 더 많다고 대답한다.
>
> **(다)** 블록 영역에서 놀이하는 유아에게 교사가 "이 블록들은 크기가 다르구나."라고 말한다면 유아는 블록의 크기에 관심을 갖게 될 것이다.

1) (가)에서 ① 영진이가 보이는 인지발달 기제를 쓰고, ② 진명이가 보이는 인지과정을 쓰시오. [1점]

① _____

② _____

2) (나)에서 ① 철수와 영희에 나타난 전조작기의 인지적 사고특징을 쓰고, ② 광수의 사고특징을 설명하시오. [2점]

① 철수 : _____, 영희 : _____

② _____

3) (다)와 관련하여 다음을 완성하시오. [1점]

> 비고츠키는 (①)을/를 발달과 학습을 위한 전략으로 간주하였다. (①)은/는 '현재의 유아'보다는 '미래의 유아'에 초점을 두고, 이미 획득된 것보다는 현재 또는 미래의 과정에서 계속 성장 중에 있는 인지과정에 초점을 두고 있다.

① _____

4) (가)~(다)를 설명하는 발달심리적 관점을 쓰시오. [1점]

_____

09 (가)와 (나)는 초록유치원 만 3세반 김 교사와 만 5세 반 박 교사가 작성한 활동계획안의 일부이고, (다)는 (가)와 (나)에 관련된 지도방법이다. 물음에 답하시오. [5점]

	(가)	(나)
활동명	데굴데굴 바퀴 굴려라	경사로에서 굴려보아요
활동 목표	굴러가는 물체의 기본 특성에 관심을 가진다.	경사로의 높이에 따라 자동차의 이동 거리가 다름을 안다.
활동 방법	• 다양한 모양의 블록을 탐색한다. • 경사로에서 다양한 모양의 블록을 굴리면 어떻게 될지 예측하며 이야기 나눈다. • 잘 굴러갈 수 있는 물체를 비밀상자에 넣은 후에 유아가 만져 보며 꺼내어서 물체의 모양 등의 특징을 탐색한다.	• 바퀴가 실제 생활 속에서 어떻게 활용되고 있는지 알아본다. • 바퀴를 사용하는 물건을 폐품을 활용하여 만들어 본다. • 자동차가 어떤 경사로에서 잘 굴러가는지 높이에 따라 반복하여 나타난 결과를 기록하고 비교한다.

(다) 지도방법
• 만 3, 4세에는 유아에게 친숙한 공, 장난감 자동차, 원기둥형 실패, 구슬, 팽이와 같은 움직이는 물체들과 물감, 밀가루, 모래 등의 물질을 제공한다.
• 만 5세는 바퀴, 여러 종류의 흙과 분말과 같은 좀 더 다양한 사물을 제공하여 오감각을 통해 그 특성을 알아보도록 한다.
• 유아가 물체의 움직임을 시도해볼 수 있으면서 즉각적으로 물체의 반응을 경험할 수 있는 활동을 통해 물체의 움직임을 알아보도록 한다.

1) (가)의 활동방법에서 ① 만 3세반에 적절하지 않은 것 1가지를 찾아 쓰고, ② 그 이유를 2019 개정 누리과정 자연탐구 영역을 근거로 쓰시오. [2점]

① _____

② _____

2) (나)의 활동방법에 적용된 ① 수학적 활동을 찾아 쓰고, ② 그 이유를 2019 개정 누리과정 자연탐구 영역을 근거로 쓰시오. [2점]

① _____

② _____

3) (다)에서 부적절한 지도방법을 찾아 쓰시오. [1점]

_____

10 다음은 피아제(J. Piaget)의 액체량 보존 실험이다. 질문에 답을 하시오. [5점]

1) 위의 실험에서 전조작기 유아가 액체량 보존에 대해 이해하지 못한 이유에 대하여 3가지로 설명하시오.　　　　[3점]

①＿＿＿＿＿＿＿＿＿＿＿＿＿＿＿＿＿＿＿

＿＿＿＿＿＿＿＿＿＿＿＿＿＿＿＿＿＿＿＿＿

②＿＿＿＿＿＿＿＿＿＿＿＿＿＿＿＿＿＿＿

＿＿＿＿＿＿＿＿＿＿＿＿＿＿＿＿＿＿＿＿＿

③＿＿＿＿＿＿＿＿＿＿＿＿＿＿＿＿＿＿＿

＿＿＿＿＿＿＿＿＿＿＿＿＿＿＿＿＿＿＿＿＿

2) ① 유아가 "이쪽이 더 많아요."라고 하는 것은 어떤 사고인지 쓰고, ② 그 의미를 설명하시오.　　　　[1점]

①＿＿＿＿＿＿＿＿＿＿＿＿＿＿＿＿＿＿＿

②＿＿＿＿＿＿＿＿＿＿＿＿＿＿＿＿＿＿＿

3) 위와 같은 실험을 전개할 때 유의할 점에 대하여 2019 개정 누리과정의 자연탐구 영역의 '탐구하는 태도 기르기'를 근거로 하여 2가지로 설명하시오.　　　　[1점]

①＿＿＿＿＿＿＿＿＿＿＿＿＿＿＿＿＿＿＿

＿＿＿＿＿＿＿＿＿＿＿＿＿＿＿＿＿＿＿＿＿

②＿＿＿＿＿＿＿＿＿＿＿＿＿＿＿＿＿＿＿

＿＿＿＿＿＿＿＿＿＿＿＿＿＿＿＿＿＿＿＿＿

11 다음은 만 5세반 김 교사가 하루 일과를 끝낸 후 작성한 반성적 저널이다. 물음에 답하시오. [5점]

갑자기 눈이 펑펑 내렸고 아이들은 밖에 나가 썰매를 타고 싶어 했다. 지호가 "썰매 만들어서 타요."라고 외치자 몇몇 아이들은 벌써 도화지로 썰매를 만들기 시작했다. ㉠ 나는 자유선택활동을 위해 계획했던 놀이를 취소하고 아이들의 관심과 행동을 따르기로 했다. 순주는 종이가 젖는다고 비닐로 종이 썰매를 감쌌다. ㉡ "선생님, 지호는 비닐도 안 대고 만든대요. 찢어지는데⋯⋯." 나는 순주가 지호에게 직접 얘기해 주도록 했다. 한쪽에서는 두어 명이 종이 상자 두 개를 이어 썰매를 만들었다. 한 아이가 썰매에 끈을 달고 그림을 그리자 다른 아이들도 끈을 달고 장식하기 시작했다.

㉢ 자유선택활동이 끝나고 대집단 모임 시간을 가진 후 아이들은 바깥으로 나가 썰매를 타기 시작했다. 얇은 종이라도 비닐을 씌운 썰매는 잘 미끄러지지만 종이 상자 썰매는 점점 젖으면서 잘 미끄러지지 않았다.

교실로 돌아온 아이들은 다시 썰매를 만들고 싶어 했다. 마침 내일도 눈이 온다는 예보가 있다. 아이들의 이러한 관심을 연장시켜 내일은 ㉣ 놀이 속에서 과학 학습이 이루어지도록 비닐을 덧댄 썰매와 종이 상자 썰매를 비교해 보는 발문에 신경을 써야겠다.

---

1) 김 교사는 유아교육에서 강조하는 교수 – 학습 원리를 실제에 적용하고 있다. 밑줄 친 ㉠, ㉡, ㉢과 관련된 교수 – 학습 원리를 각각 쓰시오. [3점]

㉠ _____

㉡ _____

㉢ _____

2) 다음은 ㉣과 관련된 2019 개정 누리과정 자연탐구 영역의 ① '내용범주'와 ② '내용'을 쓰시오. [1점]

① _____

② _____

3) 다음 ①이 무엇인지 쓰시오. [1점]

김 교사는 자신의 수업에 대한 전문성을 계발하기 위하여 의뢰인이 되어 (①)을/를 신청하여 교내외의 전문성을 갖춘 사람들에 제공하는 조언활동에 참여하였다.

---

① _____

12 다음은 만 4세 유아와 관련된 내용이다. 물음에 답하시오. [5점]

활동명	단추를 찾았어요.	활동연령	만 4세
활동 목표	• 사물의 개수를 세거나 비교할 수 있다. • 사물을 한 가지 기준으로 분류할 수 있다.		
활동 자료	동화 '잃어버린 단추', 여러 가지 단추, 분류판, 메모지, 매직펜 등		
활동방법			

• 동화 '잃어버린 단추'를 듣는다.
• 옷에 달린 단추를 찾아본다.
• 단추의 특성(모양, 크기)에 대해 알아본다.
  – 단추는 어떤 모양(크기)이니?
• 단추의 개수를 세어본다.
  – 자기 옷에 있는 단추는 몇 개인지 세어보자.
  – 단추를 나누어 갖고, 여러 가지 방법으로 비교하고 분류한다.
  – 친구와 비교했을 때 누구 단추가 더 많니?
  – 이 두 개 중 어느 단추가 더 크니?
  – 어떤 방법으로 단추를 분류해 볼 수 있을까?
  – 단추를 어떤 방법으로 나누었니?
  – 단추 모양과 같은 도형은 어떤 것이 있을까? 자기 옷에 있는 단추와 같은 모양의 물건이나 도형을 교실에서 찾아보자.
  – 단추의 크기를 비교해 보고 가장 작은 것부터 크기대로 순서를 지어 보자.
• 분류한 단추의 ㉠ <u>수를 세어보고</u> 기록한다.

1) 사례와 관련된 2019 개정 누리과정 자연탐구 영역의 ① '내용범주'를 쓰고, 활동방법에서 만 4세에 적합하지 않은 것을 1가지 찾아 ② 그 이유를 쓰시오. [1점]

① _____

② _____

_____

2) 다음 글을 읽고 문장을 완성하시오. [1점]

> 분류(classification)는 사물들 간의 (①)을/를 근거로 구분하는 능력이고, 서열화(seriation)는 사물들 간의 (②)을/를 근거로 순서 짓는 능력이다.

① _____

② _____

3) ㉠과 관련하여 ①과 ②가 무엇인지 쓰시오. [1점]

> 겔만(Gelman)은 배열된 물체에 대응하기 위해 사용되는 수 단어들은 반복 가능하고 (①)(으)로 사용되어야 하고, 구체적 물체의 배열이나 집합 외에도 적용할 수 있는 (②)의 원리를 이해하여야 한다고 하였다.

① _____

② _____

4) 다음 ①과 ②가 무엇인지 쓰고, 적합한 예를 쓰시오. [2점]

> 수가 사용되는 다양한 상황을 경험함으로써 직관적으로 수의 여러 가지 의미를 이해하도록 하여야 한다. 수량을 나타내는 (①)와/과 순서를 나타내는 순서수 및 명칭으로 사용되는 (②)을/를 알아야 한다.

① _____, _____

② _____, _____

13 (가)는 만 4세 민수와 혜주의 놀이 활동을 관찰한 내용이고, (나)는 (가)에 따라 2019 개정 누리과정에 근거하여 '패턴블록으로 모양 만들기' 활동을 계획한 것이다. 물음에 답하시오. [5점]

(가) 자유선택활동 시간에 민수와 혜주는 수·조작 놀이 영역에서 ㉠ 패턴 블록을 가지고 놀고 있다. 배를 만들고 있던 혜주가 "어, 여기에 네모가 필요한데 동그라미, 세모 밖에 없어. 어떡하지?"라고 하면서 사각형처럼 생긴 타원형 모양을 몇 번 맞춰보다가 "안 되네, 못하겠다."라고 말한다. 그러자 옆에서 놀고 있던 민수가 "왜 안 되는데? 내가 한번 해볼까?"라고 하면서 혜주가 만들고 있던 배를 살펴본다. 그리고 민수는 혜주가 넣은 타원형 모양을 뺀 후 "봐봐, 이거는 뾰족한 데가 없잖아. 네모는 이것처럼 뾰족한 데가 있어야 해."라고 말하며 삼각형을 사용하여 빈 곳에 맞추어 본다.

(나) 〈활동명〉 패턴 블록으로 모양 만들기

1) **목표** : 도형의 이름과 특징을 안다.
(㉡   )

2) **활동 자료** : 패턴 블록, 모양본

3) **활동 방법**
 • 여러 가지 패턴 블록 모양과 모양본을 탐색한다.
 • 선택한 모양본에 패턴 블록을 올려놓으며 맞추어 본다.
 • 패턴 블록으로 여러 가지 모양을 만들어 본다.
   – ㉢ 이 모양을 맞추려면 사각형 말고 다른 어떤 모양이 필요할까?
   – ㉣ 이 삼각형을 옮기거나 뒤집어보자. 어떻게 될까?

---

1) ㉠과 관련하여 다음 ①이 무엇인지 쓰시오. [1점]

> 비조직적으로 보이는 상황에 대해 질서와 예측을 할 수 있도록 도울 뿐 아니라 가능한 자료나 정보를 토대로 일반화하는 것을 허용하기 때문에 (①) 사고 발달의 기초가 된다.

① _____

2) (나)의 ㉢과 ㉣에 비추어 ㉡에 들어갈 활동 목표 1가지와 관련된 2019 개정 누리과정 자연탐구 영역의 '내용'을 쓰시오. [1점]

_____

3) 다음 사례를 읽고 유아에게 길러줄 수 있는 공간 능력 1가지를 쓰시오. [1점]

> "너의 앞·뒤·옆·위·아래에는 무엇이 있니?"
> "언어 영역과 역할놀이 영역 사이에 의자를 놓아 주렴."

_____

4) (나)의 ㉣을 통해 향상될 수 있는 유아의 공간 능력 1가지를 쓰시오. [1점]

_____

5) 다음 ①과 ②가 무엇인지 쓰시오. [1점]

> 여러 가지 모양으로 구성하는 과정은 도형을 옮기고, 뒤집고, 돌리는 경험을 수반하므로 도형의 (①)와/과 (②)도 경험할 수 있다.

① _____

② _____

14 (가)~(다)는 유아의 도형지도와 관련된 내용이다. 물음에 답하시오. [5점]

> **(가)** 반힐레(Van Hiele)는 기하학습이론에서 학습자는 일정한 수준에서부터 다음 수준으로 능력의 증진을 돕는 학습경험이 제공되어야 한다고 하였다.
>
> **철수**: ㉠ 정사각형이야. 왜냐하면 그렇게 생긴 것을 보면 알기 때문이야.
>
> **영희**: ㉡ 삼각형은 세 변을 가진 도형이야.
>
> **(나)** 유아는 여러 개의 다른 도형들이 모여서 하나의 도형을 만들 수 있고, 반대로 하나의 도형이 여러 개의 다른 도형으로 나누어질 수 있음을 알게 되어 기본도형의 부분과 전체 관계를 탐색하도록 하였다. 또한, 옮기고, 뒤집고, 돌리는 등 도형의 이동과 대칭도 경험할 수 있었으며 기본 도형을 구체적으로 조작하고 변화시켜보는 경험을 반복함으로써 머릿속에서 변화할 형태에 대한 이미지를 생성하는 (㉢) 능력을 향상시킬 수 있었다. 점차적으로 친숙한 장소인 놀이터까지의 경로를 인식하여 간단한 지도를 만들어 보았는데 …(생략)…
>
> **(다)** 한 물체의 모양은 바라보는 위치와 방향에 따라서 달라진다는 것을 알고 각 방향에서의 모양을 비교하는 지도를 위하여 ㉣ 유아에게 물체를 정면에서 봤을 때, 옆에서 봤을 때, 그리고 위에서 내려다 봤을 때 보이는 모습이 서로 다르다는 것을 알게 되도록 지도하였다. 이는 위치의 변화에 따른 결과에 대해 유아가 (㉤)을/를 하도록 한다.

1) (가)의 ㉠과 관련하여 ① 반힐레가 제시한 기하학적 수준을 쓰고, ② 그 의미를 설명하시오. [2점]

① _____

② _____

2) (가)의 ㉡과 관련하여 반힐레가 제시한 기하학적 수준을 쓰시오. [1점]

_____

3) (나)와 관련된 2019 개정 누리과정 자연탐구 영역의 ① '내용'을 쓰고, ㉢에 들어갈 적합한 용어를 쓰시오. [1점]

① _____

㉢ _____

4) (다)의 ㉣에 대한 공간능력을 쓰고, ㉤에 들어갈 적합한 용어를 쓰시오. [1점]

㉣ _____

㉤ _____

15 (가)와 (나)는 누리유치원 혼합 연령반 박 교사가 작성한 반성적 저널의 일부이고, (다)는 (가)와 (나)에 관련된 지도방법이다. 물음에 답하시오. [5점]

(가)

박 교사 : 나는 지도 만들기 활동을 위하여 우선 ㉠ 유아와 관련지어 유아 자신의 앞, 뒤, 옆, 위, 아래에는 무엇이 있는지 물체의 위치를 말하고 인식하도록 격려하였다. 그 후 ㉡ 책상 위, 책꽂이 뒤, 창문 앞쪽, 현관 쪽으로와 같이 공간적 어휘를 사용하여 물체를 알아보았다. 그리고 패턴 블록을 사용하여 현관 앞쪽에 있는 신발장을 구성해보았다.

(나)

박 교사 : 만 4세에게는 탱그램으로 여러 모양을 만드는 활동을 하게 하고, 만 5세에게는 패턴 블록과 여러 가지 모양 틀을 도형으로 채우고 다른 유아와 모양 틀을 채우는 활동을 해 보게 하였다.

(다)

- 유아가 자신에서 시작하여 점차 주변의 특정 지형지물을 기준으로 물체의 위치와 방향을 인식하고 이를 표현할 수 있는 기회를 제공한다.
- 유아가 공간에 대한 심적 지도를 형성할 수 있도록 주요한 지형지물을 사용하여 경로를 설명하고 만 4세경에는 간단한 지도 만들기 경험을 제공한다.
- 촉감을 이용한 감각·운동적 경험을 통해 기본 도형에 대한 이미지와 감각을 형성하도록 한다. 도형의 둘레를 손가락으로 따라가기, 비밀 주머니 속의 도형들 중에서 만져보고 같은 것 찾기, 물체를 만져보고 어떤 모양인지 설명하기, 도형 그리기, 도형 색칠하기, 지오보드 위에 도형 만들기 등의 경험을 제공한다.
- 주변 여러 물체들의 모양을 살펴보고 모양에 따른 특성을 인할 수 있는 기회를 제공한다. 초기에는 '굴러가는 것과 굴러가지 않는 것', '쌓을 수 있는 것과 쌓을 수 없는 것' 등으로 물체의 기본적인 특성에 기초하여 탐색하게 한다. 점차 주변 사물 중 기본 도형 모양인 것을 찾아보면서 각 도형의 형태와 이름에 익숙해지도록 하며, 만 5세에는 각 도형별로 다양한 크기를 제시하거나 도형을 놓는 방향을 다르게 하는 등으

로 여러 예를 접하게 하여 도형의 속성을 비교해 보게 한다.
- 도형을 나누고 합해 보는 경험을 하도록 한다. 만 4세 유아는 여러 도형을 사용하여 새로운 형태를 구성하는 경험 자체에 중점을 두고, 만 5세 유아는 하나의 도형이 여러 다른 도형으로 만들어질 수 있음을 보면서 도형 나누기와 합하기에 관심을 갖도록 한다.
- 교사는 유아가 공, 둥근 기둥, 상자모양의 기본 입체도형보다 동그라미, 세모, 네모의 기본 평면도형을 먼저 경험할 수 있도록 하게 한다.

1) (가)의 ㉠과 ㉡에 관련된 공간표상 능력 발달을 쓰시오.
[2점]

㉠ _____

㉡ _____

2) (나)의 활동을 통하여 유아가 배우게 되는 개념을 쓰시오.
[1점]

_____

3) (다)에서 부적절한 지도방법을 2가지 찾아 쓰시오. [2점]

① _____

② _____

16 다음은 최 교사가 작성한 활동계획안이다. 물음에 답하시오. [5점]

활동명	신발 바닥에는 어떤 모양이 숨어 있을까?	활동 연령	만 4세
활동 목표	• 신발 바닥에는 다양한 무늬가 있음을 안다. • 눈을 밟으면 자국이 남는 것을 안다.		
활동 자료	다양한 바닥 무늬가 있는 운동화 5~6켤레, 구두 5~6켤레		

(가) 활동 방법

1) 눈 위에 자신이 신고 있는 신발의 무늬를 찍어보고 마음대로 걸어본 후 자신이 만든 자국을 살펴본다.
 – 어떤 무늬가 찍혔니?
 – 네가 걸어 다닌 자국이 어떤 모양으로 되었니?
2) 준비된 신발들의 바닥 무늬를 살핀다.
 – 이 신발 바닥은 어떤 모양으로 되어 있니?
 – 신발 바닥을 눈 위에 누르면 어떤 모양이 찍힐까?
3) 유아가 원하는 신발을 골라서 갈아 신은 후, 무늬를 찍어보고 걸어 다닌 자국을 살핀다.
 – 이 신발에는 어떤 모양의 무늬가 있니?
 – 신발로 ㉠ 눈을 밟으면 눈이 어떻게 변하니?
4) 교실에 들어와서 신발 2개를 가지고 하나는 파란 물감, 다른 하나는 빨간 물감을 묻혀 모조지에 빨강, 파랑, 빨강, 파랑의 순서대로 계속 찍어본다.

(나) 지도방법

ⓐ 운동화 5~6켤레를 준비하여 전체 개수 중 일정 개수만큼 물체를 센 다음(하나, 둘, 셋) 이미 센 부분은 손바닥이나 종이로 가리고 그 다음부터 이어 수를 세어보게 한다(다섯, 여섯).
ⓑ 유아에게 신발을 위에서 바라본 모양과 신발을 밑에서 본 모양을 비교하여 차이점을 알게 한다.
ⓒ 탑쌓기를 사용하여 증가적인 패턴을 이해하도록 지도한다.
ⓓ 종이가 물속에서 걸쭉해지는 것을 손으로 만져보고, 공처럼 뭉쳐보게 하여 다양한 방법으로 변화시켜본다.

1) (가)에서 ㉠과 관련된 2019 개정 누리과정 자연탐구 영역의 '내용'을 쓰시오. [1점]

_____

2) (가)에서 ① 대수적 사고의 길러 줄 수 있는 활동을 찾아 쓰고, 2019 개정 누리과정 자연탐구 영역 '생활 속에서 탐구하기'의 '내용'에 근거하여 ② 그 이유를 쓰시오. [1점]

① _____

② _____

3) (가)와 관련하여 (나)에서 부적절한 지도방법 3가지를 찾아 기호와 함께 각각 그 이유를 쓰시오. [3점]

① _____

② _____

③ _____

17 (가)는 ○○유치원 5세반 유아들이 실외 놀이터에서 비눗방울놀이를 하는 상황이고, (나)는 수학적 활동에 대한 상황이다. 물음에 답하시오. [5점]

(가)

동주 : 우리 비눗방울 놀이하자.

진서 : 좋아.

동주 : 그런데 여기 틀 모양이 여러 가지야. 넌 어떤 것으로 할 거야?

진서 : 나는 세모 모양 비눗방울을 만들 거니까 세모로 해야지.

동주 : 야, 세모 모양 비눗방울을 어떻게 만들어?

진서 : 만들 수 있어.

동주 : 비눗방울은 다 동그래.

진서 : 아니야, 세모 모양 비눗방울 있어.

동주 : 내가 하는 거 잘 봐. (동주는 사각형 틀로 비눗방울을 만든다.)

동주 : 봤지? 동그랗지?

진서 : 어, 이상하다.

동주 : 너도 해 봐.

진서 : (진서는 삼각형 틀로 비눗방울을 만든다.)

동주 : 봐, 네가 한 거랑 내가 한 거랑 ㉠ <u>둘 다 동그랗잖아.</u>

진서 : 그러네, 진짜 동그랗다.

동주 : 우리 다른 틀로도 해 볼까?

㉡ <u>(동주와 진서는 구름, 하트, 강아지, 토끼 모양의 틀로 비눗방울을 만든다.)</u>

(나)

철수 : 간식 시간에 친구들에게 똑같은 양으로 간식을 나누어 주어야지. (개념적 지식)

영희 : 네가 가지고 있는 5개의 구슬과 철수의 구슬 7개를 합했을 때 모두 몇 개일까? (절차적 지식)

---

1) (가) 상황과 관련하여 다음 ①과 ②에 들어갈 적합한 용어를 쓰시오. [2점]

(①) 관점에서는 과학활동의 내용보다 (②)을/를 중시하여 개별 유아의 사고 구조의 발달에 초점을 두고 있다.

① _____

② _____

2) 2019 개정 누리과정에 제시된 탐구기술 중 ㉠에서 사용된 탐구기술 1가지를 쓰시오. [1점]

_____

3) ㉡에 제시된 종속변인을 쓰시오. [1점]

_____

4) (나)에서 영희의 활동에서는 스켐프(Skemp)가 제시한 지식의 구분유형이 나타난다. ① 지식유형을 쓰고, ② 그 의미를 쓰시오. [1점]

① _____

② _____

18 다음은 2019 개정 누리과정 자연탐구 영역의 활동에 관한 내용이다. 물음에 답하시오. [5점]

(가)

철수 : 공을 가지고 놀이할 때, 교사가 "공을 자신의 머리 위, 발 앞, 발 아래 등에 두어보자."라고 말하면 해당되는 위치를 알고 공을 놓는다.

영희 : 주변 나들이를 하고 돌아 온 후에 쌓기 영역에서 동네의 가게나 집들을 블록으로 구성한다. 자신이 구성한 것을 "소방서 옆에 학교가 있어요. 그 앞에 문방구도 있어요."라고 말한다.

광수 : 물체를 여러 가지 위치에서 찍은 사진카드를 보고 해당되는 물체를 찾는다. "이건 컵이야. 위에서 보면 동그라미인데 옆에서 보니까 손잡이가 있는 컵이네."와 같이 여러 위치에서 본 모습에 해당되는 물체 찾기 활동을 한다.

(나)

태수 : 여러 종류의 자동차의 바퀴를 보며 "이 자동차 바퀴도 동그라미, 저 자동차 바퀴도 동그라미." 하며 손으로 바퀴를 만져보며 관심을 보인다.

민지 :

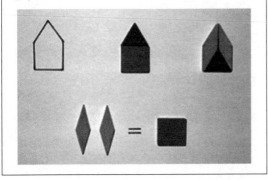

---

1) (가)에서 ① 철수와 영희에게 길러줄 수 있는 공간능력을 쓰고, ② 그 의미를 쓰시오. [2점]

① _____

② _____

2) (가)에서 광수는 위치의 변화에 따른 결과를 파악할 수 있으려면 어떤 능력이 필요한지 쓰시오. [1점]

_____

3) (나)의 태수는 유아의 학습행동 중 어떤 단계인지 쓰시오. [1점]

_____

4) (나)의 활동을 통하여 민지에게 향상시킬 수 있는 능력을 쓰시오. [1점]

_____

19 다음은 유아에게 '기초적인 자료수집과 결과 나타내기' 활동을 지도하는 내용이다. 물음에 답하시오. [5점]

(가)

철수 : (사과와 개를 함께 묶고) 나는 사과를 좋아하고 개를 좋아한다.

영희 : 개구리와 나무는 초록색이야.

(나)

유아들이 위의 활동을 전개한 후 교사가 유아에게 아래와 같이 지도를 하였다.

김 교사 : "어디서 굴렸을 때 자동차가 더 멀리 갈까?"

유 아 들 : "높은 곳일 때요!"

김 교사 : "㉠ 그래, 경사로가 높은 곳에서 더 멀리 갈 수 있구나!"

박 교사 : 종이 벽돌블록을 이용하여 경사로의 높이를 변화시키면서 자동차가 이동한 거리를 관찰하고 멈춘 지점을 표시해 준다.

최 교사 : 자동차의 크기와 경사로의 높이를 다르게 하여 자동차가 이동한 거리를 관찰하고 비교하게 한다.

이 교사 : 어떤 경사로에서 자동차가 잘 굴러가는지 높이에 따라 반복하여 나타난 결과를 기록하고 비교하게 한다.

(다) '기초적인 자료 수집과 결과 나타내기'는 일상생활에서 탐구하고자 하는 문제를 해결하기 위해 ㉡ 필요한 자료를 모으고, 정리하고, 그래프로 결과를 나타내고, 해석하는 여러 과정을 포함한다. 이는 유아 수준의 기초 통계와 관련된 부분으로 초등학교 교육과정의 '(㉢)'와/과 연계된다.

---

1) (가)의 ① 철수에게 어떤 분류유형이 나타나는지 쓰고, ② 영희에게는 어떤 분류유형이 나타나는지 비졸쿤드(Bjorklund)의 용어로 쓰시오. [1점]

① _____

② _____

2) (나)의 ㉠과 같은 발문이 부적절한 이유를 쓰시오. [1점]

_____

3) (나)에서 재분류한 사례를 찾아 쓰시오. [1점]

_____

4) (다)의 ㉡에 나타난 수학적 과정의 종류를 쓰고, ㉢에 들어갈 적합한 용어를 쓰시오. [2점]

㉡ _____

㉢ _____

20 만 5세 초록반 자유선택활동의 내용이다. 물음에 답하시오. [5점]

활동명	도장을 찍어 보세요.	활동연령	만 5세
활동 목표	주어진 패턴을 여러 방향으로 회전하여 패턴 구성을 할 수 있다.		
활동 자료	지우개 도장, 종이		

(가) 활동 내용

교사 : 여기에 화살표 모양 고무도장이 있어. 너희들이 가지고 있는 종이에 화살표 방향을 규칙적으로 바꿔 패턴을 만들어 보자.

경수 : (화살표가 위쪽으로 향하는 도장을 계속해서 찍는다.)

교사 : 경수야. 다른 방향으로도 찍어볼까? (화살표의 방향이 아래쪽으로 가게 하면서 찍는 행동을 함께 보여준다.) 화살표가 규칙적으로 반복되게 하려면 어떻게 해야 할까?

경수 : (위로, 아래로, 위로, 아래로 번갈아 가면서 도장을 찍는다.) 이렇게요?

교사 : 위로 다음에는 아래로 그 다음에는 위로 그 다음에는 아래로 번갈아 가면서 도장을 찍었구나.

민혁 : (경수가 찍는 모습을 보고) 나는 그럼 왼쪽, 오른쪽, 위, 아래 다 찍어야지. 선생님 이것 보세요.

교사 : ㉠ 왼쪽, 오른쪽, 위, 아래 다 찍었네. 그 다음에는 어떤 방향으로 찍어야 할까?

민혁 : 음… 맨 처음에… 왼쪽이요!

(나) 〈활동명〉 패턴 블록으로 모양 만들기

1) **목표** : 도형의 이름과 특징을 안다.
2) **활동 자료** : 패턴 블록, 모양본
3) **활동 방법** :
- 여러 가지 패턴 블록 모양과 모양본을 탐색한다.
- 선택한 모양본에 패턴 블록을 올려놓으며 맞추어 본다.
- 패턴 블록 모양을 위에서 내려 보고 옆에서 본다.
- 패턴 블록으로 여러 가지 모양을 만들어 본다.
  - 이 모양을 맞추려면 사각형 말고 다른 어떤 모양이 필요할까?
  - ㉡ 이 삼각형을 옮기거나 뒤집어보자. 어떻게 될까?

1) (가)의 ㉠과 관련된 2019 개정 누리과정 생활 속에서 탐구하기의 세부내용을 근거하여 유아에게 길러줄 수 있는 능력을 쓰시오. [1점]

_____

2) (가)에서 ① 부적절한 지도를 찾아 쓰고, ② 바르게 수정하시오. [2점]

① _____

② _____

3) (가)와 (나) 활동을 통하여 유아에게 길러줄 수 있는 사고능력을 쓰시오. [1점]

_____

4) (나)의 ㉡ 활동을 통하여 유아가 경험할 수 있는 것을 쓰시오. [1점]

_____

21 (가)~(다)는 2019 개정 누리과정 자연탐구 영역을 지도한 내용이고, (라)는 교사들의 대화다. 물음에 답하시오. [5점]

(가)

박 교사 : 저는 주변에서 익숙하게 볼 수 있는 자석이나 구슬과 같은 물체나 밀가루 반죽과 같은 물질 등을 가지고 놀이하면서 물체나 물질이 가지고 있는 기본적인 특성을 알아보게 하였지요.

홍 교사 : 그랬군요. 저는 출생 시의 몸무게와 키를 현재 자신의 신체 조건과 비교해 보고, 친구들의 신체조건 및 성장 과정과도 비교해 보는 활동을 하게 하였지요.

김 교사 : 유아들이 토끼에 대해 궁금해하여 다음 활동에서 토끼에 대한 생김새, 습성, 사는 곳 등의 특성에 대해 토끼의 눈은 빨갛고, 귀는 길쭉하며, 달리기와 뛰기를 잘하는 등의 구체적인 지식을 제공해주어 유아의 지식을 확장시켜 주었지요.

최 교사 : 유아들이 동생의 출생에 대해 관심을 갖자 출생해서 성장하는 과정에 대한 동영상 자료를 통해 출생과 성장에 대한 관심을 확장시켜 주었지요.

(나) 갑자기 눈이 펑펑 내렸고 아이들은 밖에 나가 썰매를 타고 싶어 했다. 지호가 "썰매 만들어서 타요."라고 외치자 몇몇 아이들은 벌써 도화지로 썰매를 만들기 시작했다. 나는 자유선택활동을 위해 계획했던 놀이를 취소하고 아이들의 관심과 행동을 따르기로 했다. 순주는 종이가 젖는다고 비닐로 종이 썰매를 감쌌다. "선생님, 지호는 비닐도 안 대고 만든대요. 찢어지는데……." 나는 순주가 지호에게 직접 얘기해 주도록 했다. 한쪽에서는 두어 명이 종이 상자 두 개를 이어 썰매를 만들었다. 한 아이가 썰매에 끈을 달고 그림을 그리자 다른 아이들도 끈을 달고 장식하기 시작했다.

자유선택활동이 끝나고 대집단 모임 시간을 가진 후 아이들은 바깥으로 나가 썰매를 타기 시작했다. 얇은 종이라도 비닐을 씌운 썰매는 잘 미끄러지지만 종이 상자 썰매는 점점 젖으면서 잘 미끄러지지 않았다.

교실로 돌아온 아이들은 다시 썰매를 만들고 싶어 했다. 마침 내일도 눈이 온다는 예보가 있다. 아이들의 이러한 관심을 연장시켜 내일은 놀이 속에서 과학 학습이 이루어지도록 비닐을 덧댄 썰매와 종이 상자 썰매를 비교해 보는 발문에 신경을 써야겠다.

(다)

김 교사 : 선생님, 여름 주제와 관련된 동극 수업안을 작성 하셨네요?

박 교사 : 네, 동극으로 표현활동을 해 보려고요.

홍 교사 : 수업의 전체적인 흐름은 괜찮네요. 그런데 마지막 평가에서 목표가 달성되었는지를 한 번 더 확인해 보는 질문을 해야 하는 게 아닐까요?

박 교사 : 그래요? 전 좀 생각이 다른데요. 아이들이 활동을 통해 알게 될 텐데. 마지막에 정리해주는 것은 너무 지식을 전달하려는 것처럼 느껴져요.

홍 교사 : 아, 그렇군요.

최 교사 : 시간의 문제가 좀 있을 것 같은데요. 40분 안에 다 하기 어려울 수도 있겠어요.

김 교사 : 그러네요. 이 부분은 전날 미리 정하는 것이 좋겠네요.

채 교사 : 계획안에는 장소가 나타나지 않았는데 넓은 유희실에서 하는 것이 어떨까요?

박 교사 : 그게 좋겠어요. 여러 선생님들의 의견을 들으니 도움이 많이 되겠네요. 그럼 이번엔 채 선생님의 계획안을 보도록 하죠.

---

1) (가) 활동에서 ① 유아의 발달 수준에 부적절한 활동을 한 교사를 제시하고, ② 그 이유를 쓰시오. [2점]

① _____

② _____

2) (나)에 나타난 교사의 교수·학습원리 중 융통성에 대한 사례를 찾아 쓰시오. [1점]

_____

3) (나)에서 실천 행위를 위한 반성적 사고의 사례를 찾아 쓰시오. [1점]

_____

4) (라)에 나타난 장학의 목적을 쓰시오. [1점]

_____

22 (가)는 2019 개정 누리과정 자연탐구 영역 중 '수학적 탐구하기'의 일부 내용이고, (나)는 만 4세반 백 교사가 실시한 과학 활동이다. 물음에 답하시오. [5점]

(가)

철수 : ⊙ '앉기–서기–점프' 패턴을 레고블록을 가지고 만들어 보라고 했을 때, '빨강–파랑–노랑'을 반복하면서 패턴을 만든다.

영희 : ♪'덩덩덩, 신나는 우리 동네' 페트병 악기 연주하기에서 덩(페트병 마주치기), 짠(페트병 바닥치기) 등 교사가 치는 것을 보고 그대로 따라 한다.

광수 : 길이를 재기 위해 같은 길이의 색연필을 반복해서 놓을 때 사이가 벌어지거나 서로 겹쳐지지 않도록 놓는다.

재석 : 물체를 여러 가지 위치에서 찍은 사진카드를 보고 해당되는 물체를 찾는다. "이건 컵이야. 위에서 보면 동그라미인데 옆에서 보니까 손잡이가 있는 컵이네."와 같이 여러 위치에서 본 모습에 해당되는 물체 찾기 활동을 한다.

(나)

■ **활동명** : 마라카스 만들기

◉ **활동 목표**
• 페트병에 넣은 곡식의 양에 따라 소리가 달라짐에 관심을 가진다.
• 마라카스의 소리를 즐긴다.

◉ **활동 유형** : 소집단 활동(과학 활동)

◉ **활동 방법**
1) 똑같은 크기와 모양의 페트병 ○○개와 쌀을 제공한다.
2) 마라카스를 만들기 전에 전체 유아 집단을 대상으로 자신이 만들 마라카스에서 어떤 소리가 날지 질문하고 교사가 제시한 방법대로 유아들이 마라카스를 만들면 전체에게 다시 어떻게 해서 자신의 소리를 만들게 되었는지 질문한다.
3) 유아가 자신이 만든 소리와 다른 소리를 비교해 볼 때 소리의 원인에 대한 질문을 하여 토론이 활발히 일어나게 하며 토론하는 과정에서 그 내용을 글로 적어 모임시간에 발표하게 한다.
4) 완성된 마라카스로 다양한 소리를 만들어 즐기게 한다.

---

1) (가)에서 철수가 보이는 패턴을 무엇이라고 하는지 쓰시오.
[1점]

_____

2) (가) 활동에 나타난 2019 개정 누리과정 자연탐구 영역 중 '생활 속에서 탐구하기'의 '내용'을 모두 쓰시오. [2점]

_____

_____

3) (가)에서 재석이는 어떤 표상을 기를 수 있는지 쓰시오.
[1점]

_____

4) (나) 활동과 관련된 2019 개정 누리과정 자연탐구 영역의 '탐구과정 즐기기'에 관련된 '내용'을 쓰시오. [1점]

_____

23 (가)는 2019 개정 누리과정 자연탐구 영역의 '생활 속에서 탐구하기'의 내용과 초등학교 수학과 교육과정의 '영역'을 연계성 측면에서 관련지어 배열한 것이고, (나)는 '생활 속에서 탐구하기'의 일부 내용을 제시한 것이다. 물음에 답하시오. [5점]

(가)

2019 개정 누리과정	2015 개정 초등 교육과정
수 감각 기르기	수와 연산
공간 및 도형에 대해 알아보기	도형
(㉠)	측정
규칙성 이해하기	규칙성
기초적인 자료수집과 결과 나타내기	(㉡)

(나)

정 교사 : 과자가 20개쯤 담겨 있는 접시를 성희에게 주며 5개를 세어서 철수에게 나누어 주게 하였다.

윤 교사 : 색깔 카드를 빨강, 파랑, 노랑, 빨강, 파랑, 노랑, 빨강의 순서로 늘어놓은 후, 그 다음에 나올 카드의 색을 예측해 보게 하였다.

이 교사 : 사탕을 9개씩 가지고 있는 미영이와 기철이에게 둘의 사탕을 합하면 모두 몇 개가 되는지 물어 보았다.

홍 교사 : 볼링 놀이를 하려고 하는 훈이에게 "볼링 핀 4개를 세어서 바구니에 담아 가져 가렴."이라고 말해 주었다.

박 교사 : 영희와 함께 사물함의 왼쪽에서부터 하나씩 짚어가며 "첫 번째, 두 번째, 세 번째. 아, 바로 세 번째 칸이 영희의 사물함이구나."라고 말해 주었다.

최 교사 : 쌓기 놀이 영역에서 블록을 정리하고 있는 선우에게 노란 바구니와 파란 바구니를 제시하며 "큰 블록은 노란 바구니에, 작은 블록은 파란 바구니에 담아볼까?"라고 말하였다.

1) (가)의 ㉠에 들어갈 내용을 쓰고, 다음을 완성하시오. [1점]

> 사물의 관계 외에도 사물 간의 공통점·차이점 같은 속성을 이해하는 것을 (①)(이)라고 한다.

㉠ _____

① _____

2) (가)의 ㉡에 들어갈 적합한 용어를 쓰시오. [1점]

㉡ _____

3) (나)의 박 교사와 관련하여 유아에게 길러줄 수 있는 수학적 개념을 쓰시오. [1점]

_____

4) (나)의 ① 윤 교사와 ② 정 교사와 관련된 2019 개정 누리과정 자연탐구의 '내용'을 쓰시오. [2점]

① _____

② _____

24 (가)는 유아에게 공간에 대한 지도 내용이고, (나)는 수 세기 지도의 내용이며, (다)는 패턴지도에 대한 내용이다. 물음에 답하시오. [5점]

(가) 나는 지도 만들기 활동을 위하여 우선 ㉠ 유아와 관련지어 유아 자신의 앞, 뒤, 옆, 위, 아래에는 무엇이 있는지 물체의 위치를 말하고 인식하도록 격려하였다. 그 후 ㉡ 책상 위, 책꽂이 뒤, 창문 앞쪽, 현관 쪽으로와 같이 공간적 어휘를 사용하여 물체를 알아보았다. 그리고 ㉢ 패턴 블록을 사용하여 현관 앞쪽에 있는 신발장을 구성해보았다.

(나) 만 4세 유아는 1에서 10까지를 수를 순서대로 말할 수 있으며, 열 개가량의 구체물을 세어보고 그 수량을 알아볼 수 있다. 이는 서수 개념을 획득한 것인데, 여기서 전략적으로 물체를 세어보도록 교사는 안내해야 한다.

(다) 패턴이란 비조직적으로 보이는 상황에 대해 질서와 예측을 할 수 있도록 도울 뿐만 아니라 가능한 자료나 정보를 토대로 일반화하는 것을 허용하기 때문에 중요한 의미와 가치를 갖는다고 볼 수 있다. 또한 패턴의 인식과 분석은 (㉣) 발달의 시작이며, 기초가 되는 것이다. 그러므로 패턴을 인식하는 능력은 현상에 대한 통찰력을 갖게 하며 다가올 계절이나 날씨 변화를 예측할 수 있게 되고, 예측하는 능력을 포함하는 (㉣) 능력은 현대사회에서 필수적으로 요구되는 능력이다.

1) (가)와 관련하여 ㉠~㉢과 관련된 공간표상 능력 발달을 쓰시오. [3점]

㉠ _____

㉡ _____

㉢ _____

2) (나)와 관련하여 유아 수 세기 발달 단계 중 다음에 적합한 용어를 쓰시오. [1점]

한 집합 안의 사물과 수 이름을 정확하게 1:1로 대응시켜가면서 세지만 물체의 간격을 넓히면 그 집합이 더 많다고 대답하는 수 세기 발달 단계를 (①)(이)라고 한다.

① _____

3) (다)의 ㉣에 들어갈 적합한 용어를 쓰고, 다음 활동과 관련된 2019 개정 누리과정의 자연탐구 중 '생활 속 탐구하기'의 ① '목표'를 쓰시오. [1점]

㉣ _____

① _____

教원임용학원 강의만족도 1위,
해커스임용 teacher.Hackers.com

모범답안

Part 1   교직논술

Part 2   유아 교육과정

01회 모의고사 **모범답안**

　최근 유치원 교육현장에서 컨설팅 장학에 따른 문제가 발생하고 있다. 이러한 문제를 해결하기 위하여 유치원 컨설팅 장학의 목적 세 가지와, 수업장학과 수업컨설팅의 차이점을 네 가지 측면에서 비교하고, 사례에 근거하여 수업컨설팅에 참여한 교사들의 문제점과 개선방안을 세 가지씩 제시한 후, 사례에 나타난 수업컨설팅 진행 과정에서 나타난 교사들의 변화 두 가지를 논하고자 한다.

　유치원 컨설팅 장학의 목적을 세 가지로 제시할 수 있다. 첫째, 교사의 전문성 신장이다. 이는 컨설팅 장학이 교사가 부족한 부분에 대한 지원을 요청하여 이루어지는 장학이라는 점에서 지원받는 부분에 대한 전문성이 신장되기 때문이다. 둘째, 장학요원과 장학 대상자 양자의 발달이다. 이는 컨설팅 장학을 진행하는 과정이 장학 대상자와 장학요원인 컨설턴트 모두에게 전문성을 발달시킬 수 있는 유익한 경험이 되기 때문이다. 셋째, 유치원의 교육력을 제고한다. 이는 유치원 맞춤식 장학을 통해 유치원의 개별 상황을 고려하고, 교육의 질을 높일 수 있기 때문이다.

　수업장학과 수업컨설팅의 차이점을 네 가지 측면에서 비교할 수 있다. 첫째, 초점 측면에서 차이가 있다. 이는 수업장학은 교사의 수업능력 개선에 초점을 두지만, 수업컨설팅은 컨설팅 대상자가 의뢰한 부분에 대한 개선에 초점을 두기 때문이다. 둘째, 분석 측면에서 차이가 있다. 이는 수업장학은 교사의 수업기술을 분석하는 반면, 수업컨설팅은 교사, 유아, 수업내용, 수업환경 등을 분석하기 때문이다. 셋째, 수업문제의 원인 측면에서 차이가 있다. 이는 수업장학은 교사의 수업능력에서 원인을 찾지만, 수업컨설팅은 수업조직, 조직문화, 교사와 영유아의 동기·능력 등 다양한 요인에 대하여 복합적으로 접근해 원인을 찾기 때문이다. 넷째, 수업문제 해결을 위한 개입안에 차이가 있다. 이는 수업장학은 교사의 수업능력 개선을 위한 전략에 개입하는 반면, 수업컨설팅은 교사가 의뢰한 문제점에 대해 다양한 요인들의 해결을 위한 다중적 접근을 하기 때문이다.

　사례를 통해 수업컨설팅에 참여한 교사들의 문제점과 개선방안을 세 가지로 논할 수 있다. 첫째, 김 교사가 연령을 고려한 수업을 어려워 한 점이다. 이는 수업을 계획할 때 어린 연령을 고려하지 않았기 때문이다. 개선방안은 연령과 수준, 개개인의 특징과 발달 정도를 파악하여 수업을 계획하고 준비해야 한다. 둘째, 박 교사가 성비를 고려하지 못한 점이다. 이는 남자 유아가 많은 학급의 특성을 고려하지 않아 주의 집중이 어려웠기 때문이다. 개선방안은 흥미를 유발할 수 있는 손 유희나 교재·교구 등을 이용하여 주의 집중을 유도해야 한다. 셋째, 최 교사가 계획과 다른 수업을 하게 되는 경우가 많은 점이다. 이는 많은 업무 때문에 수업을 준비하는 데 시간적인 어려움이 있기 때문이다. 개선방안은 수업준비 시간을 우선적으로 확보한 후에 다른 업무를 효율적으로 처리해야 한다.

　사례에 나타난 수업컨설팅 진행 과정에서 교사들의 변화된 점을 두 가지로 제시할 수 있다. 첫째, 배 교사는 유아들의 흥미를 고려하여 활동을 효과적으로 나누어서 진행하게 되었다. 이는 노래 배우기와 악기 연주를 함께 진행하였는데, 노래 배우기를 하나의 활동으로 진행하고 그 다음에 2차시나 3차시로 활동을 진행하였기 때문이다. 둘째, 엄 교사는 연령을 고려하여 수업준비를 하게 되었다. 이는 어렵게 진행하던 수업을 만 3세 유아 특성에 맞추어 준비를 하게 되었기 때문이다.

　유치원 교육현장에서 컨설팅 장학을 개선하여야 한다. 교사는 컨설팅 장학에 대한 전문성을 신장해야 한다. 컨설팅 장학에 대하여 유치원에서는 교사에 대한 인적·물적 자원을 지원해야 한다. 교육지원청에서는 실천 중심의 장학 자료를 제공해야 한다.

최근 유치원 교육현장에서 자유선택활동에 따른 문제가 발생하고 있다. 이러한 문제를 해결하기 위해 자유선택활동에 대한 의의와 유의점, 교사의 역할수행 갈등 및 해결방안, 역할수행에 도움을 주는 효능감을 논의하고자 한다.

자유선택활동에 대한 의의는 세 가지로 제시할 수 있다. 첫째, 유아의 능동적인 학습이 이루어지는 시간이다. 둘째, 개별학습이 이뤄지는 시간이다. 셋째, 인간관계를 학습하는 시간이다. 자유선택활동 시 교사의 유의점을 두 가지로 제시할 수 있다. 유아의 놀이를 관찰한 후 적절히 개입한다. 또한, 유아가 협동작업을 하는 데 있어 갈등을 해결해보는 경험을 제공한다.

제시된 사례에서 발생한 교사의 역할수행 갈등을 네 가지로 제시할 수 있다. 첫째, 과중한 업무로 인해 놀이 계획에 어려움을 겪는 점이다. 이는 김 교사가 자유선택활동에 대한 놀이 계획을 세울 시간이 부족했기 때문이다. 둘째, 놀이 중 교사의 개입 정도에 대한 고민이다. 이는 박 교사가 유아들의 놀이에서 어떤 상호작용을 하여야 하는지 어려움을 겪고 있기 때문이다. 셋째, 유아를 대상으로 상호작용할 시간이 충분하지 않은 점이다. 이는 홍 교사가 많은 유아를 대상으로 상호작용 하는 것을 어려워하기 때문이다. 넷째, 교사의 상호작용이 효율적으로 이루어지지 않는 점이다. 이는 최 교사가 제재적인 상호작용이 주로 이루어지는 것에 대해 어려움을 느끼기 때문이다.

교사의 역할수행에 대한 갈등의 해결방안을 네 가지로 제시할 수 있다. 첫째, 업무의 우선순위를 정하여 업무를 처리한다. 이는 일을 효율적으로 처리하여 놀이를 계획하는 등의 시간을 추가로 확보할 수 있기 때문이다. 둘째, 전문서적을 통해 상황에 따른 교사의 적절한 개입이 이루어지도록 한다. 이는 유아의 수준과 상황에 따라 교사의 개입 정도가 달라지기 때문이다. 셋째, 하루에 3~4명의 유아를 선정하여 집중적으로 상호작용을 한다. 이는 유아 수를 지정하여 소수에게 집중할 경우 질 좋은 상호작용이 이루어질 수 있기 때문이다. 넷째, 유아와 함께 규칙을 정하고 이를 지키도록 함으로써 능동성을 키운다. 이는 유아에게 스스로 통제하는 경험을 제공할 수 있기 때문이다.

교사의 역할수행에 도움을 주는 효능감을 두 가지로 제시할 수 있다. 첫째, 교사 효능감이다. 이는 최 교사가 교사로서 필요한 능력에 어려움을 느꼈기 때문이다. 둘째, 교수 효능감이다. 이는 백 교사가 유아의 작업을 성공적으로 유도하는 데 어려움을 느꼈기 때문이다.

유치원 교육현장에서 자유선택활동을 개선하여야 한다. 교사는 자유선택활동에 대한 전문성을 함양해야 한다. 자유선택활동에 대하여 유치원에서는 인적·물적 자원을 제공해야 한다. 교육지원청에서는 실천 중심의 장학 자료를 제공해야 한다.

　　유치원 교육현장에서 동료장학이 제대로 이루어지지 않는 문제가 발생하고 있다. 이러한 문제를 해결하기 위하여 동료장학의 목적과 효과를 제시하고, 짝을 구성하는 적합한 방법, 사례에서 경력교사가 초임교사에게 적절히 도움을 준 점, 동료장학의 방법과 조건에 대해 논의해보고자 한다.

　　사례를 근거로 동료장학의 목적과 효과를 두 가지씩 제시할 수 있다. 첫째, 교사의 전문적인 능력을 향상시킨다. 사례에서 김 교사는 팀을 나누는 방법에 대해 새로운 방법을 알았다는 점에서 전문성이 향상되었다. 이의 효과로 교사의 능력을 개발시키고 전문지식을 습득할 수 있다. 둘째, 교수 상황에서 겪고 있는 문제를 해결할 수 있다. 사례에서 김 교사가 겪고 있는 문제에 대하여 박 교사가 해결방안을 제시하여 문제를 해결하였다. 이의 효과로 문제해결을 통한 상황학습이 이루어질 수 있다.

　　동료끼리 짝을 구성하는 적합한 방법을 네 가지로 제시할 수 있다. 첫째, 경력교사와 초임교사가 짝을 이룬다. 이는 서로 다른 경력의 교사 간의 전문지식을 교류할 수 있기 때문이다. 둘째, 동일한 경력교사끼리 짝을 이룬다. 이는 겪고 있는 고민에 대한 공감을 통해 해결방법을 모색할 수 있기 때문이다. 셋째, 같은 연령학급의 교사와 짝을 이룬다. 이는 해당 연령유아에 대한 정보를 공유할 수 있기 때문이다. 넷째, 다른 연령학급의 교사와 짝을 이룬다. 이는 높은 연령과 낮은 연령의 연계를 도울 수 있기 때문이다.

　　사례에서 경력교사가 초임교사에게 적절하게 도움을 준 점을 세 가지로 제시할 수 있다. 첫째, 게임을 진행할 유희실에서 팀을 나누어 활동하도록 한 점이다. 이는 활동이 원활하게 진행되도록 도왔기 때문이다. 둘째, 다양한 방법으로 팀을 정해보도록 한 점이다. 이는 다양한 팀 정하기 방법으로 유아의 흥미와 관심을 유도하도록 도왔기 때문이다. 셋째, 박 교사가 갖고 있는 비밀상자를 빌려주었다. 이는 교구를 공유하여 수업에 활용해 볼 수 있도록 도왔기 때문이다.

　　효과적인 동료장학의 방법을 두 가지로 제시할 수 있다. 첫째, 동료협의이다. 이는 수업계획안을 함께 구성하면서 적절한 교수 – 학습방법을 제시할 수 있기 때문이다. 둘째, 동료코칭이다. 이는 고민하고 있는 문제를 공유하고 문제해결과정에서 도움을 줄 수 있기 때문이다.

　　동료장학이 성공하기 위한 조건을 두 가지로 제시할 수 있다. 첫째, 수직적인 관계가 아닌 평등한 관계에서 진행해야 한다. 이는 편안한 분위기를 조성할 수 있기 때문이다. 둘째, 원활한 의사소통이 이루어져야 한다. 이는 의견과 생각을 자유롭게 교류해야 하기 때문이다.

　　유치원 교육현장에서 동료장학이 활성화되어야 한다. 교사는 동료장학에 대한 전문성을 신장해야 한다. 유치원은 동료장학에 대하여 환경적 지원을 해야 한다. 교육지원청은 실천 중심의 장학 자료를 제공해야 한다.

　　최근 유치원 교육에서는 조직문화에 대한 관심이 증가하고 있다. 이러한 관심에도 불구하고 유치원 교육현장에서는 조직문화에 따른 문제가 발생하고 있다. 이러한 문제해결을 위해 각 사례의 문제점과 해결방안을 제시하고, 해당 사례들을 극복하기 위한 방안에 대해 논의하고자 한다.

　　(가)의 사례에 나타난 문제점과 해결방안을 세 가지로 제시할 수 있다. 첫째, 정 교사가 일과 중 화장실에 가려고 할 때 유아들끼리만 교실에 있게 되는 점이다. 이는 유아들이 다칠 수 있는 상황이 생기기 때문이다. 해결방안으로는 교사회의 때 건의하여 동료교사와 서로 도움을 줄 수 있다. 둘째, 학부모와의 면담에서 어려움을 겪고 있다. 이는 교사의 업무에 지장을 주고 있기 때문이다. 해결방안으로는 전문서적을 읽고, 학부모 관리 능력을 길러야 한다. 셋째, 교사가 공개 수업과 부모면담 준비로 업무가 버거운 점이다. 이는 교사가 수업 준비를 하기 싫어지게 만들기 때문이다. 해결방안으로는 공개 수업과 부모면담 일정을 조정하여 업무를 분산시킨다.

　　(나) 사례의 문제점과 해결방안을 세 가지로 제시할 수 있다. 첫째, 부모 면담이 처음인 김 교사가 도움을 요청했을 때 협력하지 않은 점이다. 이는 김 교사의 면담 준비가 원활히 이루어지지 않기 때문이다. 해결방안으로는 동료교사가 김 교사에게 면담자료를 공유해 줄 수 있다. 둘째, 행사가 얼마 남지 않았는데도 불구하고 교사 간 상호 소통이 이루어지지 않은 점이다. 이는 행사 준비가 원활하지 못하여 행사를 진행할 때 문제가 생기기 때문이다. 해결방안으로는 교사협의를 통해 행사와 관련한 소통을 많이 해야 한다. 셋째, 어린이날 행사를 작년과 똑같이 진행하려는 점이다. 이는 유아의 흥미를 떨어뜨리기 때문이다. 해결방안으로는 다른 유치원과 행사를 공유하여 행사내용을 수정하거나 보완할 수 있다.

　　(가)와 (나) 사례를 극복하기 위한 건강한 조직문화 형성 방안 세 가지를 제시할 수 있다. 첫째, 교사들끼리 서로 소통하여 구성원 모두가 같은 조직원임을 인식하게 해야 한다. 이는 조직원 간 신뢰감을 형성하여 긍정적 효과를 가져 올 수 있다. 둘째, 구성원의 참여에 의한 결정과 문제해결이 이루어져야 한다. 이는 교사에게 자발성을 갖게 할 수 있다. 셋째, 교사들끼리 서로 협력해야 한다. 이는 문제가 발생했을 때 빠르게 해결할 수 있다.

　　유치원 교육현장에서 조직문화를 개선하여야 한다. 교사는 조직문화에 대한 전문성을 신장한다. 또한, 조직문화에 대하여 유치원은 환경적 지원을 하며, 교육지원청은 실천 중심의 장학 자료를 제공하여 유치원 교육현장의 조직문화 개선에 도움을 줄 수 있다.

유치원 교육에서 멘토링에 대한 관심이 증가하고 있다. 이러한 관심에도 불구하고 유치원 교육현장에서 멘토링에 따른 문제가 발생하고 있다. 이러한 문제를 해결하기 위하여 멘토-멘티 사전 협의회의 필요성과 사례에서 효율적인 멘토링을 위한 조건, 김 교사의 어려움과 그에 대한 지원방법에 대하여 논의하고자 한다.

멘토-멘티 사전 협의회의 필요성을 세 가지로 제시할 수 있다. 첫째, 상호 신뢰감을 형성하기 위하여 필요하다. 이는 두 교사가 서로에 대한 기대를 표현함으로써 효율적인 멘토링이 이루어지는 데 도움을 주기 때문이다. 둘째, 멘티가 가지고 있는 문제를 파악하기 위하여 필요하다. 이는 박 교사가 김 교사에게 자신이 느끼는 어려운 점을 질문함으로써 멘토링을 통해 해결해야 할 문제를 파악하는 데 도움을 주기 때문이다. 셋째, 멘토가 멘티를 지원하기 위한 방향을 설정하기 위하여 필요하다. 이는 박 교사가 김 교사에게 가장 필요한 도움이 무엇인지 질문함으로써 지원의 우선순위를 정할 수 있기 때문이다.

사례에서 효율적인 멘토링을 위한 조건 두 가지를 제시할 수 있다. 멘토의 자질 측면에서 박 교사가 김 교사의 입장을 배려하고 공감하는 전문적 지원을 한 점이다. 이는 김 교사가 편안한 분위기에서 이야기할 수 있기 때문이다. 또한, 멘티의 자세 측면에서 김 교사가 박 교사의 말을 경청한 점이다. 이는 김 교사가 문제를 적극적으로 해결하려는 의지를 갖게 하기 때문이다.

사례에서 김 교사가 겪는 어려움과 지원방법을 다섯 가지로 제시할 수 있다. 첫째, 지식과 기술 측면에서 전문적 지식과 기술이 부족한 점이다. 이는 수업이 계획대로 이루어지지 않을 수 있다. 지원방법은 김 교사의 수업을 녹화하여 박 교사와 함께 수업의 문제점을 분석할 수 있다. 둘째, 자기 이해 측면에서 교사로서 정체감의 혼란을 느끼는 점이다. 이는 교사 효능감을 저해시킨다. 지원방법은 자서전을 통해 박 교사가 조언을 제공할 수 있다. 셋째, 인간관계 측면에서 부모에게 어려움을 느끼는 점이다. 이는 김 교사가 부모 상담에 익숙하지 않기 때문에 발생한다. 개선방법은 부모 상담기법을 숙지하도록 하고, 사례를 통해 학부모와의 관계 형성 방법을 지도할 수 있다. 넷째, 생태학적 측면에서 김 교사의 업무가 과다한 점이다. 이는 교사의 업무의지 감소를 초래한다. 개선방법은 김 교사에게 도움을 받을 수 있는 교사를 연결해줄 수 있다. 다섯째, 같은 측면에서 연수 일정이 무리하게 계획된 점이다. 이는 교사에게 맹목적인 참여만을 강조한다는 점에서 어려움이 따른다. 개선방법은 김 교사에게 연수를 통한 교육 활용방법을 제시할 수 있다.

유치원 교육현장에서 멘토링을 개선하여야 한다. 교사는 멘토링에 대한 전문성을 신장해야 한다. 유치원은 멘토링에 대한 환경적 지원을 제공해야 한다. 교육지원청은 실천 중심의 장학 자료를 제공해야 한다.

　　유치원 교육현장에서 유아평가에 따른 문제가 발생하고 있다. 이러한 문제를 해결하기 위하여 유아평가의 목적, 관찰방법, 수업활동에 나타난 문제점과 수정안, 고려해야 할 점, 평가 결과를 활용할 수 있는 방안에 대하여 논의하고자 한다.

　　유아평가의 목적을 두 가지로 제시할 수 있다. 첫째, 유아의 개인별 특성을 고려하여 교육과 보육활동 개선을 하기 위함이다. 이는 유아의 흥미와 발달수준을 고려하여 수업을 계획할 때 교육적 효과가 크다. 둘째, 학부모 상담 시 활용하기 위함이다. 이는 교사가 유아에 대해 파악한 것이 맞는지 확인할 수 있다.

　　제시된 수업활동을 개선하기 위해 유아 관찰의 목표, 관찰 대상 행동, 관찰방법을 제시할 수 있다. 첫째, 관찰 목표는 질문을 많이 하는 동진이의 원인을 파악하는 것이다. 이는 문제행동의 원인을 파악하면 해결방안을 모색할 수 있기 때문이다. 둘째, 관찰 대상 행동은 동진이가 하나의 행동을 할 때마다 교사에게 질문하는 점이다. 이는 동진이의 질문 때문에 교사가 수업을 진행하기 힘들다고 느끼기 때문이다. 셋째, 관찰방법은 ABC 서술식 사건 표집법을 활용한다. 이는 동진이가 질문을 많이 하게 된 원인과 결과를 알 수 있기 때문이다.

　　김 교사의 수업활동에서 나타난 문제점과 수정방법을 두 가지씩 제시할 수 있다. 첫째, 김 교사는 활동을 소개할 때 놀이공원에서 무엇을 보았는지 회상시켜 주지 않은 점이다. 이는 놀이공원에 다녀온 것을 기억하지 못하는 유아들은 그림을 그리기 어렵다는 점에서 문제이다. 수정방법으로 놀이공원에서 보았던 것을 회상하며 이야기를 나누는 방법이 있다. 둘째, 동진이가 계속 질문을 하자 김 교사가 이를 무시한 점이다. 이는 유아의 자신감을 결여시킨다는 점에서 문제이다. 수정방법으로 동진이에게 활동방법을 구체적으로 다시 설명하는 방법이 있다.

　　유아를 관찰할 때 고려해야 할 점을 세 가지로 제시할 수 있다. 첫째, 유아의 지식, 기능, 태도를 포함하여 평가해야 한다. 이는 유아의 발달 수준을 고려해야 하기 때문이다. 둘째, 유아의 일상생활과 누리과정 활동 전반에 걸쳐 평가해야 한다. 이는 유아는 유치원만 아니라 가정에서도 영향을 받으며 성장하기 때문이다. 셋째, 관찰이나 활동 결과물 분석, 부모 면담 등 다양한 방법을 사용하여 종합적으로 평가해야 한다. 이는 유아평가 결과의 정확도를 높여주기 때문이다.

　　유아평가 결과를 활용할 수 있는 방안을 세 가지로 제시할 수 있다. 첫째, 유아에 대해 이해할 수 있다. 이는 유아의 발달 수준을 파악할 수 있기 때문이다. 둘째, 누리과정 운영을 개선할 수 있다. 이는 유아에게 적합한 교육과정을 만들 수 있기 때문이다. 셋째, 부모 면담 자료로 활용할 수 있다. 이는 가정과의 연계를 할 수 있기 때문이다.

　　유치원 교육현장은 유아평가를 개선하여야 한다. 교사는 유아평가에 대한 전문성을 신장해야 한다. 유치원은 유아평가에 대하여 환경적 지원을 해야 한다. 또한 교육지원청은 실천 중심의 장학 자료를 제공해야 한다.

최근 유치원 교육현장에서 교육과정의 탄력적 운영에 따른 문제가 발생하고 있다. 이러한 문제를 해결하기 위하여 교육과정의 탄력적 운영이 필요한 이유와 고려할 사항 및 의의를 논하고, 교육과정을 탄력적으로 운영하기 위해 교사에게 요구되는 특성과 자질에 대해 논의하고자 한다.

학습자와 유치원 현장의 특성 측면에서 교육과정의 탄력적 운영이 필요한 이유를 제시할 수 있다. 학습자 측면에서는 개별화 교육의 수요 충족을 위해 필요하다. 이는 발달수준에 적합한 활동을 할 때 긍정적 자아존중감을 형성하기 때문이다. 또한, 유치원 현장의 특성 측면에서는 예기치 못한 상황에 대한 교육의 질 향상을 위해 필요하다. 이는 지역사회의 자원을 활용하여 제한된 환경에서 생활하고 학습하는 유아에게 교육환경을 풍부하게 제공해 줄 수 있기 때문이다.

사례에서 교육과정을 변경할 때 고려하고 있는 점과 2019 개정 누리과정 총론의 '편성과 운영'을 근거로 한 교육적 의의를 세 가지로 제시할 수 있다. 첫째, 지역사회와의 연계성이다. 이는 지역의 축제 문화에 참여해 볼 수 있는 좋은 기회이기 때문이다. 의의는 '부모 및 지역사회와의 협력과 참여에 기반하여 운영한다.'에 근거할 때 유아에게 지역사회 구성원으로서의 자부심과 정체감을 줄 수 있다. 둘째, 장애 유아의 교육활동 참여 가능성이다. 이는 장애 유아를 위해 특별한 서비스를 제공할 수 있는지 알아보고, 참여하기 힘든 활동은 조금 축소하여 계획하기 때문이다. 의의는 '유아의 능력과 장애 정도에 따라 조정하여 운영한다.'에 근거할 때 개별 유아에게 적합한 방식으로 교육활동이 이루어질 수 있다. 셋째, 유아의 흥미이다. 이는 유아들이 축제에 크게 기대하고 있고, 이에 따라 축제에 놀이 활동처럼 참여하면 나비에 대해 더 많이 배울 수 있다는 기대를 할 수 있기 때문이다. 의의는 '유아의 발달특성과 흥미에 따라 놀이를 중심으로 편성한다.'에 근거할 때 유아들이 교육활동에 몰입하여 참여하며 교육내용을 더욱 잘 이해할 수 있다.

교육과정을 탄력적으로 운영하기 위해 교사에게 요구되는 특성을 두 가지 제시할 수 있다. 첫째, 융통성이다. 이는 지역사회화의 연계를 위해 활동을 변경함으로써 유아에게 다양한 교육기회를 제공할 수 있기 때문이다. 둘째, 자율성이다. 이는 축제에 참여하려면 교육과정 설계자인 교사들이 자율적으로 협의하여 교육과정을 상황에 맞게 변경해야 하기 때문이다.

교육과정을 탄력적으로 운영하기 위한 개인적 자질 두 가지와 전문적 자질 세 가지를 제시할 수 있다. 개인적 자질은 융통성과 창의성이 필요하다. 전문적 자질은 전문적 지식, 교육관, 교수기술이 필요하다.

유치원 교육현장에서는 교육과정의 탄력적 운영을 개선하여야 한다. 교사는 교육과정의 탄력적 운영에 대한 전문성을 신장해야 한다. 유치원은 교육과정의 탄력적 운영을 위해 환경적 지원을 제공해야 한다. 또한 교육지원청은 실천 중심의 장학 자료를 제공해야 한다.

유치원 교육현장에서 교수·학습에 따른 문제가 발생하고 있다. 이러한 문제를 해결하기 위하여 사례에 제시된 교사의 교수 행동과 교수·학습 원리, 교수·학습방법의 교육적 의의, 교육과정의 탄력적 운영을 위한 편성·운영방안에 대하여 논의하고자 한다.

(가) 사례에 나타난 교사의 교수 행동을 네 가지로 제시할 수 있다. 첫째, 김 교사는 촉진하기를 사용하였다. 이는 유아들에게 다른 방법을 생각해보도록 질문하였기 때문이다. 둘째, 박 교사는 지원하기를 사용했다. 이는 음악을 제공하여 낙엽이 움직이는 모습이 잘 표현되도록 도왔기 때문이다. 셋째, 홍 교사는 지지하기를 사용했다. 이는 테이프를 붙여 나뭇잎이 구르는 모습을 잘 표현하도록 돕고, 유아들이 잘 표현했을 때 테이프를 제거하였기 때문이다. 넷째, 백 교사는 함께 구성하기를 사용하였다. 이는 백 교사가 바람이 되어 유아들과 함께 활동에 참여했기 때문이다.

(나) 사례에 나타난 교수·학습 원리를 세 가지로 제시할 수 있다. 첫째, 융통성의 원리이다. 이는 계획했던 놀이를 취소하고 유아들의 관심에 따라 활동을 변경했기 때문이다. 둘째, 활동 간 균형의 원리이다. 이는 썰매 만들기인 개별활동과 대집단 모임, 실내·외활동이 균형 있게 이루어졌기 때문이다. 셋째, 상호작용의 원리이다. 이는 유아 간의 상호작용이 이루어질 수 있도록 순주가 지호에게 직접 이야기하도록 지도했기 때문이다.

(가)와 (나) 사례에 대한 교수·학습방법의 교육적 의의 다섯 가지는 다음과 같다. 첫째, (가) 사례에서 동작표현을 격려하기 위해 다양한 교수행동이 이루어진 점이다. 이는 개별 유아에게 적합한 방식으로 학습이 이루어지도록 했기 때문이다. 둘째, 썰매에 대한 활동을 진행한 점이다. 이는 유아의 흥미에 따라 활동을 선택하고 지속할 수 있도록 했기 때문이다. 셋째, 썰매 만들기로 시작하여 썰매 타기와 다음 날 과학 학습으로 이루어지도록 하는 점이다. 이는 영역 간에 통합적 지도가 이루어지기 때문이다. 넷째, 실내·외 활동, 대·소집단 활동이 이루어진 점이다. 이는 활동 간에 균형이 이루어지기 때문이다. 다섯째, 순주에게 지호와 상호작용하도록 한 점이다. 이는 유아 간에 능동적인 상호작용이 이루어지도록 했기 때문이다.

교육과정의 탄력적 운영을 위한 편성·운영방안을 세 가지로 제시할 수 있다. 첫째, 썰매를 만들고, 타고, 과학 학습으로 이어지도록 한 점이다. 이는 5개 영역을 균형 있게 통합적으로 편성해야 하기 때문이다. 둘째, 놀이 속에서 활동이 이루어지도록 계획한 점이다. 이는 발달특성 및 경험을 고려하여 놀이를 중심으로 편성해야 하기 때문이다. 셋째, 썰매 활동을 한 점이다. 이는 융통성이 있기 때문이다.

유치원 교육현장에서 교수·학습을 개선하여야 한다. 교사는 교수·학습의 전문성을 신장해야 한다. 유치원은 교사의 교수·학습의 전문성 신장을 위한 환경적 지원을 해야 한다. 또한 교육지원청은 실천 중심의 장학 자료를 제공해야 한다.

최근 유치원 교육에서 반성적 사고에 대한 관심이 증가하고 있다. 이러한 관심에도 불구하고 유치원 교육현장에서 반성적 사고에 따른 문제가 발생하고 있다. 이러한 문제를 해결하기 위하여 반성적 사고의 긍정적 효과와 개선해야 할 교수행동 및 대안, 반성적 사고의 증진 방안과 개념 및 수준에 대하여 논의하고자 한다.

반성적 사고가 교사의 전문성 신장에 미치는 긍정적 효과를 두 가지로 제시할 수 있다. 첫째, 반성적 사고는 실천적 지식 형성에 도움을 준다. 이는 이론과 실제의 다름을 경험하고 새로운 지식을 형성해 나가기 때문이다. 둘째, 문제 해결력을 향상시킨다. 이는 자신의 행동을 돌아보며 행동의 원인을 파악할 수 있기 때문이다.

반성적 사고를 통해 안 교사가 개선해야 할 교수행동과 대안을 세 가지씩 제시하면 다음과 같다. 첫째, 의도적으로 다른 영역에 가서 놀도록 한 점이다. 이는 대학 때 배운 것을 그대로 적용했기 때문이다. 대안으로 유아의 흥미를 유발함으로써 유아가 자연스럽게 다양한 영역을 경험할 수 있도록 해야 한다. 둘째, 잘 노는 아이에게는 크게 관심을 두지 않은 점이다. 이는 놀이가 똑같은 수준에만 머물러 있다는 것을 놓칠 수 있기 때문이다. 대안으로 관심을 가지고 유아를 관찰함으로써 놀이가 확장되도록 도와야 한다. 셋째, 교사가 먼저 표본을 제시하여 해바라기를 똑같이 그리도록 한 점이다. 이는 유아들이 획일적이고 고정적인 생각을 갖도록 만들기 때문이다. 대안으로 해바라기를 표현할 수 있는 다양한 방법에 대해 이야기를 나누거나 다양한 해바라기를 보여준다.

안 교사가 활용할 수 있는 반성적 사고 증진 방안을 두 가지로 제시할 수 있다. 첫째, 반성적 저널 쓰기를 한다. 이는 하루를 돌아보며 자신의 문제를 인식하고 분석해 보며, 해결방안을 생각해 볼 수 있다. 둘째, 교사 이야기 쓰기를 한다. 자신에게 영향을 준 이전의 경험을 돌아보고 다른 사람과도 이야기를 나눌 수 있다.

반성적 사고의 개념과 사례에 나타난 반성적 사고의 수준을 제시하면 다음과 같다. 반성적 사고란 자신의 신념과 실천 행위를 돌아보며 원인과 결과를 적극적으로 주의 깊게 사고하는 것이다. 반 매넌의 반성적 사고 수준에 근거하면 김 교사의 반성적 사고 수준은 기술적 수준에 해당한다. 이는 교육목표를 효과적으로 달성하기 위한 방법에 초점을 두기 때문이다. 또한, 안 교사의 반성적 사고 수준은 도덕적 윤리적 수준에 해당한다. 이는 활동이 유아의 삶에 의미가 있을지 고려하기 때문이다.

유치원 교육현장에서 반성적 사고를 개선하여야 한다. 교사는 반성적 사고에 대한 전문성을 신장해야 한다. 유치원은 반성적 사고를 위한 환경적 지원을 제공해야 한다. 교육지원청은 실천 중심의 장학 자료를 제공해야 한다.

　　유치원 교육현장에서 윤리적 딜레마에 따른 문제가 발생하고 있다. 이러한 문제를 해결하기 위하여 유치원 교사의 교직윤리와 윤리적 딜레마를 정의하고, 윤리적 딜레마의 상황과 해결방안에 대하여 논의하고자 한다.

　　유치원 교사의 교직윤리 두 가지와 정의를 제시할 수 있다. 교직윤리에는 '정의지향 윤리'와 '돌봄윤리'가 있다. 첫째, 정의지향 윤리는 의사결정 과정에서 객관적으로 이성적인 핵심가치를 추구하는 것이다. 둘째, 돌봄윤리는 의사결정 상황에서 유아를 걱정하고 돌보고 배려하는 행동이다.

　　윤리적 딜레마의 정의를 제시할 수 있다. 윤리적 딜레마는 일상생활에서 가치와 책임 간의 갈등으로 인해 일어나는 도덕적 갈등이다.

　　김 교사가 처한 윤리적 딜레마를 네 가지로 제시하면 다음과 같다. 첫째, 유아와의 관계에서의 딜레마이다. 이는 개별유아의 지도와 다른 유아들의 활동 사이에서 어려움을 갖기 때문에 발생한다. 둘째, 가정과의 관계에서의 딜레마이다. 이는 윤식이와 윤식이 어머니로 인해 일어나는 상황과 윤식이 어머니의 입장 사이에서 어려움을 갖기 때문에 발생한다. 셋째, 동료와의 관계에서의 딜레마이다. 이는 원장과 동료교사에 대한 원망의 마음과 이를 이야기하지 못하는 상황에서의 어려움을 갖기 때문에 발생한다. 넷째, 지역사회 관계에서의 딜레마이다. 이는 장애 유아를 위한 시설이 부족한 것을 두고 봐야 하는가에 대한 어려움이 있기 때문에 발생한다.

　　위와 같은 윤리적 딜레마를 해결하기 위한 방법을 네 가지로 제시할 수 있다. 첫째, 유아와의 관계를 해결하기 위해서는 교사 교육을 통해 교사정체성을 향상시켜야 한다. 이는 교사로서 바람직한 교육방법을 알지만 현실적 상황으로 인해 교사정체성에 혼란을 주기 때문이다. 둘째, 가정과의 관계에서 용기를 가져야 한다. 이는 유아를 위하여 진실성을 유지하고 실천하기 위해 용기가 필요하기 때문이다. 셋째, 동료와의 관계에서 진실한 의사소통의 기회를 가져야 한다. 이는 교사 간 협력적 관계를 유지하고, 부정적 감정을 해소할 수 있기 때문이다. 넷째, 지역사회 관계에서 적극적인 태도를 가져야 한다. 이는 지역사회는 유아의 성장에 중요한 환경이므로 개선되어야 할 필요가 있기 때문이다.

　　유치원 교육현장에서 윤리적 딜레마를 개선하여야 한다. 교사는 윤리적 딜레마 개선에 대한 전문성을 신장해야 한다. 유치원은 윤리적 딜레마 개선을 위해 환경적 지원을 해야 하며, 교육지원청은 실천 중심의 장학자료를 제공해야 한다.

유치원 교육현장에서 갈등관리로 인한 문제가 발생하고 있다. 이러한 문제를 해결하고자 사례에 나타난 갈등관리 유형과 방안을 논하고, 갈등관리의 개념과 효과에 대해 논의하고자 한다.

라임의 갈등관리 유형 네 가지와 해당되는 사례를 제시하고자 한다. 첫째, 부모에게 한글지도를 할 것이니 너무 걱정하지 말라고 말하며 부모와의 갈등을 회피한 사례는 '회피형'에 해당한다. 이는 상대방과의 갈등을 회피하고 상대의 의견을 수용함으로써 갈등을 해결하기 때문이다. 둘째, 부모들이 공감하고 자세히 설명해야 한다는 주장은 '배려형'에 해당한다. 이는 상대방의 의견을 들어주고 자신의 의견을 설명함으로써 갈등을 해결하기 때문이다. 셋째, 부모들이 자신들의 의견만 주장한다며 학원교육이 아니라고 말해야 한다는 주장은 '지배형'에 해당한다. 이는 상대방의 의견을 수용하기보다 자신의 의견을 주장함으로써 문제를 해결하기 때문이다. 넷째, 유치원의 일을 나의 일처럼 생각하는 사례는 '통합형'에 해당한다. 이는 갈등을 다른 상황들을 고려하여 해결하려 하기 때문이다.

효과적인 갈등해결 방안을 네 가지로 제시하고자 한다. 첫째, 구성원 간 효과적인 의사소통 체제로 개선해야 한다. 이는 효과적인 의사소통을 통해 갈등을 해결할 수 있는 의견을 효율적으로 공유할 수 있다. 둘째, 모든 조직 구성원들이 참여하는 열린 의사결정의 장을 마련해야 한다. 이는 모든 조직 구성원들이 서로의 의견을 나눔으로써 갈등을 해결할 방법을 찾을 수 있다. 셋째, 변혁적 리더십을 통한 갈등관리이다. 이는 원장의 융통성 있는 갈등 중재를 통해 갈등상황이 원만히 해결될 수 있다. 넷째, 구성원 간 갈등관리와 관련된 연수의 기회를 가져야 한다. 이는 연수를 통해 갈등상황이 발생했을 시 구성원들이 어떻게 대처해야 하는지 그 방법을 알 수 있다.

갈등관리의 개념과 사례와 관련한 효과를 두 가지 제시하고자 한다. 갈등관리의 개념은 개인 간·집단 간·조직 내 의견불일치, 불화로 인한 갈등을 효과적으로 관리하는 것을 말한다. 사례와 관련된 갈등관리의 효과로는 첫째, 회의를 통해 한글학습에 대한 갈등관리 방법이 정해짐에 따라 교사가 업무를 수행하면서 교사 직무수행 결과가 달라진다는 점이다. 이는 업무방침에 따라 교사의 직무수행 방법이 달라지기 때문이다. 둘째, 한글학습으로 인한 갈등에 대한 목표가 정해짐으로써 교육목표 달성의 성패가 달라진다. 이는 교육목표를 기준으로 교육과정을 실행하기 때문이다.

유치원 교육현장에서 갈등관리를 개선하여야 한다. 교사는 갈등관리 개선에 대한 전문성을 신장해야 한다. 유치원은 갈등관리 개선에 대한 환경적 지원을 해야 한다.

유치원 교육현장에서 동료장학에 따른 문제가 발생하고 있다. 이러한 문제를 해결하기 위해 동료장학의 목적과 방향을 논하고, 사례의 수업 계획안에 나타난 문제점과 이에 대한 수정안을 제시하고, 동료장학의 조건에 대하여 논의하고자 한다.

동료장학의 목적을 네 가지로 제시할 수 있다. 첫째, 교사 공동체를 형성하기 위함이다. 이는 교사는 교수기술 향상을 위해 끊임없이 노력해야 하기 때문이다. 둘째, 공동의 언어를 찾고 이해를 추구하기 위함이다. 이는 새로운 지식과 기술을 함께 연구해야 하기 때문이다. 셋째, 새로운 교수기술과 전략을 배울 수 있는 장을 마련하기 위함이다. 이는 교사마다 원하는 교수 전략이 다르기 때문이다. 넷째, 지속적으로 나타나는 문제를 해결하기 위함이다. 이는 유치원에서는 다양한 상황이 발생하기 때문이다.

두 학급 유치원의 동료장학 기본방향을 세 가지로 제시할 수 있다. 첫째, 두 교사 간의 관계 형성을 기본으로 한다. 이는 동료장학에서 신뢰 관계가 중요하기 때문이다. 둘째, 두 교사가 협력하여 다양한 측면에서 전문성 발달을 꾀한다. 이는 교사는 다양한 측면에서의 전문성이 필요하기 때문이다. 셋째, 두 교사 외의 원 내 인적·물적 자원의 지원을 이끌어 낸다. 이는 좋은 수업을 위해서는 다양한 지원이 필요하기 때문이다.

사례의 수업 계획안에 나타난 문제점 세 가지와 각각의 수정된 계획안은 다음과 같다. 첫째, 활동 자료에서 재질과 두께 및 크기가 서로 다른 인형옷 10벌을 준비한 점이다. 이는 변인통제가 되지 않았다는 점에서 문제이다. 수정안은 재질과 두께 및 크기가 같은 인형옷 10벌을 준비해야 한다. 둘째, 활동의 전개 과정에서 교사 주도로 실험을 계획한 점이다. 이는 유아들의 확산적 사고를 방해한다는 점에서 문제이다. 수정안은 유아 주도로 실험을 계획해야 한다. 셋째, 마무리 과정에서 교사의 이야기로 결론을 내린다고 계획한 점이다. 이는 유아들의 과학적 사고과정을 방해한다는 점에서 문제이다. 수정안은 유아들의 이야기로 결론을 내릴 수 있도록 계획해야 한다.

동료장학의 조건을 두 가지로 제시할 수 있다. 첫째, 원만한 인간관계를 형성하고 유지해야 한다. 이는 원만한 관계 형성 없이는 성곡적인 장학이 이루어지기 어렵기 때문이다. 둘째, 교사 간의 협력이 필요하다. 이는 협력을 통해 두 교사의 관심사에 초점을 맞춘 지식과 기술을 습득하고, 원 내 물적 자원을 최대한으로 이끌어 낼 수 있기 때문이다.

유치원 교육현장에서 동료장학을 개선하여야 한다. 교사는 동료장학에 대한 전문성을 신장해야 한다. 유치원은 동료장학에 대한 인적·물적 자원을 지원한다. 교육지원청은 동료장학에 대한 실천 중심의 장학 자료를 제공해야 한다.

모범답안 **Part 1** 교직논술 해커스임용 백청일 유아 교직논술×교육과정 예상문제집

유치원 교육현장에서 교사발달에 따른 문제가 발생하고 있다. 이러한 문제를 해결하기 위해 교사발달의 측면과 사례를 논하고, 교사교육의 중요성에 대해 논의하고자 한다.

교사발달의 세 가지 측면을 제시하고자 한다. 첫째, 자기이해 측면은 이 교사가 자신이 교사를 끝까지 할 수 있을지 고민하는 것이다. 이는 교사로서 자신에 대해 관심을 갖고 이해하고자 하기 때문이다. 둘째, 지식·기술 측면은 교사가 유아 수준을 이해하고 교육 실시에 융통성이 생기는 것이다. 이는 교사가 전문지식과 기술에 관심을 가지고 이를 교수 – 학습활동에 적용하기 때문이다. 셋째, 생태학적 측면은 유아 대 교사 비율과 같은 교실환경이나 동료교사와의 관계, 교육 연수 일정 등 교사가 주변 환경과 맺는 관계이다. 이는 교사가 자신의 주변 환경에 관심을 갖고 주변 환경과 영향을 주고받기 때문이다.

김 교사의 교사발달 측면과 사례를 세 가지로 제시하고자 한다. 첫째, 자기이해 측면으로 교사가 자신이 무엇을 해야 하는지, 교사를 계속 할 수 있을지 고민하고 관심을 가진다. 이는 교사가 교사로서 자아정체성을 형성하고 이해하고자 하기 때문이다. 사례는 감정의 불일치로 유아 지도에 어려움을 겪은 점이다. 둘째, 지식·기술 측면으로 교사가 전문지식, 기술에 관심을 갖고 연구한다. 이는 교사가 전문지식, 기술에 관심을 갖고 이를 적용하고자 하기 때문이다. 사례는 유치원 참관, 학회 참여, 좋은 유치원 프로그램을 견학한 것이다. 셋째, 생태학적 측면으로 교사가 자신의 주변 환경에 관심을 갖고 긍정적인 관계를 형성한다. 이는 교사가 자신과 관련된 환경과 환경이 자신에게 미치는 영향을 고려하기 때문이다. 사례는 동료교사에게 연구자로서 역할 지원과 인간적 배려를 하는 것이다.

김 교사의 교사발달 관점이 교사교육에 주는 중요성 세 가지를 제시하고자 한다. 첫째, 교사로서의 자부심이 높아진다. 이는 교사가 스스로의 발전을 통해 교사 효능감이 높아지기 때문이다. 둘째, 자기 발전을 통한 기쁨을 가지게 된다. 이는 교사가 자신의 발달단계를 알고 스스로 높은 단계로 올라가고자 노력하기 때문이다. 셋째, 유아 수준을 이해하고 이에 맞는 교육을 실시할 수 있다. 이는 교사가 자신의 발달단계를 알아야 유아에게도 유아발달에 적합한 교육을 할 수 있기 때문이다.

유치원 교육현장에서 교사발달은 활성화되어야 한다. 교사는 전문서적 읽기나 연수를 통해 교사발달에 대한 전문성을 신장해야 한다. 유치원은 연수기회 제공, 연구를 위한 공간 마련을 통해 교사발달에 대한 환경적 지원을 해야 한다.

　　최근 유치원 교육에서 자기장학에 대한 인식이 증가하고 있다. 이러한 인식에도 불구하고 유치원 교육현장에서 자기장학에 따른 문제가 발생하고 있다. 이러한 문제를 해결하기 위하여 자기장학의 방법 및 이유를 논하고, 사례의 부적절한 교수방법과 개선방안 및 자기장학의 개념에 대하여 논의하고자 한다.

　　자기장학 방법과 이유를 두 가지로 제시할 수 있다. 첫째, 전문서적을 읽는다. 이는 전문서적을 통해 지식을 쌓아 유아들의 발달 수준에 맞는 활동을 진행할 수 있기 때문이다. 둘째, 교육 연수에 참여한다. 이는 각종 연수회, 강연회, 시범수업 공개회 등에 참석하여 다양한 활동과 수업방법을 배울 수 있기 때문이다.

　　사례에 대한 부적절한 교수방법과 개선방안을 세 가지로 제시하면 다음과 같다. 첫째, 노래에 맞춰 다양한 리듬악기로 합주를 한 점이다. 이는 만 3세 유아의 수준에는 어려운 활동이므로 적합하지 않기 때문이다. 개선방안으로 리듬악기로 간단한 리듬을 표현해 보는 활동을 할 수 있다. 둘째, 멜로디가 있는 소리를 찾아보는 활동을 한 점이다. 이는 유아가 멜로디보다 리듬을 먼저 경험하도록 해야 하기 때문이다. 개선방안으로 유치원 교실이나 바깥에서 쉽게 들을 수 있는 반복적인 리듬이 있는 소리를 찾아보는 활동을 할 수 있다. 셋째, 오케스트라 곡을 대집단으로 들려주고 각 악기의 음색을 비교하는 사후 활동을 한 점이다. 이는 어린 연령일수록 소집단 활동이 적합하며, 오케스트라 곡은 여러 악기의 소리가 어우러져 있으므로 각 악기의 음색을 비교하기에 적합하지 않기 때문이다. 개선방안으로 음악적 요소에 초점을 맞추어 음악 감상을 할 경우에는 소집단 활동으로 대비가 분명한 두 악기의 소리를 비교하여 들려줄 수 있다.

　　글래쏜의 자기장학 모형의 네 가지와 단계 자기장학의 개념을 제시할 수 있다. 자기장학의 모형은 1단계, 목표 설정하기 단계이다. 이는 목표 달성 가능성을 고려하여 자기 개선을 위한 목표를 명확하게 제시하는 것이 효과적이다. 2단계, 지원되는 요소 확충하기 단계이다. 이는 설정한 목표를 달성하기 위하여 요구되는 요소들에 대하여 토의하고 확충해야 한다. 3단계, 자기장학 수행과 발생하는 문제 해결하기 단계이다. 이는 자기장학 수행 과정에서 발생하는 여러 문제를 해결하는 방법을 모색해야 한다. 4단계, 기록하기 단계이다. 이는 교사가 경험한 사항들을 종합적이고 구체적으로 기록해야 한다.

　　유치원 교육현장에서 자기장학을 개선하여야 한다. 교사는 자기장학에 대한 전문성을 신장한다. 유치원은 자기장학에 대한 환경적 지원을 해야 한다.

유치원 현장에서 마이크로티칭에 따른 문제가 발생하고 있다. 이러한 문제를 해결하기 위해 마이크로티칭에 대해 논의하고자 한다.

마이크로티칭에서 '마이크로'의 명명 이유와 그의 활용 이유를 제시하고자 한다. 명명 이유는 첫째, 수업시간을 축소해서 진행하기 때문이다. 이는 수업 전체를 다 보는 것은 어렵고 시간이 많이 걸리기 때문이다. 둘째, 수업내용에서 필요한 부분만 보기 때문이다. 이는 수업개선이 필요한 부분만 효과적으로 분석할 수 있기 때문이다. 셋째, 학급 크기를 줄여 적은 인원수로 진행하기 때문이다. 이는 수업을 빠르게 효율적으로 진행할 수 있기 때문이다. 마이크로티칭을 활용하는 이유는 '시간절약'과 '간단한 실행'을 위함이다. 이는 수업시간과 학급크기를 줄여서 빠르고 간단하게 진행하기 때문이다. 또한, 수업 문제점의 효과적 개선을 위함이다. 이는 교사의 수업에서 문제점만을 집중해서 분석할 수 있기 때문이다.

켈러의 ARCS 동기전략에 해당하는 수업행동을 제시하고자 한다. 첫째, '주의집중'을 위해 유아들에게 부모들이 나오는 영상을 보여준 점이다. 이는 유아는 자신이 흥미 있는 것에 쉽게 동기를 갖기 때문이다. 둘째, '관련성'으로 부모님께 드릴 카드를 만들 것이라고 한 점이다. 이는 유아가 자신에게 관련 있고 의미 있는 것에 동기를 갖기 때문이다. 셋째, '자신감'을 유도하여 카드도 잘 만들 수 있을 것이라고 격려한 점이다. 이는 활동에 자신감을 가지면 활동을 하고자 하는 의욕이 생기기 때문이다. 넷째, '만족감'으로 부모님께 선물하면 정말 좋아하실 것이라고 한 점이다. 이는 만족할 수 있는 보상을 통해 유아들이 지속해서 동기를 가질 수 있기 때문이다.

마이크로티칭의 특징을 제시하면 다음과 같다. 첫째, 수업시간이다. 이는 수업시간을 짧게 진행하기 때문이다. 둘째, 수업내용이다. 이는 수업내용을 압축해서 진행하기 때문이다. 셋째, 학급크기를 적은 인원수로 축소한다. 이는 적은 인원수로 수업을 진행하기 때문이다.

마이크로티칭의 교육적 효과를 제시하면 다음과 같다. 첫째, 교사 수업능력의 향상이다. 이는 교사가 수업에 대한 다양한 피드백을 받을 수 있기 때문이다. 둘째, 교사의 반성적 사고의 향상이다. 이는 교사가 자신의 수업을 돌아볼 수 있기 때문이다. 셋째, 교수·학습방법의 개선이다. 이는 교사가 수업에서 보완해야 할 점을 파악할 수 있기 때문이다.

유치원 현장에서 마이크로티칭은 활성화되어야 한다. 교사는 마이크로티칭에 대한 전문성을 신장해야 한다. 유치원은 마이크로티칭에 대한 환경적 지원을 해야 한다.

유치원 교육현장에서는 수·과학 활동의 통합적 활동에 따른 문제가 발생하고 있다. 이러한 문제를 해결하기 위하여 통합적 활동에 대한 유형, 전략, 문제점 및 해결방안에 대해 논의하고자 한다.

데링턴이 제시한 수·과학활동의 통합 연속체를 다섯 가지로 제시할 수 있다. 첫째, 수학을 위한 수학이다. 이는 형식적 체제로서 수학이 제시되는 활동이다. 둘째, 과학을 사용한 수학이다. 이는 과학의 문제 상황과 적절성을 구성하기 위해 사용하는 수학이다. 셋째, 수학과 과학이다. 이는 세계에 대한 탐색에서 두 학문이 시너지 역할을 한다. 넷째, 수학을 사용한 과학이다. 이는 과학적 문제해결을 위한 도구로서 수학의 내용과 방법을 강조한다. 다섯째, 과학을 위한 과학이다. 이는 과학자로서 활동하는 습관과 본능이 우세하다.

유아의 실생활에서 친숙한 블록과 같은 비표준화된 단위를 이용한 수학과 과학의 통합된 교수 – 학습전략을 사례와 관련하여 두 가지로 제시할 수 있다. 첫째, 측정하여 연계하기이다. 이는 블록을 이용하여 유아의 키가 어느 정도인지 측정하고 활동지에 스티커를 붙이며 연계하였기 때문이다. 둘째, 토의하고 문제 해결하기이다. 이는 블록을 더하면 남고 빼면 모자랄 경우 어떤 방법이 있는지 토의한 후, 자르거나 작은 블록으로 쌓는 등의 방법으로 문제를 해결하였기 때문이다.

사례에 나타난 교사의 수업활동의 문제점을 네 가지로 제시할 수 있다. 첫째, 블록을 쌓아서 키 재기를 해보자고 이야기를 한 점이다. 이는 유아들이 흥미를 가지고 해보자고 이야기를 한 것이 아니라 교사의 주도로 활동을 진행하였기 때문이다. 둘째, 블록을 하나 더하면 남고 빼면 모자란다는 것을 교사가 알려준 점이다. 이는 세진이의 키를 재면서 정호의 키를 잴 때와 다른 점을 유아들이 발견하기 전에 교사가 먼저 다른 점을 알려주었기 때문이다. 셋째, 블록을 자르면 된다는 유아의 말 대신 작은 블록을 제시한 점이다. 이는 두 명의 유아가 블록을 자르자고 하였으나 교사는 자른다는 것에 대한 반응을 하지 않았기 때문이다. 넷째, 작은 눈금 4칸은 스티커로 표시하지 않은 점이다. 작은 눈금을 함께 이야기 나누었으나 활동지에는 스티커를 11까지만 붙였기 때문이다.

사례의 문제점에 대한 해결방안을 네 가지로 제시할 수 있다. 첫째, 유아의 흥미를 유발시킨다. 이는 키를 재는 다양한 방법 중 교실에서 할 수 있는 방법을 이야기 나누며 블록으로 키를 재는 것에 유아들이 흥미를 가져 스스로 해보자고 할 수 있도록 유도한다. 둘째, 유아들이 활동 결과를 나타내도록 한다. 이는 세진이의 키가 블록보다 남거나 모자라는 것을 결과로 알려주기보다 유아들이 발견하도록 도움을 주어야 한다. 셋째, 다양한 방법을 생각하도록 사고력을 키운다. 이는 블록을 자르는 방법 말고 새로운 방법으로 문제를 해결할 수 있도록 사고력을 키워주어야 한다. 넷째, 정확한 결과를 나타내도록 한다. 이는 작은 눈금을 세어본 후 스티커를 작은 눈금으로 나타내는 방법을 함께 이야기 나누거나 새로운 방법을 찾는 등 결과를 정확하게 기록해야 함을 알려주어야 한다.

유치원 교육현장에서는 수·과학 통합적 활동을 개선하여야 한다. 교사는 수·과학 통합적 활동 개선에 대한 전문성을 신장해야 한다. 유치원은 수·과학 통합적 활동에 대한 환경적 지원을 해야 한다.

최근 유치원 교육에서 컨설팅 장학에 대한 관심이 증가하고 있다. 이러한 관심에도 불구하고 유치원 교육현장에서 컨설팅 장학에 따른 문제가 발생하고 있다. 이러한 문제를 해결하기 위하여 유치원 컨설팅 장학의 개념과 목적, 사례에서 잘못된 점과 수정안에 대하여 논의하고자 한다.

유치원 컨설팅 장학의 개념과 목적을 제시하면 다음과 같다. 유치원 컨설팅 장학은 유치원의 요청에 따라 유치원 교육의 개선을 위해 컨설턴트와 함께 교육현안을 진단하고, 대안을 마련하여 문제해결과정을 지원하는 것을 의미한다. 이의 목적을 네 가지로 제시할 수 있다. 첫째, 수업 측면에서 수업의 전문성을 신장하기 위함이다. 이는 교수·학습 과정안을 작성하고 효과적인 교수법에 대해 도움을 주기 때문이다. 둘째, 교육과정 측면에서 교육과정이 일관성 있게 운영할 수 있도록 도움을 주기 위함이다. 이는 학교교육과정 계획 및 운영을 점검하여 맞춤형 지원을 해주기 때문이다. 셋째, 생활지도 측면에서 유아의 기본 생활습관과 인성교육을 바르게 지도할 수 있도록 도움을 주기 위함이다. 이는 유아기의 중요성을 인식하고 효과적인 지도법을 알려주기 때문이다. 넷째, 학교경영 측면에서 인사, 복무관리, 환경개선 등 운영을 개선하기 위함이다. 이는 유치원 경영에 도움을 주어 유아, 부모, 지역사회에 올바른 영향을 미치기 때문이다.

사례에서 누리과정 컨설팅 장학을 잘못 이해한 점을 네 가지로 제시할 수 있다. 첫째, 김 교사의 대화에 근거하여 컨설팅 장학이 지도·감독을 해준다는 점이다. 이는 수직적인 관계로 이루어진다는 것이기 때문이다. 둘째, 박 교사의 대화에 근거하여 유아교육진흥원의 유아교육 종합컨설팅지원단이 주도로 한다는 점이다. 이는 유아교육진흥원의 역할을 이해하지 못하기 때문이다. 셋째, 홍 교사의 대화에 근거하여 시·도 교육청 중심의 컨설팅 장학에 중점을 둔다는 점이다. 이는 시·도 교육청 중심이 아니기 때문이다. 넷째, 백 교사의 대화에 근거하여 수업컨설팅 장학과 찾아가는 컨설팅 장학을 통합하여 실시한다는 점이다. 이는 통합적으로 이루어지지 않기 때문이다.

위의 내용에 대한 수정안을 네 가지로 제시할 수 있다. 첫째, 컨설팅 장학은 지원의 역할을 한다. 이는 수평적인 관계로 이루어지기 때문이다. 둘째, 시·군 교육지원청별 누리과정컨설팅지원단과 시·도 교육청 유아교육 종합컨설팅지원단으로 연계하여 운영한다. 셋째, 교육지원청 중심의 컨설팅 장학에 중점을 둔다. 넷째, 수업컨설팅 장학과 찾아가는 컨설팅 장학을 구분하여 실시한다.

유치원 교육현장에서 컨설팅 장학을 개선하여야 한다. 교사는 컨설팅 장학에 대한 전문성을 신장해야 한다. 유치원에서는 컨설팅 장학에 대한 환경적 지원을 해야 한다.

유치원 교육현장에서 윤리적 딜레마에 따른 문제가 발생하고 있다. 이러한 문제를 해결하기 위하여 유치원 교사의 교직윤리와 정의, 윤리적 딜레마의 개념, 초임교사들이 처한 윤리적 딜레마와 이에 대한 극복방법에 대해 논의하고자 한다.

유치원 교사의 교직윤리 두 가지와 각각의 정의를 제시할 수 있다. 교직윤리에는 '정의지향 윤리'와 '돌봄윤리'가 있다. 첫째, '정의지향 윤리'는 윤리적 의사결정 과정에서 평등과 공정을 촉진하고, 핵심가치·이상·원칙을 추구한다. 둘째, '돌봄윤리'는 딜레마를 해결하고 의사결정을 할 때 걱정하고 배려하고 돌보는 돌봄행동과 관련된 것이다.

윤리적 딜레마의 개념을 제시할 수 있다. 윤리적 딜레마란 행위자가 두 가지 중 선택해야 하는 문제에 대해 양자택일하지 못하며 선택이 어렵거나 복잡하고 불분명한 상황을 말한다.

초임교사들이 처한 윤리적 딜레마를 사례와 관련하여 네 가지로 제시할 수 있다. 첫째, 교재 및 교구에 대한 딜레마이다. 이는 상호작용 접근법을 추구하지만 행동주의와 같이 짜인 것을 가져다 쓴다는 점에서 자료의 부족을 겪고 있고, 이에 대해 장학해 줄 사람이 없어 혼란을 겪고 있기 때문이다. 둘째, 교사 자신에 대한 딜레마이다. 이는 유아가 말도 듣지 않고 소리지르는 행동을 보여 아웃사이더로 돌리곤 하는 행동과 미안한 마음이 든다는 점에서 유아의 행동에 대해 적절하게 대처하지 못하는 딜레마를 겪고 있기 때문이다. 셋째, 동료교사와 유아에 대한 딜레마이다. 이는 만 3세 유아가 고집도 세고 울음을 그치지 않아 주임 선생님께서 시키는 대로 해야 하는지와 그러한 행동으로 인해 공포감을 심어준다는 점에서 딜레마를 겪고 있기 때문이다. 넷째, 활동에 대한 딜레마이다. 이는 한부모 가정 형태에 대한 수업을 축소할지 일괄적으로 해야 할지에 대한 점에서 활동을 단순화하고 자료를 통해서만 간단히 설명하고 넘어갔기 때문이다.

초임교사들의 윤리적 딜레마를 해결하기 위한 극복방법을 네 가지로 제시할 수 있다. 첫째, 컨설팅 장학을 의뢰한다. 이는 컨설팅 장학을 통해 교사가 가진 문제점을 해결하기 위해 함께 노력하기 때문이다. 둘째, 유아가 말도 듣지 않고 소리를 지르는 전후 행동을 파악한다. 이는 유아가 왜 이러한 행동을 하는지 관찰하고 요구가 무엇인지 파악해야 하기 때문이다. 셋째, 유아의 마음을 이해해주고 교실을 가정과 같은 분위기로 조성한다. 이는 만 3세 유아가 학기 초에는 엄마와 떨어져서 불안을 보이기 때문이다. 넷째, 다양한 가족 형태가 있다는 점을 알려준다. 이는 한부모 가정, 조손가정, 다문화 가정 등 다양한 가족 형태가 있고 이러한 가족 형태를 존중해야 하는 태도를 기를 수 있도록 지도해야 하기 때문이다.

유치원 교육현장에서 윤리적 딜레마를 개선하여야 한다. 교사는 윤리적 딜레마에 대한 전문성을 신장해야 한다. 유치원은 윤리적 딜레마에 대한 인적·물적 자원을 지원해야 한다.

최근 유치원 교육현장에서 다문화 교육에 따른 문제가 발생하고 있다. 이러한 문제를 해결하기 위하여 다문화 교육의 목표, 사례에 나타난 문제점과 해결방안을 교사가 해야 할 일과 외부의 지원 필요의 관점에서 논하고자 한다.

더만-스파크스가 제안한 다문화 교육의 목표를 다섯 가지로 제시할 수 있다. 첫째, 유아가 자신감 있는 자아정체감을 구성해가도록 돕는다. 둘째, 유아가 다양한 사람들과 편안하게 만나고 상호작용 하도록 돕는다. 셋째, 유아가 편견에 대하여 비판적으로 사고하도록 돕는다. 넷째, 유아가 타인의 편견에 대항하여 당당하게 자신의 생각을 말할 수 있도록 돕는다. 다섯째, 유아가 편견에 대해 자신과 다른 사람을 위해 행동하도록 돕는다.

사례를 통하여 다문화 교실 상황에서 나타날 수 있는 문제점을 세 가지로 제시할 수 있다. 첫째, 외적 특성으로 인해 따돌림의 대상이 될 수 있다는 점이다. 이는 유레나가 피부색이 달라서 놀림을 당하고 있기 때문이다. 둘째, 다문화 유아의 자아정체성 형성이 어려운 점이다. 이는 바다가 가정과 유치원에서 사용하는 언어가 서로 달라 혼란을 겪고 있기 때문이다. 셋째, 의사소통이 어려운 점이다. 이는 차타가 한국어를 잘 못하여 유치원에 적응하는 데 어려움이 있기 때문이다.

이러한 문제를 해결하기 위하여 교사가 해야 할 일을 세 가지로 제시할 수 있다. 첫째, 학급 유아들에게 반편견·다문화 교육을 실시한다. 이는 유아들이 교육을 통해 다양성을 인정하고 다문화를 편견 없이 받아들일 수 있기 때문이다. 둘째, 다문화 유아의 가정과 적극적으로 협력한다. 이는 다문화 유아가 양문화를 적절히 이해하고, 긍정적인 자아정체성을 형성하도록 돕기 때문이다. 셋째, 학급 유아들이 다문화 유아와 다양한 방법으로 상호작용할 수 있도록 돕는다. 이는 언어는 달라도 함께 놀이할 수 있음을 알려줌으로써 다문화 유아의 적응을 돕고 효과적으로 다문화 교육을 실시할 수 있기 때문이다.

다문화 교육의 문제점을 해결하기 위하여 필요한 외부의 지원을 네 가지로 제시할 수 있다. 첫째, 교사들이 실제로 반편견·다문화 교육을 할 수 있도록 하는 교사 연수나 장학 자료를 배포한다. 둘째, 다문화 유아의 적응을 돕는 전문적인 상담 등을 지원한다. 셋째, 다문화 가정의 사회적 적응을 위한 한국어 교육 등의 프로그램을 운영한다. 넷째, 사회가 다양성을 받아들이고 다문화에 대한 인식 개선을 돕는 반편견·다문화 정책을 실시한다.

유치원 교육현장에서 다문화 교육을 개선하여야 한다. 교사는 다문화 교육에 대한 전문성을 신장해야 한다. 유치원은 다문화 교육에 대한 환경적 지원을 해야 한다.

　　유치원 교육현장에서 조직구조에 따른 문제가 발생하고 있다. 이러한 문제를 해결하기 위하여 조직문화의 의미, 사례 속 교사가 선호하는 학급 규모와 비선호하는 조직구조를 제시하고, 유치원 조직구조의 문제점과 해결방안에 대하여 논의하고자 한다.

　　조직문화에 대한 의미를 두 가지로 제시할 수 있다. 첫째, 조직구성원들이 만들어 낸 조직 특유의 문화이다. 둘째, 조직 내에서만 수용되고 인정되는 문화이다.

　　사례 속 교사가 선호하는 학급 규모 세 가지와 비선호하는 조직구조를 두 가지로 제시할 수 있다. 선호하는 학급 규모는 첫째, 두 학급 유치원이다. 이는 동료교사와의 관계에 대한 부담을 비교적 적게 받기 때문이다. 둘째, 한 학급 유치원이다. 이는 교사 자신의 교육목표를 실현할 수 있기 때문이다. 셋째, 세 학급 유치원이다. 이는 동료교사와 협업이 가능하기 때문이다. 한편, 비선호하는 조직구조는 단설 유치원이다. 이는 동료교사와의 인간관계에 부담을 갖기 때문이다. 또한, 유아교육 전공 원감이 있는 세 학급 유치원이다. 이는 관리자의 리더십에 어려움을 갖기 때문이다.

　　(나)의 사례 속 문제점을 네 가지로 볼 수 있다. 첫째, 한 학급 운영에 있어 교육에 소홀하다는 점이다. 이는 교사의 재량권이 너무 많기 때문이다. 둘째, 최고 결정권자와 수직관계에 있다는 점이다. 이는 교사가 힘들고 어려움을 느끼기 때문이다. 셋째, 업무가 분업화됨에 따라 일이 더 많아진 점이다. 이는 업무에 대한 부담을 갖기 때문이다. 넷째, 비주체적으로 역할을 수행한다는 점이다. 이는 자신이 맡은 업무만 하기 때문이다.

　　문제점에 대한 해결방안을 네 가지로 제시할 수 있다. 첫째, 계획을 세우는 것이다. 이는 교사 자신이 교육에 집중할 수 있기 때문이다. 둘째, 최고 결정권자와 수평관계를 유지하는 것이다. 이는 효율적인 의사소통이 가능하기 때문이다. 셋째, 동료교사와 업무를 함께 협력하는 것이다. 이는 업무에 대한 부담을 경감시킬 수 있기 때문이다. 넷째, 주체적으로 역할을 수행하는 것이다. 이는 자신이 맡은 역할뿐만 아니라 다른 역할도 주체적으로 수행할 수 있기 때문이다.

　　유치원 교육현장에서 조직구조를 개선하여야 한다. 교사는 조직구조에 대한 전문성을 신장해야 한다. 교육지원청에서는 조직구조에 대한 실천 중심의 장학 자료를 제공해야 한다. 시·도 교육청에서는 조직구조에 대한 편성·운영 지침을 제시해야 한다.

Part 2 유아 교육과정

Chapter 01 유아교육사상 모범답안

✎ **취약점 Self – Check** ★각 문제에서 학습이 더 필요한 키워드(학자, 이론명 등)를 정리해보고, 관련 개념을 꼭 복습해보세요!

01	02	03	04	05	06	07	08	09	10

11	12	13	14	15	16	17	18	19	20

21	22	23	24	25	26	27

01
프뢰벨, 페스탈로치

1) ㉠ 프뢰벨
   ㉡ 신성
   ㉢ 만유재신론

2) ㉣ 어머니 노래와 사랑의 노래

3) ㉤ 페스탈로치
   ㉥ 생활공동체

02
몬테소리, 루소, 듀이

1) ㉠ 몬테소리
   ㉡ 준비된 환경 내에서 아동이 자기 자신의 내면적인 발달 속도에 따라 환경을 접하여 그 의미를 파악하는 것

2) ㉢ 루소
   ㉣ 인간
   ㉤ 사물

해설 "교육의 근원은 자연과 인간과 사물이다. 우리의 능력과 기관의 내적 발달은 자연의 교육이고, 이 발달을 어떻게 이용할 것인지를 가르쳐 주는 것은 인간의 교육이다. 그리고 우리에게 영향을 미치는 대상들에 대한 우리 자신의 경험으로부터 얻는 것은 사물의 교육이다."라고 하였다. 또한 성선설에 근거하여 자연적인 성향과 조화를 이루며 자연의 원리를 따르는 교육을 주창하였다.

3) ㉥ 듀이
   ㉦ 경험

해설 듀이
- 유아는 개인적인 능력과 관심을 지닌 '개인적 존재'일 뿐만 아니라 환경과 능동적으로 상호작용하는 '사회적 존재'임을 강조
- 인간의 경험을 중시함
- 인간의 자발성과 자주성, 자유를 중심으로 한 인간경험을 강조
- 아동중심, 흥미중심, 경험중심, 생활중심
- 교육은 미래의 삶을 위한 준비가 아니라 현재 삶의 질을 높이는 것

03
코메니우스, 게젤, 페스탈로치

1) ㉠ 코메니우스
   ㉡ 범지학

2) ㉢ 게젤
   ㉣ 성숙
   ㉤ 표준행동목록

3) ㉥ 페스탈로치
   ㉦ 외계의 인상을 결합하여 능동적으로 개념을 구성하는 작용

04　　　　　　　　　　　　　　　코메니우스, 프뢰벨, 로크

1) ㉠ 코메니우스
　　① 자연의 질서에 따른 교육, 대교수학

2) ㉡ 프뢰벨
　　㉢ 통일성
　　㉣ 연속성

3) ㉤ 로크
　　㉥ 인간오성론

05　　　　　　　　　　　　　로크, 코메니우스, 슈타이너

1) ㉠ 로크
　　㉡ 백지설
　　㉢ 교육에 관한 의견(체육론, 덕육론, 지육론, 심의론)

2) ㉣ 코메니우스
　　㉤ 세계도회

3) ㉥ 슈타이너
　　㉦ 탄생

06　　　　　　　　　　　슈타이너, 피바디, 페스탈로치

1) ㉠ 오이리트미
　　① 슈타이너

2) ㉡ 피바디
　　① 교육

3) ㉢ 페스탈로치
　　㉣ 가정

07　　　　　　　　　　　　　　　　　　오웬, 루소

1) ㉠ 오웬
　　㉡ 행복

2) ㉢ 루소
　　㉣ 적극적 교육
　　㉤ 소극적 교육

08　　　　　　　　　듀이, 발도르프 교육학, 유교식 교육

1) ㉠ 생활
　　㉡ 경험

2) ㉢ 본보기
　　㉣ 모방

3) ㉤ 가정 교육기

09　　　　　　　　　　　　　　　코메니우스, 몬테소리

1) ① 감각
　　② 범교육론

2) ㉡ 세계도회

3) ㉢ 백지설
　　① 교육에 관한 의견(체육론, 덕육론, 지육론, 심의론)

10　　　　　　　　　　　　　　　　슈타이너, 방정환

1) ㉠ 슈타이너
　　㉡ 탄생

2) ㉢ 오이리트미

3) ㉣ 방정환
　　① 흥미(표현)

11　　　　　　　　　　　피바디, 프뢰벨, 페스탈로치

1) ㉠ 피바디
　　① 전인교육

2) ㉡ 프뢰벨
　　㉢ 노작

3) ㉣ 페스탈로치
　　㉤ 가정

12　　　　　　　　　　　　　　　　　　오웬, 루소

1) ① 오웬
　　② 행복

2) ① 루소
　　② 적극적 교육
　　③ 소극적 교육

13 　　　　　　　　　　　　　　　　코메니우스, 듀이

1) ㉠ 국가론
2) ㉡ 행복
3) ㉢ 아우구스티누스
4) ㉣ 코메니우스
5) ㉤ 생활
　 ㉥ 경험

14 　　　　　　　　　　　　　　　　발도르프 교육학

1) ㉠ 본보기
2) ㉡ 모방
3) ㉢ 포스트모더니즘
4) ㉣ 페미니즘
5) ㉤ 배려

15 　　　　　　　　　　　　　　　　피아제, 유교식 교육

1) ㉠ 발견
　 ㉡ 경험
2) ㉢ 가정 교육기
　 ㉣ 유교
3) ㉤ 곡례상

16 　　　　　　　　　　　　　　　　유교식 교육

1) ㉠ 이황
2) ㉡ 공자
　 ㉢ 인
3) ㉣ 맹자
　 ㉤ 소학
4) ㉥ 주자
　 ㉦ 도문학

17 　　　　　　　　　　　　　　몬테소리, 니일, 루소

1) ㉠ 몬테소리
　 ㉡ 자동교육
2) ㉢ 썸머힐
　 ㉣ 자유
3) ㉤ 루소
　 ㉥ 성선설

18 　　　　　　　　　　　　유교, 불교, 동학, 천주교

1) ① 금강동자
2) ② 내칙
3) ③ 인내천
4) ④ 이화
　 ⑤ 프뢰벨

19 　　　　　　　　　　　　　　프뢰벨, 페스탈로치

1) ㉠ 신성
　 ㉡ 만유재신론
2) ㉢ 어머니 노래와 사랑의 노래
3) ㉣ 생활공동체
　 ① 페스탈로치

20 　　　　　　　　　　　　　　　　몬테소리, 루소

1) ㉠ 협조자
　 ㉡ 준비된 환경 내에서 아동이 자기 자신의 내면적인 발달 속도에
　　 따라 환경을 접하여 그 의미를 파악하는 것
　 ㉢ 자동교육
2) ㉣ 루소
　 ㉤ 인간
　 ㉥ 사물

21 듀이

1) ㉠ 경험

　② 듀이

　② 나선형 구조

2) ㉡ 문제

　㉢ 가설설정

22 코메니우스, 페스탈로치

1) ① 감각, 기억

　② 범지학

2) ② 페스탈로치

　㉤ 수, 형, 언어

3) ㉢은 외계의 인상을 수동적으로 수용만 하는 직관을 강조하였고, ㉤은 외계의 인상을 결합하여 능동적으로 개념을 구성하는 작용으로서의 직관을 강조하였다.

23 게젤, 홀

1) ㉠ 게젤

　㉡ 성숙

　㉢ 표준행동목록

2) ㉣ 홀

　① 개체발생은 계통발생을 반복한다.

3) 유아가 준비할 때까지 기다려야 한다.

24 페스탈로치, 프뢰벨, 듀이

1) ㉠ 지, 덕, 체

　㉡ 직관

2) ㉢ 신성(통일성)

3) ㉣ 계속성

　㉤ 상호작용

25 몬테소리, 니일, 루소

1) ㉠ 몬테소리

　㉡ 흡수정신

2) ① 썸머힐

　② 자유

3) ㉢ 루소

26 게젤, 방정환, 프뢰벨

1) ㉠ 게젤

　① 준비도

2) ㉡ 방정환

　① 인내천

3) 작업

27 코메니우스, 몬테소리, 게젤

1) ㉠ 코메니우스

　① 합자연

2) ㉡, 교사는 유아가 교구와 상호작용하는 동안 최소한의 말을 사용한다.

3) ① 게젤, 준비도

　㉢ (사회)문화 적합성

Chapter 02 발달이론 모범답안

✎ 취약점 Self – Check *각 문제에서 학습이 더 필요한 키워드(학자, 이론명 등)를 정리해보고, 관련 개념을 꼭 복습해보세요!

01	02	03	04	05	06	07	08	09	10

11	12	13	14	15	16	17	18	19	20

21	22	23	24	25	26	27	28	29	30

31	32	33	34	35	36	37	38	39	40

01 피아제

1) 지연모방

2) ① 중심화
   ② 동일성, 가역성, 보상성

3) ① 자아중심성
   ② 변형능력의 제한

02 비고츠키, 피아제

1) ㉠ 혼잣말(독백)

2) ① 자아중심적 언어
   ② 집단독백
   ③ 자기중심적 언어란 다른 사람의 관점이나 요구를 이해하지 못하고 사고가 자기 자신에게 집중되어 있어 의사소통을 위한 대화가 제대로 이루어지지 못하는 형태의 언어이다.

3) ① 비계설정

03 반두라, 셀만

1) ① 직접 모방학습(배합의존형)

2) ① 인지적 통제
   ② 자기규제(통제) 과정

3) ① 사회인지
   ② 역할 이행(수행)능력(=사회적 조망수용 능력)

04 데일, 부르너

1) ㉠ B
   ㉡ A
   ㉢ C
   ㉣ D

2) 사전 답사

3) 영상적 표상

05 셀만, 피아제

1) ㉠ 단독적 · 일방적 수준
　　㉡ 호혜적 · 반영적 수준

2) ① 도덕적 추론

3) ① 타율적
　　② 자율적
　　③ ⓐ

06 프로이트, 마이켄바움, 비고츠키

1) ㉠ 초자아
　　㉡ 내면화
　　㉢ 도덕적 사고
　　㉣ 언어

2) ① 타인
　　② 자기
　　③ 내적
　　④ 혼잣말

3) ① 내적 언어

07 콜버그

1) (가) 구체적으로 정의된 강화에 의한 순응단계
　　(나) 구체적 보상에 의한 내적 자발성
　　(다) 심리적 강화에 의한 순응 단계

2) ① 타율
　　② 자율

08 전조작기, 방어기제, 행동수정

1) ① 변환적 추론
　　② 혼합적 사고

2) ① 투사
　　② 퇴행

3) 프리맥의 원리

09 촘스키, 부르너

1) ㉠ 전인지단계
　　① 독립적

2) ① 촘스키

3) ① 부르너
　　㉡ 표상

10 피아제

1) 동화

2) 인지적 불일치

3) ① 전 개념기
　　② 자아 중심성
　　③ 중심화

11 단계별 발달 특성

1) 직관적 사고

2) 동일성, 보상성

3) 자기중심적으로 사고하여 규칙은 절대 변할 수 없다고 생각하기 때문이다.

4) ① 전보편성

12 진화론, 프로이드

1) ① 홀
　　② 개체발생은 계통발생을 반복한다.

2) ㉠ 학습준비도
　　㉡ 게젤
　　㉢ 표준행동목록
　　㉣ 표준

3) ㉤ 프로이드
　　ⓜ 의식
　　ⓑ 무의식
　　ⓢ 전의식
　　① 초자아

13   켈러

1) ㉠ 주의집중
    ㉡ 만족감

2) ① 교육내용 · 유아 수 · 수업시간 등을 축소시켜 수업을 진행하는 단계
    ② 평가

14   비고츠키

1) '이것' 혹은 '저것'의 표현보다는 "파란 적목을 가져다 주겠니?"라고 표현한다.

2) ㉡ 시범

3) ㉢ 사용

4) ㉣ 촉진

5) ㉤ 생각하기

15   피아제, 비고츠키

1) 피아제 관점에서는 자기중심적 사고를 벗어나기 시작하는 만 5~6세경 이후부터 자기 중심어가 감소한다고 본다.

2) ㉠ 타인
    ㉡ 사적(private)
    ㉢ 자신
    ㉣ 내적

16   공정성 발달 수준

1) ① 만다라형

2) ① 철수
    ② 세영

3) 욕구에 지배되지만 키 또는 성 등의 외적 특성을 기준으로 판단하기 때문이다.

4) 절대적인 공평성을 주장하기 때문이다.

17   유아기 사고

1) ① 지연모방
    ② 모방할 동작을 내재적인 표상으로 기억했다가 후에 재현해 내는 것

2) 자아중심적 사고, 꿈의 실재론

3) 비가역적 사고

18   피아제

1) 인지적 일치(평형 상태)

2) ① 영희는 스티로폼을 손으로 가라앉히려고 물속으로 밀어 보지만, 손을 떼자 가라앉았던 스티로폼이 다시 떠오르고, 영희는 계속 가라앉히려고 애를 쓴다.
    ② 큰 스티로폼과 작은 골프공을 반복하여 물에 넣어본다.

3) ㉡ 논리 · 수학적 지식
    ㉢ 사회적 지식

19   가드너

1) ㉠ 논리 · 수학적 지능
    ㉡ 개인 이해 지능(개인 내 지능)

2) ① 준거기준(지향)평가(criterion referenced evaluation)
    ② 프로젝트 스펙트럼 접근법

3) 프로젝트 접근법

20   비고츠키

1) ① 비계설정
    ② 아동이 적극적으로 수행하고 있는 활동 내에서 새로운 능력을 만들고 유지하도록 지원해 주는 사회적 상호작용의 환경으로, 교사가 직접적이고 구체적인 도움을 주고 점차적으로 도움의 정도를 줄여가는 것을 의미한다.

2) ① 상호주관성
    ② 어떤 과제를 시작할 때는 서로 다르게 이해하고 있던 두 참여자가 점차 공유된 이해에 도달하는 과정을 의미한다.

3) ① 대인관계 지능

21
행동수정

1) ① 행동조성(형성)법
② 목표행동을 한 번에 달성하기 어려울 때 처음으로 보상받는 기준을 낮게 잡아서 보상을 주고, 점진적으로 보상기준을 높이면서 보상을 주는 방법이다.

2) ⊙ 역연쇄

3) ① 상반행동 강화
② 특정 문제행동과 동시에 일어날 수 없는 행동만 선택적으로 집중적 강화하면서 문제행동을 벌하지 않으면서도 문제행동의 감소를 유도하는 방법이다.

22
성역할 개념

1) ① 성 동일시
② 유아가 자신이나 다른 사람을 여성 또는 남성임을 구별하는 것으로 주로 외모나 옷을 보고 남녀를 구별하게 된다.

2) ① 파지(기억)
② 관찰

3) 소년들이 그런 행동을 하면 어른들은 격려하고 칭찬한다.

23
반두라, 콜버그

1) ① 지훈이의 친구들이 지훈이에게 "야, 지훈이는 아빠 같이 힘이 세고 집도 잘 짓네!"라고 한 것
② 바람직한 행동을 증가시키기 위한 강화

2) ① 성 항상성, 외부의 변화에 의해 성이 바뀌지 않음을 아는 것
② 성 안정성, 시간의 변화에 관계없이 성이 변화하지 않는 것을 이해하는 것

3) 파지

24
반두라, 셀만

1) ① 기억
② 어른들이 사냥하고 눈집 짓는 것을 주의 깊게 지켜보다가 그 행동을 기억하게 된 점

2) ① 자기반성적 역할수용
② 동일한 상황에 대한 타인의 조망이 자신의 조망과 다를 수 있다는 것까지는 이해하지만 아직도 자신의 입장에서 이해하려고 한다.

25
셀만

1) 자기중심적 역할수용

2) 사회·정보적 역할수용(주관적 조망수용 – 타인관점 인지 시작)

3) 자기반성적 역할수용

4) ① 약속
② 규칙

26
반두라

1) ① 운동재생
② 정수가 "며칠 전에 집에서 봤던 요리하는 엄마 흉내를 내며 먼저 쌀을 불려야겠다."라고 이야기 한다.
③ 동기화
④ 지연이가 정수가 요리하는 모습을 보고 "너 정말 엄마처럼 요리하는 것 같다."라며 좋아한다.

2) ① 상호결정론

27
반두라

1) ① 주의집중
② 자신

2) ① 파지(기억)
② 관찰

3) ① 동기
② 작동적 학습이론에서는 강화나 벌이 학습의 필수요소이지만, 사회적 학습이론에서는 그렇지 않다. 사회적 학습이론에서는 강화가 없이도 관찰을 통해서 학습이 일어난다고 보며, 강화는 단지 동기에 영향을 주는 요인일 뿐이라고 생각한다.
③ 사회적 학습이론에서는 직접적인 강화나 벌뿐만 아니라 간접적인 것도 비슷한 효과를 가져 온다고 본다. 간접적인 강화나 벌은 우리가 다른 사람의 행동이 어떤 결과를 가져오는가를 관찰함으로써 일어난다. 예를 들어, 형이 학교에서 좋은 성적을 받아와서 칭찬받는 것을 보고 동생도 자신이 직접 칭찬받는 것과 마찬가지로 비슷한 효과를 나타낸다는 것이다. 이것을 대리강화라고 한다.

28   셀만, 피아제

1) ① 만세
   ② 호혜성을 가지고 다른 사람을 설득하고자 하였기 때문이다.

2) 상호적 · 협력적 수준으로 서로 만족스러운 대안을 찾거나, 관계 유지를 위한 타협을 하고 있다.

3) 사회적 지식

4) 사물의 가작화

29   강화와 벌

1) 벌

2) ① 영진이가 유치원의 공동 물건을 친구들과 사이좋게 나누어 쓰면 칭찬을 해주었다.
   ② 소거

3) ① 상반행동 강화
   ② 문제가 되는 행동과 반대되는 바람직한 행동을 찾아 강화하는 방법

30   행동수정

1) ㉠ 내면화

2) ㉡ 자기효율성(자기효능감)

3) ㉢ 환경

4) ㉣ 소거

5) ㉤ 각인
   ㉥ 결정적

31   비고츠키

1) ㉠ 개인 간
   ㉡ 개인 내

2) ㉢ 내면화

3) ㉣ 증폭(amplification)

4) ㉤ 근접발달지대

32   피아제

1) ㉠ 조직화
   ㉡ 적응

2) ㉢ 논리적
   ㉣ 도식

3) ㉤ 동화

33   피아제

1) ㉠ 조절
   ㉡ 동화

2) ㉢ 평형

3) ㉣ 타율

4) ㉤ 보상성
   ㉥ 중심화(집중성)

34   프로이드

1) ㉠ 비가역성

2) ㉡ 물활론적

3) ㉢ 원초아
   ㉣ 쾌락

4) ㉤ 부모 관계

35   에릭슨, 프로이드

1) ㉠ 점성

2) ㉡ 방어기제

3) ㉢ 자아 이상

4) ㉣ 고착

5) ㉤ 오이디푸스 콤플렉스

36 프로이드

1) ⊙ 억압

2) ⓒ 상환

3) ⓒ 투사

4) ⓔ 전치(전위, 치환)

5) ⓜ 대치

37 비고츠키

1) ① 조망수용 능력
   ⓐ 지각적 조망수용
   ⓑ 인지 조망수용
   ⓒ 감정 조망수용

2) ① 외적 언어
   ② 내적 언어

38 피아제

1) ① 중심화
   ② 모든 현상의 한 가지 측면만을 고려하는 것

2) ① 자기중심성(자아중심성)
   ② 조망수용 능력

3) 직관적 사고

4) 반환성

39 창의성

1) 융통성, 고정적인 사고에서 벗어나서 여러 가지 다른 각도에서 다양한 해결책을 찾아내는 능력이다.

2) 독창성, 이미 있었던 것과는 다르게 새롭고, 독특하고, 빛나고, 예사롭지 않고, 남다른 아이디어를 만들어 내는 능력을 말한다

3) 정교성, 이미 우리가 접하고 있거나 흔히 잘 알려져 있는 아이디어에 흥미롭고 쓸모 있는 세부사항, 디테일, 상세내용을 추가하여 보다 새로운 것, 가치로운 것으로 발전시키는 능력이다.

4) 브레인스토밍

5) 시넥틱스, 상징적

40 피아제

1) ① 실험하기
   ② 크기가 큰 물건은 가라앉는다.

2) ① 영희는 스티로폼을 손으로 가라앉히려고 물속으로 밀어 보지만, 손을 떼자 가라앉았던 스티로폼이 다시 떠오르고, 영희는 계속 가라앉히려고 애를 쓴다.
   ② 영희는 큰 스티로폼과 작은 골프공을 반복하여 물에 넣어본다.

3) ① 에이, 별이네, 한 번 쉬어야겠다.
   ② 촉진하기

4) 위상학적 공간개념

✎ **취약점 Self – Check** * 각 문제에서 학습이 더 필요한 키워드(학자, 이론명 등)를 정리해보고, 관련 개념을 꼭 복습해보세요!

01	02	03	04	05	06	07	08	09	10

11	12	13	14	15	16	17	18	19	20

21	22	23	24	25	26				

01
쉴러, 라자루스, 그루스

1) 휴식 이론

2) 잉여에너지 이론

3) 연습 이론

4) 비실제성

5) 자유선택성

02
에릭슨

1) 거친 몸 싸움 놀이

2) ⓒ 자기세계
   ⓒ 놀잇감
   ⓔ 거시영역

3) ⓜ 자아

03
상징놀이, 사회극 놀이

1) 공동놀이자

2) ㉠ 방관자적 행동

3) ① 자기 가작화

4) ⓒ 상황의 가작화
   ⓒ 사물의 가작화

04
놀이

1) ① 거친
   ② 우정
   ③ 친사회적 행동

2) 정신분석이론

3) ① 긍정적 감정

05
파튼, 비고츠키

1) 병행놀이

2) ① 영미는 민주에게서 찻잔을 뺏고, 안 돼라고 조그맣게 말한다.
   ② 영미는 민주에게서 찻잔을 뺏고, "안 돼."라고 조그맣게 말한다.

3) ⓒ 비계 설정
   ⓒ 의미

06 카미-드브리스

1) ㉠ 논리 · 수학적 지식
   ㉡ 사회적 지식

2) ㉢ 주제환상극
   ㉣ 경험하지 않은 것
   ㉤ 재구성

07 파튼, 피아제

1) ① 사회적 상호작용

2) 방관자적 행동

3) ① 구성놀이
   ② 상징놀이

4) ㉤ 인지적 불일치(불균형)

08 우드, 맥마한, 스밀란스키

1) ① 협동놀이(함께 놀이하기)
   ② 응, 정말 맛있어.
   ③ 행동의 가작화

2) 외적 중재

3) 현실 대변인

09 상징놀이

1) ㉠ 무대관리자
   ㉡ 공동놀이자

2) ① 가상전환

3) ㉢ 탈중심화
   ㉣ 탈맥락화

10 극놀이

1) ① 가상전환
   ② 사물의 용도 · 행동 · 상황을 다양하게 상상해서 언어나 행동으로 표현하거나, 사물로 대치하는 행동을 의미한다.

2) ① 사물의 가작화
   ② 실제 사물을 사용하는 것처럼 상상하여 언어나 행동을 표현하는 것을 의미한다.

3) ① 상위인지

11 교사의 놀이개입, 스밀란스키

1) 공동놀이자(coplayer)

2) 관찰자(방관자)

3) 내적 중재

4) ① 외적 중재
   ② 새로운

12 사회적 놀이

1) 사물의 가작화

2) ① 행동의 가작화
   ② 가상전환

3) ① 그룹

4) ① 규칙

13 카미-드브리스

1) ① 논리 · 수학적 지식
   ② 수학적 지식

2) ① 물리적 지식

3) ① 언어적 지시게임
   ② 알아 맞히기 게임

14   상징놀이, 게임 유형 발달

1) ① 자기 가작화 단계
   ② 분산된 가작화 단계
   ③ 전상징적 단계
   ④ 미래 - 철수 - 한수 - 영희 - 광희

2) 놀이가 사전에 계획되었음을 언어나 비언어로 해설한다.

3) 공동놀이자

4) ㉡ - ㉣ - ㉢ - ㉤ - ㉠

15   상징놀이

1) ① 탈상황화(탈맥락화)
   ② 유사한 사물이나 상황 대체에서, 유사하지 않은 사물이나 상황 대체로 변화하는 것

2) ① 분산적 상징 단계
   ② 자신의 도식을 다른 사물이나 사람에게 적용하는 행동을 하거나 자신이 직접 다른 사물이나 사람을 극화하는 행동을 한다.

3) ① 사물대체

16   교사 개입 유형

1) ① 선생님이 주사위를 한 개 더 가져올게.
   ② 방향 재지시

2) ㉠ 논리·수학적 지식
   ㉡ 사회적 지식

3) 촉진자

17   교사 개입 유형

1) ① 각본
   ② 일화수준
   ③ 유아가 한 가지 목적을 지향하는 둘 또는 그 이상의 사건들을 수행할 때 나타난다.

2) ㉡ 마음

3) ① 상위인지

18   스밀란스키, 가비, 베이트슨

1) 가상놀이를 위해 암묵적으로 지시하기

2) 사물의 가작화

3) ① 상위 의사소통
   ② 맥락
   ③ 수행

19   사회적 놀이, 교사 개입 유형

1) ㉠ 에릭슨
   ㉡ 미시영역 놀이시기

2) ① 심리 사회

3) ① 진행 중인 놀이활동에 교사가 직접 참여하는 것이다. 그러나 놀이 활동은 유아의 주도 아래 전개된다.
   ② 놀이교수

20   교사 개입 유형

1) ㉠ 브루너
   ㉡ 융통성

2) 공동놀이자(coplayer)

3) ① 내적 중재
   ② 시범(modeling)

21   스밀란스키

1) ① 상위 의사소통

2) 가상놀이를 위해 암묵적으로 지시하기

3) 사물의 가작화

4) 행동의 가작화

5) 가상의 상황에서 말하기

22 각본이론

1) ① 도식수준

　② 유아가 단순한 작은 사건과 연관된 한 가지 또는 그 이상의 짧은 행동을 수행할 때 나타난다.

2) ㉠ 마음

3) ① 철수의 생각이나 믿음이 실제와 다를 수 있다는 것을 이해한다.

　② 자신이 알게된 정보를 이용하여 철수의 행동을 자기중심적으로 설명한다.

23 놀이 이론

1) ㉠ 잉여에너지

2) 복잡한 유기체가 성인기에 필요한 기술을 배워 숙달하려면 긴 시간 동안 오랜 연습을 해야 하기 때문이다.

3) ㉢ 정화

　㉣ 상징

4) 현실대변인

24 사회·인지적 놀이

1) ㉠ 규칙이 있는 게임

　① 집단놀이, 규칙이 있는 게임

2) ① 집단놀이, 구성놀이

　② 병행놀이, 극화놀이

3) ① 별이 나오면 말을 한 번 쉬는 것 말고 다른 방법은 어떨까?

25 사회적 놀이, 놀이이론

1) 상위 의사소통 이론

2) ① 외현적 의사소통

　② 내재적 의사소통

3) ① 역할전환

　② 반복

26 사회적 놀이

1) 가상의 상황에서 말하기

2) 유도적 발견

3) ㉡ 각성조절

4) ㉢ 수행

　㉣ 연출자

✎ **취약점 Self – Check** * 각 문제에서 학습이 더 필요한 키워드(학자, 이론명 등)를 정리해보고, 관련 개념을 꼭 복습해보세요!

01	02	03	04	05	06	07	08	09	10

11	12	13	14	15	16	17	18	19	20

21	22	23	24	25	26	27	28	29	30

01
고든, 나 – 전달법

1) ㉠ 부모효율성
　㉡ 나 – 전달법
　㉢ 무승부법

2) ㉣ 개방적 나 – 전달법
　㉤ 예방적 나 – 전달법

02
고든, 무승부법

1) ① 무승부법
　② 유아의 인지발달을 촉진한다.
　③ 유아의 자율적 행동을 촉진한다.

2) ㉠ 최선의 해결책 선택하기
　㉡ 사후 평가하기

03
드라이커스, 경청

1) ㉠ 조용히 들어주기
　㉡ 인식반응 보이기
　㉢ 계속 말하게끔 격려하기
　㉣ 적극적인 경청(반영적 경청)

2) ① 자녀 스스로가 문제를 해결할 수 있도록 격려한다.
　② 부모와 자녀 간의 온정적인 관계를 증진시킨다.

3) ㉤ 논리적 귀결
　㉥ 현재와 미래

04
드라이커스

1) ① 민주주의 부모교육 이론(드라이커스)
　㉠ 평등성

2) ㉡ 직접적 목표(immediate goal)
　① 관심 끌기

3) ㉢ 개념 형성

05
고든, 드라이커스, 기노트, 번

1) ㉠ 행동수정 이론
　㉡ 나 – 전달법
　㉢ 무승부법
　㉣ STEP(Systematic Training for Effective Parenting)

2) ① ⓑ, 드라이커스의 민주주의 부모교육 이론
　② ⓒ, 기노트의 인본주의 이론

3) ① 자기부정과 타인긍정

06 고든

1) ① 나 - 전달법

2) ㉠ 행동
   ㉡ 영향(결과)
   ㉢ 감정

3) ① 반영적 경청법

4) ㉣ 유아 자신 감정 표현하기
   ㉤ 부모가 자녀 감정 읽어 말하기
   ㉥ 유아 감정 재확인하기

07 드라이커스

1) ㉠ 자연적 귀결
   ㉡ 논리적 귀결

2) ㉢ 행동형성법(행동조성법)

3) ㉣ 과제분석
   ㉤ 행동연쇄법

4) '행동형성'에서는 일정한 단계를 정하지 않고 목표행동과 유사한 행동이 일어날 때마다 보상을 주지만, '행동연쇄'에서는 과제분석을 통해 단계를 일정하게 정한 후 단계별로 한 단계가 끝나면 보상을 준다.

08 기노트, 드라이커스

1) ㉡ 불평 늘어놓기, 부모가 자기 자녀와 있었던 여러 문제와 고민을 스스럼없이 이야기하는 것을 말한다.
   ㉢ 감수성 높이기, 부모는 자녀의 문제를 자녀의 입장에서 생각해 보고 자녀의 입장에서 문제해결을 시도하는 것을 말한다.

2) ① 부적절성 나타내기

3) ㉣ 드라이커스
   ㉤ 민주적인 자녀양육 태도

09 바움린드, 번

1) ㉠ 허용적
   ㉡ 방종적
   ㉢ 방임적

2) ① 이중적 교류(두 사람의 의사소통에 네 종류의 자아상태가 작용하는 것)
② 각진

10 다양한 가족 형태

1) ㉠ 맞벌이
   ① 육아휴직

2) ㉡ 한부모

3) ㉢ 다문화
   ① 집단 따돌림

11 드라이커스, 고든, 딩크마이어, 멕케이

1) 인식반응 보이기

2) ㉠ 탐색(산출)
   ㉡ 평가

3) ㉢ STEP(Systematic Training for Effective Parenting)
   ① 격려
   ② 칭찬

12 쉐퍼, 바움린드, 번

1) ㉠ 애정 - 자율적 태도
   ㉡ 애정 - 통제적 태도

2) ㉢ 독재적(권위주의적) 양육행동
   ㉣ 허용적 양육행동

3) ① 각진 교류
   ㉤ 아동(어린이)

13 고든

1) ㉢ 반영적 경청법
   ① 암호화 과정

2) ㉣ 무승부법
   ① 최상의 해결책 결정하기

3) ㉤ 자연적 귀결

14 　　　　　　　　　　　　　　　기노트, 로저스

1) ㉠ 인본주의

　　㉡ 로저스

2) ㉢ 딥스

　　㉣ 부모와 자녀

3) ① ⓐ → ⓒ → ⓑ → ⓓ

　　ⓐ 자유롭게 말하기(불평 · 불만 늘어놓기)

　　ⓑ 개념 형성(양육방법 결정)

　　ⓒ 감수성 향상(이해)

　　ⓓ 기술 배우기(기술 습득단계)

15 　　　　　　　　드라이커스, 프로이드, 고든

1) ㉠ 자아개념

　　㉡ 자아이상

　　㉢ 윤리적 태도

　　㉣ 환경적 평가

2) ① 개방적 나 – 전달법

　　② 예방적 나 – 전달법

3) ㉤ 인식 반응하기(보이기)

16 　　　　　　　　　　　　　　　　부모 참여

1) ① 운영위원회

　　② 경비

2) ① 유치원에서 이루어지는 활동이나 행사에 대한 정보

　　② 현장학습이나 특별 활동에 대한 안내

　　③ 유치원에 가져와야 할 물건

　　④ 공통적인 부탁사항

3) ⓑ, 교육자료 제작은 부모의 관심사를 반영한다.

17 　　　　　　　　　　　　　부모 참여 프로그램

1) ① 신입 원아 면담일로 금요일은 부적절하다.

　　　(⇨ 토요일 또는 평일 귀가 전 가능한 시간대)

　　② 부모 강연회 및 간담회 진행시점이 부적절하다.

　　　(⇨ 신입 원아 면담일보다 먼저 진행되어야 한다.)

　　③ 놀이실 부모 참관 및 소집단 모임의 토요일 계획(2차례)이 부적절

　　　하다. (⇨ 3~4차례)

2) ① 문제점 : 입학 첫날 3시간을 진행하는 것은 유아에게 부담감을

　　　　　　줄 수 있다.

　　　대안 : 1시간 30분에서 2시간 정도로 단축 수업을 진행한다.

　　② 문제점 : 전체 유아의 수가 35명으로 너무 많다.

　　　대안 : 유아를 2 ~ 3그룹으로 나누고 시간차를 두어 등원하게 한다.

　　③ 문제점 : 가정에서 접해 보지 못한 여러 가지 새로운 교구를 제시

　　　　　　하였다.

　　　대안 : 유아가 친숙감을 느끼도록 가정에서 사용하던 교구를 미

　　　　　　리 갖다 놓거나 일상생활에서 접할 수 있는 익숙한 교구

　　　　　　를 제공한다.

　　④ 문제점 : 입학일 당일에 처음으로 유치원에 오게 하였다.

　　　대안 : 입학일 이전에 부모와 함께 유치원을 돌아볼 수 있는 기회

　　　　　　를 제공한다.

3) ① 연

18 　　　　　　　　　　　　　　　드라이커스

1) ㉠ 민주주의

　　㉡ 아들러

　　㉢ 생활양식

2) ㉣ 민주주의

　　㉤ 직접적

　　㉥ 중간적

　　㉦ 장기적

3) ㉧ 자연적 귀결

　　㉨ 논리적 귀결

4) ㉩ 격려

19 　　　　　　　　　　　　　　쉐퍼, 바움린드

1) 거부 – 자율적 태도

2) 민주적(권위 있는) 양육행동

3) ① 허용

　　② 권위

4) ㉠ 언어사회학적

20 행동수정

1) ㉠ 자연적 귀결
   ㉡ 논리적 귀결

2) ㉢ 목적
   ㉣ 원인
   ㉤ 경청
   ㉥ 사회집단

3) ① 행동연쇄법
   ② 역연쇄

21 번

1) ① 스트로크(stroke, 쓰다듬기)
   ② 시간의 구조화

2) ① 교차적 교류
   ② 교차적 교류

3) ① 성인자아
   ② 부모자아

22 나 – 전달법

1) ① 나 – 전달법

2) ① 행동
   ② 정호가 위험한 장난감을 사달라고 몹시 조르는데

3) ㉠ 네가 그렇게 오랫동안 컴퓨터 게임을 하니(행동) 공부할 시간이 적어지고, 건강도 나빠질 것 같아(구체적 영향) 걱정이 많이 되는구나(감정).

23 가족의 형태

1) ㉠ 18

2) ㉡ 한부모

3) ㉢ 다문화
   ① 집단 따돌림

4) ㉣ 실태조사

24 드라이커스

1) ㉠ 민주주의
   ㉡ 직접적 목표

2) ㉢ 힘 행사하기

3) 나는 인정받고 싶다.

4) ㉣ 자연적 귀결
   ㉤ 벌

25 고든, 로저스

1) 문제소유자 파악하기

2) ① 무승부법
   ② 꼭 해야 하는 통화를 못 해요.

3) 무조건적 긍정적 수용

26 드라이커스, 로저스, 고든

1) ① 관심 끌기
   ② 부모가 자녀의 요구에 맞는 관심을 보여서는 안 된다. 부모는 잘못된 행동은 무시하고 긍정적인 행동에만 관심을 보여야 함

2) 공감적 이해

3) 다른 사람의 상담 내용에 대해 비밀보장을 해야 한다.

4) ㉢ 반영적 경청
   ㉣ 수용수준 확인

27 번

1) ㉠ 인정
   ㉡ 스트로크
   ㉢ 구조
   ① 상보적 교류
   ② 아동자아
   ③ 부모자아

2) ① 이화 정동유치원
   ㉤ 하워드
   ㉥ 영유아 교육진흥
   ㉦ 부모교육

28　부모교육의 역사

1) ㉠ 발달

2) ㉡ 이성
   ㉢ 개인차
   ㉣ 가족(가정)
   ㉤ 전성설

3) ㉥ 칭찬

4) ㉦ 지행합일

29　갈린스키, 드라이커스, 기노트

1) ① 권위 형성 단계
   ② 권위를 형성하는 것이 중요한 이유는 자녀들의 의사소통 능력이
      급격히 증가하고 자아정체감이 서서히 형성되기 때문이다.

2) ① 설명하는 단계
   ② 유아들은 부모, 형제, 친척, 친구, 교사 등 주변 사람들의 생각과
      자기 자신에 대한 평가를 참조하여 자아개념을 형성하기 때문
      이다.

3) ㉢ 부모훈련
   ㉣ 부모 역할하기

4) ㉤ 생활양식
   ㉥ 창조

5) ㉦ 분명하고 단호하게

30　기노트

1) ① 기노트의 인본주의 부모교육
   ② 감수성 향상(이해)

2) ㉠ 성인
   ㉡ 어린이(아동)

3) ① 박 교사
   ② 가정과 지역사회와의 협력과 참여에 기반하여 운영한다.

01	02	03	04	05	06	07	08	09	10
11	12	13	14	15	16	17	18	19	20
21	22	23	24	25	26	27	28	29	30

01 일화기록법

1) ① '자기도 놀이에 참여하고 싶다는 표정으로'는 교사의 주관적 판단이 개입된 표현이므로 부적절하다.
   ② '둥근 용기를 하나만 달라고 말한다.'는 직접 화법으로 기술하지 않아 부적절하다.

2) ① 언제 어디서나 쉽게 실시할 수 있다.
   ② 특정한 형식 없이 자유롭게 기술할 수 있다.
   ③ 행동목록법

3) '일화기록은 기록하는 데 시간이 많이 소요되어 교사에게 부담이 될 수 있다.' / '시간이 지난 후 기록하게 되는 경우 관찰자의 편견이 들어가거나 잊어버리는 경우가 생긴다.' 중 1가지

4) ① 관심 있는 행동의 대표적 목록을 논리적으로 조직하여 기술할 수 있다.
   ② 행동의 출현 여부를 관찰하여 표기하므로 행동발달 변화에 대한 평가에 도움이 된다.

02 2019 누리과정 해설서

1) ㉠ 질
   ㉡ 내용
   ㉢ 주기 및 시기

2) ㉣ 행복
   ㉤ 놀이 지원
   ㉥ 행정적 · 재정적 지원

3) 유아 평가결과를 문장으로 서술하는 이유는 개인의 독특한 발달특성과 능력을 진술함으로써 유아에 대한 긍정적인 측면이 부각되며 유아 간의 비교를 방지할 수 있기 때문이다.

03 2019 개정 누리과정 평가, 유아 평가

1) ㉠ 교육감
   ㉡ 운영 실태

2) ㉢ 기록
   ㉣ 개선
   ㉤ 배움
   ㉥ 성취 기준

3) 포트폴리오

04

1) ㉠ 대상 · 기준
   ㉡ 절차

2) ㉢ 정량
   ㉣ 서면평가, 설문조사, 관계자 면담
   ㉤ 정성

3) ㉥ 자체평가
   ㉦ 자율성
   ㉧ 책무성

05

1) .883

2) ① 어느 관찰자의 경험 부족
   ② 평정할 범주나 특징이 잘못 규정되어 서로 상이한 해석을 한 경우

3) ① 계획
   ② 사전

06

1) ① 사례 : 선생님 우리 같이 게임해요.
     이유 : 직접 화법을 사용하기 않았기 때문이다.
   ② 사례 : "나는 어제 용석이랑 해서 내가 이겼는데."라고 자랑하듯이
     이유 : 주관적 기술을 하였기 때문이다.

2) ㉠ 영역
   ㉡ 지표
   ㉢ 항목
   ㉣ 자율
   ㉤ 구성방향
   ㉥ 현장 적합성

07

1) ㉠ 교육부 장관

2) ㉡ 2007
   ㉢ 교육감
   ㉣ 통합
   ㉤ 유아교육진흥원
   ㉥ 현장 적합성

3) ㉦ 컨설팅

08

1) ① 교육계획 수립
   ② 교수 · 학습 및 평가
   ③ 교사와 유아 상호작용

2) 평가 결과와 연계한 맞춤형 컨설팅 장학을 활성화한다.

[해설] **유치원 운영 개선방안**
   • 자체평가 및 결과 활용을 강화하여 유치원의 질 향상 유지
   • 유치원은 매년 자체평가를 실시하고 연도별 결과 분석 및 환류 과정을 통해 점진적인 유치원 교육서비스 향상
   • 평가 결과와 연계한 맞춤형 컨설팅 장학을 활성화하여 유치원 운영 개선 도모

3) 교육과정 및 방과후 과정

09

1) ㉠ 교육환경 및 운영관리
   ㉡ 교육과정 및 방과후 과정

2) ㉢ 자율영역

3) ㉣ 체크리스트
   ㉤ 자유서술식

10

1) 교사는 어떤 방법을 언제 사용할지 사전에 미리 계획할 필요가 있다. 가능한 한 다양한 방법을 채택하고 자주 시행할수록 설명력이 큰 평가 결과를 얻을 수 있다.

2) 교사는 구체적이고도 사실적인 자료와 전문가적인 식견을 토대로 교육과정의 각 영역별 내용 준거에 따라 1차 파악을 한 뒤에 이를 단계적으로 통합하여 유아의 발달을 파악해야 한다. 유아에 대한 선입견이나 기억 또는 추측 등으로 판단해서는 안 된다.

3) 모든 평가 결과를 종합하여 서술식으로 기술하는 것이 원칙이다. 이때, 결과를 요약한 그래프나 표가 있다면 함께 첨부하여 둔다.

4) ㉣ 평가 결과 활용
   ① 유아의 성장 발달 판단, ② 부모 상담자료 활용

11

1) ㉠ 기술 평정척도
   ① 어떤 행동의 출현 여부 파악
   ② 어떤 행동의 질적 특성 파악

2) ① 후광효과
   ② 근접오류

12 타당도, 포트폴리오

1) ① 구인

2) ① 포트폴리오(portfolio)
① 장점 : 발달과정에 대한 정보를 얻을 수 있다.
② 단점 : 비용과 시간이 많이 든다.

3) ② 진행(학습) 포트폴리오
② 과정 포트폴리오

13 사건표집법

1) 사건표집법

2) ① 조작적 정의
② 기록용지

3) 빈도식 사건표집법

4) ① 장점 : 자료를 쉽게 수량화하고 분석할 수 있다
② 단점 : 어떤 행동이나 사건이 얼마나 자주 일어나느냐에만 관심이 있기 때문에 출현 행동의 원인을 알아내는 데는 적합하지 못하다.

14 신뢰도, 타당도, 포트폴리오

1) ① 표준화

2) ⓑ, 적절한 수준의 검사 신뢰도와 타당도가 제시되어야 한다.
ⓕ, 검사의 해석에 유의하여 검사점수를 절대시하지 말아야 한다.

3) ⓒ 타당도
ⓓ 포트폴리오(portfolio)

15 유아관찰

1) ① 친구가 가지고 놀고 있는 놀잇감을 빼앗고, 친구를 밀친다.
② 한 가지 행동만을 나타내는 간결한 표현을 사용하여야 하기 때문이다.

2) ① 행동목록법
① 행동목록법을 반복하여 사용하면 유아 행동발달의 단계적인 발달상을 기록하고 관찰하는 데 도움이 된다.

3) 표본식 기술

16 루브릭

1) ① 루브릭(서술적 평가척도)
① 체크리스트
ⓒ 평정척도
② 능력 수준
⑩ 융통성

17 평정척도법

1) ① 도표
② 어의미분법

2) ① 한 가지 행동만을 나타내는 간결한 표현을 사용한다.
② 관찰 목록은 직접 관찰이 가능한 구체적인 행동들로 기술한다.

3) 기술 평정척도는 평정자의 주관적인 해석을 최소화할 수 있고, 그에 따라 평정의 객관성을 높여주기 때문이다.

18 평가법

1) ① 관찰하고자 하는 구체적 행동을 정한다.
(가) 싸움 행동
(나) 분류하기
(다) 신체 부분에 대한 관심

2) 유아 행동의 원인과 결과를 알 수 있다.

3) 빈도식 사건표집법

4) 기술 평정척도

19 관찰법, 포트폴리오

1) ① 상호작용
① 각자 만들고 싶어하는 음식이 다른 상황에서 민지는 계란을 먹지 못하는 이유를 설명하고 지원이는 이를 잘 수용하였다.

2) 발달과정에 대한 정보를 얻을 수 있다.

3) ⓒ, 장기간에 걸쳐 수집한다.
ⓔ, 실패보다 성공에 초점을 맞춘다.

20 　　　　　　　　　　　　　　　　포트폴리오

1) ㉠ 인수
　　㉡ 개인
2) 유아
3) ① 자기
　　② 타인
4) 자기이해 지능(개인이해 지능)

21 　　　　　　　　　　　　　　　　사건표집법

1) ① 사건표집법
　　② 유아 행동의 원인과 결과를 알 수 있기 때문이다.
2) ㉠ 서술식
　　① 관찰하고자 하는 행동에 대해 사전에 명확한 조작적 정의를
　　　내려둔다.
3) ① 논리의 오류
　　② 대비의 오류

22 　　　　　　　　　　　루브릭, 교원능력개발평가

1) 루브릭(서술적 평가척도)
2) ① 교원의 교육(지원)활동 전반에 대한 전문성을 진단하고 그 결과
　　　에 따른 능력개발 지원
　　② 교원의 능력개발 및 유치원 구성원의 만족도 향상을 통한 각 단위
　　　유치원의 교육력 제고와 신뢰증진 및 유아에게 양질의 교육 제공
3) ㉡ 학부모
4) ㉢ 조작적 정의

23 　　　　　　　　　　　　　　　　포트폴리오

1) ㉠ 유아의 능력을 평가할 때, 어느 한 측면에 치우쳐진 평가는 적절
　　　하지 못하기 때문에 교육활동 및 유아의 능력을 평가할 때에는
　　　세 가지 능력을 포괄하여 평가하여야 하기 때문이다.
　　㉡ 포트폴리오
2) ㉢ 표본식 기록법
3) ㉣ 규준
4) ㉤ 신뢰도
　　㉥ 타당도

24 　　　　　　　　　　　포트폴리오, 행동목록법

1) ① 포트폴리오
　　② 작업 표본
　　③ 분류표(내용 목차)
2) ① 행동목록법(체크리스트)
　　② 유아 행동의 출현 유무는 알 수 있지만 출현 행동의 빈도나 질적
　　　수준에 대한 정보를 얻을 수 없다.

25 　　　　　　　　　　　　　　　　일화기록법

1) ① 사례 : 수지는 자기가 이겼으니까 의사라고 말한다.
　　　이유 : 대상 유아가 한 말과 행동을 사실 그대로 기록하지 않았기
　　　　　　때문이다.
　　② 사례 : 민국이는 "나도 의사하고 싶은데…."라고 아쉬운 듯 말
　　　　　　한다.
　　　이유 : 유아 행동을 객관적으로 기록하지 않고 관찰자의 주관적
　　　　　　기록이 이루어졌기 때문이다.
　　③ 사례 : 기록에 대한 평가분석이 빠져있다.
　　　이유 : 일화기록 시 포함되어야 할 모든 정보가 제시되지 않았기
　　　　　　때문이다.
2) ① 유아들의 언어나 행동을 집중적으로 관찰함으로써 좀 더 명확하
　　　고, 분명하게 그때의 상황을 기록으로 남길 수 있다.
　　② 사전 준비나 별도의 계획 없이도 진행될 수 있기 때문에 다른 관찰
　　　기록 방법에 비해 간편하다.
　　③ 시간이 지난 후에 기록하게 되는 경우에 관찰자의 편견이 들어가
　　　거나 그때의 상황을 잊어버리는 경우가 생길 수 있다.
　　④ 일화기록은 기록하는 데 시간이 많이 소요되어 관찰자가 부담을
　　　가질 수 있다.

26 　　　　　　　　　　　　　　　　시간표집법

1) ㉠ 15
　　㉡ 관찰
　　㉢ 조작적 정의
　　㉣ 목적
　　㉤ 여백

27 관찰법

1) ① 김 교사
   ② 만 5세 유아 전체를 비교하려면 횡단적 방법을 사용하여야 하나, 종단적 방법을 사용하였기 때문이다.

2) 종단적 방법

3) 실험연구

4) 역동적 평가

5) 시간표집법

28 일화기록법, 평정척도법

1) ① 하나의 사건에 대하여 기록해야 하는데 쌓기놀이와 역할놀이의 두 영역을 관찰·기록하였기 때문이다.
   ② '가게는 닫혔음'이라고 유아의 말을 직접 화법을 사용하여 기록하지 않았기 때문이다.

2) ① 표준 평정척도법
   ② 관찰자에게 평정의 대상을 다른 일반 대상과 비교할 수 있도록 구체적인 준거를 제시할 때 사용한다.

3) 평가의 결과는 유아에 대한 이해와 누리과정 운영 개선을 위한 자료로 활용할 수 있다.

29 평정척도법

1) ① 기술 평정척도
   ② 한 가지 행동에 대해 흔히 3~5개의 기술적인 범주에 따라 평정하게 된다.

2) ① 도식 평정척도
   ② 평정의 기준을 정확히 설정하여야 한다.

3) ⓓ, 평정척도의 맨 마지막에 유아의 발달에 대한 요약을 간단하게 적어놓는다.

30 일화기록법, 시간표집법, 사회성측정법

1) ① 역할놀이 영역에서 용우는 아무 말 없이 가만히 서 있었고, 친구가 노는 것을 쳐다보고 얌전하게 서 있었다.
   ② 관찰대상 유아가 한 행동을 기술할 때 동일한 용어로 일관성 있게 기록하지 않았기 때문이다.

2) ① 시간표집법
   ② 관찰하고자 하는 행동을 사전에 정한다.

3) ① 슬기, 보경
   ② 좋아하는지 또는 싫어하는지에 대한 정보만 있지 왜 좋아하는지 또는 왜 싫어하는지에 대한 정보를 알 수 없다.

✎ **취약점 Self – Check** * 각 문제에서 학습이 더 필요한 키워드(학자, 이론명 등)를 정리해보고, 관련 개념을 꼭 복습해보세요!

01	02	03	04	05	06	07	08	09	10

11	12	13	14	15	16	17	18	19	20

01 리더십

1) ① 변혁적 리더십
  ② 새로운 방식을 생각하게 하고 가능하다고 생각했던 것 이상을 달성하도록 영감을 부여하며, 높은 가치와 도덕적 기준을 가지고 성취지향적으로 동기부여함으로써 조직구성원들의 발전을 도모하는 것이다.

2) ① 거래적 리더십
  ② 기대하는 바를 구체화하고, 책임을 명확히 하며, 기대했던 일을 수행한 것에 대해 인정하고 보상을 제공함으로써 관리자와 조직구성원 체계의 기초를 마련해 주는 것이다.

3) ⊙ 루브릭(서술적 평가척도)

02 캐츠

1) 생존기

2) 성숙기

3) ① 홍 교사
  ② 유아들 간에 싸움이 벌어졌을 경우 문제를 해결해 나갈 자신감이 생겨요.

4) ① 효능감

03 깁슨, 뎀보, 반두라, 버튼

1) 교수효능감

2) 교사효능감

3) 적응(조정)단계

4) ① 결과 기대
  ② 효능 기대

04 교직윤리, 효능감

1) ⊙ 교직윤리

2) ⓒ 자아효능감

3) ⓒ 효능감 기대

4) ② 결과 기대

5) 교사효능감

05 엘바즈

1) ⊙ 실천적 지식

2) ⓒ 반성적 사고

3) ⓒ 실천 행위
  ② 자율적
  ⑩ 변혁

06 장학

1) ㉠ 장학

2) ㉡ 발달적 장학

3) ㉢ 임상장학

4) ㉣ 동료장학

5) ㉤ 멘토링

07 장학

1) ㉠ 자기장학

2) ㉡ 현직교육

3) ㉢ 학급경영

4) ㉣ 계획 및 조직자
   ㉤ 관찰자

08 반성적 저널

1) ㉠ 상호작용의 원리
   ㉡ 활동 간 균형의 원리

2) 나는 자유선택활동을 위해 계획했던 놀이를 취소하고 아이들의 관심과 행동을 따르기로 했다.

3) ① 코칭

4) 실천행위 중의 반성적 사고

09 엘바즈, 반성적 저널, 교직원의 자격

1) ㉠ 전문가
   ① 실천적

2) 나의 수업을 평가해 보니, 유아들에게 '매미의 허물'에 대해 탐구하는 기회를 제공하지 못했다는 생각이 들어 반성하게 되었다.

3) ① 전문가적 수준
   ② 유아들이 주도하는 수업이 되어 교육적 가치가 더 클 것이라는 생각이 들었다.

4) ㉡ 수석교사
   ① 15년

10 장학

1) ㉠ 교육기본법
   ㉡ 교육감
   ㉢ 미리 통보

2) ㉣ 선택적 장학
   ① 교사의 경험과 능력에 따라 직접적 장학, 상호 협력적 장학, 자기 주도적 장학의 방법을 선택적으로 사용해야 하는 것이다.

11 장학

1) ㉠ 발달적

2) ① 진단적 단계
   ② 전략적 단계
   ③ 기술적 단계
   ④ 김 교사 → 최 교사 → 홍 교사

3) ① 교수 상황에 대한 관심사
   ② 유아에 대한 관심사

12 교사 전문성

1) 발문

2) 삼차원적 의사소통

3) 심문하기(따지기)

4) 성장지원, 리더십 발휘

5) 교육과정 개발자

13 교직원의 자격

1) ① 유치원 교원에 기간제 교사를 포함한 점
   ② 기간제 교사는 교원 외로 분류되기 때문이다.

2) 유치원 교사 자격의 검정은 무시험검정으로 이루어진다.

3) 정교사는 유치원 준교사 자격검정에서 시험으로 합격한 자가 아니다.

4) 유치원 준교사자격증을 가진 자로서 2년 이상의 교육경력을 가지고 소정의 재교육을 받아야 2급 정교사가 됩니다.

5) ① 유치원 정교사(1급) 자격증을 가지고 3년 이상의 교육경력과 소정의 재교육을 받은 자
   ② 유치원 정교사(2급) 자격증을 가지고 6년 이상의 교육경력과 소정의 재교육을 받은 자

14   교직원의 권리와 의무

1) ⊙ 경제적·사회적 지위
   ⓒ 자주성

2) ⓒ 1명
   ⓔ 사립학교

3) ⓜ 교육공무원

4) 신분보장에 대한 권리

5) 비밀엄수의 의무

15   엘바즈

1) ① 실천적 지식
   ② 교사 개인이 가지고 있는 지식을 자신이 처한 실제 상황에 맞도록 그 자신의 신념과 가치관을 바탕으로 종합하고 재구성한 지식

2) 쑥을 캐본 오랜 경험에 의하면 '미리 비닐봉지를 유아에게 나누어 주는 것이 좋다.'는 지식을 가지게 된다.

3) 두 명의 유아마다 비닐을 한 장씩 나누어 주는 방식은 각자에게 하나씩 주는 것보다 좀 더 좋은 교수방법임을 교사가 익히게 되었다.

4) ① 반성적 사고

16   교사의 역할

1) ① 융통성의 원리
   ② 유아들이 나비에 더 많은 관심을 보여 내가 계획했던 '들꽃 관찰하기' 활동을 잠시 중단하고 활동내용을 나비로 변경하였다.

2) ① 역할 : 일과계획 및 운영자
   이유 : 교사 자신이 수립한 교육계획에 의거하여 구체적인 일과를 계획하고 유아들이 나비에 관심을 보이자 융통성 있게 일과를 수행하였기 때문이다.
   ② 역할 : 의사결정자
   이유 : 유치원 현장에서 일어나는 일에 대해 전문적으로 판단하고 활동내용을 나비로 변경하는 결정을 내렸기 때문이다.

3) ① 교사는 유아의 관심과 반응을 늘 생각하고 고민하는 편이나 공원이라는 장소 특징을 고려하지 못했음을 반성하고 있다. 왜냐하면 과거나 현재의 실천적 행위에 대한 사려 깊고 분석적인 사고는 반성적 사고를 증진시키기 때문이다.
   ② 오늘 보인 유아 흥미를 반영하여 다음 나비 관련 활동에는 다양한 측면을 고려하고자 하였다. 왜냐하면 교수 실체를 분석하고 미래 행위에 대한 방향을 결정하는 과정에서 반성적 사고가 향상되기 때문이다.

17   교육과정, 반성적 사고

1) 개별 유아의 요구에 따라 휴식과 일상생활이 원활히 이루어지도록 한다.

2) ① 어? 이게 뭐지?
   ② 왜 이렇게 움직일까?

3) 분류하기

4) 실천행위를 위한 반성적 사고

18   컨설팅 장학

1) ⊙ 수업

2) ⓒ 문제해결방안 구안

3) 액션 러닝

4) ⓒ 조직진단기법

5) ⓔ 스왓(SWOT) 기법

19   컨설팅 장학

1) ① 김 교사, 지원 위주의 장학을 해 주어서 좋은 것 같아요.
   ② 박 교사, 시·군 교육지원청별 「누리과정 컨설팅장학지원단」과 도 교육청의 「유아교육 총합컨설팅지원단」 연계·운영
   ③ 홍 교사, 교육지원청 중심의 교육과정 및 수업컨설팅 장학에 중점
   ④ 백 교사, 수업컨설팅 장학과 찾아가는 컨설팅장학으로 구분하여 실시

2) ① 기술적 단계
   ② 추상적

20   교사 지식, 교사 양성

1) ⊙ 암묵적
   ① 경험과 학습에 의해 몸에 쌓인 지식

2) ⓒ 내러티브
   ① 내러티브 교육과정

3) ⓒ 핵심역량

✎ **취약점 Self – Check** ＊각 문제에서 학습이 더 필요한 키워드(학자, 이론명 등)를 정리해보고, 관련 개념을 꼭 복습해보세요!

01	02	03	04	05	06	07	08		

01 아동 권리

1) ① 아동정책기본계획

2) ㉠ 최우선
   ㉡ 차별금지

3) 대한민국 어린이헌장

02 아동복지법

1) ㉠ 일반원칙
   ㉡ 시민적

2) ㉢ 가사조력서비스

3) ㉣ 아동학대

4) ㉤ 아동주간보호사업

03 아동학대

1) ㉠ 안전
   ① 10

2) ㉡ 방임

3) ① 아동학대범죄의 처벌 등에 관한 특례법
   ② 신고의무자

04 어린이헌장, UN협약

1) ① 대한민국 어린이헌장
   ② 건강가정에서 양육 받을 권리
   ③ 교육권

2) ㉠ 아동 최우선 이익의 원칙
   ㉡ 발달

05 아동복지법

1) ㉠ 10

2) ㉡ 유괴범

3) ㉢ 어린이 약이라도 함부로 많이 먹지 않기
   ㉣ 6
   ㉤ 6

06 카두신

1) ㉠ 지지적 서비스, 아동상담소(지역사회 정신건강 상담소)
   ㉡ 보완적 서비스, 보육 서비스
   ㉢ 대리적 서비스, 가정 위탁보호(입양, 시설보호 서비스)

2) ㉣ 선정주의
   ㉤ 개발적 기능

07 유아교육법, 아동복지법, 특수교육법

1) ㉠ 생활기록부
   ① 준 영구
   ② 전자기록생산시스템

2) ㉡ 아동복지

3) ㉢ 순회교육

08 아동권리

1) 대한민국 어린이헌장

2) ㉠ 주권
   ㉡ 연구대상

3) ㉢ 핵심 가치·덕목
   ㉣ 핵심 역량

모범답안

Part 2

유아 교육과정 해커스임용 백청일 유아 교직논술×교육과정 예상문제집

✎ 취약점 Self – Check
*각 문제에서 학습이 더 필요한 키워드(학자, 이론명 등)를 정리해보고, 관련 개념을 꼭 복습해보세요!

01	02	03	04	05	06	07	08	09	10

11	12	13	14	15	16	17	18	19	20

21	22	23	24						

01
영양소

1) ① 탄수화물
   ② 밥, 식빵

2) ① 단백질
   ② 생선, 달걀

3) ① 엄 교사
   ② 식단모형에서 단순당류를 만 1~3세와 만 4~6세에게 같게 제공한 점이다. 만 4~6세는 10g 정도로 제공하여야 한다.

4) 어린이 식생활 안전지수

02
동작교육

1) ① 체계적
   ② 문화적

2) 공간

3) 신체 움직임을 조절한다.

4) ① 지도하기

03
교통안전

1) ㉠ 지시

2) ㉡ 규제

3) ㉢ 주의

4) 위험하니까 천천히 조심하세요.

5) SWOT분석

04
응급처치

1) ㉠ 인공호흡
   ㉡ 안정

2) ㉢ 부목
   ㉣ RICE 처치
   ㉤ RICE 처치

3) 피부를 살살 문지른 점

4) 부러진 치아의 뿌리 부분을 문질러 닦은 점

5) ① 2

05 활동방법

1) ① 계속성

　　② 교육내용이 지속적으로 제시된다는 의미

2) ① 신체활동 즐기기

　　② 신체를 인식하고 움직인다.

3) 관계

06 동작활동

1) ⓒ 한 발 뛰기[앙감질(hopping)]

　　ⓔ 갤로핑(gallopping)

2) ⓒ, ⓛ, ⓔ

3) ⓔ

4) 기초적인 이동운동, 제자리 운동, 도구를 이용한 운동을 한다.

5) ⓑ 민첩성

　　ⓒ 유연성

07 안전

1) 실내외에서 신체활동을 즐기고, 건강하고 안전한 생활을 한다.

2) 바람을 등지고 소화기를 사용한다.

3) ① 유아의 인원수를 파악하여 침착하게 빠져 나온다.

　　② 손으로 코를 막고 자세를 낮추어 빠져 나온다.

4) 사이렌 소리에 유아들이 놀라거나 당황하는 경우가 있으므로 예정된 훈련시간과 대피장소에 대해 미리 안내한다.

08 응급처치

1) ① 왼쪽 눈을 가린 점

　　② 양쪽 눈을 가린다.

2) ① 내용 : 고개를 약간 뒤로 숙이게 하고

　　　수정 : 고개를 앞으로 숙이게 하고

　　② 내용 : 코뼈 바로 위의 코 부분

　　　수정 : 코뼈 바로 밑의 코 부분

　　③ 내용 : 거즈를 둥글게 말아 깊게 막아

　　　수정 : 콧구멍에 거즈를 둥글게 말아 너무 깊지 않게 막고, 이런 경우 끝이 조금 밖에 나오게 해 둔다.

3) ① 일회용 장갑을 끼지 않은 점

　　② 처치자는 먼저 손을 씻는다.

09 신체활동

1) ⓒ 기초체력

2) ① 박 교사, 순발력 등을 활동목표로 설정한 점은 유아가 성인과는 달리 근육 및 장기의 발달이 미숙하기 때문에 부적절하다.

　　② 황 교사, 도입 부분에 유아들에게 충분히 탐색할 시간을 제시하지 않고 말로 설명하였기 때문이다.

3) 유아기의 기초체력은 기본 운동활동을 통하여 향상시킬 수 있다.

4) 유아기는 신체를 조절하거나 환경을 지각하는 능력이 부족하기 때문이다.

10 신체활동

1) 신체를 인식하고 움직이기를 지도한 내용이다.

2) 관찰력, 추론능력

3) ① 두 가지 이상의 해결을 위한 안내된 탐색

　　② 상상

4) 리듬

11 영양소

1) ① 비타민 A

　　② 밤에 눈이 잘 보이지 않게 될 수 있고, 병을 이기는 힘이 약해서 자주 아프게 된다.

2) 칼슘

3) 비타민 D

4) 몸에 좋은 음식에 관심을 가지고 바른 태도로 즐겁게 먹는다.

12 동작교육

1) ① 안내-발견적 방법

　　② 교사가 절대 답을 제공하지 않는 것이다.

2) 제한적 교수방법

3) ① 변증법적 질문법

　　② 기본가정 설정

1) ① 리듬

2) ① 결합동작

3) 신체활동 즐기기

4) 질감

5) 시범보이기

1) ① 분말

    ② 투척용

2) ① 1

    ② 6

3) 예정된 훈련 시간과 대피 장소에 대해 미리 안내한다.

4) 비상사태 발생 시 대피할 장소와 방법은 일정하게 유지하여 대피방법을 경험하게 한다.

해설 **재난 대피 훈련**

    재난 대피 훈련은 정기적으로 실시하며 가까운 곳부터 먼 곳까지 대피 장소와 방법을 변경하여 실시함으로써 상황에 따라 다양한 대피방법을 경험하게 한다.

5) 대피훈련 일지를 기록하고 결과를 점검한다.

해설 **화재 대피 훈련**

    화재 대피 훈련 후에는 반드시 대피훈련 일지를 기록하고 결과를 기록하여 평가하도록 하며, 수정사항을 다음 훈련 시 반영하도록 한다.

1) ⓑ, 개별적으로 학부모에게 알려주어 교체하도록 한다.

2) ① 극적인 접근 방법

    ② 유아가 가상적 상황, 행동을 상상을 통하여 극화함으로써 동작 표현을 하도록 하는 방법이다.

3) ① 상상·환상중심

    ② 창작

1) ① 10

    ⓒ 지속적

2) 연간 1회 이상

3) ① 0.3ppm

해설 **오존경보제**

구분	발령기준	해제기준	일반주민
주의보	오존농도가 0.12ppm 이상일 때	오존농도가 0.12ppm 미만일 때	• 실외 운동경기 삼가 • 노약자, 유아, 환자 등의 실외활동 자제
경보	오존농도가 0.3ppm 이상일 때	오존농도가 0.3ppm 미만일 때	• 실외 신체적 활동 제한 • 노약자, 유아, 환자 등의 실외활동 억제 • 발령 지역 유치원, 학교의 실외 학습 제한
중대 경보	오존농도가 0.5ppm 이상일 때	오존농도가 0.5ppm 미만일 때	• 실외 신체적 활동 억제 • 노약자, 유아, 환자 등의 불필요한 활동 중지 • 발령 지역 학교, 유치원 휴교 권고

4) 소방대피 훈련을 사전에 유아에게 알리지 않고 실시했기 때문이다.

1) ① 동작을 통한 교육, 다양한 동작을 시도하고 경험하게 하여 궁극적으로 전인발달을 추구하는 교육

    ② 동작을 위한 교육, 동작을 가르치는 교육으로서 자기발견을 강조하는 교육

2) ⓓ 기본 동작

    ① 이동 동작

    ② 비이동 동작

    ③ 조작적 동작

3) ① 심리운동적(정신운동) 발달

    ⓒ 창의성 발달

4) ① 확장

18　　　　　　　　　　　　　　　　　　　　동작교육

1) ① 리듬

2) ① 결합동작

3) ① 찬트

4) 질감

5) 시범보이기

19　　　　　　　　　　　　　　　　　　　　안전교육

1) ① 6

2) ① 2

3) ① 흐름

4) ① 무게(힘)

5) ① 관계

20　　　　　　　　　　　　　　　　　　　　동작교육

1) ① 탐색적

2) ① 유아 스스로 실험하기

3) ① 통합적 접근방법

4) ① 움직임 익히기
　　 ② 관계

5) ① 이동동작
　　 ② 순발력

21　　　　　　　　　　　　　　　　　　　　동작교육

1) ① 방향지각

2) ① 리듬운동
　　 ① 안정동작

3) ② 동심원의 원리

4) ① 개별화의 원리

22　　　　　　　　　　　　　　　　　　　　안전교육

1) ① 김 교사, 유치원에 비치된 예방약을 모든 유아들에게 먹인 점이 부적절하다. 예방약에 대한 알레르기가 있는 유아에게는 적합하지 않으므로 모든 유아에게 먹이는 것은 위험하기 때문이다.
　　 ② 박 교사, 자외선을 가능한 한 많이 쪼일 수 있도록 한 점이 부적절하다. 유아들에게 자외선을 많이 쪼이게 되면 일사병이 걸리게 되어 위험하기 때문이다.

2) ① 비타민 D
　　 ② 구루병

3) ① 0.5ppm

23　　　　　　　　　　　　　　　　　　　　소방훈련

1) 스토리텔링 교수법

2) ① 비상대피로

3) "불이야!"를 크게 외치며 뛰어 간다.

4) ① 아동복지
　　 ② 6

24　　　　　　　　　　　　　　　　　　　　응급처치

1) ① 찔린 눈을 가린 점
　　 ② 양쪽 눈을 가린다.

2) ① 고개를 뒤로 젖힌 점, 고개를 앞으로 숙인다.
　　 ② 3분간, 5~10분

3) 부러진 치아의 뿌리 부분을 문질러 닦은 점

✎ **취약점 Self – Check** * 각 문제에서 학습이 더 필요한 키워드(학자, 이론명 등)를 정리해보고, 관련 개념을 꼭 복습해보세요!

01	02	03	04	05	06	07	08	09	10

11	12	13	14	15	16	17	18	19	20

21	22	23	24						

01   쓰기

1) ⊙ 책과 이야기 즐기기
   ⓒ 주변의 상징, 글자 등의 읽기에 관심을 가진다.

2) ① 성플이 동시를 들으며 반복적인 운율을 느낄 수 있기 때문이다.
   ② 우리말의 재미와 아름다움에 대한 경험을 가질 수 있기 때문이다.

3) 한글은 자모의 인식보다 음절인 글자 인식이 먼저 나타난다.

4) ① 생략
   ② 대치

02   언어 접근법

1) ① 부호중심 언어 접근법
   ② 글의 의미 파악에 어려움이 있다.

2) ① 의미중심(총체적) 언어 접근법
   ② 새로운 글자나 단어에 전이가 어렵다.

3) 균형 잡힌 언어 접근법

4) 음절

5) 말과 글의 관계 알기

03   지식정보책

1) ① 그림을 단서로 내용을 추측해본다.
   ② 책의 그림을 가리키며 읽는다.

2) 그림을 참조하지 않고 글자를 읽을 수 있게 되며, 말과 글의 관계를 알게 된다.

3) ① 내용의 정확성

4) ① 그림자 동화

04   동시 지도

1) ① 책과 이야기 즐기기
   ② 동화, 동시에서 말의 재미를 느낀다.

2) ① 독자반응
   ② 독자의 능동성을 강조하였다.

3) ① 심화 및 확장

05   읽기, 쓰기

1) 생성의 원리

2) 기능적 발달의 원리

3) 정보적 기능

4) ① 자신의 말이 글로 옮겨지는 과정을 관찰하면서 말과 글의 관계를 이해한다. (말이 문자로 바뀌는 것을 보면서 음소-자소의 대응 관계에 대해 점차 알게 된다.)
   ② 지우가 요구해서 써 주었던 익룡을 글자를 보면서 다시 읽어준다
   ③ 티라노사우루스 그림 아래 쓰인 '티라노사우루스'라는 글자를 손가락으로 한 자씩 짚으면서 읽는다. (유아는 그림이 아니라 글자를 읽는다는 것을 인식하게 되고, 문자에 의미가 담겨 있다는 것을 깨닫게 된다.)
   ④ 말뿐 아니라 글도 자기 생각과 느낌을 표현할 수 있다.

06   읽기, 언어 발달단계

1) 책의 그림을 단서로 내용을 이해한다.

2) ① 책의 그림을 단서로 내용을 추측해 본다.
   ② 발생적 문식성

3) ① 총체적 언어 접근법
   ② 읽기 준비도 관점

4) 유아와 함께 다양한 방법으로 동시를 읽는다.(함께 읽기)

07   쓰기

1) 자신의 생각을 글자와 비슷한 형태로 표현한다.

2) ① 가영이가 쓴 글자에 대해 어떤 글자를 썼는지, 그 글자는 어떻게 읽는지에 대해서만 물은 점이다.
   ② 교사가 가영이가 끄적인 내용이 무엇을 쓴 것인가에 관심을 보이지 않기 때문이다.

3) 기호개념의 원리

4) 창안적 글자 쓰기

08   언어발달

1) 음소

2) 상대방이 하는 이야기를 듣고 관련해서 말을 하여야 한다.

3) 부호중심 접근법

4) 시각적 기억력 제한 / 왼쪽에서 오른쪽으로의 방향감각 부족 / 눈과 손의 협응력 부족 중 1가지

5) ① 표현
   ② 짝짜꿍

09   언어접근법, 읽기

1) ① 문학적
   ② 총체적 언어 접근법

2) ㉠ 경험적 읽기
   ㉡ 분석적 읽기

3) 작가적 전략

10   동화

1) 누적적 형식

2) ① "영차, 영차." 그러나 무는 뽑히질 않았습니다.
   ② 배경
   ③ 공간

3) ① 사실
   ② 전승문학

11   언어 발달단계

1) ① 철수
   ② 비슷한 발음을 듣고 구별하기 때문이다.

2) 영희는 다양한 낱말과 문장을, 광수는 일상생활과 관련된 낱말과 문장을 듣고 뜻을 이해한다.

3) 어디에서 이런 일이 일어났지?

4) 문식성이 부족한 유아에게 낱말과 문장을 읽거나 쓰도록 과제를 주는 것은 어렵기 때문이다.

12 읽기, 듣기

1) ① 사회언어학적 지식

② 상대방의 사회적 지위, 문화, 성과 같은 사회적 변인에 따라 언어가 어떻게 다르게 사용되는지 아는 것이다.

2) 바른 태도로 듣도록 지도한다.

3) ⓐ 쓰기

ⓑ 안내적 읽기

ⓒ 반복 읽기

ⓓ 대집단에서 책 읽어주기

① ⓑ는 소집단에서, ⓓ는 대집단에서 책을 읽어준다.

13 언어발달

1) ① 집단독백

② 유아는 다른 사람들이 듣고 있다고 생각할지 모르지만 다른 사람들이 반응하거나 상호작용하는 것을 기대하지 않고 다른 사람이 함께 있어도 자기 자신에게 말한다.

2) 유아들이 자아중심적 사고를 가지고 있어 자기중심적 언어가 나타나기 때문이다.

3) ㉠ 화용론적 지식

㉡ 담화 구성능력

14 의사소통 능력, 음운론

1) 사회언어학적 지식

2) ① ㅎ

② ㅅ

3) ㄲ

4) ① 상위언어 인식(메타-언어)

15 과잉일반화, 음운론

1) 과잉일반화(과잉규칙화)

해설 **과잉일반화(overgeneralization)**

과잉규칙화(overregularization)라고도 하며, 유아가 문법을 습득해 가면서 새로 알게 된 규칙을 확대 적용하는 과정 가운데 의미론적인 과잉확장을 하는 현상이다. 유아들이 주어를 나타내는 조사로 '(엄마)가'가 사용된다는 규칙을 깨달을 때, 어떤 명사에 대해서든지 이 규칙을 일반화하여 사용하여 '(곰)가', '(문)가'와 같은 잘못을 범하는 현상을 말한다.

2) ① 형태소

② 더 이상 작은 단위로 쪼개지면 의미가 없어져 버리는 최소의 의미 단위이다.

3) 유아들이 읽은 것에서부터 의미를 구성해 나갈 수 있도록 하기 위해 단어를 빨리 그리고 자동적으로 확인할 수 있는 것을 목표로 한다.

4) 생득주의

16 언어교육

1) ① 의미론

② 단어나 문장의 의미나 내용에 관한 것이다.

2) ㉠ 상호작용적 기능

㉡ 개인적 기능

3) 상대방이 하는 이야기를 듣고 관련해서 말을 해야 하기 때문이다.

17 읽기

1) 구어에서는 잘 사용되지 않는 특별한 형태의 문어체 이야기를 만들어 내는 단계이다.

2) 훈제 → 영희 → 철수 → 광수 → 민영

3) ① 그림자

② 노랫말

4) ① 동화의 이야기를 처음부터 끝까지 읽어준다.

② 유아가 그림이나 내용에 대해 질문할 때마다 대화를 하듯이 질문을 주고받도록 한다.

18 언어발달

1) ① 선아

   ② 부정어의 위치를 동사 앞에 두었기 때문이다.

2) 소미, 딸기, 좋아

3) ① 의미의 수평적 발달

   ② 의미론적 관계 분석

해설 **의미 발달**

- **의미의 수평적 발달** : 자신이 알고 있는 어휘의 의미에 새로운 속성을 추가해 가는 것
  - 예 검정강아지 ⇨ 하얀 강아지 ⇨ 얼룩 강아지 ⇨ 다양한 강아지
- **의미의 수직적 발달** : 어떤 개념을 습득하고 나서 그와 유사한 개념의 어휘들을 계속해서 습득한 후에 유사성을 갖는 어휘들을 군집화하여 새로운 범주의 개념을 획득하게 되는 것
  - 예 개에 대한 개념 습득 ⇨ 고양이, 토끼 ⇨ 동물

19 언어발달

1) ㉠ 훔볼트

   ㉡ 피아제

   ㉢ 비고츠키

   ㉣ 자아중심

2) ① 사적개념

   ② 주로 개인이 경험하고 생각하고 느끼는 것으로 형성된다.

3) ㉤ 구성주의

20 말하기, 쓰기

1) ① 과잉축소

   ② 단어를 통상적인 의미보다 축소하여 사용하는 하는 것을 의미한다.

2) ㉡ 현우는 장터가 어디에서 열리는지 써야 한다고 말했어요. 그런데 현우는 왜 그것을 써 넣어야 한다고 생각했지?

3) 교사가 사용하는 정확하고 바른 문장을 듣고 유아는 낱말의 단순한 나열을 넘어서 자신의 생각을 상대방이 이해하기 쉬운 문장으로 표현할 수 있는 능력을 기르게 되기 때문이다.

4) 초기 음운적 전략

21 비고츠키

1) 상호주관성

2) 문제해결 과정에서 자신의 행동과 사고를 통제하는 데 언어가 중요한 역할을 하기 때문이다.

3) ㉢ 실제적 발달수준

   ① 유아 스스로 더 많은 주도성을 가지고 활동을 해나가는 자기조절 능력을 가지게 되기 때문이다.

4) ㉣ 비계설정

22 언어적 특성

1) 반복확장

2) 의미부연

3) 촉진

4) 과잉일반화(과잉규칙화)

5) 창의적인 글자 쓰기

23 쓰기

1) 자유로운 쓰기지도

2) 개별화된 쓰기지도

3) 협동적 쓰기지도

4) 생성의 원리

5) 기능적 발달의 원리

24 언어발달

1) ㉠ 행동주의

2) ① 반향적(에코익)

3) ㉡ 상호작용주의

   ㉢ 구성주의

4) ㉣ 사회적 상호작용주의

5) ① 집단적 독백

✏️ **취약점 Self – Check** * 각 문제에서 학습이 더 필요한 키워드(학자, 이론명 등)를 정리해보고, 관련 개념을 꼭 복습해보세요!

01	02	03	04	05	06	07	08	09	10

11	12	13	14	15	16	17	18	19	20

21	22	23	24						

01
정서발달

1) 감정이입

2) ① 나의 감정을 알고 상황에 맞게 표현한다.
 ⓒ 네가 쓰던 가위를 다른 친구가 말없이 가져갔다면 어떤 기분이 들 것 같으니?

3) ⓑ 배려
 ⓚ 핵심 가치 · 덕목
 ① 자기 정서(감정)조절

02
셀만의 역할수용

1) ⊙ 단독적 · 일방적 수준
 ⓒ 호혜적 · 반영적 수준
 ⓒ 자기중심적 · 충동적 수준

2) ① 자기중심성
 ② 호혜성, 다른 사람이 나에게 욕을 하면 욕으로, 친절하면 친절로, 자랑하면 자랑으로 반응하는 것과 같은 일종의 보답 형식의 타인 관계를 의미한다.
 ③ 상호성, 보답 형식의 타인 관계가 아니라 다른 사람과 나의 기분, 느낌, 슬픔 등에 연대적으로 또는 공동적으로 함께 공유하는 타인 관계를 의미한다.

3) ⓒ → ⊙ → ⓒ

03
다문화 교육

1) ⓐ

2) ⊙ 서로 다른 감정, 생각, 행동을 존중한다.
 ⓒ 사회에 관심 가지기

3) ① 변혁적 단계
 ② 부가적 단계

04
양성평등, 성 역할 학습

1) ① 지훈이의 친구들이 지훈이에게 "야, 지훈이는 아빠 같이 힘이 세고 집도 잘 짓네."라고 한 것
 ② 바람직한 행동을 증가시키기 위한 강화

2) ① 단계 : 성 항상성
 의미 : 외부의 변화에 대해 성이 바뀌지 않음을 아는 것
 ② 단계 : 성 안정성
 의미 : 시간의 변화에 관계없이 성이 변화하지 않는 것을 이해하는 것

3) ① 양성평등

4) 사회생활 접근법

05　성 역할 학습

1) ① 성 유형화

2) 성 역할 고정관념

3) ① 동일시 전형(모형 학습)

4) 사회인지

5) 자아숙고(자기반성적) 조망수용 단계

06　다문화 교육

1) 나선형 교육과정

2) 내가 살고 있는 곳에 대해 궁금한 것을 알아본다.

3) ① 존중
　　② 배려

4) ① 유아의 학습양식 인지
　　② 협동적 학습의 격려

07　사회교육

1) ① 방법 : 자신의 모습을 다양한 방법으로 표현해 보고 나와 친구들
　　　　의 표현하는 방법을 비교해 본다.
　　　이유 : 나와 다른 사람의 차이점을 알아보는 것은 만 3세에게 어
　　　　려기 때문이다.
　　② 방법 : 놀잇감을 정리하는 시간에 자신이 가지고 놀았던 놀잇감을
　　　　제자리에 정리하거나 다른 유아의 정리를 돕는다.
　　　이유 : 내가 할 수 있는 일을 해 보는 것은 만 3세에게 어렵기 때문
　　　　이다.

2) ① 유아는 놀았던 놀잇감뿐 아니라 유아용 빗자루, 스펀지 등을 사용
　　　하여 자신의 주변을 깨끗이 정리한다.
　　② 내가 할 수 있는 일을 해 보는 것은 만 4세에게 적합하기 때문
　　　이다.

3) 사회학습이론

4) 나를 알고 소중히 여긴다.

08　콜버그의 도덕성 발달이론

1) (가) 구체적으로 정의된 강화에 의한 순응단계
　　(나) 구체적 보상에 의한 내적 자발성
　　(다) 심리적 강화에 의한 순응 단계

09　가치분석

1) ① 가치분석
　　② 토의 활동을 통해 유아가 어떤 상황에서 하나의 가치를 선택하
　　　는 이유를 논리적으로 설명하고 그 준거를 밝혀보는 전략이다.

2) ① ⓒ → ⓛ → ㉠
　　② 키, 성 등의 외적 특성을 기준으로 분배하는 단계이다.

3) ⓔ 대안에 대한 생각을 함께 나누고, 공유된 선택에 대한 정당화
　　하기

10　도덕성, 욕구위계론

1) ㉠ 길리건
　　ⓛ 배려 지향

2) ⓒ 자기 희생과 사회적 동조

3) 자아존중감

4) ① 친구와 서로 도우며 사이좋게 지낸다. 친구와의 갈등을 긍정적인
　　　방법으로 해결한다.
　　② 다른 사람과 사이좋게 지낸다.

11　양성평등

1) 성 역할 고정관념

2) ① 보상

3) 양성성

4) ① 역할이행(수행) 능력
　　② 다른 사람의 입장을 이해하고 타인의 관점을 추리하는 능력

② ① 타율
　　② 자율

3) 나의 감정을 알고 상황에 맞게 표현한다.

4) ① 타인
　　② 자기
　　③ 내적
　　④ 혼잣말

12　　　　　　　　　　　상호작용

1) ① 대인관계 능력

　② 타인과의 상호작용에서 주도하고 관계를 형성하며 상호작용하는 것

2) ① 자기중심적 · 충동적 수준

　② 은미는 효진이를 밀어 넘어뜨리는 신체적 전략을 사용하였다.

3) ⓐ

해설 함께 써야 하는 도덕적 행동의 당위성을 설명하지 않고 바로 규칙을 정해주었기 때문이다.

13　　　　　　　　　　씨펠트, 람세이

1) ① 박 교사

　② 현재생활 접근법

2) ① 공휴일 접근방식

　② 관광식 교육과정

3) 희소성

14　　　　　　　　　　　범교육과정

1) ㉠ 나선형

　㉡ 스마트러닝

2) ㉢ 저탄소 녹색성장 기본법

3) ㉣ 녹색환경 교육

　㉤ 유엔 지속가능발전 교육 10년

15　　　　　　　　　　　　　인성

1) ㉠ 일상생활에서 반드시 새 종이를 아껴 쓴다.

해설 메이거의 교육목표

　조건은 '일상생활에서', 기준은 '반드시', 행동은 '새 종이를 아껴 쓴다.'로 정할 수 있다.

2) ㉡ 존중

3) 제한된 자원

4) 생명과 자연환경을 소중히 여긴다.

16　　　　　　　　　　　가치분석

1) ① 명료화

2) ㉠ 감정의 탐색

　① 기분이 좋아져요. / 승범이가 미워져요.

3) 친구들이 많으니까 손으로 몇 개씩 들고 갈 수 있어요.

4) 보편적 결과

17　　　　　　　　　　　행동수정

1) ① 상반행동 강화

2) ① 나의 감정을 알고 상황에 맞게 표현하도록 지도한다.

　② 울다가 웃기, 화내기와 웃기 등 상반되는 감정을 표정이나 몸짓으로 표현하는 놀이를 해본다.

3) ① 신뢰 형성

4) 평정척도법

18　　　　　　　　　튜리엘의 도덕성 발달이론

1) ㉠ 개인적 영역

　㉡ 인습적 영역

　㉢ 도덕적 영역

2) 콜버그는 도덕적 행동에 대해 형식적 해결책을 중시한 반면, 튜리엘은 가치적 해결책을 중시하였다.

19　　　　　　　　　　　다문화 교육

1) ① 언어발달

　② 인지발달

2) ① 의사소통의 어려움

　② 정체성 혼란

　③ 사회적 부적응

3) ① 반편견적

20 　　　　　　　　　　　　　　　　　감정이입

1) 행동조성법

2) ① 상호 주관성

3) ① 감정이입

4) ① 역할이행(수행) 능력
   ② 자아중심성

21 　　　　　　　　　　　　　비고츠키, 반두라

1) ⊙ 충폭

2) ⓛ 자발적 개념

해설 자발적 개념은 아동이 주로 자신의 노력을 통하여 발달시킨 현실에 대한 개념이며, 비자발적 개념은 어른의 영향을 결정적으로 받은 개념으로 비고츠키는 자발적 개념을 중요시한다.

3) ⓒ 과학적 개념

4) ② 자기효능감

5) ⑨ 결과 기대

22 　　　　　　　　　　　　　　　　　자아통제

1) ⊙ 초자아
   ⓛ 내면화
   ⓒ 도덕적 사고
   ② 언어

2) ① 타인
   ② 자기
   ③ 내적
   ④ 혼잣말

3) ① 내적 언어

23 　　　　　　　　　　　　　　　　　　　인성

1) ⊙ 구급대원이 하는 일에 관심을 갖는다.

2) ⓛ 협력
   ⓒ 이것은 언제 어떻게 사용하는 것일까?

3) ② 협동놀이
   ① 친구들과 의견을 나누고 협동하면서 놀이를 하는 것은 만 3세에게 부적절하다.

4) 약속과 규칙의 필요성을 알고 지킨다.

5) ① 만약 들것을 혼자 들고 옮겼다면 안전하게 옮길 수 있었을까?
   ② 규칙을 지킬 때의 기분은 어떠니?

24 　　　　　　　　　　　　　교육과정의 통합적 운영

1) 유아가 측정 과정에서 나타나는 문제점을 경험하고 해결하는 과정에서 측정할 속성에 적합한 단위를 선정하고, 동일한 단위를 반복하여 측정할 때 필요한 기술을 인식할 수 있도록 지도한다.

2) ① 건강한 사회 공동체의 성숙한 근로시민으로 성장을 목적으로 한다.
   ② '자기 자신을 사랑하는 어린이' / '꿈을 키우는 어린이' / '함께 나누는 어린이' 중 1가지

3) 내가 살고 있는 곳에 대한 궁금한 것을 알아본다.

해설 유아가 우리 동네 사람들 중에는 공공기관에서 우리를 도와주는 일을 하기도 하고 의식주와 관련된 생활공간에서 일하는 사람들이 있다는 것을 알게 하고 그 고유한 역할과 기능이 있음을 이해하게 한다.

4) ① 이동동선
   ② 쉴 곳과 화장실 위치 파악 등

5) ① 쪽지

✎ **취약점 Self - Check** *각 문제에서 학습이 더 필요한 키워드(학자, 이론명 등)를 정리해보고, 관련 개념을 꼭 복습해보세요!

01	02	03	04	05	06	07	08	09	10

11	12	13	14	15	16	17	18	19	20

21	22	23	24						

01
노래 따라 부르기

1) ① 노래의 길이가 짧다.
　② 리듬형식이 반복적이다.

[해설] '문답식으로 부를 수 있는 노래이다.' 또는 '유아들이 좋아하는 소재인 돼지를 소재로 한 노래이다.'도 가능하다.

2) ① '꿀꿀꿀'에 강세를 두거나, 빠르게, 느리게, 크게, 작게 등으로 변화를 주어 부른다.
　② 크게, 작게, 빠르게, 느리게 등 음악적 요소들을 개념화할 수 있게 몸으로 동작을 함께 나타내며 노래를 부른다.

3) ① 노래 부르기, 소리를 내는 여러 동물로 변형하여 부르기
　② 리듬악기 다루기, '누구일까' 노래에 맞추어 마라카스 등을 연주하기
　③ 통합적으로 표현하기, '누구일까' 음악에 맞춰 몸으로 표현하기

4) 휘모리(단모리)장단

02
신체활동

1) ① 창의적으로 표현하기
　② 신체나 도구를 활용하여 움직임과 춤으로 자유롭게 표현한다.

2) "나비가 위로 훨훨 날고 있어요. 그때 바람이 살살 불어오네."
　또는 "○○는 팔과 다리를 구부려 몸을 작게 만들었구나. 다른 신체 부분을 이용하여 더 작게 만들 수 있을까?"

3) 만 3세에게 도구를 활용하여 창의적으로 표현하는 것은 어렵기 때문이다.

4) ① 개인공간
　② 일반공간
　③ 경계

03
음악교육

1) ① 노래의 길이가 짧아야 한다.
　② 리듬 형식이 반복적이어야 한다.
　③ 쉽게 따라 부를 수 있는 음정으로 된 친숙한 노래를 선정한다.

2) ① 빠르기

3) ① 탐색

04
동작 활동

1) 신체나 도구를 활용하여 움직임과 춤으로 자유롭게 표현한다.

2) ① 극적

3) ⊙ 지지하기
　ⓒ 지도하기

4) 교사의 개입이 비지시적인 것과 지시적인 것의 차이이다.

05 조형

1) ㉠ 강조
   ㉡ 질감
   ㉢ 공간

2) 현장 학습 장소까지 가는 교통편을 알아본다. / 간식 먹는 곳, 화장실 등 휴식 공간을 알아본다. / 이동 동선을 파악한다. 중 2가지

3) 우리나라의 전통 예술에 관심을 갖고 친숙해 진다.

06 음악적 요소

1) ㉠ 리듬
   ㉡ 프레이즈(악구)

2) ㉢ 솔페이지

3) ㉣ 세마치장단

4) ㉤ 이동

5) ⓐ 동작적 표상
   ⓑ 상징적 표상
   ⓒ 영상적 표상
   ① ⓐ → ⓒ → ⓑ

07 명화를 통한 미술교육

1) 우리나라 전통 예술에 관심을 갖고 친숙해진다 .

2) ㉡ 공간

3) ① 해석하기
   ② 기술하기
   ③ 평가하기
   ④ 분석하기

08 오르프, 달크로즈, 코다이

1) ㉠ 오스티나토
   ㉡ 보르둔

2) ㉢ 유리드믹스
   ㉣ 솔페이지
   ㉤ 파 솔 라 티(시) 도 레 미 파

3) 티티 타 타아

09 음악 활동

1) ① 멜로디를 들어보고 가락을 표현해본다.
   ② 만 5세에게 가락을 표현해 보는 것은 어렵기 때문이다.
   해설 리듬악기 → 가락악기(가락 = 높낮이) 순으로 활용한다.

2) 우리나라 전통 예술에 관심을 갖고 친숙해진다.

3) ① ㉡, 자진모리장단
   ② ㉢, 3분박 4박

4) 셈여림

10 명화를 통한 미술교육

1) ㉠ 공간
   ㉡ 질감

2) ① 여백

3) ① 10명씩 조를 짠 점
   ② 처음에는 2~3명의 소집단으로 시작한다.

4) 최 교사, 후 교사

5) 예술경험, 의사소통, 자연탐구

11 전래동요

1) ㉠ 오스티나토
   ㉡ 노래동화

2) 창의적으로 표현하기

3) ① 자진모리장단
   ② 속도 : ♩.= 90~110
   ㉤ 꽹과리

12 악기연주

1) ㉠ 북, 점점 바르게 치기
   ㉡ 탬버린, 흔들다 북면치기

2) 음색

3) 트라이앵글

4) 징

13　공간

1) ① 훌라후프로 연속적으로 움직이는 바퀴의 움직임을 자유롭게 표현한다.
　② 만 3세 유아에게 연속적으로 움직이는 흐름의 움직임 요소를 탐색하는 것은 어렵기 때문이다.

2) ① 개인공간
　② 일반공간

3) ① 인정하기
　② 정말 비탈길을 빠르게 내려가는 바퀴 같구나.

4) 동료 간 협의

14　명화감상

1) 움직임

2) ① 예시 : 김홍도의 '무동' 그림을 감상하며 유아들로 하여금 신체로 표현하게 한 점이다.
　이유 : 그림 감상과 신체표현이 통합적으로 운영된 것이기 때문이다.
　② 예시 : 윤아가 음악에 맞춰 나비처럼 춤을 추고 있네.
　이유 : 음악과 움직임이 통합되었기 때문이다.

3) 모양, 힘, 흐름

4) 신체표면

15　로웬펠드

1) ① 지각(발달) 이론
　② 유아가 사물을 본 그대로 그린다고 생각하는 관점이다.

2) ① 전도식기
　② 전도식기의 유아들은 공간 개념이 미분화되었기 때문이다.

3) 쌍기저선

16　동작활동

1) ① 함께 구성하기
　② 선생님처럼 스카프를 잡아보자.

2) ⊙ 모방적 동작
　ⓒ 창의적 동작 표현

3) 비행기는 어떤 속도로 올라갈까?

17　미술활동, 펠드만

1) ① 인정하기
　② 솜으로 양의 보송한 털을 나타냈구나. 털실을 이용해서 사자의 털을 표현하였구나.

2) ① 방위의 공존화
　② 3차원의 세계를 평면과 입체면으로 구별할 수 없는 미분화 상태가 나타나기 때문이다.

3) ① 기술하기
　② 분석하기

18　로웬펠드

1) ⊙ 질감
　ⓒ 공간

2) 도식기

3) ① 투시적 표현
　② 유아는 본 것을 그리기보다는 아는 것을 그리기 때문이다.

4) ① 투시적 표현, 자동차 안의 사람이 보이게 표현
　② 동시적 표현, 해와 달을 동시에 표현

19　통합적 예술 활동

1) 아름다움과 예술에 관심을 가지고 창의적 표현을 즐긴다.

2) 움직임

3) ⊙ 모양
　ⓒ 물고기가 헤엄치듯이 움직이는구나.

4) 또래와 함께 의견을 모아, 동극활동에 필요한 배경그림을 완성하는 것을 즐기는 것은 만 4세가 아닌 만 5세에게 적합하기 때문이다.

20　동작

1) ⊙ 신체나 도구를 활용하여 움직임과 춤으로 자유롭게 표현한다.

2) ① 자유롭게
　② 재활용품
　③ 열린 자료

3) 흐름

21 음악적 요소

1) ⓐ 리듬패턴

2) ⓑ 수준(높낮이)

3) ⓒ 프레이즈(악구)

4) ⓓ 세마치장단

5) 신체나 도구를 활용하여 움직임과 춤으로 자유롭게 표현한다.

22 놀이지도, 극놀이

1) ① 함께 놀이하기
   ② 의미 있는 놀이활동으로 지속시켜 줄 뿐 아니라 유아와 교사의 친밀
   감을 형성시킨다. / 놀이활동을 활성화시켜 성숙된 단계의 놀이
   활동으로 유도시킨다. 중 1가지

2) 길이가 짧고, 반복되는 대화체로 구성되어 있으며, 역할을 신체로
   표현하기 쉽고 등장인물이 많아서 여러 명의 유아가 동시에 참여할
   수 있는 것으로 선정한다.

3) ① 역사적
   ② 개방

4) ⓐ 배경

5) ① 모델링

23 전통예술

1) ① 우리나라 전통예술에 관심을 갖고 친숙해진다.
   ② 자아정체감과 민족적 자긍심 형성에 도움을 준다.

2) ① 신체나 도구를 활용하여 움직임과 춤으로 자유롭게 표현한다.
   ② 일반공간

3) ① 민속무용

24 로웬펠드, 미술 활동

1) ① 지각(지각발달)
   ② 인지(인지발달)

2) ⓒ 전도식기

3) 다양한 미술 재료와 도구로 자신의 생각과 느낌을 표현한다.

4) 확대(과장) 표현

Chapter 12 자연탐구 모범답안

✎ 취약점 Self – Check * 각 문제에서 학습이 더 필요한 키워드(학자, 이론명 등)를 정리해보고, 관련 개념을 꼭 복습해보세요!

01	02	03	04	05	06	07	08	09	10

11	12	13	14	15	16	17	18	19	20

21	22	23	24

01   수학, 과학

1) 물체의 특성과 변화를 여러 가지 방법으로 탐색한다.
   도구와 기계에 대해 관심을 가진다.

2) ① 찍어놓은 초록색 반죽을 모은 후, 그 중에서 별 모양을 모아본다.
   ② 만 4세에게 한 가지 기준으로 분류한 자료를 다른 기준으로 재분류하는 것은 어렵기 때문이다.

3) ① 개념적 지식
   ② 절차적 지식

4) 수평적 사고

02   공간

1) ① 적극성
   ② 끈기

2) 물체의 위치와 방향, 모양을 알고 구별한다.

3) 공간 시각화

4) 유아들이 만든 집이나 다리를 다양한 위치와 방향을 서로 비교해 보기 때문이다.

5) ① 기준

03   분류하기

1) ① 크기
   ② 모양
   ③ 복합

2) 논리적 분류

3) ① 반복적 표현
   ② 반복적 표현은 유아에게 중요한 표현기능의 역할을 하고, 이러한 과정을 거쳐 유아는 구체적인 묘사의 단계로 넘어가게 된다.

04   분류하기

1) 집단독백

2) ① 분류
   ② 내포(intension)

3) ① 실재론(꿈의 실재론)
   ② 전인과성

05 관찰, 변인

1) ① 내용
   ② 과정

2) 관찰

3) 비눗방울

4) ① 비형식적 지식
   ② 다양한 경험을 통해 얻어지는 지식

06 발달단계

1) ① 김 교사
   ② 유아가 관심 있어 하는 토끼의 특성에 대해 단편적인 지식만을 알려주었기 때문이다.

2) 실천 행위를 위한 반성적 사고

3) ⓒ 규칙성
   ⓔ 자료와 가능성

4) 동료코칭

07 과학, 수학

1) ⊙ 구성주의

2) ⓒ STS

3) ⓒ 수학적

4) ① ⓑ
   ② 물활론적 사고와 인지적 갈등은 연관이 없어 과학, 수학적 사고 발달에는 도움을 주지 않기 때문이다.

08 피아제, 비고츠키

1) ① 동화
   ② 인지적 불일치

2) ① 철수 : 자기중심적 사고 , 영희 : 물활론적 사고
   ② 어떤 사물을 볼 때 겉으로는 보이는 방식에 따라 그 사물의 두드러진 속성을 바탕으로 사고하는 것(직관적 사고)

3) ① 근접발달지대

4) 구성주의

09 물리

1) ① 경사로에서 다양한 모양의 블록을 굴리면 어떻게 될지 예측하며 이야기 나눈다.
   ② 친숙한 물체와 물질의 특성을 알아보기 위하여 예측하고 실험해 보는 것은 만 3세가 아닌 만 4세에게 적합하기 때문이다.

2) ① 자동차가 어떤 경사로에서 잘 굴러가는지 높이에 따라 반복하여 나타난 결과를 기록하고 비교한다.
   ② 만 5세 유아에게 경사로의 높이에 따라 자동차가 잘 굴러가는 것을 그림, 사진, 기호나 숫자를 사용해 그래프로 나타내는 활동은 적절하기 때문이다.

3) 만 3, 4세에게 구슬, 팽이와 같이 움직이는 물체들을 제공한 점이다.

10 피아제의 보존 개념

1) ① 컵에 물을 더 첨가하거나 빼지 않았으므로 두 컵에 담긴 액체의 양이 같다는 '동일성의 원리'를 이해하지 못하였기 때문이다.
   ② 옮겨 담은 컵은 길이가 길지만 다른 컵은 넓이가 더 넓으므로 두 컵의 액체량은 같다는 '보상성의 원리'를 이해하지 못하였기 때문이다.
   ③ 컵의 액체를 다른 컵에 다시 부으면 액체의 양은 같다는 '가역성의 원리'를 이해하지 못하였기 때문이다.

2) ① 직관적 사고
   ② 대상이나 사태가 갖는 여러 속성 중 가장 현저한 한 가지 지각적 속성에 의해 판단하는 사고 양상을 의미한다.

3) ① 유아가 탐구하는 과정에서 처음 예측한 것과 실제 나타난 결과를 비교해 보도록 하여 자신이 생각한 가설과 결과가 다를 수 있음을 알 수 있도록 한다.
   ② 유아가 고안한 방법에 오류가 있다 하더라도 교사는 직접적인 답을 주지 않고 유아가 오류를 변경할 수 있는 시간을 주도록 한다.

11 교수-학습의 원리

1) ⊙ 융통성의 원리
   ⓒ 상호작용의 원리
   ⓒ 활동 간 균형의 원리

2) ① 탐구과정 즐기기
   ② 궁금한 것을 탐구하는 과정에 즐겁게 참여한다.

3) ① 컨설팅 장학

12 수 세기, 분류하기

1) ① 생활 속에서 탐구하기

　② 단추의 크기를 비교해 보고 가장 작은 것부터 크기대로 순서를 지어보는 것은 크기 속성을 비교하여 순서 지어보는 것으로 이는 만 4세에게 어렵기 때문이다.

2) ① 공통점

　② 차이점

3) ① 안정된 순서

　② 추상화

4) ① 집합 수, "오늘 생일인 친구의 나이만큼 초를 꽂아보자."

　② 이름 수, "우리 유치원 전화번호를 알아보자."

13 수, 공간

1) ① 대수적

2) 물체의 위치와 방향, 모양을 알고 구별한다.

3) 공간 방향화 능력

4) 공간 시각화 능력

5) ① 이동

　② 대칭

14 기하, 공간

1) ① 시각적 수준

　② 구성요소의 속성에 대한 고려 없이 도형을 전체적인 시각적 외양을 토대로 인식하는 사고수준이다.

2) 기술적(분석적) 수준

3) ① 물체의 위치와 방향, 모양을 알고 구별한다.

　ⓒ 공간 시각화

4) ② 공간 방향화

　ⓜ 공간적 추론

15 표상

1) ⊙ 자기중심적 표상

　ⓒ 지표물 중심적 표상

2) 부분과 전체

3) ① 만 4세경에는 간단한 지도 만들기 경험을 제공한다.

　② 교사는 유아가 공, 둥근 기둥, 상자모양의 기본 입체도형보다 동그라미, 세모, 네모의 기본 평면도형을 먼저 경험할 수 있도록 하게 한다.

16 대수적 사고

1) 물체의 특성과 변화를 여러 가지 방법으로 탐색한다.

2) ① 빨강, 파랑, 빨강, 파랑의 순서대로 계속 찍어본다.

　② 주변에서 반복되는 규칙성을 찾을 수 있기 때문이다.

3) ① ⓐ는 활동목표와 연계가 되지 않기 때문이다. (수 세기가 아님)

　② ⓑ는 만 5세 활동으로 만 4세에게는 어려운 활동이기 때문이다.

　③ ⓒ는 확장패턴으로 유아에게는 어렵기 때문이다.

17 스켐프

1) ① 구성주의

　② 과정

2) 비교

3) 비눗방울

4) ① 관계적 이해

　② 자신이 아는 것과 학습하는 것을 관련지을 수 있는 것

18 공간

1) ① 공간 방향화

　② 위치를 파악하고 목적지까지 갈 수 있는 능력을 말하는 것으로 공간에서 위치들 간의 관계를 이해하고 조작할 수 있는 능력이다.

2) 공간추론

3) 탐색 단계

4) 공간 시각화

19

1) ① 무선분류
   ② 기능적(쉐마적/주제적) 분류

2) 결과를 정리해주면 지속적으로 탐구하는 태도에 방해를 줄 뿐 아니라 자칫 잘못된 개념을 심어줄 수 있기 때문이다.

3) 자동차의 크기와 경사로의 높이를 다르게 하여 자동차가 이동한 거리를 관찰하고 비교하게 한다.

4) ⓒ 표상하기
   ⓔ 자료와 가능성

20

1) 예측하기

2) ① 위로 다음에는 아래로 그 다음에는 위로 그 다음에는 아래로 번갈아 가면서 도장을 찍었구나.
   ② 위와 아래가 계속 반복되고 있구나.

3) 대수적 사고

4) 도형의 이동과 대칭

21

1) ① 김 교사
   ② 유아가 관심 있어 하는 토끼의 특성에 대해 단편적인 지식만을 알려주었기 때문이다.

2) 나는 자유선택활동을 위해 계획했던 놀이를 취소하고 아이들의 관심과 행동을 따르기로 했다.

3) 내일은 놀이 속에서 과학 학습이 이루어지도록 비닐을 덧댄 썰매와 종이 상자 썰매를 비교해 보는 발문에 신경을 써야겠다.

4) 교수 과정을 되돌아보고 검토할 목적

22

1) 운동적 패턴

2) 물체의 위치와 방향, 모양을 알고 구별한다.
   일상에서 길이, 무게 등의 속성을 비교한다.
   주변에서 반복되는 규칙을 찾는다.
   도구와 기계에 대해 관심을 가진다.

3) 위치와 방향의 표상

4) 궁금한 것을 탐구하는 과정에 즐겁게 참여한다.

23

1) ① 일상에서 길이, 무게 등의 속성을 비교한다.
   ① 비교

2) ⓒ 자료와 가능성

3) 서수

4) ① 주변에서 반복되는 규칙을 찾는다.
   ② 물체를 세어 수량을 알아본다.

24

1) ① 자기중심적 표상
   ① 지표물 중심적 표상
   ⓒ 추상적(객관중심적) 표상

2) ① 합리적 수 세기

3) ⓔ 대수적 사고
   ① 생활 속의 문제를 수학적, 과학적으로 탐구한다.

교원임용학원 강의만족도 1위,

해커스임용 teacher.Hackers.com

본인은 응시자 유의사항을 숙지하였으며 이를 지키지 않아 발생하는 모든 불이익을 감수할 것을 서약합니다.	수험번호	① ②	※ 결시자 확인란(응시자는 표기하지 말 것)	
		⓪ ① ② ③ ④ ⑤ ⑥ ⑦ ⑧ ⑨	– 결시자 성명과 수험번호 기재	○
성명		⓪	– 검은색 펜으로 결시자 수험번호와 우측란에 '●'로 표기	
		① ② ③ ④ ⑤ ⑥ ⑦ ⑧		
		⓪ ① ② ③ ④ ⑤ ⑥ ⑦ ⑧ ⑨	※ 감독관 확인란(응시자는 표기하지 말 것)	
유치원, 초등학교, 특수학교(유치원·초등) 교직 논술 전용 답안지	**쪽 번호** ❶ ②	⓪ ① ② ③ ④ ⑤ ⑥ ⑦ ⑧ ⑨	– 본인 여부, 성명, 수험번호, 기록 및 쪽 수가 정확한지 확인 후 서명/날인	(서명 또는 날인)
		⓪ ① ② ③ ④ ⑤ ⑥ ⑦ ⑧ ⑨	– 결시자는 위의 결시자 확인란에도 표기	
		⓪ ① ② ③ ④ ⑤ ⑥ ⑦ ⑧ ⑨		

1. 수험번호는 검은색 펜을 사용하여 '●'로 표기하시오.
2. 답안은 지워지거나 번지지 않는 동일한 종류의 검은색 펜을 사용하여 작성하시오. (연필/사인펜/수정테이프/수정액 등 사용 불가)
3. 연필로 작성한 부분, 수정테이프(수정액)를 사용하여 수정한 부분, 문항별 답안란 이외의 부분에 작성한 답안은 채점하지 않으니 유의하시오.

(1교시) **2022학년도 공립 유치원, 초등학교, 특수학교(유치원·초등) 교사 임용후보자 선정경쟁시험 (제1차) 답안지**

본인은 응시자 유의사항을 숙지하였으며 이를 지키지 않아 발생하는 모든 불이익을 감수할 것을 서약합니다.	수험번호	① ②	※ 결시자 확인란(응시자는 표기하지 말 것)	
성명		⓪ ① ② ③ ④ ⑤ ⑥ ⑦ ⑧ ⑨	– 결시자 성명과 수험번호 기재 – 검은색 펜으로 결시자 수험번호와 우측란에 '●'로 표기	○
		⓪		
		① ② ③ ④ ⑤ ⑥ ⑦ ⑧	※ 감독관 확인란(응시자는 표기하지 말 것)	
		⓪ ① ② ③ ④ ⑤ ⑥ ⑦ ⑧ ⑨	– 본인 여부, 성명, 수험번호, 기록 및 쪽 수가 정확한지 확인 후 서명/날인 – 결시자는 위의 결시자 확인란에도 표기	(서명 또는 날인)
유치원, 초등학교, 특수학교(유치원·초등) 교직 논술 전용 답안지	쪽 번호 ① ❷	⓪ ① ② ③ ④ ⑤ ⑥ ⑦ ⑧ ⑨		
		⓪ ① ② ③ ④ ⑤ ⑥ ⑦ ⑧ ⑨		
		⓪ ① ② ③ ④ ⑤ ⑥ ⑦ ⑧ ⑨		

1. 수험번호는 검은색 펜을 사용하여 '●'로 표기하시오.
2. 답안은 지워지거나 번지지 않는 동일한 종류의 검은색 펜을 사용하여 작성하시오. (연필/사인펜/수정테이프/수정액 등 사용 불가)
3. 연필로 작성한 부분, 수정테이프(수정액)를 사용하여 수정한 부분, 문항별 답안란 이외의 부분에 작성한 답안은 채점하지 않으니 유의하시오.

1교시 **2022학년도 공립 유치원, 초등학교, 특수학교(유치원·초등) 교사 임용후보자 선정경쟁시험 (제1차) 답안지**

본인은 응시자 유의사항을 숙지하였으며 이를 지키지 않아 발생하는 모든 불이익을 감수할 것을 서약합니다.	수 험 번 호			① ②			**※ 결시자 확인란**(응시자는 표기하지 말 것)	
			⓪ ① ② ③ ④ ⑤ ⑥ ⑦ ⑧ ⑨				– 결시자 성명과 수험번호 기재 – 검은색 펜으로 결시자 수험번호와 우측란에 '●'로 표기	○
성명			⓪					
			① ② ③ ④ ⑤ ⑥ ⑦ ⑧				**※ 감독관 확인란**(응시자는 표기하지 말 것)	
			⓪ ① ② ③ ④ ⑤ ⑥ ⑦ ⑧ ⑨				– 본인 여부, 성명, 수험번호, 기록 및 쪽 수가 정확한지 확인 후 서명/날인 – 결시자는 위의 결시자 확인란에도 표기	(서명 또는 날인)
유치원, 초등학교, 특수학교(유치원·초등) 교직 논술 전용 답안지	**쪽 번호** ❶ ②		⓪ ① ② ③ ④ ⑤ ⑥ ⑦ ⑧ ⑨					
			⓪ ① ② ③ ④ ⑤ ⑥ ⑦ ⑧ ⑨					
			⓪ ① ② ③ ④ ⑤ ⑥ ⑦ ⑧ ⑨					

1. 수험번호는 검은색 펜을 사용하여 '●'로 표기하시오.

2. 답안은 지워지거나 번지지 않는 동일한 종류의 검은색 펜을 사용하여 작성하시오. (연필/사인펜/수정테이프/수정액 등 사용 불가)

3. 연필로 작성한 부분, 수정테이프(수정액)를 사용하여 수정한 부분, 문항별 답안란 이외의 부분에 작성한 답안은 채점하지 않으니 유의하시오.

1교시 2022학년도 공립 유치원, 초등학교, 특수학교(유치원·초등) 교사 임용후보자 선정경쟁시험 (제1차) 답안지

본인은 응시자 유의사항을 숙지하였으며 이를 지키지 않아 발생하는 모든 불이익을 감수할 것을 서약합니다.

성명

유치원, 초등학교, 특수학교(유치원·초등) 교직 논술 전용 답안지

쪽 번호 ① ❷

수험번호

① ②
⓪ ① ② ③ ④ ⑤ ⑥ ⑦ ⑧ ⑨
⓪
① ② ③ ④ ⑤ ⑥ ⑦ ⑧
⓪ ① ② ③ ④ ⑤ ⑥ ⑦ ⑧ ⑨
⓪ ① ② ③ ④ ⑤ ⑥ ⑦ ⑧ ⑨
⓪ ① ② ③ ④ ⑤ ⑥ ⑦ ⑧ ⑨
⓪ ① ② ③ ④ ⑤ ⑥ ⑦ ⑧ ⑨

※ **결시자 확인란**(응시자는 표기하지 말 것)
– 결시자 성명과 수험번호 기재
– 검은색 펜으로 결시자 수험번호와 우측란에 '●'로 표기   ○

※ **감독관 확인란**(응시자는 표기하지 말 것)
– 본인 여부, 성명, 수험번호, 기록 및 쪽 수가 정확한지 확인 후 서명/날인
– 결시자는 위의 결시자 확인란에도 표기   (서명 또는 날인)

1. 수험번호는 검은색 펜을 사용하여 '●'로 표기하시오.
2. 답안은 지워지거나 번지지 않는 동일한 종류의 검은색 펜을 사용하여 작성하시오. (연필/사인펜/수정테이프/수정액 등 사용 불가)
3. 연필로 작성한 부분, 수정테이프(수정액)를 사용하여 수정한 부분, 문항별 답안란 이외의 부분에 작성한 답안은 채점하지 않으니 유의하시오.

1교시 **2022학년도 공립 유치원, 초등학교, 특수학교(유치원·초등) 교사 임용후보자 선정경쟁시험 (제1차) 답안지**

본인은 응시자 유의사항을 숙지하였으며 이를 지키지 않아 발생하는 모든 불이익을 감수할 것을 서약합니다.	수 험 번 호		① ②	※ 결시자 확인란(응시자는 표기하지 말 것)	
		⓪ ① ② ③ ④ ⑤ ⑥ ⑦ ⑧ ⑨		– 결시자 성명과 수험번호 기재	○
성명		⓪		– 검은색 펜으로 결시자 수험번호와 우측란에 '●'로 표기	
		① ② ③ ④ ⑤ ⑥ ⑦ ⑧			
		⓪ ① ② ③ ④ ⑤ ⑥ ⑦ ⑧ ⑨		※ 감독관 확인란(응시자는 표기하지 말 것)	
유치원, 초등학교, 특수학교(유치원·초등)	쪽 번호	⓪ ① ② ③ ④ ⑤ ⑥ ⑦ ⑧ ⑨		– 본인 여부, 성명, 수험번호, 기록 및 쪽 수가 정확한지 확인 후 서명/날인	(서명 또는 날인)
교직 논술 전용 답안지	❶ ②	⓪ ① ② ③ ④ ⑤ ⑥ ⑦ ⑧ ⑨		– 결시자는 위의 결시자 확인란에도 표기	
		⓪ ① ② ③ ④ ⑤ ⑥ ⑦ ⑧ ⑨			

1. 수험번호는 검은색 펜을 사용하여 '●'로 표기하시오.
2. 답안은 지워지거나 번지지 않는 동일한 종류의 검은색 펜을 사용하여 작성하시오. (연필/사인펜/수정테이프/수정액 등 사용 불가)
3. 연필로 작성한 부분, 수정테이프(수정액)를 사용하여 수정한 부분, 문항별 답안란 이외의 부분에 작성한 답안은 채점하지 않으니 유의하시오.

(1교시) 2022학년도 공립 유치원, 초등학교, 특수학교(유치원·초등) 교사 임용후보자 선정경쟁시험 (제1차) 답안지

본인은 응시자 유의사항을 숙지하였으며 이를 지키지 않아 발생하는 모든 불이익을 감수할 것을 서약합니다.	수험번호	① ②	※ 결시자 확인란(응시자는 표기하지 말 것)	
성명		⓪ ① ② ③ ④ ⑤ ⑥ ⑦ ⑧ ⑨	- 결시자 성명과 수험번호 기재 - 검은색 펜으로 결시자 수험번호와 우측란에 '●'로 표기	○
		⓪		
		① ② ③ ④ ⑤ ⑥ ⑦ ⑧		
		⓪ ① ② ③ ④ ⑤ ⑥ ⑦ ⑧ ⑨	※ 감독관 확인란(응시자는 표기하지 말 것)	
유치원, 초등학교, 특수학교(유치원·초등) 교직 논술 전용 답안지	**쪽 번호** ① ❷	⓪ ① ② ③ ④ ⑤ ⑥ ⑦ ⑧ ⑨	- 본인 여부, 성명, 수험번호, 기록 및 쪽 수가 정확한지 확인 후 서명/날인 - 결시자는 위의 결시자 확인란에도 표기	(서명 또는 날인)
		⓪ ① ② ③ ④ ⑤ ⑥ ⑦ ⑧ ⑨		
		⓪ ① ② ③ ④ ⑤ ⑥ ⑦ ⑧ ⑨		

1. 수험번호는 검은색 펜을 사용하여 '●'로 표기하시오.

2. 답안은 지워지거나 번지지 않는 동일한 종류의 검은색 펜을 사용하여 작성하시오. (연필/사인펜/수정테이프/수정액 등 사용 불가)

3. 연필로 작성한 부분, 수정테이프(수정액)를 사용하여 수정한 부분, 문항별 답안란 이외의 부분에 작성한 답안은 채점하지 않으니 유의하시오.

해커스임용

백청일

유아 교직논술×교육과정
예상문제집

초판 1쇄 발행	2021년 6월 7일
지은이	백청일
펴낸곳	해커스패스
펴낸이	해커스임용 출판팀
주소	서울시 강남구 강남대로 428 해커스임용
고객센터	02-566-6860
교재 관련 문의	teacher@pass.com
	해커스임용 사이트(teacher.Hackers.com) 1:1 고객센터
학원 강의 및 동영상강의	teacher.Hackers.com
ISBN	979-11-6662-253-3(13370)
Serial Number	01-01-01

저작권자 © 2021, 백청일

이 책의 모든 내용, 이미지, 디자인, 편집 형태는 저작권법에 보호받고 있습니다.

서면에 의한 저자와 출판사의 허락 없이 내용의 일부 혹은 전부를 인용, 발췌하거나 복제, 배포할 수 없습니다.

해커스임용

- 임용 합격을 앞당기는 해커스임용 스타 교수진들의 고퀄리티 강의
- 풍부한 무료강의 · 학습자료 · 최신 임용 시험정보 제공
- 모바일 강좌 및 1:1 학습 컨설팅 서비스 제공

교원임용학원 **강의만족도 1위, 해커스임용**
헤럴드 선정 2018 대학생 선호 브랜드 대상 '교원임용학원 강의만족도' 부문 1위

한국사능력검정시험 1위
한경비즈니스 선정 2020 한국품질만족도 교육(온 · 오프라인 한국사능력검정) 부문 1위 해커스

해커스한국사
history.Hackers.com

해커스임용
teacher.Hackers.com

해커스한국사
연미정

[2주 합격] 연미정의 쉽게 합격하는 한국사능력검정시험 심화 (1·2·3급)

수강료	79,000원	**50% 할인 수강권** **쿠폰 할인가 : 39,500원**　교재 별도 구매
수강기간	90일	
강의 수	34강	
약력	(현) 해커스잡 한국사 대표 교수 | 해커스자격증 한국사 대표 교수 | 해커스공무원/소방 한국사 교수	

쿠폰번호 | **K49B0FCB88083000**

※ 사용기한 : 2021년 11월 30일까지
※ 쿠폰 등록은 PC를 이용해주시기 바랍니다.

50% 할인쿠폰 등록 방법

| 해커스한국사 홈페이지 접속 (history.Hackers.com) | ▶ | 메인 우측 하단 QUICK MENU → [쿠폰/수강등록] 클릭 | ▶ | 위 쿠폰번호 입력 후 등록 | ▶ | 해당 강의 주문/결제 시 [쿠폰사용] 클릭하면 완료! |

해커스임용

문의 02 566 6860　**teacher.Hackers.com**